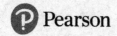

/ 教育治理与领导力丛书 /　　　王定华 总主编

［美］

罗伯特·G.欧文斯
Robert G . Owens

［美］

托马斯·C.瓦莱斯基
Thomas C . Valesky

吴宗酉

孙弘毅

教育组织行为学：领导力与学校改革

Organizational Behavior In Education :
Leadership and School Reform

(Eleventh Edition)

华东师范大学出版社
全国百佳图书出版单位
上海

第11版

图书在版编目(CIP)数据

教育组织行为学:领导力与学校改革:第11版/(美)罗伯特·G.欧文斯,(美)托马斯·C.瓦莱斯基著;吴宗酉译.—上海:华东师范大学出版社,2021
(教育治理与领导力丛书)
ISBN 978-7-5760-1241-5

Ⅰ.①教… Ⅱ.①罗… ②托… ③吴… Ⅲ.①教学管理—组织行为学
Ⅳ.①G47

中国版本图书馆 CIP 数据核字(2021)第032602号

教育治理与领导力丛书
教育组织行为学:领导力与学校改革(第11版)

丛书总主编　王定华
著　　　者　[美]罗伯特·G.欧文斯　[美]托马斯·C.瓦莱斯基
译　　　者　吴宗酉
译　　　校　孙弘毅

策 划 编 辑　王　焰
责 任 编 辑　曾　睿　唐　铭
责 任 校 对　时东明
封 面 设 计　膏泽文化

出 版 发 行　华东师范大学出版社
社　　　址　上海市中山北路3663号　邮编200062
网　　　址　www.ecnupress.com.cn
电　　　话　021-60821666　行政传真　021-62572105
客 服 电 话　021-62865537
门市(邮购)电话　021-62869887
地　　　址　上海市中山北路3663号华东师范大学校内先锋路口
网　　　店　http://hdsdcbs.tmall.com

印 　刷　者　青岛双星华信印刷有限公司
开　　　本　16开
印　　　张　35.5
字　　　数　545千字
版　　　次　2021年4月第1版
印　　　次　2021年4月第1次
书　　　号　ISBN 978-7-5760-1241-5
定　　　价　128.00元

出 版 人　王　焰

(如发现本版图书有印订质量问题,请寄回本社客服中心调换或电话021-62865537联系)

总　序

　　人类社会进入 21 世纪第 3 个十年后,国际政治巨变不已,科技革命加深加广,人工智能扑面而来,工业 4.0 时代渐成现实,各种思想思潮交流、交融、交锋,人们的学习方式、工作方式和生活方式发生很大变化。中国正在日益走上世界舞台中央,华夏儿女应该放眼世界,胸怀全局,不忘本来,吸收外来,继往开来,创造未来。只是,2020 年在全球蔓延的新冠肺炎疫情,波及范围之广、影响领域之深,历史罕见,给人类生命安全和身体健康带来巨大威胁,给我国和各国的经济社会发展带来巨大挑战,对世界经济与全球治理造成重大干扰。教育作为其中的重要领域,也受到剧烈冲击。这是一次危机,也是一次大考。教育部门、各类学校、出版行业必须化危为机,抓住机遇,迎接挑战,与各国同行、国际组织良性互动,把教育治理及各项工作做得更好。

　　一切生命都需要新陈代谢,否则必然灭亡;任何文明都应当交流互鉴,否则就会僵化。一种文明只有同其他文明取长补短,才能保持旺盛活力。[1] 习近平总书记深刻指出:"改革开放已走过千山万水,但仍需跋山涉水,摆在全党全国各族人民面前的使命更光荣、任务更艰巨、挑战更严峻、工作更伟大。……必须坚持扩大开放,不断推动共建人类命运共同体。……我们必

---

　　[1] 习近平:《深化文明交流借鉴　共建亚洲命运共同体——在亚洲文明对话开幕式上的主旨演讲》,光明日报,2019 年 5 月 16 日。

须高举和平、发展、合作、共赢的旗帜，……维护国际公平正义。"①这些重要指示为新时代各行各业改革发展、砥砺前行、建功立业指明方向、提供遵循。

在我国深化教育改革和改进学校治理过程中，必须立足中国、自力更生、锐意进取、创新实践，同时也应当放眼世界、知己知彼、相互学习、实现超越。我国教育治理的优势和不足有哪些？我国中小学校长如何提升办学治校能力、打造高品质学校？②美国等西方国家的教育是如何治理的？其管理部门、督导机构、各类学校的权利与义务情况如何？西方国家的中小学校长、社区、家长是如何相互配合的？其教师、教材、教法、学生、学习是怎样协调统一的？诸如此类的问题，值得以广阔的国际视野，全面观察、逐步聚焦、深入研究；值得用中华民族的情怀，去粗取精、厚德载物、悦己达人；值得用现代法治精神，正视剖析、见微知著、发现规律。

现代法治精神与传统法治精神、西方法治精神既有相通之处，又有不同之点。现代法治精神是传统法治精神的现代化，同时也是西方法治精神的中国化。在新时代，现代法治精神包括丰富内涵：第一，全面依法治国。各行各业都要树立法治精神，严格依法办事；无论官民都要守法，官要带头，民要自觉，人人敬畏法律、了解法律、遵守法律，全体人民都成为法治的忠实崇尚者、自觉遵守者、坚定捍卫者，人民权益靠法律保障，法律权威靠人民维护；做到有法可依、有法必依、执法必严、违法必究，自觉守法，遇事找法，解决问题靠法。第二，彰显宪法价值。宪法是最广大人民共同意志的体现，规定国家和社会的根本制度，具有最高法律效力。全面贯彻实施宪法是建设社会主义法治国家的首要任务和基础性工作。第三，体现人文品质。法律是治国之重器，良法是善治之前提。法治依据的法律应是良法，维护大多数人利益，照顾弱势群体权益，符合社会发展方向；执法的行为应当连贯，注重依法行政的全局性、整体性和系统性；法律、法规、政策的关系应当妥处，既

---

①习近平：《在庆祝改革开放40周年大会上的讲话》，新华网，2018年12月18日。

②2018年1月《中共中央国务院关于全面深化新时代教师队伍建设改革的意见》提出"提升校长办学治校能力，打造高品质学校"。

严格依法办事,又适当顾及基本国情。第四,具有中国特色。坚定不移地走
中国特色社会主义法治道路,坚持党的领导、人民当家作主、依法治国有机
统一,不断促进国家治理体系和治理能力现代化,为实现"两个一百年"奋斗
目标、实现中华民族伟大复兴的中国梦提供有力法治保障。第五,做到与时
俱进。顺应时代潮流,根据现代化建设需要,总结我国历史上和新中国成立
后法治的经验教训,参照其他国家法治的有益做法,及时提出立、改、废、释
的意见建议,促进物质、精神、政治、社会、生态等五个文明建设,调整公共权
力与公民权利的关系结构,约束、规范公共权力,维护、保障公民权利。

树立现代法治精神,必须切实用法治精神推进社会治理创新。过去人
们强调管理(Management),现在更提倡治理(Governance)。强调管理时,一
般体现为自上而下用权,发指示,提要求;而强调治理,则主要期冀调动方方
面面积极性,讲协同,重引领。治理是各种公共的或私人的机构,或者个人
管理其共同事务的许多方式的总和,是使相互冲突的或不同的利益得以调
和并且采取联合行动的持续过程。① 治理的实质是建立在市场原则、公共利
益和认同之上的合作。它所拥有的管理机制不单是依靠政府的权威,还依
赖合作网络的权威,其权力是多元的、相互的,而非单一或自上而下。② 治理
是公共利益最大化的社会管理过程,其最终目的是实现善治,本质是政府和
公民对社会公共生活的合作管理,体现政府、社会组织与公民的新型关系。

政府部门改作风、转职能,实质上都是完善治理体系、提高治理能力。
在完善治理体系中,应优先完善公共服务的治理体系;在提高治理能力时,
须着力提升公共事务的治理能力。教育是重要的公共事物,基础教育又是
其重中之重。基础教育作为法定的基本国民教育,面向全体适龄儿童少年,
关乎国民素质提升,关乎中华民族伟大复兴,是国家亟需以现代法治精神引

---

① 李阳春:《治理创新视阈下政府与社会的新型关系》,中共中央党校学报,2014 年第 5
期。

② Anthony R. T. et al. : *Governance as a trialogue: government-society-science in transition.*
Berlin:The Springer Press, 2007:29.

领的最重要的公共服务,是政府亟待致力于治理创新的最基本的公共事务。

创新社会治理的体系方式、实现基础教育的科学治理,就是要实行基础教育的善治,其特点是合法性、透明性、责任性、适切性和稳定性,实现基础教育治理体系和治理能力现代化。实行善治有一些基本要求,每项要求均可给改善基础教育治理以一定启迪。一是形成正确社会治理理念,解决治理为了谁的问题。基础教育为的是全体适龄儿童少年的现在和未来,让他们享受到公平而有质量的教育,实现全面发展和健康成长。二是强化政府主导服务功能,解决过与不及的问题。基础教育阶段要处理好政府、教育部门、学校之间的关系,各级政府依法提供充分保障,教育部门依法制定有效政策,学校依法开展自主办学,各方履职应恰如其分、相得益彰,过与不及都会欲速不达、事倍功半。三是建好社区公共服务平台,解决部分时段或部分群体无人照料的问题。可依托城乡社区构建课后教育与看护机制,关心进城随迁子女,照顾农村留守儿童。还可运用信息技术、人工智能,助力少年儿童安全保护。四是培育相关社会支撑组织,解决社会治理缺乏资源的问题。根据情况采取政府委托、购买、补贴方式,发挥社会组织对中小学校的支撑作用或辅助配合和拾遗补缺作用,也可让其参与民办学校发展,为家长和学生提供一定教育选择。五是吸纳各方相关人士参加,解决不能形成合力的问题。中小学校在外部应普遍建立家长委员会,发挥其参谋、监督、助手作用;在内部应调动教师、学生的参加,听其意见,为其服务。总之,要加快实现从等级制管理向网络化治理的转变,从把人当作资源和工具向把人作为参与者的转变,从命令式信号发布向协商合作转变,在加快推进教育现代化进程中形成我国基础教育治理的可喜局面。

2019 年初,中共中央、国务院印发了《中国教育现代化 2035》。作为亲身参与这个重要文献起草的教育工作者,我十分欣慰,深受鼓舞。《中国教育现代化 2035》提出推进教育现代化的指导思想:以习近平新时代中国特色社会主义思想为指导,全面贯彻党的十九大和十九届二中、三中全会精神,坚定实施科教兴国战略、人才强国战略,紧紧围绕统筹推进"五位一体"总体布局和协调推进"四个全面"战略布局,坚定"四个自信",在党的坚强领导下,全面贯彻党的教育方针,坚持马克思主义指导地位,坚持中国特色社会主义教育发展道路,坚持社会主义办学方向,立足基本国情,遵循教育规律,坚持改革创新,以凝聚人心、完善人格、开发人力、培育人才、造福人民为工作目标,培养德、智、体、美、劳全面发展的社会主义建设者和接班人,加快推进教育现代化、建设教育强国、办好人民满意的教育。将服务中华民族伟大复兴作为教育的重要使命,坚持教育为人民服务、为中国共产党治国理政服务、为巩固和发展中国特色社会主义制度服务、为改革开放和社会主义现代化建设服务,优先发展教育,大力推进教育理念、体系、制度、内容、方法、治理现代化,着力提高教育质量,促进教育公平,优化教育结构,为决胜全面建成小康社会、实现新时代中国特色社会主义发展的奋斗目标提供有力支撑。

《中国教育现代化2035》提出了推进教育现代化的八大基本理念:更加注重以德为先,更加注重全面发展,更加注重面向人人,更加注重终身学习,更加注重因材施教,更加注重知行合一,更加注重融合发展,更加注重共建共享。明确了推进教育现代化的基本原则:坚持党的领导、坚持中国特色、坚持优先发展、坚持服务人民、坚持改革创新、坚持依法治教、坚持统筹推进。

《中国教育现代化2035》提出,到2035年,我国将总体实现教育现代化,迈入教育强国,推动我国成为学习大国、人力资源强国和人才强国,为到本世纪中叶建成富强、民主、文明、和谐、美丽的社会主义现代化强国奠定坚实基础。建成服务全民终身学习的现代教育体系、普及有质量的学前教育、实现优质均衡的义务教育、全面普及高中阶段教育、职业教育服务能力显著提升、高等教育竞争力明显提升、残疾儿童少年享有适合的教育、形成全社会共同参与的教育治理新格局。

立足新时代、推进教育治理体系和治理能力现代化,应当积极推进教育治理方式变革,加快形成现代化的教育管理与监测体系,推进管理精准化和决策科学化。提高教育法治化水平,构建完备的教育法律法规体系,健全学校办学法律支持体系。健全教育法律实施和监管机制。提升政府综合运用法律、标准、信息服务等现代治理手段的能力和水平。健全教育督导体制机制,提高教育督导的权威性和实效性。提高学校自主管理能力,完善学校治理结构。鼓励民办学校按照非营利性和营利性两种组织属性开展现代学校制度改革创新。推动社会参与教育治理常态化,建立健全社会参与学校管理和教育评价监管机制。要开创教育对外开放新格局。全面提升国际交流合作水平,推动我国同其他国家学历学位互认、标准互通、经验互鉴。扎实推进"一带一路"教育行动,加强与联合国教科文组织等国际组织和多边组织的合作,提升中外合作办学质量。完善教育质量标准体系,制定覆盖全学段、体现世界先进水平、符合不同层次类型教育特点的教育质量标准,明确学生发展核心素养要求。优化出国留学服务。实施留学中国计划,建立并完善来华留学教育质量保障机制,全面提升来华留学质量。推进中外高级别人文交流机制建设,拓展人文交流领域,促进中外民心相通和文明交流互鉴,鼓励大胆探索、积极改革创新,形成充满活力、富有效率、更加开放、有利于高质量发展的教育体制机制。

立足新时代、推进教育治理体系和治理能力现代化,应当全面落实立德树人根本任务。广泛开展理想信念教育,厚植爱国主义情怀,加强品德修养,增长知识见识,培养奋斗精神,不断提高学生思想水平、政治觉悟、道德品质、文化素养。树立健康第一理念,防范新冠病毒和各种传染病;强化学校体育,增强学生体质;加强学校美育,提高审美素养;确立劳动教育地位,凝练劳动教育方略,强化学生劳动精神陶冶和动手实践能力培养。① 建立健全中小学各学科学业质量标准和体质健康标准。加强课程教材体系建设,科学规划大中小学课程,分类制定课程标准,充分利用现代信息技术,丰富创新课程形式。创新人才培养方式,推行启发式、探究式、参与式、合作式等教学方式,培养学生创新精神与实践能力。建设新型智能校园,提炼网络教

---

① 王定华:《试论新时代劳动教育的意蕴与方略》,课程·教材·教法,2020年第5期。

学经验,统筹建设一体化智能化教学、管理与服务平台。利用现代技术加快推动人才培养模式改革,实现规模化教育与个性化培养的有机结合。创新教育服务业态,建立数字教育资源共建共享机制,完善利益分配机制、知识产权保护制度和新型教育服务监管制度。

立足新时代、推进教育治理体系和治理能力现代化,应当特别关注广大教师的成长诉求。百年大计,教育为本;教育大计,教师为本。教师是人类灵魂的工程师,是时代进步的先行者,承担着传播知识、传播思想、传播真理的历史使命,肩负着塑造灵魂、塑造生命、塑造新人的时代重任,是教育改革发展的第一资源,是实现中华民族伟大复兴的重要基石。当前,工业化、信息化、新型城镇化、农业现代化迅速发展,国际竞争日趋激烈,国家经济社会发展对高素质人才的渴求愈发迫切,人民群众对"上好学"的需求更加旺盛,教育发展、国家繁荣、民族振兴,亟需一批又一批的好教师。所以,必须从战略高度充分认识教师工作的极端重要性,优先规划,优先投入,优先保障,创新教师治理体系,解决编制、职称、待遇的制约,真正加强教师队伍建设,造就师德高尚、业务精湛、结构合理、充满活力的高素质专业化创新型教师队伍。广大教师和教育工作者需要学习了解西方教育发达国家的新的教育理念和教育思想,并应当在此基础上敢于超越、善于创新。校长是教师中的关键少数。各方应加强统筹,加强中小学校长队伍建设,努力造就一支政治过硬、品德高尚、业务精湛、治校有方的校长队伍。

"教育治理与领导力丛书"是华东师范大学出版社为适应中国教育改革和创新的要求、推动中国教育现代化进程,而重点打造的旨在提高教师必备职业素养的精品图书。为了做好丛书的引进、翻译、编辑,华东师大出版社相关同志做了大量扎实有效的工作。首先,精心论证选题。会同培生教育出版集团(Pearson Education)共同邀约中外专家,精心论证选题。所精选的教育学原著均为培生教育出版集团和国内外学术机构推荐图书,享有较高学术声誉,被200多所国际知名大学广泛采用,曾被译为十多种语言。丛书每一本皆为权威著作,引进都是原作最新版次。其次,认真组织翻译。好的版权书，加上好的翻译，方可珠联璧合。参加丛书翻译的同志主要来自北京大学、北京外国语大学、北京师范大学、华东师范大学、浙江大学、南京大学、西南大学等"双一流"高校，他们均对教育理论或实践有一定研究，具备深厚学术造诣，这为图书翻译质量提供了切实保障。再次，诚聘核稿专家。聘请国内相关专业的专家学者组建丛书审定委员会，囊括了部分学术界名家、出版界编审、一线教研员，以保证这套丛书的学术水准和编校质量。"教育治理与领导力丛书"起始于翻译，又不止于翻译，这套丛书是开放式的。西方优秀教育译作诚然助力我国教育治理改进，而本国优秀教育创作亦将推动我国学校领导力增强。

华东师范大学出版社王焰社长、曾睿编辑邀请我担任丛书主编，而我因学识有限、工作又忙，故而一度犹豫，最终好意难却、接受邀约。在丛书翻译、统校过程中，我和相关同志主观上尽心尽力、不辱使命，客观上可能仍未避免书稿瑕疵。如读者发现错误，请不吝赐教，我们当虚心接受，仔细订正。同时，我们深信，这套丛书力求以其现代化教育思维、前瞻性学术理念、创新性研究视角和多样化表述方式，展示教育治理与领导力的理论和实践，是教育现代化进程中广大教师、校长和教育工作者所需要的，值得大家参阅。

王定华

2020 年夏于北京

（王定华，北京外国语大学党委书记，国际教育学院教授、博士生导师，国家督学、国家教师教育专家咨询委员会副主任委员，曾任教育部基础教育一司司长、教育部教师工作司司长、中国驻纽约总领事馆教育领事。）

前　　言

本版新增内容

新版本有四个主要目标：

1. 通过在适当的章节中增加"真实案例"，为读者提供更多的实际应用案例。

2. 更新有关学校组织行为学方面的最新研究和发展趋势。

3. 在组织行为学、批判理论和批判种族理论之间建立更好的联系。

4. 通过在后续章节中讨论和扩展最初的概念，将理论和实践贯穿全书，并进行更深入的分析和归纳。

以下是《教育组织行为学(第11版)》主要的具体变化：

• 我们在适当的章节中增加了"真实案例"。这些案例是从管理实践者那里收集来的，以展示理论概念是如何在当今学校中实际应用的。这些案例为读者提供了理论与实践之间的联系，并帮助读者批判性地将"书本知识"应用于组织行为管理实践。

• 虽然在第10版的"领导力"一章中对批判理论进行了简要定义，但在新的版本中对这一概念进行了扩展。我们认为，教育中的批判理论和批判种族理论自20世纪90年代中期首次引入以来，已经上升为主要理论。我们还认为，各级组织对批判种族理论的关注，对于消除学校和学校教育中的种族主义是非常重要的。

• 对上一版本中引入的"关键事件"进行了更新，并将其移到每一章的结尾。为本书进行审稿的专家们认为,读者在阅读完每一章后才准备批判性地分析这一"关键事件",对此,我们表示赞同。在阅读完每一章之后,"关键事件"部分会根据章节内容向读者提出一些实际问题。"关键事件"要求读者根据所呈现的事实和自己的实践理论回答相关决策问题。这种方法对读者来说非常重要,因为:(1)它可以在实际领导实践中促进对组织行为知识的理解,(2)它能帮助读者发展和内化出一种切实有效的实践理论。

●在几个章节中增加了新的图表和数据,以支持新增及原有的材料。本书通过直观的方式呈现研究结果,以帮助视觉型学习者更好地阅读。同时我们和一些审稿人认为没有价值的图表和数据也被删除。

●当今的时代是一个快节奏的时代,《不让一个孩子掉队法案》、"力争上游"计划、"问责制"和"高风险测试"等法案和制度得以推行,本书希望能通过更新和改版使之更具时代性。本书十二章中的大部分章节都补充了该领域的最新研究和最新发展,以此替换原有的材料。例如,书中介绍了共同核心州立标准,并讨论了两个新的评估联盟:智能平衡评估联盟和升学与就业准备评估联盟(PARCC)。此外,我们还保留了始终作为教育领导研究发展基础的一些古典研究和理论。

审稿专家们给此修订内容的增补和修改提供了许多有价值的意见。除了上面列出的修订外,还有一些主要变化:

●关于动机的章节从书的结尾被移至第五章。之所以做出该调整,是考虑到激励理论和实践是发挥领导力的基础。

●在第三章中,玛丽·帕克·芙丽特对管理理论的贡献重新被添加到本版中。

●第八章中增加了迈克尔·富兰在组织变革方面的贡献。

●在第九章关于领导力的讨论中纳入马尔扎诺、沃特斯和麦克纳尔蒂关于领导力的研究。

●第十章中增加了关于基于数据决策的讨论。

●此外,在第十章中增加了介绍全面质量管理概念的新内容,此概念对组织决策将有所帮助。

●在第十一章中有关组织冲突的名称和内容也更改为"组织冲突与沟通",以此更好地反映对沟通主题的关注。此外,我们还运用托德·惠特克的研究思想讨论了校长应如何应对难以相处的教师。

●对每章末尾的许多反思活动都进行了修订和更新。这些活动为每一个学生提供更多挑战,以促进和内化个人对教育领导实践理论的理解。通过学习本书并完成活动,学习者将会适应任何学校环境,并形成一种深思熟虑且理论基础牢固的领导实践方法。

本书的第 11 版同时还通过提供两类补充资料:试题库和 PowerPoint ® 讲义,为学习者提供更全面升级的支持。只需登录网站 www. pearsonhighered. com/educators 即可下载这两部分补充资料。这些资料可以被存放在教师资源中心,你只需要注册即可获取权限。

致谢

感谢所有为本书第 11 版提供建议和审稿的专家:怀俄明州大学的希瑟·邓肯、得克萨斯农工大学的玛丽亚·辛诺科萨、马萨诸塞大学达特茅斯分校的里卡多·D.罗莎和中佛罗里达大学的罗斯玛莉·泰勒。感谢以上审稿专家分析以及为此版本及后续的版本提供的宝贵指导。

此外,还要想感谢以下组织管理的实践者,正是由于他们提供的"真实案例",使得许多章节更具意义,并使本书中的研究、理论和概念与学校教育的"真实世界"得以联系起来。他们分别是:

●佩吉·奥恩,佛罗里达州那不勒斯市海牛中学校长。

●斯科特·克罗纳,印第安纳州马里恩市马里恩社区学校基础教育教学协调员。

●詹姆士·加斯帕里诺，佛罗里达州那不勒斯市佩利肯马什小学校长。

●凯文·戈登，佛罗里达州圣彼得堡市吉布斯高中前校长，现任佛罗里达州圣彼得堡市圣彼得堡学院教务长。

●肯德尔·亨德里克斯，印第安纳州布朗斯堡市布朗斯堡社区学校集团财务总监。

●洛基·基利昂，印第安纳州西拉斐特市西拉斐特社区学校集团督学。

●布莱恩·曼根，佛罗里达州开普科勒尔市马里纳高中前校长，现任东李县高中校长。

●乔治·纳尔逊，奥地利维也纳学校前校长；缅甸国际学校现任校长。

●拉森亚·穆尔，佛罗里达州派内拉斯县学校副校长。

●史蒂夫·里特，密苏里州迪普沃特市莱克兰高中校长。

最后且最重要的，感谢佛罗里达海湾海岸大学的博士研究生兼研究生助理克里斯托弗·帕菲特，感谢他在确保参考资料的准确性、编辑校对及修改 PowerPoint® 讲义工作中付出的努力和慷慨无私的帮助。

罗伯特·G.欧文斯

托马斯·C.瓦莱斯基

教育领导政策标准 **2008**
（原 ISLLC 标准）

十多年来，州际学校领导者证书协会标准(the Interstate School Leaders Licensure Consortium Standards，简称 ISLLC 标准)一直是教育领导力课程改革的中心。2008 年，在华莱士基金会(the Wallace Foundation)的支持下，标准被更新修订，现在被称为教育领导政策标准(Educational Leadership Policy Standards)。最初，六项 ISLLC 标准中的每一项都包含知识、技能和能力倾向列表，总计近 200 个指标。关于这些指标，作为该标准的主要作者之一的约瑟夫·墨菲(Murphy，2003)写道：

> 这些指标是重要知识、实践和信念的示例，但并非全貌。因此我们并没有努力将所有的内容都包括在内，也没有穷尽去论述在各种领导环境中的表现。领导力是一项复杂的、与环境相关的活动。试图用一个明确的指标列表来概况这一概念是一件愚蠢的事情。

ISLLC 标准的作者认为，整个大学教师培养课程(而不是任何一门课程)应包括 ISLLC 标准的所有知识、能力倾向和行为表现，但即使如此，课程也不应该仅根据这些指标进行评估。然而，在实践中，知识、技能和能力倾向指标本身被用作标准来使用，这不是 ISLLC 标准最初制定者的意图。在修订后的标准文件中，作者指出："列出领导力指标示例就无意间限制和排除了可能列入这个详尽清单的其他领域"(州立学校行政主管委员会，Council of Chief State School Officers，2008，p.5)。因此，修订后的标准中放弃了知识、技能和能力倾向指标，增加了"功能"一项来定义每个标准，并帮助管理者理解每个功能的预期行为。修订后的标准被专门称作"政策标准"，以帮助指导与教育领导相关的政策层面的讨论,而不用于指导实际应用。

ISLLC 标准为美国的国家教师教育认证委员会(the National Council for Accreditation of Teacher Education, NCATE)和国家教育管理政策委员会(the National Policy Board for Educational Administration, NPBEA)评估大学课程提供了依据。以下ISLLC 标准的发展简史可能有助于读者理解这些标准的重要性。

国家教育管理政策委员会成立于1988年,成员来自以下10个全美国家协会:

- 美国教师教育学院协会(AACTE)
- 美国学校管理者协会(AASA)
- 学校业务主管协会(ASBO)
- 监督与课程开发协会(ASCD)
- 州立学校行政主管委员会(CCSSO)
- 全国小学校长协会(NAESP)
- 全国中学校长协会(NASSP)
- 全国教育管理教授委员会(NCPEA)
- 全国学校董事会协会(NSBA)
- 大学教育管理委员会(UCEA)

后来,学校业务主管协会放弃了在国家教育管理政策委员会的会员资格,国家教师教育认证委员会加入。

1994年,国家教育管理政策委员会成立了州际学校领导者证书协会,为职业发展制定标准。州际学校领导者证书协会由皮尤慈善信托基金(Pew Charitable Trusts)资助,在约瑟夫·墨菲(Joseph Murphy)和尼尔·希普曼(Neil Shipman)的指导下,由州立学校行政主管委员会负责管理制定标准的过程。1996年,国家教育管理政策委员会采用了 ISLLC 标准。之后,国家教育管理政策委员会从其成员组织中另外组成了一个工作组,并发展成为教育领导代表委员会(the Educational Leadership Constituent Council, ELCC)。该委员会致力于制定一套评估教育领导力课程的标准(简称 ELCC 标准),供国家教育管理政策委员会和国家教师教育认证委员会使用。

最初的 ISLLC 标准存在相当大的争议,其中包括以下问题:(1)标准没有提供支持性的研究基础;(2)没有给予标准明确的权重比例,因此标准(以及知识、能力倾向和行为表现)有可能使学生的成绩更高;(3)标准没有包括或强调某些关键领域的重要性,例如技术。国家教育管理政策委员会承认了部分不足并接受批评,于2005 年夏天成立了工作组,开始修订 ISLLC 标准。由来自 9 个成员组织(除全国学校董事会协会外)的 10 名成员组成了指导委员会。国家教育管理政策委员会同意将在一些重要的前提下对标准进行修订,包括:

- 同时修订 ISLLC 标准和 ELCC 标准。
- 对 ISLLC 标准中的"学校领导者标准"进行更新与修订,而非重新撰写。
- 在过去十年中,这两套标准的所处的背景发生了巨大变化。
- 修订后的两套标准的版权归国家教育管理政策委员会所有。

原先的计划是于 2008 年春季向国家教育管理政策委员会提交标准的最终修订稿以供批准,但这一目标被提早实现了,因为新的《教育领导政策标准》于 2007 年12 月已由国家教育管理政策委员会批准了。上文中提及的第一个批评意见在本次修订稿中得到了解决。标准的研究基础得以被建立。标准中的每个新"功能"指标都能与已出版的支持性研究相关联(国家教育管理政策委员会,2009)。最终的文件被命名为"教育领导政策标准:ISLLC 2008"。

虽然我们认识到 ISLLC 标准并不涵盖学校领导力的方方面面,而是包含很多关于这个行业标准的批判性论述。但我们也了解到,截至 2008 年,有 43 个州采用或调整了 ISLLC 标准作为州教育领导力认证的基础,并以此作为评估和批准大学教师培养课程的基础(州立学校行政主管委员会,2008)。那些没有采用或调整 ISLLC标准的州则使用与 ISLLC 标准明显相似的其他标准(Sanders & Simpson, 2005)。因此,鉴于其重要性,我们希望帮助你了解 ISLLC 标准及其相关功能,这也是本书的重要内容。其中的表格是各 ISLLC 标准及其各章节中包含的功能。通过查看每项标准的列表,你可以了解本书中哪些章节包含的相关内容。同时显而易见的是,有些标准比其他标准内容更加全面。例如,从表中可以看到,标准 4 的相关内容比标准3 和 5 少。通过跨行浏览功能,你可以了解哪个章节包含哪些相关资料。我们希望这些信息对学生和教授同样具有价值,同时我们欢迎任何反馈,以帮助我们在以后的版本中更好地完善信息。

按章节划分的 ISLLC 功能

标准 1：教育领导者通过促进发展、表达、实施和管理所有利益相关者所共享和支持的学习愿景，促进每个学生的成功。

章节

功能	1	2	3	4	5	6	7	8	9	10	11	12
A. 共同制定和实施共同的愿景和使命	●							●	●			
B. 收集并使用数据确定目标，评估组织的有效性，并促进组织学习	●							●	●	●	●	●
C. 制定和实施实现目标的计划				●		●			●			●
D. 促进连续和可持续的改善	●	●				●		●	●		●	●
E. 监督和评估进展，修订计划						●			●	●	●	●

标准 2：教育领导者通过倡导、培育和维持有利于学生学习和员工专业成长的学校文化和教学课程，促进每个学生的成功。

章节

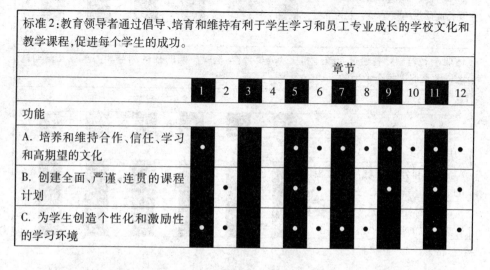

功能	1	2	3	4	5	6	7	8	9	10	11	12
A. 培养和维持合作、信任、学习和高期望的文化	●				●	●	●	●	●	●		●
B. 创建全面、严谨、连贯的课程计划		●			●		●		●		●	
C. 为学生创造个性化和激励性的学习环境	●	●			●	●	●	●		●		●

功能	1	2	3	4	5	6	7	8	9	10	11	12
D. 监督教学						•			•			•
E. 制定评估和问责制以监控学生的进步	•				•	•			•	•		•
F. 培养员工的教学和领导能力	•				•	•			•			
G. 最大限度地延长高质量教学的时间		•				•						
H. 促进使用最有效和适当的技术以支持教与学	•	•		•					•	•	•	
I. 监控和评估教学计划的效果				•			•					•

标准3：教育领导者通过确保对组织、运营和资源的管理来促进每个学生的成功，从而创造一个安全、高效和有效的学习环境。

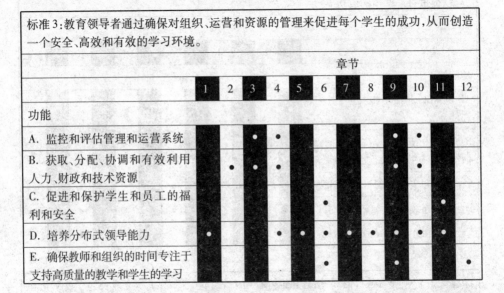

| 功能 | 章节 | | | | | | | | | | | |
	1	2	3	4	5	6	7	8	9	10	11	12
A. 监控和评估管理和运营系统			•	•					•			
B. 获取、分配、协调和有效利用人力、财政和技术资源		•	•	•								
C. 促进和保护学生和员工的福利和安全						•					•	
D. 培养分布式领导能力	•			•	•							
E. 确保教师和组织的时间专注于支持高质量的教学和学生的学习							•					•

标准4：教育领导者通过与教师和社区成员合作、响应不同的社区利益和需求以及调动社区资源来促进每个学生的成功。

| 功能 | 章节 | | | | | | | | | | | |
	1	2	3	4	5	6	7	8	9	10	11	12
A. 收集和分析与教育环境相关的数据和信息						•		•	•			•
B. 促进对社区多元文化、社会和智力资源的理解、欣赏和利用	•				•	•		•	•			

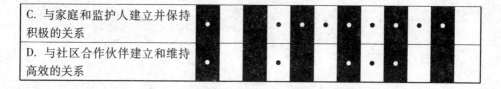

	1	2	3	4	5	6	7	8	9	10	11	12
C. 与家庭和监护人建立并保持积极的关系	●				●	●	●	●	●			
D. 与社区合作伙伴建立和维持高效的关系				●		●	●	●	●			

标准5:教育领导者通过正直、公平和道德的方式促进每个学生的成功。

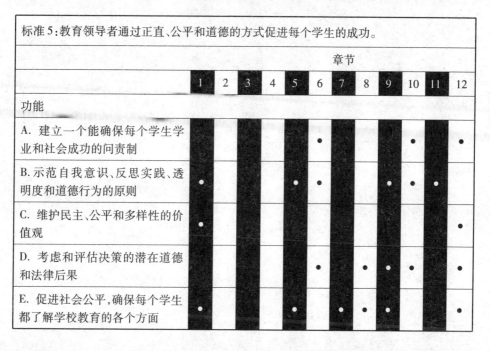

	章节											
	1	2	3	4	5	6	7	8	9	10	11	12
功能												
A. 建立一个能确保每个学生学业和社会成功的问责制						●			●		●	●
B. 示范自我意识、反思实践、透明度和道德行为的原则	●											
C. 维护民主、公平和多样性的价值观	●											●
D. 考虑和评估决策的潜在道德和法律后果						●	●			●	●	●
E. 促进社会公平,确保每个学生都了解学校教育的各个方面	●					●	●		●			●

标准6:教育领导者通过理解、响应和影响政治、社会、经济、法律和文化背景来促进每个学生的成功。

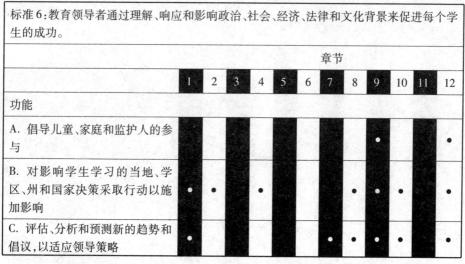

	章节											
	1	2	3	4	5	6	7	8	9	10	11	12
功能												
A. 倡导儿童、家庭和监护人的参与									●			●
B. 对影响学生学习的当地、学区、州和国家决策采取行动以施加影响	●			●					●	●		
C. 评估、分析和预测新的趋势和倡议,以适应领导策略	●						●	●	●	●		

国家教育管理政策委员会区域级标准

2011 年新的国家标准是由国家教育管理政策委员会制定的区域级标准。该文件的名称为"教育领导力课程认可标准:地区级"(国家教育管理政策委员会,2011)。这些标准以 ISLLC 标准为基础,主要为大学教师培养课程而制定,以获得教育领导代表委员会的国家认证。其与 ISLLC 标准的主要区别在于增加了与实习课程相关的标准 7。鉴于它们对教师培养课程的重要性,在下文中将罗列出这些标准。国家教育管理政策委员会文件中提供的各矩阵(或对照表)图表对从区域级标准到 ISLLC 标准及其每项标准的全面的研究支持进行展示和描述。此外,卡诺尔和杨(Canole & Young, 2013)在州立学校行政主管委员会发布的报告中对 ISLLC 标准和 ELCC 标准进行了深入分析。在报告中,卡诺尔和杨阐述了这些标准的历史、研究基础,还阐述了 ELCC 标准与其他标准的对照表(不仅包括 ISLLC 标准,还包括如 InTASC 教师标准、NASSP 标准和 NAESP 标准)。他们还报告了对华莱士基金会的主干课程计划(Principal Pipeline Initiative)的分析,其中六个学区对 ELCC 标准进行了调整,以制定强大的教师培养主干课程和后续课程(北卡罗来纳州的夏洛特—梅克伦堡学区、科罗拉多州丹佛市、佐治亚州的格温奈特县、佛罗里达州的希尔斯伯勒县[坦帕地区]、纽约市,以及马里兰州的乔治王子县)。

为了获得教育领导代表委员会的国家认可,大学教师培养课程以"教育领导力课程认可标准:地区级"作为依据进行评估(国家教育管理政策委员会,2011)。

ELCC 标准 1.0:

区级教育领导者通过促进发展、表达、实施和管理共同的学区学习愿景来促进每个学生成功;通过收集和使用数据来确定学区目标,评估组织有效性和实施学区计划,以实现学区目标;促进连续和可持续的学区改善;评估学区的发展并修订学区利益相关者所支持的学区改善计划。

  ELCC 标准要点：

  ELCC 1.1：申请者理解并能够合作发展、表达、实施和管理学区的共同愿景。

  ELCC 1.2：申请者理解并能够收集和使用数据来确定学区目标、评估组织有效性和实施学区计划，以实现学区目标。

  ELCC 1.3：申请者理解并能够促进连续和可持续的学区改善。

  ELCC 1.4：申请者理解并能够评估学区的发展并修订学区利益相关者所支持的学区计划。

ELCC 标准 2.0：

  区级教育领导者通过维持有利于合作、信任和个性化学习环境的学区文化来促进每个学生成功，并对学生抱有高期望；创建和评估全面、严谨和连贯的学区课程与教学计划；发展和监督整个学区的教学和领导能力；推广最有效和适合的技术，以支持学区内的教学和学习。

  ELCC 标准要点：

  ELCC 2.1：申请者理解并能够通过合作、信任和个性化的学习环境以及对学生的高期望来倡导、培养和维持有利于学生学习的学区文化和教学计划。

  ELCC 2.2：申请者理解并能够创建和评估全面、严谨和连贯的学区课程和教学计划。

  ELCC 2.3：申请者理解并能够发展和监督整个学区的教学和领导能力。

  ELCC 2.4：申请者理解并能够推广最有效和适合学区的技术，以支持学区内的教学和学习。

ELCC 标准 3.0：

  区级教育领导者通过监督和评估学区的管理和运营系统，确保对学区组织、运营和资源的管理来促进每个学生成功；在学区内有效利用人力、财力和技术资源；促进保护整个学区内学生和工作人员福利和安全的学区政策和程序；发展学区的分布式领导能力；以及确保学区时间能专注于高质量的教学和学生学习。

ELCC 标准要点：

ELCC 3.1：申请者理解并能够监督和评估学区的管理和运营系统。

ELCC 3.2：申请者理解并能够有效地利用学区内的人力、财力和技术资源。

ELCC 3.3：申请者理解并能够促进保护整个学区内学生和工作人员福利和安全的学区政策和程序。

ELCC 3.4：申请者理解并能够培养学区的分布式领导能力。

ELCC 3.5：申请者理解并能够确保学区时间用以重点支持高质量的学校教学和学生学习。

ELCC 标准 4.0：

区级教育领导者通过与教师和社区成员合作，响应不同的社区利益和需求来促进每个学生的成功，并通过收集和分析与改善学区教育环境相关的信息，为该学区动员社区资源；在整个学区中促进对社区的多元文化、社会和智力资源的理解、欣赏和使用；与家庭和监护人建立并维持积极的联系；以及与社区伙伴培养高效的区域联系。

ELCC 标准要点：

ELCC 4.1：申请者理解并能够通过收集和分析与改善该学区教育环境有关的信息来与教职员工和社区成员合作。

ELCC 4.2：申请者理解并能够在整个学区中通过促进理解、欣赏和利用社区的多元文化、社会和智力资源来调动社区资源。

ELCC 4.3：申请者理解并能够通过与家庭和监护人建立和维持积极的联系来响应社区利益和需求。

ELCC 4.4：申请者理解并能够通过与社区伙伴建立和维持高效的联系来响应社区利益和需求。

ELCC 标准 5.0：

区级教育领导者通过诚信、公平和道德的方式来促进每个学生的成功，并通过示范在学区内与他们角色相关的自我意识、反思实践、公开透明和道德行为的原则，确保学区系统对每个学生的学业和社会成功负责；维护学区内民主、公平和多元化的价值观；评估该学区决策的潜在道德和法律后果；促进学区内的社会公正,确保学校教育的各个方面都满足学生的个人需求。

ELCC 标准要点：

ELCC 5.1：申请者理解并能够以诚信和公平的态度行事,确保学区对每个学生的学业和社会成功负责。

ELCC 5.2：申请者理解并能够示范学区内与各种角色相关的自我意识、反思实践、公开透明和道德行为的原则。

ELCC 5.3：申请者理解并能够维护学区的民主、公平和多样性的价值观。

ELCC 5.4：申请者理解并能够评估学区决策的潜在道德和法律后果。

ELCC 5.5：申请者理解并能够促进学区的社会公平,以确保学校教育的各个方面都满足学生的个人需求。

ELCC 标准 6.0：

区级教育领导者通过理解、响应和影响学区内更大的政治、社会、经济、法律和文化背景来促进每个学生成功,并为学区的学生、家庭和监护人谋求利益;对影响学生学习的当地、学区、州和国家决策采取行动以施加影响;预测和评估新的趋势和倡议,以调整区级领导策略。

ELCC 标准要点：

ELCC 6.1：申请者理解并能够为学区的学生、家庭和监护人谋求利益。

ELCC 6.2：申请者理解并能够在学区环境中对影响学生学习的当地、学区、州和国家决策施加影响。

ELCC 6.3：申请者理解并能够预测和评估新的趋势和倡议,以调整区级领导策略。

ELCC 标准 7.0：

区级教育领导者通过获得丰富且持续的教育领导实习经验来促进每个学生的成功,实习过程包含在学区环境中的实地经验和实习实践,并需由一位合格的现场实习导师监督。

ELCC 标准要点：

ELCC 7.1：丰富的经验。课程为申请者在学区环境中提供重要的实地经验和实习实践,通过真实的学区领导经验,来综合和应用学科知识,并发展其他教育领导力区级课程标准文件中提及的专业技能。

ELCC 7.2:持续的经验。为申请者提供为期六个月的集中实习(每周9—12小时),其中包括在学区环境中的实地经验。

ELCC 7.3:合格的现场实习导师。学区的现场实习导师均具备担任学区教育领导的成功经验,是由实习生和课程教员在监督机构的培训下共同挑选的。

参考书目

Canole, M., & Young, M. (2013). *Standards for educational leaders: An analysis.* Washington, DC: CCSSO.

Council of Chief State School Officers. (2008, June). *Educational leadership policy standards: ISLLC 2008. As Adopted by the National Policy Board for Educational Administration*, Washington, DC: Council of Chief State School Officers. Retrieved from http://www. ccsso. org/Documents/2008/Educational _ Leadership _ Policy _ Standards _ 2008. pdf

Murphy, J. (2003, September). *Reculturing educational leadership: The ISLLC standards ten years out.* Paper prepared for the National Policy Board for Educational Administration. Retrieved from www. npbea. org/Resources/catalog. html

National Policy Board for Educational Administration. (2011). *Educational leadership program recognition standards: District level.* Alexandria, VA: NPBEA.

National Policy Board for Educational Administration. (2009, June). *Major projects.* Retrieved from http://www. npbea. org/projects. php

Sanders, N. M., & Simpson, J. (2005). *State policy framework to develop highly qualified administrators.* Washington, DC: CCSSO.

目 录

第十章　决策 …………………………………………… 363

第十一章　组织冲突与沟通 ·················· 411

第一章　组织理论和批判理论

　　学校就是一个小社会，人们在这个社会里生活和工作。与其他社会组织一样，学校这个小社会有自己的权力体系、组织结构、行事逻辑和价值观，它们共同强烈影响着学校内每个个体对世界的感知、解释和回应方式。简而言之，在一个教育组织中，个体以及群体的工作行为不仅反映他们独特的个性，而且被组织文化中普遍存在的社会规范和期望有力地塑造和定型。个体与他们工作的社会环境之间的相互作用是产生组织行为，即学校组织中人的行为的强大动因。如果你想成为有效的教育领导者，就必须清楚地了解组织行为的本质，决定如何从事领导实践。当你阅读本书时，你应该思考你所读到的内容，提出质疑甚至挑战，问问你自己并与他人讨论如何把这些知识融入你的工作、经验和世界观中。通过反思实践，本章对你的现在和将来都将更加具有价值和意义。

一、作为教育组织的学校

　　尽管美国学校在历史上都倾向于反映工业、商业和军事的价值观与观点，但越来越明显的是，即使不完全有别于其他组织，学校实际上却在很多重要的方面都与各种工业、商业、政府或军事组织截然不同。正因为学校组织的独特性，学校需要有不同的思维方式、领导风格和适合的管理方法。

　　教育组织的独特性在于其教育使命。大多数组织建立的基本目的就是通过制造产品、销售产品或提供配套服务而营利赚钱。政府也创造了大量的组织，共同致力于提供公共秩序和安全。学校教育的独特使命要求学校组织在本质上应该促进人的持续成长和发展，使他们成为更充分发挥作用的个体。这样的组织必须促进包括学生以及在学校工作的成人在内的所有参与者的学习、个人成长和发展。

教育组织旨在帮助其参与者提高个人和人际交往能力，培养小组合作技能，阐述内心的设想并通过个体和群体行为付诸实施，采取关怀和支持他人的群体合作行为，有效并无畏地管理冲突以及充分分享信息和想法。它们高度重视并支持开放、信任、关怀和分享的品质；它们总是争取一致意见，但支持和重视那些有不同想法的人；它们最重视人的成长和发展。那么，有效的教育领导应该力争把学校的愿景看作是一个永无止境的变革和发展过程，一个"没有终点的比赛"（或"kaizen"，也就是日本人所说的通过不断的小进步实现持续改善），而非寻求巨大的惊人突破，获得一把神话般的能最终解决一切问题的尚方宝剑。

组织形成过程（McGregor，1960），也就是作为个体和群体成员的人的成长和发展过程，以及组织自身的成长和发展过程，其本质上是共同在组织生活中创造持久的生命力，而学习成果只是暂时的，只能暂时证明该阶段学习过程是有效的。教育组织环境中的一个主要关注点是权力问题，即盛行的等级制度。在组织生活中，我们还未找到可代替等级制度的方法，但我们可以在道德和诚信的基础上，尽可能公平地分享和分配权力，以尽量减少对组织中个体行为的不利影响。由于学校的根本和唯一使命就是其教育性，因此在这个过程中，我们可以将学校打造成为更具成长性的环境，而这是与工业和商业组织普遍不同的组织概念。

二、组织理论

关于官僚和非官僚组织不同观点的讨论，实际上是对组织理论的讨论。教育管理实践者通常对理论持怀疑态度，经常认为这是一种理想的状态或没有意义的概念，并将其与贬义词"象牙塔"联系在一起。由于那些在学校工作的人强调他们必须在"真实世界"中处理日常生活中的严酷现实，所以这种态度也经常被合理化。然而，理论远非与日常生活脱节，它对塑造我们对日常事件的认知和理解是至关重要的。学校领导需要了解组织理论，以便他们能够更清楚地思考如何在特征模糊、不确定、不明确或未知的世界中做出明智的选择。

（一）理论界定与描述

理论不是猜测，也不是预感。理论是用来解释所观察现象的系统的结构化知识。优秀的理论是建立在良好的研究基础之上的(我们将在本章后面讨论研究实践)。正如我们有关于疾病的致因、飞机飞行的动力来源和太阳系的本质等理论一样,我们同样有关于组织及其工作原理的理论。正如应该经常洗手、定期锻炼并保持良好的饮食习惯等均是有理论依据一样,我们同样应该理解学校组织以及如何使其更有效运作的理论基础。

理论有助于系统地思考复杂问题,如理解教育组织的本质。理论的价值在于它使我们能够描述和解释正在发生的事情,预测在特定情况下未来会发生什么,并且考虑控制事态发展的方法——这对专业从业者来说是必不可少的。

(二)教育组织研究的两个主要视角

自 20 世纪组织行为研究开始以来,人们普遍选择两种方式对组织进行概念化。第一种方式是传统理论,通常被称为官僚制理论,尽管严厉批评公办学校教育的人经常挖苦该理论并将其称为工厂组织模式。无论使用什么名称,官僚组织都会让人们脑海中想到一些陈旧的刻板印象:

> ● 18 世纪腓特烈大帝(Frederick the Great)的军队形象,其特色是机器人般的组织,自上而下的权威,军队全部受详细的书面规则和指令——即组织运行"章程"的控制。

> ● 弗兰兹·卡夫卡(Franz Kafka)笔下著名而生动、不可磨灭的画面,把官僚机构描绘成一个噩梦般的、令人难以理解的、漠然和尾大不掉的组织,以甜蜜的理由创造出的诡异结果。

不过,官僚体制仍然是世界范围内最普遍的组织理论。事实上,对于世界上的许多人来说,官僚主义是一个组织的本质概念。然而,随着时间的推移和世界的变化,另一种理解组织的方式出现了。

第二种方式是当代非官僚制理论,它的形式在很大程度上是当今世界的不断发展和加速变化的节奏的结果。现代技术的发展和政治、经济及社会的变化使僵化的官僚机构更显得不知所措和反应迟钝。要在当今瞬息万变的世界中茁壮成长,学校必须灵活多变、适应变化和不断发展。这就是彼得·圣吉(Senge, 1990)所倡导的学习型组织。这种组织类型不仅能适应世界上出现的新挑战，而且也能够适应世界范围内对民主、个人自由、个人尊重和尊严，以及对自我实现机会的越来越高的期望。

官僚制理论 官僚主义的方法在控制和协调组织中的个体行为时往往强调以下五种机制：

1. 保持对权力的严格分级控制和对下级人员的严密监督。在这个概念中，管理者作为监督者和评价者的角色被特别强调。

2. 建立并保持充分的垂直沟通。这种做法有助于确保信息完整地上报给决策层，而指令也能清晰迅速地下达至执行层。由于决策者必须掌握组织运行情况的准确信息，以便做出高质量的决策，因此对信息进行处理和沟通显得特别重要，但通常又缺乏有效性。使用计算机来优化信息沟通对官僚主义的拥护者极具吸引力。

3. 制定清晰的书面规则和程序以设立标准及指导行为。其中包括课程指南、政策手册、指导书、内容标准、值班名册、规章制度和标准操作程序。

4. 发布明确的计划和时间表，让参与者遵循。其中包括教师的教学计划、课程表、作息时间表、会议日程表、预算、午餐时间表、特殊教师时间表、校车班次安排等。

5. 在必要时在组织的各层级中增加监督和行政职位，以应对组织因形势变化而产生的问题。例如，随着学区和学校规模的扩大，出现了助理校长、主席、主任和协调员等职位。随着管理程序变得越来越复杂，出现了专业人员职位(特殊教育主任、预防药物滥用计划协调员、学校心理咨询师、监察主任和学校社会工作者等)。

这些官僚体制被大众广泛接受，并成为学校管理控制和协调的首选制度，1983年里根总统任职期间发生的改革运动也印证了这一点，而《国家处于危险之中》(*A Nation at Risk*)也恰逢其时地出版了。学校的有效性成为教育政治议程中的一个重要主题，并加入了从20世纪70年代以来始终传承下来的"两大主题"中，即平等和准人。尽管关于有效学校及其现状的研究文献不断增加，但在1983年却突然爆发了一场几乎与此主题不相关的改革运动。这场改革运动至少在大众媒体和电子媒体中占据了中心舞台，并对许多改善学校运作的努力产生了强烈的影响。此事件对我们来说很有意义，因为它说明了许多政治领袖对官僚体制持有非常坚定的信念，认为此制度的方法对思考学校及改善学校方面是合适的。

　　显然，一些教育改革家对秉承官僚主义的方法或其他基于此逻辑而做出的对学校性质的假设持有强烈的倾向性。通常这些假设与传统工厂一致：管理层决定要做什么，指导工人去做，然后实施密切监督，以确保指令得到充分执行。但是正如多伊尔和哈特（Doyle & Hartle，1985）所评论的：

　　　　这根本不是那么回事。对学校进行自上而下改革的想法是可以理解的：这与管理学发展的历史是一致的。这种改革的典型模式是工厂。弗雷德里克·泰勒（Frederick Taylor）的科学管理革命的结果是在学校采用与商业和工业企业同样的管理方法，即创造一个以"金字塔组织"为主要特征的环境……教师是教育流水线上的工人，学生是产品，校长是首席执行官，学校理事会是董事会，纳税人是股东。（p. 24）

　　上述理念似乎巩固了最新的改革策略，正如 2001 年《不让一个孩子掉队法案》所展示的一样。本书撰写正值贝拉克·奥巴马总统第二任期的第一年，这种趋势明显将继续下去。基于"力争上游"计划的要点，联邦政府在教育政策中的作用范围和权力将以前所未有的规模扩大，这一点似乎也已十分明确。《不让一个孩子掉队法案》和"力争上游"计划使得各州可以从华盛顿特区获得大量资金。但一些州获取"力争上游"计划拨款是有严格要求的，比如各州必须使用经过共同评估的统一标准，还必须开发部分基于学生考试成绩的学校教师和管理者问责评价体系。

　　此外，在撰写本书时，我们仍在等待《中小学教育法》（Elementary and Secondary Education Act，ESEA）的修订，此项修订工作因 2008 年和 2009 年间全球经济衰退的爆发而被推迟，希望该法案能在 2014 年被重新批准通过。虽然 2001 版《中小学教育法》，即《不让一个孩子掉队法案》，被认为是美国公共教育史上的重大突破，但同样引发了严重问题。整个计划的结果与华盛顿和各州首府政界人士对以下问题是否持有坚定信念息息相关。

1. 他们对如何在美国约95,000所学校的教室里提高成绩有最佳想法。

2. 他们对学区教室内的情况充分了解,能够制定必要的行动计划和法律规定来实施自上而下的组织管理策略,并坚信这是实现学校所期望的变革而做出的无可争议的最佳选择。

《不让一个孩子掉队法案》在当时是美国历史上联邦政府对指导全美学校教育最大胆的一项冒险行为。截至2013年,联邦政府的参与度仍不断提高,规模空前。要了解华盛顿及各州首府的政治家们对此信念抱有如此自信的依据,仍需要更多的时间。由于《不让一个孩子掉队法案》涉及组织行为研究的许多主题,因此我们将在本章之后的内容中继续进行讨论,并在本书中反复提及它。

人力资源开发理论 正如上文所言,关于学校的组织特征和教师在课堂中的行为有一套非常不同的假设。这个假设将教师置于开展教学变革的首要位置,因此,专横地强迫教师变革,但把教师排除在决策过程之外的任何变革策略都应该受到质疑。正如我们所见,这远非一种新的组织观。但近来解决组织管理严重困境的官僚主义做法的失败——特别是在企业界——再加上新的组织观念的出现(如组织文化有影响组织行为的力量),使非官僚制的新概念成为思考组织管理问题的一种主要方式。

官僚组织致力创建的组织文化强调正式规章制度及实施在组织文化中的首要地位,其核心手段是用一种可预测的方式来影响个体参与者行为。相反,非官僚主义的方法强调在组织中建设一种文化,利用组织内个体对其行为有意识地思考,调动参与者的奉献精神、能力和精力,从而实现组织目标。非官僚组织进行协调和控制的核心机制是参与者对组织目标和价值观的社会化过程,而非通过书面规则和密切监督。通过强烈的社会化,参与者个人认同组织目标和价值观,并为保持自身与组织目标和需求的一致性而努力。因此,组织文化不仅体现了组织的象征和期望,也体现了个体参与者自身的核心信念和愿望。组织文化清楚地表明组织所传达的价值观、信念、真实目标(通常区别于它所公开声明的目标),并为组织中的个体提供认同该文化的具体方式。组织文化是通过符号传达的:通常是以故事、传奇和仪式的形式来建立、培养和延续持久的价值和信念,以赋予组织更深的内涵,并清晰阐述个体将如何随着时间的推移而成为组织传奇的一部分。

在这种观点中,严密的检查和监督再也不是保证参与者合格工作表现的唯一手段。即使在巨大的不确定性和压力下,由于个人对组织文化价值的认同和奉献,个体依然能有强大的动力来确保自己的工作表现。例如,思考是什么原因让个体加入组织,并始终坚持留在组织中工作来努力实现组织目标。为了使人力资源开发理论的原理发挥作用,领导者需要相信某种理念以理解组织中个体的行为。道格拉斯·麦格雷戈(Douglas McGregor)的观点能帮助我们理解关于人和组织的领导理念。他对领导理念的描述被称为 X 理论和 Y 理论(McGregor, 1960)。

X 理论与 Y 理论　X 理论基于管理者可能持有的四种假设:

1. 普通人天生就不喜欢工作,所以只要有可能就会逃避。

2. 因为人们不喜欢工作,因此必须对他们进行严密的监督,并对他们进行指导、强迫或威胁处罚,才能保证他们为实现组织目标付出足够的努力。

3. 普通员工会逃避责任,并从负责人那里寻求正式的指令。

4. 相比于其他因素,大多数员工将稳定性排在影响工作因素的首位,并且缺乏抱负。

有些管理者会默认或坚信这是组织生活的基本事实,那他将理所当然地以此作为指导来管理组织中的员工。

而 Y 理论对人类工作的本质有不同假设:

1. 如果员工对工作满意,他们会认为工作是自然的,而且是可以接受的事情。

2. 人们在工作时如果认同并决心为组织目标而付出,就会在工作中积极主动,发挥主观能动性并进行自我控制。

3. 普通人在适当的条件下,不仅将学会接受工作责任,还会主动承担责任。

4. 普通员工重视创造性,有做出良好决策的能力,并会在工作中寻找发挥创造性的机会。

管理者如果默认或接受此种有关人们工作的本质解释，那么他们对待员工的管理方式与持 X 理论观点的管理者不同便不足为奇了。

提供这些理论并非是要你选择接受或者拒绝哪个，它们只是为了说明组织理论的观点实际上是如何被教育管理者在工作中使用的，即在关键时刻的正确决策和行动指南。部分行政、管理或领导负责人会倾向于认同这些理论中的某一条，认为它比其他陈述更能准确地反映组织中的现实本质。领导者通常会以与他们认同的理论陈述相一致的方式行事。例如，那些倾向于持 X 理论观点的人会相信动机基本上是"胡萝卜加大棒"的问题，他们倾向于认为有必要对下属进行严密和仔细地监督，并且倾向于必须自始至终完全由自己做决策。组织生活的合议制度往往被认为是一个抽象的美好理想，但在学校的真实世界中并不怎么实用。

正如克里斯·阿吉里斯（Argyris，1971）所说的，X 理论观点会导致领导者行为模式"A"的产生。这种行为模式可表现为以下两种主要形式：

1. "强硬型"行为模式"A"，其特点是严厉的强指令型领导，进行牢固的控制和严密的监督。

2. "温和型"行为模式"A"，涉及大量的说服、"收买"下属使其服从，仁慈家长作风或所谓的"好"（即人为操纵）的人际关系。

在这两种情况下，行为模式"A"，无论是以强硬还是温和的形式表现出来，都具有明确的动机，即传统的激励、控制和管理。它是基于 X 理论中对工作人员人性的假设。

与之相比，领导者对工作人员持有的 Y 理论假设则有所不同。Y 理论假设会引起领导者行为模式"B"的产生。这种行为模式的风格特点是致力于共同的目标、高度的信任、相互尊重，并帮助人们在组织中从工作本身获得满足感。模式"B"型领导可能要求苛刻、直言不讳和完全务实，但本质上是一种合作型领导模式。这种领导行为模式旨在取得比模式"A"更高的成效和更优的效果，因为它被认为能更准确地理解工作人员的真正需求。

在讨论理论和理解学校组织行为之间的关系时，我们应该格外注意——正如阿吉里斯所警告的——"温和型"行为模式"A"通常被肤浅地误解为行为模式"B"。

对那些试图用这些理论进行学校管理的人来说,这种模棱两可会给他们造成相当大的困惑:

> 与 Y 理论假设相关的行为基本上是发展性的。在这一点上,管理者的工作重点是在工作环境中建立对目标价值的认同和承诺,以及在人际环境中建立相互信任和尊重。工作能否成功与人际关系的好坏是相互依存的,通过完成重要的工作,个体也能获得巨大的满足感(Siepert & Likert, 1973, p. 3)。

但是,"温和型"行为模式"A"经常被管理者用来操控教师,以"良好的人际关系"为幌子,让他们服从基本上是高度指令性的管理。这种行为模式在美国教育中已经产生过多的不良影响,以至于人们置疑在现实的学校和学校体制内应用 Y 理论的合理性。西珀特(Siepert)和利克特(Likert)总结认为"通过一种友好的方式对待教师,并认为他们将变得足够满意和足够被动,这样监督者和管理者便能够毫无阻力地管理学校"。(p. 4)

利克特的四种管理系统理论　这种思维方式的实用性在伦西斯·利克特的著作中有具体说明。利克特在学校和工业组织中进行了 30 多年的研究,提出了一系列的管理模式,分别为系统 1、系统 2、系统 3 和系统 4。每个系统的定义都根据领导者的行为以及组织中其他成员参与决策的过程来进行阐述:这些系统间的差异是连续的过渡,从系统 1 的专制型领导行为和没有其他人参与决策过渡到系统 4 的合作型领导行为和其他成员广泛参与决策。图 1.1 解释了每个系统的含义,并将利克特的四个系统与麦格雷戈的 X 理论和 Y 理论共同对比呈现。利克特的研究支持高效与低效组织管理的关键变量是组织中的人的行为的假设。布莱克和穆顿(Blake & Mouton, 1969)发现有效的组织管理离不开个体在组织重要决策中所起的作用。他们认为系统 4 的管理是最有效的,系统 1 是最低效的。在具体分析广泛的学校组织理论研究后,戈登·里皮特(Lippitt, 1969)同样支持布莱克和穆顿的结论。

麦格雷戈和利克特主要关注点都不是在管理中要对人友善或使工作变得愉快,而是了解如何使组织运行更加有效,此需求无论在工商界还是教育界均是一样迫切的。

X 理论	系统 1	管理层对下层不信任。 a. 管理层制定或强推决策。 b. 通过恐吓、威胁、惩罚来激励下层。 c. 管理权集中在管理层。 d. 上下层之间很少沟通。 e. 员工非正式地反对管理层制定的目标。
	系统 2	管理层对下层居高临下地表示信心和信任。 a. 下层很少参与决策。 b. 通过奖励和惩罚来激励下层。 c. 管理层居高临下地与下层沟通。 d. 下层表现出恐惧和谨慎。 e. 管理权集中在管理层,但有一定的权力下放。
	系统 3	管理层对下层有一定但又不完全的信任。 a. 下层在较低的层次上做出特定的决策。 b. 上下层之间有信息交流。 c. 通过奖励、偶尔惩罚和一定程度决策参与来激励下层。 d. 存在适度的沟通和一定的信任。 e. 向下层授予一定的管理权。
Y 理论	系统 4	管理层对下层有完全的信任和信心。 a. 决策权被广泛分散。 b. 上下层和同层之间都有信息交流。 c. 通过决策参与和奖励激励下层。 d. 上下层之间存在广泛和友好的沟通。 e. 对下层有很大的信心和高度的信任。 f. 上下层对管理过程都有责任感。

图1.1　与麦格雷戈的 X 理论和 Y 理论相对应的利克特管理系统理论

这一普遍观点得到了组织研究广泛而强烈的支持。支持麦格雷戈和利克特等先驱们的一般理论立场的研究众多。罗伯特·R.布莱克和简·斯里格利·穆顿（Blake & Mouton, 1969）的组织研究、戈登·里皮特（Lippitt, 1969）的组织革新研究以及保罗·伯曼和米尔布里·麦克劳林（Berman & McLaughlin, 1978）关于美国学校变革的广泛研究等只是其中的一小部分。

传统的古典组织观（官僚主义理论）奉行截然相反的做法：严格的规章制度，执行更严格的纪律和管理，并要求下属承担更多的工作。而在《不让一个孩子掉队法案》中举例并阐述的新古典主义理论，则侧重于教师问责制、具体的绩效目标和市场化的改革措施。然而，许多关于组织行为的最佳研究明确指出，后一种方法最后只能不攻自破。在本书中，我们将提供证据支持这一论点。

在此我们提出一句告诫性的话。官僚主义和人力资源观点被作为理想案例用来进行比较和对比，以来澄清和描述它们现实之间的基本差异。当然，在学校的现实世界中，这种理想的对立情况并不多见，但这并不是说组织不能被很好地界定为官僚主义或非官僚主义。事实上，它们可以且经常如此。它也不意味非官僚机构的组织就一定是完全没有政策、法规和标准操作程序，或者说官僚机构的组织就一定完全缺乏对人的敏感性或尊重。这一点对学校来说尤其如此，学校在某些方面是官僚主义的，而在其他一些非常重要的方面则是非官僚主义的。这就表明，组织可以被恰当地描述为"相对"官僚的或"相对"非官僚。这也表明，学校无疑远比一般人理解的更为复杂。

三、批判理论

有一批教育学者认同一种被称为批判理论的社会批判观点，这对如何看待组织和领导力产生了重大影响。这些理论家对学校等级制度，尤其是对具有自上而下权力和不顾典型边缘化群体利益的传统官僚机构中的缺陷特别敏感，并大声疾呼，以加强自身对组织治理的发言权。

批判理论认为，社会上制度化的压迫——文化、民族、种族和性别群体——往往得到被压迫民族自身的支持，他们认为这种制度符合他们自己的最大利益。批判理论家争辩说，这种强制是通过当权者的操纵促使权力精英的价值观和信念合法化而实现的："本质上，被压迫群体致力于支持支配群体的利益。通过这样，他们同意对自己的压迫。"(Palmer & Maramba, 2011, p. 439)。在这种观点中，一些继承马克思主义传统的批判理论家会说——也确实说过——资本主义社会的工人受到强大的资产阶级的压迫，但他们并没有察觉到，因为通过控制媒体、教育、有组织的宗教和其他社会制度，那些当权者系统地诱导工人相信资产阶级的价值观和信念是合法的，并且符合工人的最大利益。

保罗·弗莱雷(Freire, 1970)因他的著作《被压迫者教育学》一书而经常被认为是将批判理论引入教育领域的功臣，他在书中分析了教育实践及其对穷人和其他边缘群体的影响。他认为，教育不应该把孩子看成是被动接收的空容器，教师将知识灌入其中，他把这种教育称之为"储蓄"。他认为教育应该是提出问题，教师和学生之间应开展对话，学生在他们的知识获取中应成为主动的学习者。这些概念促使了"批判教育学"这一术语的产生。在此基础上，他认为教育可以推动社会转型。弗莱雷来自巴西，虽然他的理论在美国产生了一定影响，但是批判理论却是因为迈克尔·阿普尔(Apple, 1971, 1986)和亨利·吉鲁斯(Giroux, 1983)而在美国变得根深蒂固。该领域中其他著名学者是德里克·贝尔(Bell, 1992)、理查德·德尔加多(Delgado, 1995)和彼得·麦克劳伦(McLauren, 1998)等。从1991年的《野蛮的不平等》一书开始，乔纳森·科佐尔(Kozol, 1991, 1995, 2005)经常被认为是揭露美国学校儿童贫困问题的批判理论家，他的研究使主流教育界的许多人认识到贫困对学校和儿童的影响。科佐尔指出，美国贫困学生通常就读于资金不足、高素质教师较少的学校，这种情况阻碍了学生能力发展，使其无法达到州和校区规定的教育标准。

(一)种族批判理论

当批判理论被用来研究种族问题，并具体到研究教育领域中的成绩差距问题时，它便被称为种族批判理论。该理论是由索尔扎诺(Solórzano, 1997)针对种族和种族主义的学术话语而提出的，旨在消除包括法律、社会政策和组织文化等各种社会种族主义和种族偏见。框1.1中是由德古尔和迪克森(DeCuir & Dixson, 2004)所定义的种族批判理论基本原则。

框1.1 种族批判理论基本原则(DeCuir & Dixson,2004)

1. 故事讲述——给"有色人种"发声"揭露和批判延续种族偏见的常规对话"
(p. 27)。

2. 种族主义的持久性——种族主义依然存在,这一事实表明"种族主义的等级结构
支配政治、经济和社会的所有领域"(p. 27)。

3. 白皮肤成为财产——这源于白色人种拥有独有特权的历史观点,以至于拥有白皮
肤就像拥有财产权一样。例如,"各种长期培养、荣誉和/或资优课程以及大学提前选修
课程本质上就是学校重新进行种族隔离的各种方式而已。"

4. 利益趋同——多数权力结构的决策只有在符合多数人利益时才会对有色人种有
利。

5. 自由主义的批判——"认为社会应该是不分肤色的论点忽略了这样一个事实,即
不平等、不合时宜和压迫都是历史产物,而在当代社会中,仅仅通过忽视种族问题并不能
轻易地消除这些现象。此外,采用'色盲(colorblind)'的意识形态并不能消除种族主义
和种族主义行为持续下去的可能性"(p. 29)。此外,自由主义意识形态支持渐进式变革,
而"那些对渐进式变革最满意的是那些不太可能直接受到压迫和边缘化状况影响的人"
(p. 29)。

将种族批判理论引入教育领域的主要贡献者之一是格洛丽亚·拉德森-比林
斯(Gloria Ladson-Billings),虽然她将其起源归功于他人:"我们的工作要归功于卡
特·G. 伍德森(Carter G. Woodson)和 W. E. B. 杜博伊斯(W. E. B. DuBois),他们虽
然被主流学术界边缘化,却将种族问题引入为评价社会不平等的理论视角"(Lad-
son-Billings & Tate, 1995, p. 50)。拉德森-比林斯还赞扬了乔纳森·科佐尔最近
的工作。她写道:"科佐尔的研究确实为有色人种发声。他对学校资助不平等现象
的分析让我们洞察种族主义和白色人种自身利益对学校资助政策的影响"(Ladson-
Billings, 1998, p. 20)。拉德森-比林斯等人(例如:Bell, 1992;Brookfield, 2013;
Closson, 2010;Delgado, 1995;DeCuir & Dixson, 2004;Smith & Colin, 2001;
Solórzano, 1997)提出,如果我们要成功地在教育领域中使用种族批判理论,必须首
先理解种族主义依然存在,并且承认它是普遍的社会现象。我们不应该否认种族
主义的存在或羞于谈论种族主义,我们应接受种族主义的存在并试图理解和揭露
种族主义,从而试图最终消除种族主义。要实现以上目标就要培养组织内的每位

成员的反种族主义的行为和观点,而这也离不开对非洲裔美国人生活经验的利用。虽然白人和其他非黑色人种个体不能完全对"非洲中心主义"观点(史密斯和科林倾向的观点)产生共鸣,因为他们没有经历过种族歧视,但他们仍需要意识到种族主义依然存在,并根据对少数族裔的态度及对待他们的方式,理解种族主义是如何在课程设置、学生对自己和其他种族的看法以及学校和社区文化方面影响学校的。史密斯和柯林(Smith & Colin, 2001)写道,我们应该用非洲中心主义观点来"让无形的东西变得可见"(p. 65)。

本书的作者欧文斯(Owens)和瓦莱斯基(Valesky)并非要分享非洲中心主义经验,但这并不意味着我们不能反思、谈论和对非洲中心主义产生共鸣,并利用它分析性地审视和改善学校的实践。赋予有色人种话语权,让他们通过故事讲述自己被种族歧视的生活经历,这有助于愈合他们的伤口,并使压迫者理解,并且是"需要对教育制度的深刻理解"(Ladson-Billings, 1998, p. 14)。所有关于种族批判的文献中都主张给有色人种话语权,这是种族批判理论的主要原则(例如,DeCuir & Dixson, 2004; Ladson-Billings, 1998)。在我们近代历史中,有一些为有色人种争取话语权机会的成功事件,在框1.2中列举了其中一些案例。

框1.2 美国有色人种发声大事件

> 第一,1963 年 8 月 28 日,马丁·路德·金博士领导华盛顿大游行,他在此次活动中发表了《我有一个梦想》的著名演讲,这开启了美国全国范围内揭露和制止种族主义,为有色人种发声大规模活动,是第一次成功尝试。
>
> 第二,每年在亚拉巴马州塞尔玛的埃德蒙·佩特斯大桥上举行游行,吸引了许多著名的政治家。这里为纪念 1965 年 3 月 7 日发生的"血腥星期日"而进行的周年纪念日活动,当时,亚拉巴马州的骑兵们残忍地殴打试图从塞尔玛前往州首府蒙哥马利争取投票权的游行者。
>
> 第三,1995 年 10 月 16 日的"百万人游行"在华盛顿特区的国家广场举行,是美国关于持续性种族问题上有色人种表达意见的重大活动。
>
> 第四,2011 年开放的国家购物中心马丁·路德·金纪念碑,是代表非洲裔美国人平权活动更重要的永久性建筑之一。
>
> 第五,2013 年,美国国会大厦内还建起了另一座重要雕像——民权运动中的女英雄之一罗莎·帕克斯(Rosa Parks)的雕像,目前是第一位在国会大厦雕像馆内建有雕像的黑人妇女。
>
> 最后,如果没有高度的重视,也不会出现 2008 年 11 月的历史性选举,以及在 2012 年选举产生的美国第四十四任总统、美国第一位非洲裔总统贝拉克·奥巴马。

在学校里,具体我们能做些什么来落实种族批判理论? 索尔扎诺(Solórzano, 1997)提供了四种同种族主义斗争的方法:

1. 举例——给出种族主义和种族刻板印象的具体例子,及其对少数族裔和非少数族裔的影响。

2. 发现媒体刻板印象——"在诸如电影、电视和印刷等大众媒体中发现种族刻板印象,并展示它们是如何被用来为对有色人种学生的不公平态度和行为辩解的"(p. 14)。

3. 发现职业刻板印象——需要想办法挑战课程标准和教科书的内容,因为这些课程和教科书中缺乏对有色人种从事的高水平职业角色的描写。

4. 寻找挑战性的例子——让学生接触到有色人种的正面事例,挑战种族刻板印象:"有许多丰富的资源,无论是个人和家庭口口相传和记录的资料,还是机构和社区研究,或是艺术和文化艺术品以及其他意识形态,都将改变大众和专业媒体中的种族偏见"(p. 15)。

如果想让批判理论和种族批判理论在学校产生影响,学校领导和教师必须如上述那样做。

批判理论和种族批判理论在教育中会有何遗漏问题吗? 它会有何影响吗? 教育研究者是否会利用批判理论和种族批判理论为有色人种学生改善现有状况——不是缓慢渐进的改善,而是彻底的改善吗? 教育者是否会利用种族批判理论"揭露教育中的种族主义,并提出根本的解决办法"(Ladson-Billings, 1998, p. 22)? 然而,批判理论和种族批判理论对教育所产生的实际影响和效果并不像大多数批判理论家所希望的那样成功。1998 年,拉德森－比林斯这样写道:

那么,在教育研究者和学校员工的实践中,种族批判理论可能会发生什么呢? 好吧,老实说,……我怀疑它是否会进入主流。相反,种族批判理论在教育领域中有可能成为激进左派的"宠儿",不断产生学术论文和辩论,但不会进入教室和有色人种学生的日常生活中。(p. 22)

截至 2013 年,似乎拉德森－比林斯的预言是正确的。我们并没有看到太多以种族批判理论所设想的方式挑战学校的种族主义。然而,自由主义已经把重点放在多元文化课程上,多元化概念显然在课堂教学中、在教职工和管理者谈论学校和学区使命与愿景时、在学校招聘实践中成为一个令大家感兴趣的话题。自 20 世纪 90 年代中期以来,当拉德森－比林斯和科佐尔向教育者介绍他们的工作时,自由主义已经取得了一些进展,例如在许多州,学区间财政拨款的公平性得到改善,尽管学区内财政拨款的公平性仍然存在问题。也许,多元文化教育的推行,对多样性的关注,财政拨款的公平性使学校正朝着正确的方向发展,但它们是否足以实现种族批判理论的目标呢?

(二)社会公正的概念

根据拉德森－比林斯和塔特(Tate)的说法,多元文化主义是不够的,而且是"一种无法根本改变当前秩序的自由主义意识形态"(Ladson-Billings & Tate, 1995, p. 56)。然而,也许关注社会公正将使我们朝着种族批判理论的目标迈进一步。社会公正的概念似乎是美国学校和教育学院的根基,是种族批判理论框架的一部分,目的是试图消除种族主义(Solórzano, 1997)。社会公正具有广泛的范畴,如丹特利和蒂尔曼(Dantley & Tillman, 2010)所描述的:

> 一般而言,在教育领域中,更具体地说是在教育领导力领域,关于社会公正的讨论通常是围绕几个问题(例如,种族、多样性、边缘化、性别、宗教信仰)来界定社会公正的概念。尽管这些问题对于任何有关社会公正的讨论都是至关重要的,但在本书中我们还增加了年龄、能力和性取向等几个重要的维度。(pp. 19－20)

四、理论与当今学校领导力的相关性

大家很可能会问,到现在为止所讨论的观点与学校教育领导的实践有多大相关。这些理论仅仅是学者和哲学家的纸上谈兵吗? 还是对那些寻求改变现状的教育领导者来说是具有真正意义的?

要理解这些理论为何对教育领导者至关重要,且它们是如何发挥作用的,首先就要理解培养教育领导者的过程是高度动态、不断变化和发展的。在过去很长的时间内,它们一直在变化和发展,并将在未来延续这一动态过程。能够认识并接受动态变化作为教育事业持久特征的观点,是为成为教育领导者作准备的基础。在形成和塑造教育变革和发展的动态过程的众多源泉中,有两点是最重要的:

• 有关人们如何在组织中发挥作用的新知识的产生　通过研究和学习,不断更新我们对教育组织中人类经验的理解,这也是教育领导者为什么必须紧跟当前组织行为研究发展的原因。

• 因学校所处的社会环境发生变化而带来的动态影响　人类的所有事情通常都有一个持续不断的起伏变化过程,这就给所有社会机构适应并融入新的环境带来挑战,学校也不例外。其中战争与和平、经济繁荣与衰退、社会价值观念与信仰的演变以及广泛的技术和工业变革是显而易见的变化。有些变化则更为微妙,如保守思想——包括经济的、政治的、宗教的——经历了 20 世纪的衰落期,现在又在全球兴起,并随着 21 世纪的到来席卷全球。这种意识形态似乎与教育领导力没什么关系,但事实上,正如我们所要描述的,它可能与所有新知识的发现或发明产生同样重大的影响。

一方面,人们不断致力于寻求对人性和人类行为更好的理解,另一方面,在所处文化背景下,社会及政治信念和价值观在不断进化发展,这两者之间不断地、无休止地相互作用,创造了一个不断变化的动态环境。在这个环境中,教育和教育领导力的基本概念处在永无止境和不断的发展和进步中。对于那些在职业生涯中寻求确定性和最终性想法的人来说,这可能是一个令其不舒服的环境。然而这种才能并非教育领导者所独有,敏捷、适应性和灵活性是当今各行各业有效组织应具备的中心特质。

为了对变化的环境做出反应,及时敏捷地适应环境,领导者需要与他人合作来审视组织的愿景和使命,以确保组织走上成功的轨道。我们将在下一节中展开对这些观点的讨论。

五、愿景与教育领导力

领导者与同僚所要求和共享的愿景同样是多变的，会不断被新的价值观、新的发展变化所修正和诠释，还可能由于某些事件导致领导者及其同僚分别或共同支持或否认先前持有的组织愿景。实际上，领导者的关键活动之一就是不断地参与动态过程，陈述未来的愿景，然后根据新出现的事件、想法和价值观对愿景进行调整，并重新阐释"我们在哪里，我们要去哪里"，这将使组织的成员为了共同的目标而团结一致并下定决心共同奋斗。领导者的愿景虽然经过不断变化，但总体上是令人振奋并指明新方向的，并呼吁和带领追随者向想要达到的目标进发，并明确自己的现状及实现目标的方式。在政治和社会运动领域，有许多经典的例子：丘吉尔在面对二战中几乎必然失败的英国人，喊出了激动人心的口号"我们将继续战斗"；林肯低调但又鼓舞人心的"葛底斯堡演说"；还有马丁·路德·金为我们描绘了一个不朽愿景的《我有一个梦想》的演讲。教育领导者很少有机会在这种具有戏剧化事件中发挥才华和个人魅力，但他们必须时刻准备把自己对组织的个人愿景表达出来，并以此作为对日常工作的号召。

持续陈述和讨论愿景的目的是支持和发展组织文化最关键的因素：形成一套共同的设想、信念和价值观，这些共同的设想、信念和价值观将团队团结在一起。在一般的官僚机构中，这些因素很少被审视和讨论，也很少被明确表达和公之于众，更很少遭受挑战和质疑。实际上，在一般组织中，甚至连谈论这类话题的词汇都没有，而在专业会议中费时的琐事通常将此类议题排挤出去，因此在组织文化的规范中就完全避免了对此类话题的讨论。

在理想情况下，就本组织的愿景或使命达成一致的目标是在实际实践中能达到的目标，且始终代表着未来崭新和更好的状态。我们将组织的"愿景"定义为组织所关注的理想，而"使命"是组织将如何实现这个愿景，也就是说，要明确说明将要使用的方法和策略，组织文化的信念和价值观也包含其中。在确定或修改愿景和使命的整个过程中，领导者始终努力达成共识，以支持更好的目标：更高的运作层面，更强的动机和承诺，不断地质变为比以往更好的组织目标。要深记一点，关于组织愿景的讨论是至关重要的，通过这种对话，领导者及其追随者共同参与到创造命运的过程中,并为了共同事业而团结起来。因此,这是为教师赋权的强大动力。通过不断地参与创造、维持和发展学校未来愿景的过程,教师自身也会参与到自我发展和成长的过程中。这个过程是开放、持续和相互合作的,校长也同样会实现个人自我发展和成长。这个过程会使领导者与其他所有人一样参与进来,并最终不断促进自己的愿景形成和完善。

为了打造和维持不断发展的愿景和使命,组织需要不断地进行讨论,重新思考曾经指导工作行为的设想、信念和价值观。我们必须根据不断的反思以及新出现的实际情况,坚持或修改愿景和使命,这个过程即反思实践。如果你想要在未来继续发展和提升自己的专业实践,而不是停滞不前,让自己越来越边缘化,那么反思实践是十分必要的。

究竟是谁的愿景?

当学校改革开始呼唤领导力,而不再是官僚主义的命令时,学校就应该从自上而下的等级管理走向一种更加合作、合群、参与性的领导形式。由于这种新的组织形式有助于鼓励在组织中等级较低的人员的积极参与,因此有时通常被称为自下而上的组织。在这样的组织中,对在未来建立一个完全不同的、全新的、更美好的学校的愿景,是凝聚组织参与者并激励他们为了共同的目标而团结在一起的原因。但这究竟是谁的愿景呢?

官僚主义认为,高层次的专家才特别有资格制定组织的目标,并确定实现目标的途径。在制定目标时,专家可以但也可以不咨询组织内较低层次的人员。另一方面,领导者又认为那些在组织中较低层次的人员对组织的情况非常了解,同时也有独到的见解,而这些见解必须是成为组织愿景中不可或缺的一部分。

领导者认为,领导力在整个组织中广泛存在,当参与者在表达新思想、挑战传统做法、概括和表达某个群体的观点时,即表现出了领导力。这就是为什么领导者必须赋权他人,使其不断充分参与创造和完善学校愿景的过程。但是,领导力并非"袖手旁观指点江山"即可:领导者不应该只被动地站在一边,期待其他人能够带领着完成对未来的塑造。

领导者不仅仅只扮演着他人想法催化剂的角色,只需鼓励和促进他人参与即可,他们应该对未来有自己清晰的构想,对未来的发展有敏锐的方向感。领导者对于我们要去哪里的决策必须发挥举足轻重的作用,涉及应充分调动其他人的灵感,并提高他们对未来工作中能够和应该取得成就的期待和希望。领导者不断促进与他人的积极合作,并致力于在组织中建立一个新的更美好的未来。但是领导力并非一场独角戏。领导者在制定学校愿景的过程中,除了提供想法和参与讨论之外,同时还要努力调动他人参与到组织未来方向的讨论和对话中来。

因此,建立愿景并不总是一个平静单一的过程,而是常常需要不同的群体参与进来,参与者们可能拥有不同的世界观、不同的气质、不同的发展目标、不同的理解水平、不同的希望和志向,以及不同的教学方法。例如,尽管学校校长不应该将事先想好的愿景或使命强加给教师,迫使他们批准和同意,但领导者必须通过深思熟虑确定好一个立场,以便在参与讨论时表现得无比坚定和令人信服。

也许,在赋权教师参与制定和修改学校愿景或使命的过程中,领导者所能做的最重要的事情就是对参与者发出信号,让他们认识到这个过程不仅是重要的,而且是令人能欣然接受的。传统意义上,同事间的和睦相处对于领导层(与管理层不同)和教师赋权是必不可少的,但这在学校里并非易事。那么,学校领导者必须展现出积极促进合议制和分享领导权,将学校文化规范从传统方式转变为更为合作的方式的兴趣。转变学校的文化规范,并将其渗透进日常实践,可以减少教学鼓励"单枪匹马"的现象,但这种转变很可能是循序渐进的,因为教师在长期的工作经验中学会了谨慎地谈论他们的工作。在传统的学校里,教师们很少面对面展示他们的教学技能,很少严肃地讨论他们的教学方法,而且几乎从不在员工大会上处理和讨论这类话题,而在员工大会上讨论的通常都是些琐碎的日常事务。

正如其他领域中的领导者一样,教育领域的领导者要面对职业中的各种不可避免和不断出现的挑战,需要自身不断做出新的、灵活的反应以进行应对。正如它们在过去的一个多世纪一样。因此请勿焦虑,因为现在对我们来说似乎棘手万分的问题将随着未来出现的新的、更紧迫的挑战而显得不再重要。鉴于这种坚定不移的发展变化,教育领导者不仅需要对当下的偶然事件做出反应,还要发展出一套价值观、信念和原则,以指导自己在不确定的未来中制定有效的策略和行动。综合来说,这些价值观、信念和原则塑造和体现了教育领导者对于学校应该是什么样子、学校应该朝哪个方向发展、学校应该为之奋斗的最终状态的愿景。该愿景的核心要素必须是能够将学校视为一个灵活、适应性强的组织,能够在问题出现前主动发现问题,并在问题变成危机之前提出有效的解决方案。如今,学校管理者如果没有一个清晰、发展良好的愿景,尽管不能百分之百断定,但他依然很难在今后成为有效的教育领导者,这一观点已被普遍认可。

许多学者将该种社会政治不断变化的过程评价为美国解决教育问题方法的特征:发明出新的问题解决方案,使之被普遍接受,然后在接下来的几年积极地尝试。然而,当它们没能解决问题时,美国人就变得不耐烦,将它们抛在一边,然后转而支持另一种新的方法,并将其应用到一系列不同的新问题上。美国自 20 世纪中叶以来的学校教育史清楚地验证了此观点,即这种模式是美国处理教育问题的一种持久特征。看起来这种模式在未来肯定还会重复,每个新的应对策略的提出都将伴随着辩论和争论,并将涉及人、价值观和人性的信念间的冲突。随着《不让一个孩子掉队法案》在 2001 年被国会通过,并于 2002 年由总统签署,这种独特的美国方式又将开始新一轮的循环。

六、《不让一个孩子掉队法案》

在本书中已经简短讨论过的一些有助于在复杂的教育领导力领域为解决实际问题指路的观点,其实早在联邦《中小学教育法》中便已明确地被指出。该项教育综合议案在 1965 年成为国家法律。之后,该法律被较大规模地重新修订,并于 2002 年 1 月被命名为《不让一个孩子掉队法案》。所有在该法案中被讨论过的观点都一直在混乱的国家政治环境中博弈。政党和政客们为制定和影响教育政策与实践中的新规则和新动态的统治地位而不断竞争。显然,在这一过程中,其中一套价值观和信念在立法过程中赢得了胜利,而与之竞争的对手则未杀出重围。然而,在民主进程中,失败者总在努力寻求成为赢家,而如果我们以为,历史的钟摆在适当的时候可能不会回摆,那么就过于天真了。但这不是目前我们要面对的情况,尽管在未来这是有可能发生的。无论从任何角度来看,《不让一个孩子掉队法案》的通过具有重大历史意义,并且已经表明,在这里讨论的观点不仅局限于表面的学术问题,而且事关教育实际决策的核心问题。

2002 年 1 月 8 日,当小布什总统签署该法案时,这部对 1965 年的《中小学教育法》进行了修订的法案,旨在成为自 1979 年美国教育部成立以来美国公共教育体系中最深远的改革(Kiely & Henry, 2001)。这可以被看作是"美国教育部在29年的历史中取得的最大成就,因为它明显标志着教育部从早期作为数据管理者和学生资助金发放者向教育政策制定者和改革者角色的转变"(Dodge, Putallaz, & Malone, 2002, p.674)。与此观点相反,它也被描述为联邦政府对各州权力历史性、甚至颠覆性的干涉,企图控制各州内的教育单位。不管是作为一种干涉还是一种成就,无论如何,它都标志着联邦和州政府在公立学校教育领域中角色和关系的结构性转变。

《不让一个孩子掉队法案》承诺将联邦政府的教育支出相比前一年增加20%,并提出三个主要目标:

● 改善教师培训工作,增加教师的报酬,以保证2005—2006学年末,美国每个教室都将配备一名"高素质"教师。

● 到2014年,通过让所有孩子在阅读和数学方面达到熟练或更高水平,来缩小处境不利学生的成绩差距。

● 建立严密监控学生、教师和学校的问责制。

截至2013年,第一个目标已经远远超过其预定指标,第二个目标似乎无论如何也不可能实现,而第三个目标则背离了其最初的用意。原来预想的是,这些目标将由联邦政府牵头签署下达各类命令和措施来完成。例如,努力缩小成绩差距的核心是制定早期阅读计划,这是在法案中所写进的规定。条款中承诺在6年的时间内每年支出9亿美元,加强贫困地区学校的阅读指导,并在学前教育中每年增加7500万美元的阅读指导经费。这笔资金不会自动发放给各州,而是必须由资金匮乏的州提案来申请,提案中要详细描述资金将投入的项目,以实现提高处境不利学生阅读学习成绩的最终目标。

但该法案长达1184页,其中提到"研究"一词246次,提到"科学的(scientific)"和"科学地(scientifically)"116次,用以描述国会在颁布该法律时希望采用的各种教学方法。很显然,国会想要达到的目标是支持基于科学研究证据的教学,但这很快引起了关于到底什么是"基于科学"的研究或教学手段的争论。自从《不让一个孩子掉队法案》颁布以来,美国教育部一直致力于定义此概念的涵义,这最终使教育部网站中增加了相关内容以帮助教育从业人员搜集"基于科学"的研究项目的信息。这就是"有效教育策略资料中心"（*What Works Clearinghouse*）（ies. ed. gov/ncee/wwc/）。我们将在第十二章中更详细地讨论此内容。在下一部分，我们将讨论教育研究，并确定研究中的关键要素，同时将提供一些来自教育和医学领域的案例。

七、教育研究

一些倡导改进教育研究方法的人坚持认为，只有在医学和药学领域的传统双盲研究中使用的可控实验室试验才可以作为判断教学方法研究科学性的黄金标准。只有使用以下两种基本技术，一项研究才可以被称为可控实验室研究：

• 使用一个控制组和一个实验组，控制组成员会在未知的情况下接受安慰剂，实验组成员也在未知的情况下接受正在研究的药物。如果研究者和受试者都不知道谁在接受哪种治疗，这种研究通常被称为双盲研究。

• 系统性地控制或最小化可能产生干扰的其他变量，如受试者的年龄、性别、种族、经济状况，甚至未知的变量。

一个多世纪以来，中小学教育研究一直被学术界诟病，认为其微不足道、肤浅，而且在很大程度上缺乏通常所谓的科学性或学术严谨性。的确，许多学者认为教育学根本不能被称为学术学科，因为他们认为这个领域缺乏严谨的理论和科学基础。这也是为什么教育研究不能像许多其他学科（如农业、医学、物理和商业）一样获得财政支持的主要原因。

不可否认，教育研究的质量一直是不平衡的。教育研究受阻于教育学不是真正的学术学科的事实。根据定义，学术学科包括：

• 由公认的理论产生明确的知识体系。

• 适用于调查研究问题的研究方法的运用。

这是托马斯·库恩（Thomas Kuhn）所指的科学范式，我们将在后面更详细地讨论这一点。历史学就是一门公认的学术学科：它具有定义明确的知识体系，即历史学，并且其知识体系不断被研究者开发和扩展，同时研究者们会使用系统的研究方法和公认的证据规则,比如,历史学家们运用学科所特有的理论和通用的历史研究方法,如历史编纂学。然而,教育学必须从心理学、社会学、人类学、政治学和经济学等许多相关学科汲取知识、理论和研究方法。

自20世纪中叶以来,教育研究的质量迅速提高,教育研究者的学术资格也迅速提高。然而,在学术界,这是需要时间的,有时需要很多时间苦心经营才能使一门新兴的学科走向成熟和被大众认可。例如,心理学从生物学开始发展到现在也经历了这一过程,社会学也花了很长一段时间才能成为一门学术学科。

(一)弗拉明翰(Framingham)心脏研究:一个医学实例

教育研究缺乏机构的大力支持,也缺乏外部资金的投入。毫不奇怪,在教育领域很少有严格、大规模和突破性的研究,可以与经典的弗拉明翰心脏研究相提并论。弗拉明翰心脏研究对形成现代医学实践,乃至今天大多数人的生活方式都具有强大的影响力。该研究于1948年开始,收集来自5209名30岁至62岁男女的相关数据,一直持续到今天,现已登记了5124名原始参与者的成年子女及配偶的信息。下面是一些主要的研究结果,括号中是研究发现的年份(Arruda,2013):

- 发现吸烟会增加患心脏病的风险(1960)。
- 发现胆固醇水平和高血压会增加患心脏病的风险(1961)。
- 体力活动水平与心脏病风险相关(1967)。
- 发现高血压会增加中风的风险(1970)。
- 绝经期与心脏病风险相关(1976)。
- 社会心理因素与心脏病风险相关(1978)。
- 发现高浓度的高密度脂蛋白胆固醇可以降低死亡的风险(1988)。
- 肥胖被认为是心力衰竭的危险因素(2002)。
- 腹部周围的脂肪与中年人的大脑大小相关(2010)。

这一非同寻常的研究项目直接产生了一千多篇在医学期刊上发表的文章,并以重要的方式改变了医学院的课程和医学实践。以任何标准来说,这都算得上是重大的研究。但请注意:这项研究中没有控制组,没有实验室控制,没有那些被广泛认为是好的医学研究所固有的神奇方法。从概念上讲,弗拉明翰心脏研究的设计是经典而简单的,要通过多年来系统地收集大量个体的分层随机样本,并检查统计关系来开展研究。然而,进行这项研究是复杂、昂贵和困难的。这是一项大规模的纵向研究,其执行包括两个基本步骤:

- 随着时间的推移,使用重复的问卷调查、访谈和测试向选定人群收集数据。
- 随着时间的推移,观察选择的因素(例如饮食、运动、基因遗传、吸烟习惯)与心脏病的发病率有多大的相关性。

这是一个设计精良的研究,简单明了,并确保了研究时的优质的精确度和真实性。当然,作为一项大型而持久的研究,它需要谨慎和高度胜任的管理能力。但在本次讨论中要注意的是,这是一个经典的相关性研究。弗拉明翰心脏研究一方面有助于我们了解心血管健康与选择的生活方式之间的某些联系;另一方面,它为研究者提出新的和重要的问题,以便他们更为充分地使用同样严格,却有所不同的研究设计。

(二)田纳西"星计划"研究:一个教育实例

教育研究很少有类似于弗拉明翰精心设计的大规模研究。大多数教育研究者认为达到研究黄金标准的一个例子就是在田纳西州开展的小班化教学(Student-Teacher Achievement Ratio, STAR)纵向研究,俗称"星计划"研究。我们之所以介绍这项研究,还因为它是被最广泛引用的研究之一,并已影响美国各地大量的立法和教育政策。这是一项由田纳西州教育部开展的立法研究,由四所州立大学的代表负责实施。从 1985 年到 1989 年,共 79 所小学(按市中心、城市、郊区和农村环境分层),约从幼儿园到三年级的 300 个班级中的 7500 名学生参与了这项研究(Tennessee State Department of Education, 1990)。

在"星计划"研究(Finn & Achilles, 1999)中,一些学生被随机分配到小班级(13 名到 17 名学生),另外一些学生被分配到普通班(22 名到 26 名学生),还有第三组学生被分配到普通班(22 名到 26 名学生)并配有一名全职助教。标准化的数学和阅读测验的结果表明,相比于普通班或有助教的普通班来说,小班级的学生在所有类型的学校中测验结果受益显著。与普通班相比,有助教的普通班成绩有所提高,但是提高比率并不显著。最引人注目的是,幼儿园和一年级的小班级成绩在研究开展的四年中保持不变,低社会经济地位学生的成绩超过了高社会经济地位学生的成绩,并且班级规模小会减少学生留级率。因为统计学上的显著差异说明小班教学是会带来一定效应的,因此研究者也想知道实际的提高率是多少。为此,他们计算了效应量。研究发现,在4年学习期间影响所有学生的效应量从0.15到0.34不等,这意味着小班教学环境下的学生同大班教学下的学生相比,成绩有一个约15%到34%的标准差的提高。

这项研究发现控制变量也是很重要的。实验确保教师在职培训水平、教师分组实践和家长志愿者与班级互动等方面没有差异。换言之,是班级规模大小的变量引起了差异,而不是其他变量。正是由于这样的研究设计,"星计划"研究也许是美国教育领域最知名的大规模纵向研究,并且鉴于它的地位,"星计划"在许多教育政策决策中具有影响力。

(三)教育研究和《不让一个孩子掉队法案》

鉴于研究在学校改善中的重要作用,许多相互竞争的主张作为研究"证据"支持应用特定的、商业化生产的教学方法和材料,教育领导者应记住要审查这些主张所依据的研究设计和程序,以及报告数据的统计处理方法,而不是直接采纳新闻界或更差的图书出版商的表面证据。《不让一个孩子掉队法案》为教育领导者开创了一个新时代,学校领导者被教育成果的相关数据所驱动,并达到前所未有的程度,在这个时代,人们越来越需要统计证据来支持教育实践的主张和信念,就像弗拉明翰心脏研究今天指导我们处理饮食和锻炼的选择一样。

的确,这两种主张立即引起了一阵质疑、辩论和争论,因为人们不清楚这两项规定都意味着什么:它们是否意味着语音训练排除了其他早期阅读教学方法而成为当务之急?"基于科学"的教学方法意味着什么?在一些人看来,定量实验室研究方法而非其他研究方法正被强调为专业知识的基础和获取知识的唯一方法。对一些人来说,似乎很明显的是,在关于阅读教学的规定中强调自然拼读法是政治多数派做出的努力,是对什么构成了适当的教学策略和技巧的长期争论的结果。因此,联邦政府在历史上第一次明确规定应该如何在全国各地的幼儿园和小学里教授阅读。类似地在其他人看来,同样明显的是,华盛顿的官僚机构决定支持将教学方法研究中的定量实验室研究作为唯一可接受的研究形式,尽管多年以来,在社会和行为科学方面也强调定性实地研究的重要性。

显然,《不让一个孩子掉队法案》的撰写以及促使国会最后通过法案的辩论和争议引发了一场斗争。在斗争中,现代主义(相信定量研究)和后现代主义(除定量研究以外,接受和重视定性研究)的信念、价值观以及人们的理解发生了冲突,最后现代主义的世界观赢得了政治斗争。这不是知识分子间深奥的学术讨论,这与学校领导和日常生活的艰难现实无关。这是一个人与人之间的斗争,这是对人性、人类行为、价值观念以及人类状况信念的不同理解。

控制事态发展的政治斗争还没有结束。在21世纪,随着法律的实施,这些问题多次被重新审视,实施效果也产生了各种分歧。对《不让一个孩子掉队法案》的争论是一场争夺美国学校教育核心和灵魂的政治斗争,是争取控制学校发展方向的斗争,也是迫使学校改革课程,朝着一个全新和更有希望成功的方向发展的斗争。但更重要的是,这过去是,现在也将继续是一场政治斗争。虽然涉及教育热点问题,但是它仍然是一场政治斗争。

各州、教育协会和家长团体成功地发挥了各自的政治力量,在2005年,布什政府放松了一些问责措施。例如,如果个性化教育计划小组确定学生正在取得进步,但是他或她的身体缺陷妨碍他或她在同一时间内与其他学生达到一样的年级水平,那么一些特殊教育儿童(虽然不是全部)将被允许参加其他备选的成绩测试。到2005年春天,21个州寻求对《不让一个孩子掉队法案》进行一些修改,导致一些诉讼、州立法、决议和其他行动的出现,例如要求脱离《不让一个孩子掉队法案》。

康涅狄格州成为第一个起诉联邦政府没有提供足够资金来支持实施《不让一个孩子掉队法案》的州,全国教育协会(National Education Association, NEA)代表佛蒙特州、得克萨斯州和密歇根州的九个学区起诉(庞蒂亚克[Pontiac]学区诉斯佩林斯[Spellings]学区),提出免除所有《不让一个孩子掉队法案》对他们的要求,因为这些学区未得到联邦政府资助。全国教育协会(National Education Association, 2005)声称,从2002年《不让一个孩子掉队法案》出现到2005年初,各州必须支付280亿美元以填补《不让一个孩子掉队法案》所需的费用和联邦拨款之间的缺口。他们引用法案的内容进行推理(No Child Left Behind, 2002)：

> 本法不得解释为授权联邦政府官员或雇员委托、指导或控制州、地方教育机构或学校的课程、教学计划，或州或地方资源的分配，或委托州或任何分支机构支付任何资金或承担本法未支付的任何费用。(第9527节)

2005年11月，美国密歇根州东部地区法院通过了联邦政府驳回庞蒂亚克诉斯佩林斯案的动议。它裁定联邦政府有权要求各州自己花钱来遵守法律。教育协会，如全国教育协会、美国学校管理者协会、全国中学校长协会、全国小学校长协会、特殊儿童理事会和全国家长—教师协会成为这些学区有力的支持者，他们想努力游说以改变《不让一个孩子掉队法案》。该法案试图通过政治行动而不是科学革命来建立一种新的教育科学范式，它将与学校领导的实际日常工作息息相关。任何想成为未来美国学校卓越领导者的人，都必须清楚地理解这场对抗双方所依据的假设和信念。

真实案例：

《超越标准》：富有成效的公共教育改革

印第安纳州西·拉斐特市社区学校集团督学，洛基·基利昂

西·拉斐特社区学校集团位于印第安纳州西·拉斐特市，是全国成绩最高的学区之一。尽管取得了成功，印第安纳州的立法者在"企业教育改革"的推动下，正在将学区税收支持的收入转移到特许和私立学校。从本质上说，这些"改革"是在提供"择校"的幌子下导致的公立学校解体。这种解体为州立法机关对公立学校的私有化改造铺平了道路，这些立法机构的努力往往会得到大公司和基金会的支持和奖励。请注意，教育家在这个过程中是缺失的。由学校董事会、西·拉斐特学校教育基金会、管理人员和工作人员及其支持的学校督学洛基·基利昂共同制作了

一部教育纪录片,它给公立学校的教育家展示这个过程对公立学校的影响。

目的

彼得·科约特(Peter Coyote)所讲述的《超越标准》(Rise Above the Mark)旨在让公众了解"企业接管"印第安纳州公立学校的做法以及家长、社区成员和教育者可以做些什么来保护他们当地的公立学校。立法者正在发号施令,使得公立学校越来越萎缩。西·拉斐特社区学校集团的学校董事会和学校督学洛基·基利昂希望获得必要的资源和立法救济,以实现学区为所有儿童建立一个世界级教育系统的使命。学区的战略计划是引入一种教育模式,将决策权交还给当地社区和公立学校教师,而不是留在立法者手中,并最终将落入企业囊中。

纪录片主题

本次纪录片采访的主要参与者针对以下内容发表观点:

1. 企业接管公立学校,转移公款给私营企业。

2. 以"择校"与"学校教育券"作为伪装,拆解公立学校。

3. 标准化考试和使用考试成绩评价教师对教师职业和公立学校学生产生了不利影响。

4. 私有公司从所谓的改革中受益而攫取资金,而不需要按照与公立学校相同的规则运作。

5. 世界最佳教育体系研究及其启示。

6. 家长、社区成员和教育家参与"改革"的蓝图。

7. 要求提供支持和资源,以实现学区的使命,即让学生参与到世界一流的教学经验中,使他们成为多才多艺、有创新能力、有创造力、富有成效和适应能力强的公民,从而塑造我们全球化的社会。

全国情况

这种情况并不局限于印第安纳州。在全国范围内,立法者和政策制定者正试图通过提供"择校"使公立学校私有化。通过这种机制,他们将公共税收从公立学校转移到企业。如果公立学校被拆解,所有儿童的平等教育机会将消失。最终的结果,毋庸置疑,将削弱我们的社会,破坏经济,并出现一代又一代的贫困儿童。西·拉斐特社区学校集团的学校理事会成员、工作人员和管理者准备参与这场斗争,以便使所有儿童都能平等地接受教育,在这种模式中,应该是教育者而不是立法者做出决定。要查看《超越标准》的预告片,请登录 riseabovethemark. com 网站。

目前美国各地正在实施的教育改革是基于竞争和标准化的考试分数,并由美国立法者和政策制定者授权。作为一个国家,如果对改革公共教育感兴趣,所有的美国人必须首先考虑上述机制是否真正有效。国家教育和经济中心指出,我们在公共教育中所面临的问题是政治体制引起的,而不是教育者造成的:"我们在学校建立了一个官僚机构,除了学校的管理者之外,有责任的人没有权力,有权力的人没有责任"(National Center on Education and the Economy, 2008, p. xxvi)。立法者制定并通过教育立法,然后,他们指导学校董事会和管理者实施他们的立法。当他们的立法不起作用时,学校董事会、教育者和管理者通常成为被指责的对象。

如果美国想要拥有世界上最好的教育体系,那么政治议程的影响必须去除,这并不意味着政治永远不会在教育体系中发挥支持作用,它的真正含义是政治家和政策制定者必须允许一个公共教育系统,赋予地方学校董事会、管理者和教育者权力,使他们能够为各自的社区做出教育决策,然后对自己的决策负责。当这种类型的治理真正融入美国公共教育系统中时,真正的教育改革才会开始起作用,因为那些与学生、教育者关系最密切的人正在做出教育决策,而不是某个远离教室的政治或特殊利益集团。

为了使美国公立学校能够与世界上最好的教育体系竞争,包括幼儿教育、学生教育机会均等、提高进入教学行业的要求以及支付给新手教师与其他职业相当的工资等教育改革必须被列入考虑范围。实施这类改革的国家已经超越了标准。

主要参与者

西·拉斐特社区学校集团的创意小组得到了以下专家和公立教育支持者的支持,并共同参与了这部纪录片:

戴安娜·拉维奇(Diane Ravitch)博士:前美国助理教育部长和教育史学家

（dianeravitch. com）；

马克·塔克（Marc Tucker）博士：国家教育与经济中心总裁兼首席执行官（ncee. org）；

帕斯·萨尔伯格（Pasi Sahlberg）博士：芬兰赫尔辛基教育部国家国际流动与合作中心主任（pasisahlberg. com/blog/）；

杰米·沃尔默（Jamie Vollmer）先生：作家、演讲家、公立学校的支持者，曾任美国中西部大冰激凌公司的首席执行官和公立学校的评论家（jamievollmer. com/about. html）；

琳达·达林—哈蒙德（Linda Darling-Hammond）博士：斯坦福大学查尔斯·杜科蒙研究所教育学教授（ed. stanford. edu/faculty/ldh）；

彼得·科约特（Peter Coyote）先生：获奖演员和解说员，出演过 100 多部电影，解说过 165 部纪录片（petercoyote. com）。

资料来源：The National Center on Education and the Economy, 2008.

八、假设、信念和行为

处于每一种文化中的个体都接受某些隐含的关于人、人性、人类关系的本质、人类活动的本质以及人与物质和社会环境之间关系的本质等基本假设。这些假设被称为基本假设，因为它们会让我们形成信念和价值观，并最终导致我们对他人的行为(Schein, 1985)。我们从婴儿期就开始学习这些基本假设，并随着我们成熟和受教育而得到发展。随着时间的推移，它们彻底内化，以至于它们被认为是理所当然的，并且被周围的其他人认同和支持。这些假设成为组织生活中不可见的部分，并且它们很少被充分考虑或讨论。这些基本假设变成了"我们在这里做事的方式"。

这些基本假设是看不见的，所以理所当然很少被思考，也无法上升到更容易明白的价值观和信念。因为我们可以不时地讨论这些价值观和信念，所以它们比产生价值观和信念的基本假设更加公开。例如，《独立宣言》的一个奇妙之处在于，它公开阐明了开国元勋对人类性质的基本假设与政治信念和人类价值观之间的明确联系，在他们看来，这些政治信念和人类价值观最终源于这些假设。同样道理，在更普通的例子中,这个概念解释了为什么我们去教堂时无条件地采取一套行为规范,而在球类比赛中采取一套截然不同的行为规范。

行动,也就是行为,起因于我们所拥护的价值观和信念。就开国元勋们而言,他们关于人性假设的令人信服的逻辑,即人人生而平等,促使他们采取反抗行为,宣布独立并最终拿起武器反对可以说是当时最强大的王国。然而,我们很少有人具有开国元勋的智慧和道德操守,有时一种特殊的不和谐音符将我们公开的信念和价值观与我们从事的组织行为分离开来。就开国元勋而言,很容易看出这种不和谐的例子的存在,在《独立宣言》中高呼人人生而平等,而奴隶制是新共和国公认的制度,这两者之间存在着差异。众所周知,这种矛盾是无止境的政治斗争和妥协的根源,这种斗争和妥协始于费城的制宪会议,直到今天,经历了好几代人的两个多世纪之后,还在破坏着这个国家。事实上,在血腥的内战中,这种矛盾几乎摧毁了这个国家。然而,在《独立宣言》撰写87年后,亚伯拉罕·林肯在他著名的《葛底斯堡演说》中重申人人生而平等的命题,并向美国人表明,内战的目的是在实践中最终实现这一目标。尽管人人生而平等的基本假设经受住了考验,得到了有力的加强,但反抗却依然存在,而且在人类日常行为和政治实践中实现平等的斗争仍在经受考验。这一传奇历史的最低潮是南方的吉姆·克劳(Jim Crow)时期。这一时期始于19世纪70年代,20世纪50年代大规模的民权斗争,几乎摧毁了美国,直到1964年《民权法》颁布才最终结束了这一时期。一方面,关于人性本质的基本假设和我们所做的事——我们的行为——之间的不和谐在这个时代继续存在。

教育中不和谐的例子比比皆是,就像我们的文化无处不在一样。很多人说,孩子们需要丰富多样的课程和尽早的起步教育,以便在以后的几年里为成功打下坚实的基础,但我们却一直在学前教育和幼儿教育方面花费最少的金额。妇女权利活动家、有色人种、日益贫困的下层阶级,以及文化中受压迫的种族和少数族裔指出教育事业所拥护的信念和价值观与实际教育实践之间存在差异,这使许多人感到不快。如果我们想改变称之为学校的组织,首先必须仔细地让基本假设显现出来,并考虑这些假设与我们公开支持的价值观和信念,以及专业实践中所采取的组织行为之间的逻辑联系。

当然,至少在20世纪中叶之前,西方文化中普遍的假设是,我们生活的世界必须以一些基本的逻辑、系统和秩序模式为特征。这种假设被称为结构主义,也就是说:

　　一种普遍但经常未被承认的思维方式,即在很大程度上影响了 20 世纪的思维方式。它确保秩序、组织和确定性。结构主义与目标教学、标准化教育评估、定量实证研究、系统教学、合理化的官僚机构、科学管理等基本一致。只要结构性假设还未被承认,它们就可以免于受到批评。(Cherryholmes, 1988, p. 30)

　　然而,这不是现实世界中学校的工作方式。我们公开支持的价值观和在学校发生的事情之间往往有明显的分歧。例如,我们说我们相信公平和平等,但是许多妇女、有色人种和穷人发现不平等现象,并且不平等是他们在学校生活的主要特征。但是少数族裔群体的成员很难对这个问题提出疑问,因为控制学校的人通常能够压制、回避、重新定义或以其他方式控制意见。文化中有一张无形的权力网,它控制着我们的愿望、我们如何看待自己,以及我们如何处理生活中的这些问题(Foucault, 1980)。通过这张无形的权力网,那些控制文化的人决定什么可以被讨论,谁是可信的,谁被允许发言。

　　这就是为什么今天大多数人都认为,学校里的氛围和文化是多么重要。正如教师们所熟知的,许多学校往往通过强调强有力的社会规范和期望来唤起、支持和奖励那些传统、守纪、顺从和受控制的行为——许多人将此类学校描述为压迫性的(学生倾向于说是"监狱")。这些学校的规范不鼓励质疑既定秩序和挑战过去传统做法的行为。校长和其他想成为学校领导者的人必须设法理解学校作为一个组织与其工作人员的行为之间的特殊而紧密的关系,以及其对领导行为的专业实践有何影响,这些对领导者是至关重要的。

　　组织行为学的知识是非常强大的,可以说是当今教育领导中最紧迫的核心问题。这是教育领域中巨大的智力动荡时期,是一个伟大的认识论怀疑主义时代,所有根源于过去的思想都是可疑的。的确,有些人试图拒绝所有的理论,坚持用务实的方法去理解学校的组织生活,而他们似乎没有理解实用主义本身就是一种理论和认识论哲学。虽然我们用务实的态度来理解教育中的行为,但它是基于理解和接受实用主义既是认识论又是哲学的事实。由于今天盛行的认识论怀疑主义和横扫所有行为科学的反理论偏见,使我们开始讨论本书所蕴含的不断发展中的知识遗产精髓。

九、科学进步的本质

随着时间的推移,人们对公立学校教育的不满情绪不断加深,但对简单直接解决方案的探索也没有取得成果,在某种意义上,人们需要一个全国范围内形成的共识为有效的学校改革指明道路。相反,改善学校表现的努力并没有就如何实现改善达成广泛共识,而是产生了一系列令人沮丧的不同概念、建议和方案,其中一些还存在冲突。当《不让一个孩子掉队法案》被提交国会审议时,许多希望从表面上的混乱中恢复秩序的人抓住了这样一种观念,即需要更科学的或基于证据的方法来决定做什么。换言之,他们希望达成共识,让学校变得更有效。显然,他们希望通过立法,更简单、更透明地发现问题在哪里,从而找到解决问题的方案。在国会辩论和通过该法案时,普遍的观点认为,灌输更严格的科学思想和方法将有助于改善学校的表现。然而,这一观点体现了一些关于科学本质和科学进步的极其重要的假设,它要求那些想成为教育领袖的人更仔细地思考这些假设以及科学和科学进步的本质。

许多人过去认为,而且现在仍然认为,随着时间的推移,科学带来知识的逐步积累。这种观点认为,科学探究的本质是利用早期调查的发现来进一步探索,从而以有序和系统的方式扩展我们的知识和理解。这种观点将科学的成长和发展设想为对世界持续、不断扩大和日益确定地理解过程。

托马斯·S.库恩(Kuhn, 1962)发表了一篇180页的论文挑战了这种科学观和科学方法,这篇论文的标题为"科学革命的结构"。它是"20世纪思想史上具有深远影响的里程碑"(Van Gelder, 1996, p. B7),它被翻译成16种语言,并且已经销售了超过一百万册——对于这样一本学术严谨的书来说,这个销量是惊人的。直到今天,库恩的作品还在被印刷,不仅被那些所谓的成熟科学(如物理、化学和天文学)的研究者所研究,而且还被那些不太成熟科学(如经济学、历史、教育学和社会学)的研究者所研究。随着对使用科学严谨的方法来改进教学和学习的需求增加,教育领导者理解库恩所讨论的问题变得更加重要。

库恩论文的核心是认识到科学——与传统信念相反——并不能产生逐步累积的知识获取。相反,科学史的特征是一种由一系列"正常科学"研究的平静时期组成的模式,在这期间,偶尔会出现智力旺盛甚至智力科学革命。这些科学革命使人们对世界有了全新的认识。

在正常的科学时期,科学家的基本任务是应用既定的理论来解释和理解宇宙中丰富的奥秘,与混乱的复杂性做斗争,以及辨别世界表面的混乱模式。在正常的科学行为中,接受什么理论以及采用什么方法开展研究和调查,在该专业内有广泛的共识。因此,在正常科学时期,科学家的工作主要使用当前公认的理论构架来探索该理论尚未解释的问题。通常,这项工作的结果是加强和扩展目前所接受的理论、思想和实践。

库恩将正常科学时期的科学工作描述为例行公事,他称之为"解谜":填补谜题的剩余部分,以进一步证明和支持当前公认的理论。这些科学家既没有为扩展科学知识开辟新天地,也没有成为普遍的科学工作模式中客观和独立的思想家。他们通常是保守的,接受教给他们的东西,并寻求将其应用于解决当前流行的理论问题。

库恩用"范式"这个术语来描述科学家们所共享的世界观,这是一套理论和方法交织在一起的信念和价值观,它们被认为是一个科学领域的基础。然后,这个科学范式建立起一套共同的解释——即游戏规则,如果你愿意这么说的话——得到专业的认可,被接受和同意成为理解和解决问题的方式。但是,一个范式不仅仅是由客观事实产生的一套解释和协议。一个范式,甚至是一个科学范式,是一个存在于更大的意识形态背景中的信念系统,它由相互联系的科学、社会以及政治观点和信念组成。因此,它不是一些与世界其他地区隔绝的神秘科学现象,它是与社会和政治世界的现实密切相关的。如时间和地点这样的现实是设计和塑造一个科学范式的重要因素。

库恩曾经使用过一个天文学领域的经典例子,几百年来,天文学一直被托勒密(Ptolemy)范式所主导,这个学说把地球描述为太阳和行星围绕其旋转的宇宙中心,这具有实际意义,因为日历是以天体活动为基础的。然而,随着时间的推移,天文学家所观测到的与托勒密范式存在越来越多的差异,在解决这些差异时,他们遇到了越来越大的困难。在16世纪,由于日历改革的需要使得解决这些差异变得至关重要,人们对哥白尼著作中产生的革命性新范式引发了激烈辩论并引起了极大的轰动。哥白尼的日心理论证明托勒密理论的错误,太阳位于太阳系中心,地球和其他行星围绕着它旋转。因此,产生了一个真正的范式危机,它最终导致了一场科学革命,造成了久负盛名的托勒密范式的崩溃,并产生了当时新的哥白尼范式,至今仍盛行于天文学界。

还有许多其他例子被用来说明范式、科学革命和科学进步的概念。这里应该强调四个要点:

●科学进步以正常科学时期为特征,在此期间,已建立的范式被提炼和加强,随后出现了新的范式来取代旧的范式。

●在科学革命中,新的范式与旧的范式有很大的不同。它不是对旧的内容的改变,而是把科学推向一个新的方向。它使旧的范式不再正确,并取而代之。

●一个革命性范式的出现会遭到"正常"科学共同体的强烈抵制和否认。因此,一场科学革命不可避免是动荡和不稳定的,甚至是智力上的暴力。这不是一个和平的过程,但是情况好的话,它可能是一个文明的过程。

●像政治革命一样,科学革命只有得到科学界和其他有关人士的认可和接受,才能取得成功。

科学范式的存在是确定一个领域成为成熟学科的关键标准,因为它可以指导学科领域的研究。另一方面,一个不成熟的学科缺少一个统一的范式来联合学术界成员共同努力。换句话说,范式能确定和定义一个学科领域。作为一门不成熟的学科,教育学没有一个总体范式。其根本原因是,改进学校、教学和学习的尝试目前是以许多不同的理论、想法、方案和方法为特征的——所有这些理论、想法、方案和方法的支持者都声称是有效的,但没有一个统一的意见,得到各方的接受和认可。在美国学校中,教育最近的一个范式是进步教育(progressive education),目前也被许多批评家所诟病。

进步教育并不是因为被另一种新发现的突破性的科学范式证明不正确而被推翻,而是因为它从未被实际试验或其他科学研究证明是错误的或无效的。相反,许多在进步教育下发展起来的基本教育实践继续得到广泛的证明,并被称赞为当今美国课堂的典范,尽管拒绝这些实践的活跃力量一直存在。推动教育学从进步教育学转向的动力不是因为任何科学突破,而是因为不断上升的社会保守政治观,它选择摒弃关于人性和人类行为的思想精髓,而进步教育正是建立在这种思想之上的。在此背景下,美国教育领导者可以正确地理解《不让一个孩子掉队法案》所体现的大胆的方向变化,试图通过立法建立新的教学范式,而不是以科学革命的方式。事实上,该法案要求开展科学工作,以证明新范式的正当性,这种不是建立在科学革命所产生的新知识基础上的新范式,实际上完全改变了库恩的分析。

但是不要被误导,在所有科学中,范式转换和科学革命时常发生,不管它们有多成熟。这正是科学进步的本质。这也是为什么我们不断地目睹先前已经确立的观念和实践受到挑战和颠覆,或是因为发现新的科学见解,或是因为越来越多的证据表明已经确立的方法没有产生预测的结果。在现代科学时代,这些变化已经成为日常报刊标题的素材。例如,近30年来,更年期妇女经常被医生建议服用激素,这些激素被认为可以缓解更年期发病相关的问题。医生认为他们的建议是建立在坚实的科学、临床证据基础上的。然而,在21世纪早期,这一做法遭到了极大的怀疑和质疑,越来越多证据表明这明显与医学从业者早先的信念和期望相矛盾,并指出激素治疗的潜在危险,而这种危险在很大程度上是未知的。早期的科学研究做得并不差,然而,越来越多使用激素的实践对许多患者产生了意想不到的结果,这构成了伦理上不能忽视的新证据。

十、行为科学的影响

1879年,威廉·冯特(William Wundt)在莱比锡大学建立了第一个心理学实验室,这是心理学的曙光。其他欧洲大学也迅速建立了类似的实验室,其中许多是由冯特的学生建立的。这些学生当中有美国学生,他们当时在欧洲从事研究生学习,寻求最前沿的教学以及奖学金,这些在当时的美国大学中并不存在。回国后,他们中的许多人迅速在大学建立了心理学实验室,并开始将实验心理学作为新的科学范式进行教学。这个学派被称为行为主义,它植根于美国的高等教育,并蓬勃发展至20世纪。

行为主义强调在实验室的受控条件下使用仪器进行行为科学研究,该研究允许实验者通过控制奖励(如食物)或轻微不愉快的后果(如轻微的电击)来加强所期望的行为。这些实验总是聚焦于能够被观察和量化的行为,不考虑受试者可能的内心状态,如动机或思考等其他心理活动。伊万·巴甫洛夫(Ivan Pavlov)通过条件控制狗的反应,这样他就可以让狗在他希望的时候不由自主地分泌唾液。爱德华·L. 桑代克(Edward L. Thorndike)控制猫的反应,使它们只能通过选择和按压正确的杠杆才能从益智盒中逃脱。同样,另一个受欢迎的实验是使用条件控制老鼠,以提高它们走出实验室迷宫的能力。

20 世纪 30 年代,当 B. F. 斯金纳(Skinner)还是一名研究生时,他为心理学实验室发明了一件简单而复杂的设备。它被称为操作性调节室,至今仍在实验室研究工作中得到广泛应用。斯金纳接着进行了大量的研究,其中大部分使用了操作性调节室(常被开玩笑地取名为斯金纳盒)。

威廉·詹姆斯(William James)在哈佛建立了一个早期的实验室之后,心理学学科在美国大学迅速发展,并在此过程中产生了许多与行为主义非常不同的科学范式。考虑到它们与组织行为的研究密切相关,下文简要地描述其中四种范式。

到 1933 年,在美国大学心理学系,行为主义已经成为理解人类行为的确定性方法。斯金纳无疑是美国教师和教育家最为熟知的实践者,因为他提出的将行为主义应用于学校教育的建议被广泛实践,尤其是针对行为失调儿童的教学方法。多年来,行为主义在商业和工业管理领域里非常流行,因为它支持这样一个观点,即管理层有道德和伦理权利来控制和支配他人。在这个观点中,雇员或多或少是被动的对象,应该由使用行为主义技术的管理层控制和操纵。其理由是,不管雇员们是否相信或理解他们正在做的事情,这个过程是为了雇员的最大利益而实施的。

到了 20 世纪 70 年代,行为主义,尤其是斯金纳式的行为主义,在美国的学校教育中迅速发展成一场大规模的运动,一直持续到 80 年代。行为主义在课程和教学界仍然具有影响力,学校改革的许多拥护者都已经意识到这一点,诸如程序化教学、脚本化教学、"对症下药"教学法和行为矫正(例如,热门的"积极行为支持"项目)等教学概念借鉴了许多美国教师所熟悉的行为主义思想。在课堂上使用电脑的主要依据就是行为主义者对教育学的理解:"斯金纳在学校所倡导的行为主义技术包括确定目标,找到产生反应的强化刺激,实施能够产生期望行为的强化刺激程序,最后非常仔细地测量强化刺激的效果"(Schmuck & Schmuck, 1974, p. 45)。因此,行为主义,特别是斯金纳这块招牌,那些与学校现实世界毫无关联的闲置学术理论完全不同。事实上,它一直是一股强大的力量,它定义了美国教师、管理者、改革者和其他人如何看待学生、教学方法以及学校的组织和领导。在行为主义者看来,"学习的证据来自教学中的刺激、标准化测试或教师提问的规定反应。在一个好的'行为主义者'教学中,目标在行为上被定义,信息以逻辑和顺序的方式呈现"(Schmuck & Schmuck, 1974, p. 49),并且用系统的方法评估行为,作为达到教学目标的证据。在行为主义者看来,评价教学结果的系统方法应该是"客观的",并且倾向于强调标准化测试。斯金纳非常清楚地指出,因为学习的过程既不能直接看到也不能量化,所以行为主义的教学技巧"不是为了'发展头脑',也不是为了促进一些模糊的'理解'……相反,它们被设计为建立所谓学习证据的行为(Skinner, 1968, p. 26)。

那是在 1968 年,但是随着时间的推移和知识的进步,有些学术上的争论并没有过时。显然,这种教与学的观点在这个学校改革的时代还是有生气的,而且还是良好的,今天许多在教育改革中倡导标准运动和高风险测试的人对此很满意。这是教育辩论和讨论中两个反复出现的主题之一,这一冲突已经持续了一个多世纪。

(一)精神分析心理学

行为主义者的 180 度转向是精神分析心理学。它是由西格蒙德·弗洛伊德(Sigmund Freud)和一群追随者,特别是卡尔·荣格(Carl Jung)创建的。行为主义常被认为是心理学的第一动力,而精神分析心理学则是第二动力。

精神分析是探索无意识驱动和内在本能的主要选择方法,这些本能被认为能给人激励,因而是行为的原因。事实上,正是弗洛伊德引入了精神能量这一革命性概念:一种以前被忽视的能量来源,不同于物理能量,人类思想、情感和行动都是从这种能量中产生的。无论是弗洛伊德还是荣格的精神分析法都集中在诊断和治疗被认为是不正常或至少有问题的行为,这些问题往往集中在诸如社会失调、行为障碍等方面。治疗行为障碍的首选方法在过去是,现在仍然是心理治疗。

荣格心理学也给许多包括学校在内的组织提供了术语和概念,帮助我们了解自己和他人。荣格区分了两种主要心理类型,即外向型和内向型,他指出每个人都有四种基本心理功能:感觉、直觉、思维和情感。这些概念后来被伊莎贝尔·迈尔斯(Isabel Myers)和凯瑟琳·布里格斯(Katherine Briggs)用来开发他们人格测试工具,这就是著名的迈尔斯—布里格斯类型指标(Myers-Briggs Type Indicator, MBTI),在

第五章中将更详细地讨论这个工具。该工具和其他类似的人格特征量表在商业组织中被广泛使用。

(二)社会学和心理学观点

1933年,各种类型的精神分析家和精神治疗师在美国大学心理学的一些学术部门中扮演着重要角色,但他们远未在该领域占据主导地位,因为他们的研究方法与设计和实施实验室试验、客观测量和数学分析等做法几乎没有关系,而所有这些研究方法已成为当时身为上层阶级的美国学术界人士所持的科学方法和学术声望的标志。然而,心理学的精神分析/心理治疗概念过去是,现在依然是心理学发展中广为人知和具有影响力的力量。

如今,许多美国教师通过像布鲁洛·贝特尔海姆(Bruno Bettelheim)这样的实用精神分析家的工作,研究了心理治疗概念在学校教育中的应用。贝特尔海姆的著作也很受大众欢迎,尤其是父母和其他对情感障碍儿童领域感兴趣的人。

(三)认知心理学

认知心理学被公认为始于20世纪60年代,是从当时主导的行为主义范式转变而来的。一个引发范式转变的重要因素是诺姆·乔姆斯基(Noam Chomsky)对斯金纳关于言语行为的一些颠覆性评论。乔姆斯基的研究表明,语言的创造性使用不能用行为主义理论来解释。

认知心理学家专注于以下现象在人类行为中扮演的角色:

- 注意力;
- 动机;
- 感知;
- 记忆;
- 学习;
- 信息处理;
- 推理;
- 解决问题;

- 判断；

- 决策；

- 语言处理；

- 感觉。

他们通常将理论和范式应用于以下方面：

- 批判性思维，例如，如何运用这些认知现象来评估论点和分析复杂的
讨论。

- 创造性思维，例如，如何产生不同寻常的新的见解、理解和替代方案。

那些通过发明新范式（如爱因斯坦、莫扎特和莫奈）引发科学或艺术革命的人通常具有批判性和创造性思维能力。认知心理学开启了收敛性思维与发散性思维的对比。它与当前流行的左脑思维和右脑思维密切相关。

认知心理学作为科学教育范式的重要组成部分已被广泛接受，它对学校课堂的教学实践产生了相当大的影响。因此，优秀的教学应当是强调对问题要素之间关系的感知，而非死记硬背。当代优秀的教师应该倾向于努力培养学生的动机，并在教学中融入多种认识和理解方式，从而促进学生的学习。因此，该范式非常重视诸如学习技能、社会技能、问题解决、组织技能以及主题掌握等观念的教学。这种观点与许多活跃于学校改革政治领域的人的观点截然不同，这在《不让一个孩子掉队法案》中是很明显的。

（四）社会心理学

社会心理学对教育领导者了解有关组织行为方面的知识特别有用。行为主义着重于显性行为的观察研究，对可能影响显性行为的内部因素一无所知，而精神分析心理学和认知心理学则试图研究作为行为原因的个体认知和思维过程。但是社会心理学将行为解释为两个因素之间的相互作用的结果：（a）个体的独特人格特征；（b）产生行为动作的群体或组织的独特社会特征。

行为场论　这个理论在很大程度上归功于库尔特·勒温（Kurt Lewin），他被普

遍认为是社会心理学的奠基人。该理论可以用等式表示为 $B = f(p \cdot e)$,这意味着行为是在社会环境背景下人的变化函数。这个简单而有力的概念是一个重大突破,它被称为人类行为的场理论。社会心理学包括广泛的人类行为,主要有:

- 领导力;
- 社会化;
- 动机;
- 社会互动;
- 人际关系;
- 群体过程;
- 群体动力学;
- 态度的形成和作用;
- 公众舆论;
- 群体行为;
- 跨文化行为。

这是组织研究的核心部分,对社会学和人类学的组织生活概念发展具有重大影响。许多社会心理学概念是现代课堂管理和教学实践的基础,教育领导者对社会心理学基础的理解是必不可少的。

就像在任何组织一样,在学校工作时,产生和塑造参与者行为的强大环境因素是组织的文化和氛围。尽管教育领导者对他所领导的个体性格或个性影响不大,但他们具有广泛影响组织文化和氛围特征的可能性。因为组织没有独立的物质实体,而只是作为社会建构的现实而存在,同时我们对现实的建构取决于真实的感知,因此可以很容易地发现组织是唤起组织内人们行为的主要因素。个体与组织之间的互动网络及其对领导力的影响并不简单,但是它在影响和塑造教育组织中员工行为方面的作用是强大的。

在早期,社会学的发展几乎不涉及学校,而是涉及存在诸如社会阶级、种族隔离和社会角色等问题的机构。然而,到20世纪70年代末,少数社会学家开始有兴趣将社会学概念和研究方法应用于包括教育组织在内的组织研究。他们的突破性观点是每个组织都有一种独特的文化。他们开始采纳一些社会学家所探索的观点,这些社会学家在工业组织的环境中开展研究,特别是在西部电气公司(Western Electric Company)这样的企业中进行研究,并扩大研究领域。随着 20 世纪 80 年代学校改革运动的开展,教育家们对许多来自心理学家诸如增加测试的建议、增加对基本技能的重视以及改进教学方法等的建议不再抱有幻想,转而开始更加仔细地倾听社会学家的思想。

在思考学校教育时,心理学家和社会学家普遍同意学校教育的目标如下:

- 学业成绩;
- 有效的学习习惯;
- 公民价值观;
- 社会行为;
- 自尊;
- 自立自主(Wells, 1989, p. 17)。

但针对强调哪些方面才能有效地实现这些结果的问题,他们并没有取得一致意见。心理学家倾向于关注个人学习的方式,包括他们的学习风格、动机以及与教师和同学的关系等。"社会学家,"在另一方面,"审视整个学校及其组织如何影响其中的个体"(Wells, 1989, p. 17)。因此,为了实现学校教育的目标,社会心理学家倾向于关注以下几个方面:

- 教师对学生成绩的期望;
- 师生关系;
- 学生学习动机;
- 教与学的时间;
- 学生与同伴的关系。

为了实现相同的目标,组织和教育社会学家倾向于强调以下内容:

- 学校如何被领导和管理；

- 学生如何被分组；

- 父母和社区如何参与；

- 如何安排学生和教师一起学习；

- 学校的决策有多么重要。

我们应该谨慎地强调这两种观点的明显差异。在心理学中，行为受到组织环境特征的严重影响并不是一个新概念，组织社会学家倾向于关注组织环境的特征。库尔特·勒温（Lewin，1935）和亨利·A.穆雷（Murray，1938）都是现代心理学的创始人，他们各自独立工作，早在20世纪30年代就接受了这样一个前提，即行为是人与环境相互作用的函数，现在其仍然是理解组织行为的基本概念。在本书中，这个想法表达如下：

$$B = f(p \cdot e)$$

这个公式代表了一种深刻的理解，它启发和鼓舞了许多学校开展组织文化和组织氛围的研究。组织行为研究实际上是研究个体和群体在与组织环境动态互动中的内在需求和个性特征。

为实现学校改革目标而对学校结构调整的日益重视，在很大程度上，但也并非完全来自当代组织社会学家的思想。目前，学校改革中的许多流行词汇反映了人们重新认识到人与组织的联系是学校改革的纽带。学校改革充满了各种不同说法，如呼吁赋权和权力分享、"重塑"学校、学校校本管理、重组学校、参与式决策、学校人性化、组织文化和组织氛围等。所有这些术语都表明学校组织需要做出重大变革，以改善其环境，促进其发展。

十一、作为教练的领导力

正如我们所讨论的，自从20世纪80年代以来，有关学校改革和学校领导的文献中已经大量提到，教育领导者必须展望学校的理想以及如何才能从目前不完美状态转变为更接近于理想状态，而这些理想可能是学校领导者，也可能是学校社区的人们共同憧憬的。当然，这种变化能够矫正大众的普遍看法，认为传统上学校管理者是没有头脑的官僚，他们盲目追随被频繁妖魔化的"教育官僚"的命令，一些批评家声称这是公立学校教育的组织祸根。

教练指导作为一种教学方法

教练指导是一种古老而受人尊敬的教学方法，是学校领导必须掌握的。迪默·阿德勒（Adler，1982）指出了三种主要的教学方法，每种方法都是独特的。

- **说教式教学**　这种教学方法依赖于教师清晰地向学生呈现信息，通常是通过教师的讲座和让学生看书、看电影和做练习之类的活动。这些教学技巧通常由诸如讨论、演示、使用示例和实地考察等补充，所有这些技巧都旨在将新概念与之前学到的概念联系起来，以建立认知和加强学习。本书的大多数读者在说教式教学方面都很熟练，但是当承担起教育领导者的角色时，他们会发现，这是一种与教师合作的方式，但通常没有成效。许多在职培训计划旨在提高教师的教学技能，因为它们强调教学方法，而这种教学方法并不总是受到成人学习者的欢迎。

- **苏格拉底式教学法**　当学生已经学习了大量的知识，但是目标是让他们结合相关的想法，批判地思考、分析、假设和探究想法的利弊，评估反驳论据的质量，以及内化新的学习内容，使他们在日常生活中得到应用，此时这种方法通常是有用的。在使用苏格拉底式教学法时，教师经常会提出一个概念难题，并鼓励学生探究和讨论这个难题引发的不同观点。对于学校领导与教师的合作，这种教学方法中的应用是有限的，但有时也是有用的。

- **教练指导**　教练指导是假设学习者对他们正在做的事情有一个基本的理解，这是由以前说教式教学和苏格拉底式教学传授的。教练"退后观察学生表现，然后提供指导，找出缺点，指出原则，提供指导性的和鼓励性的评价，并判断该强化什么样的练习"（Perkins，1982，p.55）。学校领导之前也做过教师，所以应该知道教练指导是一种熟悉的基本教学方法，在与教师一起工作时，他们发现这非常有用。

对许多读者来说，教练这个隐喻立即使人联想到体育。教练在足球、篮球、体操和其他体育运动中都是非常重要的。然而，教练指导也是领导和教学的基本方法，广泛用于许多与高水平学生或专业同行打交道的场合。在成功教授出高水平学生的高中，例如那些准备参加科学、音乐、舞蹈和数学等不同领域的挑战性比赛的高中，人们通常发现教练指导是一种可选择的方法。大学教授通常使用教练指导技巧与高水平研究生一起工作，并且通常是在博士级别上与学生一起工作使用该方法。许多有良好履历和成就的专业人士如校长、歌剧明星、世界级运动员和剧院的国际名人也常常寻求教练的帮助，即使他们已经被认为是本专业的大师。在当代强调领导力的企业管理和教育管理中，教练指导也被广泛接受为激励和提高他人能力（即领导力）的有效途径。

结　语

在本章中我们已经描述了一些不同的观点和范式，这些观点和范式通常用于思考和试图理解教育组织中的人类行为问题。事实上，不同的人在试图理解组织中的人类行为时使用不同的范式，这就意味着教育领导者将面临不可避免的冲突和争议，这是他们工作的正常内容。我们强调，没有单一的范式能够统一和指导关于学校、教学和学习的多种思维方式。

正因为没有统一的范式，所以对教育领导者来说，通过思考这些问题，明确理解自己对不同的而且经常是冲突的观点所持有的立场就显得尤为重要。对于教育领导者来说，为学校的变革、教学和学习制定一个清晰的愿景，以及如何在学校中实现这一愿景是至关重要的。同样重要的是，领导者要与他人，特别是与教师和家长分享这种变革的愿景，而且要鼓励他们共同参与进来，并将此作为他们未来共同的愿景，我们称之为学校的"行动计划"。变革的愿景，用企业界的术语来说就是学校的战略愿景，它对制定行动计划是至关重要的。

在体育领域产生的"行动计划"这一概念如今已在其他领域被广泛使用，它对于解决将教育愿景转变为有效领导行为的问题非常有用，可以提高学校所有学生的学习水平。通过制定一个行动计划并监督其在不确定、混乱和压力下的状况实施，教练将比赛的愿景转变为一个连贯的行动计划，其目的不仅是为了实现结果，也是为了激励运动员并提高他们的能力。

这也正是教育领导者们所擅长的。虽然明确、清晰、扎实的学校学习愿景对于有效的教学领导是绝对必要的,但这还是远远不够的。为了有效(获得结果),愿景必须发展为可行的实施计划。再强调一遍:行动计划不仅要提高学生的学习成绩,而且要激发和提高教师的能力。作为教练的学校领导者负责制定和监督该计划。

之后每一章中都会有这一个主题的讨论,我们会鼓励你更深入地思考教育愿景和行动计划,并且需要制定教育愿景和行动计划。在下一章中,我们将进一步讨论这一主题,并解释它与实践理论概念(这个概念是被普遍接受的学术术语)的关系。在接下来的章节中,我们希望你会发现机遇和挑战,审视自己对领导他人并指导他们提高学校学生的教学效果的信念和价值观。

今天,人们普遍认为,学校领导者是管理者,他们的专业实践致力于促使所有学生的成功,不论其种族、家庭背景、性别或任何其他社会、经济或个人特征。作为发展这种实践的基础,领导者必须创造、阐明并实施他们寻求实现的学校学习愿景。这种学习愿景为领导者的日常活动和优先事项指明方向并施加影响。通过与其他教师、学生和家长共享愿景,领导者与他们团结起来,努力实现愿景。简单来说,学校的学习愿景——被认为是行使领导权的组织核心——成为学习、教学和学校改进的核心问题,并始终保持最重要的地位,因为管理者面对的是一个必须永无休止地做出选择的世界,在这个世界中,资源(如时间和金钱)永远不够,并且期望总是超出人们能完全掌握的范围。

在本书中,学习愿景被称为行动计划,因为它不仅仅是一厢情愿的想法或无聊的梦想,愿景变成一个计划,将指导你选择有效的策略并获得在学校的真实世界中实施的方法。当然,行动计划的概念来自体育界。愿景成为一个计划,指导领导者的工作,并制定行动上的优先次序。换句话说,你想去哪里,你打算怎样去那里。当以某种方式与他人交流时,他们能够接受并将此作为自己的愿景,这个愿景确定工作和学校团队中每个人要负责的优先事项。在没有策略和实施计划的情况下,没有一个认真的教练会把运动员带进竞技场或让球队进入比赛,同样在没有行动计划的情况下,任何稳重的学校领导都不应该试图领导教职工并要求学校运转得更有效。在第二章中你会发现更多关于行动计划的概念。

然而,从现在开始,关注你领导的学校的愿景。愿景是最终的状态,也就是你想让学校达到的目标。教育领袖们从眼前的世俗世界中睁大眼睛,展望未来的可能性——不是梦想——而是学校应该是什么样的,也许没有什么比这更重要了。你对你想领导的学校的愿景不仅将体现学校应该朝哪个方向发展,而且阐述了最终会成为什么样的学校。从过去的惯例、习俗或学校所在学区的行事方式的束缚中摆脱出来,重新思考:你想象一所学校应该是什么样的? 在这样一所学校里,真正应该发生什么? 你如何向他人描述一所有效学校? 你认为学校最重要的是要传播什么样的学习价值观和信念? 你对一所真正有效的学校有什么愿景?

反思活动

1. 回顾本章开头的三个主要理论:(一)官僚制理论,(二)人力资源开发理论,(三)批判理论。你如何看待你所在组织中实施的每一项工作——无论是从学区级别、学校级别、系级别、大学级别还是其他你所工作的组织实体的角度出发。描述该组织实体,并陈述如何使用或不使用这些概念。这些想法将是你的行动计划的开始,这即是在本章末尾讨论的,制造一个小小的梦想,自由地写作。这不是结束,而是开始。

2. 库尔特·勒温在他的行为场理论中阐述了 $B = f(p \cdot e)$ 公式。用你自己的话来定义这个表达,并用组织行为来描述你对此公式的看法。

关键事件:南岸高中的愿景

冉·诺德霍夫(Ran Nordhoff)是一所州立大学教育领导力方面的教授,一直在进行关于美国校长工作生活的系列研究。他的研究方法基本上是,每天从早到晚、持续数月地跟踪和观察一位学校校长的工作,以便开展个案研究。要做到这一点,他首先需要与校长发展一种舒适的关系,这种关系的特点是相互信任和彼此放松,这反过来需要在观察研究开始之前一段时间在校内和校外发展这种关系。当前这研究阶段已经结束,今天冉开始了数据收集阶段:进入学校之后,实际上是与南岸高中的校长比尔·约翰逊(Bill Johnson)"形影不离"。比尔同意和冉先在当地一家餐馆吃早饭,这是比尔长期以来的习惯,然后开车去学校开始新的一天。

两人吃完早饭,离开餐厅,坐上比尔的车去学校,开始一天的工作。冉感到平静而期待,通过几周以来细心培养,比尔对自己的信任和信心即将受到考验。今天,他将陪着比尔去学校,开始两人商定的任务:教授将在接下来五个月时间里每天在学校里与校长形影不离。他花了很多时间和精力去做这件事,现在他必须非常小心。他逐渐了解到,比尔·约翰逊,虽然总是表现出自信和自我肯定的形象,但也会感到脆弱。比尔敏锐地意识到,作为学校校长,他是重要角色,拥有许多观众:学生、教职员工、家长,而且最重要的是一直挑剔的所有校董会成员。

比尔把车停在学校门口的预留车位上。就在两个人打开车门的时候,比尔转身对冉说:"现在,从这一刻起,我希望你能与我'形影不离',但是在我工作的时候,我们不能成为朋友。白天不要跟我说话,在我工作的时候不要问我问题,因为现在我正踏上舞台,我的角色是这个学校的校长。当我在那所学校的时候,我是100%的校长。可以吗?"

冉说:"当然,好吧。但在我们这样做之前,告诉我,今天的计划是什么?你能告诉我你今天要完成什么吗?"

比尔回答说:"哦,我每天都不做很多计划。当我进入那座大楼的时候,会有足够多的事情让我每天忙碌。问题会来找我,我不必去寻找它们。来吧,你会明白的。"

比尔走出汽车,站起来足足有六英尺高,大踏步朝学校走去。他可以看到一小群教师,也许两到三个人,在玻璃门后面等着他来。

1. 比尔·约翰逊的工作方式有什么优势?缺点是什么?
2. 你认为你会以不同的方式对待这份工作吗?如果是,会以什么方式?
3. 你可能已经在实际工作中观察过校长的工作。你认为比尔·约翰逊的工作方式是典型的(或不同于)你所认识的校长吗?

推荐阅读书目

Acker-Hocevar, M. A., Ballenger, J., Place, A. W., & Ivory, G. (Eds.). (2012). *Snapshots of school leadership in the 21st century*: *Perils and promises of leading for social justice, school improvement, and democratic community* (*The UCEA Voices from the Field Project*). Charlotte，NC：Information Age Publishing.

本书是 20 世纪 90 年代中期由大学教育管理委员会赞助的系列研究的第三阶段的研究成果，被称为"真实案例"。基于对来自美国各地的 81 名督学和 85 名校长的访谈，研究者利用收集的数据对组织行为领域的多项主题进行了一系列定性研究。这些主题包括《不让一个孩子掉队法案》、领导实践、评估、决策和社会公正等领域。其中一些研究将在本教材的后面章节中被引用。

Educational Researcher.（2002）.31（8）.

本期《教育研究者》的主题是"教育中的科学研究"。本期共有六篇文章，由九位杰出作者撰写，讨论了"教育科学探究"这份报告（本节中列出）的各个方面。这场讨论是由《不让一个孩子掉队法案》中强调在设计教学改进计划时使用科学研究方法的重要性引起的。本期《教育研究者》所载文章，连同原报告"教育科学探究"，为教育领导者提供了对当前教育研究争论的议题和问题的宝贵指导。强烈建议任何希望成为教育领导者的人阅读这些文章。

Hamilton，L. S.，Stecher，B. M.，& Yuan，K.（2008）. *Standards-based reform in the United States：History，research，and future directions*. Palo Alto，CA：The RAND Corporation.

本书是当今美国学习学校领导力的必读书目。其研究成果来自一个高度可靠和受人尊敬的研究机构，研究设计非常合理，研究主要是关于美国教育改革的现状以及如何进行标准化学校改革。这份报告也非常容易理解，用词直白，表达清楚。

Kuhn，T. S.（1962）. *The structure of scientific revolutions*. Chicago，IL：The University of Chicago Press.

这本重要的书是当今教育领导者必读书籍。它不仅有助于理解科学进步是如何形成和发展的，而且也解释了教育等不成熟学科在提高其科学可信度方面所面临的一些困难。鉴于最近美国试图通过立法的方式确定一种教学模式，而不是鼓励探索一种科学模式，库恩所讨论的问题对教育领导者来说具有新的重要意义。

National Policy Board for Educational Administration.（2008）. *Educational leadership policy standards：ISLLC 2008*. Washington，DC：Council of Chief State School Officers.

本出版物是本教材其他章节描述的州际学校领导许可证联盟标准的来源。大约有 40 个州采用该标准，因此它在学校领导的培训方面具有很大的影响力。它讲述了一些标准形成的历史,特别强调了作为制定标准基础的最新研究。我们认为每一位未来学校领导者的书架上都应该有这样一份文笔不错的文件。

Shavelson, R. J., & Towne, L. (Eds.), National Research Council Committee on Scientific Principles for Education Research. (2002). *Scientific inquiry in education.* Washington, DC: National Research Council, National Academy Press.

《不让一个孩子掉队法案》最有力和最具争议的条款之一是要求那些根据该法案获得联邦资金的人在学校改革中使用基于证据的策略。这一要求使教育研究处于中心位置,因为关于"基于证据的策略"一词的含义出现了疑义。为了澄清这一问题,全国研究理事会召集了一个委员会编写本报告,该委员会定义和讨论了教育科学研究中的问题,以及在判断教育质量时适用的标准。本报告的主要目的是鼓励教育界发展科学文化。这是一个具有里程碑意义的文件,它一定会对教育研究的滞后发展产生长期影响。有些从业者可能认为,这种枯燥的东西最好留给象牙塔里的人,但并非如此,在《不让一个孩子掉队法案》的所有条款中,这一条款具有最深远的意义,因为随着时间的推移,教育研究将最终发展成为一个成熟的职业。

参考书目

Adler, M. (1982). *The Paedeia Proposal: An educational manifesto.* New York, NY: Macmillan.

Apple, M. (1971). The hidden curriculum and the nature of conflict. *Interchange, 2* (4), 27 - 40.

Apple, M. (1986). *Teachers and text: A political economy of class and gender relations in education.* New York, NY: Routledge.

Argyris, C. (1971). *Management and organizational development.* New York, NY: McGraw-Hill.

Arruda, H. (Ed.). (2013). Framingham Heart Study: A project of the National Heart, Lung and Blood Institute of Boston University. Retrieved from http://www.framinghamheartstudy.org/about/milestones.html.1713

Bell, D. (1992). *Faces at the bottom of the well.* New York, NY: Basic Books.

Berman, P. , & McLaughlin, M. W. (1978). *Federal programs supporting education-al change: Implementing and sustaining innovations* (Vol. VIII). Santa Monica, CA: RAND Corporation.

Blake, R. R. , & Mouton, J. S. (1969). *Building a dynamic corporation through grid organization development.* Reading, MA: Addison-Wesley.

Brookfield, S. (2013). Racializing criticality in adult education. *Adult Education Quarterly, 53* (3), 154 – 169. doi:10.1177/0741713603251212

Cherryholmes, C. H. (1988). *Power and criticism: Poststructural investigations in education.* New York, NY: Teachers College Press.

Closson, R. B. (2010). Critical race theory and adult education. *Adult Education Quarterly, 60* (3), 261 – 283. doi:10.1177/0741713609358445

Dantley, M. E. , & Tillman, L. C. (2010). Social justice and moral transformative leadership. In C. Marshall & M. Oliva (Eds.), *Leadership for social justice: Making revolutions in education* (pp. 19 – 34). Boston, MA: Allyn & Bacon.

DeCuir, J. T. , & Dixson, A. D. (2004). "So when it comes out, they aren't that surprised that it is there": Using critical race theory as a tool of analysis of race and racism in education. *Educational Researcher, 33* (5), 26 – 31.

Delgado, R. (1995). *Critical race theory: The cutting edge.* Philadelphia, PA: Temple University Press.

Dodge, K. A. , Putallaz, M. , & Malone, D. (2002, May). Coming of age: The Department of Education. *Phi Delta Kappan, 83* (9), 674.

Doyle, D. P. , & Hartle, T. W. (1985, September). Leadership in education: Governors, legislators, and teachers. *Phi Delta Kappan, 67* (1), 21 – 27.

Finn, J. , & Achilles, C. M. (1999). Tennessee's class size study: Findings, implications, misconceptions. *Educational Evaluation and Policy Analysis, 21*, 97 – 109.

Foucault, M. (1980). *Power/knowledge.* New York, NY: Pantheon Books.

Freire, P. (1970). *Pedagogy of the oppressed.* New York, NY: The Continuum International Publishing Group.

Giroux, H. (1983). *Theory and resistance: A pedagogy for the opposition.* South Hadley, MA: J. F. Bergin.

Kiely, K. , & Henry, T. (2001, December 17). Will no child be left behind? *USA Today*, p. D4.

Kozol, J. (1991). *Savage inequalities.* New York, NY: Crown.

Kozol, J. (1995). *Amazing grace.* New York, NY: Crown.

Kozol, J. (2005). *The shame of the nation.* New York, NY: Crown.

Kuhn, T. S. (1962). *The structure of scientific revolutions.* Chicago, IL: The University of Chicago Press.

Ladson-Billings, G. (1998). Just what is critical race theory and what's it doing in a nice field like education? *Qualitative Studies in Education*, *11* (1), 7 - 24.

Ladson-Billings, G. , & Tate, W. F. , IV. (1995). Toward a critical race theory of education. *Teachers College Record*, *97* (1), 47 - 68.

Lewin, K. (1935). *A dynamic theory of personality.* New York, NY: McGraw-Hill.

Lippitt, G. L. (1969). *Organizational renewal: Achieving viability in a changing world.* New York, NY: Appleton-Century-Crofts.

McGregor, D. M. (1960). *The human side of enterprise.* New York, NY: McGraw-Hill.

McLauren, P. (1998). *Life in schools.* Boston, MA: Pearson. Murray, H. A. , et al. (1938). *Explorations in personality.* New York, NY: Oxford University Press.

National Center on Education and the Economy. (2008). *Tough choices or tough times: The report of the New Commission on the Skills of the American Workforce.* San Francisco, CA: John Wiley & Sons.

National Education Association. (2005). NEA stands up for children and parents, files first-ever national lawsuit against administration for not paying for education regulations. Retrieved from http://www. nea. org/home/17497. htm

No Child Left Behind Act. 20 U. S. C. 7907 Section 9527(a) (2001).

Palmer, R. T. , & Maramba, D. C. (2011). African American male achievement: Using a tenet of critical theory to explain the African American male achievement disparity. *Education and Urban Society*, *43* (4), 431 - 450. doi:10. 1177/0013124510380715

Perkins, D. (1982). *Smart schools: Better thinking and learning for every child*. New York, NY: Free Press.

Schein, E. H. (1985). *Organizational culture and leadership*. San Francisco, CA: Jossey-Bass.

Schmuck, R. A., & Schmuck, P. A. (1974). *A humanistic psychology of education: Making the school everybody's house*. Palo Alto, CA: National Press Books.

Senge, P. (1990). *The fifth discipline*. New York, NY: Doubleday.

Siepert, A. F., & Likert, R. (1973, February 27). *The Likert school profile measurements of the human organization*. Paper presented at the American Educational Research Association National Convention, New Orleans, LA.

Skinner, B. F. (1968). *The technology of teaching*. New York, NY: Appleton-Century-Crofts.

Smith, S. E., & Colin, S. A. J., III. (2001). An invisible presence, silenced voices: African Americans in the adult education professoriate. In V. Sheared & P. A. Sissel (Eds.), *Making space: Merging theory and practice in adult education* (pp. 57 – 69). Westport, CT: Bergin & Garvey.

Solórzano, D. G. (1997). Images and words that wound: Critical race theory, racial stereotypes, and teacher education. *Teacher Education Quarterly*, 24 (3), 5 – 19.

Tennessee State Department of Education. (1990). *The State of Tennessee's Student/ Teacher Achievement Ratio (STAR) project: Final summary report 1985 – 1990*.

Van Gelder, L. (1996, June 19). Thomas Kuhn, 73. Devised science paradigm [Obituary]. *The New York Times*, p. B7.

Wells, A. S. (1989, January 4). Backers of school change turn to sociologists. *The New York Times Education Supplement*, p. 17.

第二章　实践理论的指导思想

当你进入教育领导行列,至少有一件事从一开始就可以肯定:作为一个教育领导者,在你工作的世界中是避免不了争论、冲突和竞争的,现在是,将来也是。也许在我们的文化中有一些人会以超然的观察者身份生活,但领导者可能不会。领导者不仅从事观察人类状况的工作,而且致力于——无论多么谦虚——解决他们时代的问题。教育领导者不仅仅是在竞争激烈、矛盾重重、快节奏的工作世界中生存,用威廉·福克纳(William Faulkner)的话来说,他们占了上风:他们在工作中取得成功,并发现它富有挑战性、有滋味且有回报。

如果你为自己职业前途选择领导之路,即使你现在不渴望在所有事情上得到高位,为了成功,你必须准备好在新的角色中占据优势。有大量的学术证据支持这种普遍的观点,即有效的领导者即使在不确定的情况下也具有典型的自信和自我肯定。从教学或辅导工作向学校管理过渡的过程中,一个核心因素是自信地处理模糊性的需求。这样的举动不仅仅是一个拓展或丰富自己事业的步骤,也是职业生涯的变化:从一个职业到另一个职业。通常,人们离开教学岗位来承担管理工作。在被任命为管理人员时,不再拥有教师的头衔,而是拥有其他不同的头衔:助理校长、校长或其他职务。到那个时候,不管是在学校校长级别或是在组织中的更低级别,你不仅要离开教室,而且还要离开教师工会谈判小组,并被归入管理层。培训和教学经验显然是教育管理成功的重要因素,同样无可争辩的是,领导职业需要知识、技能和态度,而这些对于有效教学来说并不一定需要达到相同程度的水平。

教育领导的准备工作包括在一个不确定、矛盾和经常混乱的环境中逐渐熟悉和舒适地工作。一旦被任命为管理岗位,领导者就会获得权力和威信,不管他们的新角色看起来多么渺小或微不足道,仍不可避免地会被那些想争取这种权力和威信以支持其事业发展的人从许多不同的方向拉拢。要在这种环境中占取优势,至少部分地需要一定的认知准备:学习组织的基本原则并了解组织成员的行为,这正是本文要讨论的。但是,获取必要的组织知识本身还是不够的,领导力的培养也需要个人内化这些知识。只有通过内化组织知识,人们才能够用它作为指导来培养某种领导行为,这种行为,即使在有争议或近乎混乱的条件下,也将是真实、一致和有效的。准备过程由你自己掌握,只有你自己才能发展出一种实践理论来指导你的教育领导实践。

在本书的后面,我们将更全面地讨论一个想法,这个想法认为冲突是组织生活的正常部分,作为教育领导者如何处理冲突必须成为实践理论的一部分。意见的分歧、争论、辩论和讨论是不可避免的,我们也不应该试图完全消除它们。如果妥善管理,组织内的冲突以及个人生活中的冲突可以而且应该受到欢迎,因为它是活力的源泉,能够加强和激励个人和组织,并为领导者提供领导的机会。如果在一个组织中,参与者对自己的事情感到自满,不赞成提出问题或新想法,或者没有人觉得需要改变做事的方式,那么在这个组织中你很难成为一个有效的领导者。如果组织的参与者看起来得意扬扬和自满,这可能无意地揭示了组织深层次的不适症状。事实上,领导者所做的重要事情之一就是提高人们变革的意识,并说服他们变革是可以实现的。

处理分歧意见和争论是任何组织领导的既定任务,因为根据定义,行使领导力就是从相互竞争的观点中做出选择。毕竟,如果组织中的每个人都从一开始就同意应该做什么,那么就不需要领导了。

一、冲突的两个主要根源

教育领域的领导者很可能会遇到不同来源的冲突,其中许多可能因当地社区、特定学校系统或他们所在的学区而千变万化。然而,所有教育领导者,不管他们在哪里或在什么级别上工作,都肯定会遇到两个主要冲突根源:

• 第一个根源在于不同的人可以并且能够以不同的方式理解教育组织的本质以及如何最好地被领导和管理。

• 第二个根源在于社会上人们对教育本质以及教育目标有普遍的争议。

作为实践最普遍的部分,教育领导者会遇到冲突。在我们这样一个充满活力和开放的社会中,教育显然是一个公共领域,冲突的水平和强度与社会对学校教育目的和方法的认同程度密切相关。我们想,也许是幻想,在过去某个时间,关于学校和学校教育没有什么争议,关于学校应该完成什么以及如何完成有广泛的共识。不管真相是什么,那个时间(如果它曾经存在)是过去的,与我们今天面临的情况没有关系。所有学区和所有州都充斥着各种团体和联盟,它们对单一问题提出批评:少数族裔、同性恋、保守派、妇女、减税者、自由主义者、穷人等等——举不胜举。

(一)"大辩论":传统教育与进步教育

一个单一、重要和长期的斗争支配了美国教育思想长达一个多世纪,从 19 世纪 70 年代开始,每一方都时不时地宣布胜利。虽然进步思想逐渐流行,偶尔占优势,但在第二个千年早期,很明显传统保守的学校教育观抓住了学校改革运动的势头。因此,许多教师和家长相信进步教育的原则,结果沮丧地发现他们的观点与当时流行的教育理念不一致。

传统的学校教育观念强调科目至上、传承知识给年轻人的重要性、训练、记诵事实、教师的权威以及正式的教学方法。尽管持这种传统观点的人一贯对进步教育思想提出严峻的挑战,但到 20 世纪 40 年代,进步主义的标志性思想和实践已经不可逆转地改变了美国的教学实践,并被公认为良好教育实践的标准(Ravitch,1983)。进步思想和课堂教学实践,如实践经验在学习中的重要性(边做边学)、个性化教学、非正式课堂、小组讨论、小组学习、实验室教学等已成为优质教学和好学校的主要特征,同时也成为区域认证机构和州评估机构判断学校质量的重要标准。这些学校笃信艺术、音乐、诗歌、舞蹈、体育和其他文化追求对人类历史起着重要贡献的信念,并将其作为自己的中心价值。即使在今天,美国传统教育方式与进步教育方式之间的冲突依然有增无减。这些观念、信念和实践现在是,并将继续作为判断教学和学校质量的重要标准,即使争论延续到了 21 世纪。

(二)教育大辩论的开端

在你的职业生涯中,如果你亲眼看到和经历过公立学校教育问题上的冲突和争执,这已经不是什么新鲜事了,它从 19 世纪 70 年代以来就一直在发生。当今美国学校教育问题上的许多冲突是对学校教育两种截然不同、截然对立观点的延续

和延伸,这种冲突在 19 世纪末爆发,而其为争夺统治地位的斗争已经延续了几
代人。

从最简单的层面来说,这是一场在广义教育和狭义教育之间、在孩子的首
要地位和学习内容的首要地位之间、在自发教育与正式教育之间以及在旨在
改变国家文化遗产的教育和旨在保护国家文化遗产的教育之间的辩论。
(Olson,1999,p.25)

冲突通常是指进步与传统的对立。冲突经历了跌宕起伏,"其程度在整个 20
世纪都非常剧烈。直到今天,冲突的激烈程度比起开始时期也未有所减弱,且离彻
底地解决仍有较远的路途"(Olson,1999,p.25)。

从 1873 年到 20 世纪 30 年代的大萧条最严重的时期是进步教育发展和繁荣的
时代,这个时期移民充斥着美国,大规模的工业化正在迅速使其从一个农业社会转
型成一个城市工业社会,在一些特别的方面非常像我们所处的时代。正是在这个
时代,出现了新的超级富有的企业巨头,如最早的强盗式航运和铁路资本家科尼利
斯·范德比尔特(Cornelius Vanderbilt)和杰伊·古尔德(Jay Gould)、金融家约翰·
皮尔彭特·摩根(John Pierpont Morgan)、钢铁大亨安德鲁·卡内基(Andrew Carne-
gie)、石油巨头约翰·D. 洛克菲勒(John D. Rockefeller)和汽车制造商亨利·福特
(Henry Ford)。这也是一个新技术的时代,和现在一样是年轻企业家的天下。例
如,托马斯·爱迪生(Thomas Edison)28 岁时,他向 19 岁的阿尔伯特·布莱克·迪
克(Albert Blake Dick)出售了他发明的蜡制模板使用许可证,迪克用这种蜡制模版
创造了油印机,并因此变得富有和出名。约翰·D. 洛克菲勒 20 岁时在宾夕法尼亚
泰特斯维尔创立了他的第一家石油公司。查尔斯·A. 林德伯格(Charles A. Lind-
bergh)25 岁时飞越了大西洋。昌西(钱斯)·沃特(Chauncy "Chance" Vought)创立
了钱斯沃特飞机公司,生产他 27 岁时设计的飞机,然后继续为创建联合飞机公司发
挥了重要作用。

这是一个国家转型的时代,推动这个国家的不仅有金融家、企业家和技术奇才
——他们正在建设伟大的新工业、运输系统和通信系统,这些系统将永远改变美国
的生活——而且还有大量的来自国外的移民和从农场到城市的流动人口。后者是

在工厂和建筑工地上提供体力和苦力。对大多数人来说,这将是一种新的生活,且通常是贫穷的生活。不像他们的祖先,他们现在是城市居民、租用住房的佃户、依赖每周工资的雇员,远离家庭和社区的传统支持系统。

在这个大规模工业化和城市化的时代,许多人开始非常关心工人们及其家庭福利。这些工人们在一代人的时间里被重新安置,并由于社会化过程,拥有了一种新的生活方式,一种正在不断成形的新文化。公司虐待工人的情况比比皆是,政府机构经常腐败,对穷人的社会资助微不足道,卫生保健也常常不存在。这是揭发丑闻的时代,这些丑闻记录了城市贫民的困境,暴露了教育和市政府的腐败,以及无能为力的工人必须忍受的恶劣的工作条件。麦克卢尔(McClure)杂志的编辑林肯·斯蒂芬斯(Lincoln Steffens)通过揭露市政府的腐败,发明了调查性报道这种文体。艾达·塔贝尔(Ida Tarbell)出版了一本揭示了标准石油公司历史上的阴暗面的书。雅各布·里斯(Jacob Riis)首次用闪光灯拍摄了市中心令人难以置信的生活状况,向美国中产阶级和上层阶级揭示了另一面的生活方式。诺贝尔奖得主简·亚当斯(Jane Addams)建立了芝加哥赫尔馆,他是一位精力充沛、权势强大的活动家,致力于改善工作条件、改善城市服务以及扩大社会和卫生服务。普利策奖得主厄普顿·辛克莱(Upton Sinclair)撰写了一系列的书籍,记录普遍而恶劣的工作条件。《丛林》也许是他最引人瞩目的著作,主要关注芝加哥的股票市场,后来他继续创作并揭露其他组织的恶劣工作条件。

不久出现的一场政治运动:

> 试图遏制现代资本主义的过度发展,主要通过规范工商业,强调对人的关注超过对公司福利的关注,以及把大学的科学知识服务于政府……正是在这个令人兴奋和急躁的时期,改革者转向了学校。(Olson, 1999, p. 26)

1873 年,马萨诸塞州昆西市公立学校的督学弗朗西斯·韦兰德·帕克(Francis Wayland Parker)也许是因为建立第一所使用后来被称为进步方法的学校而变得著名。这些方法使用小组教学活动和非正式教学方法,强调科学与儿童生活的真实世界,并避免严厉的纪律处罚。帕克是一位真正的教育先驱,他面对远非理想化的社区公立学校,在现实世界中证明了自己思想的实用性,并使人信服。在此之后,他才正式开启了自己的学术生涯。

> 在公立学校以背诵、记忆和训练为主的时候,帕克提倡把孩子放在教育的中心,围绕学生的动机和兴趣建立学校。在人们所称的昆西制度(Quincy System)下,教科书让位于教师编写的杂志、报纸和其他材料。学生通过探索当地乡村学习地理,他们有一门综合课程,强调通过艺术实践和艺术表达来学习(Olson, 1999, p. 25)。

这些思想吸引了许多人,并且生根发芽,进步教育正在兴起,并且迅速传播。最紧迫的问题是在城市,全国许多城市处于进步运动的先锋位置,加里(印第安纳州)、丹佛、休斯敦和圣路易斯的公立学校是其中突出的代表。虽然每个社区都制定了自己独特的方法来实施这些新思想,但它们往往"与更积极的学习、教师和学生的合作计划、对个体差异的更大认识、将学习与'现实生活'联系起来的尝试以及努力扩大学校解决健康、职业、社会和社区问题的使命联系在一起"(Olson, 1999, p. 25)。

在 20 世纪早期,这种新的公立学校教育方法涉及一些传奇人物,如世界级的哲学家和教育家约翰·杜威(John Dewey),因其在智力本质方面的独创性工作而闻名于世的心理学家爱德华·L. 桑代克(Edward L. Thorndike),在青春期研究方面做出了开拓性工作的杰出心理学家和克拉克大学校长 G. 斯坦利·霍尔(G. Stanley Hall),以及杜威最有名的助手、哥伦比亚大学教师学院的教育家威廉·赫德·基尔帕特里克(William Heard Kilpatrick)。

(三)20 世纪 50 年代的强烈抵制

进步教育运动是一股强大的力量,正在把美国学校从传统教学的形式主义死记硬背的束缚中解救出来,并使之向着更加开明的方向发展,认识到学生个体在成长与发展中的中心作用。然而,随着时间的推移,它的一些拥护者走得太远了。一些人主张完全摒弃传统的学科概念,并主张学校还要为学生成为有价值的家庭成员、利用闲暇时间和初级职业规划等做更多准备(全美教育协会,National Education Association of the United States, 1918)。1944 年,全美教育协会率先提出了"全美青年教育"的概念,设想把一些高中学生送进大学预备课程,并将 60% 的学生送入更低层次的课程,为他们的初级就业做好准备。1945 年,出现了"生活适应运动"。在美国教育局的支持下,这项运动提倡为 60% 不打算上大学的高中生开设简化课程,强调阅读报纸、填写求职申请表或平衡收支等技能的课程。"其结果使非学术性且常常乏味的高中课程剧增,"(Olson,1999,p. 28),这直接导致了各种人群的强烈抵制,这些人对美国学校教育的"现代"变革越来越感到不安。

最早的批评者之一是亚瑟·E. 贝斯特(Arthur E. Bestor),他在印第安纳州南部的沃巴什河岸上赢得了 19 世纪新和谐社区的历史学家声誉。1953 年,他出版了一本畅销书《教育的荒原:公立学校学习的消失》(Bestor,1953,1985)。在"勇敢的新世界"的时代,这是一次具有毁灭性、令人震惊和收益巨大的批评。在自己的一生被大萧条和二战浩劫所支配后,许多人希望并梦想着自己的孩子能摆脱延续已久的国际统治权争夺的影响。然而,冷战时期的到来,令他们事与愿违。

海军中将海曼·G. 里科弗(Hyman G. Rickover)是一位打破旧习并有强烈吸引力的人,他负责开发美国核动力攻击潜艇,以对抗在世界海洋深处备受恐惧的神秘苏联对手,他预见到了美国生活方式的崩溃,这种生活方式是美国学校为了与苏联学校竞争,故意而漫不经心地在全国学校里精心策划的(Rickover,1959)。1959 年出版的一本书一举成为畅销书。这本书由备受尊敬的爱德华·R. 莫罗(Edward R. Murrow)撰写前言并由查尔斯·范·多伦(Charles Van Doren)为其作序。后来在电视游戏节目中作为年轻、受欢迎的知识成果而受到人们的推崇。同时,该书在美国国内引起了一种原始的恐惧,在与苏联的生死竞争中,这个国家的命运在高中教室里得以决定,而这对美国来说是最不利的。同时,前校董会成员艾伯特·林德(Lynd,1969)发表了一篇轰动的报告,其题目是《公立学校的庸医》。同样,另一位前校董事会成员莫蒂默·史密斯(Mortimer Smith)也在出版《减弱的心智:我们公立学校有计划的庸俗研究》一书中收益颇多。史密斯在对教育进步运动的批评中写道:

> 我认为没有人会质疑实用主义已经成为公共教育的官方理念;也许偶尔会有一些持不同意见的人,但是大多数教育学教授都致力于这种理念,他们在培训未来经营美国公共教育体系的教师和管理者时传播这种理念。(Smith,1954,pp. 78 - 79)

史密斯用实用主义来指进步教育原则。

在这些轰动的、广受欢迎的报告中，芝加哥大学受人尊敬的校长更为冷静地权衡自由教育，但尽管如此，这仍是毁灭性的。可以预见的是，他谴责公立学校偏离了伟大著作的思想遗产，罗伯特·梅纳德·哈钦斯（Hutchins，1943）认为这些遗产包含人类文明的精髓。这些批评者谴责这些学校诋毁学术学习，缺乏严肃目标，并破坏了自由教育的传统。总结这些批评家关于进步教育方向的结论，哈钦斯写道，"现在的世界可能比罗马帝国衰落以来的任何时候都更接近于瓦解"（p.23）。

然而，所有这些都只是背景。1957年10月4日，苏联发射了一颗重达184磅的卫星，每90分钟绕地球轨道飞行一周，随后第二个月，载有一只狗的"旅行者二号（Sputnik Ⅱ）"卫星上天。这个偶然事件引发了美国各地的极度不安和恐惧，学校教育很快被认定为造成全国尴尬的罪魁祸首，并成为需要立即进行大规模变革的首要目标。突然，学校不得不变得更加苛刻，国家的未来需要难度更高的课程以及学校里孩子们更大的努力。苏联的学校被誉为榜样，因为它们强调学术训练，大量使用专制的传统教学方法，大量使用考试，以及避免诸如体育、司机培训和其他课外活动之类的琐碎活动。《国防教育法》（National Defense Education Act，NDEA）在国会获得通过，为加强数学、科学和外语教学提供了大量资金。进步教育的理念被普遍抛在一边，因为美国学校和教师们被迫为学生做好准备，迎接严峻和危险的全球竞争，许多人认为这种竞争肯定会继续下去。

（四）20世纪60年代出现的新进步教育

拉锯战的周期性是传统保守的学校教育观与更自由、更进步的观点之间持续斗争的标志，这在20世纪60年表现得更为明显。旷日持久和悲惨的越南战争、对政治和种族领袖令人震惊和沮丧的暗杀行动、年轻人的喧嚣反叛以及反对体制不公正的城市起义，在这样的背景下，进步的观点涌向教育的前沿。在这段时间里，一群新的批评者大声疾呼，反对社会不公平和那些在市中心公立学校里的不幸的孩子们被迫参与的枯燥无味的课程。这群总体上年轻的批评家再次提出了进步的主题和实践，因为这对处理他们在市中心学校中所亲眼看到的现实问题（通常是残酷的）是紧迫和必要的。约翰·霍尔特（Holt，1953）用简洁而尖刻的散文生动地描述了孩子们被迫上学的学校在应付他们所生活的现实世界时，为何注定会失败。乔纳森·科佐尔(Jonathan Kozol)在《英年早逝》(Death at an Early Age)一书中,写了一篇来自最前线的控诉书,他生动地描述了在波士顿公立学校中黑人(Negro)——在那个时代可接受的称呼——儿童受到的歧视性待遇(Kozol, 1967)。通过36个孩子,赫伯特·科尔(Herbert Kohl)描述了他在第一年教学的经历(Kohl, 1967)。例如,他讲述了他努力寻找方法(在体制中往往是颠覆性的方法)来给课堂例行活动注入活力和新鲜感,并鼓励孩子们探索、发明、创造和发现他们学习中的兴奋点。

二、对学校教育的当代辩论

前耶鲁大学校长兼棒球协会总干事 A. 巴特利特·吉亚马蒂(A. Bartlett Giamatti)形容道:真理也许是各种对立面的动态组合,猛烈抨击的双方会暂时结合在一起。如果是这样,那么在当前关于美国教育现状的文献中很容易发现的争论可能代表了融合一种新混合物的过程,这种融合最终可能被普遍接受为理解学校教育状况的基础。然而,当20世纪接近尾声时,教育领导专业的学生发现了一部以"狂飙突进运动"为特征的文献,而它并不是以冷静的推理分析来寻找真理。

回顾过去,1983年白宫发布了一份对美国教育高度批评的文件,引发了许多人对教育热点问题的激烈对抗性讨论。这份文件被称为《国家仍处于危险中》(1983),里根政府在一次精心策划的全国性宣传中公布了这份文件,这在美国历史上是一件令人惊讶的事情,更不用说美国的学校教育了。该报告是由一个著名的委员会在教育部长的指导下编写的。罗纳德·里根总统在一次演讲中采取了非同寻常的步骤签署该报告,这本身就是总统对教育的历史性干预,尤其是在竞选中承诺撤消美国教育部的总统。随后,当选总统的乔治·H.W.布什也签署了这份报告。

当时,冷战仍然紧张和充满危险,柏林墙完好无损,可携带核武器的轰炸机一天24小时接力飞行,准备在核攻击事件中进行报复,这项工作的标题令人震惊。它立即把美国教育问题推向了最令人担忧的领域,从字面上讲,就是国家自身的安全。说得婉转些,如果这个不算新奇,也是个新的论点:美国教室里发生的事情对国家安全构成了威胁。

《国家仍处于危险中》就美国学校的许多"失败"提出了指控,并继续指控美国学生的教育成绩与其他国家的学生相比是令人沮丧的。它描述美国学校组织不好,管理也不好,它还说教育家们很沮丧,也不太能干。在报告发布后,学者们急切地查阅了该报告,并迅速注意到,断言失败和缺陷所依据的"证据"不在文件中,也没有被引用,无法成为人们指控的基础。因此,很难对该文件进行有意义的讨论,更不用说提出挑战了,而它却成为印刷和电子媒体上许多让人吃惊的片言片语和令人窒息的讨论的基础。

显然,由此开始的学校改革运动是美国历史上国家对改变公立学校责任和结构核心的最伟大、最持久的努力。自成立以来,"国家一直在寻找改革和重组公立学校的神奇方法。我们已经试过,并且仍在尝试各种秘方(这是我们希望的),这些秘方将把教育上领先的学校变成教育一流学校"(Clinchy, 1993, p.28)。多年来,关于学校改革的论述充满了对彻底改革的大胆呼吁,要求进行全面改革,如重组教育、重塑学校和重新制定国家教育目标等。在这些年里,真理的新融合,即吉亚马蒂所希望的矛盾结合并没有被发现,而是话语日益两极分化,具有倾向性和党派性。正如加州大学名誉校长克拉克·克尔(Clark Kerr)所言,"在美国的决策过程中,很少有如此多的坚定信念是基于如此少的令人信服的证据"(Kerr, 1991, p.30)。我们将从这份庞大的文献中引用三个关键的例子。前两本书的书名清楚地表明,在公众讨论这些问题时,我们离理性话语还有多远。

三本关键的书

托马斯·索厄尔(Sowell, 1993)是胡佛研究所的高级研究员,他将他的书取名为《美国教育内幕:衰落、欺骗和教条》。这个书名令人想到威廉·L.夏姆尔(William L. Shirer)对纳粹政权的历史性揭露。该书中包含着许多有偏见的争论,在该书368页篇幅的无情抨击中,美国学校几乎没有什么价值。为了传递他的观点,索厄尔选择使用"欺骗"(p.12)和"关于教育的教条"(p.15)等这样的热门词汇来谈论诸如"自尊、榜样、多样性"(p.15)等之类的话题。他甚至声称,学校使用"极权主义国家的洗脑技术"(p.36)来传递这些教条。

总而言之,索厄尔断言,学校必须重组,这一过程首先要求"[我们]必须面对与我们打交道的那些人的残酷。如果我们试图影响他们的领地和福利,可以预见将与他们进行痛苦的斗争,如果不这样做,我们孩子的未来将会是黯淡的"(p.296)。这些学校教育家是什么样的人?他们做了什么?索厄尔的答案是这样的:

他们拿走了我们的钱,背叛了我们的信任,辜负了我们的孩子,然后用夸张的分数和美妙的言辞对失败撒谎。他们把我们的孩子当成实验用的豚鼠,作为宣传的对象,将他们随处安置充当入学人数以达到种族平衡和融合。……他们声称对少数族裔学生特别关心,但同时把那些学生送到使他们最有可能失败的大学。(pp. 296 - 297)

戴维·C. 柏利纳和布鲁斯·J. 比德尔(Berliner & Biddle, 1995)在他们的书《制造危机:虚构、欺诈和对美国公立学校的抨击》中提出了一个截然不同的观点。他们用比索厄尔略为克制的语言,直截了当地分析这样一个命题,即当前的教育危机是基于一系列具体的传言,尽管人们普遍相信,这些传言是完全且明显不真实的。这种欺骗不是偶然发生的,也不是动态社会力量的产物。作者争辩说,这种欺骗是由"有身份的人计划和安排的,目的是向美国推销一种错误的观念,即他们的公立学校正在倒闭,而正是由于这种失败,整个国家都处于危险之中"(p. 9)。因此,《国家仍处于危险中》及其后果被他们看成是里根政府为了发挥欺骗作用而散布错误信息的运动,这一运动后来得到了布什总统的支持。许多构成危机的虚构谬论是半真半假和彻头彻尾的谎言,是大规模、精心策划的欺诈游戏,这在本书中都有描述。它们中的每一条虚构谬见都被精心整理的证据和理由所反驳,从而被摧毁。其中的一些虚构论点如下:

1. 美国小学的学生成绩最近有所下降。
2. 美国大学生的成绩最近也有所下降。
3. 美国在学校的花费比其他国家要多。
4. 投资学校并没有带来成功。事实上,金钱与学校的表现无关。

柏利纳和比德尔都是声誉很高的学者,都有很深的研究资历,毫无疑问,为了促进某些社会政治意图,故意歪曲公立学校,显然是为了延续这些抨击公立学校的虚构论点。他们尽最大努力帮助读者理解为什么他们这样认为,并鼓励他们核查这些虚构论断所依据的数据。值得称赞的是,《人为制造的危机》一书的最后135

页专门针对"美国教育中的实际问题"展开理性而冷静的讨论，许多读者将从中受益。

柏利纳和比德尔并不是唯一持怀疑态度的人。教育学者们日益感到沮丧的是，关于公共教育状况的歪曲和错误信息的广泛传播已成为美国新闻界和美国政客们每天面临的严峻问题。例如，杰拉尔德·布莱西（Bracey, 1997）在《卡帕》（*Phi Delta Kappan*）杂志上发表了一系列报告，还出版了一些书，这些书仔细检查并记录了一些最令人震惊和最具破坏性的虚构观点和谎言的来源，而这些通常被当作有关学校和学生成绩的事实而流传开来。令人遗憾，布莱西在 2009 年秋天去世了。

在一本名为《我们的方式——美国学生成绩的神话与现实》的书中，理查德·罗斯坦（Rothstein, 1998）指出，公众对公立学校的指控以及 1983 年令人担忧的《国家仍处于危险中》的报告，并非基于有明确文件记载的证据，而是基于"人人似乎都知道"的普遍认识，一开始就深信"我们的学校迫切需要改革"（p. 9）。因此，每个人似乎都知道"公共教育质量似乎下降了，学校没有完成让年轻人准备好迎接未来挑战的任务"（p. 9）。罗斯坦继续说，似乎每个人都知道，精简的课程保证了所有学生都能够毕业，不管他们是否掌握了必要的技能。据说不需要掌握与年级相适应的技能的"自动升级"现在很普遍，所以即使是名牌大学也必须为新生开设基础数学和识字方面的补习课程。每个人似乎都知道，学校不只是教一些基本技能，而应该专注于"自尊"和"价值观辨析"，同时抛弃传统价值观和传统技能，使学生不再接受学校曾经灌输的道德价值观。因此，"每个人似乎都知道"关于公立学校明显衰退的一系列事情持续不断。

罗斯坦继续说："大多数美国人同意这些指责。……大多数成年人都记得，当他们还是学生的时候，公立学校更安全，学习更认真，并且集中于基础知识学习和更高级的思维技能的教授。他们认为学校现在做得更差，即使现代经济要求他们做得更好"（p. 10）。但是罗斯坦的研究表明，"这个故事，无论它包含何种真理，与其说是一个事实性的描述，不如说是一个世纪以来一直保持不变的文化寓言"（p. 10）。

罗斯坦以这样一个问题开始研究：如果现在的学校比过去更糟糕，那么确切地说，什么时候才是教育的黄金时代或说至少是白银时代呢？ 20 世纪 60 年代和 70 年代是黄金时代吗？ 显然不是，因为那时畅销书作家万斯·帕卡德（Vance Packard）

大声指责,我们正在成为一个文盲国家,并断言"有无可争辩的证据表明数百万受过教育的美国人既不能令人满意地阅读也不能令人满意地写作"(Packard, 1974, pp. 81－82)。在 1961 年,基础教育委员会(Council for Basic Education)(Walcutt, 1961)发布了令人震惊的报告《明天的文盲》,这份报告指责,有三分之一的九年级学生的阅读能力只达到二年级或三年级的水平,因为学校已经抛弃自然拼读法。而正是在 1967 年,珍妮·查尔(Jeanne Chall)出版了一本关于阅读教学的教科书,名为《学会阅读》(Chall, 1967),声称阅读教学中的大多数问题都可以追溯到在这个十年中放弃自然拼读的原因上。显然,20 世纪 60 年代和 70 年代的几十年并不是教育的黄金时代。或许是在 20 世纪 50 年代吗? 罗斯坦回顾了 50 年代的教育。

20 世纪 50 年代以冷战为主,冷战的中心是苏联和美国之间的激烈竞争,这的确是严重的事情。那个时期出现了麦卡锡主义(McCarthyism),将可疑的知识分子(如作家、导演和演员)列入黑名单,担心共产主义已经潜移默化地渗透到包括教育在内的美国生活和文化的各个方面,从内部破坏美国的制度和削弱价值观。的确,冷战最糟糕的时期是在 1957 年,这一年苏联发射了"旅行者一号(Sputnik Ⅰ)"卫星和"旅行者二号(Sputnik Ⅱ)"卫星,因此我们把输掉太空竞赛的民族耻辱在很大程度上归咎于公立学校的惨败,公立学校被认为没有执行力、机构臃肿和达不到教育效果。

因此,为了寻找美国教育的黄金时代,罗斯坦回顾过去,从 20 世纪 40 年代再到 30 年代、第一次世界大战、20 世纪年代早期,甚至 19 世纪,但他从未发现过黄金时代。然而,他真正发现的是没完没了的反复抱怨,与我们自己现在所处的时代所听到的一样。例如,在 1902 年,《纽约太阳报》的编辑们回忆在他们上学时,孩子们"不得不要学点东西"……拼写、写作和算术都不是选修课,而是必须学习的课程。但在 1902 年的现在,在他们看来,学校教育似乎是一个杂耍表演,必须要让孩子保持乐趣和学习他喜欢的东西(Butterworth, 1958)。因此,罗斯坦总结道(用威尔·罗杰斯[Will Rogers]的一句老掉牙的格言来解释):"学校已经不再是过去的学校了,而且可能永远也不会回到过去了。"尽管还是有我们今天都很熟悉的没完没了的批评。正如罗斯坦所描述的,很显然,"每个人似乎都知道"是一个文化寓言。

现在是一个快节奏的世界,一个以不断变革为主导的世界。我们的教育机构必须灵活、适应性强,所以我们必须始终努力做得更好,取得更多成就。虽然在美国教育中已经取得了很多成就，但我们不能吃老本，还有很多工作要做。我们决不能松懈努力，要把学校发展得更好，使教育机会均等，并在学校教育中实行更大的社会公正。另一方面，教育领导者没有理由感到绝望，虽然有很多事情可以受到适当地批评，还有很多改进的余地，但是也有很多证据表明我们做得很好，并且可以继续做得更好。这些证据不仅体现在我们的社会、政治、经济和文化生活的巨大成就中，而且还表现在学校自身在适应近乎难以置信的社会变化时展现出的非同一般的灵活性上。这些变化包括由持续不断的大规模移民而造成的学校人口结构的迅速变化，社会政治包容性政策不断进步和对有特殊需要儿童的教育，以及继续推动在处理诸如性别、种族和民族等问题时实现更大的平等。虽然这项议程尚不完整，是一项正在进行中的工作，但教育领导者能够并且应该以合理的信心、乐观和热情面对未来的挑战。如果每一个挑战都是一个机遇，那么这次挑战也是教育领导者的一个巨大机遇。这个机遇可能来自美国教育正在发生的结构性转变，或者更确切地说，是科学范式的转变。

三、教育范式的转变

我们似乎正经历一场真正的教育科学革命，一场重大的范式转变使得传统的教育机会均等概念有可能正在发生根本性的转变。范式转变的关键在于理解人类智力的本质，而学习理论是我们用来组织学校和教学的基础。这一范式，即科学家们对什么是智力的共识，对教育领导具有直接和重要的意义，因为它是教育中其他所有一切的基础。关于人类智力本质的范式是教育领导者们为卓越教育建立"愿景"的唯一基础，虽然卓越教育现在对他们来说，要求过高了。这个范式驱动我们思考如何组织学校，在学校里教什么，如何教学，如何把学生分组进行教学，以及教育领导者负责的其他一切事务。因此，人类智力的科学范式驱动并塑造了学校领导所持有的学校教育愿景，是制定教育领导行动计划的关键。

（一）追求平等

美国人民在很多方面都是非常富有激情的理想主义者。美国的基本理想是平等，尤其是机会平等。这一理想体现在托马斯·杰斐逊（Thomas Jefferson）所写的

《独立宣言》导言中表达的高尚情怀:"我们认为这些真理是不言而喻的,人人生而平等,造物主赋予他们若干不可剥夺的权利,其中包括生命权、自由权以及追求幸福的权利。"从那时起,当这些话被写在一份被奉为美国圣经、最值得尊敬的文件中时,平等的概念被历代人所接受、尊崇和渲染,他们不断地努力使它在日常生活中成为现实,而不仅仅是把它看作一个崇高而遥远的目标(Maier, 1997)。因此,到了今天,美国人寻求字面上的平等。结果上的差异,无论是在投票权、获得住房的机会、就业机会、贷款的公平性、受教育的机会还是其他方面,都被视为机会不平等的充分法律依据。这样就形成了一个极其平等的社会,尽管仍然有缺陷,但是它正在进行着似乎永无止境的自身完善过程,并且这就是典型的美国社会。

从平等主义理想提供的棱镜来看,当前关于美国教育质量和有效性的争论与过去有着不同的视角。尽管公众对学校改革的激烈争论以及涉及许多与教育无关议程的争论常常被掩盖了,但教育的中心问题或许是教育机会均等。这已不再被理解为仅仅有平等的上学机会,因为这主要是与取消种族隔离有关。今天,平等的教育机会意味着,一旦进入学校,每个人都有平等的机会获得有效的教学,从而达到理想的教育效果。这一问题在很大程度上取决于人们对智力本质的理解。

(二)传统智力范式

1994 年,一批自认为在主流科学领域工作的 52 位国际知名学者是这样描述库恩(Kuhn)称之为现有的或传统的智力科学范式的:

1. 智力是一种非常普遍的心理能力,它尤其涉及推理、计划、解决问题、抽象思考、理解复杂的思想、快速地学习和从经验中学习的能力。它不仅仅是书本知识、狭义的学术技能或考试技巧,它更是反映理解我们周围环境更广泛、更深入的能力——"捕捉"、"理解"事物或者"弄清楚"该做什么。

2. 智力,正如定义的那样,是可以被测量的,智力测试可以对智力进行很好的测量。它们是所有心理测试和评估中最准确的(即可靠和有效的)。它们不测量创造力、性格、个性或其他个体间的重要差异,也不打算测量这些差异。

3. 虽然智力测试有不同的种类,但他们都测量相同的智力。有些使用单词或数字,需要特定的文化知识(如词汇)。另一些则不需要,而是使用形状或图案,只需要了解简单的通用概念(许多/少数、打开/关闭、向上/向下)。

("Mainstream Science," 1994, p. A19)

一个世纪以来在认知科学中盛行的这种智力范式具有两个特征,这两个特征在本讨论中特别重要:

- 智力是一个单一的整体:一个虽然复杂,却是单一的现象。
- 就像一个人的身材和肤色,智商(IQ)是一个固定不变的个人特征。

但是智力的来源是什么呢? 它是固定的遗传特性吗? 也就是说,它是基因决定的吗? 或者智力能够从诸如营养、社会支持和学习机会等环境来源得到可控的发展吗? 当然,这些问题引发了教育家们所熟知的先天和后天的争议。

一个世纪以前,传统的智力范式开始出现和发展。在1904年,法国教育部长要求阿尔弗雷德·比奈(Alfred Binet)开发一种方法来识别那些在学校需要特殊帮助的孩子。比奈立即着手设计了一种测量智力的方法,以便人们可以用数字来表达结果,就像人们称重和测量儿童身体的物理特征一样。通过对比单个孩子的智力测试分数和许多参加相同测试孩子的分数分布情况,人们可以辨别一个人的分数是否高于或低于那个年龄段的其他孩子的平均分数。这就产生了"心理年龄"的概念:例如,如果10岁的弗朗索瓦(Franois)的测试分数等于大多数12岁的孩子的测试分数,那么他就会被认为是聪明的,也就是说,比同龄人早2岁,他的心理年龄是12岁。然而,如果他10岁的同班同学海伦(Hélene)的分数达到大多数8岁孩子的水平,那么她会被认为是智力低下的,她的智力只有8岁。几年之内,一位德国心理学家提出了将智力年龄除以孩子的生理年龄,并将所得到的商乘以100得出智商(IQ)的想法。因此,可以说弗朗索瓦的智商是120,而海伦的智商则是80。

如果获得了个体智商的大量样本,它们的频率分布将可预测地落入大多数读者都熟悉的钟形模型中。这种模型是可预测的,因为来自任何测量个体的数据的分布,例如身高、鞋的尺寸或体重,通常也落入这种钟形模型中,这就是为什么它被称为正态分布曲线或正态曲线。毫不奇怪,它也被普遍地称为钟形曲线(因为它有点像"自由钟"的横截面)。在正态分布中,钟形曲线显示低分的非常少,高分的也非常少,大多数分数都趋向于聚集分布在中间,这也正是对个体测试所期望的结果。数据从低分到高分分散开来并沿着水平轴显示,它可以展开或压缩,具体取决于显示所需的形状和外观。扩展的单位称为标准差,通常使用 15 的标准差来排列智力测试的分数,标准差越小产生的拱形曲线就越窄、越尖锐,而标准差越大产生的曲线就越低、越拉长。在任何情况下,数据——也就是说,智力测验分数的分布——保持不变,只有描述图形发生改变。图 2.1 所示的是一个典型理想的钟形曲线,它可以显示智商(IQ)分数分布。

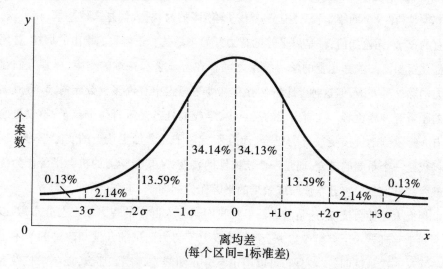

图 2.1　当以图表形式显示时,来自大量人群的智商分数的分布通常呈现为钟形曲线

根据图 2.1 所示的分数分布,参加测试的人中大约 68% 在平均分数的一个标准差之内。许多人认为这个群体处于"平均"范围内,他们会说,参加测试的人中大约 16% 的分数低于平均水平,另外 16% 的分数高于平均水平。一方面,人们可以很容易地利用这种分布来确定"最优秀的和最聪明的",另一方面,也可以确定"失败者"。众所周知,这种评估不仅用在学校决策上,而且在招聘和其他非常重要的事情上也得以使用。

(三)一种新的智力范式还是乌比冈湖综合征

长期以来,传统的智力范式对各级学校的教育领导产生了强大的影响,并继续成为认知心理学的科学范式。学校领导者普遍接受这种范式及其所暗示的学习理论,因此他们认识到需要一些根据能力对学生进行分类的方法,以此作为组织课程和教学的基础。认识到学生群体的能力差异很大,学校通常使用能力分组的概念组织教学,以符合这种感知到的现实。例如,在小学教学中,一个久负盛名的优秀标准就是教师运用能力分组来组织课堂教学的技能。在中学阶段,通常的做法是在实践时提供不同难度的课程,并使用排课技术将学生分成几类。大学教师经常试图根据正态分布曲线给学生赋分,让学生间产生竞争,即所谓的根据正态曲线评分,尽管这种做法在学生人数很少的班级常常是站不住脚的。

但是,在一个期望学校"不让一个孩子落后"的时代,人们越来越坚信,在美国,所有的孩子,无论如何,都是以平等的智力开始生活的。正如我们指出的那样,贫困家庭儿童与富裕家庭儿童的学习结果之间存在着显著和持续的差距,尽管人们在努力消除这种差距,但这种差距依然存在。因为穷人中有许多少数族裔,教育成绩的差距带有种族色彩。在新出现的观点中,学校的任务是教育每个孩子,不仅是给所有人提供到学校接受教育的机会,而且所有孩子能参加更接近的实际学习。这不仅仅是一个重要的转变,而是一个结构性的转变:从接受学习的机会平等作为优秀教育的标准到要求教育成绩或效果的平等作为标准。

但有人可能会抗议,这是怎么回事? 我们认为人群中的智力呈正态分布,并以此为科学真理。一个多世纪以来,全世界致力于智力测试的开发和改进的学术工作一次又一次地证明,这种分布可以用正态分布曲线来预测。那么,期望学校教育干预能够产生显著不同于正态分布曲线的学习成绩结果是否合理? 然而,很明显,这正是许多人对学校改革议题的期望。

对于怀疑论者来说,学校听起来很像乌比冈湖(Lake Wobegon),一个明尼苏达州神秘小镇的价值观和农村纯真的堡垒,幽默作家盖瑞森·凯勒(Garrison Keillor)在他的每周电台节目《草原家庭伴侣》中描述道,这里所有的女人都很强壮,所有的男人都很好看,所有的孩子都在平均水平以上。这个想法如此荒谬,以至于成为幽默的典范,多年来,它一直让广大电台观众发出会心的笑声。对许多教育家来说,它恰如其分地描述了对学校新出现的要求,这似乎是荒谬的,因为"乌比冈湖综合征"这个术语已经成为教育家的专业术语。

当然,问题是,在许多教师和其他教育家看来,当学校管理得当时,所有的学生都应该在考试中取得高于平均分的成绩。但如果我们考虑目前已确立的智力范式理论可能从根本上是错误的,那么这个问题就会呈现出截然不同的视角。如果是这样的话,我们确信美国公立学校及其教育实践是建立在对智力本质的错误理解基础之上的,因此也是建立在有缺陷的学习理论之上的,那么贫富之间的教育成绩差距一直存在就不足为奇了,尽管我们在继续努力缩小这个差距。如果对智力本质存在新的、更正确的理解,教育领导者需要了解什么是智力,也许需要重新考虑他们使用的学习理论,根据新的范式来决定学校应该如何重组,以及学校中的教学实践应该如何修改才更有效。看来,我们可能正处于科学革命的开始,如果它成功地取代了现有的范式,就可以为新范式的出现铺平道路,为教育领导改革提供更大的机会。

四、多元智能理论

首先,让我们简要回顾一下传统智力范式的核心理论:

● 智力是一个单一的、整体的心理因素,通常被称为 g 因素(指一般智力),设计智力测试就是来测量这个因素。

● 智力过程是一个神经过程,这些过程的质量取决于出生时个体中存在的神经系统。

● 神经系统是天生的,依赖于遗传的染色体,并且它的功能水平几乎不受生活中的外部事件(如学校教育或贫穷)的改变。因此,智力随着时间的推移相对稳定。

亨利·H. 戈达德(Henry H. Goddard)用经典话语对此进行了总结,戈达德的主要作品是把比奈的著作翻译成英文。戈达德(Goddard, 1919)评论道:

> 我们的论点是,人类行为的主要决定因素是一个单一的心理过程,我们称之为智力。这一过程受一种与生俱来的神经机制的制约,这种神经机制所能达到的效率程度以及由此产生的每个个体的智力或智力水平等级是由与生殖细胞结合在一起的染色体种类决定的。除了一些严重的事故可能会破坏部分机制之外,它几乎不会受任何后来的影响。(Gould, 1981, pp. 159 - 160)

在戈达德之后,几代人对心智和大脑的工作进行了研究,并产生了对智力和学习理论的更好理解,同时,对戈达德信念的正确性越来越没有信心。例如,让·皮亚杰(Piaget,1929)和后来的杰罗姆·布鲁纳(Bruner,1960)从根本上挑战了外部影响(如学校教育)对认知功能几乎没有作用的观点。

许多读者都了解瑞士学者让·皮亚杰的著作,他认为学习是儿童发展的一部分。他把学习描述为一个渐进的成长过程,在这个过程中,随着时间的推移,在适当的刺激和指导下,学生个体通过在早年学到的简单逻辑过程基础上,整合更高级的逻辑过程,从而使逻辑思维日趋成熟和发展。皮亚杰的著作对20世纪70年代和80年代的美国中小学教师的教育工作产生了重大影响。杰罗姆·布鲁纳的研究都是在建构主义理论框架下进行的,他深受维果茨基思想的影响(Vygotsky,1934),并对20世纪后半叶的教师以及他们的教学方法产生了重大影响。布鲁纳的观点是,学习是一个主动的过程,学生根据他们现有的知识构建新的理解。主动的过程包括学习者选择和转换信息以及构建假设,简而言之,就是发展逻辑认知过程以及发现和学习新思想与新信息的方法。但是,在布鲁纳看来,这需要精心结构化设计的、娴熟的和苏格拉底式的教学。

皮亚杰、维果茨基和布鲁纳显然对智力功能是固定不变的概念提出了质疑。他们认为,教师和学校通过帮助和引导个体认知能力的先天发展趋势,可以促进学生认知能力的发展和成熟。他们还质疑行为主义者的信念,行为主义是代表当时明显占主导地位的心理学方法,其观点认为:(1)我们不能处理学习者的内部机制,因为它是看不见的,且不能被操纵的;(2)奖励和惩罚手段是设计成功教学策略的关键。但他们并没有直接质疑智力是一个固定、天生和单一的个体特征。这将由下一代的学者来完成,在20世纪末就开始出现这些学者的著作。

例如,随着新千年的到来,丹尼尔·戈尔曼(Daniel Goleman)开始描述生活中重要的能力包括自我意识、自律、坚持和移情等方面的研究,而这些对生活的成功比传统智商更为重要。他争辩说,他称之为社会和情感智力的这组能力是可以教会给孩子们的。此外,他还解释说,这些能力对于杰出表现和领导能力比智力或技术技能更重要。

（一）加德纳多元智能理论

在关于人类智力的本质或更准确地说是一组人类智力的里程碑式的著作中，霍华德·加德纳（Gardner, 1983）已经引起了心理学家对20世纪在解释人类行为时从关注物理世界的外部对象转向关注心灵，尤其是认知思维。认知思维在很大程度上依赖于符号，如语言、数学、视觉艺术、身体语言和其他符号。加德纳在解释人类思想和行为方面的巨大贡献给了我们思考智力的新方法：不是作为一个单一的特征，甚至不是一组可以用智商的单一测量来概括的特征。加德纳解释说，几种智能是相互独立的，但每种智能都能使人以不同的方式从事智力活动。许多人发现这种解释很有说服力，因为加德纳在医学院教授神经学，他已经确定了大脑中涉及各种不同智能的特定区域。

加德纳（Gardner, 1993）是这样评论的：

> 在心理测量学和行为主义时代的鼎盛时期，人们普遍认为，智力是一个单一的实体，并且它是遗传的；人类最初是一块空白的板，只要以适当的方式，可以被训练来学习任何东西。如今，越来越多的研究者正好相反，他们认为存在着许多相互独立的智能，每种智能都有自己的优势和局限，头脑远非生来就无所束缚；教那些与早期"幼稚"理论相悖或者挑战智力及其有关智力自然发展过程的东西出乎意料地困难。（p. xxiii）

霍华德·加德纳描述了智能的七个主要方面：

- **语言智能**　理解单词以及如何将它们结合起来产生有用的语言的能力。这对作家、诗人和记者都很重要。
- **数学逻辑智能**　能够在我们周围看似不相关的事件中发现模式、顺序和关系，并进行逻辑链推理。人们会想到科学家、数学家、工程师和建筑师。

在我们介绍智能列表的其余部分之前，我们应该指出，加德纳认为，当今学校组织和运作的一个主要问题是，他们往往把大部分课程和教学限制在语言和数学逻辑智能方面。这些领域的学习尤其受到尊重,被许多人认为是更高级的,并且通常在评估学校教育结果时被强调。然而,加德纳认为,在我们的文化中还有五种其他的智能被广泛认可,并且是学习和思考的有效方式:

- **音乐智能** 辨别音高、旋律、音调、节奏和其他音乐符号特质的能力,并将它们整合到智力活动中,如推理。浮现在我们脑海中的是音乐家、作曲家、演唱家和说唱歌手。

- **空间智能** 能根据世界的视觉特质及其维度来准确地感知和思考的能力,并用创造性地方式来操纵和改造它们。这对于建筑师、艺术家、雕塑家、摄影师/电影摄像和航海家来说是重要的。

- **身体运动智能** 控制自己身体运动的能力,熟练操作器械的能力,以及将这些技能融入某种语言的技巧,人们可以用这种语言来"机智、有格调和具有审美眼光地"表达自己的情感,这正是诺曼·梅勒(Norman Mailer)所说的用心去打拳击的意思(引自 Lowe, 1977, p. 255)。加德纳的模仿哑剧的例子,尤其是马塞尔·马索(Marcel Marceau),生动地展现了身体运动能力的概念,但人们还会想到舞蹈家、花样滑冰运动员和许多其他运动员。

- **自我认知智能** 接近和理解内在自我的能力,包括感受、反应、愿望。这指的是自我意识的个体,理解并适应他或她的个人情感,并能够区分各种情感,并使用它们思考这个世界。人们会想到小说家和剧作家,比如爱丽丝·沃克(Alice Walker)、尤金·奥尼尔(Eugene O'Neill)、马塞尔·普鲁斯特(Marcel Proust)和詹姆斯·鲍德温(James Baldwin),他们都用自传的主题来审视人类。从马塞尔·帕格诺尔(Marcel Pagnol)到伍迪·艾伦(Woody Allen),电影导演们也容易浮现在脑海中,他们的智慧是超越电影领域的。

- **人际关系智能** "能够发现和辨别其他人,特别是其他人的情感、气质、动机和意图等的能力。"这种能力"能让一个处事老练的人读懂别人的意图和愿望,即使别人会隐藏他们的意图和愿望,这样就有可能根据这些信息采取行动,例如,影响一批完全不同的个体按照自己期望的方式行事"(Gardner, 1983, p. 239)。杰出的例子包括马丁·路德·金(Martin Luther King Jr.)、埃莉诺·罗斯福(Eleanor Roosevelt)、林登·B. 约翰逊(Lyndon B. Johnson)和莫汉达斯·甘地(Mohandas Gandhi)。这种能力对于行使教育领导力很有用,但它是大学教育管理课程中很少寻求的一种智慧形式。

加德纳对智能的描述阐明了一些重要途径,通过这些途径人们将不同的内部资源引入组织的行为方程中,这些内部资源不仅包括学生,还包括成年人,如教师和管理人员。重要的是,我们每个人都有这些不同种类的智能,但我们每个人的智能组合是如此特殊,以至于在任何一个群体中都存在个体差异,这表明,在开始制定教育行动计划时没有考虑到这些差异的方法是有缺陷的。

重要的是,这些智能是人类的特点,而不是个人的选择或偏好。正如加德纳所表明的,尽管一个人的智能随着生理上的成熟而逐渐发展,但是智能的发展在很大程度上也取决于从环境中学习。因此,人们不是简单地学习阅读、写作和计算,不仅因为我们已经成熟了(因而"准备好了"去学习),而且还因为我们看到了别人也在阅读、写作和计算。这突出了人与环境在塑造人类行为方面相互作用的重要性。

加德纳的见解对学习理论产生了深远的影响,这些理论是美国教师和学校领导的实践基础,目前还作为组织课程和教学的基础正在全国各地的许多学校使用。在哈佛大学的"零点计划(Project Zero)"项目的赞助下,有许多学校参加了一项名为"萨美特(Schools Using Multiple Intelligence Theory, SUMIT)"的项目研究,其含义是使用多元智能理论的学校。萨美特项目公布案例研究、教学方法和实践操作等信息,这对于那些想要更多地了解应用多元智能理论改善学校教学效果的人来说是有用的。

(二)帕金斯的真智力理论

显然,加德纳对"智力是单一整体的人类特征"这一范式理论提出了可信的反对意见,说服了很多人,事实上,人类至少存在七种智能。这为教育者提供了重要的学习理论,以便他们管理学校、开设课程以及选择教学方法,从而促进更广泛的学生参与学习并取得成就。加德纳在哈佛大学教育学院的"零点计划"项目的同事大卫·帕金斯(David Perkins)的研究针对的是传统智商的第二个基本概念:智力能力是继承和固定的理论。帕金斯(Perkins, 1995a)写道:

旧的智商观念依然存在! 许多人坚信智力是一种固定的、由基因决定的特性。历史上,许多人认为一些种族群体在基本智力能力方面存在差异。今天表达这样的观点是不受欢迎的,但肯定的态度仍然存在。更广泛地说,智力的观点贯穿于我们对人类行为的推理。……我们把失败归咎于基本能力的不足。同样,当人们成功而引人注目时,我们赞美他们的才华,羡慕他们的基因。奇怪的是,这种思维方式在美国文化中要比在日本多得多,因为日本父母更加强调努力在成功中的作用:处理难题或一个令人费解的概念的方法是坚持不懈,直到你掌握为止。(p. 16)

但是帕金斯同意加德纳强调智力不是单一特征的观点。然而,他并不确定有七个维度。他认为智力有三个维度,他称之为"新智力"(Perkins, 2008, pp. 102 - 103):

- "智力的神经维度(简称神经智力):神经系统的效率和精确性对智力行为的贡献",这正是传统范式中的理论家和心理计量学家所宣称的。
- "智力的经验维度(简称经验智力):特定情境知识对智力行为的贡献。这种贡献是长期在特定情景下通过大量的体验思维和行动而获得的结果。"
- "智力的反思维度(简称反思智力或心理波动):对各种具有智力挑战性任务的策略、有助于坚持的态度、系统性、运用头脑时的想象力以及自我监控和管理的习惯等对智力行为的贡献。反思智力实际上是对神经和经验智力所提供资源的控制系统,并致力于明智地运用它们。"

帕金斯认为,后两种智力并没有被那些支持传统智商理论的人所认可,他们声称智力是无法学习的,然而这两种智力是学习能力的关键。帕金斯指出,你可以了解自己的思维,就像你了解自己的邻居、棒球比赛或股市一样。为了获得这些知识,人们可以"学习"重要类型的思维,获得概念、信念、情感和行动模式,使他们能够更好地应对问题、做出决策、解释和进行其他需要智力的活动(Perkins, 2008, p. 15)。

这种分析让人想起,在拥有"书本智慧"的人无法应付的环境中,拥有"街头智慧"的人能够茁壮成长和成功,这两种能力之间的区分是由来已久的。关键是"智慧"就是要聪明,帕金斯强调,这不限于理解单词和组合单词的能力,也不限于理解我们周围世界的数理逻辑秩序模式的能力,尽管这是学校长期以来一直强调的智力和学习的两个方面。为了说明这一点,帕金斯引用了一份兰德公司的题为《全球准备和人力资源》的报告:

> 这份报告调查了来自企业和学术部门的人认为应对不断升级的时代挑战最需要的能力。调查的结果是:一般认知能力比学术[学科]、社会技能、[或]个人特质方面的知识等得到更高评分。良好的思维是最重要的。(Perkins, 1995a, p. 7)

类似地,一项关于学校教育的国际作用的研究发现,在当今竞争力和经济生产力的全球市场上,成功与否取决于那些善于思考和学习的员工,然而在美国的学校,他们发现了以下情况(Marshall & Tucker, 1992):

> 只有不到十分之四的年轻人能从一个冗长的新闻专栏中总结出主要论点——4名白人中有1人,4名黑人中有1人,10名西班牙裔美国人中有2人。每100名年轻人中只有25人能够使用公交车时刻表为出发或到达时间选择合适的公交车——100名黑人中有3人,100名西班牙裔美国人中有7人。只有10%的人能够根据单价信息从杂货清单中选择成本最低的产品——每100名白人中有12人,每100名黑人中有1人,每100名西班牙裔美国人中有4人。……这些发现清楚地表明,在一个需要较强的沟通技巧和理解复杂现实问题的环境中,只有很小的一部分员工能够有效地工作。(p. 67)

当然,像这样的评论对于本书的读者来说是司空见惯的,因为我们正在思考今天以及未来几年中越来越重要的教育结果。许多人根据此类评论,不断要求回到基础知识;要求更多的阅读、写作和算术;要求更严格的学习标准;要求更多的训练和实践;要求更难的考试。帕金斯(Perkins, 1995b)采取了一种非常不同的策略,并且它已经被证明是非常受欢迎的:学校应该越来越多地进行思维技能教学,因为真正的学习是思考的结果。他认为,我们应该发展"智能学校(smart schools)",教会孩子更好地思考，从而更好地让每一个孩子学习。

（三）智能学校

帕金斯断言，"我们需要学校能全天候地实施我们认为是好的教育理念。我们可以称这种学校为'智能学校'——学校能随时提供更好的教学和学习机会。"在帕金斯看来，智能学校有三个特点：

    1. 他们见多识广。"管理者、教师以及智能学校的学生都非常了解人类的思维和学习，以及是如何进行思维和学习的。他们知道学校的结构和协作关系，以及如何运作得最好。"

    2. 他们精力充沛。"智能学校需要知识，同样也需要精神。智能学校在办学结构、办学风格、师生待遇等方面都采取措施以培养积极能量。"

    3. 他们考虑周到。"智能学校是一个体贴的地方，充满关怀和体察。首先，人们对彼此的需求敏感，相互体贴地对待对方。其次，教学/学习过程和学校决策过程都是以思考为中心。……把思考放在所有活动的中心是至关重要的。"（Perkins, 1995b, p. 3；Perkins, 2008, p. 3）

这些是教育领导者需要的重要思想，他们参与创建学校教学愿景的过程，我们称之为行动计划。一方面是教育领导者的价值观和行为，另一方面是学校教育活动的质量，这里我们更强调帕金斯在这两者之间建立的重要联系。

帕金斯接着说，智能学校的这些特点——见多识广、精力充沛、考虑周到——不是革命性的，的确，它们不是。帕金斯欣然承认，智能学校至少可以追溯到约翰·杜威，并且是进步教育运动的中心，进步教育运动提供了占主导地位的学习理论，直到20世纪40年代中期，当时流行的钟摆开始从进步运动转向生活适应教育。帕金斯指出，智能学校的三个特点在很大程度上是常识，但它们在学校中并不常见。这种评论在本节中是一个连贯的主题，因为它是理解学校组织行为的中心主题。

（四）情绪智力

我们来简要地描述一个新认识，即情绪智力（emotional intelligence, EI）现在被看作是一种重要的智力形式,它是个人所拥有的多种智力之一。在我们的文化中,有一个老生常谈的说法是那些在传统学校课程中被认为是"聪明大脑"的人,他们在考试中似乎毫不费力就能考好,而且能"达到智商测试的最高水平,但是无论在个人生活还是工作中,他们都没有取得好成绩。他们用错误的方式触怒别人,成功似乎并没有奏效"(Stein & Book,2000,p. 14)。当然,这个老生常谈的说法另一面,还有些人虽然在学校的课程或考试中,或者在智商测试中都不出众,但在其他事情上却做得很好,比如容易与他人交往,沉浸在诸如音乐或新技术的创造性工作中,或受到团队成员尊敬。这样的人可能会在生活中继续如此,令他们以前的许多同学感到惊讶,他们能够成为社会中受人尊敬的成员,在他们的个人生活中,以及在他们的商业或职业生活中获得成功。

你会认识到,这就是过去所一分为二的"书本智慧"与"常识",20 世纪初这种区别就引起了认知科学家的注意。例如,在开发智商测试鼎盛时期的 1920 年,爱德华·桑代克思考他所谓的社会智力的重要性,他认为社会智力与一般智力有很大不同。20 年后,在 1940 年,作为智商测试创始人之一的大卫·韦克斯勒(David Wechsler)敦促,情绪和社会智力的测量应该与普通智力因素一起考虑,以便更全面地评估普通智力。在二战结束后不久的 1948 年,R. W. 利珀(R. W. Leeper)探讨了"情绪思维"与"逻辑思维"相互交织发展的观点。但是这些年来,智商测试的热潮还在继续,基本上没有被这些想法所吓倒。虽然这种对情绪方面的智力理解并不新鲜,但它只是最近才进入主流话题。

正如我们所描述的,当霍华德·加德纳在 1983 年开始写关于多元智能的文章时,他当然借鉴了先前的学术成果,但是他也重新阐明了自我认知智能和人际关系智能的含义和作用。加德纳一直在谈论情绪智力和社会智力以及两者是如何相互联系的,尽管他没有使用这些术语。加德纳证明了这些智力虽然明显不同于传统上更受尊敬的语言智能和数理逻辑智能,但它们对许多人的生活成就是至关重要的。1990 年,新罕布什尔大学的彼得·萨洛韦(Peter Salovey)和耶鲁大学的约翰·D. 迈耶(John D. Mayer)创造了"情绪智力"这个术语,并将其描述为"监控自己和他人的情感和情绪、把它们区别开来并使用这些信息来指导自己思想和行动的能力"(Salovey & Mayer,1990,p. 189)。基于这个定义,尼尔森和劳(Nelson & Low,2003)将情绪智力概念化为以健康的方式理解和表达情绪的过程,更重要的是,他

们发现情绪智力是可以学习的。具体而言,他们指出情绪智力是:

1. 认识和评价自我;
2. 建立和保持各种牢固、有效和健康的关系;
3. 与他人相处并在工作中取得积极成果;
4. 有效地处理生活和工作的压力和需求。

在《情绪智力》一书中,丹尼尔·戈尔曼(Goleman,1995)将这门学科从少数认知科学家所感兴趣的晦涩学术领域突然转变为如今广受关注的领域。他的书在畅销书排行榜上保持了很长一段时间。戈尔曼生动地描绘了现代神经科学的相关研究,研究描述了深深扎根于我们大脑但常常不被我们察觉的"两个心智",即理性和情绪,以及它们是如何相互作用从而形成我们感知和回应周围世界的方式。他坚信地解释说,情绪能力不是固定和与生俱来的,但个人可以学习利用他们的理性和情绪心智,使它们有效地合作。戈尔曼解释说,如果一个人不能学会驾驭这两种心智,情绪就会削弱理性。当然,这一事实非常有助于解释为什么经常见到聪明的、甚至有学问的人成为失败的领导者。戈尔曼接着主张学校需要开设一种新的课程,包括发展情绪智力和理性智力,从而使教育成就卓越的含义成为一个全新的概念。

大量的研究将有效领导的情绪智力和组织绩效联系起来(Ozcelik, Langton, & Aldrich, 2008;Barbuto & Burbach, 2006;Riggio & Riechard, 2008),对学校校长所做的一些具体研究也显示出类似的结果(DeLorenzo, 2012;Heiken, 2007;Williams, 2008)。换句话说,那些情绪智力较高的领导者——他们的情绪智力是通过可靠和有效的详细清单确定的——会让追随者感觉到他们更为积极乐观,在某些情况下,比那些情绪智力较低的领导者有更好的组织管理绩效。

(五)争论仍在继续

这是件奇怪的事情:"我们越努力改变学校,"魔咒却是,"它们越是保持不变。"为什么让学校做出既有意义又持久的变革是如此艰难? 经过几代人的努力,许多观察家似乎清楚地看到,学校仍然与我们父母就读的学校非常相似。是因为教师和校长合谋维持现状吗? 很多人都这样认为,而且工会协助和教唆这一阴谋也不算什么过错。或者说,教师和校长仅仅是无能,应该被解雇和替换? 很多人也这么认为。事实上,为改善表现不佳的学校,更换校长是《不让一个孩子掉队法案》规定的第一批获得批准的纠正措施之一。的确,市中心的学区督学越来越普遍地引用解雇校长的人数作为该学区为改善学校表现而采取积极行动的证据。弗吉尼亚大学在州长马克·华纳(Mark Warner)的督促下,制定了一个培养精英校长干部的计划,这些校长是经过专门培训的,成为全国各地学区"扭转局面的专家"。可以预见,扭转局面的专家们会从一个学校到另一个学校"扭转"那些被认为表现不佳的学校。然而,最近的研究对这种方法的智慧产生了严重的怀疑,因为它导致了校长更替的加速,校长们到处兜圈子,而学校却变得时好时坏(Hargreaves, Moore, Fink, Brayman, & White, 2003)。

可持续性　通过对20世纪70年代、80年代和90年代期间8所美国和加拿大高中的深入持久研究,一项主要发现是,缺乏可持续性是这些学校在北美生活和文化动态变化时期的一个主要特征。在参与研究的学校中,校长们以低于每五年一次的平均轮换率轮换,而教师们则倾向于更持久地留任。教师通常是学校的内部人员,而校长往往以外部人员的身份到达学校,然后在他们成为内部人员之前离开,而教师则只是等待他们离开。这是关于学校变革的文献中经常报道的一个组织生活事实:校长到来,变革倡议被发起,然后校长离职,改革成效在完成并开始取得回报之前被放弃(Hargreaves et al., 2003)。

哈格里夫斯和古德森(Hargreaves & Goodson, 2006)做了如下报道:

> 从20世纪90年代中期到90年代末……教师们认为他们的领导更像是匿名的管理者,他们在学校中知名度较低,似乎更隶属于体制[学区]或他们自己的事业而不是学校的长远利益,而且……很少有足够长的时间来确保他们的计划能够持续下去。(p. 21)

他们得出结论认为,《不让一个孩子掉队法案》对多次年度考核不合格校长的处理规定之一就涉及免职,这个立法给市中心学校校长带来的压力对于建立可持续发展的市中心学校并不会带来好处。

许多其他见多识广的观察家只是觉得学校趋于稳定、变化缓慢这一事实并不神秘。这是所有具有发达文化的组织特征。根据定义，一个组织的文化不仅会延续，而且会变得更强大和精细化。例如，许多美国人惊讶地看到，像通用汽车这样的主要汽车制造公司从曾经统治世界市场的巨头地位上缓慢而无可挽回地滑落到破产的境地。多年来，以冰川般的速度继续其不可阻挡的下滑步伐，通用汽车疯狂地做着它能想到的一切：关闭工厂，开办其他工厂，创建新品牌的汽车和新车型，自动化生产，使用书中的每个营销工具，以及更多其他方法。一直以来，一批固定的组织顾问重申了同样的建议：目前的困难与公司著名的官僚文化有密切关系，如果公司要生存，就需要变革。例如，似乎没有什么必要做到十全十美，也就是说，公司核心信念是，没有必要在市场上制造最好的汽车。他们确信他们只需要制造出足够好的汽车来适应市场。2009 年，在大规模裁员和申请破产之后，许多观察家想知道通用汽车是否已经到了可以变革公司文化的地步——包括新的使命感和承诺——这对公司的生存至关重要。

每所学校都有强大而持久的组织文化，任何文化都倾向于对那些在这种文化中生活和工作的人的长期信念和行为进行强有力的塑造。因此，那些寻求把可持续性作为学校变革特征的人最好关注学校的文化，并且需要在持续的文化变革过程中培养兴趣。无论何时，只要学校领导进入学校，在短暂的任期之后离开，他或她仍然是一个局外人，几乎可以肯定，他或她对组织文化的发展几乎没有影响。这个事实把焦点放在学校发展变革过程的需求上，这些过程会成为组织生活中一个持久和持续的方面。

五、行动理论

行动理论是一种根据理论所描述的真理的本质，对理论知识如何应用于处理实际问题作出某种判断的理论。例如，在 19 世纪，随着细菌能引起感染和疾病的理论逐渐被外科医生和内科医生所信赖，它不再仅仅是一种学术理论，而是一种行动理论。医生们慢慢地开始认识到外科手术中消毒方法的价值，并试图将它们用于医疗实践。约瑟夫·李斯特(Joseph Lister)的工作取得了重大突破,他在1865年发现碳酸是一种有效的杀菌剂,能杀死危险的微生物。不久后,大量使用碳酸成为外科手术中标准的消毒方法:用碳酸擦洗和喷洒器械甚至病人身体,以杀死被认为引起感染的细菌,按照今天的标准,这看起来也是严格的。然而,随着时间的推移,虽然病菌理论仍然适用,但医生们逐渐改变了他们在实践中的方法。无菌法成为该理论更为普遍的应用方式:这个概念首先是保持手术环境清洁和无菌。外科医生开始洗手、穿手术服和戴口罩,并找到了比使用碳酸洗手液更好的消毒方法。早在1874年,罗伯特·伍德·约翰逊(Robert Wood Johnson)就开发了第一个即用无菌敷料,直接将李斯特的细菌理论知识应用于医学实践。到1885年,他的公司,即强生公司,正在生产无菌自黏敷料——现在无处不在的创可贴的先驱。当然,今天医生仍然用同样的细菌理论指导他们的行动,但他们在实践中的表现是不同的。那些相信现代西医理论和实践的人使用一次性橡胶手套、高压灭菌、一次性器械、抗生素以及在外科手术室维持无菌环境。这些已经成为现代世界中,医疗健康提供者在医疗实践中最常见的行为。

为了说明行动理论与实践理论之间的相互作用,我们选择使用来自现代西方医学领域的简单例子。值得注意的是,在医学领域,正如在教育、组织和领导的领域一样,许多实践理论都会在思想的市场上竞相告知实践者。现代西方医学远不是医学理论在行动中唯一的来源。今天,有许多替代医疗实践的方法,每个都有自己独特的理论和研究机构支持。例如,许多患者宁愿接受整骨疗法也不愿意接受医药治疗。整体医学和顺势疗法医学在西方和世界范围内正迅速流行,许多替代医学实践也常常扎根于古代非西方文化。针灸有着广泛的追随者,正在慢慢地进入一些西方医生的实践中。放松疗法,一度被认为是印度瑜伽修行者所独有的疗法,已经被许多西方人所接受,其中包括越来越多的备受尊敬的现代西方医学从业者。各种形式的信仰疗愈(从宗教信仰和实践的许多不同概念中汲取他们的行动理论)、顺势疗法和民间医学继续成为全世界许多人接受的医疗实践的基础。那些从事医学实践的人必须决定在众多相互竞争的理论中——这些理论是对自然界中观察到的事件的解释——他们将接受哪一个并照此采取行动,指导他们在实践中的行动。

　　有理由认为,美国的学校管理者和监督者在涉及理论时是世界上最持怀疑态度的专业人士之一。作为一个群体,他们倾向于拒绝通常被描述为学术理论的象牙塔思维,许多应用型学校管理者认为这种思维模糊,不能反映工作实践者所面对的现实困难。对许多人来说,理论这个词本身就是不切实际的或深奥的想法,或许是无聊的白日梦。它常常暗示一些难以达到的理想状态或投机甚至猜测的概念。相比之下,应用型教育管理者往往认为自己面临着一个要求高、行动迅速的环境,在这种环境中需要立刻采取行动来解决问题,拖延是无法容忍的。也许,当听到理论这个词时,许多人会联想到电视上一个无畏的辩护律师宣称他有"关于这个案件的理论"的形象,而他的意思只是他有一种敏锐的直觉。因为理论这个词并没有这些意思,所以让我们先揭开它的神秘面纱。

　　正如我们在第一章中所解释的,理论这个术语用于通过系统的有组织的知识思维来解释观察到的现象。使用理论知识的另一种选择是不知不觉地穿越迷宫般的专业领导实践,希望采取正确的行动,但一路猜测。在这个意义上,也许没有什么比好的理论更实际,因为它为如何在一个繁忙、复杂的世界中采取适当行动提供了基础,在这个世界里,很少有问题是真正简单的,时间是短暂的,而且任何决策通常只会导致需要更多额外的决策。这就是教育领导者通常参与的管理工作的性质。

　　的确,一些学术理论可能是极其复杂的,具有超出非专业人士视野的神秘微妙之处,但并非所有理论都是如此,这也不是完美和强大理论的必要特征。比如,1666年,艾萨克·牛顿(Isaac Newton)是一位才华横溢的数学家,他在果园里观察到一个苹果从树上掉下来,这个故事让他计算出最终被认为是万有引力定律的理论。引力是一个多么简单、精妙和有力的——还必须再加上一个词,理论的——概念。理解如何计算两个物体的质量和速度之间的关系可能超出了许多人的理解,但这个核心概念已经成为我们理解世界的基础。

　　但是我们日常生活中观察到的许多共同事件并非那么简单。例如,几代人普遍认为宇宙的中心是地球。支持这个观点的证据是由希腊—埃及的天文学家克罗狄斯·托勒密(Claudius Ptolemy)在公元2世纪提出的,并被阐述成宇宙地心理论,超过13个世纪都没有受到过严肃挑战。当然,这一理论认为地球在太阳和其他行星绕着它转动时是静止不动的。对许多在那些年里生活的人来说,支持托勒密学说的证据包括共同的观察,即当物体掉落时,它往往会向下坠落——朝向被认为是宇宙中心的地方。当一个地球人抬起头,他或她可以很容易地观察到太阳在地球上方移动,造成昼夜的弧线穿过天空。用这个地心说解释容易观察的日常事件,我们的祖先自信地说出了显而易见的事实:人们确信他们可以很容易地看到早晨日出,白天太阳绕地球旋转,然后晚上日落。显然,当时的证据有力地支持了地球是太阳系中心的理论。

然而,在 15 世纪早期,波兰天文学家尼古拉斯·哥白尼(Nicholas Copernicus)记录并公布对天体事件仔细、系统的观测资料,这最终说服了一些专家,事实上,太阳位于太阳系的中心,地球自转并在围绕太阳轨道运行。1632 年,伽利略(Galileo)发表了《关于两大世界体系的对话》,这是伽利略借助望远镜直接观察到的,从而证实了哥白尼的学说。尽管伽利略在 1633 年被关进监狱,被迫放弃他的发现,但"妖怪"已经放出"魔瓶"了,自那以后,有关太阳系的哥白尼学说或日心说就没有受到过重大挑战。事实上,伽利略的工作成为西方科学发展的一个转折点。

今天,由于这个理论的推论和检验,当你仰望天空时,你可以说日出和日落,但是我们仅仅把这些术语用作修辞。我们大多数人都非常肯定地球绕着它的轴自转,并且绕着太阳公转,这有助于我们更好地理解和解释正在发生的事情,以及理解对未来事件的预测。虽然单独在这个层面上,它对我们就很有帮助,但现代日心理论要强大得多。例如,它为科学家和工程师提供了基本的、无可争辩的理解和解释太阳系的方法,并且它继续被用于设计和执行探索太阳系和太阳系以外空间的巨大计划。显然,这一理论并不是一些无聊的推测,它是我们在 20 世纪 50 年代以来取得太空成就的理论基石的一部分,在这个理论基础上我们已经开始构建未来太空探索计划。这个理论就像每一个好的理论一样都是实际生活的一部分。这一理论在我们的时代继续得到探索和扩展,并将在可预见的将来继续得到检验。转述社会心理学的创始人库尔特·勒温(Kurt Lewin)的话:没有什么比好的理论更实际了(Marrow, 1977)。

正如我们有关于疾病起因的理论和关于太阳系的理论一样,科技时代的生命依赖于丰富的理论基础。空气动力学理论描述和解释了使重于空气的机器能够飞行的原理。中学的孩子可以合理地解释为什么钢船可以漂浮,因为他们理解所涉及的理论。毫不奇怪,我们也有关于组织和员工的理论。正如我们应该经常洗手,定期锻炼,并保持良好的饮食习惯等都是有理论依据的一样,我们应该理解学校组织以及使其更有效运作的理论基础。

如果你不小心割破了手指,你会怎么做? 很可能你会清洗伤口,然后用一些消毒剂,并用无菌绷带包扎。对大多数读者来说,这是一个平常和不起眼的反应。但是,只有对那些知道和接受致病细菌理论和从那个理论发展而来的预防措施的人来说,才不会觉得是一个平常和不起眼的反应。对这些人来说,致病细菌理论就是一种行动理论。就是说,它对现象进行系统的解释,引导我们去采取行动,这似乎是明智、合乎逻辑和合理的,因为它们与理论所提供的现实解释保持一致。

理论是有用的,因为它提供了系统地思考复杂问题的基础,例如理解教育组织的性质。理论使我们能够做四件事:(1)描述正在发生的事情;(2)解释它;(3)在特定环境下预测未来的事件;(4)(对于专业从业者来说很重要)思考控制事件的方法。这一过程为学校领导的专业实践奠定了基础。当我们接受、内化和运用行动理论时,理论就成为我们实践理论中的一个重要因素。

六、实践理论

实践理论是行动理论的综合,是专业实践的基础并指导专业实践。实践理论是个人对因果关系的理解,它来自收集、组织和整合所遇到的事实和经验的过程。正是这种实践理论把领导做出的数以百计的日常决策和行动进行整合、统一、巩固、保持一致和合理化,从而把领导者不可避免地引导到一个看似无误的正确判断上。由于本书的典型读者已经是一位非常成功的教师,并且几乎可以肯定地被委派担任其他领导角色,所以本书的重点在于进一步培养学校领导的理论基础。把一个人的各种行动理论结合成一个连贯的实践理论是重点。教育领导实践理论的基础在于三个理论支柱:

• **对学校中成年人工作行为的系统理解** 我们专注于理解人类行为的各个方面,如动机、决策和冲突。行为理论的这个领域试图解释我们想要理解人们行为的不同方式,不管他们在组织生活环境中是否起作用。人类行为的许多理论可以用来指导我们的理解,但它们之间常常又是相互竞争的。

● **对人们工作的组织环境的理解**　组织理论的这个领域寻求解释以下内容,包括用不同的方法来处理组织问题和协调许多人的合作以实现无法独立完成的事情。组织行为研究的中心问题是组织与组织成员之间的动态互动。

● **领导行为**　组织理论的这个方面研究领导者如何与组织中的人互动,使得他们不仅被追随者理解,而且被组织中的其他参与者接受为领导者。

但是不要被误导,尽管潜在的学校领导者必须牢牢掌握领导力所蕴含的知识,但仅有知识是不够的。每个将要成为领导者的人都必须发展和阐明一个连贯的实践理论,这要基于我们对这一知识的独特理解,以及如何将其运用于行动。正是你的实践理论告诉你领导学校的方法;当选择困难和紧迫时,指导你决定该做什么和不该做什么;使你作为一个领导者,行为可以被人理解和信任。

在整本书中,你将挑战和反思你所读到的观点,并运用它们来思考如何用你希望的方式来参与到学校领导者的实践中去。通过进行这种反思性思考,希望你能够有所超越,不仅仅是了解其中的一些想法,而是要进入到更高层次的思考中,考虑如何在你的专业实践中使用这些想法。例如,在面对难题和问题时你如何将它们融入你的思考方式中? 你如何利用它们来推进制定的计划、采取的行动以及作为学校领导者而提出的想法? 发展行动理论并将其结合起来形成实践理论的概念有助于更好地研究教育中的组织行为。

真实案例:

一个校长如何实施她的实践理论

佛罗里达州那不勒斯市海牛中学校长,佩吉·奥恩

作为一所中学的领导,我的目标是与大多数利益相关者一起构建一个积极发展的态势。四年前我担任校长时,我们的工作重点是建立一种统一的学校文化,特别是在对学生行为期望方面。我们召开大量的座谈会和其他会议,以确定我们对

学生的最终培养目标是什么,希望他们如何表现,如何帮助学生内化学校对他们的期望,以及最终希望我们的学生能够健康地成年。积极行为支持的一个基本原则是,学生应该从外部得到肯定,做出积极的选择,最终形成更强的内在自控能力。与其他任何举措一样,一开始教师们之间也有一些冲突。学生会不会为了守规矩而守规矩? 我们为什么要奖励学生本应该做的事情呢? 我们的出发点是首先定义我们的愿景,然后详细阐述我们为实现这一愿景所需的步骤。一个坚定的教师群体构成我们学校文化的因素和整体框架。过了一段时间,可能一开始有一些保留意见的教职员工也看到积极行为支持正在努力改善我们学校的文化。通过辛勤的工作和共同的承诺,这所学校在过去的三年中被公认为积极行为支持的黄金学校。我们对学校贯彻积极行为支持的集体愿景已经实现。

然而,随着时间的推移,对于学生的成功来说,一个更大的问题是需要更强的适应性和协作的专业知识。作为一名教师,我们需要学生积极参与学习过程,理解和设定自己的目标,并追求主要的结果。所有利益相关者都必须勇敢地相信,我们的学生完全有能力在高中、大学和职业生涯中取得最佳成绩。作为一所学校,我们需要学生了解自己的学习情况和成绩,教师积极监控学生的进步,并相应地调整指导,家长在整个过程中与我们合作。作为一所学校,我们已经准备好在可能会有一些强烈意见的教职员工中进行学术讨论。我们已经完成了对学生行为期望的调查,并且准备好为我们的学生开设相关课程。

学区也支持我们的努力,因为我们受到学区教育统计数据论坛的推动,论坛中每所学校都为学生的成绩设定目标。这些教育统计数据论坛经常在学区管理者和学校领导之间举行。学校领导确定每个学校可能需要关注的领域、策略和资源。这些论坛要求每一所学校都定期统计学校情况,从而提高了学校层面的问责。最终,在学区教育统计数据论坛的推动下,我们学校的变革过程被证明是富有挑战性和令人振奋的。我们目前正处于努力变革中,我们的方法和策略在不断地发展。

我们学校的学生现在都有一个学习干预和改进时间安排,监控他们的成绩和季度学习进展,至少每两周一次与教师聊一聊学习情况,制定短期和长期的目标。教师通过与学校领导和部门内部的教学情况座谈来监控他们自己的教学标准,并制定个人和部门内的目标。家长积极参加学生主导的会议,在过去的一学年中,大约70%的父母参加了学生主导的会议。从前,这类结果对于一所面临众多挑战的中学来说似乎是令人望而却步的,而这些挑战主要来自全州的各类考试。在我们学校,这是一个共同的期望,学生是自己成功的管家,而我们只是促进者。

这种学生自主权的一些积极副产品就是学生为了高学分选择学习代数的人数增加了100%,获得行业证书的人数有指数级的增长,以及获得大学奖学金人数也显著增加。

我们学校的变革力量是清晰和相互协作的,并随着时间的推移而发展。这些变革力量包括教师、教辅人员和系主任,他们带领全体教职员工确定我们需要采取的具体步骤,以增强学生的能力和提高他们的成绩。有时,我们不得不重新调整我们的期望,调整时间表,并为自己的想法辩护。我们学校的工作还正在进行中,每年都带来挑战和新想法,但最重要的是促进学生成绩的提高。全体教师都有机会为我们的学生提供见解、说明要求和反思目标。通过协作领导,学生需求得到优先考虑,各个领域的专长也被自愿发挥出来。

七、行动计划：教练的隐喻

另一种思考行动理论并将它们结合到实践理论的方法是运用运动队教练的隐喻。这是许多流行书籍中首选的比喻,这些书籍旨在吸引商业和工业组织的管理者们来阅读。教练无疑是领导者,也可以说是理论家。首先,每个成功的教练必须是这项比赛的一员,正如你被力劝成为一个教育组织的学生。我们希望教练能够分析和思考整个比赛,作为规划和制定战略和战术的基础,确保未来能取胜。作为体育比赛的观众,我们知道每一支球队,无论是足球、篮球、曲棍球还是其他任何运动,都必须根据一个所有参与者都能理解和共享的行动计划来运作。

教练还必须将团队成员的行为动态与作为计划基础的战略理念结合在一起,这就是团队建设。正在接受训练的队员不仅需要知道行动计划,而且团队中的每个成员都必须亲自致力于实施这个行动计划,并且有信心认为该行动计划是稳固的,并且会起作用的。这个过程包括使用行动手册、课堂讲座、辅导、实践练习、一对一面谈,以及教师和教练熟悉的所有教学技巧。更重要的是,它涉及在团队中建立信任、协作和高士气的动态人际关系。教练并不希望队员会以某种方式理解为存在有一个决定比赛输赢的计划,教练工作的一个重要部分是确保每个人都理解行动计划以及每个成员在执行行动计划时所扮演的角色。最终,随着形势的发展和条件的变化,教练在激烈和混乱的行动中使用行动计划作为决策指南。没有人会指望教练在没有行动计划的情况下进入比赛。

不可预测的发展和快速的变化总是在教练面前出现,就像在所有组织领导者面前出现的一样。因此,行动计划的一个本质特征是,它是一个行动指南—— 一个可以容易地修改和适应新出现条件的方案,而不是固定和僵化的东西。事实上,这种适应性就像它在实践理论中一样,是行动计划中的一个关键因素。这使得团队能够灵活和灵巧地应对不可预见的新情况,而不是继续使用无效的行动计划。在这样讨论的背景下,把实践理论视为一个行动计划是合适的。

结　语

本书的核心目的是帮助你在领导学校时开始发展、检验和完善实践理论或行动计划的漫长职业生涯。虽然重点在于理解组织和人类行为之间的关系,以此作为学校改革的基础,但必须非常清楚地了解构成教育组织所有行为的一个关键因素,即教育组织内部长期存在的根本分歧。一方面,有些人对教育应该是什么以及学校应该如何组织和管理持传统和保守的观点,另一方面,还有一些人有更进步的眼光。你的挑战是,在这些有争议的问题上,通过明确和坚定的立场来思考,以此作为制定教育领导力的行动计划或实践理论的重要步骤。

反思活动

1. 运用帕金斯智能学校的三个特点,描述几个学校的组织结构或日常工作,一旦建立这样的组织结构,就可能出现帕金斯所定义的智能学校。

2. 为缩小少数族裔学生与多数族裔学生的教育成绩差距,在全国范围内进行长期的政治努力,制定了一系列国家教育目标,在各州建立了教育标准,并采用高风险测试推动严格的问责措施。《不让一个孩子掉队法案》使这些测试成为现实。

教育领导专业的学生应该了解所有这一切所涉及的关键问题,并站在一个教育专业人士的立场上,指导他们的行动。在这些问题上,你的立场是什么?写一两段文字描述你的观点。使用研究文献中的一个或多个参考文献来支持你的观点。

3. 在你回答反思活动第 2 题时,确定和描述一个特定的理论指导你的行动。

4. 制定行动计划通常考虑两个主要因素:第一,基于你对形势的分析,最有可能达到目标的战略和战术;第二,这些战略和战术与团队成员之间的动态关系。反思当前关于教育和学校改革的辩论,这是当今教育领导背景的重要部分,讨论以下各项:

(1)在你的实践理论中,你将如何运用包括情绪智能在内的多元智能概念?

(2)从第二章中,至少再描述一个关键理念,指导你作为教育领导者的行为。解释你选择的理由。为什么这是一个关键理念?教育领导理念的含义是什么?基于这个理念,说明你的行为应该如何改善你所领导的人的表现。

关键事件：校长会议上的争议

督学杰拉尔丁·克拉克斯顿(Geraldine Claxton)博士正要结束校长月会,罗斯福高中校长奥尔森·柯林斯(Olson Collins)站起来要求发表一些评论。

"克拉克斯顿博士,"奥尔森开始说,"是时候我们停止胡思乱想,想方设法提高考试成绩了。有一批美国高中校长一直在谈论一些我们认为必要的变革。你们很多人一直在抱怨《不让一个孩子掉队法案》,但我们认为该法案对我们来说是天赐之物。它告诉我们,我们不能满足最低的四分之一的孩子们的需要。看看我们的分数。它们很低,而且会更低。我们需要回到基础。我们相信,我们需要把这些孩子和其他同等水平的孩子放在一起上课,以便我们能够与他们紧密合作,满足他们的需求。这应该从幼儿园开始,所以当他们上高中的时候,他们已经达到了年级水平,并且知道他们会追求什么样的职业道路。有些孩子会上大学,但大学并不适合每个人。对于那些不准备上大学的孩子,我们需要回到我们过去所接受的那种职业教育,这种教育为这些孩子毕业后找工作做准备,还有一件事——"

奥尔森·柯林斯被詹姆斯·亚当斯中学校长琼·赛兹莫尔(Joan Sizemore)打断。"奥尔森,请原谅我打断你,但不是每个人都同意你的理念。你有一件事是对的，我们不能满足'一号标题法案'学校①孩子们的需要，但不是因为你所陈述的原因，而是因为我们像对待机器人一样地对待他们。为准备州成绩考试，我们让他们反复训练，扼杀他们的天性，并且我们从不培养他们的批判性思维技能。我们努力让他们死记硬背，他们的学习热情也就这样地被扼杀了。我们需要像对待天才班级的孩子一样对待所有孩子。他们应该有动手活动项目，在合作的团队中学习，并且学习的课程内容应与现实世界的工作任务结合起来。难道你从来没有听说过多元智能吗？它们是如何影响教学实践和评估的？"

督学看到人们在看看手机、瞥一眼手表、合上笔记本，经验告诉他今天有点太晚了。然而，还有其他校长坐在那里，真正关注他们的同事。"我不愿意这么快就中断这次讨论，"克拉克斯顿博士插话说，"但是太晚了，我需要参加今晚的董事会。这是一个非常有趣的讨论，但这不是我们能迅速处理的事情。我会把它列入下次会议的议程中。同时，也许奥尔森和琼会同意在下次校长会议之前成立一个指导委员会，就如何处理我们讨论的问题提出一些建议。"

1. 如果你必须此时选择，你会支持奥尔森还是琼？为什么？

2. 你还要提出别的观点吗？

3. 你在学校或学区有过类似的辩论吗？如果有，与你的班级同学分享经验。如果没有，与大家分享为什么你认为这场辩论还没有发生。

推荐阅读书目

Calkins, A., Guenther, W., & Belifore, G. (2007). *The turn-around challenge. Executive summary.* Boston, MA：Mass Insight.

---

①译者注：1965 年，美国联邦政府颁布《中小学教育法》(Elementary and Secondary Education Act, 简称 ESEA)，其中第一部分是《提高处境不利者学业成绩的一号标题法案》(Title I of the Improving the Academic Achievement of the Disadvantaged Act, 简称 Title I)。"一号标题法案"的最初目的是缩小处境不利儿童与高社会经济地位儿童之间的学业成绩差距，联邦政府通过该法案的实施向学校提供资金支持，学校使用"一号标题法案"资金开展项目以提高处境不利儿童的学业成绩。

　　本书总结了一家为改革转型工作提供咨询支持的公司在美国比尔及梅琳达盖茨基金会的支持下,开展有关"美国大幅度提高学生成绩的最佳机会"的讨论。观点被陈述得非常清楚和深刻,推荐所有学校领导者阅读本书。

　　Gardner, H. (1999). *The disciplined mind*：*What all students should understand*. New York, NY：Simon and Schuster.

　　本书在关于学校教育的文献中很少见,对教育专业核心问题经过充分思考、郑重提出、严格分析。加德纳清楚地阐明了现代进步自由主义教育观所持有的立场,并阐明了将这些观点与传统保守主义方法区分开来的问题。如果教育领导者不了解加德纳,那么在目前关于学校教育的大辩论中将处于极为不利的地位。

　　Goleman, D., Boyatzis, R., & McKee, A. (2004). *Primal leadership*：*Learning to lead with emotional intelligence*. New York, NY：Perseus.

　　本书借鉴了世界级组织数十年的研究成果,并在许多案例和关键事件中展示了组织领导中情商的力量。第十章"现实与理想愿景"有助于领导者理解如何为组织的未来赋予生命。

　　Hamilton, L. S., Stecher, B. M., & Yuan, K. (2008). *Standards-based reforms in the United States*：*History, research, and future directions*. Santa Monica, CA：RAND Corporation.

　　这是一份研究报告。随着重新审议《不让一个孩子掉队法案》立法工作的临近,美国国家科学基金会开展了"重新思考联邦在教育中的作用"的项目研究。该研究根据权威资料可靠和全面地概述了当时的教育现状和未来的发展方向。

　　Hargreaves, A., & Goodson, I. (2006). Educational change over time? The sustainability and nonsustainability of three decades of secondary school change and continuity. *Educational Administration Quarterly*, 42(1), 3–41.

　　这篇文章不是一个通俗读物。这是一份专业水平的研究报告,认为大多数主流变革理论都忽视了政治、历史和时间等对变革不利的因素。也许它的独特贡献在于它强调可持续性是中学成功变革的一个关键特征,并且通过合理的推广,可以扩展到所有学校。

　　Kohn, A. (1999). *The schools our children deserve*：*Moving beyond traditional classrooms and "Tougher Standards."* Boston, MA：Houghton Mifflin.

这本重要的书是关于美国学校教育未来的警示性论述,任何将成为教育领导者的人都必须阅读本书。以前做过教师的科恩(Kohn)质疑今天的学校是否真的深陷困境,或者是否有一些关于"过去的好时光"的浪漫主义观念,他称之为"强烈的怀旧",正在为我们的观念着色。通过大量的研究,科恩认为,对更严格标准的需求反映出对儿童实际学习方式和原因的理解不足。

Rothstein, R. (1998). *The way we were? The myths and realities of America's student achievement.* Washington, DC: The Brookings Institution.

虽然本书缜密地打消了一种幻想,即曾经有一个黄金时代,美国的学校教育远比现在好得多,效率也更高,但它所能提供的远不止是一次记忆之旅。特别是,罗斯坦对考试的来龙去脉进行了详尽的讨论,比如关于学校成绩考试和艾奥瓦州基本技能考试的讨论,他们是如何形成的,以及他们是如何受到诸如学生的社会经济地位和学校辍学率等因素的影响,任何准备在美国学校中担任领导职务的人都必须阅读本书。

Rothstein, R. (2004). *Class and schools.* New York, NY: Economic Policy Institute, Columbia University Press.

罗斯坦揭露了这样一个神话:公立学校教育者是导致多数族裔和少数族裔群体之间存在成绩差距的主要原因。他利用可靠的研究证据表明,要解决这些问题,我们必须制定符合社会和经济条件的公共政策,而不仅仅是呼吁学校单独变革。

参考书目

Barbuto, J. E., & Burbach, M. E. (2006). The emotional in-telligence of transformational leaders: A field study of elected officials. *Journal of Social Psychology, 146*(1), 51 –64.

Berliner, D. C., & Biddle, B. J. (1995). *The manufactured crisis: Myths, fraud, and the attack on America's public schools.* Reading, MA: Addison-Wesley.

Bestor, A. E. (1953). *Educational wastelands: The retreat from learning in our public schools.* Urbana, IL: University of Illinois Press.

Bestor, A. E. (1985). *Educational wastelands: The retreat from learning in our pub-

lic schools (2nd ed.). Urbana, IL: University of Illinois Press.

Bracey, G. R. (1997). *The truth about America's schools: The Bracey reports, 1991 - 1997.* Bloomington, IN: Phi Delta Kappa.

Bruner, J. (1960). *The process of education.* Cambridge, MA: Harvard University Press.

Butterworth, E. L. (1958, December). You have to fight for good schools. *Education Digest*, 83.

Chall, J. (1967) *Learning to read: The great debate.* New York, NY: McGraw-Hill.

Clinchy, E. (1993, December 8). Magnet schools matter. *Education Week*, 28, p. 28.

DeLorenzo, D. (2012). Emotional intelligence and school climate: A study to compare middle school teacher de- scriptions of principal emotional intelligence and school climate in low and high need schools that have demon- strated low and high growth in student achievement. (Doctoral Dissertation, University of Florida). Proquest, UMI Dissertations Publishing. (UMI No. AA13472672)

Gardner, H. (1983). *Frames of mind: The theory of multiple intelligences.* New York, NY: Basic Books.

Gardner, H. (1993). *Multiple intelligences: The theory in practice.* New York, NY: Basic Books.

Goddard, H. H. (1919). *Psychology of the normal and sub-normal.* New York, NY: Dodd, Mead.

Goleman, D. (1995). *Emotional intelligence.* New York, NY: Bantam Dell.

Gould, S. J. (1981) *The mismeasure of man.* New York, NY: W. W. Norton.

Hargreaves, A. , & Goodson, I. (2006). Educational change over time? *Educational Administration Quarterly*, 42(1), 3 - 41.

Hargreaves, A. , Moore, S. , Fink, D. , Brayman, C. , & White, R. (2003). *Succeeding leaders? A study of secondary school principal rotation and succession.* Toronto, Canada: Ontario Principals' Council.

Heiken, S. E. (2007). The perceived relationship between emotional intelligence and leadership effectiveness in school leaders: A comparison of self ratings with those of superiors and reports (Doctoral Dissertation, Wilmington College). *Proquest*, *UMI Dissertations Publishing.* (UMI No. 3246674)

Holt, J. (1953). *How children fail.* Boston, MA: Little, Brown.

Hutchins, R. M. (1943). *Education for freedom.* Baton Rouge, LA: Louisiana State University Press.

Kerr, C. (1991, February 27). Is education really all that guilty? *Education Week*, *30*, p. 1.

Kohl, H. (1967). *36 children.* New York, NY: New American Library.

Kozol, J. (1967). *Death at an early age: The destruction of the hearts and minds of Negro children in the Boston public schools.* Boston, MA: Houghton Mifflin.

Lowe, B. (1977). *The beauty of sport: A cross-disciplinary inquiry.* Englewood Cliffs, NJ: Prentice-Hall.

Lynd, A. (1969). *Quackery in the public schools.* New York, NY: Greenwood Press.

Maier, P. (1997). *American scripture: Making the Declaration of Independence.* New York, NY: Alfred A. Knopf.

Mainstream science on intelligence. (1994, December 13). *The Wall Street Journal*, p. A19.

Marrow, A. J. (1977). *The practical theorist: The life and work of Kurt Lewin.* New York, NY: Teachers College Press.

Marshall, R. , & Tucker, M. (1992). *Thinking for a living: Education and the wealth of nations.* New York, NY: Basic Books.

National Commission on Excellence in Education. (1983). *A nation at risk.* Washington, DC: Government Printing Office.

National Education Association of the United States, Commission on the Reorganization of Secondary Education. (1918). *Cardinal principles of secondary education.* Washington, DC: Government Printing Office.

Nelson, D. B. , & Low, G. R. (2003). *Emotional intelligence: Achieving academic and career excellence.* Upper Saddle River, NJ: Prentice-Hall.

Olson, L. (1999, April 21). Tugging at tradition. *Education Week*, *25*, p. 25.

Ozcelik, H., Langton, N., & Aldrich, H. (2008). Doing well and doing good: The relationship between leadership practices that facilitate a positive emotional climate and organizational performance. *Journal of Managerial Psychology*, *23* (2), 186 – 203.

Packard, V. (1974, April). Are we becoming a nation of illiterates? *Reader's Digest*, 81 – 85.

Perkins, D. (1995a). *Outsmarting IQ: The emerging science of learnable intelligence.* New York, NY: Free Press.

Perkins, D. (1995b). *Smart schools: Better thinking and better learning for every child.* New York, NY: Free Press.

Perkins, D. (2008). *Smart schools: Training memories to educating minds.* New York, NY: Simon and Schuster.

Piaget, J. (1929). *The child's conception of the world.* London, England: Routledge and Kegan Paul.

Ravitch, D. (1983). *Troubled crusade: American education, 1945 – 1980.* New York, NY: Basic Books.

Rickover, H. G. (1959). *Education and freedom.* New York, NY: Charles E-. Dutton.

Riggio, R. E., & Riechard, E. J. (2008). The emotional and social intelligences of effective leadership: An emotional and social skill approach. *Journal of Managerial Psychology*, *23*(2), 169 – 185.

Rothstein, R. (1998). *The way we were? The myths and realities of America's student achievement.* New York, NY: Century Foundation.

Salovey, P., & Mayer, J. D. (1990). Emotional intelligence. *Imagination, Cognition, and Personality*, *9*, 185 – 211.

Smith, M. (1954). *The diminished mind: A study of planned mediocrity in our public schools.* Chicago, IL: Henry Regnery.

Sowell, T. (1993). *Inside American education: The decline, the deception, the dogmas.* New York, NY: Free Press.

Stein, S. J., & Book, H. E. (2000). *The EQ edge: Emotional intelligence and your success.* Toronto, Canada: Stoddart.

Vygotsky, L. (1934/1986). *Thought and language.* Cambridge, MA: Massachusetts Institute of Technology Press.

Walcutt, C. C. (1961). *Tomorrow's illiterates: The state of reading instruction today.* Boston, MA: Atlantic Monthly Press.

Williams, H. W. (2008). Characteristics that distinguish outstanding urban principals: Emotional intelligence, social intelligence and environmental adaptation. *Journal of Management Development, 27*(1), 36 – 54.

第三章　主流组织思想

在过去的一个世纪里,我们知道对教育组织的思考基本上有两种方式。一种是传统方式:将组织视为一个等级系统,权力和智力集中在等级系统的顶端,因此,主动性和好想法都来自上级,通过指挥和控制传递下来,作为下级付诸实践的计划和程序。另一种是在 20 世纪的发展过程中发现的新方法,就是将组织看作是合作、合议、甚至协作的系统,在这个系统中,好想法在组织中无处不在,只有在指挥和控制等级中处于下级的人释放出能力和动机时,才能使这些想法显现并付诸行动。当然,除此之外,本章还会介绍一些教育思想发展的历史背景。没有这些背景,人们就不能理智地参与当前关于学校改革的辩论,因为尽管这些辩论经常是具有政治色彩而非教育目的的,但几乎总是来自辩论者对所争论问题的不同理念,比如如何使一个组织更有效,什么是领导力等。

一、组织行为学

因为教育领导者与他人合作并通过他人实现组织目标,所以理解员工行为对教育领导者能否取得成功是至关重要的。所有人类行为都受它所发生的环境的影响和调节。环境可以是全局和遥远的,比如历史文化对我们社会和民族传统的长期影响;它也可以是最邻近的。通常,如果我们非常迅速地从一个环境转变到另一个环境,我们的行为能够并且确实会适当地转变,这还取决于是什么样的环境,例如,我们是在家与家人一起度过一段平静的时光,还是参加工作面试、参加宗教仪式、参加休闲聚会或参加朋友的非正式聚会。

组织行为学既是一个科学探究的领域,又是一个应用实践的领域。作为科学探究的领域,组织行为学旨在阐明个体和群体在组织社会和文化背景中的行为。

像教育学一样，组织行为学也是一个跨学科领域，没有哪个学科声称这是它的专属领域。来自多个学科的组织行为学学生可以，而且合理地进行这一领域的探究。总的来说，这些学科被称为社会科学和行为科学。

组织行为学是从社会科学衍生出来的，社会科学为组织行为学提供了：(1)知识和理论基础;(2)具有科学合理性的公认研究方法。因此，组织行为学学者倾向于从一个或更多社会科学学科中找到学术根基，这些社会科学主要包括文化人类学、社会学、社会心理学、政治学和经济学五个学科。虽然所有这些学科都试图阐明人们在组织环境中的行为，但是人们倾向于选择与他们相关学科的特定传统相适应的方式构建问题和选择研究方法。毫不奇怪，政治科学家们经常关注组织中人们倾向于形成联盟和使用权力的方式。文化人类学家倾向于研究组织中人的价值观和信仰体系，以及这些价值观和信仰体系是如何通过使用过的文物、当地风俗习惯、组织历史以及所讲述的神话和故事来揭示的。社会心理学家倾向于研究人们在受到组织的社会环境影响时的行为。然而，这些学科的界限并不像人们想象的那样不可渗透。当设计、执行和解释现实组织中的组织行为问题时，这些不同学科之间会发生许多思想和方法的重叠。

事实上，协作的跨学科研究自20世纪30年代开始出现以来，一直是组织行为学研究的一个标志。组织行为研究史上著名的合作研究之一是在20世纪40年代被公认为创立了社会心理学学科的库尔特·勒温（Kurt Lewin）和文化人类学家玛格丽特·米德（Margaret Mead）之间的合作。勒温是社会心理学领域著名的研究者，米德也是文化人类学领域的研究者，他们在研究人类社会行为时展现和示范了跨学科的成果分享。他们关于群体决策方式的开创性发现早已成为组织行为学的核心概念。

组织行为学也是一个应用科学，也就是说，它是一个专业实践学科，寻求应用社会科学的知识来解决和提高组织绩效的实际问题。例如，组织行为学是美国大学工商管理学院的本科和研究生两个层次的必修科目。当然，其目的是在当今全球化、快速变化和竞争激烈的环境中，提高企业组织的领导和管理，从而提高其绩效。高等军事院校也开展组织行为学的研究及应用。本书将探讨一些社会科学家已经建立半个多世纪的知识和理论，以期能应用这些知识和理论改善教育管理与领导。

我们将组织行为学定义为一个寻求在社会和文化环境中利用人类行为知识提高组织绩效的社会科学研究和管理实践应用领域。因此,组织行为学是一个社会科学家和学校管理者可以寻求合作的舞台,尽管不那么完美,却可以在晦涩难懂的学术探究和提高学校成绩的日常挑战之间架起桥梁。

(一)组织和行为的概念

随着 20 世纪下半叶的展开,组织和行为这两个概念逐渐联系起来。一开始,关于组织的想法往往来自工程学背景的人。几个世纪以来,军事传统为组织概念提供了许多逻辑,这些逻辑甚至在今天仍然被视为理所当然。这些组织概念倾向于强调线性、逻辑、等级、权威和纪律结构,而这些结构正是军事传统所期望的。一般来说,这些概念被 19 世纪末和 20 世纪初迅速发展的大型工业和商业组织不加批判地采纳。领导设计和管理这些组织的人员通常是工程师,他们对人为因素的兴趣主要集中于使人们适应机器系统以创建更有效和易管理的人机系统。

随着 20 世纪的发展,社会科学家逐渐意识到,组织生活的普遍性要求他们认真地将组织视为人类环境。早在 20 世纪 30 年代,人们就开始认真研究组织的人性方面。这是一个进入大萧条和工业劳资空前冲突的时代,这个话题变得非常重要,且不容忽视。到 20 世纪 40 年代末,工程师们基本上被组织理论家取代。从那时起,组织领域的主要思想家几乎全部来自社会和行为科学领域。

(二)为什么要研究组织行为学?

对这个问题的简短回答是,因为组织行为学提供了必不可少的知识基础,如果一个人希望在教育领导中取得成功,这些知识基础是绝对重要的。毕竟,领导和管理也意味着与其他人一起工作实现组织目标。虽然那些被任命为学校校长的人通常是从被认为特别优秀的教师队伍中挑选出来的,但是在他们被任命之后,他们就很少从事为他们赢得声誉的具体教学方面的工作了。事实上,从课堂教学到学校领导身份的转变,如校长角色,真的是一种职业的改变。做这项工作所需要的技能和判断是否成功的标准完全不同,以至于他们实际上是离开教学岗位而进入了一个全新和完全不同的职业。通常,新任命的学校领导发现,教育管理课程中的传统科目,如学校法规、课程理论或教育财政知识,对确保领导的成功几乎没有作用。

在被任命为校长后,他们的工作主要是与其他人一起或通过其他人完成:校长与他人进行单独或小组会谈;他们安排并主持会议,有小型会议也有大型会议;他们无数次与他人会面,有安排好的,但有许多是临时的,必须尽快结束。人们常常认为,像成功的教师这样的聪明人应该足够机智,能够有效地与他人合作和安排他人工作。然而,如果你是一名教师,你可能已经目睹了学校校长的工作,他们根本没有应有的能力去激励和领导教师和家长,在学校及其社区开展充满活力的团队合作,然而这正是学校改革时代所要求的。造成这种失败的一个主要原因往往是校长根本没有战略计划,也就是实践理论,来处理学校中最关键的人的因素。

许多新任校长都希望通过提高士气、丰富学校生活质量、建立团队来提高学校的表现。也有许多新任校长希望引进新的技术变革,增加新课程或者重组学校结构。但是,无论是他们在课堂上的经验,还是在研究生的传统课程中,都常常准备不足,无法思考和设计领导学校的方法,而且他们很少考虑自己在工作中的日常行为和每小时的工作表现与他们作为领导者所渴望的结果之间的关系。

对教育组织行为学的研究可以有所帮助,第一,通过将注意力集中在上述段落中列出的问题上;第二,鼓励你做出一些关于你将如何在工作中发挥领导力的个人决定。除了对教育学和学校教育的一般知识之外,教师能够发挥教育领导者作用的唯一最有用的专业工具也许是规划工作中的长期和短期活动的技能。成功教师的一个突出特点是计划他们工作的技能,无论是正式的书面计划,还是有关做什么工作和如何做这个工作的思维导图。令人惊讶的是,许多人在被任命为校长时,似乎首先放弃了这项技能,相反,他们每天去上班,都或多或少地等待着看什么危机会发生。每位校长都很快会发现,总是有许许多多的危机和紧急情况,这些危机和紧急情况似乎无时无刻不充斥着每天的工作,迫切地争夺注意力,并且从早到晚地让人保持在"灭火"的状态。如此艰巨的工作,再加上永无止境的时间压力,要求校长不仅要了解组织行为学及其对学校领导的重要性,而且要内化为个人责任,将领导力和人们的关注放在优先事项清单的最高位置。

二、工业革命的影响

大约 19 世纪末,也就是伍德罗·威尔逊(Woodrow Wilson)学术贡献最大的时期,西欧和美国的商人正在加紧努力,以增加工业利润。在那个工业蓬勃发展的时代,与现在一样,人们普遍认为,提高利润率需要降低生产商品的单位成本。当然,这样做的一个方法就是通过使用诸如生产流水线这样的创新来加速大规模生产。在技术突破方面,亨利·福特(Henry Ford)等先驱工业巨头的领导地位得到广泛的认可。在这个工业扩张的时代,关键人物是工程师和以技术为导向的科学家,正如我们自己的技术革命时代一样。他们建造机器,然后将它们组合成流水线单元。这是工程顾问和追逐效率的时代。

(一)弗雷德里克·W.泰勒与科学管理

弗雷德里克·W.泰勒(Frederick W. Taylor)是许多管理学专业学生所熟知的名字。19 世纪末,他是米德瓦尔和伯利恒钢铁公司的工程师。到 20 世纪初,他成为美国工业界顶尖的工程顾问之一。我们知道泰勒读过伍德罗·威尔逊的《管理学研究》,并受到该论文的影响。从 1900 年到 1915 年,泰勒致力于解决美国各地工厂的实际生产问题,他提出了后来被称为科学管理的四项原则:

1. 通过采取科学的措施将工作分解成一系列小的、相关的任务,消除凭经验法则来决定每个工人如何工作的猜测。

2. 采用更加科学、系统的方法选择工人,并对其进行具体的培训。

3. 在管理层和工人之间建立明确的责任划分,管理层进行目标设定、计划和监督,工人完成要求的任务。

4. 建立管理层设定目标和工人合作实现目标的行为准则。

特别要注意的是,泰勒的最后两条原则:它们正式区分了管理者和工人的角色和责任,要求管理者和工人之间建立一种自上而下的等级关系。传统劳动管理关系的概念与泰勒的理念很难相提并论,但其形式化的组织和管理的基本原理被证明在塑造管理者的假设和信念方面是极其强大的,因此他们对合作和团队精神这样的概念进行思考,这些概念必将在未来的岁月中出现。泰勒的这两个原则仍然为许多学校管理者和学校董事会成员提供理由,使他们在设定目标、计划和解决问题时或公开或隐秘地抵制诸如合议和合作的想法以及其他自下而上的学校改革方法,而是支持采用传统专制的方法。的确,在接下来的75年里,当然直到现在,泰勒科学管理的这两个原则将继续提供一个舞台,在这个舞台上有关管理行为的观念将得到全新和与众不同的发展。

弗雷德里克·泰勒的科学管理原则不仅在工业界,而且在包括家庭在内的各种组织管理中,变得非常流行。20世纪50年代的畅销书《儿女一箩筐》生动地描述了效率如何侵入了弗兰克·B.吉尔布雷思(Frank B. Gilbreth)家庭生活的每个角落,弗兰克·B.吉尔布雷思是泰勒最亲密的同事之一,也是时间和运动研究专家,他研究个人工作技能中的有效身体运动。泰勒的科学管理原则主要是为了降低工厂生产的单位成本,尽管他和他的追随者声称这些原则可以得到普遍应用(Taylor,1911)。这些原则几乎被新闻界和整个社会痴迷。在实践中,泰勒的观点引发了时间和运动研究,对工作的严格纪律,工人之间进行最少的人际接触,聚焦要执行的任务,以及严格应用激励性薪酬制度等(Etzioni, 1964)。

(二)现代组织理论的开端

泰勒的思想及其应用对美国的生活产生了巨大的影响,与此同时,一位法国实业家正在研究他自己的一些伟大思想。亨利·法约尔(Henri Fayol)的背景与泰勒大不相同,这有助于解释这两个人在感知上的一些差异。泰勒本质上是一个技术人员,他首先关注的是工业的中层管理,而法约尔具有高级管理层的背景。简要地提及法约尔提出的一些观点,将有助于我们更好地理解他对管理学思想发展的贡献。

1. 与泰勒不同,他倾向于将工人视为工厂机械的延伸,法约尔将注意力集中在管理者而不是工人身上。

2. 法约尔明确地将管理过程与组织中的其他操作(如生产)分开。

3. 法约尔强调不同组织管理过程的共同要素。

法约尔认为,一个训练有素的管理小组对改善日益复杂的组织运作是至关重要的。早在1916年,法约尔就写道,管理能力"可以而且应该以与技术能力相同的方式获得,首先是在学校,后来是在车间"(Fayol, 1949, p.14)。他还补充说,我们发现好的和坏的管理方法并存,"执意坚持只能用缺乏理论来解释"(p. 15)。

在其最著名的著作《工业管理与一般管理》中,法约尔确立了自己作为第一位现代组织理论家的地位。他根据五个职能来定义管理:(1)规划;(2)组织;(3)指挥;(4)协调;(5)控制。需要指出的是,在他使用这些术语的意义上,指挥和控制是指现在所谓的"领导"和"评估结果"。在该书在首次出版60多年之后,许多人仍然发现法约尔富有洞察力的管理方法既实际又有用。

法约尔进一步确定了十四项原则,其中包括:(1)统一指挥;(2)权威;(3)主动性;(4)士气。法约尔避免将自己的思想僵化和教条化地运用到组织管理中,他强调灵活性和分寸感,这些对于需要根据特定情况调整原则和定义的管理者来说是至关重要的,这与泰勒的解释大不相同,泰勒坚定地强调原则运用要始终如一。

(三)官僚组织理论的兴起

到了法约尔和泰勒时期,很明显,西方世界正在成为一个组织社会。随着20世纪早期大型工业组织的兴起,政府和其他组织方面的生活也随之增长。前工业时代相对简单的社会和政治结构似乎在城市工业社会中显得无法胜任。在这种新的社会环境中,生活并不总是完全幸福,而是产生了大量的摩擦——社会、政治和经济摩擦。人们和组织之间日益增长的冲突意识成为人们学习如何成功地生活在这个新型世界中的主要因素,在这个新型世界中,个人在任何时候都是某个组织的一部分。第一次世界大战前的几年,这种冲突频繁爆发,如劳工动乱、革命和共产主义的兴起等。在这一背景下,德国社会学家马克斯·韦伯(Max Weber)对管理体系开展了一些最有用、最持久和最出色的工作,在当时看来似乎是有希望的,后来证明也是必不可少的:官僚制。

在人民和组织被独裁的工业家和根深蒂固的政治制度支配的时期,韦伯看到了官僚制的希望。从本质上讲,人们希望良好运行的官僚制会比那些受权贵个人任性支配的组织更加公平、公正和可预测,也就是更加理性。韦伯认为,管理良好的官僚制是有效的,事实上,它们是迄今为止人类发明的最有效的组织形式。这种观点也许不能反映现代官僚制的实践,但是韦伯确信,一个运转良好的官僚制出于许多原因会非常有效,其中一个原因是,官僚们都是训练有素的技术专家,每个人都擅长特定和有限的管理任务。

根据韦伯的说法,官僚机构会非常客观,将非理性的个人和情感因素降到最低限度,并让官僚人员自由地工作,避免摩擦和混乱。他总结说,这种环境会给组织的客户带来专业、公正和没有偏见的服务。韦伯设想了一些理想官僚制的特征,在某种意义上来说,也就是管理原则:

1. 基于职能专业化的分工。
2. 一个明确定义的权力等级。
3. 一种涵盖雇员权利和义务的规则体系。
4. 处理工作状况的程序系统。
5. 人际关系的非人格化。
6. 基于技术能力的选拔和晋升。(Hall, 1963, p. 33)

韦伯的部分天才体现在他对官僚制危害的敏感性,同时他也认识到在理想情况下官僚制的优点。他非常强调官僚制的危害,甚至警告说,庞大而不可控的官僚机构很可能是共产主义和自由企业资本主义的最大威胁(Mayer, 1943)。在试图理解指导管理学发展的思想潮流时,值得注意的是,尽管韦伯是与泰勒和法约尔同时(也就是从1910年到1920年)著书立说的,但是韦伯在英语国家几乎默默无闻,直到20世纪40年代,他的作品的译本才开始出现,这有助于解释为什么他对官僚制的系统化研究直到二战之后才在教育管理中得到广泛的关注。

到目前为止,我们已经提及了三个人的想法,他们代表了其他许多人,在他们的时代付出了巨大的努力。他们中的每一位都指出,到1900年,倘若我们要让不断发展中的组织管理变得更加理性和有效,这些原则和理论通常被认为是必不可少的。美国人泰勒强调将行政管理视为管理原则,即协调许多小任务以尽可能有效地完成整个工作。效率被解释为生产成品的最低净成本。泰勒认为,劳动是一种需要买卖的商品,就像人们购买石油或电力一样,通过科学管理,管理者可以将必须购买的劳动力减少到最低限度。

法国人法约尔强调,管理者应该进行更全面的准备,以便更有效地履行自己在组织中的独特职能。他认为,管理者执行的任务可能与工程师执行的任务完全不同,但同等重要。

德国人马克斯·韦伯认为,官僚制是一种组织理论,特别适合为大量客户提供服务的大型复杂企业的需要。对于韦伯来说,官僚制的概念是试图最大限度地减少大型组织的挫折感和非理性,在这些组织中,管理层和工人之间的关系是基于传统的阶级特权。

三、古典组织理论的兴起

泰勒、法约尔和韦伯这三个人是早期的管理大师,在努力解决现代组织管理问题方面起着带头作用。这个时代没有确切和普遍认可的开始或结束时间,然而,从1910年至1935年期间一般可以被认为是科学管理的时代,它对学校的组织和管理方式产生了深刻而持久的影响。雷蒙德·E.卡拉汉(Callahan,1962)在《教育与效率崇拜》一书中生动地描述了美国的学校管理者是如何迅速采纳当时商业和工业管理者的价值观和实践的。这些价值观和实践强调效率(即低单位成本)、严格应用详细和统一的工作程序(经常要求教师在整个学校系统中每天使用以分钟为单位的标准操作程序)和详细的核算过程。尽管一些教育管理者对这些做法存有疑虑,但学校督学们急于赶时髦,采用一些社会地位较高的企业高管的术语和做法。典型的一个例子就是,在1916年,美国教育界著名学者之一的艾尔伍德·库伯利(Ellwood Cubberley)在一本具有里程碑意义的教科书中明确指出,学校就是"工厂,原材料(即学生)在里面将被加工和塑造为产品,以满足生活的各种需求"(Cubberley, 1916, pp. 337–338)。

从第一次世界大战之前直到第二次世界大战爆发,这一观点被广泛地接受。因为科学管理的概念要求对工作进行科学研究,所以教育管理学教授承担了描述和分析学校督学需要做的工作。例如,得克萨斯大学的弗莱德·艾尔(Fred Ayer)在1926年至1927年间对学校督学进行调查,了解他们做了哪些工作。几乎所有的督学都报告"参加董事会会议、报告和监督教师,80%的人……报告说他们每天都去邮局,有一半的人每周都操作油印机,……93%的人检查过厕所,还有93%的人检查过看门人的工作"(Tyack & Cummings, 1977, p. 61)。因此,为了让他们做好成为学校督学的准备,学习课程通常包括预算编制、供暖和通风、清洁和卫生服务管理、撰写宣传稿和保存记录等。反过来,教育管理学教授通常开展研究找到诸如维护地板最便宜的方法——如最有效的拖地或扫地、上油和/或打蜡技术——以便他们可以为未来的学校督学提供培训清洁工所需的技能。

随着大学中对组织、管理、行政等问题研究得越来越深入，正如威尔逊和法约尔所预言的那样，科学管理的原则越来越受到学者和实践者的关注与挑战。尤其是，随着泰勒及其追随者所构建的组织生活等级权威观念逐渐占据主导地位，组织对工人的顺从和纪律要求与个人从工作中获得合理报酬和满足感的需要之间就会出现不一致，从而产生越来越多的冲突。这种紧张关系在 20 世纪 20 年代和 30 年代公开地表现为劳工骚乱的加剧。尽管如此，管理专家们仍继续致力于发展和完善有关组织管理自上而下的等级思想。

卢瑟·古利克（Luther Gulick）和林德尔·厄威克（Lyndall Urwick）在众多学者中脱颖而出，他们试图综合现在所谓的"古典"原则的表述，这对于发展良好的职能组织是有用的。他们两个人的工作中心是组织要素可以根据职能、地理位置或类似的标准进行分组和归类。他们强调绘制正式的组织结构图，以显示各种办公室和部门之间的准确关系。古利克和厄威克（Gulick & Urwick, 1937）在 1937 年出版了一本广受好评的书，并且在二战后仍然具有很高的影响力（Gulick, 1948）。

（一）科学管理与古典组织理论

弗雷德里克·泰勒是一名工程师，他花了很多年来设计和完善大规模工厂的机器和机器系统，这些工厂在他那个时代如雨后春笋般地涌现。他对管理学进行深入研究，关注人类所具有的独特能力，人类行为会干扰他所钟爱的机器系统的可靠性、有序可预测性和线性逻辑。因此，科学管理的重点是使工作中的个体更可靠、更可预测，而不易出现诸如疲劳等人类缺陷。我们今天要说的重点是人机关系。

科学管理告诉我们，雇用合适的人，训练他们使用机器良好地工作，以及将工作要求保持在个人的身体极限之内是很重要的。泰勒强调考虑工人的动机，对他来说，这意味着只有钱。正如他所看到的，工作的动机是个体工人和雇主之间的简单经济交易。薪酬应该与工作难度和所取得的生产力紧密挂钩。

泰勒现在教的很多东西既是常识性的，但又是过时的，甚至几乎平庸的。然而在 20 世纪的前 25 年，情况并非如此，那时，这些都是全新和强大的思想。事实上，这些思想被普遍认为是对美国工人的严重威胁，因为它们要求工人放弃个性和人类精神来换取美元。

我们现在仍然接受泰勒的许多想法，并且已经超越了那些没有经得起时间考验的想法，这证明了泰勒的伟大，许多人惊讶地发现，泰勒是一个真正的先驱，把工作动机与工作表现联系起来。现在很少有人认为金钱是唯一的动力，但在弗雷德里克·泰勒之前，很少有人认为动机很重要。

古典组织理论，与泰勒主义相比，是将整个组织，而不是个体劳动者视为关注的焦点。古典组织理论家倾向于认为动机比泰勒所说的更重要，而且是一个更微妙的概念，金钱不是人们工作的唯一动机。古典理论家认为，一个组织远不止是人和机器的关系，它是一个由社会关系和相互依赖组成的复杂网络，而动机往往不仅仅涉及金钱，它还包括理想、价值观、信仰和个人满足的需要。此外，古典理论家，如马克斯·韦伯和埃尔顿·梅奥(Elton Mayo)，以及其他许多学者，都关注诸如分工、组织等级和权力以及确定的权力范围等组织问题。人们可以通过观看《晴空血战史》和《教父》等电影来学习很多关于组织理论、领导力和动机的古典思想。

（二）古典理论的组织观

古典组织理论家试图找到和描述一些固定的原则（在规则意义上的），这些原则将构成管理的基础。其中最著名的是组织结构。例如，古典组织观的中心是等级概念，在古典理论家的术语中，等级是一个阶梯原则。在实践中，它通常被称为垂直和参谋关系。这种观点认为，权力和责任应该尽可能直接、不间断地从最高决策层流入组织，直到最底层的成员。今天，组织理论家相当广泛地接受这一普遍原则，因为许多古典思想家倾向于将此概念应用于实践，然而它限制了组织的各部门之间的横向关系，所以经常受到攻击。因此，当今美国学区的组织结构图经常显示出纵向的权威和责任线，而该组织的运作部门之间几乎没有相互联系，这并非偶然。典型学区的组织结构图显示，小学通过小学教导主任向督学汇报情况，与中学没有联系。事实上，在这样一个学区，学区的三个等级或部门之间通常没有职能上的联系。

另一个古典中心组织原则是统一指挥——本质上，一个组织中的任何人都不应该接到跨越一个等级以上的上级命令。对此，法约尔做出严谨的解释，他尖锐地批评泰勒，因为泰勒偏爱一种叫作"职能工长制"的东西，这种职能工长制允许工人从多达八个"工头"(每个工头都是专家)那里接受命令。随着时间的推移,组织和工作变得更加复杂,这个原则已经被大大削弱了,因为需要经常修改以满足不断变化的条件。学区组织结构图经常反映这一原则,但在实际操作中却常常被忽视。

例如,小学音乐教师可以被分配到几所学校,所以不断来回于不同学校之间上课和组织音乐小组非常费时。虽然校区的组织结构图显示音乐教师向音乐课程主任汇报,而且教师也由主任正式地评价,但是在具体学校工作时,该教师实际上是在校长的指导下工作的。在这种情况下,教师至少要从两个上级那里得到指示,并对他们双方负责,尽管校长和主任既不能协调他们的利益和意图,也不能就他们的利益和意图达成一致。

例外原则认为,当经常需要做出决策时,决策的形成过程可以委托给下属,(以规则、标准操作程序或管理手册的形式)成为一个常规。这个过程将那些职位较高的管理者从常规细节中解放出来,从而处理规则不能解决的例外情况。这一原则也得到了广泛的接受,它强调授权和所有决策都应在组织中尽可能低的级别上做出的概念,这已被证明是古典理论中最普遍适用的原则。

控制跨度是在古典组织理论中最广泛讨论的主要思想。这个概念的实质是规定(从而限制)向监督者或管理者报告的人数。对这一原则的思考大多来自军事组织,它们在高度紧张、不稳定、紧急情况下需要一个可靠的控制和协调系统。将这个概念应用于其他类型组织产生的问题是会导致更多无法理解的争议。尽管许多理论家认为只有少数人(通常是三到六个)向管理者报告,但许多公司故意让主管领导负责更多的人,迫使他们将更多的决策委托给下属。

(三)古典与新古典管理概念

虽然组织和管理的古典概念,即与官僚制和科学管理相关的概念,早在20世纪初就发展起来了,并且一度没有受到可与之竞争的概念的挑战,但是将古典方法视为曾经繁荣并现已消失的东西是不正确的。今天官僚制依然盛行,诸如(美国)国内税务署和州机动车管理部门之类的政府官僚机构是每天都会遇到的明显例子。然而,即使在非官僚组织中,许多学者和管理者基本上认为古典观点是管理实践的最佳基础。当代许多倡导问责制、能力导向、目标管理和增值评价模型的人都是从古典组织概念出发的。旧的古典概念的这些新表现通常被称为新古典主义,或者在某些情况下被称为新科学。

(四)玛丽·帕克·芙丽特的思想

玛丽·帕克·芙丽特(Follett,1918,1924)的著作在管理思想的发展中独树一帜。她的思想根植于组织理论的古典传统,但是她逐渐发展成熟到实际上跨越了科学管理与早期工业心理学家之间的鸿沟。芙丽特在拉德克里夫大学为硕士论文所做的第一次组织研究是对美国国会众议院议长的主要分析,这是一个重要的行政和领导职位,但这个职位之前几乎没有得到过系统的研究。这本书出版之后,很多年都一直作为这个领域的标杆。

随后,多年来,芙丽特在波士顿管理着一个创新志愿者项目,该项目在下午和晚上的公立学校中提供大规模的教育和娱乐活动。这个项目是专门为满足大量无家可归的男孩和街头流浪儿童的需要而设计的,这些孩子住在世纪之交的波士顿和美国其他主要城市,晚上他们急需安全的地方学习,接受帮助性指导,并参与有益健康的娱乐活动。这个志愿者项目的大部分资金支持来自企业高管,通过与他们合作,芙丽特了解了美国企业领导人以及他们对组织和工人的看法。她越来越关注到公司通过他们的管理实践产生了越来越多的问题,而这些正是她的项目试图改善的问题。1929年的股市崩盘,接着是大萧条,对她和许多其他人来说,都是一个刺激的事件,这清楚地表明人们意识到,大型商业公司已成为社会机构,其权力过分集中引起人们质疑美国公司行为不受约束的传统。

芙丽特首先将管理视为一个社会过程,其次它与特定情境密不可分。她并不认为权力是从组织的高层流出,然后被分配到下级中去的。她认为,更好的做法是,命令不应该由一个人发出,而是所有人都应设法从自身情况发号施令。她看到,管理者有三种处理冲突的方式:(1)通过行使权力;(2)通过妥协;(3)通过"整合"(即使冲突公开,并寻求相互接受和双赢的解决办法)。

1932年,芙丽特试图通过发展四个完整的管理原则来总结她的观点。前两个原则是负责人的直接接触和早期协调。这两个原则与典型专注上下级沟通和控制的古典理论相冲突:芙丽特主张将控制交给那些处于组织中较低等级的人手中,这要求保持上下级沟通的同时,在组织内以及各等级之间进行横向的沟通。第三个原则是在具体情势下的各种相互联系的因素之间的协调(这为"情势法则"奠定了基础)。这一点强调将部门联系在一起的重要性,通过这种方式,使得部门能够在组织的较低等级上对组织的需求进行自我调整。最后,认识到协调作为一个持续的过程,管理是一个不断变化的动态过程,以应对新出现的情况,这与试图编写普遍行动原则的传统、静态和古典的观点形成鲜明对比。

她的观点有助于改变古典管理理论中僵化的结构主义观点的倾向,为引入人际关系运动提供了理论基础,并开创了今天所谓的权变理论的概念化。

四、人际关系运动

随着科学管理的原则越来越多地被应用到工业中,人们感到需要更加精确地了解人为因素对生产效率的影响。西部电气公司是当时比较开明的工业用人单位之一,并且以常规方式与国家研究委员会合作进行了一项相对简单的实验,该实验旨在确定车间内照明的最佳水平,以达到最大的生产效率。西部电气公司位于芝加哥附近的霍桑工厂被选中进行实验。在研究结束之前,有一支令人印象深刻的研究团队参与其中;其成员中埃尔顿·梅奥可能是对教育家来说是最著名的。

最初的实验设计得很好,并且执行得也很好,结果发现照明水平与工人的生产量之间没有直接和简单的关系。因为泰勒的原则之一强烈暗示了这种关系,所以这项研究提出了比它能回答的更多的问题。

(一)西部电气公司研究

最初的实验被称为西部电气公司研究(通常称为霍桑研究),其实非常简单,但是结果的分析很复杂。要研究的问题可以这样表述:在一个房间里,妇女们坐在长凳上用零件组装产品,能让工人们工作效率达到最高所需的最佳照明水平是什么?为了找到这个问题的答案,于是设计并开展了一项实验。

1927年,研究者将工人分为两组。一组为对照组,在整个实验过程中,他们的工作一如既往地进行,没有变化。另一组为实验组,将进行一些实验干预。在这种情况下,干预措施只不过是安装不同尺寸的电灯泡。他们从工人们习惯的通常用于车间环境的相对低瓦数的灯开始,实验者记录下工人的生产率。然后他们安装更高亮度的灯泡,记录下工人的生产率。结果生产率提高了。

因为生产率提高了,并且因为已知发生的唯一变化是照明量,所以似乎照明水平与工人的生产率之间存在某种明显的因果关系。看起来,照明水平可能是生产率变化的原因。一个合理的假设可能是生产率随着照明水平的增加而增加。是否会有极限,当达到某种程度的照明水平时,生产率将不再增加? 是否有可能有一个最佳照明水平,如果超过,将导致生产率下降? 因为研究者已经开始了这些研究,以寻找达到最佳生产率所需的最佳照明,这些问题暗示了一些有趣的假设,这些假设可以通过进一步的实验研究证实或质疑。实验者再次增加灯泡的亮度,以便观察会发生什么。结果生产率提高了。

泰勒的科学管理原则清楚地表明,有一个最佳照明量,可以触及工人最佳生产率。但西部电气公司研究无法找到与最大生产率相关的任何最佳照明量。当工作区灯泡的功率增加时,工人的生产率增加。但当灯泡的功率保持稳定时,生产率继续上升。这些困惑的实验者开展了相反的研究,实际上照明量减少后,生产率却没有下降。同时,对照组的工人继续以他们在研究之前所经历的同样的生产率工作。实验没有证实任何被检验的假设。有件事情正在这里进行,那些开展研究的人却不知道它是什么。

虽然很平静,但现代组织行为的一个突破性时刻已经出现。在思考了最初这一系列研究的令人惊讶的结果之后,研究者们列出了六个问题,清楚地表明他们扩展了工作环境的概念及其对人类行为的影响。这些问题还揭示了生产率与工人态度和信仰以及他们的自我之间可能存在的需要更深入认识的联系。引发霍桑研究继续进行的问题是:

1. 员工真的累了吗?

2. 短暂休息一会儿可取吗?

3. 缩短一天工作时间可取吗?

4. 员工对工作和公司的态度是什么?

5. 改变工作设备的类型有什么影响?

6. 为什么下午生产量会减少?

这些问题相当简单,直截了当,但很显然,其中一些问题的答案是心理上的,而不是生理上的。这些问题引发了管理史上影响最深远的系列实验之一;它们被称为西部电气公司研究,并导致尚未完全理解的发现。然而出乎意料的是,这些研究的一个主要发现是认识到人的可变性是生产率的一个重要决定因素。因此,在20世纪20年代,人际关系运动的基础就建立起来了(Roethlisberger & Dickson,1939)。

现在,一些新概念可供管理者在实践中使用。其中有(1)士气;(2)群体动力;(3)民主监督;(4)人事关系;(5)行为动机概念。人际关系运动强调人与人际因素在管理组织事务中的作用。监督者们特别重视人际关系概念,强调诸如民主程序、参与、激励技巧和领导力社会计量学等概念。

(二)社会计量学

人际关系运动吸引了社会和行为科学家,尤其是群体动力学家,他们已经在研究个体在二元关系和群体关系中相互交互的人类行为。在群体和组织环境中进行的大量研究为更好地理解人类群体的性质及其运作方式奠定了基础。

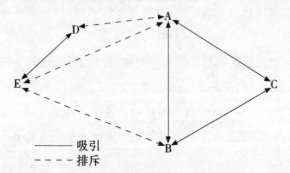

图3.1　五人组简单社会关系结构图

雅各布·莫雷诺(Jacob Moreno)是群体动力学家早期的代表,他发展并完善了社会关系计量分析技术。莫雷诺认为,群体内部是非正式的子群体——可确定的人群聚集,这种形式本质上是基于他们喜欢或不喜欢对方的程度。(Moreno,1947)。莫雷诺发明了从组织成员那里收集关于彼此吸引力信息的技术,数据通常通过访谈收集,但是也使用其他技术获取(例如简单的问卷)。通过这些信息,社会关系图就被绘制出来,描绘群体非正式社会结构的动态性。一个典型的五人组社会关系图可能与图3.1相似。通过询问小组成员简单的问题(比如:你最愿意和谁一起工作?)可以对群体的非正式社会结构进行充分的了解。

(三)群体行为模式

另一个富有成效的调查也是从人际关系方法中产生的,它就是罗伯特·贝尔斯(Robert Bales)所开展的工作。他开发了一个系统技术来分析小组成员之间的互动模式。本质上,贝尔斯的交互分析技术包括记录个体之间发生讨论的关键事实:在特定个体之间发生了多少次讨论,谁发起了这些讨论,其中哪些是在两个个体之间,哪些是在群体之间等(Bales, 1950)。贝尔斯的工作不仅为其他人提供了可以用来研究群组交互模式的可操作性技术,还让他得出一些有关群组的概括性结论,这些结论被证明是有用的。

例如,贝尔斯是第一个证明成功群体中一般包括扮演两个关键角色的人:

1. 需要有人(或者可能是一个群体中的几个人)保持小组专注于完成任务。
2. 需要有人负责维持群体的有效人际关系。

群体行为的两个维度——任务取向和维持取向——对理解群体功能的动态性具有持久的价值。

(四)作为群体功能的领导力

领导力一直是那些关心组织的人非常感兴趣的话题,社会科学家很快就意识到,与古典观点不同,领导力不是"伟人"或具有正式法律权威的个人为其下属提供的东西;相反,这是一个与下属动态互动的过程。例如,本杰明·沃尔曼(Wolman, 1956)发现,群体成员倾向于选择那些被认为有能力(或"权力")满足群体需要,同时又被认为愿意承担责任的个人担任领导职务。贝尔斯(Bales, 1953)指出,群体倾向于授予个体领导权,与其说是基于个体受到的喜爱程度,不如说是基于个体对群体贡献的想法以及他们在实施这些想法时给予群体的帮助。海伦·詹宁斯(Jennings, 1950)发现,占统治地位和激进的人不太可能被群体成员看作是领导者,而且事实上,他们很可能被群体拒绝和孤立。

这几个例子可以用来解释在人际关系时期所进行的大量社会学、心理学和社会心理学调查。事实上,在这个时期,社会心理学作为科学和学术专业已经发展成熟。库尔特·勒温(Lewin, 1939, 1947)在这一时期对组织行为学的研究做出了丰硕的贡献,特别是在群体决策领域。更重要的是,勒温发展了重要的洞察力和理论观点,对那些追随他的人有很大帮助。例如,他和他学生的工作启发了个人成长训练的实验室方法(即T组或敏感性训练),这反过来又为当代组织发展的实践奠定了基础(本书将稍后讨论)。

穆扎费·谢里夫(Sherif, 1948)对作为人类社会系统的街头帮派的研究成为洞察力和研究方法的里程碑,他继续编写了一本社会心理学的早期教材。乔治·霍曼(George Homans)(《人类群体》,1950年),菲利克斯·罗伊斯伯格(Felix Roethlis-berger)(《管理和员工士气》,1950年),威廉·福特·怀特(William Foote Whyte)(《餐饮业中的人际关系》,1948年),弗里茨·雷德尔(Fritz Redl)(《群体情绪与领导力》,1942年),菲利普·塞尔兹尼克(Philip Selznick)(《作为被领导者代理人的领导者》,1951年)和阿尔文·W.高德纳(Alvin W. Gouldner)(《领导力研究》,1950年)只是这一时期著名撰稿人中的一些代表,这些撰稿人推广了这些理论和研究,推动了有关人类组织行为的思想和理解,并形成了一股不可逆转的趋势。

在美国教育中,人际关系运动对学区管理者(例如学校督学)的影响相对较小,而对学校管理层(如主管、学校校长)的影响则相对较大。总的来说,督学继续强调古典概念,如等级控制、权威和正式组织,而学校主管则在更大程度上强调人际关系的概念,如士气、群体凝聚力、协作和非正式组织的活力。回顾美国学校管理者协会和监督与课程开发协会等代表性组织的会议记录和出版物,就很容易发现,大多数人认为他们是教育管理者。管理者倾向于自上而下地强调预算、政治、控制和权力的不对称行使,而那些主要关注教学和课程的负责人则更加强调参与和沟通,忽视了地位—权力关系。这种强调上的差异一直持续到20世纪80年代,尽管大多数行政管理者开始逐渐地接受人际关系理念。

(五)组织结构悖论

关于组织结构已经说了这么多,写了这么多,以至于许多人开始认为组织是真实的、有形的和具体的,几乎像建筑物一样,它们的基础深埋在地下,它们的结构高耸入云。但是,组织并不是真实的。它们仅仅是存在于我们和他人头脑中的概念。尽管如此,组织也是社会惯例。虽然它们看起来像是有形的,但它们不能被触及或抓住;你不能抓住一个组织放在你的手中,或者给它称重、用脚踢它或用尺子测量它。组织是人类发明的,仅仅是一个概念而已。如果你对组织一无所知,这是你必须学习的一个基础理念。我们认为组织是什么样的,组织就是什么样的,同样其他人也是如此。

五、组织理论运动

传统和官僚的组织方法不仅强调组织结构和对人进行分层控制的高度理性逻辑,而且还强调这些概念的具体化,把组织看成是有形、具体、可触及和近乎有生命的。在早期的关于组织的文献中,这被称为正式组织。今天,它通常被称为结构主义。结构主义者倾向于认为一个结构合理的组织会提高组织绩效。在将小学区合并为更大的学区、实行校本管理、通过创建中学(middle schools)来调整小学(elementary schools)和高中(high schools)之间的衔接,结构主义思想指导着我们这些管理实践。

但是,这个组织,包括其所有正式的结构以及用于解释和加强这种结构的规则和规章,是由具有非常人性化和个人信仰、态度、假设、希望和恐惧的人组成的。这些人的内心状态共同地使组织成为现实中的组织。因此,心理学思维进入组织和管理研究。那些强调这种组织概念的人相信,组织中人与人之间关系的变化具有影响组织绩效的巨大力量。这被称为非正式组织,或者像1960年被标记为组织的人性方面(McGregor,1960)。今天,人们通常把它称为组织的人员配备。当我们试图让员工更充分地参与到影响他们的决策中,更充分地关注他们的激励需求,或者通过团队合作来增加团队精神和协作时,我们就是在用人员配备来解决组织问题。

然而,在1937年至1942年的五年期间,三本重要的书对二战后期的管理思想与实践产生了新的重大影响。这些具有里程碑式书籍中的第一本书就是切斯特·巴纳德(Chester Barnard)在1938出版的《经理人员的职能》(The Functions of the Executive)。新泽西贝尔电话公司的副总裁巴纳德从伍德罗·威尔逊的论文《管理研究》发表以来出现的许多思想流派中选择并整合概念,介绍他自己的一些新见解。巴纳德与西部电气工作室主导研究的科学家们进行了密切的交流。他最重要的贡献之一,也是与这次讨论密切相关的贡献之一是阐明了更好地理解正式组织和非正式组织之间关系的极端重要性。在这项开创性的工作中,巴纳德(Barnard,1938)明确指出:(1)只关注组织管理的正式、官方和结构性方面是虚无缥缈的;(2)一方面是工人的需要和愿望,另一方面是组织的需要和宗旨,有效的行政管理必须注意这两者之间的相互作用。

第二年,这三本重要著作中的第二本出现了:《管理与工人》(Management and the Worker),由费利克斯·J.罗思利斯伯格和威廉·J.迪克森(Roethlisberger & Dickson, 1939)撰写。这两位学者对正式组织和非正式组织之间的动态互动提出了一个新的观点。基于从西部电力公司研究中收集到的证据,作者描述并记录了非正式组织令人惊讶的复杂性,以及(在他们没有意识到的情况下)控制工人行为的能力,而且还包括监督者和管理者的行为(他们认为他们在行使控制权)。他们强调"个人需求、非正式群体和社会关系,并很快得到了其他社会科学家的认可,导致一种'管理理念'的产生,主要关注正式组织中的人际关系"(Cartwright, 1965, p. 2)。

这些早期著作中的第三本是1947年出版的赫伯特·A.西蒙(Herbert A. Simon)的《行政行为:行政组织中的决策过程研究》(Administrative Behavior:A Study of Decision-Making Processes in Administrative Organizations)。这本书的标题中强调行为,预示着有一个新的方法来理解行政实践。西蒙教授在政治学、心理学和商业管理方面有很强的背景,他试图阐明人类行为在诸如决策等关键行政过程中的重要性。相比其他的书,这本书(Simon, 1947)树立了新的管理理念,为那些在二战后时期感觉到这种新方法很有希望的社会和行为科学家们开辟了道路。

尽管古典和人际关系方法的拥护者并没有在随后的岁月中消失,但最活跃的管理研究是在拓展和发展行为概念的新领域。在接下来的几年里,来自许多学科或传统的科学家将定期发表系列研究和理论。下面是20世纪50年代和60年代出版的几本比较知名的书籍,大致按作者的学术传统分类,并按时间顺序排列,这些书籍相当清晰地概述了这一领域的发展:

心理学与社会心理学

阿尔文·W.高德纳编,《领导力研究》(1950)

克里斯·阿吉里斯著,《个性与组织》(1958)

伯纳德·M.巴斯著,《领导力、心理学与组织行为学》(1960)

穆扎费·谢里夫编,《群际关系与领导力》(1962)

伦西斯·利克特著,《人类组织:管理与价值》(1967)

社会学

埃米泰·埃茨奥尼著,《复杂组织的对比分析》(1961)

彼得·M.布劳和W.理查德·斯科特著,《正式组织》(1962)

查尔斯·佩罗著,《组织分析:一个社会学的视角》(1970)

人类学

威廉·富特·怀特著,《工作中的人》(1961)

爱略特·迪斯莫尔·查普尔和伦纳德·R.塞尔斯著,《管理措施》(1961)

哈里·F.沃尔科特著,《校长办公室的人》(1973)

政治学

维克多·A.汤普森著,《现代组织》(1961)

罗伯特·V.普雷斯图斯著,《组织社会》(1962)

玛丽莲·吉特尔著,《参与者与参与过程:纽约学校政策研究》(1967)

管理学

道格拉斯·麦格雷戈著,《企业的人性面》(1960)

伦西斯·利克特著,《管理新模式》(1961)

阿尔佛雷德·J.马罗,戴维·G.鲍尔斯和斯坦利·E.西肖尔著,《参与管理》(1967)

人际关系与组织行为

人际关系是一个广义的术语,指人们在各种情况下为了达到某种目的而通过共同行动寻求的相互作用。因此,它可以恰当地应用于两个人共同寻求幸福和富有成效的生活、一个社会俱乐部、一个商业公司、一所学校、整个政府或甚至整个社会中。作为人际关系主体的人际互动,社会结构对其规范作用可以是正式的、明确的、并且已经显而易见的(例如政府和公司),或者也可以是非正式的、甚至分散在各处的,因此难以准确描述(例如一组监狱囚犯的权力结构、全体学校教员的社会制度和一个社区)。

组织行为是一个更狭窄、更精确的术语,属于人类关系更广泛、更一般的意义。组织行为是寻求描述、理解和预测正式组织环境中人类行为的学科。组织行为学作为一门学科的独特贡献和特征是明确地认识到:(1)组织创建对组织内人的行为有很大影响的情景或环境;(2)在某种程度上,组织的内部环境受到组织本身所处的更大环境(例如支持组织的社会、政治、经济和技术系统)的影响。组织的内部环境或情境(这对激发和塑造人类行为有很大的影响)不仅是物理的和有形的,而且包括人类生活系统的社会和心理特征。

管理和行政必须承担建立组织内部安排的责任,以实现效率最大化。在早期的人际关系研究中,管理者和行政人员经常提到员工的人际关系或公司的人际关系,就好像组织和员工行为的成因之间虽然相关但彼此独立。另一方面,当代管理学认为目标导向的组织行为对于以结果为导向的合作努力是必不可少的,不能从系统的管理政策和管理实践中剔除。

直到20世纪中叶,教育管理作为一个研究领域很少受到管理理论演变的影响,这主要是因为教育管理学的教学是从学术思想和研究的主流中分离出来的。即使是最负盛名的大学,其教育学院也往往与商学院和自己校园内的行为科学系几乎没有联系。传统上,教育管理是由以前的学校管理者传授的,他们的学科知识主要来自多年在前线艰苦奋斗的经验。教育管理课程往往侧重于实际的和如何做的问题,借鉴以往的实践管理经验。通常重点是分享这些管理者解决问题的技巧,这些技巧已经在学区试用,且被学生们所熟悉。

20世纪上半叶的教育管理研究主要是对当前问题的现状研究或意见的汇总。除了极少数之外,很少有教育管理方面的研究涉及理论命题的检验,而且几乎没有涉及行为科学家所开发的理论和研究方法。正如范·米勒(Miller,1965)所评论的:

许多管理学研究都是回顾过去或旁观正在做的事情。令人惊讶的是,对管理经验的交流如此之多,而科学研究却如此之少。(pp. 544 – 545)最近几年来,教育管理已经成为一个研究和发展的领域,并成为一个职业,这给人们带来极大的兴奋。(pp. 544 – 545)

到了20世纪50年代中期,一个新的组织概念在教育管理学的学生中得到广泛的认可。这个新概念揭示了(a)组织的结构特征和(b)个人的个性特征之间的动态互动关系。它试图从组织结构和员工之间的动态互动关系来理解员工的工作行为。

利用这种洞察力,组织管理专业的学生开始将组织(如学校系统和学校)概念化为社会系统。尽管几乎任何人类群体都可以构成一个人类社会系统(包括各种各样的群体,如街头帮派、爱好俱乐部和教会集会),但从二战后开始出现的概念是,组织构成了一种特殊的社会系统,基本上,它们的特征是一个清晰而相对牢固的正式结构。不同于非正式的人类社会系统,如办公室保龄球队或一起吃午餐的秘书们,学校系统和学校(实际上,所有正式组织)的特征如下(Abbott, 1966):

1. 他们明确以目标为导向。

2. 为实现目标而将要做的工作分成子任务,并作为正式职责分配给组织中的既定职位。

3. 这些职位是在正式组织中分等级排列的,权威关系是明确确立的。

4. 一般和客观的组织规则在很大程度上支配着人们以官方身份做事,也塑造和界定了组织中人际互动。

从20世纪50年代中期开始,为了更好地理解(1)组织结构的特征,(2)组织中个体的个性(以及由此产生的"需求"),(3)工作行为之间的关系,人们付出了越来越多的努力。例如,20世纪50年代和60年代对领导行为的大量研究得出一个显著的共同点,即领导力最好理解为两种具体行为:(1)为团队工作提供结构化的行为(例如,如何完成工作、何时、由谁完成等),(2)能被下属感知到是对他们进行人文关怀的行为。这些经验派生的见解广泛地应用于商业、工业、军事和许多其他类型的组织,同时还有学校系统和学校中(Hemphill & Coons, 1950; Halpin & Winer, 1952; Halpin, 1956)。

从这一观点的实证检验来看,一般认为有一种领导方式比其他任何一种更有效,即一种既倡导行为结构,又强调人文关怀的行为。当然,通过这种方式,在组织管理中既能满足组织的需求,又能满足个人的需求。丹尼尔·格里菲斯(Griffiths, 1969)利用流行的社会系统模型进行的一项典型研究发现,与那些强调在工作群体中倡导组织结构角色的校长相比,那些强调对人的关注的校长更倾向于将教师视为专业人员。

大约从1955年到1970年,在教育管理领域涌现了大量的理论探讨和研究,这些研究探索了(明确地或隐式地)应用于公立学校系统和学校社会制度的基本概念。尼尔·格罗斯(Gross, 1958)运用社会学的研究方法,试图揭示新英格兰学校董事会成员和学校督学做出决策的原因。丹尼尔·格里菲斯(Griffiths, 1959)开创了对教育管理决策的里程碑式研究,大大增加了我们对管理者决策行为重要性的认识。例如,在格里菲斯工作基础上开展了许多研究,其中有一项表明,如果管理者限制他或她自己的权力并建立清晰的决策流程和程序(而不是实际做出最终决策),那么管理者的行为将更容易被下属接受。

一支对了解学校课程变革过程特别感兴趣的研究团队进行了一项研究,以探讨以下问题:在某一学校系统中,管理者和教师在多大程度上倾向于同意或不同意他们对决策角色与责任的看法? 在这项复杂而全面的研究中,格里菲斯认为,最突出的发现之一是,对于管理者来说,对下属的关怀表现出来的行为比在团队中建立结构的行为更有价值。

大学的研究生学习项目对教育管理者的影响很快体现在组织行为的社会和行为科学观上。在多数情况下,以某些较新的行为学观点为特色的课程,例如领导力、动机、决策、组织氛围、冲突管理和组织变革等,与有关预算编制、融资、法律以及学校工厂、场地和设施的课程一起进行。并且这很快成为实施的标准,有关学校校长、行政管理和人事管理教材的作者们试图将组织行为研究与教材中所谈到的具体领域的概念之间建立起联系。许多教授在他们的研究和咨询活动中,使用这些新思想来分析真实学校的实际问题,以及设计在职培训活动。

结　语

当前关于学校改革和教育领导的争论,无论是在学术文献、大众媒体上,还是在从业者之间的讨论中,都对学校的组织性质和在里面工作的人的行为表现出不同而且经常不相容的观点。这场辩论的根源在于一场更大的辩论,即组织是被更好地理解为等级的官僚制度还是合议的协作制度。这场辩论是在 20 世纪上半叶随着《西部电气公司研究》一书的出版而开始的,并且一直受到群体动力学和人力资源开发研究的发展和传播的刺激。尽管人力资源观在商业和军事领域以及教育领域的影响力稳步增长,但许多担任行政及领导职务的个人仍然坚持等级权力关系的古典概念。对教育专业的学生来说,意识到这个事实很重要,而且研究这些问题并明确个人对这些问题的立场对指导教育领导专业实践尤其重要。

在努力发展对组织行为的人力资源方法的理解过程中,形成了一些有助于澄清教育领导者所面临问题的理论观点。第四章将探讨一些更新的观点。

反思活动

1. 剖析本章中与科学管理、官僚组织理论和古典组织理论相关的概念。你相信哪些概念,如果有的话,对今天的学校是可行的吗?描述为什么你相信这些仍然有效。

2. 组织管理的要素主要来自科学管理、官僚组织理论、古典组织理论和/或占主导地位的人际关系概念等。使用本章中介绍的概念,描述你所在组织(例如学校)的管理模式。在你看来,现有的管理模式在你的学校或工作环境中对组织来说是最有效的吗?如果是的话,解释其原因。你认为有哪些具体结果可以归因于这种管理模式?如果它不是一个理想的组织管理模式,你会建议选择什么样的组织管理模式作为替代?

3. 绘制你所在学校、部门、年级教师和管理者的社会关系结构图,可以采用不同的形式,只要对你分析非正式关系结构最有帮助就可以。根据非正式群体的数量和这些群体的规模来分析结果。它们有影响吗?他们是孤独者吗?它们是否与学校的正式决策结构有关?

4. 制定行动计划。本书描述了理解组织和行为的两种不同方法。一种是从古典角度(组织具有等级和官僚制的特点),另一种是从人际关系角度(组织具有合议和协作的特征)。在我们当前学校改革的时代,这两种观点都生机勃勃,并作为领导者争夺你们的关注和忠诚。写一段关于你在学校中发挥领导作用的行动计划。在两个问题上表达你的想法和当前承诺:

• 从组织和人类行为这两个角度来看,在分析学校领导的问题时,你觉得哪些观点最有用?你作为这项工作的领导者,如何将这些想法转化为你要做的事情(或者你会怎么做)?

• 你觉得你所讨论的观点和学校里现今的人的问题(如动机、学生成绩或士气)之间有什么联系?

关键事件:管理理念的分歧

杰森(Jason)是当地州立大学的一名新生,攻读教育领导学硕士学位。他打算做一名校长,最终成为像他父亲那样的督学。在他年轻的时候,他从父亲那里听到许多关于教师和其他学校专业人士的故事。他崇拜父亲,现在把父亲的教诲当作重要的领导力课程。

在杰森关于组织发展的第一堂课中,教授介绍了在组织的所有利益相关者中培养领导力的重要性,让利益相关者参与变革过程,并在所有重要决策中使用协作决策。从来不羞于回避争论,杰森举起了手,他被叫起来说道,"我不太赞同。我父亲是20世纪80年代的一位成功的学校督学,也是20年前的校长。他教我如何运营一所学校,坦率地说,他不会同意你所说的一切。他告诉我允许教师参与决策产生的问题,尤其是工会的问题。教师们总是试图插手学校运作,如果你给他们一英寸,他们就会继续攫取尽可能多的权力。他说,管理者必须保持对决策的控制,而不让任何人夺走权力。我父亲会说,管理者设定目标、制定程序并告诉员工如何完成工作。让其他人参与这项决策只会让变革的步伐放慢,并导致糟糕的决策。我还是孩子的时候,校长为我父亲工作,他们掌控一切。我们的学校很好。我们都学到了知识,今天也没有出现像你说的这样可怕的行为问题。"

穆里尔(Muriel)插话说:"是的,这就是现实世界中的事情。我已经教了九年了,我所做的是坐在年级会议上,而不是太投入。我对每个人都很友好,也很随和,但我知道,坦白地说,那里发生的事情只是装装门面而已。每当校长'和他的同事,即教师商量'时,他总是知道他想要什么,虽然他是个好人,我喜欢他,但我们最终总是同意他想做的任何事情。所以我的做法是,当会议结束后,我去我的教室,关上门,在我自己的教室里安静地一个人教书。除了那些偶尔从对讲机喇叭中爆发出来的干扰之外,教学对我来说很有意义,而且很有趣。和孩子一起学习对我来说很重要。"

1. 你同意还是不同意杰森和穆里尔的观点?
2. 如果你同意,为你的立场辩护。
3. 如果你不同意,说出原因。教授有什么有效的观点吗?
4. 杰森认为过去学校的管理方式与现在有些不同,你同意这样的观点吗?

推荐阅读书目

Callahan, R. E. (1962). *Education and the cult of efficiency*. Chicago, IL: University of Chicago Press.

本书叙述了20世纪早期的事件,当时美国商业和工业领导者试图通过迫使全国各地的学校董事会采用其组织价值观和目标来改善公立学校教育。如果你认为付出就有收获,那么你会在这个引人入胜的叙述中找到当今的一些重要信息。

Etzioni, A. (1964). *Modern organizations*. Englewood Cliffs, NJ: Prentice-Hall.

本书是对现代组织思想基础的清晰易读的解释,是组织行为学文献中的一本真正经典之作。

Morgan, G. (1986). *Images of organization*. Beverly Hills, CA: Sage Publications.

本书条理清楚,描述了七种不同思考组织的方式,把组织比喻成各种不同东西,如机器、政治系统、文化等等。作者描述了使用每种比喻的利弊。

Rothewell, W. J., & Sullivan, R. L. (2005). *Practicing organizational development: A guide for consultants* (2nd ed.). Hoboken, NJ: Pfeiffer: A Wiley Imprint.

本书第一次出版于1995年,其中许多章节的作者都是我们重点提到的,如玛格丽特·惠特利(Margaret Wheatley),埃德加·沙因(Edgar Schein)和罗伯特·坦南鲍姆(Robert Tannenbaum)。本书包括理论、实践活动和案例,可用于帮助学校进行组织发展。

参考书目

Abbott, M. G. (1966). Intervening variables in organizational behavior. *Educational Administration Quarterly 1*(1), 1 – 14.

Bales, R. F. (1950). *Interaction-process analysis: A method for the study of small groups.* Reading, MA: Addison-Wesley.

Bales, R. F. (1953). The equilibrium problem in small groups. In T. Parsons, R. Bales, & E. Shils (Eds.), *Working papers in the theory of action* (pp. 111 – 161). Glencoe, IL: Free Press.

Barnard, C. I. (1938). *The functions of the executive.* Cambridge, MA: Harvard University Press.

Callahan, R. E. (1962). *Education and the cult of efficiency.* Chicago, IL: University of Chicago Press.

Cartwright, D. (1965). Influence, leadership, control. In J. March (Ed.), *Handbook of organizations* (pp. 1 – 47). Chicago, IL: Rand McNally.

Cubberley, E. P. (1916). *Public school administration: A statement of the fundamental principles underlying the organization and administration of public education.* Boston, MA: Houghton Mifflin.

Etzioni, A. (1964). *Modern organizations.* Englewood Cliffs, NJ: Prentice-Hall.

Fayol, H. (1949). *General and industrial management* (C. Storrs, Trans.). London: Sir Isaac Pitman & Sons.

Follett, M. P. (1918). *The new state: Group organization, the solution of popular government.* New York, NY: Longmans, Green.

Follett, M. P. (1924). *Creative experience.* New York, NY: Longmans, Green.

Griffiths, D. (1969). Administrative theory. In R. L. Ebel (Ed.), *Encyclopedia of educational research*(pp. 17 – 22). Toronto, Canada: Macmillan.

Griffiths, D. E. (1959). *Administrative theory.* New York, NY: Appleton-Century-Crofts.

Gross, N. (1958). *Who runs our schools?* New York, NY: John Wiley & Sons.

Gulick, L. (1948). *Administrative reflection on World War* II. Tuscaloosa, AL: University of Alabama Press.

Gulick, L. , & Urwick, L. (Eds.). (1937). *Papers on the science of administration.* New York, NY: Institute of Public Administration, Columbia University.

Hall, R. H. (1963). The concept of bureaucracy: An empirical assessment. *American Journal of Sociology*, 69(1), 33.

Halpin, A. W. (1956). The behavior of leaders. *Educational Leadership*, *14*, 172 – 176.

Halpin, A. W. , & Winer, B. J. (1952). *The leadership behavior of the airplane commander.* Columbus, OH: Ohio State University Press.

Hemphill, J. K. , & Coons, A. E. (1950). *Leader behavior description.* Columbus, OH: Ohio State University Press.

Jennings, H. H. (1950). *Leadership and Isolation*(2nd ed.). New York: Longman.

Lewin, K. (1939). Field theory and experiment in social psychology: Concepts and methods. *American Journal of Sociology*, *44*, 868 – 896.

Lewin, K. (1947) Group decision and social change. In T. M. Newcomb & E-. L. Hartley (Eds.), *Readings in social psychology*(pp. 330 – 344). New York, NY: Holt, Rinehart & Winston.

Mayer, J. P. (1943). *Max Weber and German politics.* London, England: Faber & Faber.

McGregor, D. (1960). *The human side of enterprise.* New York, NY: McGraw-Hill.

Miller, V. (1965). *The public administration of American school systems.* New York, NY: Macmillan.

Moreno, J. L. (1947). Contributions of sociometry to research methodology in sociology. *American Sociological Review*, *12*, 287 – 292.

Roethlisberger, F. J., & Dickson, W. J. (1939). *Management and the worker*. Cambridge, MA: Harvard University Press.

Sherif, M. (1948). *An outline of social psychology*. New York, NY: Harper & Row.

Simon, H. A. (1947). *Administrative behavior: A study of decision-making processes in administrative organizations*. New York, NY: Free Press.

Taylor, F. (1911). *The principles of scientific management*. New York, NY: Harper & Row.

Tyack, D. B., & Cummings, R. (1977). Leadership in American public schools before 1954: Historical configurations and conjectures. In L. Cunningham, W. Hack, & R. Nystrand (Eds.), *Educational administration: The developing decades* (pp. 46 – 66). Berkeley, CA: McCutchan.

Wolman, B. (1956). Leadership and group dynamics. *Journal of Social Psychology 43*, 11 – 25.

第四章　组织的系统观

在第一章中,我们强调了领导者将学校视为组织的两种主要理论方法:一种是传统的官僚主义理论,另一种是最新的人力资源理论。我们还描述了麦格雷戈(McGregor)的 X 理论和 Y 理论,这两个理论阐明了领导者对组织员工因持有截然不同的假设,而使得他们选择遵循这两种截然不同方法中的一种或另一种。在本章中,我们将简要地描述和讨论六个广泛使用的理论框架,构建和扩展第三章概述的三个基本组织理论。

描述组织生活的理论模型非常类似于电视评论员在足球比赛中使用的电子演示图。它们可以规划并描述比赛中的基本概念,但是你必须始终在不确定性和不可预测性的背景下去尝试理解它们。模型有助于为你提供组织工作方式的心理路线图,你可以在实际业务中使用这些模型来整理组织问题,并且在处理这些问题时思考如何成为一个有效的领导者。因此,理论和模型有助于澄清涉及组织行为的重要问题。但它们不是对组织机制的字面描述,尽管它们有时被误认为如此。

例如,有些人用旧式钟表的隐喻来解释组织的系统理论,其中钟摆准确无误地摆动,齿轮呼呼地转动,弹簧松开,还有其他部分都以近乎完美的可预测地同步运动,产生期望的结果,即告诉人们正确的时间。组织,尤其是教育组织,是人类的尝试,不能沦为机械系统——这会让那些寻求简单、精确、系统、秩序和确定性的人感到绝望。只有了解到我们正在应对的是一个人类社会系统,我们才能有基础了解如何有效地去应对。

一、组织结构与人

半个多世纪以来,组织理论中的一个主题,也许是最重要的主题,就是组织结

构和人之间的相互作用。可以说,组织结构是决定组织中人的行为的主要因素。例如,一项研究表明:

> 在监狱、少年矫正机构、精神病院或任何"改变人"的机构中,人们一直抱怨的一个问题是需要更好的工作人员。我们听说,他们的问题源于高素质人才的缺乏。更具体地说,他们能招募的警卫、家庭主妇或勤务人员通常受教育太少,对人的看法过于简单,往往具有惩罚性,并且相信秩序与纪律可以解决所有问题。(Perrow, 1970, pp. 3-4)

然而,在本研究中,佩罗(Perrow)描述了先前的研究,在研究中他对少年矫正机构职位的申请者进行了测试,发现他们相当开明和宽容,但是他们在该机构工作一段时间后,就变得不那么宽容了,并且表现出惩罚性,对违法犯罪的原因以及对违法犯罪者的关怀和处理等问题提出了一些粗浅的看法。这就是组织具有塑造参与者观点和态度的力量,从而进一步影响参与者的行为。

尽管如此,组织理论的许多文献都致力于营造这样的信念,即组织中的人员倾向于塑造组织结构。这种意识形态关注人们的行为——在决策、领导和处理冲突的过程中——对组织结构、价值观和习俗的影响。人们日益关注改善组织绩效的策略,不是通过改变组织结构来促进更有效的组织行为,而是通过与参与者打交道,使组织结构发生令人满意的变化,更重要的是,使人们工作的社会环境性质和质量发生变化。我们正在谈论改变学校的组织文化和组织氛围。

(一)一般系统理论

通常与所有现代科学思想一样,描述、解释和预测组织行为的尝试依赖于系统理论。生物学家路德维希·冯·伯塔兰菲(Bertalanffy, 1950)首先描述了现在已知的一般系统理论。下面是描述一般系统理论基本概念的一种方式(Lwoff, 1966, p. 1216):

> 生物体是一个相互依存的结构和功能的集成系统。生物体是由细胞构成的,细胞由分子组成,它们必须协同工作。……每个分子都必须知道其他分子

在做什么。每个个人都必须有能力接收信息,并且必须充分遵守纪律。你要熟悉管控的法律。你知道我们的想法是如何发展的,其中最和谐和合理的想法是如何融合成一个概念整体的,这正是生物学的基础,并由此赋予它完整性。

这篇文章抓住了思考复杂情况的基本方法,在物理学和社会科学中现在都普遍使用这种方法。如果我们在以上关于生物学的陈述中用组织代替生物体,用群体代替细胞,用人代替分子,那么这就涉及对组织的概念进行思考(Berrien,1976,p.43):

> 组织是一个相互依存的结构和功能的集成系统。一个组织是由一个个群体构成的,群体又是由和谐相处的人组成。每个人都必须知道别人在做什么,每个人都必须有能力接收信息,并且充分遵守纪律。

举一个简单的例子,小孩可能会认为附近的池塘是一个极好的游乐场,远离大人警惕的目光。渔夫可能会把池塘看作是一个捕鱼的好地方。农民可能认为池塘是灌溉作物的好水源。然而,生物学家倾向于将池塘看作是一个生物系统,所有里面的生物在许多方面是相互依存的,并且在某些方面都依赖于池塘所在的更大环境(例如空气和阳光)。从理解池塘并能够描述池塘的角度来看,显然我们具备处理不同层次的洞察力。然而,就更准确地预测可能对池塘造成的后果而言,例如从池塘中抽取大量的水或捕捞大量的鱼,生物学家显然具有优势,因为他或她认为池塘是一个系统。

正是这种处理因果关系的优势,使得系统理论在研究组织行为方面如此强大。在我们的文化中,有一种强烈的倾向,认为一系列事件都是一个原因造成的;事实上,即使相对简单的组织事件,原因也常常是复杂的。我们可能不愿意接受这个事实,并且作为拒绝它的一种方式,选择将简单的因果逻辑应用于解决我们的问题。

这一点从美国国会对减少汽车事故的兴趣中可以看出,这一切都归于将汽车作为事故的主要原因。由此产生了一条逻辑思路:如果我们要求汽车制造商改进汽车的设计,并安装某些机械安全装置,就会减少高速公路上的大屠杀。

然而,事实上,更深入的研究表明,汽车事故是由一组极其复杂、相互关联的因素引起的。汽车设计是其中之一，但还有其他因素，如道路状况和诸如社会风俗、驾驶员心理状态等无形因素。当我们深入挖掘每一个情况之后（例如：为什么道路是这样建造的？为什么司机在用手机？为什么司机不让路？）我们发现，每一个都是一系列复杂的相互关联因素的一部分。显然，汽车事故的显著减少最终必须对这些复杂子系统的相关因素进行因果分析。

框4.1　彼得·圣吉(Peter Senge)和第五项修炼

> 在一个以变化性、不确定性及需要灵活和稳健的组织绩效为主导的世界中，我们需要新的思维方式。在这种情况下，学校必须成为快速学习者。多年来，在一些非常受欢迎的出版物中，彼得·圣吉试图阐明系统思维在帮助教育组织成为学习型组织时是必不可少的。圣吉把系统性思维称为第五项修炼，因为他认为有必要整合其他4项修炼：自我超越、改善心智、团队学习和建立共同愿景。"在每个学区、社区或教室里，"圣吉(Senge, 2000)写道，"可能有许多不同的制度值得注意：学区的管理、特定政策的影响、劳资关系、课程开发、惩戒学生的方法以及员工行为的普遍模式等。每个孩子都是一个系统。每个教育实践都是一个系统"(p. 78)。圣吉认为，在这种复杂的环境中，具有系统思维经验的人可以在一个普遍注意力很短的文化中发挥更大优势。

系统理论应该使我们警惕把现象归咎于单一因果因素的强烈倾向。同样，如果我们的汽车运行得不好，我们通常会采用一种系统的方法来解决这个问题：找一个了解引擎子系统之间（例如点火系统、燃油系统和排气系统）功能和相互关联的人来调整汽车系统。

这两个概念——子系统的概念和多因果关系的概念——是系统理论的中心。

（二）社会系统理论

系统可以分为两大类：与环境互动的开放系统和不与环境互动的封闭系统。社会系统理论一般涉及开放系统，因为设想一个诸如学校的社会系统不会与其环境互动几乎不可能。当观察者将某些学校或学校系统描述为封闭系统时，他们通常意味着这些组织试图限制社区的影响力，并且倾向于一直保持如此，就好像与它们所处的更大的现实世界无关。因此，我们经常谈到那些反应迟钝的学校系统，称为封闭系统，因为它们抵制建设性变革。尽管这种批评具有一定的可信度，但从技术上来讲是不可能的。学校与其大环境的输入－输出关系是无休止的循环互动。

图4.1显示了这种交互过程,包括(1)来自更大的社会环境的输入(例如存在于该社会中的知识、社会和社区价值观、期望目标和可用资金);(2)在称之为学校的社会系统中发生的教育过程,(涉及组织结构、人员、技术和工作任务的子系统);以及由此产生的,(3)(以个人和团体学习的形式)向社会的输出。从这个意义上来说,学校不可能是一个封闭系统。近年来,教育家们越来越意识到学校与其环境之间相互作用的程度和重要性,从概念上讲,这是在问责制和社区参与的规则下开展许多工作的基础。

从社会输入　————————→教育过程　————————→向社会输出

| 知识 价值观 目标 资金 | 结构(例如,年级、班级、学校级别、部门、组织等级) 人员(例如,教师、校车司机、辅导员、教练员、监护人、监督员、营养师、管理人员、护士) 技术(例如,建筑物、课程表、课程、实验室、图书馆、黑板、书籍、视听设备、校车) 任务(例如,上课、供应食物、开校车、管理考试、记账、提供服务、管理人事、开展课外活动) | 由于个人能力的提升,能为自己和社会提供更多的服务 • 智力和手工技能 • 理性与分析能力 • 价值观、态度、动机 • 发明创造能力 • 沟通技巧 • 文化欣赏 • 了解世界 • 社会责任感 |

图4.1　作为输入—过程—输出系统的学校教育

情境分析方法　这种输入—输出概念通常被称为线性模型,实际上,它试图解释在现实世界中描述事物的理论。这是一个看似充满逻辑、理性和有序的诱人概念,它非常适合于效率这个概念,例如成本效率。人们可以将投入的价值与产出的价值联系起来,并获得相对的成本效率。长期以来,在分析竞争性项目和技术的相对有效性方面,这是一个流行的概念。现在人们普遍认为,这种理论模型很少有助于我们理解教育组织的工作方式。例如,它假定学生和教师每天上学时,他们最关心的是达到学校正式的官方目标。然而,即使一个不经意的观察者也很快知道,学生和教师实际上给学校带来了许多他们自己的信仰、目标、希望、忧虑——以及他们的智能手机和iPod——这些对他们来说更为重要。显然,教师、管理者和学生适应学校规章制度的许多微妙方式与其说是为了实现一些遥远且常常模棱两可的教育目标,不如说是为了在一个令人沮丧和拥挤的环境中生存。

理解教育组织及其人的行为的一个更有用的方法是,将我们的注意力集中在实际发生的事情上。因此,我们的注意力集中在研究我们称之为组织的系统内部运作上。这种关注要求我们把组织看作是一个整体系统,这个系统为构成组织特征的人类行为模式创设了背景或情景。通过这种方法,我们寻求研究作为创建和维护环境的系统组织,在这种组织中,一系列复杂的人类互动(群体和个体)以一定的规律可预测地发生。在这个观点中,我们对教育组织的理解需要我们检查人类行为与作为组织特征的背景(环境、生态)之间的关系。因此,正如我们将在第七章中详细描述的,我们把组织称为系统,那么这个系统的组织文化(氛围、生态、精神)对于我们的理解就至关重要。

组织行为研究的领域主要集中在学区或作为人类社会系统的学校。一些科学家在研究组织行为时,无意中助长了这样一种错觉:学校实际上是一个封闭的社会系统。例如,安德鲁·哈尔平和唐·克罗夫特(Halpin & Croft, 1962)在他们对学校组织氛围的高度影响力研究中,集中于学校内部组织特征,好像它们不受外部影响而独立运作,并使用开放和封闭这两个术语来描述学校的概况,这些概况代表他们选定的特征,并把它们称为组织氛围。在某种程度上,这对研究者更便利。事实上,在没有假定(隐式地或以其他方式)组织与其环境分离的情况下,研究和讨论系统中人的行为是困难的。事实上,许多早期对学校组织行为的研究都集中在学校的内部功能上,也就是说,把学校看成封闭的系统,好像它们独立于它们更大的外部环境的影响而运作(Anderson, 1968;Berman & McLaughlin, 1977;Gross & Herriott, 1965)。

图 4.2 学校的社会系统观

燃烧的蜡烛已经成为一个开放系统的经典例证:它影响它的环境,也受环境的影响,但它是自我调节的,并保持着自己的身份。如果打开一扇门,蜡烛在气流中可能会闪烁,但是它会适应气流,并在第一时间恢复正常——当然,前提是环境变化(气流)不会如此压倒性以至于破坏这个系统(即熄灭火焰)。

但是,即使在这个浅显的层面上描述社会制度也不是那么简单的。我们可以认为组织(系统)存在于环境(超系统)中,并在其中具有子系统(如管理系统)。我们必须牢记,这些边界是可渗透的,允许系统与它们的环境之间相互作用。这个观点的应用可以通过图形标记来说明,如图 4.2 所示。很明显,干扰系统相关要素之间的交互和自适应关系可能对整个系统的功能构成威胁。一种形式的干扰可能会是一个或多个边界的渗透性损失,从而趋向于使系统封闭并且对环境变化不那么敏感。

个体在这个系统中处在什么位置呢? 这里重新标记图表就可以更清楚地说明这一观点适用于在学校工作的人。个体不仅作为个体单独在组织中发挥作用,而且在组织的社会系统中占据一定的角色。在图 4.3 所示的假设案例中,此人在约翰·F. 肯尼迪高中化学课程组担任教师的角色,这种情况对任何有兴趣分析、预测甚至控制组织行为的人来说,都具有许多有用的含义。

当我们考虑个体在组织中扮演独特的角色时,我们变得更加关注人类参与的复杂网络及其在组织生活中产生的伴随行为。作为个体,拥有人类所有的需求、动力和才能,承担起官方的角色,他或她在某种程度上塑造了这个角色,并且反过来也被这个角色所定型。

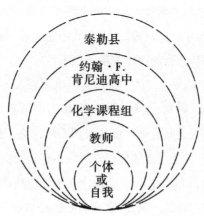

图 4.3　在一个假设的学校组织中的个体社会系统观

（三）角色冲突

每个人都具有自己独特的性格，他们在组织环境中的动态互动是角色理论的范畴。组织中的每个人都可以根据职位描述和期望的工作方式扮演自己的角色。卡茨和卡恩（Katz & Kahn, 1978）指出，人们认为他们在组织中所扮演的角色是"把研究和理论的个人和组织层面联系起来的主要手段；它曾经是社会系统的组成部分，也是这些系统对个体成员要求的总和"（p. 219）。但是当不同的利益相关者有不同的期望时，角色冲突就发生了。角色冲突有许多来源，所有这些冲突都抑制了该角色中人们的最佳表现。导致角色冲突剧烈的一个共同来源是期望担任该角色的人，也许是管理者，在处理他或她的下属时能够通情达理，有同情心，但仍然要执行组织的规则，并作为集体谈判小组的成员强烈支持学校董事会处理教师问题的方式。当许多管理者热心地尝试在教职员工中建立信任、信心和高士气时，他们感受到这种冲突，然后被要求进行正式的业绩考核或参与申诉程序，这似乎与这些目标相冲突。

（四）角色模糊

当角色规定包含矛盾成分或模糊不清时，角色模糊就出现了。卡茨和卡恩将角色模糊定义为"占据特定岗位的人对该岗位角色的不确定性"（Katz & Kahn, 1978, p. 206）。例如，在试图区分管理和监督时，常常会观察到角色模糊：一种通常被看成是直线职权，而另一种则被认为是员工责任。然而，监督者往往被视为对教师具有等级权威，他们经常感到被操纵，违背其角色精神，行使对教师的权威，这威胁到他们与教师之间保持恰当的协作关系。

角色冲突和角色模糊（如上面描述的）会产生紧张和不确定性，这些通常与不一致的组织行为有关。反过来，这种不可预测和不可预料的不一致行为常常引起承担了两种不同角色的人之间的进一步紧张和人际冲突。他们必须在上述模糊和紧张的条件下履行职责，这会导致他们经常采用不正常的应对方式。

拥有角色理论的知识和概念本身没有什么用处。然而，在分析组织团队中遇到的一些人际行为时是有用的。例如，领导关心的是如何有助于招聘、培养和分配能够促进团队良好运作所必需的角色。

（五）群体的职能角色

群体任务角色帮助群体完成任务（Katz & Kahn, 1978）。领导者必须承担这些重要角色,或者分配给群体的其他成员。它们包括以下角色:

1. 发起行动和贡献想法。

2. 寻找信息。

3. 征求群体意见。

4. 提供信息。

5. 发表自己的意见。

6. 协调群体成员的工作。

7. 帮助群体专注于目标。

8. 充当评价者和批评者。

9. 督促群体采取行动。

10. 参加群体的日常事务管理。

11. 做记录。

群体领导者的重要职责是在群体中创造一种环境,在这个环境中这些角色可以被发展和贯彻。

同样,领导者必须满足其他特定的角色要求,以确保群体不仅会随着时间推移而保持不变,而且会逐渐提高效率。群体建设和维护帮助群体形成一种氛围,使成员能够和谐地工作,并花费最少的时间。这些角色包括:(1)鼓励成员继续执行任务;(2)协调不同思想和不同个体之间的差异;(3)促进交流(例如通过帮助沉默的个体大声表达观点并鼓励平等使用"广播时间"展现自己);(4)为群体制定高标准的业绩要求;(5)为群体提供有关群体工作和行为的反馈。这些角色在性质和功能上明显不同于群体任务角色。当然,单个群体成员可以承担多个角色,或者两个或多个成员可以共享一个既定的角色。

二、与社会系统理论相关的角色

前面的讨论使我们更具洞察力地回到社会系统。其基本概念是,组织可以被理解为一个由盖哲尔斯和古巴(Getzels & Guba,1957)以以下方式描述的社会系统:

> 我们认为社会系统涉及两大类现象,它们在概念上相互独立,同时在现象上相互作用。首先,是具有一定角色和期望以实现系统目标的机构。其次,是存在于系统中的具有特定个性和需求的个体,他们的互动构成了我们通常所说的"社会行为"(p. 423)。

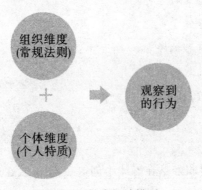

图4.4 社会系统模型

图4.4用图形描述了两个维度的相互作用,导致观察到的行为产生。常规法则(组织的)维度包括机构角色和角色期望;个人特质(个体或个人的)维度包括每个个体及其需求。

每一种行为都源于常规法则层面和个人特质层面。但是这些维度是如何相互作用的?每个维度在组织行为中的比例是多少?当然,这取决于个体和机构的作用,可以更好地表达为两个维度之间的相互作用的函数。盖哲尔斯和古巴用下面的总方程来表示(Getzels & Guba,1957):

$$B = f(R \cdot P)$$

其中,B = 观察到的行为

R = 机构角色

P = 在职者的个性。

因此,作为组织的学校创造某些由个体承担的职位和岗位。这些职位和岗位代表组织的常规法则层面,并且组织通过多种具体方式对在职人员有一定的角色期望,包括从详细的书面职位描述到由习俗和传统建立的更微妙(通常更强大)的群体规范。我们的意思是,组织不仅要建立一些可以接受的正式和最低层次的工作要求,而且还要制定出相当详细的角色行为规范,这些行为规范可能会扩展到工作中穿着衣服的种类和讲话方式等。

但是这些职位和岗位中的个体有他们自己的人格结构和需求,这代表了组织的个人特质维度。在某种程度上,甚至在高度正式的组织中,这些角色中的人以某种方式构建和塑造这个职位,以便更好地满足他们对自己角色的一些期望。

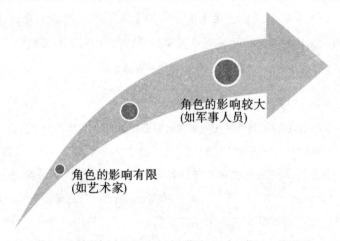

角色的影响较大
(如军事人员)

角色的影响有限
(如艺术家)

图4.5　角色对不同职业类型(如艺术家和军事人员)的影响

调整和整合机构需要和个人需要的机制就是工作群体。因此,在工作群体中,不仅存在人际关系的动态互动,而且在机构的要求和个体参与者的特殊需求之间也存在动态互动关系。机构角色的塑造、社会系统氛围的培养以及参与者的个性都动态地相互作用。组织行为可以被看作是这种互动的产物。

有多少组织行为可归因于角色期望和角色规定,以及有多少可追溯到在职者的个性需求呢?换句话说,如果 $B = f(R \cdot P)$,什么值可以分别分配给 R 和 P? 对有些人来说,角色在规范其行为方面的影响比对其他人的影响大得多。图4.5 显示了这种关系。

不同类型组织中的不同角色表明,某些角色承担者受常规法则维度的影响更大。人们通常认为,军队士兵的角色大部分都是规定好的,并明确限制士兵满足他或她个体的人格需求。更接近另一个极端的是艺术家,他们表现出高度创造性的行为,最小的组织约束,并在很大程度上表达个人的特殊需求。

(一)均衡状态

人们参与组织是为了满足特定的需求。假设组织也有其自身的需求,那么这些需求将由充当各种角色的参与者来满足。盖哲古巴社会系统模型就说明了这一点,该模型强调充当各种角色的"演员"的常规法则需求(组织的)和个人特质需求(个人的)之间的相互作用。显然,角色扮演者与组织之间存在着一种相互促进的关系,维持这种关系可以被认为是组织需求和个人需求之间的平衡状态。只要存在这种平衡状态,这种关系就可能是令人满意、持久和相对富有成效的。

框4.2 个人特质—常规法则

在对人类社会行为的研究中,与组织科学一样,通常使用两种分析模式。一种模式寻求发现科学原则或规律,这些原则或规律通常是正确的,适用于所有情况,并且是永久可重复的。它被称为"常规法则"方法(来自古希腊语"nomos"和"thetos",分别是"法律"和"规定"的意思)。另一种方法,有时被认为是对立的,被称为"个人特质"方法(来自希腊语"idios",意思是"个人"或"私人",以及希腊语"graphos",意思是"展示或书写")。个人特质模式关注构成组织的人,以及他们在不同组织、不同时间甚至同一角色中表现出来的独特性。常规法则分析关注组织的正式结构(通常在组织结构图、操作手册和其他规则及"法律"中描述),这通常被认为从一个组织复制到另一个组织,从一个时间复制到另一个时间。更常见的是,我们同时谈论组织的结构(常规法则)和组织的人性(个人特质)。这些术语和概念被广泛应用于历史学、心理学、地理学和其他人文科学的研究中。

通过伯利恒钢铁公司著名的施密特案例,我们可以从基本的层面上说明组织及其参与者需求之间的均衡概念。正如弗雷德里克·W.泰勒(Frederick W. Taylor)所描述的(Taylor, 1911),施密特是一个生铁搬运工,每天在10小时内搬运和装载12.5吨生铁以获取1.15美元的工资。显然,公司需要人手来处理生铁,而这个需求要通过搬运工角色的人来满足。只要需求和满足之间处于平衡状态,组织就能充分发挥作用。在他的叙述中,泰勒描述了他如何运用科学原理来严格训练施密特,使施密特的日常工作量增加到 47.5 吨。通过将工资提高到每天 1.85 美元,维持了需求—激励的平衡。施密特和公司显然发现需求—激励安排是相互满意的,因为在描述中,施密特做这个工作做了"好几年"。

切斯特·巴纳德(Barnard, 1938)将均衡描述为"通过满足来平衡负担,这导致个体与组织在相互关系中的持续参与"。在他的词典中,"有效性"一词是指"通过合作行动实现公认的目标"(p. 55)。效率是指组织通过向个体提供足够的满足感来维持个人持续参与的能力。

巴纳德把组织描述为通过向个体分配其"生产成果"来促成合作。他写道,"这些生产成果要么是物质的,要么是社会的,要么是两者兼而有之。对于某些人来说,需要物质的满足,对于另一些人来说,需要社会福利。对于大多数个人来说,需要不同比例的物质和社会福利"(p. 58)。巴纳德指出,这也是我们大家都熟悉的,组织内个体"充分满意"的定义各不相同,这在很大程度上取决于相关个体的构成和环境。有些人会对物质奖励感到非常满意,尤其是金钱,并且为了得到它,他们会接受一个可能不安全、不愉快或者很辛苦的组织角色。尽管这样的角色可能有许多消极的方面,只要有足够的物质奖励,这样的人很可能会找到令他满意的诱因。而其他人,无论出于什么原因,也可能找到更高收入却付出更少代价的角色。

在最近的教育管理史上,这一点可以在学校督学或更低层级的高中校长身上看到。虽然提供给督学的工资已经达到很高的水平,但是许多有资格的人并不被这个角色所吸引,而且许多现任者已经转移到大学教学或其他领域。较长的工作时间、艰巨的要求和巨大的压力是督学工作的一些不利方面,在许多情况下,几乎没有成就感或自我实现感的回报。为了吸引和留住有能力的人担任督学,学区必须提供能让现任督学们认为有吸引力的奖励,这些奖励需要物质和心理相结合。

几年前,美国面临的一个重要问题是,如何吸引优秀教师到农村地区,并留住他们。但由于工资低、学校设施不足、缺乏文化优势,这对于许多农村地区的学校相对来说收效甚微。今天,情况有所逆转,非城市地区的学校为许多教师提供了可观的报酬,反而贫穷的城市学校教师所处的环境凄凉、充满敌对和令人沮丧,无论在金钱上还是在成就感上,都不足以满足许多能干的教师。

从系统论的角度讨论组织均衡时,我们必须记住,个体参与者与组织之间不仅存在需求—激励关系,组织本身也是一个更大系统的一部分。如果该系统是开放的,如学校和学校系统,组织将与构成其环境的外部系统积极互动。盖哲古巴社会系统模型的扩展版本描绘了学校与它更大环境的相互作用。据推测,环境的变化将刺激组织的反应,反应可以是静态的也可以是动态的。如果反应是静态的,系统响应将组织关系保持在它们的原始状态,即维持现状。然而,动态均衡的特征是组织内部子系统的重新排列,或者改变其目标,以便适应外部环境的变化。换句话说,动态平衡有助于保持系统在稳定状态下的适应性。

(二)稳态

稳态是一个已经应用于组织研究的生物学术语,指的是一个开放的系统通过不断的自身调节保持平衡的趋势。生物有机体倾向于保持其自身特征,维持自身,并保持其特性,但同时它具有补偿机制,使得它能够在一定限度内适应环境变化而生存下来。人体的稳态过程包括身体维持恒定温度和通过凝血修复循环系统的破裂来维持血压的趋势。学校系统和学校的稳态机制,例如发达的沟通机制和决策过程,使它们能够适应和有效地应对环境变化。

(三)反馈

如果系统没有灵敏天线以获取精确的反馈信息,或者更糟的是,不能为决策者提供准确的反馈信息,那么,系统很难对环境变化做出适当的反应。这样的系统往往处于静态的,而不是动态和均衡的环境中。它们往往缺乏自我纠正的稳态过程,而稳态过程在以变化为特征的环境中保持自我是必不可少的。

从社会系统的观点来看,组织被定义为一个开放的系统,这意味着该组织具有内部子系统(例如学校),并且它是一个超系统(例如社区)的一部分。组织与这个超系统有互动关系:组织与之进行输入和输出。在某种程度上,组织影响其环境(超系统),并且也受到发生在超系统中的变化的影响。

组织可以通过忽略或对抗这些变化或者试图使自己与它们隔离(即通过变得更加封闭)来抵制和回避超系统或环境的变化。它可以尝试通过稳态调整来适应环境变化(即通过"一切照旧"的政策)。或者组织可以通过发展新的平衡和新的均衡来适应环境变化。在像我们这样的世界中,快速而广泛的变化占据主导地位,反馈机制差或稳态特性差的组织将显示出绩效下降以及组织混乱情况增加的迹象。

重要的是,系统理论的基本概念是系统由高度交互和相互依赖的子系统组成。作为开放社会系统的学校,盖哲古巴模型(前面已经描述过)假设至少能够找到两个相互作用的子系统:(1)组织或机构系统,(2)人的系统。尽管这个模型在早期试图理解组织行为动力学时很有用,但它是不完整的。到80年代中期,研究组织行为的学生了解到组织拥有不止这两个子系统,并且对组织行为的分析需要我们使用更复杂的概念。当前更有用的方法之一是将组织(例如学校系统和学校)概念化为社会技术系统。

三、社会技术系统理论

根据定义,组织的存在是为了取得某种成就,达到某个目标或某组目标,它试图通过完成某些任务来实现。从逻辑上讲,组织需要有适当的组织结构、装备和人员,以完成其任务。例如,学区的主要目标是把学区内的学校、交通系统和食品服务运营好。学区必须雇用人员,提供法定的服务,或许还要参与集体谈判。为了实现其目标,学区必须在组织内部分配许多任务(Owens & Steinhoff, 1976)。

为了完成分配的任务——可能包括大量子任务和运作中必需的任务——我们建立了组织,也就是,构建了一个组织结构,这个结构会形成一种组织管理秩序、组织系统以及许多与众不同的特征。这种结构建立起一种权威和协作模式,从而界定角色分工:有高层管理人员和中层管理人员,有老板和员工,他们每个人都试图了解他或她自己以及他人有多大的法定职权。在很大程度上,组织结构决定了信息沟通网络的模式,而这些模式对于信息流动以及决策都是最基本的。组织结构还决定了组织的工作流程体系,这个流程应该更关注于完成组织的任务。

组织必须具有技术资源,或者换句话说,组织必须有管理工具。在这个意义上,"技术"一词不仅仅包括典型的硬件,例如计算机、铣床、教科书、粉笔和电子显微镜,还包括组织管理程序创新:系统程序、活动顺序或者为解决阻碍组织任务完成的问题而设计的其他程序创新。因此,教师每天的课程计划、高中上课时间表和学区的课程指南都是教育机构中的技术。

最后,组织当然必须有人。他们对组织任务完成的贡献最终体现在他们的行为,即他们的组织行为上。这种行为包括选择、指导、沟通和决策等。

任务、结构、技术和人员(Leavitt, 1964)这四个组织内部因素是随着时间和组织的变化而变化的变量。在一个既定的组织中,这四个因素高度交互,每个因素都倾向于影响和塑造其他因素。与任何其他系统一样,可变因素的相互依存性意味着一个因素的显著变化将导致其他因素的某些调整。在确定学区或学校组织内部安排的性质和相互关系时,重要的是组织对其所在的更大系统中所发生变化的响应。

例如,假设一所以学术为导向的高中通过竞争性考试录取数量有限的优秀学生,并目标明确地为他们上大学做准备。如果教育委员会规定学校必须转变成一个更综合的高中,以满足整个青年人口的需要(当然,这将是该组织目标的改变),那么学校要合理地实现新目标,就需要进行一些内部调整。许多这些变化在本质上是补偿性的,例如,为了适应那些对商务职业感兴趣的学生,有必要教授商务(任务)课程。为了做到这一点,必须安装商务教学设备(技术),必须聘用商务教学教师(人员),并且还可能设立商务教学部门(结构)。然而,有些来自董事会指令的变化可能是报复性的,而不是补偿性的。例如,如果学校里的一些人试图抵制这些变化,他们之前的合作和有效行为将会被逃避和冲突行为所取代。这种阻力可能会扰乱学校的正常沟通模式,从而产生结构性变化。

技术上的改变,比如在高中引入一个综合性的、与计算机相关的教学系统,可能会带来重要的副作用:它可能改变学校的目标,使其有可能实现新的成就,同时,使某些传统的任务过时。人员变动将包括雇用具备新技术的人员,结果会影响学校其他人的工作活动,因为这使得一些活动变得不必要并且要求引入某些新的活动。最后,在决策过程中引入新的部门和新的变化将从最初发起的技术变化发展为结构性变化。

因此,在协调学区或学校的内部过程时,必须注意四个子系统:人、结构、技术和任务的动态交互。然而,如果提议通过只改变一个目标变量来进行重大改革,则显然其他变量很快将会受到影响。本质上讲,技术性的改革尝试会导致人们采取一些补偿或报复行为,并导致组织内部的一些结构调整。那些试图给学校带来重大结构性调整的人,比如有差别的人员配备计划,必须考虑相关人员以及他们应对变化的方式。

虽然说不同的管理战略很容易把各种策略和程序归类为"属于"一种或另一种战略，但我们必须认识到，我们所关注的组织内部子系统之间存在共生关系：任务、技术、结构和人的行为。

更大的外部系统(如社会、政治、经济、技术、法律、人口、生态和文化系统)

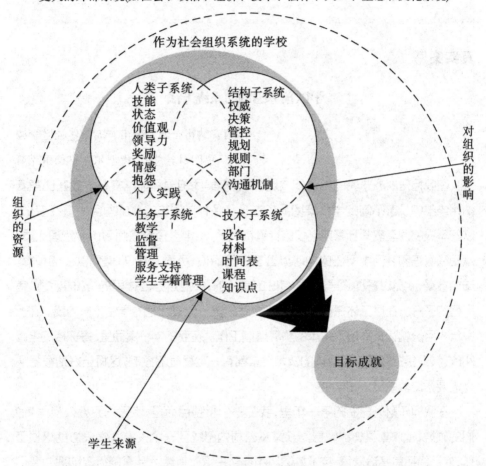

图 4.6　四个主要组织子系统是学校系统和学校内部安排的特征。改编自 Robert G. Owens and Carl R. Steinhoff, Administering Change in Schools(Englewood Cliffs, NJ: Prentice Hall, 1976), p. 143.

图 4.6 中的示意图说明学校系统或学校的主要内部和外部关系。该图仅提供了任务、技术和结构子系统中通常包含的几个示例。在概念化人类子系统时，读者需要注意的是，仅命名或标记参与者(如教师、护士和监护人) 的职业角色是不够的。就组织内部运作的动态而言，个体在人类系统中所拥有的价值观、信念和知识

与组织是由个体构成的事实，以及组织有对个体形式化的处理方法（如规则、申诉程序和人事政策）的事实同样重要。显然，人类子系统是唯一具有非理性（即情感的，而不是不理性的）能力的子系统。

真实案例：

学区预算编制的系统方法

印第安纳州布朗斯堡市布朗斯堡社区学校

集团财务总监，肯德尔·亨德里克斯

在我担任财务总监的第一年，我发现学校集团的预算非常复杂。我在印第安纳州中部的几家不同的学校集团担任过各种各样的职位。我的角色一直在变化，从四年级的课堂教师到暑期学校的计算机教师，从中学理科教师到小学管理人员，从田径教练到我目前担任的中心办公室主任职位，负责6500万美元以上的预算。毋庸置疑，我见过各种领导风格，有好的有坏的，并且对办公楼里的"热门话题"有很好的了解。在员工休息室里，最热门的话题之一无疑包括为学生花掉的钱。在上一年3月份就认真开始下一年的预算编制工作。在我的学校集团里，每栋楼的维修和改善、设备的购买以及具体的技术要求都有一定程度的控制，这将更好地根据课程需要帮助教职员工和学生。

在我担任财务总监的第一年里，我的一个特别目标是，走出去到办公楼里"他们的领地"上收集具体的信息。我又从公司内部找到三个关键人物来协助这项工作，他们包括首席运营官、技术协调员和维修主管。首席运营官的行政助理为我们安排了一些时间表，然后我们就出发去到"未知的领域"。在我们的行程中，我们四个人在两周的时间内多次参观了包括六所小学、两所中学、一所高中和一所非传统学校，另外还拜访了体育主任。

这种面对面的方法允许我们走进实地并从系统的各个部分收集具体的信息。在我的职业生涯中，我逐渐意识到，任何组织中最重要的人都是那些在办公楼里做出日常决策的人。通过听取他们的强烈建议，我可以把注意力转向在整个学校系统的框架内制定一个可行的预算。大楼管理员非常赞赏这种做法,而且这种做法可以得到很好的对话。在某些情况下,这种系统的方法也支持对一些具体的建筑进行巡查,以直接了解员工的个人愿望。我的最终目标是,在我们预算的框架内,将这些不同的愿望付诸行动,为我们系统的整体利益服务。

四、权变理论

对组织概念的理论化、思考、研究和经验伴随着一个明显的趋势,个体(无论是理论家还是实践者)会采纳一个自己拥护的立场。例如,赞成古典组织管理方法的人一贯支持这样一种观念,即组织中基于层级的权力等级对于组织的概念是必不可少的。人际关系拥护者在许多方面可能不同,但几乎一致认为支持、合作、以人为本的领导方式和高度参与的管理方式优于其他管理方法。行为主义理论的支持者以相当程度的一致性,寻求最佳、最有成效的方式来整合古典和人际关系方法的关键要素。多年来,造成了各立场之间的竞争,当试图将任一立场应用于组织时,结果都是喜忧参半的,在所有情况下,三种方法都不具有明显优势。

传统的(古典的或新古典的)学校制度和学校管理方法不仅倾向于采用等级制的组织模式(取自军事和大型企业的传统),而且强调理性、逻辑和强大控制系统的重要性,从而在等级结构的顶层做出决策并在底层实施。作为一个概念上的理想状态,至少整体的特征是按等级来维持组织的秩序、系统和纪律。就像前面讨论的道格拉斯·麦格雷戈的 X 理论一样,古典概念可以采用强硬型(强制)或温和型(操纵)的不同形式。

(一)合理规划模型

合理规划模型,如计划、规划和预算系统、项目评估和审查技术、目标管理和零基预算,是从大规模的军工企业中改编而来的,这些企业是为了建造和维持庞大的、技术复杂的武器系统而创建的。这种方法的特点是使用现代的理性系统概念和技术(区别于社会系统概念),采用传统、古典的观点和机械的操作。组织被说成是机械的,管理系统的主要基础具有以下特征:

1. 高度分工和专业化的任务,有明确、规范的权利、责任和方法。

2. 通过分级监管进行协调和控制。

3. 与外部环境的沟通受高层领导控制。

4. 强大和自上而下的行政管理系统。

5. 强调权威—服从关系的领导风格。

6. 决策权保留在等级结构的高层。

机械系统和有机系统的概念在组织理论的文献中被广泛讨论。这些概念帮助我们讨论和分析具体的组织情况,而没有采用可能有贬义的二分法,如官僚—人文主义或民主—专制主义,这些二分法显然是充满价值观的。有机的组织系统,在今天的用语中可以称为学习型组织,它强调用不同的方法来管理系统,可通过以下事实来辨别:

1. 通过相关人员的互动,持续地评估任务和职责,更容易在工作层面上安排职能转变。

2. 通过相关人员的互动,进行协调和控制,最大程度上共同承担责任和相互依存。

3. 与外部环境的沟通在组织的所有层次上都是相对广泛和开放的。

4. 强调——在组织内上下、横向和交叉的——相互信任、协商和信息共享,作为组织权威的基础。

5. 具有高度信任和群体问题解决等特点的团队领导风格。

6. 广泛分担组织内各级决策责任。

这两种公共教育组织观长期以来被描述为争夺统治地位的两种不可调和的思维方式。

从历史上看,在美国公立学校管理中,各种说法和观点潮起潮落——在管理中交替出现,首先突出机械—官僚—等级,然后是温和的人际关系—人文主义占据优势,之后也许是强调更具操控性的温和机械管理。许多学校督学、校长和其他人目睹了这一现实,决定回避任何理论或分析方法,并选择从业者普遍描述的折衷或实用方法:走进校区的现实世界,做任何看起来有用的事情。毕竟,有人认为理论没有任何作用。这不仅是对组织研究所教授内容的一个严重误读,而且它也不能给教育管理提供一个坚实的基础知识,从而无法形成系统的管理实践。

组织的权变方法有不同的观点,尽管在各种情况下没有一种最好的方式来组织和管理人员,但是组织结构的某些设计和管理方法在特定偶然的情况下可以被认为是最有效的。从权变角度理解和有效处理组织行为的关键在于能够分析既定情况下的关键变量。有效的管理行为,即有可能帮助组织实现其目标,改善工作和学习文化,以及尽可能有效地处理冲突的行为,并不以普遍的固定风格为特征(例如,常规法则和个人特质),而是根据情况的偶然性而设计的一系列行为风格。总之,学校组织行为权变方法的基础是三个基本命题:

1. 不存在一种组织和管理学区或学校的最佳通用方法。

2. 并非所有的组织和管理方法在既定情况下都同样有效,有效性取决于设计或风格是否适合该情况。

3. 组织设计和管理风格的选择应基于对重大偶然事件的仔细分析。

(二)与权变理论相关的开放系统

权变理论代表了"两个观点之间的中间立场,一种观点认为存在普遍的组织和管理原则;另一种观点认为每个组织都是独特的并且每种情况必须分别分析"(Kast & Rosenzweig, 1973, p. ix)。权变方法代表了一个相当理智的理论发展,在处理理论与实践的差距方面是有价值的(Moberg & Koch, 1975)。权变思维的基本贡献不在于为复杂问题提供现成的、简单的答案,而在于为我们提供分析组织系统内部和各部分之间相互关系的新方法。一组关键的关系来自组织(记住,这是一个开放的系统)与其环境的交互。

组织是一个开放系统,能够根据各种环境偶然事件区分其内部子系统。能成功应对不确定环境的组织(即组织中相对容易发生突变的环境)比不太成功的组织更倾向于在内部划分更多部门,然而它们能够保持各部门之间的高度集中。这种组织的特点是联合决策、各部门之间的关系明确以及各单位之间冲突处理的手段完善。在以变化和不稳定为特征的环境中运作的组织必须以不同的方式进行组织管理才能奏效,才能满足规划、决策和冲突管理的需要,这比那些具有相对稳定环境的组织更为重要。

随着环境条件的变化,组织需要采用适当的结构和管理制度来适应。稳定的技术和稳定的环境条件需要机械式组织结构,其特点是严格和明确界定的任务、方法和职位描述。相比之下,面对不稳定或不断变化的技术和环境的组织需要相对灵活的组织结构,强调横向而不是纵向的沟通、专家权威(而不是等级权威)作为影响力的主要基础、界定宽松的责任,以及强调信息交流而不是发布指令(Robbins, 1976)。

(三)超系统中的技术变化

批评者指责美国学校未能充分利用现代技术,他们脑子里经常有硬件技术(如计算机、交互式白板和其他机器),但对广泛用于美国教育的软件技术掌握有限。技术这个术语包括"软件",例如授课时间安排,时间、人员和物质资源之间的衔接,专业课程与课程指南,以及信息生成与管理技术。因此,这个术语——当应用于学校组织时——必须包括多种形式,如课程指南、高中课表、生物实验室和乐队室、考试方案以及分类、分组和培养学生的方法。如前所述,学校教育中使用的一系列技术对整个社会技术系统的行为有相当大的影响力。

但是,技术通常是在学校系统或学校之外发展的,它的影响是开放的社会技术系统与其环境相互作用的结果。每个新技术发展都倾向于改变影响学校内部安排的偶然事件。实际上,它们是学校系统或学校作为组织存在的大环境的一个方面。

(四)与外部环境的互动

学校系统或学校作为一个社会技术系统,与它存在的更大的外部环境处于动态的相互作用中。这里所说的环境是指学区或学校所处的超系统:我们文化中的社会、政治和经济系统。因此,人口结构的变化会导致入学人数的改变和老年人口比例中的增加,对个人自由态度的改变,对妇女平等权利的强调,社会流动模式的改变,对学校表现的不满,法律和司法理念的剧烈变化,纳税人更多的抵触,教师组织加入工会,甚至对整个社会的权威和机构越来越不信任,这些都是公立学校组织不得不应对的众多环境偶然事件。

组织的内部安排在很大程度上取决于这种环境状况。环境的变化使组织系统对其内部安排的变化做出响应。这些内部安排可以理解为包含四个动态交互的子系统:要执行的任务、组织的结构、用于执行任务的技术和人类社会系统。

学区或学校的社会、政治和文化环境产生影响的一种方式是设定要实现的目标。尽管教育家在建立学校目标方面发挥了一定的作用,但这一过程最终还是在政治领域,例如,代表政治团体的州立法机构在正式确定学校目标的重要方面通常是起作用的。关于毕业和/或升职的最低能力标准的立法可以对学校所追求的目标产生强大的影响。联邦政府的举措对学校的目标产生了广泛而直接的影响——不仅对有特殊教育需要的年轻人,而且对几乎所有其他学生也是如此。当然,近年来联邦政府的存在和参与迅速增加,并承诺在未来几年继续扩大。

其他政治程序,如批准预算、征税或选举校董会成员,也是影响学校目标的一种手段。通常,潜在政治权力的展示足以影响组织目标的重新评估和修订。当然,司法干预通常也是实施学校教育目标转变的一种手段。联邦地区法院不仅下令取消学区隔离,而且规定实现手段(例如区内交通和区际交通),在这种情况下,这一点很容易被观察到。法院还要求改变课程、考试程序以及选拔和分配工作人员的方法。所有这些都代表了学校组织的环境影响组织内部职能的一些方式。这个组织要么顺利地适应,要么抵制。

因此,当地学区可能会出现民众对回归基本教育的支持浪潮,这促使教育委员会和管理人员在社区参与下开展目标制定和教育项目规划。学校可能会修改他们的课程,改变他们的教学风格,或重新组织他们的年级结构,并采用新的教科书,即根据组织环境的变化进行内部调整。

然而,学校经常会抵制外部变化并维持现状,几乎与新的环境偶然事件的程度或力量无关。关于种族隔离、平等权利和非歧视性做法的历史,甚至在面对集中、大规模、法定、司法和政治行动时,都清楚地表明,学校经常试图封闭组织系统,以转移大环境变化的影响,而不是寻求做出适当的内部重组以适应它们。从权变观点来看,这种行为往往使学校或学校系统与这些组织所处的现实世界的权变脱节。就组织行为而言,这种情况的负面结果很可能是领导和行政风格效率低下,从长远来看,甚至可能适得其反。

(五)权变理论与学校组织行为

在操作层面,学校管理实践中使用的权变方法不一定非常奇特或非常复杂。然而,它确实要求管理者根据当前形势对相关的偶然事件进行一些分析,作为选择应对方法的基础。管理层是通过与个体和群体合作来实现组织目标,所以需要考虑的一个基本问题是:在这种情况下,什么最有可能让我的下属产生最有成效的行为(就实现组织目标而言)? 当然,这个问题背后的一个重要假设是,可以预测的是,不同的管理风格可能引发不同反应。

例如,管理者经常遇到的一个问题就是领导风格。一个好的领导者是指自己制定目标、指导下属、仔细检查下属是否按照指示做事的人吗? 或者,一个好的领导者是指让下属参与制定目标,与他们合作决定要做什么和如何做,并在评估进展和结果时提供团队协调的人吗? 用公立学校管理者的说法,哪一种领导风格更好,"指导式"领导还是"协作式"领导?

解决这一问题的权变方法首先是要澄清"好"的含义。因为管理者的意图是最大限度地实现组织目标,所以"好"最好重新定义为"有效"。接下来的问题是:哪种领导风格最有效,也就是说,哪一种最有可能对学校系统或学校的绩效目标做出最大的贡献?

当代对领导行为动态性的理解清楚地表明,没有一种最有效的领导风格,领导风格的有效性取决于其在特定情况下是否适合具体关键偶然事件。领导权力的大小、与下属关系的好坏、任务安排是否明确、对决策的执行是否保持合作态度以及下属的能力和动机都只是许多偶然因素中的少数,管理者可以评估这些偶然因素并且预测各种替代方案的结果。从权变的观点来看,有效的领导者能够根据具体的偶然情况选择适合的领导风格,从而让下属为实现学区或学校的目标做出最大的贡献。

权变方针有助于处理动机、决策、组织变革、组织文化和冲突管理等问题。本书其余章节将探讨这些学校组织行为。

结 语

开放的社会系统理论是当代组织行为分析的基础。诸如盖哲古巴模型这样的社会系统理论提供了一个有用的方法,将组织行为概念化为组织需求与组织中的个人需求之间相互作用的函数关系。尽管盖哲古巴模型经常用于强调组织的这种内部动态关系,但是模型的扩展版本清楚地说明了组织系统本身与其外部更大环境,即超系统之间的动态关系。

角色理论不仅帮助我们更详细地理解个人特质—常规法则之间的关系,而且阐明了学校和学校系统中存在的许多更广泛的人际关系。虽然角色理论缺乏解释组织整体的能力,但它作为一个框架来研究人与组织之间的关系以及人际行为是有用的。

社会技术概念帮助我们理解教育组织的结构、任务、技术和人员等各方面之间是如何动态互动并唤起和塑造人的行为的。例如,在一所典型的高中,人们的日常生活深受日程安排的影响,日程安排支配着一切,并且经常限定所有可能的情况。建筑师设计的建筑也能唤起人们不同的心理反应并塑造他们的行为。教室里配备的可移动或可拆卸书桌也会对行为产生影响。课程指南在规定具体教学活动的同时也对行为提出要求。需要用校车运送学生往返也会对学校组织以及学校中人的行为产生深刻的影响。

但是,教育组织是一个开放系统的事实具有额外的行为后果。例如,学校受到两个主要外力的影响,这两个外力决定了其内部安排的性质。第一种外力就是这样一个事实,学校就是学校,与其说它不同于其他学校,还不如说它和美国东西海岸的所有其他学校都一样。通过教师培训机构、认证协会、大学入学要求、教育产业综合体的产品以及年度大会上的发言者所表达的专业标准和期望都是从外部影响并限定学校在行为方面的许多专业影响中的少数代表。

第二种外力代表了更广泛的社会文化影响,这些影响从外部渗透进来,建立学校的行为规范。这些影响有各种来源,如社区标准、传统、司法判决、成文法规以及——普遍意义上的——西方文化等概念范畴。更具体地说,也许是青年亚文化的影响,这种影响在西方国家变得如此有影响力。因为学校是一个开放的系统,学校环境在这个方面对其内部职能有着强大的影响。事实上,孩子们看电视和网络视频、接触毒品文化、发展新的性观念以及婚姻和家庭观念确实塑造了学校生活的本质。所有这些结合在一起形成一种组织文化,这种文化在决定人们如何感知事物、如何评价事物以及如何对事物做出反应方面具有强大的影响力。

因此,教育组织作为一个开放的社会技术系统的概念使我们能够看到一个特定组织的内部安排既是独特的,又是与更大的超系统相互作用,成为其中的一部分。这就像约翰·古德拉德(Goodlad, 1978)在谈到学校文化时所持的学校观。在当代组织理论中,这个概念与权变理论相耦合,认为没有一种通用的最佳方式来处理组织问题。组织行为的权变方法需要系统地理解组织行为的动态性,以便能够诊断或分析现有的具体情况。

组织理论提供了系统的知识体系,我们基于这些知识体系对组织的性质和人的行为进行假设。理论远不止是学者们不切实际的玩物,而是经常被管理者使用——尽管通常是一种直观的、未经审查的方式——作为他们每天从事的专业工作的基础。

长期以来,在发展关于教育组织的假设方面,官僚制理论以压倒性的优势一直被广泛使用。然而,随着西部电气公司研究的不断推进,以及官僚主义对学校问题的回应未能如预期的那样奏效,人力资源理论也稳步发展并得到越来越多的认可。自20世纪60年代以来,人力资源开发理论由于出现了诸如松散耦合的概念和对动机的理解等较新的观点而得到显著加强,这些将在下一章中更全面地进行描述。

反思活动

1. 使用角色理论和本章中所描述的盖哲古巴模型,把你所在的组织作为一个社会系统加以分析。简要定义群体角色、个人角色和组织期望,这也许会限定或指导你所在组织的目标行为。你能确定角色或期望的哪些变化可以帮助提高组织有效性吗?

2. 制定你的行动计划。作为学校的领导者,你将如何运用角色理论和社会技术系统理论的概念? 当这两种理论结合起来时,它们具有在组织内的不同角色和系统之间创新组织结构的潜力。你将如何实现它们?

关键事件:两个校长的故事

梅维斯(Mavis)

梅维斯被员工认为是一个非常有才能和智慧的领导者。梅维斯与员工们一同在组织中建立起各种委员会,这些委员会关注全校的目标并具有重大的决策权。它们包括技术、社会、课程、纪律、员工发展、组织/日程安排、改革等委员会,此外还有根据需要设立的若干其他特设委员会。所有员工都被要求选择他们想任职的三个委员会,然后领导委员会选择其成员,以确保他们总是以任务为导向并且非常合作和相互支持。梅维斯和领导团队挑选他们认为最了解委员会管理和组织能力强的人担任主席。这些主席还担任学校的指导委员会委员,以确保所有委员会能协同工作,从而实现全校的目标。团队领导和校委会也在指导委员会中工作。

查利(Charley)

查利被员工认为是组织能力非常强且做事果断的领导。他在这所学校担任校长已经 15 年了。学校由各年级组组成。查利认为,太多的委员会会浪费员工时间,而这些时间最好用于制定教学计划。每个年级组每月与查利会面一次。他为这些会议制定议程,在得到年级组意见后,由他做出最后决策。查利相信,通过负责这些年级组,他可以确保整个学校都按计划实现全校目标。

1. 分析这两位校长所建立的组织结构。哪一个最有可能做出有效决策,从而实现全校目标?为什么?

2. 你愿意为哪位校长工作?为什么?

推荐阅读书目

下面的两本书应该同时阅读:首先阅读威克(Weick)的现代经典文章,它们对美国教育思想产生了广泛的影响;然后阅读埃尔莫尔(Elmore)的作品,这是在威克的书出版 24 年后所撰写的,他试图在 21 世纪的背景下重新诠释威克的最初想法。

Elmore, R. F. (2000). *Building a new structure for school leadership.* Washington, DC: The Albert Shanker Institute.

本书基于“威克是完全错误的”这样一种信念认真地分析当前学校的组织问题。

Firestone, W. A., & Wilson, B. L. (1985). Using bureaucratic and cultural linkages to improve instruction: The principal's contribution. *Educational Administration Quarterly, 21*(2), 7–30.

本文讨论了校长影响教师教学行为的两种路径：一是传统官僚路径，二是文化路径。这篇文章为那些希望更全面探讨这一主题的人提供了一个极好的参考文献目录。

Flood, R. L. (1999). *Rethinking the fifth discipline：Learning within the unknowable*. New York, NY：Routledge.

本书对系统思维进行了精彩介绍，它是所有现代科学思想方法的基础，书中讨论使用非技术性语言，所以非常易于理解。弗勒德（Flood）将系统思维与其他思维方式（如科学简化论和唯灵论/有神论）进行比较，并展示其在启蒙运动中出现的历史联系。我们推荐教育领导者阅读本书，帮助他们更好地理解为什么在教育研究中会出现重视科学方法的现象。

Meyer, J. W. , & Rowan, B. (1983). The structure of educational organizations. In J. W. Meyer & W. R. Scott（Eds.）. *Organizational environments：Ritual and rationality* (pp. 71 –98). Beverly Hills, CA：Sage Publications.

本章从社会学的角度对学校进行了富有启发性的分析，挑战墨守成规的官僚逻辑和秩序的传统。认真的学生也将会对本章所属的整本书非常感兴趣。

Meyer, M. W. (1977). *Theory of organizational structure*. Indianapolis, IN：Bobbs-Merrill Educational Publishing.

在这本78页的书中，社会学家迈耶首先讨论了组织理论的各种功能。接着他描述了一种组织结构理论，这种理论与传统的官僚观念背道而驰。

Weick, K. E. (1976). Educational organizations as loosely coupled systems. *Administrative Science Quarterly*, 21(1), 1 –19.

虽然威克没有发明松散耦合系统的概念，但在本文中，他确实为学校组织理论的重大转变奠定了基础。这篇文章应该是原著阅读的经典之作。

参考书目

Anderson, J. G. (1968). *Bureaucracy in education. Baltimore*, MD：Johns Hopkins University Press.

Barnard, C. I. (1938). *The functions of the executive. Cambridge*, MA: Harvard University Press.

Berman, P., & McLaughlin, M. W. (1977). *Federal programs supporting educational change: Factors affecting implementation and continuation* (Vol. VII). Santa Monica, CA: RAND Corporation.

Berrien, F. K. (1976). A general systems approach to organizations. In M. D. Dunnette (Ed.), *Handbook of industrial and organizational psychology* (pp. 43 – 61). Chicago, IL: Rand McNally.

Getzels, J. W., & Guba, E. G. (1957). Social behavior and the administrative process. *School Review*, 65, 423 – 441.

Goodlad, J. I. (1978). Educational leadership: Toward the third era. *Educational Leadership*, 35(4), 330.

Gross, N., & Herriott, R. E. (1965). *Staff leadership in public schools: A sociological inquiry.* New York, NY: John Wiley & Sons.

Halpin, A. W., & Croft, D. B. (1962). The organizational climate of schools. Washington, DC: *Cooperative Research Report*, U. S. Office of Education.

Kast, F. E., & Rosenzweig, J. E. (1973). *Contingency views of organization and management.* Chicago, IL: Science Research Associates.

Katz, D., & Kahn, R. L. (1978). *The social psychology of organizations* (*2nd ed.*). New York, NY: John Wiley & Sons.

Leavitt, H. J. (1964). *Managerial psychology* (*2nd ed.*). Chicago, IL: University of Chicago Press.

Lwoff, A. (1966). Interaction among virus, cell and organization. *Science*, 152, 12 – 16.

Moberg, D., & Koch, J. L. (1975). A critical appraisal of integrated treatments of contingency findings. *Academy of Management Journal*, 18(1), 109 – 124.

Owens, R. G., & Steinhoff, C. R. (1976). Administering change in schools. Englewood Cliffs, NJ: *Prentice Hall*. Perrow, C. B. (1970). *Organizational analysis: A socio-*

logical view. Monterey, CA: Brooks/Cole.

Robbins, S. P. (1976). The administrative process: Integrating theory and practice. *Englewood Cliffs*, NJ: Prentice Hall.

Senge, P. (2000). *Schools that learn: A fifth discipline fieldbook for educators, parents, and everyone who cares about education*. New York, NY: Doubleday.

Taylor, F. W. (1911). *The principles of scientific management*. New York, NY: Harper & Row.

von Bertalanffy, L. (1950). An outline of general systems theory. *British Journal of Philosophical Science*, 1, 134 – 165.

第五章　动机：理解自我与他人

组织行为被描述为组织中人与组织环境特征之间的相互作用,或 $B = f(p \cdot e)$,本章将着重探讨等式中作为个体的人。本书的前几章已经着重探讨了等式中的组织环境特征。

一、动机的内涵与模式

动机解释人们为什么做他们所做的事情。比如,为什么有些教师正常来上班,但尽可能少做工作,而另一些教师则精力充沛,思想活跃,热衷于工作? 为什么有些校长似乎只关注学校的日常运作,对学校应该走向何方没有明确的愿景,而另一些校长则对学校应该如何发展有一个清晰、连贯的愿景,并在未来的多年中始终如一地追求实现这个愿景? 为什么有些教授的课堂枯燥、单调乏味,学生避而远之,而另一些教授则热情、充满活力、富有创造性,他们的课堂有趣、总给人新鲜感,而且深受学生的欢迎,以至于在选课时,他们的课很早就被选完了?

几千年来,人们为什么如此行事的奥秘一直吸引着戏剧家、艺术家、作家、作曲家、哲学家、神学家和其他探究人类生存状况的研究者们,这些证据在世界各地的图书馆和博物馆中可寻影踪。一个世纪以来,研究者们一直致力于探索人类动机的奥秘,并已经撰写了大量的文献,这些文献的研究范围、规模和启发性都是惊人的。从所有这些文献中,我们已经学到了很多关于动机和人类行为之间的联系,当然还有更多的东西有待挖掘与学习。在本章中,我们将讨论一些关于动机的理论,以及这些理论对教育组织领导实践的实际意义。

虽然关于动机的理论有很多,但学者们对这些理论有很大分歧,而在本书中我们讨论的动机理论是没有分歧的。例如,学者们一般同意,当我们观察组织中人类行为的变化时,至少有三个明显的动机模式。

(一)第一个模式:方向性

动机的第一个指标是个体在面对一系列可能的选项时明显所持有的选择模式。当一个人关注一件事而不是其他事情时,我们可以从他的选择行为中推断他的动机,但是我们并不知道究竟是什么原因让他做出这样的选择。例如,一位教师可能习惯于早上很早到达学校,立即拿走邮件,然后迅速地去教室准备一天的工作,在学生到达之前他已经做好一切准备,还可以放松休息一下。而另一位教师可能会在办公室闲逛、聊天和社交到最后一刻,然后冲到教室开始上课,在学生们坐在书桌旁等待时笨拙地寻找教学资料。还有一个类似的例子是有这样一个教授,他认为每周只需要花三天时间在学校里做学术工作,另外花两天时间在高尔夫球场或网球俱乐部打球,而他的同事则利用空闲时间做研究并准备在学术期刊上发表论文,这些论文不但没有稿费,而且被拒的稿件比他们发表的稿件多三倍。

(二)第二个模式:持久性

动机的第二个关键指标是一个人追求所选择行动路线的持久性。持久性的一个维度是一个人花费在所选择活动上的时间量。不管是整修古董还是为新的教学项目制定计划,有些人会长时间紧张地工作,以求得到细致、高质量的结果,而另一些人可能敷衍了事地完成任务,认为结果差不多就可以了。的确,一个人在细致地追求一项活动时可能表现出极大的毅力,而在追求另一项活动时可能表现出极少的毅力。当个体一次又一次地重复任务以实现期望的结果时,可以观察到持久性的另一个维度。例如,一些教师似乎从来没有完成过工作,经常把工作带回家花更多的时间来做,而另一些教师通常一离开校车就关门大吉,直到明天才再考虑他们的工作。有些教授年复一年地从档案中取出陈旧泛黄的课堂讲稿,而另一些教授则每年花费许多时间不仅编辑、修改和润色他们的课堂讲义,而且创造新的教学方法,希望使课堂更加丰富有趣。

(三)第三个模式:强度

一个人做事情的强度是第三项与动机有关的行为指标。有的人可以精力充沛地工作,专心致志、全神贯注地工作,而另一些人在处理任务时可能不那么专注。由于可能涉及个体无法控制的因素,例如环境和个人技能,因此解释所观察到的动机强度要比解释动机的方向性和持久性更加小心。例如,在有些工作环境中,一些工作行为经常被许多不受控的因素打断,这在一些学校中是很常见的,导致要确定强度水平是个体选择的问题还是环境干扰的结果很难。类似地,人们可以观察到,作为会议参与者的个体很少参与讨论,显然只是静静地等待会议结束。这里的问题很显然是环境问题,比如会议的社会氛围不利于参与其中,或者个体从来没有正确的行为态度和有效技巧去自信地参与会议的讨论,或者对讨论的话题既不感兴趣也与自身无关。

二、外部动机与内部动机的争论

在20世纪组织行为学中,有两种主要方法支配着对动机的思考。其中一个被莱文森(Levinson,1973)描述为"大傻瓜谬论"。这是胡萝卜加大棒的古老比喻,规定了奖励和惩罚的结合是组织生活中激励人们的一种方式。它与行为主义心理学有关,强调对个体的外部控制。另一种方法结合认知心理学和人本主义心理学,强调内在思想和情感的精神力量是动机的主要来源。

(一)外部动机或行为主义的观点

传统的管理者试图用胡萝卜加大棒的方法激励员工。他们很早以前就发现,受伤的人往往会离开原地以避免再次受伤疼痛,而得到奖励的人往往会重复给他带来奖励的行为。这是一个行为主义动机的概念,它长期以来在管理思想中具有很大的影响。使用这种技术的管理者会说:"我们在激励员工!"

根据行为主义者的动机观,人们可以通过操纵正面强化(胡萝卜)和负面强化(大棒)来激励,这在教育组织中被广泛接受和使用。绩效工资计划、问责制要求、强调正式的监督、与重新任命职位相关的年度绩效考核、以及教师表彰活动都是这种激励概念在公立学校实践中经常使用的一些方式。大学经常实行一项"非升即走"的政策来激励新任命的初级教职员工。他们通常被给予一定的年限,通过发表作品来展示越来越多研究成果;在这段时间结束时,他们就知道被提升和授予终身教职，这是对他们行为的奖励，或者得到惩罚而被解雇。

（二）内部动机观

有些人认为行为主义的方法与动机无关。正如弗雷德里克·赫茨伯格（Frederick Herzberg）在谈到胡萝卜加大棒的方法时所说的，"见鬼，你们不是在激励他们。你们是在驱使他们"（引自Dowling，1978，p. 44）。赫茨伯格的观点指出了对行为主义动机观的主要批评：它实际上根本不涉及动机。

这种观点认为，虽然人们可以受到诸如奖惩等外部力量的控制，但是人的动机的关键因素在于个体本身。认知和人文主义动机观源于对人的理解，这种理解是在把人作为生物这个既定事实基础上，从生理上和心理上展开和发展的。个体的内在能力，主要是情感和认知能力，产生感觉、抱负、感知、态度和想法，而这些可能是激励性的也可能是非激励性的。在这种观点中，激励被认为是在组织中创造条件，促进和增强成员内在能力在智力上和情感上成熟的可能性，从而增强他们的动机。总而言之，行为主义者倾向于把动机视为对人所做的事情，而认知或人文主义者则倾向于把动机视为创造促进增长的环境，以此来挖掘人的内在动力。

三、个体与群体动机

现在，让我们关注组织中人的动机，这与更普遍、更广泛的个体动机概念不同。在理解组织行为时要记住的一个关键点是，作为组织成员的人不是单独和独立的，组织成员总是作为一个群体的成员。这个概念可能是理解组织行为的核心。群体是建立人与人之间相互依赖关系的动态社会系统。

因此，如果你发现自己正沿着一条拥挤的城市街道匆匆行进，你几乎不会想到你是其中的一员。另一方面，如果你排队等候公交车的时候，你已经加入了一个群体，尽管这是一个最简单的群体。该群体的成员，即等候公交车的队列，共享特定的目的、价值观和行为期望，这些行为将他们结合到一个共同的目的中，并且不仅改变每个个体的行为，而且改变每个人的态度和信仰。因此，如果有人胆敢在队列前方插队，你可能会变得很关心，并与其他成员一起向这个人提出抗议，试图让他/她遵守群体默许的行为规范。

群体内部动力的特征和质量通常用群体凝聚力和士气来描述。群体的这些动力反过来又产生基本的假设和价值观,这些假设和价值观在群体成员之间被共享为"真理"和"现实"。第七章将更深入地讨论群体氛围与文化的本质。

群体规范在激励员工方面的作用早在80年前的西部电气公司研究中就已被首次明确界定,其地位现已在组织行为学文献中得到很好的确立,并被广泛理解和接受。让我们花点时间再一次准确思考这些研究的成果。

西部电气公司研究回顾

大多数教育学专业的学生都听说过霍桑研究或西部电气公司研究,如果没有这类研究,他们就不会了解到霍桑效应。我们会马上再次提及这种效应。这个经典研究对工作动机的理解产生了深远的影响,并且已经被教育界广泛误解,所以我们应该花点时间来回顾一下。这个研究项目非常庞大,由许多具体研究构成,下面我们主要讨论其中的两个研究。

照明强度研究 西部电气公司位于芝加哥附近西塞罗的霍桑工厂被选为实验研究地点,实验研究始于1924年,10年后结束。之所以选择这个特定的地点进行实验,主要是因为西部电气公司的管理被认为是开明的,并且有可能与调研人员合作。这项研究的目的是找出需要多大照明强度才能让工人达到最大产量。研究者改变实验组的照明强度,同时对照组保持原有的照明强度。初步结果显示,两组工人的生产力没有显著差异。

事实上,不管提供的照明强度如何,工人的产量都有所增加。显然,实验组中的工人感知到实验者期望并做出反应,而不是对物理环境的变化做出反应。因此,工人对激发他们工作中行为的心理因素做出反应,在实验时,研究者不知道这些心理因素的性质(Homans, 1951)。

这项研究的意义并没有被研究者所忽视。虽然传统的管理理论认为物理环境的变化会对工人的生产率产生影响,但是这个实验表明生产率与心理现象,如他人的期望和作为关注的焦点,之间存在直接关系。这种关系有时被称作霍桑效应,许多教育家经常误解这一点,认为仅仅关注人,改变环境中的某些事情,期望他们取得更高的成就,就会增加他们的动机。正如我们看到的那样,它的意义远不止这些。

继电器检查组研究 在研究照明强度与生产率的关系后,实验者提出了更多的问题而不是答案,于是在霍桑研究中,开展了一项新的实验研究,涉及组装电话继电器的工人。由乔治·埃尔顿·梅奥(George Elton Mayo)领导的研究者使用了一个在普通车间工作的对照组和一个分配到单独的工作区域的实验组。

在一年多的有条不紊的工作中,研究者在尝试不同的实验干预措施的同时,保持着详细的生产记录:间歇休息时间、特殊的午餐时间、一天更短的工作时间和一周更短的工作天数。在整个试验过程中,产量缓慢并稳定地上升。每个试验期的产量均高于前期。最后,经工人同意,该小组的工作条件恢复到研究开始前的水平(没有休息时间、没有特殊的午餐时间、正常的工作日和工作周)。结果是:生产率继续上升。总之,该小组已经变得生产率更高,即使在实验干预措施被取消后仍保持较高生产率(Homans, 1951)。如果安排休息时间和更短的工作时间,再加上实验组的"特别关注",都不能解释这种变化,那又如何解释呢?

研究的核心发现 许多人花了几年时间来分析所有的数据,并逐渐整理出所发生的一切。最显著的事实是:

1. 工人们喜欢实验的情景,认为这很有趣。

2. 新的监督形式(鼓励他们以正常的速度工作,不要匆忙)使他们能够自由地工作,没有焦虑。

3. 工人们知道他们的所作所为是重要的,而且结果也是预期的。

4. 在计划变更问题上,通常由管理者本人征求工人的意见,在这一过程中,鼓励他们表达自己的观点,事实上,允许他们在实施之前否决一些想法。

5. 结果,在实验过程中,该小组本身发生了变化和发展。虽然实验的最后一步是试图通过取消实验休息时间、新的时间安排等来使小组恢复到原来的工作条件,但实际上不可能使小组恢复到原来的状态了,因为小组本身已经改变了。它变得更有凝聚力,发展出了一种独特的智慧,而且其作用明显处于比开始时更成熟的水平。

总而言之,

这些妇女都觉得自己是公司的重要组成部分……。她们已经成为志趣相投、有凝聚力的工作群体中的一员……这让她们感觉到有归属感、胜任力和成就感。长期以来在工作中得不到满足的这些需求,现在正在实现。所以这些妇女比以前更努力、更高效地工作。(Hersey & Blanchard, 1977, p. 46)

或者,用当今教育改革的术语来说,就是妇女被赋予了权力,参与对她们及其工作来说都很重大的决策。她们受到了公平的对待,并从其中获取了尊严尊重,并同时获得了自身工作及如何开展工作的"主导权"。很明显随着时间的推移,生产率持续增长,这一经历已经将群体转变为一个比以前更有效的团队。

研究的影响 这项研究非常有趣的一面是,当时(在 20 世纪 20 年代,公司派帮凶殴打持不同意见的工人广为人知),对于一家公司来说,以这种方式与工人打交道是非常不寻常的,以至于许多年过去后,人们(除了极少数进步学者)才意识到霍桑工厂在这些实验中所发生的一切。几十年以来,许多组织和管理专业的学生选择相信霍桑研究,这个研究表明如果你通过改变人们的一些工作条件来关注他们,他们的动机就会上升,生产率就会提高。如上所述,这种对研究的误解通常被称为"霍桑效应"。

现在可以清楚看到,西部电气公司研究为开展更广泛的研究奠定了基础,以便更好地理解人类工作的本质和需求,并将这些知识应用于发展更有效的组织。借助于庞大且不断增加的研究,再加上将新知识应用于各种组织管理时具有的广泛实践经验,我们现在了解到,在西部电气公司研究期间获得的较高生产率是由于以下事实:在参与式领导下,工人群体自身发展出更大的凝聚力、更高的士气和高度激励的价值观。一旦建立了群体协作过程,个体参与者就不再仅仅是并肩工作,而是以特定群体特有的方式相互关联。当然,今天这通常被称为"团队合作",它是工作群体中激励概念的核心。正如西部电气公司研究所显示的那样,团队合作一旦建立起来,就会成为一种强大的激励因素,并趋向于持久。几十年来,学校董事会、学校管理者以及那些喜欢把自己看成是强硬型的管理者都未能理解这个简单而重要发现的力量和意义,尽管经过多年的研究,这个发现正在被重新认识。然而,它最终在 20 世纪 80 年代成为美国商业、工业以及最终的教育领域组织生活和领导力转变的中心思想。

西部电气公司研究的当代视野　西部电气公司研究可以说是在20世纪对工作场所中的组织行为进行的开创性研究。他们引入了一种全新的方法来理解这个主题，并为现代观念铺平了道路，比如参与式管理、工作场所的民主、授权等等。我们今天所知道的组织和管理学的基础，包括组织行为领域，是建立在西部电气公司研究的基础之上的，它们经受了70年时间的考验和试验。在这些基础上发展起来的当代学术给我们增加了很多知识，但并没有削弱早期开创性研究的光彩。

四、个体差异

到目前为止，讨论集中在基本组织行为方程 $B = f(p \cdot e)$ 中的一些显著环境因素。现在我们来讨论一些有用的方法，用于思考这个动态概念中人的内在特征差异。关于动机，一个常见的问题是：是什么让人"产生"或"失去"动机？例如，为什么有人会选择去做一件特定的事情，然后坚持做下去，并集中精力完成，而另一些人可能对任何事情都不感兴趣？心理学家把对某事"产生"动机的人类行为激励过程称之"唤醒"：它显然是自我的一个内在方面，似乎包括情感过程和认知过程，这种特征与个体的个性密切相关。显然，个体给群体的动态社会互动过程带来独特的个人特征。这些内在能力的特征实际上决定一个人如何感知环境并对其做出判断。

（一）赞扬多样性

在当今世界，所有善意的人都试图避免刻板印象和给别人贴标签，任何把人归类的做法都会受到怀疑。然而，

> 人与人之间彼此不同，再多的说教也不会改变他们。也没有任何理由去改变他们，因为差异可能是件好事，而不是坏事。人们在有些方面存在根本差异。他们想要的东西不同，他们有不同的动机、目的、目标、价值观、需求、动力、冲动和愿望。没有比这些更基本的了。他们的信仰不同，他们的思想、认知、概念、感知、理解、领悟和思考方式不同。（Keirsey & Bates, 1984, p. 2）

因为这些内在属性——认知、冲动、价值观、感知等等——对于促使我们说什

么和做什么是至关重要的，我们彼此之间的个体差异能够并且确实会引起不同的行为。从这些行为中，我们可以推断出大量的个体动机，并进行有用的描述性分类。但是，人们必须非常小心，不要错误地把各种行为风格贴上好与坏的标签。

因为我们在这里描述人的内在特征，即他或她的气质或个性，所以我们不确定这些特征在多大程度上是学习获得的还是天生的。因此，我们也不能确定它们可以被改变的程度。有些人对此持绝对主义的观点，将心理类型与其他固定特征进行比较。正如身材矮小的人不能使自己变高，不能改变指纹的图案或眼睛的颜色一样，我们也不能改变我们的内在动力和属性。还有人认为，有些内在特征是有可能改变的，但总是存在扭曲、破坏或留有疤痕的危险，而不是把它转变成全新的东西。

然而，有一种非常普遍的趋势是把各种感知、思维、感觉和行为方式混淆为需要纠正的缺点或缺陷，这也是这场辩论的问题所在。柯塞（Keirsey）和贝茨（Bates）让我们想起了希腊神话中皮格马利翁（Pygmalion）的故事，这个故事告诫我们，塑造他人使其符合我们自己的完美标准，这样的努力从一开始就注定要失败。教育家们一直在处理这个问题，例如，我们可能理解，也可能接受多元智能的概念，然而在我们的学校里，存在着强大的社会和文化压力，要重视某些类型的智力，尤其是语言和数理逻辑，那么就在不同程度上降低了其他智力的价值。因此，文化传统的逻辑促使学校在正式课程中向所有学生强调和颂扬语言、数学和科学，并排斥音乐、艺术和身体运动的发展机会。例如，在许多人的心目中，"好"的幼儿园课程强调在阅读、语言和算术方面的正规教学，而"浪费"很少的时间让孩子们四处活动、参与游戏和参加体育活动。

因此，我们的出发点是假设人们在很多方面都存在根本的差异，我们可以理解这些差异，并且我们可以学会如何通过我们的理解使这些差异为我们有效地工作。相反的假设是人们是或者应该基本上是相同的，我们的目标是让他们行为相似。然而，这似乎是20世纪西方世界民主发展带来的混乱：如果我们是平等的，那么我们就必须是完全一样的。今天，在21世纪，我们庆祝一个不同的观念：即使我们是平等的，我们也许彼此不同。

以客观的方式理解和接受人与人之间的差异对于理解和处理教育中的组织行为具有重要意义。然而，这种承认并不意味着我们不挑战偏见，而是通过公开的对话来处理个体和集体的差异。事实上，领导者应该努力创造一种支持批判伦理的文化——即批判理论的副产品(Starratt, 2004)。斯塔拉特(Starratt)的多维伦理包括关怀伦理(关怀儿童和他人)和正义伦理(促进学生和工作人员公正的社会秩序),批判伦理促进了权力、决策、关系建设问题的对话,这本质上是在问我们为什么要做我们所做的事情以及我们如何在组织管理中做到这一点。批判理论建议在发展一个关怀和包容的公正社会环境时,作为批评的一部分,我们需要好好研究我们对成人教育与学习的理解及应用(Sheared & Sissel, 2001)。在实践中,这意味着教育管理和领导强调在组织内创造环境的同时要做到以下两点:

- 培养和提高参与者在自己的看法、需求、愿望和自我实现方面的成长和发展。
- 接受这样的事实,即个体彼此不同,这种多样性将是组织强大的力量源泉。

真实案例:

批判种族理论:随时准备付出代价

佛罗里达州市中心学区的副校长,拉森亚·穆尔

作为一个年轻、专注和有梦想的人,我开始了我的第一次行政管理经历,我忠于我的学区、学校、校长、学生、教师、家庭和社区。作为一个在"白人主导文化"中的非洲裔美国女性,我很快就意识到,每一项承诺都会付出代价。无论是在公开或私人场合受到批评、在教职员工面前被边缘化还是被忽视,这些都是代价。作为一个教育领导者,我不得不停下来问自己:"我能负担得起我承诺的代价吗?我能承受被忽视、被排斥以及在最坏的情况下被调离或替换吗?"回答总是响亮的"不"。

作为领导角色中的一个受过教育的非洲裔女性,分享我的真实想法而不害怕被报复是困难的事情。作为一名副校长,我现在的角色让我有机会倾听到一些有争议的对话,这些对话涉及学生、家长、教师和工作人员的组织变革。许多这样的对话充满了矛盾和陈旧的观点,可能不是故意的,而是由于缺乏背景。作为一个身处大城市学区的非洲裔美国女性,我的种族似乎在某种程度上引起了轰动。我当了6年的副校长,在这6年里,我已经习惯了这种严重缺乏文化敏感性的对话。不管是有意还是无意,事实依然如此,种族问题在决策过程中继续发挥着重要作用。

我最近参加了一个教育机构的小组会议。会议成员包括一名学校教务长、三名副校长、三名辅导员和一名实习生。我的内心告诉我，他们是有奉献精神、受过教育和学生至上的个体。会议议程集中于下一学年的教学过程、政策和项目。具体项目的组织结构是会议讨论的重点（特别是行为矫正中心）。行为矫正中心容纳约六至十名少数族裔男生。

教务长在会上提出了以下问题："我们明年应该再设置一个行为矫正中心吗？"会议室里变得寂静、麻木、几乎死气沉沉。沉默了一会儿之后，教务长又重复了这个问题，这次他的语气变得更加有力，好像沉默使他生气似的。会议小组的反应迟钝不是由于不尊重，而是由于担心未来的影响。它会影响我们的价值判断、工作或未来的职业机会吗？最后，一位辅导员说："我认为，除非改变教学方法，否则这个项目是不会有益的。"会议室的气氛变得不愉快，笑容变成了直面相对。我感到有点担心（像我以前那样）我的角色，我开始进行内心对话。我问自己，"我是否会袖手旁观（不说话），让学生在公共教育环境中得不到应有的服务？"担心会造成强烈抵制，我心头产生了一股无名之火。虽然，校长之前已经将行政会议室命名为"拉斯维加斯"①或"无声区"，意思是这里所陈述的内容仍然留在这里，但遗憾的是，已经多次证明情况并非如此。教务长向教职员工重复陈述，试图协助一个教学过程或教学项目，但无意中导致整个组织士气低落。

我控制住自己的怒火，深吸了一口气，然后做了如下声明："首先，谢谢你征求我的意见。恕我冒昧，我不能继续支持一个排他性的、不符合所有学生最大利益的项目——目前的项目以少数族裔男生为目标。"这句话让一些人感到轻松，而其他人则喘不过气来。教务长立即开始采取防御措施，并声明如下："嗯，我想这意味着我们明年不会设置一个行为矫正中心，因为所有的黑人孩子都是目标。"然后我回答说："那不是我做的陈述。"在我继续说话之前，一位辅导员立即开始发言。他表示："我认为穆尔夫人没有谈到黑人学生，而是担心所有学生都有机会被安排进这个项目，因为这关系到他们个人的教育需求。"然后教务长看了看教学副校长并说："从总日程表中删除行为矫正中心。"教学副校长回答说："无论如何，我想到明年

---

①注：英语中有一句俗语：what happens in vegas, stays in vegas，意为在某地发生的事情，一旦出了这个地方就不再提及。此处引用该俗语中的意思。

会没有足够的学生数来支持这个项目。"会议室又再次安静下来，没有反应了。不久之后，会议就结束了。后来我问教务长他对行为矫正中心的想法。我建议除了调查学生的情况外，我们还应该征求教师和家长的意见。我收到的回答是："你认为这些教师关心吗？教师不在乎——他们只是想让他们（有行为问题的学生）离开教室。"

作为负责学校领导委员会的副校长，我知道这两个问题的答案，并且根据我们之前的对话，我确信他已经知道了。他简单地回答说："没关系，我不会把你的黑人孩子关在行为矫正中心里。"说完最后一句话，他只是顺着大厅走了。具有讽刺意味的是，大厅里挂着来自世界各地不同国家的各种旗帜，这些旗帜代表了学校里多样化的人口。我刚到这所学校时，少数族裔教职员工的数量非常有限。自从新任教务长到任后，他聘用了几名少数族裔教师（包括我自己）和工作人员，以满足不断变化的文化需求。教务长绝不是种族主义者，但是他确实缺乏一定程度的文化素养。

我盼望着有朝一日，所有的教育领导者都能坐下来，坦率地谈论学生、家庭、成绩、政治、政策和组织程序，而不用担心将来会受到惩罚或排斥。作为领导者，我有义务为那些不能为自己说话的人大声疾呼。社会公正是我们国家的一个重大问题。我真诚地希望，在这一天，我能泛起一片涟漪，引发大家深思这个问题，从长远来看，这些涟漪将对学生、家长、教师乃至整个社会生活产生积极的影响。然而，我确实意识到，在各个层面上总会有公开和私下的种族主义，总会有不适当的和不专业的反弹。批判种族理论在生气勃勃地发展。我的种族观点不是理论，而是我已经处理过的现实，并将永远继续处理。

（二）原型

我们通常将个体当作原型，来管理人与人之间的巨大差异："哦，"我们说，"他就是那种人！"或者"你听见她问什么了吗？真是个哈丽特·史密斯，典型的毫无头脑！"心理学家也做同样的事情。

- 霍华德·加德纳（Howard Gardner）用七种智能描述了人与人之间的区别。
- 根据卡尔·荣格（Carl Jung）的研究成果，许多心理学家用气质或性格类型来描述个体。

五、人类智力

在这本书的前面,我们把智力作为个人差异的一个关键变量来讨论的。在霍华德·加德纳关于人类智力的里程碑式的书中(我们在本书的第二章中讨论过)(Gardner, 1983),他让 20 世纪哲学家和心理学家在解释人类行为时从关注物质世界的外部对象转变到关注心灵,尤其是对认知思维的关注。认知思维严重依赖于诸如来自语言、数学、视觉艺术、身体语言和其他人类标志的符号。加德纳解释说,智能有几种类型,它们彼此独立;每种类型都能使人以不同的方式从事智力活动。

在描述他的多元智能理论的历史基础时,加德纳提到了 1909 年美国第一位世界著名的心理学家威廉·詹姆斯(William James)和西格蒙德·弗洛伊德(Sigmund Freud)在伍斯特市(Worcester)的会面。当时的心理学家 G. 斯坦利·霍尔(G. Stanley Hall)是克拉克大学的校长,他邀请弗洛伊德去美国旅行。弗洛伊德和詹姆斯的会面在心理学发展史上备受赞誉,因为它为现代心理学的出现奠定了基础,它超越了当时美国心理学占主导地位的激进行为主义。

加德纳(Gardner, 1983)解释:

> 把弗洛伊德和詹姆斯结合在一起并使他们与欧洲大陆和美国心理学的主流相区别的是对个体自我重要性、中心性的信仰,即一种信念,认为心理学必须建立在人以及他的个性、成长、命运的概念基础之上。此外,两位学者都认为自我成长的能力很重要,这取决于能否应付周围环境。(p. 25)

奇怪的是,加德纳在那个历史性的时刻没有提到另一个人,这个人在解释人的个性及自我成长和适应环境的能力方面扮演着举足轻重的角色。卡尔·荣格,当时 34 岁,是弗洛伊德的亲密合作者,此后不久,他便与他的老同事分道扬镳,创造新的方法来理解个体之间的差异,这些差异在理解组织行为方面被证明是非常宝贵的。

六、气质与组织行为

早期的心理学主导思想认为人们的动机是来源于内在的单一本能。对学者的挑战就是要找到这种本能是什么。对弗洛伊德来说,本能通过性欲在不同时期以不同的形式表现出来。阿德勒(Adler)认为动机的本能是为了获取权力。还有一些人认为对社会归属感的渴望是核心的动机本能。对于存在主义者来说,正是自我的追求影响着我们的行为。柯塞和贝茨(Keirsey & Bates, 1984)指出,"每个人都受本能的驱使并以此为目标,而且每个人都把某一种本能作为最首要的本能"(pp. 2 – 3)。

卡尔·荣格关于动机的名著揭示了事实并非如此,因为个体受到不同的内在力量的激励,而且这些激励力量在人与人之间有很大差异。但荣格在这些个体差异中发现了一种模式。理解个体差异的模式能够使人更好地理解他人的行为,并预测他们在不同环境下的可能行为。这种发展是理解人格类型概念的基础。

像他的学长和有时也是导师的弗洛伊德一样,卡尔·荣格也是一位临床心理学家。在临床实践中观察了许多人之后,他开始认为各种个体的人格可以按类型分类。他将自己的观察与文学、神话和宗教的研究进行了比较,发现作家和其他观察人类行为的人经常使用这种观点。他在1920年发表了一篇关于这个主题的论文(Jung, 1971),他的一个学生在1923年把它翻译成了英语。然而这两种语言发表的论文基本上都没有受到关注。为什么? 因为本法里和诺克斯(Benfari & Knox, 1991)告诉我们:

> 在1923年,其他的心理学方法在欧洲和北美占主导地位。弗洛伊德心理学在欧洲和美国沿海地区都很流行,而美国的基层社会则深受行为主义的影响。当时的科学界认为荣格很神秘,他的方法与他们自己对逻辑和事实的偏爱相悖。(pp. 4 – 5)

(一)四种心理类型

荣格的观点使他摆脱了试图理解人与人之间本质性格差异的困惑,他做了一个简单的分析:人的人格有三个基本维度。这些维度的结合方式因人而异,尽管它们聚集成被称为心理类型的模式。正如我们将要描述的,在 20 世纪 50 年代,伊莎贝尔·迈尔斯(Isabel Myers)和她的母亲凯瑟琳·布里格斯(Katheryn Briggs)在分析中增加了第四个维度,为确定人的四种心理类型或四种气质奠定了基础,这一分析在今天被广泛接受。

当我们谈到四种心理类型时,我们指的是人们感知周围世界的方式,他们如何解释他们所感知到的,以及他们如何形成关于他们感知的判断,即人们在多大程度上(a)内向或外向,①(b)感觉或直觉,(c)思维或情感,以及(d)知觉或判断。因此,从心理类型的角度来看,不存在我们称之为环境的客观独立现实:对于任何个体来说,"真实"环境在很大程度上取决于人们如何感知和解释环境。这是理解组织行为的一个重要观点,也是后现代思想的中心原则:组织生活的现实在很大程度上取决于观察者的眼睛。对自己气质的理解不仅使人能更好地理解自己如何看待和处理组织世界,还使人能更好地理解组织中其他人的行为。

(二)迈尔斯—布里格斯类型指标

二战后,心理学领域经历了非同寻常的变革,出现了许多替代传统行为主义的学术观点,因此荣格关于存在心理类型并且可以被确定的观点再次被提出。迈尔斯和布里格斯编制了一份简单的问卷,据说该问卷在确定个体的心理类型方面非常可靠和有效,由此引起了人们对心理类型的广泛兴趣。迈尔斯—布里格斯类型指标可以很容易地使用刚才描述的四个行为维度,根据他们在应对周围世界时所表现出的偏好对人们进行分类。迈尔斯—布里格斯类型指标及其衍生指标在非学术文献中也被广泛提倡,以供个人用来评估自己的人格类型。在迈尔斯—布里格斯网站(myersbriggs. org)上,人们可以获取由受过培训的专业人员评分的原始迈尔斯—布里格斯类型指标(这是收费的),其中包括 1 小时的电话咨询。这个网站还提供了世界各地的专业人员咨询网络。此外,一些网站提供与迈尔斯—布里格斯类型指标相同维度的免费量表清单(参见本章结尾反思活动部分中的示例)。

---

①"外向"这个词的反常拼写在 1974 年成为《心理文摘》的主题索引中被接受的拼写,从那时起,它就成为关于个体差异的文献中被接受的拼写。

尽管有人批评对迈尔斯—布里格斯类型指标有效性和可靠性的研究支持有限，但它已经受到全世界的欢迎。许多人发现这些信息对于了解自己和周围的人非常有用。对于任何想成为教育领导者的人来说，清楚地了解自己在世界上的作用——如何"阅读"环境及所关注的各类信息，如何解释自己的感知——当然，在与各种各样的人打交道方面有很大的优势。

人格的四个基本维度 迈尔斯—布里格斯类型指标是一种工具，它可以确定人们在回应某些情况时可能遵循的 16 种不同行动模式。这 16 种行动模式是四个维度的组合，它们描述一个人在应对不同情境时表现出的可能偏好。荣格在 20 世纪 20 年代描述了其中三个维度：

- 内向—外向(Introversion-extraversion)；
- 感觉—直觉(Sensation-intuition)；
- 思维—情感(Thinking-feeling)。

迈尔斯和布里格斯使用这三个维度作为尺度来编制迈尔斯—布里格斯类型指标。他们设计问题来代表这些量表，参加测试的人会对这些量表做出反应。在他们的工作中，迈尔斯和布里格斯提出了他们认为需要的第四个维度：

- 知觉—判断(Perceiving-judging)。

迈尔斯—布里格斯类型指标清单对每个维度进行评分，得出 16 种可能的人格类型。使用来自每个维度的字母(这些维度是测试参加者的最强指标，如 ISTJ、IN-FP、ENTP、ESFJ 等)来报告测试的结果。

迈尔斯—布里格斯类型指标作为那些想更多地了解自己以及同事的自我评估工具在美国企业组织中很流行。它也被用在公司培训项目中，以帮助工作群体更好地理解如何更有效地与组织中不同类型的同事打交道。除了作为自我评估工具外，迈尔斯—布里格斯类型指标的维度还提供了一种分析和理解组织行为的有趣方法。

内向—外向(态度) 荣格"使用态度这个术语来指个体引导他们精神能量的方式。他描述了两种态度:外向的和内向的"(Keirsey & Bates, 1984, p. 6)。有些人从外部获得巨大的精神能量:人、事件和环境中的事物。一般来说,这些人非常善于交际,喜欢与他人交谈、玩耍和一起工作。他们发现与他人见面和交流互动很有趣,这激励他们并为他们的精神充电。他们的性格是外向的,不管是在工作、玩耍还是度假,他们都会吸引其他人,并希望参与到行动的各个方面。在宁静的地方独自工作会让外向的人感到厌烦,他们往往会发现一些活动,比如在图书馆里做研究或者独自为一个复杂的问题苦苦思考,既无聊又累。

内向的人通常也喜欢在人群中和其他人在一起,但他们往往觉得社交很累人,耗尽精力,而不是让人精力充沛。内向的人喜欢安静,独自一人,在这种环境中充满活力。

这些维度——内向和外向——对于思考动机是有用的,因为它们揭示了一个人根深蒂固的价值取向,包括如何真实地感知世界、在哪里获得关于世界的信息、以及如何判断世界上什么是真实的。两个个体,一个性格外向,另一个内向,对同样的事情会有不同的体验、不同的理解,并对它们做出不同的反应。然而,重要的是提醒自己,一个人既不完全是内向的,也不完全是外向的。这是一个描述人格特征强度的维度。每个人都可能倾向于强调外向的态度或内向的态度,但大多数人发现这两种态度在每个人身上共存。

一个维度而不是只能二选一 在考虑内向—外向态度时,必须强调,我们正在处理一个具有两个极端的维度:一端是内向,另一端是外向。一个人的态度倾向于一个或另一个,但很少能找到一个"纯粹"的类型。因此,内向的人并非完全没有能力与他人相处、社交或分享,外向的人也并不是不能专注于独自完成任务或脱离组织的"压力锅"文化。正是这种平衡,主要是在社交能力和领域之间的平衡,确定了这个维度的类型。

感觉—直觉(感知过程)和思维—情感(判断过程) 在描述不同类型的人与环境的关系时,荣格发现有两种理性功能,即思维和情感,还有两种非理性功能,即感觉和直觉。这些暗示一个人如何亲身经历、判断和对环境中的事件做出反应。通常,有一两个因素可能在个体中占主导地位。

知觉—判断(处理外部世界) 当迈尔斯和布里格斯开发一种确定性格类型的

工具时,他们增加了人们在处理周围世界时使用的第四个行为维度:知觉和判断。有感知力的人倾向于使用感觉或直觉来理解坏境。另一方面,倾向于在与环境的交互中使用思考或情感的人被描述为判断型个体。例如,一个具有感觉—判断人格的人被认为在他或她的生活方式中更有逻辑,而具有情感—判断人格的人则更有同情心。

(三)教育应用:真色彩®

气质类型在教育中的普遍应用是"真色彩(True Colors)"的概念。真色彩是由唐·罗瑞(Don Lowry)基于迈尔斯—布里格斯性格分类指标在1978开发的性格色彩心理工具。真色彩呈现了在学校和组织中心理类型的真实应用。事实上,在20世纪80年代,田纳西州教育部认可了这个概念,并在全州范围内提供培训。其目的是增进对他人的理解和包容多样性。真色彩用四种颜色代表不同的心理类型。它们分别是蓝色、金色、绿色和橙色。不同颜色所代表的个体特征如下:

- 蓝色:敏感、友好、乐于助人;
- 黄金:负责任、有组织、可靠、高效;
- 绿色:善于分析、冷静、有逻辑性;
- 橙色:开朗、活泼、充满活力。

在学校,教师和孩子都参加人格测验来确定他们小学和初中的颜色类型。然后,真色彩提供关于团队建设、沟通策略、与父母合作、辅导和学习风格的研讨会和培训。我们没有发现任何关于真色彩成功的独立研究,但是真色彩网站提供了韦查德(Whichard, 2006)的一篇研究文章,描述了人格问卷的可靠性和有效性。韦查德的结论是,当对照迈尔斯—布里格斯类型指标进行测量时,真色彩具有内容效度,并且"真色彩的方案、评估和产品被研究参与者判断为在预测和评估行为特征和偏好方面有高度精确性"(内容提要部分第四段)。本书作者之一接受过真色彩培训,可以证明教师和学生对真色彩概念是感兴趣的,并且把与多样性有关的问题摆到桌面上公开讨论是有用的。

(四)关于气质与组织行为的最后一点看法

柯塞和贝茨(Keirsey & Bates, 1984)认为美国75%的人口是外向型的,25%的人口是内向型的,但是根据迈尔斯、麦考利、昆克和哈默(Myers, McCaulley, Quenk, & Hammer, 1998)的一项研究,在迈尔斯—布里格斯类型指标手册中报告说,49.3%的人口是外向型的,50.7%的人口是内向型的。令人惊讶的是,与男性(45.9%外向;54.1%内向)相比,女性是外向多(52.5%)而内向少(47.5%)。表5.1显示了迈尔斯—布里格斯类型指标手册中报告的每个维度的百分比。

表5.1 在迈尔斯—布里格斯类型指标的每个维度中的人口百分比

维 度	男	女	总人口
外 向	45.9	52.5	49.3
内 向	54.1	47.5	50.7
感 觉	71.7	74.9	73.3
直 觉	28.3	25.1	26.7
思 维	56.5	24.5	40.2
情 感	43.5	75.5	59.8
判 断	52.0	56.2	54.1
知 觉	48.0	43.8	45.9

资料来源:改编自迈尔斯—布里格斯类型指标手册中的数据(Myers, McCaulley, Quenk, & Hammer, 1998)。

除了男女之间在感觉—直觉维度上存在显著差异外,在思维—情感维度上差异最显著。

在西方文化中,人们普遍认为,那些喜欢稍微安静、也许还有些孤独、喜欢独占空间的人有些不对劲。"的确,"柯塞和贝茨(Keirsey & Bates, 1984)指出,"西方文化似乎认可外向、社交和群居的性格。任何人想要或需要更多独处的想法通常被认为是一种不友好的态度。"(p. 17)当我们认为在非西方文化中,人们的态度往往倾向于支持和赞同那些宁愿将心理能量引导到内部,而不愿将精力引导到外部的人时,可以更加明确的是,荣格的观点更接近于正确,因为他相信内向—外向揭示了先天、继承的态度和技能的结合,反映了学习是遵循文化规范的。例如,性格内向的人可能非常善于学习社交技巧和态度,以有效地应对偶尔参加作为职业生活一部分的大型、嘈杂的鸡尾酒会。另一方面,外向的人可能会学会熟练地"在房间里工作"。不同之处在于,内向的人会发现这种体验要求很高,也许很累,而外向的人会发现它很令人兴奋,而且很有趣。

正如我们所看到的,通过智力和人格类型的例子,许多心理学家关注各种个人特征在动机中的作用。这些个人特征被认为是动机的基础,在很大程度上,它们通过定义和描述所感知和理解的事物来真实地构建个体的环境;它们使人关注一件事而不是另一件事;它们解释了为什么个体对某些任务持之以恒,而对另一些任务则杂乱无章。从个体差异的角度来看,当一个人与组织环境相互作用时,意识的产生是通过思考、感觉和体验的方式来获取外部信息的。这些个人特征到底是天生的还是后天学习的? 实际上,我们不知道,对于学者们来说,争论还在继续。然而,许多动机理论都是建立在这样的假设之上的,即人类普遍对某些先天需求做出反应。

七、内部动机

除了行为主义动机理论强调个体外部的动机因素(如胡萝卜加大棒)之外,关于动机思考有两种主要视角:认知视角与人文视角。两者都认为动机是内在的或从个体内部产生的。

(一)动机的认知观

动机的认知视角是基于这样一种信念,即人类天生就有理解世界、了解世界和管控自己生活的内在动力,并且变得越来越自我导向,这种动力被认为会产生某些内在特征,从而激发和激励个体朝着这些目标努力。在皮亚杰(Piaget, 1977)之后,认知视角假设人们在面对世界时需要秩序、可预测性、敏感性和逻辑性。这就是平衡,是皮亚杰理论的核心思想。在将平衡概念应用于组织生活时,人们倾向于强调组织惯例,以发展规律性、可预测性和可靠性作为期望的激励过程。

成就动机 约翰·阿特金森(Atkinson, 1960)认为每个人都受到两种习得特征的驱使:获得成功的愿望或需求(成就需求)和避免失败的愿望。有些人成就需求高,避免失败需求低(低避免),而另一些人成就需求低,避免失败需求高(高避免)。

具有这两种不同动机特征的人的行为明显有不同的倾向。阿特金森的工作由他的亲密同事和长期合作者大卫·麦克利兰（McClelland，1961，1976，1988）继续进行，这些研究对思考美国企业管理者的行为以及资本主义自由市场对企业家精神的概念化产生了巨大的影响。除了成就需求外，麦克利兰的理论还关注两个额外的需求：对权力的需求（权力需求）和对归属关系的需求（归属需求）。权力需求强调个体领导他人并产生影响的需求，归属需求是建立友好亲密人际关系的需求，也就是感觉被喜欢和被接受。那么，我们的动机和行为受我们对成就需求、权力需求和归属需求高低的影响。

成就动机理论的一个非常强大要素就是竞争。成就需求高的人在竞争中茁壮成长，并且发现它充满热情和活力，而高回避的人往往回避竞争并发现它充满压力。但是需要明确，接近—回避概念与人类特征的潜力有关。在某些情况下，一个人可能表现出高回避行为，但在其他情况下，他的成就需求动机可能被激发，因而表现出参与高度竞争的行为。例如，一个害羞、谦虚的年轻女子，避开公开露面，避开大型、光彩夺目的名人聚会，但是她也会走上舞台站在世界一流的管弦乐队和数以千计的观众面前，表演精彩的小提琴独奏，因为她知道评论家和年长的同事们正在倾听，寻找最微小的缺陷。

在关于成就动机的文献中，以成功为导向的人（高度接近成功—低度避免失败）被赞誉为能够高于和超越标准，战胜对手，成为赢家。在里根/布什总统任期内，高进取心的人被神话化了：强劲的动力、冒险、强硬、不屈不挠、狭隘地专注于实现有限的目标，时间驱动，通常很少考虑其他人。另一方面，失败避免者（低接近—高避免）行动起来更具防御性，更谨慎地避免损失，并且经常重新评估形势，以便失败可以被重新定义为成功。

虽然成就需求高的人期望并享受竞争中取得的成功和胜利，但是他们的对手们设法避免羞辱和失败。正如成功者努力不懈地工作以确保成功一样，避免失败的人可能倾向于无所作为，或者降低他们的抱负，以便更紧密地匹配他们对成功可能性的看法。然而，我们必须非常小心，不要过于泛化。失败的人能够，并且也经常会努力奋斗，并且在这个过程中取得巨大成功。科文顿（Covington，1992）将其描述为：

正视失败，通过取得成功避免失败！这些恐惧驱动的成功是非同寻常的。许多面临失败威胁的学生成为优秀学生奖获得者、在班级致告别词的优秀毕业生和国家科学博览会获奖者。尽管有这些成功的外在表现，然而，被恐惧驱使而获得成功可能是最大的学业考验。个体只有在情况变得越来越危急的形势下，通过不断获得成功、坚持不懈地克服逆境才能体现价值感。（p.89）

核心观点是，那些试图避免失败的人可以是，而且经常是高度积极向上的人。

在1930年和1931年，费迪南德·霍普（Ferdinand Hoppe）担任库尔特·勒温（Kurt Lewin）的实验室助理时，就对自信、期望和抱负在人的激励中的作用进行了里程碑式的研究。霍普的研究涉及套圈游戏。他发现，个人认为自己是否成功，取决于他们在一定程度上的预期成就。他们的抱负水平会根据以前的经验而改变——抱负会在成功后增加，失败后降低。霍普的实验给自信这个词赋予了涵义（Covington，1992）。

客观地说，我们无法解释自信一词。有些人可能会在除自己之外的所有人都感到无望的情形中看到一线希望。同时，其他人可能表示没有信心，尽管他们拥有一切。基本上，自信反映了他或她自己能赢得奖品、反击对手或在霍普的实验中对正确套圈的相信程度。（Covington，1992. p.26）

麦克利兰与"资本主义精神" 麦克利兰把成就需求和避免失败作为人格特质，而这些人格特质相对稳定并且在预测各种情况下的行为方面具有一定的价值，于是他继续将他的思想扩展到更大的社会和世界各国的经济增长中。他的假设是，首先，高度积极向上的人可以改变社会本身；其次，当社会促进人们发展和应用成就动机时，经济就会增长。包括麦克利兰在内的很多人相信，通过高度重视成就的目标取向，在家庭和学校中教导这种价值观、态度、技能和习惯，就可以发展较高的成就需求。

麦克利兰将关于激励的话题提升到社会、政治和经济政策领域。例如，为了将一个社会转变成一个具有"资本主义精神"的高度积极性的社会，也可称之为"成就社会"，麦克利兰（McClelland，1961）提倡把养育子女和学校教育作为主要干预点。

作为一种社会文化规范的高成就动机与人民的经济生产力之间存在着联系,这种信念非常类似于马克斯·韦伯(Max Weber)在欧洲"美好年代"的观察,启发他创作了《新教伦理与资本主义精神》(Weber, 1930)一书。在韦伯生活的时代,罗马天主教和新教都是活跃在欧洲人民日常生活中的社会力量,这两个宗教都对他们的道德信仰、子女养育和学校教育产生了巨大的影响。韦伯观察到欧洲新教国家和欧洲罗马天主教国家的生产力和经济发展彼此不同。韦伯认为"新教伦理"——强调个人信仰和独立,拒绝个人快乐,以及认为勤奋工作本身是善良的——解释了观察到的许多差异。这种观点多年来引起了许多争议,但它也对西方关于动机内外问题的思想产生了强大的影响。麦克利兰及其追随者进行的广泛研究有力地支持了这样一种观点,即社会强调个人成就、努力工作和个人责任,反复灌输这些特征最终将导致社会高生产力与经济快速发展。在我们这个时代,随着苏联的解体,我们目睹了这种思想的发展,因为东欧国家试图摆脱苏联的官僚主义,采纳这种观点、价值观以及自由市场、资本主义文化的工作行为,努力改变他们的社会和经济。

社会认知理论与自我效能感 阿尔伯特·班杜拉(Albert Bandura)的工作对整个心理学,特别是教育心理学产生了重大影响。他看到了行为主义原则的局限性集中在影响个体行为的外力上,而人类功能理论的局限性集中在生物学特性上。他认为人的功能是个人因素之间动态联系的结果,包括认知、环境因素和行为。这个结论把我们关于个人和组织行为的方程式 $B = f(p \cdot e)$ 进一步引申为"行为、认知等个体因素以及环境影响都作为彼此相互作用的决定因素"(Bandura, 1986, p.23)。班杜拉把它称为"三角互动"。人被看作是自我激励、自我反省和积极主动的有机体,而不是受环境控制或固有特性驱动的反应性生物体。图5.1直观地描述了这种三角互动。

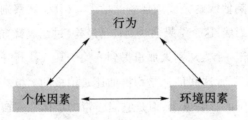

图5.1 个体、环境和行为的三角互动图示

班杜拉把最初的社会学习理论改为社会认知理论,因为他发现认知过程可以调节社会学习。这个理论的特点是个人可以主动地控制自己的发展，并采取行动促使事情发生。然而，人们的所作所为受到他们认为自己能够完成的事情的影响，这被称为"自我效能"。人们倾向于避免那些他们认为自己没有能力表现好的情况，当他们觉得有能力表现好的时候，他们会热情地去表现这些行为。这一事实与个体对特定活动的价值或重要性的感知相结合，两者都对动机产生影响。一些理论家把这称为动机"期望理论"，即如果相信自己有能力成功地完成一项任务，无论这项任务对他或她是否重要，他或她就会受到激励。其中重要性被称为完成任务的"效价"或价值，这种效价是通过完成任务的内部和外部奖励建立的。维克托·弗鲁姆(Vroom, 1964)被誉为是首次描述期望理论的学者，由此得出动机是效价和成功完成任务的预期之间的函数或表达式 $M = (V * E)$。

自我效能感影响我们做出了什么选择，投入了多少努力，以及如果遇到困难，我们坚持了多久。如果个体高估了自己的能力，那么他们可能无法很好地完成任务，也许还会让自己和他人陷入困境。另一方面，如果个体低估了他们完成一项任务的能力，他们会回避那些可能对他们有潜在回报的活动，而这些活动可以提高他们对特定任务的自我效能。所有这些对教学和员工培训方面的领导者都具有巨大的意义。

自我效能感有四个来源：

1. 过往成就：指一个人完成特定任务的经验，不论成功与否。"过往的成就提供了最有影响力的效能信息来源，因为它是基于真实掌握的经验"(Bandura, 1986, p. 399)。一个人取得的成功越多，就越能在同一任务中承受失败。而且，一个人感知任务越困难，对自我效能感的影响程度就越高。

2. 替代性经验：指从观察或想象他人完成任务获得的经验。观察某人成功地完成一项任务会影响他或她完成该任务的信念。相反，观察别人失败会对自我效能产生负面影响。当然，这个结果会受到自己经验(过往成就)的影响。

3. 言语劝说：指一个人从别人那里得到的关于某人执行任务的能力和任务重要性或价值的信息，不管这些信息是积极的还是消极的。虽然言语劝说相比前两个因素对自我效能感的影响更小，但是它对于帮助个体在完成任务时付出更大的努力和坚持是最有用的，特别是当个体对自己的执行能力有信心时。当一个人被认为有能力完成相同的任务且获得积极的反馈时，言语劝说更有效："在教学方面，必须尊重教学督导、导师或辅导员的专业技术和知识,以获得有效的绩效反馈,从而增强个人效能的信念。"(Labone,2004,p. 348)。

4. 生理状态:指一个人对执行某项任务的内在生理反应的反馈。高度紧张或焦虑会降低一个人成功完成任务的能力,而这种内部反馈只会增加紧张和恐惧。

我们需要区分自我效能与自我概念或自尊。虽然自我效能感与自我概念有关,但是自我效能感是在具体情境下一个人执行特定任务或任务类型的能力;自我概念是对个人一般能力和自我价值判断(自尊)的更全面的评估。自我概念和自尊是基于一生的经验和来自其他重要人物的反馈。然而,当自我效能感受到许多积极的过往成就、替代性经验以及对自己能够完成某些任务的言语劝说等支持时,它肯定会影响一个人的自我概念。人们可能对完成特定任务(例如数学)感到非常有效率,但对整体学术能力缺乏自我概念,因此不会为自己在数学方面的成就感到自豪。相反,人们可能有积极的自我概念,但是却感觉不能完成各种特定的任务。为了避免低自我概念的感觉,个体可能被吸引到更有限的活动中,这些活动使他们具有高自我效能感。

组织像个体一样可以有集体效能感。班杜拉(Bandura,1986)这样说:

> 团体、组织、甚至国家的力量部分在于人们的集体效能感,即通过共同努力,他们能够解决问题和改善生活。集体效能感将影响人们作为一个群体选择做什么,投入多少努力,以及当群体努力未能产生结果时他们有多大的持久力。(p. 449)

如果群体有强烈的效能感,认为他们可以持续变革,那么他们将能够抵制或应对外部破坏变革的努力。在这个案例中,自我效能感和集体效能感有助于这个群体恢复能力,也就是说,他们拥有从逆境中恢复过来的能力。然而,反过来也是如此。如果一个群体面对困难时,不相信自己能够克服困难,它将停止尝试。这种放弃会对一个试图实施变革的组织产生巨大的影响。

所有这些因素对于组织领导者来说都非常重要,他们需要了解员工的自我效能感和集体效能感的状况。认为自己效率高的员工更有可能做出可持续的努力来取得成功,当然,反过来也是如此,那些认为自己无法完成任务的员工要么不去积极地完成任务,要么过早地停止努力。这一事实已通过研究被证明是真实的。斯塔科维奇和卢森斯(Stajkovic & Luthans，1998)在对工作场所自我效能感的元分析中，发现自我效能感与工作任务绩效之间存在很强的正相关，并能转化为28%的任务绩效增长而令人印象深刻。然而，这种关系的强度受到任务复杂性和控制源的影响，也就是说，参与者觉得他们对一个任务的执行有多大控制权。这对于组织来说有着巨大的启示，即确保个体拥有执行任务的技能和信念的同时，还能够掌控任务的执行。

利用自我效能理论和研究，领导者可以通过遵循一些简单的指导方针，确保员工有成功实施变革的最佳机会。这些指导方针包括：

1. 必须对员工进行培训，使他们清楚地了解要执行的任务，并具有完成任务所需的技能。

2. 培训应提供完成任务的有效练习，使个体和群体体验到成功(过往成就)。

3. 培训过程的一部分应该包括观察其他人成功完成的范例(替代性经验)。

4. 领导者应在培训期间和实施过程中充分利用各种优势，提供积极的反馈，并鼓励他人在个体和群体实施中提供反馈(言语劝说)。

5. 领导者需要保护组织免受外部的消极影响，这些消极影响试图对完成任务强加障碍。员工必须认为自己对任务具有完全的控制，并认为自己受到来自外部(控制源)的支持。

6. 必须提供个体和群体判断其成就的绩效标准。

(二)人文主义视角

动机的认知视角认为，我们由自身内部激发，去理解我们所感知的世界，去控制我们的生活，并且是内在导向的。人文主义观点认为，不断成长和发展，培养个人自尊，以及拥有令人满意的人际关系等，这些个体需求是高度激励的动力。正如哈马切克(Hamachek，1987)所描述的，这种观点就是："去探索和理解我们内部发生的事情——我们的需求、需要、欲望、情感、价值观以及对我们做事方式的独特感知和理解……这是教师在帮助学生了解所学内容的个人相关性时所做的实践。"(p.160)。

因此，动机是内在的——不是我们所做的事——并且强调培养一种固有、持续的人类偏好，以便继续成长、发展和成熟，然后被新的经验所充实。因此，一个人总是处在成长的过程中。在这个观点中，不存在一个没有动机的人。经验丰富的教师对督学提倡的课程和最新教学变化缺乏热情并不是没有被激励,而是教师可能没有被激励去做督学所希望做的事情,她或他可能认为正在被要求做的事情与实现她或他的内在满足感之间没有什么联系。

亚伯拉罕·马斯洛:作为需求层次的动机　理解人类动机最有力、最持久的方法之一就是由亚伯拉罕·马斯洛(Abraham Maslow)发展的,与他那个时代的实验心理学家不同,他决定研究人们在生活中表现出来的动机模式。他认为,人们被内在驱使,以实现他们的全部成长潜力。这个终极目标有时被称为自我完善(*self-fulfillment*),有时被称为自我完成(*self-realization*),但马斯洛称之为自我实现(*self-actualization*)。有些人——马斯洛一生都在研究的如埃莉诺·罗斯福(Eleanor Roosevelt)、托马斯·杰斐逊(Thomas Jefferson)、阿尔伯特·爱因斯坦(Albert Einstein)—— 一生中完成了自我实现,而许多人没有,但他们都朝着那个方向努力。

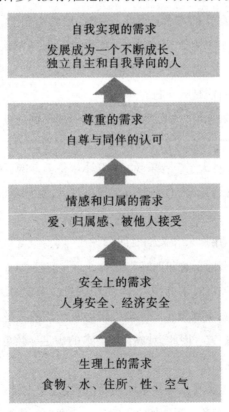

图5.2　马斯洛动机理论的需求层次结构

马斯洛工作的天才之处在于他的需求层次结构，如图5.2所示。人类的需求从生存开始，然后以一种整齐、有序、分层的模式展开，这种模式引导我们继续成长和发展(Maslow,1970)。马斯洛用优势需求这个术语，描述了这样一个事实，即一个人不能被更高的需求所激励，直到首先满足更低层次的需求。例如，我们都从生存的需求开始，最基本的是食物、水、衣服和住所。下一个更高的需求是安全，不担心身体或心理伤害。然而，生存的需求是压倒一切的，除非首先满足生存的需求，否则人们不会关注安全的需求。在满足安全的需求之后，人们会寻求归属感:归属、被他人接受和爱。一旦人们对归属感的需求被充分满足后，他们就会被下一个更高层次的需求所激励:对自尊的需求。自尊来自他人的认可和尊重。

匮乏性需求和成长性需求　马斯洛层次结构中较低的四个需求被称为匮乏性需求，因为(1)它们的匮乏激励人们去满足它们，(2)在匮乏得到满足前，人们发现很难去寻求满足更高层次的需求。因此，在学校感到不安全的教师不太可能被激励去寻求被其他教职员工接受、认可或赞同的需求。马斯洛认为，如果无法首先满足优势需求，即安全需求，那么在学校里创造一种更支持性和接受性的氛围或使用参与式的决策方法很可能是有问题的。

更高层次的需求被称为"成长性需求"。它们的不同之处在于，成长性需求从未得到完全满足。例如，随着人们学习的深入和审美鉴赏力的发展，成长性需求没有得到满足，反而需求扩大了。音乐爱好者从不厌倦美妙的音乐，而是更多地学习、收集录音，并继而参加音乐会，总是努力实现更深入、更广泛的理解以达到新的欣赏水平。美国内战迷可能不会只通过阅读一本书或访问一两个战场来满足他们的好奇心，他们很快会利用周末和假期时间参加研讨会、游览历史遗址，或以其他方式更加活跃地追求更多的了解和理解。

随着成长和自我发展需求的扩大，人们在成长性需求的驱动下对知识和理解方面的追求似乎永远得不到满足。许多人培养更广泛的兴趣，而另一些人则对少数兴趣进行更深入地探究。因此，对成长性需求的满足导致更快的成长，个人成长的周期似乎是无止境的。

这是一种与行为主义观点截然不同的动机观，行为主义观点主要强调严格规范的奖励和惩罚:把薪酬和最终退休收入的每年适度增加作为对"好"教师的奖赏，而把降级或解雇的威胁作为对"差"教师的惩罚。动机的需求层次观设想在教师和校长之间产生巨大精神能量的现实可能性,并且看到这种能量随时间的推移而扩展和增加,首先,满足他们的匮乏性需求,其次,鼓励他们的成长性和发展性需求。这是学校创造促进成长环境的本质,也是激励参与者的组织方法。

工作动机的应用　莱曼·波特(Porter, 1961)采用马斯洛的需求层次概念,在工作组织中创造促进成长的环境。图5.3解释了他所做的研究。波特通过在马斯洛的层次结构中添加一个新层次:自主权,从而更好地适应组织环境。自主权是指需要个体参与影响他或她的决策,在控制工作环境中发挥影响力,在制定与工作有关的目标方面有发言权,有权做出决策并有独立工作的自由。使用波特的需求层次概念,相对容易地看出诸如学区、学校和高等教育机构这样的工作组织如何能够成为满足这些激励需求的来源。

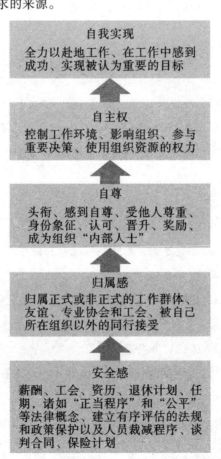

图5.3　基于波特动机模型的工作动机层次结构

波特继续进行研究,开展了一系列调查。他试图测量他所研究的管理者的特征包括:

1. 管理者的工作在多大程度上满足了(任何层次结构的)需求特征;
2. 管理者认为他的工作应在多大程度上满足需求特征。

第一个问题(需求能得到多大程度的满足)和第二个问题(工作应在多大程度上满足需求)之间的差异提供了(a)该人正在经历的需求满足量或(b)该人正在经历并被感知的需求匮乏量。为了理解需求满足和/或需求匮乏与员工表现之间的关系,人们已经开展了广泛的研究(Kuhn, Slocum, & Chase, 1971; Lawler & Porter, 1967)。

因为这样的研究认为:

人的行为是以实现没有满足的需求为目标的,所以个体的需求满足应该与工作绩效相关。而且,正如马斯洛的理论所预测的,高层次需求应该比低层次需求更紧密地与工作绩效挂钩,而低层次需求则容易得到满足。(Hellriegel & Slocum, 1974, p. 308)

从大量这种类型的研究中,可以得出一个普遍的结论,即它是受情境限制的。也就是说,在境况好且就业充足的时候或在境况好且就业充足的地方,这样的研究往往不太关心低层次需求(例如安全和生理需求),因为它们不是现实的重要组成部分。但是,在就业不稳定时候或在就业不稳定地方,低层次需求与工作满意度之间似乎有更密切的联系。这种公认的普遍观察结果对于那些寻求对人类动机的广泛、普遍适用的解释的人来说可能会造成困惑。

教师作为一个群体,受到任何仅适用于该群体的特殊需求的激励几乎是不现实的;教师之间的差异太大了。存在一些个人变量,如生活和职业目标以及不同的家庭和经济责任;也有不同的情景偶然性,在学校工作的教师可能被偷、被抢、或面临被强奸的危险,他们很可能会流露出不同于在安全环境中的教师的需求倾向。这里的重点是,在试图描述、解释和预测教育机构中人的行为背后的需求诱因时,情景偶发事件起着重要的作用。

我们应该考虑塞尔乔瓦尼和卡弗(Sergiovanni & Carver,1973)的研究报告,他们试图找出"教师的优势需求处于需求层次结构中的哪个层次。我们需要知道他们优势需求所处的层次"(pp. 58 - 59),原因很简单,我们不能(根据需求层次理论)通过给予不安全的教师更大的自主权来激励他们,或者另一方面,通过提供安全感来激励寻求自主权的教师。可能更糟糕的是"刚刚接受培训的学校管理人员高估了教师需要满足的需求层次,并通过过度参与式自我实现管理吓跑了他们,这与那些通过低估教师需要满足的需求层次而不能给教师有意义的满足感的做法一样是无效的"(p. 59)。为了阐明他所谓的教师"需要满足的需求层次",塞尔乔瓦尼和他的同事们进行了两项研究:一项是纽约州北部郊区学区的教师和管理者,另一项是伊利诺斯州 36 所高中的教师。

这些研究有两个层面的意义:

1. 用来演示一种系统地研究教育组织中人员动机中的重要情境偶然因素的数据收集工具和数据分析技术。

2. 研究得出的结果提供了一些有用的见解。

一般来说,"自尊似乎是这些专业人员需求最匮乏的需求层次。研究报告还指出自主权和自我实现的需求也存在巨大匮乏,并且随着教师在自尊方面得到满足,这些差距将继续增加"(Sergiovanni & Carver,1973,p. 59)。换言之,这些研究表明(在研究的人群中和在研究的时候)教师作为一个整体(a)已经满足了低层次需求,并且(b)通常准备好寻求满足更高层次的需求。他们觉得自己相当安全,与同事关系也相当密切,因此更多的这类诱因不太可能激发他们的积极性。但是,如果这些教师有机会自我感觉更好,有机会在决策过程中有更大的影响力,他们很可能会被高度激励的。研究的群体并非一成不变,研究者报告了(毫不奇怪,可以肯定)一些与年龄相关的差异。在这种情况下,年龄可能是个体在其职业发展中的一个指标。例如,他们发现,年轻教师(即 20 到 24 岁的教师)似乎最关心自尊。年龄稍大(25至 34 岁)的教师表现出所有动机需求都未得到满足。人们可以推测,这是教师职业生涯中陷入瓶颈的时期,对于大多数人来说,未来几年,几乎没有机会实现专业成长、进步和重大成就。也许更令人不安的是一些年长教师(45岁或45岁以上)的见解。初看，数据似乎表明，年长教师在所有匮乏性需求中需求最少，这一点往往表明，在他们职业生涯的后几年，教师发现他们的工作在各个层次上都相当有激励性。然而，当研究者研究这种现象时，似乎有一个完全不同的解释：随着年龄的增长，年长教师"在需求满足方面不是得到更多，而是期望更少。他们的愿望似乎随着年龄的增长而大大下降。教师变得更'现实'或听天由命"(Sergiovanni & Carver, 1973, p. 61)。

这些发现对于关注提高公立学校效率的人来说，意义非常重大。人们强烈支持这样的观点，即工作保障、薪水和福利几乎不可能激励教师，尽管这些是与他们息息相关的。显然，一个更大的激励需求是让教师获得职业自我价值、能力和尊重的感觉——人们越来越多地将教师视为有成就的人、在工作中具有影响力的专业人士、不断成长并有机会在将来会获得更大的才能和成就感。但是，在公立学校(和高等教育机构)的教师和管理层之间越来越具有敌对关系的时代，许多学校的组织等级似乎没有提供多少支持来满足这些需求。的确，大多数学区的谈判姿态在这一点上一直处于高度防御状态，认为教师在培养自主权和参与性以及扩大影响范围的机会中的每一次收获，都是他们管理权威和特权的丧失。

同样，对学校有效性信心的普遍丧失导致一系列的行动，这些行动直接影响了教育组织的激励环境。从整体社会政策的角度来看，人员裁减、削减预算、强制的任职资格、学校改革立法以及联邦政府在地方学校层面的大规模干预都具有值得称赞的地方。但是当马斯洛的需求层次动机理论被应用到学校工作人员的组织行为时，他们的结合往往会产生灾难性的后果。

赫茨伯格的双因素激励理论　动机的双因素理论假定动机不可以描述为需求层次结构的单一维度，而是由两个分开的独立因素组成：

1. 激励因素，可以引发工作满意度。

2. 维持因素，必须达到足够的量，激励因素才能发挥作用。当它们量不足时，它们就会阻碍激励，导致工作不满意。

弗雷德里克·赫茨伯格的作品在马斯洛之后大约12年才开始出现，并在全世界的管理思想中产生了广泛的影响，特别是在营利组织中。赫茨伯格对员工进行系统的研究，从而产生的理论是基于实证的，而不是使用脱离实际的方法。赫茨伯格(Herzberg, 1966)在研究中要求人们回忆(a)他们在过去特定时间对自己的工作感到满意的情况，以及(b)他们对自己的工作不满意的情况。对回答的分析表明，存在一组特定和可描述的因素与工作动机和满意度相关，同样还存在另一组特定的因素与不满意和无兴趣相关。没有哪种工作场所的激励理论比这个理论被更广泛地研究和争论，而且在所有可能性中，没有一种理论像它那样被广泛地应用于复杂的组织。

　　传统上，人们认为工作满意的对立面是工作不满意，因此，通过消除工作不满意的来源，工作就会变得有动力和令人满意。但是赫茨伯格认为事实并非如此，满意的对立面是没有满意(参见图5.4)。

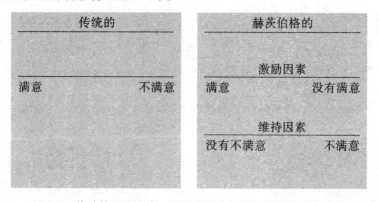

图5.4　传统的工作满意—不满意概念与赫茨伯格的概念对比

　　因此，通过消除不满意的来源，人们可以平息、安抚或减少工人的不满意，但这种消除并不意味着会激励工人或导致工作满意。例如，工资、附加福利、监督类型、工作条件、工作群体的氛围以及政府的态度和政策可能是不满意的来源。然而，如果改善一揽子工资福利和工作条件，发展一个更人道、更关爱的管理，可以期望人们减少不满，但不能期望通过这种方式激励工人。这些条件加在一起，最初被称为"保健因素(hygiene factors)"。之所以选择这个术语，至少对赫茨伯格来说，是因为它们具有预防性质。今天，它们被称为"维持因素(maintenance factors)"，这是本书中使用的称谓。

　　动机似乎源于一组单独的条件，这些条件不同于与不满意来源有关的条件。

例如，成就、认可、工作本身的挑战、责任、升迁和晋升以及个人或专业成长似乎能激励人们，因此与工作满意有关。它们被称为"激励因素（motivating factors or motivators）"。

图5.5中简要地显示了这个理论，它表明不可能通过维持因素来激励员工。减少班级规模、建立一个更和蔼可亲的氛围以及提高附加福利可以很好地实现两个目标：(1)减少或消除教师的不满；(2)创造条件，激励他们。但这些努力本身并不是激励性的。然而，这并不是说维持因素不重要：如果我们要避免如此多的不满，防止激励因素无法达到预期的效果，那么必须满足最低水平维持因素。例如，未能将工资保持在教师认为合理的水平，或者对工作保障的威胁会引起不满，以至于教师没有机会去寻求满足专业成长、成就或认可的需求。虽然维持因素本身并不具有激励性（或者不会导致工作满意），但它们是激励的前提。

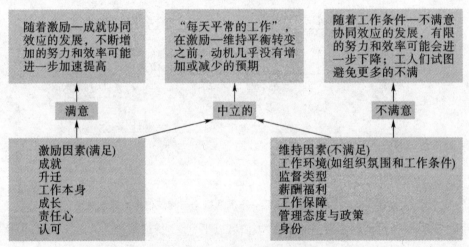

图5.5　赫茨伯格的激励—维持理论模型

双因素理论中的一个重要概念是，人们倾向于认为工作满意与内在因素有关，如成功、工作挑战性、成就和认可，而认为不满意与外在因素有关，如工资、监督和工作条件。换句话说，他们把激励特征归因于自己，把不满意归因于组织的特征。在此背景下，赫茨伯格为那些希望实践他理论的人提出了三个主要建议：

1. 使工作更充实。这包括重新设计人们的工作方式，挖掘每个人的动机潜力。这个过程包括使工作更有趣、更有挑战性和更有回报。

2. 提高工作的自主权。请注意，并没有建议以某种方式给予工人完全自主权，而是建议增加自主权。这是建议让工人更多地参与有关如何完成工作的决策。

3. 扩展人事管理，而不是传统的强调维持因素。人事管理的重点应该是增加工作中的激励因素。依据这个观点，在几乎只关注诸如合同管理、选拔—分配—评估—解雇、教师资格认证和退休金计划等细节的学区中，人事管理只关注重要细节而不关注激励细节。由于许多学区80%或以上的现行业务预算直接用于薪金、工资及相关项目，人事职能应该深入参与创造或重新设计激励在职人员的工作，从而提高学区内员工的工作有效性和生产率。对于许多人来说，这种观点强调人力资源管理的概念，而与较为传统的人事管理观点形成对比。

赫茨伯格的激励—维持理论已经被广泛地接受并应用于组织管理，特别是美国的商业和工业公司。同时，它也为学术界的争论提供了依据。在那场辩论中出现的四个主要批评，通常表达如下：

1. 赫茨伯格的基本研究方法往往预示着他所得到的回应。当事情进展顺利，人们感到满意时，他们倾向于归功于自己；当工作进展不顺利，被调查者不满意时，他们倾向于将错误投射到其他人或管理层。

2. 他的研究方法的可靠性也是值得商榷的。研究设计需要许多受过训练的个体对受访者的回答进行评分和解释。显然，在个体进行评分的方式上可能有一些差异，其中一个评分者以一种方式对回答进行评分，而另一个评分者以另一种方式对类似回答进行评分（所谓的评分者间一致性信度）。

3. 研究中没有任何规定涵盖一个人可能从他或她的工作的一部分而不是从另一部分获得满意的可能性。

4. 该理论假设有效性和工作满意度之间存在着直接的关系，然而本研究只研究了满意和不满意，而没有将二者与被调查者的有效性（或生产率）联系起来。

前三个批评很容易被当作仅仅代表设计研究的典型问题来处理,这些研究要求我们从行为本身的观察中推断出行为的原因。它们为好的论点奠定了基础,但事实上,赫茨伯格的研究,在经过二十多年的详尽文献探讨后,已经被接受为代表最新研究发展水平。然而,第四种批评并非如此简单。

在关于工作满意度与工作有效性关系的研究文献中就存在一个先有鸡还是先有蛋问题。粗略地来说,以人际关系为导向的调查人员倾向于认为满意的员工可能富有生产力。然而,有些学者倾向于认为工作满意度来自工作本身,或者更确切地说,工作满意度来自成就,赫茨伯格就是这些学者中的一员。在这一领域有大量的研究文献,由于方法论问题和意识形态冲突,整体结果没有定论。相反,对于不满意的员工可能比那些有更高满意度的人更高效的观点得到很少人的支持。因此,问题围绕满意度的来源(即维持因素或激励因素)展开。赫茨伯格的理论已经在学校环境中多次受到检验,至少在这种组织环境中,得到了很好的支持。

萨维奇(Savage,1967)利用访谈从佐治亚州教师那里获得数据,报告说赫茨伯格的理论得到了普遍支持,威克斯特罗姆(Wickstrom,1971)也报告了对加拿大萨斯喀彻温省教师的研究。吉恩·施密特(Schmidt,1976)对芝加哥郊区132名高中校长进行了一项研究,再次发现双因素理论似乎得到了这些学校管理者的强烈支持,这表明"认可、成就和晋升是激励他们提升表现以接近最大潜力的主要力量"(p.81)。施密特总结说,在操作性方面,"需要鼓励和支持那些希望富有创造性、尝试新的教育项目、深入研究不同教育事业的管理者,以提供更多取得成就的机会"(p.81)。

塞尔乔瓦尼和卡弗(Sergiovanni & Carver,1973)在教师中复制赫茨伯格的研究后,报告说该理论得到了支持。他们的发现是,成就和认可以及工作本身、责任感和成长的可能性都是对教师非常重要的激励因素。不满意的因素包括(不令人惊讶的)日常家务、出勤、文书工作、午餐时间、迟钝或不适当的监督、烦人的管理政策以及与同事和/或父母的糟糕关系。他们指出,在私营企业进行的研究中,升迁常常是重要的推动力,但教师却缺少这种推动力。在这一要点上,他们观察到"教师根本没有提到升迁,因为教学作为一种职业提供的升迁机会太少了。"如果想在教学上取得升迁,他[原文如此]必须离开教学岗位去从事相关的诸如管理、监督和咨询的教育职业(p.77)。

对赫茨伯格的双因素理论的评论 赫茨伯格的双因素激励理论是通过研究发展起来的，其中要求人们描述他们工作生活中涉及激励和工作满意度的关键事件。随后，一些研究者使用类似技术进行了补充研究。这些研究强有力地支持了这个双因素激励理论的概念。然而，一些研究者发现麻烦的问题是使用其他研究技术通常不能支持该理论。然而，赫茨伯格的理论具有广泛的影响，并普遍出现在商业和工业以及教育的文献中。虽然有些人主张放弃它，而赞成更新和更复杂的期望理论，但双因素理论仍然是对工作场所动机的有力解释。

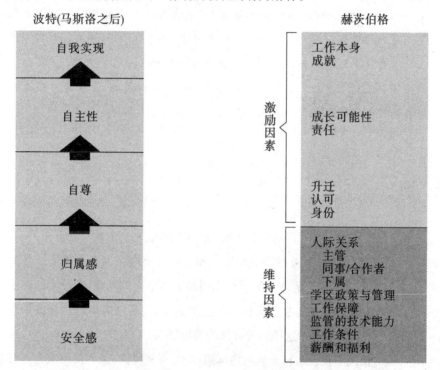

图5.6 激励—维持模型与需求—优先模型的对比

赫茨伯格与马斯洛理论的整合 已经有人指出，马斯洛的需求层次理论和赫茨伯格的激励—维持理论之间存在一些本质区别。核心区别在于，马斯洛认为每个需求都是潜在的激励因素，人类的需求范围处于一个优先的分层次序中，而赫茨伯格则认为只有更高层次的需求才是真正的激励因素（低层次的需求被概念化为维持因素）。另一个差别——也许不是显而易见的——是马斯洛描述的是人类动机的一般理论，而赫茨伯格则试图具体阐明工作场所中的动机问题。

然而,如图5.6所示,比较这两个理论,发现它们基本上是高度相容,并且实际上相互支持的。我们感觉(如图5.6所示)波特的需求层次结构模型适合于这种比较,原因很简单,诸如对食物、水和空气的需求等基本的生理驱动力与激发美国教育机构工作行为的相关性很小。即使如此,我们同意罗宾斯(Robbins,1976)的观点:

> 马斯洛层次结构上的低层次需求趋向于接近赫茨伯格所概述的维持因素。工资、工作条件、工作保障、[学区]政策和管理以及监督通常是生理和安全为导向的需求。相比之下,认可、升迁、责任、成长、成就等内在动机因素以及工作本身往往与尊重和自我实现的愿望密切相关。整合模型还表明,组织传统上强调低层次需求。如果工人想要在工作中得到激励,管理者有必要做出必要的改变来激发[工作本身]的激励因素。(p. 312)

结 语

激励学校的员工不是一件简单的事情,它不能简化为一个或一套简单的、机械的程序。在激励过程中,个体的特质和组织环境的特质两个因素中的每一个都是复杂的,并且我们还不完全清楚它们相互作用的确切本质。因此,学校实践者必须继续用一个智能的整体方法考虑这些复杂的变量,而不是用简单的格言或简化主义。下面是一些有助于支持这样一种方法的实用原则:

1. 个体的动机不仅仅来自他们的内部感知、需求和特征,或者仅仅来自外部需求、期望和环境条件,而是来自两者的相互作用,概括为 $B = f(p \cdot e)$。

2. 教育领导者或管理者是组织环境的重要组成部分,组织成员与组织环境相互作用,因此,根据定义,确定他们动机的性质和质量是重要的。

3. 短期行为变化通常可以通过高度控制策略来实现,例如严格惩罚的威胁、有意义的奖励承诺和强制竞争,但这些变化不应与动机相混淆。这种直接、强制性的激励尝试在需要立即采取行动的危急情况下有助于改变行为,例如,教师的表现如此不可接受以至于学校不能再等待,必须采取纠正行动。的确,在这样的情况下,通过允许教师在工作中取得足够的成功,使得他或她能够寻求比生存更高层次的动机需求,控制策略可能具有有益的效果。

4. 为了诱导和维持组织成员动机的长期发展,需要一种促进性的方法,一种鼓励和支持成员努力培养和发展他们感知工作环境、个人目标、情感和信仰的方式。例如,一种促进性的方法可能试图鼓励组织的成员随着时间的推移而沿着马斯洛的需求层次结构向上移动,总是朝着自我实现的方向移动,目的是鼓励所有成员成为他们能够成为的一切。

5. 发展一种促进教育组织激励方法的策略是改变 $B = f(p \cdot e)$ 中的环境因素,即创造促进成长的环境,这涉及营造组织文化和组织氛围。在这个领域,教育领导者是组织环境中的关键角色。

反思活动

1. 利用有关四种心理类型和迈尔斯—布里格斯类型指标的信息,写一个关于这些概念的自我评估。描述你认为你拥有的主要类型。举例说明表现你评估结果的行为。你也可以在网上找到一些免费的迈尔斯—布里格斯类型的调查工具,这些工具会评估你的个人情况。这是一个人格测试(HumanMetrics)的网站:humanmetrics. com/cgi-win/JTypes2. asp

2. 使用麦克利兰的动机理论,基于成就需求、权力需求和归属需求,完成自我评估,并给出具体的例子,说明为什么你认为你符合自我评估标准。

3. 假设所有低层次需求都已得到满足(根据马斯洛的理论),并利用赫茨伯格的激励因素,完成以下工作:制定计划,以满足学校人员或组织中个体的高层次需求。你可以选择关注特定的学校级别(例如小学)或制定一个有利于任何学校级别的通用计划。在你的计划中,一定要简要概述至少两个主要的计划、项目或活动,以帮助满足教职员工更高层次的需求。

4. 描述如何在组织中使用班杜拉的动机理论,建立一个有意义的计划,使员工参与上级管理机构建议的变革。从你的经验中引用一个具体的例子。

5. 制定你的行动计划。随着时间的推移,你对领导和其他组织员工进行过观察。思考观察内容,并把它们与你在本章所读到的内容联系起来。然后创建两个列表。首先,列出领导者对员工有高度激励的五件事。然后列出领导者会扼杀员工积极性的五件事情。在创建两个列表之后,描述从观察中汲取的对领导力的概括。

关键事件：华盛顿高中的变革

一年前,金茜·詹克斯(Kinsey Jenks)已经接受了华盛顿高中校长的职位,她知道这份工作会很困难。从历史上看,该校的学生群体大多是来自中等到中上等收入的白人家庭,而且该校在州成绩测试中通常表现很好。学校气氛积极,学生和员工士气也很高。在该学区内,学校经常被称为"乡村俱乐部"。

金茜接替的校长已经在华盛顿高中待了13年。虽然他的确有些贵族的傲慢,但教师们,作为学校里一支稳定的教师队伍,都很爱他。然而,由于考试成绩下降和纪律问题增加,他去年被督学解聘了。教师们反对校长的免职,也反对任命金茜·詹克斯,因为他们不信任她,认为她是一个不受欢迎的外人。

所有的麻烦似乎都开始于大约5年前,当时由于该学区新建了两个制造厂,带来入学人数的增加,因而这个学区不得不重新划分高中。从那时起,华盛顿高中就吸引了越来越多的学生,他们来自农村地区的农民工家庭,以及正在"向外扩展"的新开发房屋的工人家庭。这些学生大多来自社会经济地位低下的家庭,在州成绩测试中表现不佳,华盛顿中学的"好学校"声誉受损。此外,"新"学生和"老"学生之间的摩擦也迅速扩大起来。例如,在体育运动中,在通常的争夺队员名额的比赛中,出现了更加激烈的冲突。教练们一致认为这在很大程度上反映了西班牙裔学生和非西班牙裔白人学生之间的紧张关系。在自助餐厅和教室里,打架事件以及其他行为问题急剧增加。大多数情况下,教师们在校园里不再像以前那样感到安全,随着时间的推移,要求调到其他学校的教师比华盛顿高中历史上任何时候都要多。

金茜认为不信任问题是华盛顿高中的主要问题,所以在她担任校长的第一年伊始,她就向教师和学生们介绍了一个新想法。大多数教师和学生决定尝试一下金茜的想法,因为他们知道有些事情必须改变。她聘请了一名顾问,通过名为"真色彩(True Colors)"的人格鉴别计划对教师和学生进行培训,该计划使用四种不同的颜色来表示不同的人格特质。这个想法是,如果每个人都变得更加了解个体的人格和动机,并有一个共同的语言来讨论个体和群体的差异,每个人都会变得更加信任对方。

金茜任职第一年快结束时,她的年度考核时间就要到了,督学可以向校董会保证在减少行为问题方面取得进展。虽然考试成绩稍有提高,但学生的成绩远远没有达到董事会希望看到的水平。

金茜当然知道这一点,而且她知道自己必须做好考核的准备,以便为重新任命提出令人信服的理由。

1. 如果金茜征求你的建议,你建议金茜准备在年度考核中与督学讨论哪三点计划?

2. 你对金茜的建议有何根据?

3. "真色彩"项目应该继续吗? 为什么或为什么不呢? 如果答案是肯定的,提出一些能继续改进行为和学习的建议。

推荐阅读书目

Bandura, A. (1986). *Social foundations of thought and action: A social cognitive theory.* Englewood Cliffs, NJ: Prentice Hall.

这是心理学领域的一本具有里程碑意义的书,自出版以来对该领域产生了显著的影响。它提出了被称为社会认知理论的人类动机研究和理论,这个理论部分上是基于自我效能概念的。

Benfari, R. , & Knox, J. (1991). *Understanding your management style: Beyond the Myers-Briggs Type Indicators.* Lexington, MA: D. C. Heath and Company.

本书运用四个理论取向来理解自己的人格结构:(1)直接来自荣格人格理论的迈尔斯—布里格斯类型指标;(2)激励你的需求;(3)你使用的冲突管理方式;(4)你使用的权力类型。它强调评估你自己人格特征的重要性,这样你就可以在工作中发挥自己的优势。这是一本自己动手的书,在某种程度上,你可以参加自我评估测试。本书也具有学术性、严谨性和可读性。

Covington, M. V. (1992). *Making the grade: A self-worth perspective on motivation and school reform.* New York, NY: Cambridge University Press.

虽然本书侧重于学生在课堂上的动机,而不是在教育组织中员工的动机,但这本书提供了信息丰富且具有颠覆性的讨论,对于那些对教育中的组织行为感兴趣的人有很大的吸引力。科文顿重视阿特金森和麦克利兰的工作,首先提出的论点是"每一项成就都意味着成功的承诺以及失败的威胁。这意味着所有的成就都涉及某种程度上的接近或回避冲突"(p. 32)。与这种接近或回避冲突方式交织在一起,许多学生努力避免在学校失败,这是个人的自我价值感。本书是为教育领导者提供一个具有学术性但又非常实用的资源。

Keirsey, D. , & Bates, M. (1984). *Please understand me: Character and temperament types.* Del Mar, CA: Prometheus Nemesis Book Company.

本书解释了卡尔·荣格的心理类型,并提供了一套有用的词汇和措辞,用于将荣格—迈尔斯不同类型的概念应用于组织中人们的工作。正如标题所示,它侧重于不同类型的人之间产生的沟通扭曲和障碍,因为他们以不同的方式感知和回应世界。读者可以通过第 5 - 13 页的柯塞人格气质量表(The Keirsey Temperament Sorter)获得有关自己心理类型的反馈。该工具也可以通过 keirsey. com/sorter/register. aspx 在线获取。

Sheared, V. , & Sissel, P. A. (2001). *Making space: Merging theory and practice in adult education.* Westport, CT: Bergin & Garvey.

本书讲述了传统成人教育中闻所未闻的故事。这一系列文章聚焦坚定的后现代主义者,对成人教育和学习中的个体和主题做出的贡献,这些都是历史上被边缘化的。

参考书目

Atkinson, J. W. , & Litwin, G. H. (1960). Achievement motivation and test anxiety conceived as motive to approach success and motive to avoid failure. *Journal of Abnormal and Social Psychology*, *60*, 52 – 63.

Bandura, A. (1986). *Social foundations of thought and action: A social cognitive theory.* Englewood Cliffs, NJ: Prentice Hall.

Benfari, R. , & Knox, J. (1991). *Understanding your management style: Beyond the Myers-Briggs Type Indicators.* Lexington, MA: Lexington Books, D. C. Heath.

Covington, M. V. (1992). *Making the grade: A self-worth perspective on motivation and school reform.* New York, NY: Cambridge University Press.

Dowling, W. (Ed.). (1978). *Effective management and the behavioral sciences.* New York, NY: AMACOM.

Gardner, H. (1983) . *Frames of mind: The theory of multiple intelligences.* New York, NY: Basic Books.

Hamachek, D. E. (1987). Humanistic psychology: *Theory, postulates and implications for educational processes.* In J. A. Glover & R. R. Ronning (Eds.), *Historical foundations of educational psychology*(pp. 160 – 175). New York, NY: Plenum Press.

Hellriegel. D. , & Slocum, J. W. , Jr. (1974) . *Management: A contingency approach.* Reading, MA: Addison-Wesley. Hersey, P. , & Blanchard, K. H. (1977). *Management of organizational behavior: Utilizing human resources* (3rd ed.). Englewood Cliffs, NJ: Prentice-Hall.

Herzberg, F. (1966). *Work and the nature of man.* Cleveland, OH: World.

Homans, G. C. (1951). The Western Electric researches. In S. D. Hoslett (Ed.), *Human factors in management*(pp. 210 – 241). New York, NY: Harper and Brothers.

Jung, C. (1971). *Psychological types.* Princeton, NJ: Bollingen Series.

Keirsey, D. , & Bates, M. (1984). *Please understand me: Character and temperament types.* Del Mar, CA: Prometheus Nemesis.

Kuhn, D. G. , Slocum, J. W. , & Chase, R. B. (1971). Does job performance affect employee satisfaction? *Personnel Journal, 50,* 455 – 460.

Labone, E. (2004). Teacher efficacy: Maturing the construct through research in alternative paradigms. *Teaching and Teacher Education, 20*(4), 341 – 359.

Lawler, E. E. , III, & Porter, L. W. (1967). The effect of job performance and job satisfaction. *Industrial Relations, 6,* 20 – 28. Levinson, H. (1973). *The great jackass fallacy.* Boston, MA: Harvard University Press.

Maslow, A. (1970). *Motivation and personality*(2nd ed.). New York, NY: Harper & Row.

McClelland, D. C. (1961). *The achieving society.* New York, NY: Free Press.

McClelland, D. C. (1976). *Power: The inner experience.* New York, NY: John Wiley & Sons.

McClelland, D. C. (1988). *Human motivation.* Cambridge, England: Cambridge University Press.

Myers, I. B. , McCaulley, M. H. , Quenk, N. L. , & Hammer, A. L. (1998). *MBTI manual: A guide to the development and use of the Myers-Briggs Type Indicator*(3rd ed.) . Palo Alto, CA: Consulting Psychologists Press.

Piaget, J. (1977). Problems in equilibration. In M. H. Appel & L. S. Goldberg (Eds.), *Topics in cognitive development: Equilibration: theory, research and application* (Vol. 1, pp. 3 – 13). New York, NY: Plenum Press.

Porter, L. W. (1961). A study of perceived need satisfaction in bottom and middle-management jobs. *Journal of Applied Psychology, 45*, 1 – 10.

Robbins, S. P. (1976). *The administrative process: Integrating theory and practice.* Englewood Cliffs, NJ: Prentice Hall.

Savage, R. M. (1967). *A study of teacher satisfaction and attitudes: Causes and effects.* Unpublished doctoral dissertation, Auburn University, Auburn, Alabama.

Schmidt, G. L. (1976). Job satisfaction among secondary school administrators. *Educational Administration Quarterly, 12*(2), 68 – 86.

Sergiovanni, T. J. , & Carver, F. D. (1973). *The new school executive: A theory of administration.* New York, NY: Dodd, Mead.

Sheared, V. , & Sissel, P. A. (2001). *Making space: Merging theory and practice in adult education.* Westport, CT: Bergin & Garvey.

Stajkovic, A. D. , & Luthans, F. (1998). Self-efficacy and workrelated task performance: A meta-analysis. *Psychological Bulletin, 124*, 240 – 261.

Starratt, R. J. (2004). *Ethical leadership.* San Francisco, CA: Jossey-Bass.

Vroom, V. H. (1964). *Work and motivation.* New York, NY: John Wiley & Sons.

Weber, M. (1930). *The protestant ethic and the spirit of capitalism* (T. Parsons, Trans.). New York, NY: Charles Scribner's Sons. (Original work published 1904.)

Whichard, J. A. (2006, June). *Reliability and validity of True Colors.* Retrieved from http://www. true-colors. com/userfiles/file/Research% 20Whichard% 20Presentation% 207 – 09% 5B1% 5D. pdf

Wickstrom, R. A. (1971). *An investigation into job satisfaction among teachers.* Unpublished doctoral dissertation, University of Oregon, Eugene.

第六章 组织中人的因素

在前面的章节中,我们介绍了一些关于组织及其员工的系统思维方式,这属于组织系统理论的研究领域。许多诸如盖泽尔斯—古柏(Getzels-Guba)模型这样的思维方式或理论已经被证明是教育管理专业学生必须掌握的知识。然而,在本章中我们将看到这些思维方式有一些明显的局限性。也许最严重的是,虽然它们以图形方式描绘了组织结构和组织人员之间的关系,但它们倾向于赞同行动理论,强调对组织人员状况进行官僚控制。

本章中,我们将描述组织范式中的一些非常重要的转变。组织范式正在从注重完善和改进官僚管理策略和技巧的传统现代主义转向一种强调通过从内部、自下而上地促进组织内人员的成长和发展来提高组织绩效潜力的方法。这种范式的总体概念是建立人力资本。随着时间的推移,组织内人员的个人和专业成长与发展会让组织变得更加有效。通过这种方式,他们不仅在其个体工作中变得日益有效,而且作为工作群体的参与者,在合作努力中也变得越来越熟练和有效。我们还将讨论领导者吸引、对待和发展个体和群体的方式,以提高组织成功的潜力。

一、以人为本的组织本质概念

本节探讨的是如何在教育组织中理解员工行为的问题。这是教育管理者面临的中心问题,因为管理被定义为"通过个体和群体与他人合作或通过他人实现组织目标"。那么,在管理实践方面,我们需要解决一个基本问题:与他人合作和通过他人合作最好的和最有效的方式是什么?

这不是一个晦涩难懂的学术问题。不管是作为系主任、校长、学校督学还是作为其他领导职位的人,你如何回答这个问题是关系到你如何开展学校管理工作的核心。这也不是一个简单的问题。在与孩子和父母一起工作中,教师了解到人是复杂、独特和充满矛盾的,他们的行为也常常令人困惑,难以理解。

我们现在比 20 年前更加理解,学校与所有组织一样,都是复杂而令人困惑的地方。学校在最好的时候也充满了矛盾、犹豫、模糊和不确定。这些理解帮助我们认识到,学校管理者面临的许多最重要的问题既不明确也不适合技术解决方案。

这不是学校管理所特有的问题,也不仅存在于作为组织的学校中。这是一个所有行业和所有组织中都普遍存在的问题。想想唐纳德·舍恩(Donald Schön)是如何描述他所谓的"对专业知识的信心危机"(Schön, 1987, p. 3)。舍恩描述了所有组织面临的两种类型的问题:高地问题和沼泽低地问题。在高地,问题易于发现,并且解决方案也相当简单,可以使用已知的理论。在沼泽低地,问题不容易理解,解决方案也很难发现。

多年来,教育管理者一直被要求集中精力解决教育的高地问题。基本上,那些支持标准运动的人认为,在州一级建立详细的新课程标准将迫使地方管理者和教师改进学校的实践,达到要求的结果,因为这些课程标准直接关系到全州各地儿童都必须参加的高风险、客观成绩测试。这种策略的拥护者通常把这称为"制定教育标准"。其他流行的技术方法不仅包括使用计算机和因特网等电子技术,还包括诸如创建磁石学校、特许学校和其他形式学校等结构技术,此外还包括诸如在课堂上发明新教学技巧等教学技术。

许多倡导这些技术的人对学校和学校改革所持有的观点已经与学校作为生产组织的形象紧密联系在一起,在这样的学校中教学被视为常规劳动。如果这种劳动被适当地系统化并受到官僚控制,在逻辑上应该可以达到预期的结果。这些学校观点的拥护者倾向于认为,教师只能通过正规的培训来学习,这些培训通常包括讲座、有指导的工作坊和正式会议,所有这些培训都是由外部专家控制和指导的,这些专家知道问题在哪里以及教师如何有效地处理这些问题。因此,我们目睹了培训计划的发展,以满足学校面临的每一个可能的问题,以及大量"专家"顾问随时准备飞过来传播他们的智慧,并在口袋里装满高额费用后迅速离开。

但是重要的教育问题,也就是唐纳德·舍恩(Schön, 1987)所描述的沼泽低地中的那些问题,通常是混乱的:定义不清楚,理解不充分,而且很复杂。就我们容易注意到的事物而言,复杂的问题往往需要被理解或建构框架。不过,你可能关注的内容主要来自你自己的背景、价值观和视角。

当管理者试图处理教育问题时,他们的方法主要取决于如何概念化他们的选择和如何构建问题框架。就像儿童营养不良一样,有很多种方法来制定应对措施。但是人们理解问题、构思问题的能力以及他们所熟悉的框架数量和种类都限制了人们对问题所表现出的洞察力和透视力,而这些混乱模糊的问题是每个专业人员在沼泽低地中都会遇到的。正如我们所描述的,在 20 世纪的大部分时间里,一个单一的视角主导了对教育组织的思考:结构视角。这是等级控制、官僚机构、组织结构图以及诸如标准操作程序之类的规则和规章的常见概念。

1975 年之后,组织思想有一个重大转变,过去许多学者强调组织的机械特征,认为这些特征构成了组织工作方式的基础,而现在更多地强调组织中人的因素。这种转变是由几个力量同时结合在一起造成的。其中一种力量就是知识:对组织实际存在的基本概念进行新的分析。

(一)组织理论的新范式

正如我们所描述的,从 20 世纪 50 年代初到 70 年代中期,在教育管理领域产生了大量的理论和研究,以至于回顾过去,这个时期,即现代时期,常常被称为教育管理理论运动的时代。然而,到了 20 世纪 70 年代,已经产生的理论和研究没有完全描述学校,许多人对此开始表示关注,因为人们都经历过学校教育。当时主导一流大学学术机构及其研究的学者大多接受把学校作为组织的假设,在理解学校的方式上采用逻辑实证主义的方法。换言之,他们假设学校组织现实背后存在一些理性、逻辑和系统的秩序,因而必须找到这些秩序。他们认为探索方法必须是强调测量、抽样、准实验方法和量化的探究方法。人们相信,这些假设和探索方法是改进教育实践者培训方法的唯一途径。例如,韦恩·霍伊和塞西尔·米斯克尔(Hoy & Miskel, 1982)宣称,"通向广义知识之路只能存在于坚韧的科学研究中,而不在内省和主观经验中"(p. 82)。

然而,T. 巴尔·格林菲尔德(Greenfield, 1975)对当时存在的组织理论表达了密切的关注,这种理论已经在越来越多的实践者和学者中得到了发展。问题的症结在于,在寻找了解教育组织和人们的行为,也就是弄清楚唐纳德·舍恩所说的"沼泽"时,学者们感到惊讶的是人们追求客观、强调数据,然而最糟糕的是,他们开始认为组织是有形和具体的实体,它们独立存在,受系统法则和原则的支配。"一般来说,"格林菲尔德说,"我们谈论组织就像它们是真实的一样。"(p. 71)但是它们并不真实,他继续解释说:"这是虚构的社会现实。"(p. 81)它们只存在于人们的头脑中,而不是作为有形和独立的现实而存在。因此,争论就产生了。当我们谈到组织把想法强加于人或组织系统以某种方式"行为"时,我们就把组织"人格化"了。组织的本质是组织中的人,他们做出选择、采取行动和为人处事,即使在他们自己的头脑中,他们也会把组织具体化为他们的选择、行动和行为。

然而,我们不断发现这种学术假设常常与从事学校管理工作的个人经历形成鲜明对比。例如,巴思和迪尔(Barth & Deal, 1982)描述了有关校长的学术文献和校长对自己实践的书面反思之间存在的显著差异:

- 校长描述具体的日常经验,而学者强调理论和抽象的关系。
- 校长通过隐喻、例证和故事交流,而学者使用模型和科学语言。
- 校长意识到理性的局限性,而学者强调理性和形式问题的定义。
- 校长用人性和情感的方式描述学校,一个工作人员或苦恼或开心,每天起起落落的地方;而学者用超然抽象的方式来描述学校。
- 校长把学校看成是模糊、甚至混乱的地方,而学者则把学校描述为理性和有序的形象。

(二)以人为本:质性研究方法的兴起

早在1964年初,诺贝尔奖得主、哈佛大学前校长、二战期间国防研究委员会主席杰姆斯·布莱恩特·康纳特(James Bryant Conant)就曾报告说,他在20世纪50年代对美国学校进行研究时,就有必要避开他多年来在化学中使用的假设—演绎思维方式;相反,他必须学会使用归纳推理,因为教育问题的本质与科学问题的本质是如此的不同。在一本叫《两种思维方式:我与科学和教育的接触》(Conant, 1964)的书中,他讨论了科学和教育两种不同思维方式之间的差异。他提出理解学校和大专院校的个体行为是实用的艺术。

卡尔·罗杰斯(Rogers, 1963)同意并讨论了人类行为的三种认识方式及其发生的背景：

    1. 由于个体根据自己的主观分析来解释自己的环境，所以主观认识是每次体验和人类互动不可或缺的。

    2. 客观认识不是真正客观的，而实际上是被认为是有资格对所观察到的事件的"真相"做出判断的同事之间达成的共识。

    3. 人际认知或现象学认知涉及个体的心理框架，可以通过检验个体的假设，或者通过与其他几个观察者一起分别检验假设获得。罗杰斯给出了一个简单的例子来描述你感到同事悲伤或沮丧的场景。你如何证实这个假设？一种方法是简单地以同情的方式询问对方。另一种方法是等待，看看其他人是否对他们自己的观察和对同事精神状态的感受发表评论。罗杰斯认为，在一个成熟的行为科学中，所有三种认识方式都会被认可和共同使用，而不是仅使用一种方式，却忽略其他方式。

25 年后，亚瑟·布隆伯格(Blumberg, 1988)丰富了对教育组织的思考，他认为应把学校管理看作一门手艺而不是一门科学，要像工匠那样思考和理解知识。他争辩说，一门手艺在一些重要方面都不同于科学。一门手艺(他以陶器为例)是通过日复一日的使用工具和材料的实践过程中学会的。在这个过程中，从业者发展"对事物的嗅觉"，他们对正在使用材料的性质有亲密的感受，对什么样的作品能够受欢迎也有自己的看法，而这些几乎都是直觉感受，他们了解该做什么，什么时候做。布隆伯格的论证令人信服，通过从科学概念到工艺概念转变，我们能发现了解教育组织行为学有用的新方法。然而，像许多提倡使用实用主义方法的人一样，在我们寻求对学校行为的理解时，布隆伯格没有认识到使用手艺这个隐喻只是理解行为的另一种理论方法，就像罗杰斯、康纳特和许多试图摆脱逻辑实证主义束缚的人所做的那样。

到了 20 世纪 80 年代，许多意识到这些差异的教育专业学生开始避免受传统的形式化理论以及传统的准实验研究方法的局限性影响，寻找更好的研究学校人类行为的方法。他们不再发送问卷和汇总统计数据，而是开始进入学校，看看发生了什么，并与学校里的人交谈，以便了解他们的生活经历。这些调查结果为当今学校的生活提供了生动和丰富的描述,揭示了学校组织生活中特有的不确定性、矛盾性、模糊性、混乱性等特征。

事实上,使用这些方法的研究被称为质性研究或民族志方法,成为20世纪80年代教育改革运动的智力支柱。统计研究显得多余而变得越来越少,因为这种研究往往设计讲究,结果却"没有显著差异";越来越多的研究通过生动、丰富的文档记录对工作人员进行描述,这让人们能够洞察和理解正在发生的事情,以及他们应对这些事情的方式。

这是对组织行为思考和研究方式的重大转变,它直接放弃旧的逻辑实证主义的确定性,转向理解学校组织行为更有意义的新方向。为了获得新思维的特点,我们现在简要地解释一下随着传统组织理论的崩溃而出现的一些有关组织的概念。

(三)作为松散耦合系统的教育组织

我们常常倾向于用经典的结构性术语来思考和描述学校系统或学校,例如,作为一个受强大中央控制和指挥的等级金字塔结构(通常被描述为官僚机构和军事组织)。然而,组织管理专业的学生早已认识到,学校系统和学校实际上以结构松散为特征:一个学区的学校有相当大的自主权和自由度,而教室里的教师只受到非常一般的控制和校长的指导。正如比德韦尔(Bidwell, 1965)指出的,考虑到学校的任务、客户和技术的性质,这是在功能上必要的安排。它被生动地描述如下:

> 设想一下,在非传统的足球比赛中,你既是裁判、教练和球员,又是观众:比赛场地是圆的;在圆的场地周围随意散落着几个球;人们可以随时进入或离开比赛;他们可以随时投球;只要他们愿意,可以随时说"那是我的目标",想打多少次就打多少次,想打多少球就打多少球;整个比赛都在一个有斜坡的场地上进行;比赛进行得好像有意义似的。如果你在这个例子中用校长代替裁判,用教师代替教练,用学生代替球员,用家长代替观众,用学校教育代替足球,你对学校组织也有同样非常规的描述。这种描述的美妙之处在于,它体现的教育组织现实不同于通过官僚理论原理观察到的组织现实。

我们可以将这种现实形象与学校如何做事的传统解释进行对比:即通过计划、

目标设定以及应用诸如成本效益分析、分工、职位描述、岗位权力及统一考核和奖励制度等。传统观点的唯一问题是,很难找到真正以这种方式工作的学校,教育组织中的人们常常发现,诸如此类的理性概念根本无法解释系统运行的方式。

因为很多教育组织都拒绝用现有的理性概念来解释,所以建议我们认真考虑那些可能促进我们更准确理解的、更加非传统的观念,比如"松散耦合"的概念。一般来说,松散耦合这个术语意味着,尽管组织的子系统(以及它们执行的活动)彼此相关,但是每个子系统都保持其自身的身份和个性。例如,在高中,指导办公室通常在组织图上显示为向校长办公室报告,但是联系通常松散,交互相对较少,并且一方对另一方的反应通常缓慢。简而言之,这种联系相对薄弱且不重要。耦合就是将组织保持在一起的"黏合剂",可以被描述为"松散的"。

(四)教育组织的双重性

松散耦合是学校和其他教育组织的一个显著特征,这一概念在解释关于组织以前不被理解的方面是非常有力的。然而,这并不能完全解释它们;观察者在松散耦合的学校中发现的许多特征也可以很容易地在带有官僚主义或古典主义的学校中找到。

长期以来,组织管理专业的学生普遍认为,教育组织在某些重要方面是松散耦合的,而在其他方面是高度官僚主义的,并且这种结构对于理解这些组织以及组织中的人的行为是重要的。例如,在迈耶和罗万(Meyer & Rowan, 1983)所做的一项重要研究中,来自旧金山地区 34 个学区的 188 所小学的结果显示:

> 教学活动的检查委托给当地学校,并且很少有这样的检查。例如,在受访的 34 名校长中,只有一位报告说学区办公室直接考核教师。校长和校长级别的管理者似乎也没有机会检查和讨论教师的工作:在被调查的校长中,85% 的校长报告说,他们和他们的教师不是每天一起工作的。此外,教师之间的互动证据也很少:大多数校长报告同一年级内的教师之间不存在日常工作关系,83% 的校长报告不同年级教师之间没有日常工作关系。教师们也再次证实了教师的教学是彼此独立的。三分之二的学生说他们的课堂教学很少被其他教师观察过(一个月一次或更少),一半的学生说也很少被他们的校长观察过。(p.74)

其他大量的研究证据证实了这样一种观点，即学校管理者的监督相当罕见；教师是独立工作的，整天很少有教师之间的互动；管理者访问教室则是很少见的情况，而且主要用于终结性评价目的（Morris, Crowson, Hurwitz, & Porter-Gehrie, 1981；Newberg & Glatthom, 1983）。在这些研究之后的 30 年里，几乎没有什么变化，尽管由《不让一个孩子掉队法案》引领的问责制运动已经导致管理者出现在教室中的次数有所增加。例如，"走课"的概念受到了相当的重视。虽然"走课"有很多种变体，但它们通常涉及管理者在课堂上短时间的存在，在此期间他们收集观察特定信息。他们可以使用手持式电子设备或纸笔来记录他们的观察结果。是否把这些收集的数据反馈给教师以帮助他们改进教学，以及以何种方式反馈都取决于学校和学区使用"走课"的愿景。当然，教师可以从即时的个人反馈中受益，并且年级或部门团队可以在收集整理数据之后很快从整理数据中学习，但是这种快速反馈很少发生（David, 2008）。大卫（David）指出，当教师和管理者之间的信任度处于低水平时，"走课"常常被教师视为遵从性策略，结果会造成更差的氛围。在这些情况下，"走课"无助于改善人力资本。

当然，控制可以通过直接监督以外的手段进行。例如，评估学生的学习情况、制定课程的详细规范以及确保学生在升级到下一个年级之前已经掌握了上一个年级的学习内容是学校对教学实行强有力控制的许多方式中的一些。当然，这些观点是《不让一个孩子掉队法案》的核心。

因此，学校的核心活动，即教与学，被视为松散耦合的，以至于它们不被管理者直接控制。虽然管理者对学校的教学计划负总责，但由于时间和人力的限制，他们监控教师教学行为和学生学习的能力相当有限。例如，旧金山市的研究报告说，被研究的校长中只有 12% 的表明他们对教师使用的方法有真正的决定权，而只有 4% 的人认为他们在决定教师使用的教学方法方面有很大的影响力。这些数据多年来一直被其他研究所支持，这也是《不让一个孩子掉队法案》开始关注"基于研究的策略"的原因之一。换言之，为了参加《不让一个孩子掉队法案》并获得该法案的资金，该州必须表明其学校正在实施具有研究基础的项目，优选的是表明学生成绩提高的定量研究。

另一方面，管理者可以利用官僚的手段来组织教师的工作，从而间接地影响学校的教学行为。时间控制就是一种手段：课程表、学生被拉出教室参加特殊课程和其他活动的频率、课堂教学中断的频率以及教师承担的文书工作等都塑造了教师的教学行为,且都受到作为关键角色的管理者的影响。学生的课堂作业(数量和种类)也受到管理者的很大影响,并制约着教师的工作行为。分组是管理者影响教学的另一种方式,例如,学生可以被异质或同质地分组;教师可以在独立教室、教学团队或院系中单独工作。校长还通过控制资源来影响教师的教学行为:教学空间、设备的可用性、复印机的使用,甚至包括纸和铅笔等日常基本用品的供应。图6.1直观地显示了这些控制指令的官僚方法。

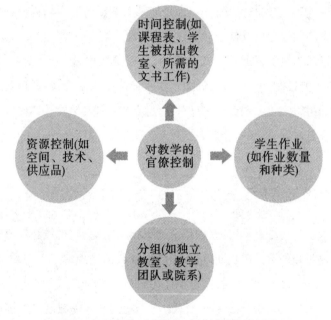

图6.1　管理者以官僚方式控制教学的例子

尽管这些官僚手段在某些方面对教师的教学行为具有强大的影响力,但是就学生的学习而言,它们是相对间接的。因此,学校的核心技术活动是松散耦合的(与经典的官僚组织所期望的相反),但是非教学活动通常是紧密耦合的。及时发放工资、安排校车、管理资金和记载学生的学习情况(例如出勤情况)都是众多的非教学活动,这些活动由管理者密切控制,因此可以被描述为紧密耦合的。与管理者对教师教学活动报告的模糊权威相比,旧金山市的研究报告指出,82%的被调查校长声称要做出关于时间安排的决定,75%决定学生的课堂作业,88%(要么独自一人,要么与当地其他学校管理者协商)决定聘用新员工。这些活动可以说是紧密结合在一起的，因为它们受到直接管理监督的密切控制。

人们可以得出结论，松散地控制教师的教学行为在某种程度上是错误的，并坚持以传统的古典官僚主义思想来收紧控制。的确，许多当代观察家都持这种观点，这解释了近年来州长、立法机关和少数几个州教育部门采取的许多政治举措，通过对学校提出新的要求和限制来收紧标准和教育要求。这些举措经常包括增加必要的教学课程，增加学生和教师的考试，以及更详细的教学方法规范。然而，这里提出的问题不是学校应该松散耦合还是紧密耦合。我们的兴趣在于更好地理解教育组织的组织特征，因为它们真实存在（而不是如某人希望的那样），以便我们能够更好地理解学校中的领导者以及他们对学校未来的愿景。

我们可以认为组织只通过正式的机制，如监督机构，来行使控制，但更有用的观点是，强有力的控制可以通过更加微妙和间接的手段来行使：通过建立人力资本来发展积极的组织文化。理解这一点对于理解学校和大学以及如何有效地领导学校和大学来说是非常重要的。

二、人力资本建设

资本通常被认为是有形资产，如现金、原材料、房地产、机械和设备甚至知识产权，如想法、发明和创造。但长期以来，经济学家们已经理解了人力资本的概念：人的知识、技术技能、态度和社会技能也是任何人类企业的资产。因此，一个组织所能获得的人力资源是人力资本的一种形式。事实上，人力资源已经被证明是潜在的高价值资产，可以随着时间的推移而增值，根据定义，资产应该增值或者贬值，这在很大程度上取决于它们是如何被管理的。

这个概念适用于社会、国家或地区，有助于解释为什么一些社会，尽管拥有丰富的有形资产，如矿产或水力，却可能比其他社会生产力低。人民受教育程度高和工作技能发达的社会和国家有利于规范工作场所的纪律，并且有高度重视辛勤劳动的社会传统，往往比那些没有这一传统的社会和国家的生产力更高、更富裕。①

---

① 经济学家早已认识到人力资源的价值。见 Schultz, T. W. (1960). Capital formation by education. *The Journal of Political Economy*, 68, 3 – 72.

早在 1776 年美国诞生之时,亚当·斯密(Adam Smith)在《国富论》中就指出,通过向工人提供额外的技能来改善人力资本的价值。但是直到 1963 年诺贝尔经济学奖得主西奥多·舒尔茨(Theodore Schultz)发表了他的研究成果,这个概念才被证明在数学推理上是正确的。舒尔茨的研究发现,美国大约三分之一的经济增长归因于劳动力和物质资本的增加。他发现多余的"剩余价值"归因于对工人进行的教育投资(Schultz,1963)。二战后不久,马歇尔计划(Marshall Plan)在西欧证明了这一概念。

第二次世界大战后,欧洲大部分地区一片废墟:许多工厂被毁,设备被毁坏或磨损,货币体系崩溃,配给和交通系统几乎被摧毁,许多城镇被夷为平地。结果,失业蔓延,贫穷肆虐,绝望无处不在。乔治·C. 马歇尔(George C. Marshall)和哈里·S. 杜鲁门(Harry S. Truman)说服国会资助一项大规模计划,即马歇尔计划,以重建货币和银行系统、城市、工厂、运输和通信系统,使人们重新回到工作和生产岗位。该计划的关键在于,实现复苏所需的人力资本在西欧国家已经到位:西欧人是受过良好教育的民众,具有高水平的工作技能和管理技能;他们想工作;他们长期以来一直以高质量的工作和成就为荣。由于这些人力资源已经到位,通过注入大量启动资金使得西欧能够迅速重建,公民迅速达到比战争前更高的生产力水平。在二战后的美国,一些重要的立法在 20 世纪 50 年代和 60 年代导致了美国经济的巨大进步,包括 1944 年的《军人重新调整法案》(俗称《退伍军人权利法案》)为退役退伍老兵提供中学以上教育的学费(以及其他福利)。大学录取人数到 1950 年实现翻倍就归功于这个《退伍军人权利法案》。我们继续看到关于增加人力资本对个人价值提高的报告,包括更低的失业率和更高的收入潜力,以及社会经济扩张(Greenstone & Looney,2013)。

建立人力资本的概念是许多历史性努力的基础,这些努力的目的是改善社会的许多方面,主要通过普及教育和发展社会基础设施,包括通过国际援助改善第三世界国家的物质和经济基础设施来实现。今天,许多发展中国家,随着生活水平的不断提高,特别是环太平洋的国家和地区,如日本、韩国、中国台湾、中国香港、泰国、新加坡和中国大陆,呈现出人力资本概念的力量。不少美国商界领袖认为,有必要从人力资本的角度来改革美国的学校教育,他们常常把教育改革称为对人力资本的投资。这个概念也适用于对组织的思考,是人力资源管理概念的核心。但不幸的是,在经济困难时期,学校的专业发展预算经常被削减,从而减少了实现教学目标的机会。

管理者通常对学区的财务和实物资产(如建筑、设备和资金)负责。编制和批准年度预算,然后管理整个财政年度的预算,最后正式会计管理工作,这些都是每个学区熟悉和重要的工作。出现税收经费使用不当或资产因滥用或疏忽而贬值被认为是管理不善的证据。然而,直到20世纪70年代,会计师和组织理论家才开始认识到组织人力资源管理不善会对组织的有效性造成更大程度的危害。

管理不善的一种形式是在人力资源上花费过多,这导致裁员、外包、服务承包、使用临时和兼职工作人员以及其他降低工资成本的努力。另一种管理不善的人力资源的方法,也许更重要,因为它不太明显,而且常常不是立即能看见的,是未能充分重视组织中的人员的技能、能力、动机和承诺。

在典型的美国学区,超过80%的年度运营预算用于人事服务和相关费用。显而易见,学校事业的人力资源需要大量的税收经费投入。管理者不仅要负责保持这些资源的质量和有效性,而且还必须像管理任何资产一样管理他们,以便随着时间的推移,他们对学区的价值增加。因此,应该对人进行管理,使他们的技能、动机、态度和知识随着时间的推移而发展、改善和增加,而不是保持平稳或出现更糟糕的下降。这种管理、开发和提高组织人力资源价值的方式就是建立人力资本的过程。

(一)人力资源资产化

在建立人力资本的过程中,认为员工没有实际辞职,组织的人力资源状况就是可以接受的,仅仅做到这点是不够的。例如,我们早就知道,编制和管理预算过程的方式常常对个体和群体造成相当大的压力,从而导致冲突、冷漠、紧张、压力、挑衅和普遍的失败感。当然,这些反应往往导致反作用的行为产生,这些反作用行为不是与预算决定本身直接相关,而是与领导者和管理者在处理预算时选择的领导过程有直接关系(Argyris, 1953)。

正如伦西斯·利克特(Likert, 1967)所观察到的,"如果争吵、不信任和不可调和的冲突变得更大,那么人类企业的价值就更低;如果建设性地使用差异并参与合作团队工作的能力提高,那么人类组织就是一个更有价值的资产"(p. 148)。许多问题源于组织中的负面氛围,例如士气低落、努力不足、缺乏合作、抱怨和员工离职(Killian, 1976)。因此,有证据表明,倾向于引发破坏性组织行为的组织内部特征在很大程度上源于管理者在决定如何开展工作时所做的选择,令人印象深刻。的确,在很大程度上,正是管理者的行为导致了产生功能失调的感觉和行为,这在有问题或失败的组织中是常见的。当领导在行为上疏远员工时,他们削弱了改善组织的能力。因此,领导者不仅需要提高人的能力,还需要确保他们不会故意或无意地由于人力资源管理不善而降低人的能力。

(二)领导的阴暗面

约瑟夫·布拉斯和乔·布拉斯(Blasé & Blasé,2002)在一篇题为"领导的阴暗面"的研究文章中描述了这种管理不善的人力资源。在对美国和加拿大的50名长期遭受不当行为长达6个月或更长时间的教师进行的质性研究中,作者展示了学校校长行为不当的后果,这与教育行业之外老板的不当行为和霸凌故事是一致的(Glomb,2002;Harlos & Axelrod,2005)。

框6.1　校长行为不当的案例

第1级(间接的、中度攻击性的)

- 不重视教师的想法、需求和感受;

- 偏爱部分教师;

- 孤立和不支持教师;

- 扣留各种资源,不批准教师的各种申请,不给教师发展机会和各种荣誉。

第2级(直接的、更具攻击性)

- 公开(在学生、家长或同事面前)和私下批评(最普遍的第2级不当行为);

- 秘密监视(如监听内部通话系统);

- 蓄意破坏(如阻止其他人资助教师);

- 偷窃(如教师的日记);

- 破坏教师的教学辅助工具(如拆除教师学习中心);

- 提出不合理的要求。

第3级(直接的、严重的攻击性)

- 暴躁的行为(在公开会议上和私下里);

- 威胁(如威胁考核不通过);

- 无理斥责;

续

- 不公平的考核;

- 对学生行为不当(大多发生在学生"行为不端"时);

- 迫使教师放弃工作(如调离岗位、解聘);

- 阻止教师发展(如在向教师撒谎说自己会写一封正面信件后,却给教师写负面的推荐信);

- 性骚扰;

- 种族主义(既有黑人教师,也有白人教师,表明学校氛围恶化)。

研究中 5 名教师是男性,45 名是女性,他们分别来自城市、郊区和农村以及不同层级的学校。这些教师描述的有不当行为的校长中,有 28 位男校长,有 22 位女校长。布拉斯和布拉斯(Blasé & Blasé, 2006)发现,校长的不当行为从第 1 级(如不重视教师的想法)一直延伸到第 3 级(高度的行为不当)。请参阅框 6.1 中校长不同程度的不当行为案例。这种行为对个体和学校具有毁灭性的负面影响。框 6.2 列举了不当行为产生负面影响的案例。

布拉斯和布拉斯(Blasé & Blasé, 2006)发现

这种不当行为对教师的专业和个人生活极其有害……

框6.2 校长不当行为产生影响的案例

- 心理和情绪反应,包括震惊和迷失方向、受到羞辱、孤独、自卑和内疚;

- 长期和慢性的心理和情绪问题,包括焦虑、恐惧、愤怒和抑郁;

- 身体和生理问题;

- 学校受损,比如学校层面的决策失误;

- 辞去学校的教学工作。

除了教师会感到震惊、迷失方向、被羞辱、孤独和自尊受伤害的反应之外,校长的不当行为还严重损害了校内人际关系,破坏课堂秩序,并经常阻碍全校的决策。此外,校长的不当行为会引发教师严重的心理/情绪问题,包括慢性恐惧、焦虑、愤怒和抑郁。(pp. 714 - 715)

校长不当行为的影响不仅停留在个体身上。在之后的一篇文章中,布拉斯和布拉斯报道了校长的不当行为"破坏了教师之间创新和协作关系的发展,以及教师在学校的整体参与水平"(p.123)。这种行为导致教师不再自愿参加学校活动,尽管会出席必须参加的会议,但不会积极参与。本研究也验证了其他研究的结论(Murphy & Seashore-Louis, 1994；Reitzug & Cross, 1994),即校长或老板通过强制或操纵策略滥用权力对改革措施的实施具有负面影响。

更近的一项研究中,布拉斯和布拉斯(Blasé & Blasé, 2008)完成了一项定量研究,共调查了172名教师(51名男性,121名女性)。在回答有关对自己、对工作和对家人的伤害程度的问题时,79%的参与者反映自己至少受到中等程度的伤害,49%的参与者反映受到严重及广泛的伤害,同样75%和49%的参与者反映工作受到中等和严重程度的伤害。据报道,58%的家庭受到中度伤害,31%的家庭受到严重伤害。为了应对不当行为的压力,超过50%的参与者反映的前三项应对策略是:(1)避开校长(80%);(2)与他人交谈寻求支持和建议(77%);(3)忍受校长的不当行为(61%)。虽然主要的应对策略是回避型和顺从型,但另一种应对策略是与校长断绝关系(45%)。更有可能与校长断绝关系的是男性、高级教师和工会会员。最令人惊讶的发现是,大多数人(77%)表示,他们很可能会因为校长行为不当而离职。超过50%的受访者反映的不当行为类型如下:

1. 未能承认或表扬我与工作有关的成就(70%);

2. 偏爱部分教师(63%);

3. 试图威胁我(59%);

4. 在我与学生和/或家长出现矛盾时,未能支持我(57%);

5. 忽视或冷落我(55%);

6. 百般挑剔或对我管得太严(54%);

7. 不关心我个人的私事(53%);

8. 提出不合理要求(52%);

9. 拖延或未能回复我的要求(52%)。

显然,教育管理专业的学生需要意识到校长对人力资源的管理不善可能对教师和学校造成有害影响。由于很难进行布拉斯和布拉斯所追求的那种类型的研究（例如，找到承认受到校长不当行为伤害的教师并保护他们的身份），因此表现出不当行为的校长的百分比尚不清楚。尽管如此，我们报道这项研究是因为我们认为不应该有任何领导对教职员工、学生或家长有不当行为。不过倒没有必要设立一个协会，例如全国防止教师遭受不当行为协会（endteaceher. se. org），该协会始于2002 年，到 2013 年已经发展到 1000 多名教师和家长成员。

（三）人力资源开发

一个始终存在的困难是找到方法使管理者一方面意识到他们的行为、策略和实践之间的紧密关系，另一方面意识到他们对企业人力方面的影响。在处理货币或房地产等有形资产时，会计师可以用数字展示出管理者所做决策的最终效益，从而显示出管理者的委托管理对有形资产价值的影响。人们可以表明，推迟建筑物的维护是一项昂贵的做法，明智地购买可以节省资金，或关闭恒温器降低燃料成本。在管理实践和对人力资源价值的影响之间建立这种因果联系很难。当地纳税人协会可能会为一个严厉的行政官员欢呼，这位行政官员无情地裁减教学职位以削减预算，但如果学生成绩急剧下滑和辍学率飙升，那要付出什么代价呢？反工会居民可能很高兴看到学校管理者在合同谈判时变得强硬，但如果怨恨削弱了教师的积极性，以及动摇了管理者和教师之间的团队合作，那么代价又是什么呢？美国会计协会已经投入大量的工作，以开发解决工商企业人力资源问题的方法，这被称为人力资源会计。人力资源会计的核心问题在于难以衡量和量化管理行为对人的态度、动机和工作行为的影响。然而，这项工作产生了一组有助于理解组织行为的概念。

人力资源是有价值的。事实上，就教育组织而言，它们常常是创建和维护高绩效组织最有价值的资源。如果把组织内的人员看作资产来对待，那么，作为形成人力资本的人力资源，其未来价值将比现在更大。这是资产的本质属性。因此，我们可以适当地考虑招聘和雇用新员工、培训和支持他们、鼓励他们的专业成长和发展、灵敏熟练地管理他们，作为对人的投资，我们希望，随着投资的回报，他们最终会取得更高的生产力。

然而，人们通常认为，随着时间的推移，学校人力资源的价值会逐渐下降，而不是逐渐增加。例如，许多观察学校教育的人抱怨学校教职员工中有许多年长的教师,他们经常被描述为"已经枯竭"。这种情况通常被认为是终身教职的结果,据说终身教职使教师变得自满和冷漠。如果这是真的,这种做法不仅是昂贵的,更糟的是,阻碍了学校的有效表现。但如果是真的,我们必须问:原因是什么? 是不是因为教师们基本上都是自私和漠不关心的人,一旦有了工作保障,他们就会失去职业责任感? 是不是因为教学是年轻人的游戏,在某一时刻,教师应该因为年龄而被解雇吗? 我们对组织行为的了解几乎没有一个支持这些命题。相反,对组织行为的研究表明,在一个支持性的组织环境中,在一个促进个人持续成长和专业成就的环境中,随着时间的推移,教师的教学越来越有效。这种偶然状态通常存在于学校里,并被描述为高效组织。创造这样一种促进成长的组织环境是学校管理者的责任。这是在学校建立人力资本的过程。

三、通过积极组织文化开发人力资本

像所有工作场所一样,教育组织,即每所学校和每所大学,具有独特的组织文化特征。从这个意义上来说,组织文化是指告诉人们可接受和不可接受行为的规范,是组织最珍惜的主导价值观,是组织成员共享的基本假设和信念,是一个人作为组织成员与他人和睦相处必须遵守的游戏规则,以及指导组织与员工及其客户打交道的理念。组织文化的这些元素是随着时间的推移由组织中的人员共同开发的。它们在组织的历史中演进,并且由那些参与该历史的人共享和赞同。

教育组织文化构建和塑造假设与观念,这些假设与观念对于理解教师意味着什么是至关重要的。这种文化告诉教师教学意味着什么,什么样的教学方法可供使用,学生是什么样的——什么是可能的,什么是不可能的。文化在定义教师对任务的承诺方面也发挥了很大的作用:它激发教师执行任务的努力、对组织的忠诚和承诺,以及对组织及其理想的情感纽带。这些使得教师不仅愿意遵守组织行为的规则和规范,而且愿意把组织的理想作为自己的个人价值观,并积极地工作以实现组织所拥护的目标(Firestone & Wilson, 1985)。

某些类型的组织文化可以促进教育组织的有效性吗? 我们的共识是完全"同意"这个观点,我们将在第七章中更全面地描述的这一点。当今,人们普遍认为,提高组织内个人绩效的一个最关键因素是改变其文化。例如,博尔曼和迪尔(Bolman

& Deal，1984）曾主张，在激烈竞争的市场中，正是强大的组织文化将高绩效公司与不太成功的公司区分开来。托马斯·J. 彼得斯和小罗伯特·H. 沃特曼（Peters & Waterman，1982）在一本非常畅销的书中指出，成功的美国公司的特点是存在特定、可描述的文化，这些文化明显地将他们与试图与之竞争的其他企业区分开来。类似地，罗莎贝斯·莫斯·坎特（Kanter，1983）有说服力地指出，拥有她称之为"开放文化"的公司比那些没有"开放文化"的公司更具创新性并更加成功。埃德加·沙因（Schein，1985）描述了组织文化与管理者领导力和执行力之间的关系。关于组织文化在教育组织中的作用的大量文献（本书后面的章节讨论）强烈地指出，组织文化在教育组织中创造有效的人力资本方面和在创造盈利公司方面一样强大。

四、有效学校的五个基本假设

在本章中，我们将讨论有效学校的概念，因为没有高素质的人力资本以特定的方式共同运作，学校就不可能成功。二十多年来，研究者一直在研究有效学校的特征，试图找出与低效学校相比，有效学校具备的特点。一系列累积的研究表明，有效的或取得高成就的学校往往以五个基本假设来组织和运作（Purkey & Smith，1985）：

1. 无论一所学校能做什么，应该做什么，它的中心目的就是教学：成功由学生在知识、技能和态度上的进步来衡量。

2. 学校负责提供教学和学习的整体环境。

3. 学校必须被整体对待：只针对部分学生的需要和破坏教学计划统一性的部分改进努力很可能会失败。

4. 学校最关键的特征是教师和其他工作人员的态度和行为，而不是物质上的东西，如图书馆的规模或物理设备的年限。

5. 最重要的是，学校对学生的学习表现的成败承担责任。无论种族、性别、家庭或文化背景、家庭收入，学生都被视为有能力学习。斯图尔特·珀基（Stewart Purkey）和马歇尔·史密斯（Marshall Smith）说："来自贫困家庭的学生不需要不同的课程，他们的贫困也不能成为不学习基本技能的借口。学校之

间的差异确实会影响学生的成绩,而这些差异可以通过学校教职员工加以控制。"(p. 355)

因此,有效学校的观念与传统的教育思想有 180 度的转变,传统教育思想倾向于将低学业成绩归咎于受害者,即学生。虽然有效学校与不太成功的学校相比,突出特点之一是全体教职员工更大程度地承担起责任满足学生的教育需要,但这仍然是许多教育实践者难以接受的概念。然而,这是有效学校研究的重要教训。

问题仍然存在,具体来说,一些学校为了满足学生的教育需求做了什么? 阅读来自珀基和史密斯(Purkey & Smith, 1985)的一段引言,他们对 20 世纪 80 年代中期有效学校研究文献进行了透彻的分析:

> 最有说服力的研究表明,学生的学习成绩受到学校文化的强烈影响。这种文化由价值观、规范和角色组成,这些价值观、规范和角色存在于制度上不同的治理结构、沟通结构、教育实践和政策结构之中。研究发现,成功的学校具有能够产生有利于教学和学习的氛围或"气质"的文化。……在一个友好的改革试验和评估氛围中,通过合作规划、共享决策和团队协作影响整个学校文化时,学校改革的努力最有成效,也最持久。(p. 357)

珀基和史密斯对研究文献的调查确定了有效学校表现出的 13 个组织和运作特征。他们分成两组。第一组包含九个特征,可以通过管理行为以最小的成本快速实现。这些特点包括合作决策、通过专业发展提升人力资本、全校范围的强有力领导、协调的课程、家长参与、对学习成就的认可和重视以及重视教与学。框 6.3 更详细地描述了我们称之为有效学校的战术特征:

框 6.3　有效学校的九大战术特征,这些特征可通过管理行为以最小成本快速实现

> 1. 学校自主管理和民主决策,鼓励各个学校承担更大的责任,在解决教育问题时给予更大的自由。
>
> 2. 学区支持学校提高发现和解决重大教育问题的能力,包括减少学区工作人员的检查和管理角色,同时加大支持和鼓励学校层面的领导力和合作解决问题水平提升。

续

3. 可以由管理者,或者由管理者、教师和其他人员组成的综合团队提供强有力的领导。

4. 稳定职工队伍,促进学校凝聚力的发展。

5. 有计划和协调的课程,全面考虑学生的教育需求,并增加课程学习的时间。

6. 通过将学校的组织和教学需求与教师自己感知的需求联系起来,解决全校员工的发展问题。

7. 家长参与,特别是对家庭作业、出勤和纪律的支持。

8. 全校对学习成功的认可,包括提高学习表现和达到卓越标准。

9. 强调教与学所需的时间,例如,减少打断和干扰时间,强调集中精力学习,以及调整教学活动。

框6.4 成为有效学校需要的四大战略特征

1. 合作计划和协同关系,促进团结,鼓励知识和思想的分享,并促进学校中所有人达成共识。

2. 社区意识,减少师生间的疏远感,加强相互分享的意识。

3. 明确的共同目标和更高但可实现的期望,这些期望来自于合作、协作和社区意识,并且有助于通过组织共同的目的来团结组织中的所有人。

4. 秩序和纪律,表明学校作为一个由学生、教师、教职员工和其他人组成的社区的严肃性和目的性,其重点是通过共同的目标、合作和协商来达成一致。

框6.3中列出的有效学校的特征是必要的,但是它们本身并不会导致有效学校的形成。它们为发展第二组的四个特点奠定了基础,这些特点具有强大的力量来恢复和增强学校解决问题的能力,并随着时间的推移提高其有效性。第二组的特点是长期致力于培养员工,合作开发具有共同目标的社区意识,这些共同目标具有很高但可以实现的期望。这些长期特征,我们称之为战略特征,列举在框6.4中。

显而易见,第二组"战略"特征所列的学校关键特征要比第一组复杂得多,随着时间的推移更难实现和维持,但它们结合在一起会产生巨大的力量,将提高教育效果作为学校生活的中心焦点。当然,这种力量在于学校内部培养的一种文化,即规范、价值观和信仰,这种文化将学校里的人团结起来,不停地提高教育有效性。许多(如果不是大多数的话)学校改进计划可能被错误地严格"执行"相对简单的战术特征而不能认真地参与由更复杂的战略特征所建议的文化重建。

在卡尔·格利克曼、斯蒂芬·戈登和乔维塔·罗斯·戈登（Glickman, Gordon & Ross-Gordon, 2007）称之为"学校改进研究"的研究中发现了这些特征。他们指出，学校改进研究表明我们如何随着时间的推移，保持有效学校的特征，从而提高学生和学校的成果。他们对学校改进文献的回顾列出了发展有效学校最重要的因素。这些因素列在框 6.5 中。有效学校的办学特色是重视人力资源，将人力资源视为专业人员，并通过专业发展继续改善这些人力资源。

框 6.5　学校改进的特点（Glickman, Gordon & Ross-Gordon, 2007, p. 42）

- 领导力有各种来源，包括教师领导力。
- 考虑具体的学校情境与文化。
- 家长参与。
- 共同愿景并不断修正。
- 外部和内部支持，包括时间、道德和技术支持。
- 注重教与学。
- 持续的专业发展，包括持续的分析、反思和成长。
- 教育对话。
- 教师合作。
- 民主、集体探究，包括行动研究。
- 把改进工作整合成一个连贯的程序。
- 基于数据的多指标改进反馈。

真实案例：

课程与专业发展

印第安纳州马里恩市马里恩社区学校基础教育教学协调员，斯科特·D. 克罗纳

近年来，教育家们对"既定课程"和"开设课程"进行了大量的讨论。从学区

层面来看,确保所有既定课程都能实际授课(更重要的是学习到内容)的制度到位是至关重要的。很多时候,专业发展的质量是决定这个目标是否实现的关键因素。

在过去的几年中,我们学区一直在努力确保教学课程的一致性。很多时候,由于没有指导和课程合作的机会,教师会变得孤立无援,教授自己感觉轻松的课程。仅此因素就会对学生的学习产生不利影响。而且,不一致的课程对转学的学生就变得更加有害,我们学区就是这种情况。

为了应对这一挑战,在过去的一年中,我们学区在所有年级和所有教学楼里实施统一的形成性评价。每个月,来自不同楼层的同一年级教师会被安排半天的时间用于专业发展,以年级组的形式与一位校区管理者会面交流。在交流中,教师们回顾先前的测评数据,讨论成功的教学策略,并基于学生的成绩和他们的课程规划合作编写下一次的统一测评试卷。这个过程不仅要求我们要反思课程,而且要让教师更深刻地理解课程标准。此外,这个过程让我们有责任确保课程是缜密的,并且最重要的是帮助我们确定学生是否掌握。有趣的是,我们观察到,通过一年的学习,学生的学习成绩得到提高。除了统一教学和测评的课程外,我们团队还为我们四所小学制定统一的课程表,每所小学都有具体的第 2 层级干预反应(Response to Intervention, RtI)时间,以便为成绩不理想的学生提供额外的阅读指导。第 2 层级干预反应教学是根据形成性评价的结果来满足学生需要的。这两项改进措施有助于提高我们的阅读理解成绩,如印第安纳州三年级阅读测试与评价水平(Indiana Reading Evaluation and Determination, IREAD 3)从 72%(2011—2012 学年)提高到78%(2012—2013 学年)。我们的形成性评价结果也表明本州的问责评估有了显著改进,尽管目前还没有这方面的数据。

不出大楼就可获得的专业知识是教育工作者能获取的但又是未充分利用的专业发展资源之一。通过形成性评价指导教师进行课程教学,我们能够看到教师的教学方法和学生的学习方面有显著进步。在每次月度会议之后,我们的教师回到他们的教室,全身心专注于他们的课程、帮助学生改善学习的新教学手段以及从学校其他教师那里获得的专业知识和支持。

专业发展

为了实现上述有效学校的特征,领导者必须重视组织中的人力资源,并能明白提高员工的知识基础是至关重要的。虽然专业发展预算往往在紧缩时期是首先缩减的,但经验丰富的领导会尽其所能确保工作人员的专业发展能继续进行,因为他们认识到,除非他们能够集中精力不断改善人力资源,否则该组织将滑坡或至少停滞。研究报告也支持了这些说法,例如,琳达·达林·哈蒙德(Darling-Hammond,2000)的研究表明,教师培训和认证与学生在阅读和数学方面的表现之间具有很强的相关性。不管学生的社会经济地位或语言背景如何,事实的确如此。达林·哈蒙德的结论是:

> 正在进行的改革旨在建立更全面的教师资格证制度、更高效的教师教育计划以及更有效的专业发展战略,有证据表明这些改革对教师的教学方法有很大的影响,教学方法的改进进一步提高了教师教授差异化学生的能力,他们以敏锐的诊断眼光和多样化的教学策略帮助学生掌握具有挑战性的内容。(p. 33)

美国国会认识到教师培训、认证和专业发展的重要性,要求学区证明他们有"高素质的教师"。高素质的教师必须具有学士学位,必须获得各种必要的证书,并证明他们了解所教的每个学科领域。为了帮助当地教育机构为所有学生配备高素质的教师,《不让一个孩子掉队法案》的第二条款就包括拨款改善学校人力资源的内容。这些拨款包括资助专业发展,吸引来自非教育背景的第二职业个人获得教师资格认证的替代途径,以及招聘和留住高素质的教师、校长和其他人员。第二条款中更有争议的章节包括资助改革教师终身制,以便更容易解聘不合格教师,资助为获得教师资格证书而进行的学科知识测试,以及资助地方教育局发展绩效考核体系,相信绩效工资将提高教师的绩效。

无论学校领导是否能够利用第二条款中的资金,通过专业发展改善人力资源是至关重要的。然而,所有教育工作者都有过可怕的经历,他们必须忍受一些糟糕的在职培训工作坊,因此,教师经常批评所在学区或学校的专业发展计划。

框 6.6　有效专业发展项目的特点

- 参与者参与项目规划、实施和评估。

- 学校目标是改进的基础,个体和群体目标与学校目标整合。

- 长远规划与发展。

- 将研究和最佳实践纳入学校改进和教学改进中。

- 在项目规划和实施中有管理层的支持和参与,包括提供时间和其他资源等。

- 坚持成人学习的原则。

- 关注改革研究,在整个改革过程中需要解决个体关心的问题。

- 把后续学习和支持转移到学校或课堂中。

- 持续的评价和反馈。

- 持续的专业发展成为学校文化的一部分。

但是,如果对专业发展进行适当规划,包括安排接受培训的人员,确保培训关注的是学区和学校的改进目标,以及开展持续培训,而不是一次性工作坊等,那么专业发展可以是非常有效的。框 6.6 列出了成功员工发展项目的特点(Glickman et al. , 2007, pp. 353 - 354)。

通过教职员工发展来提高人力资源是领导者的责任。无论专业发展预算是否被削减,校长都必须设法为教职员工提供学习机会。即使预算紧张,也可以通过排序和分批来提供有效的教职员工发展方法。让教师们互相观察,然后讨论观察到的情况以及如何改进,是一种非常有效的学习方法。教职员工应该发展这种方法和其他类似的方法,花费很小却获得提供出色的学习机会。即使在紧缩时期,目标也应该是改善人力资源。

结　语

1887 年夏天,普林斯顿大学助理教授伍德罗·威尔逊(Woodrow Wilson)(美国未来的总统)在《政治学季刊》上发表了一篇名为《管理研究》的文章,这标志着真正管理研究的开始。在随后的一个世纪里,组织管理专业的学生努力做以前从未做过的事情:通过系统的探究来增加我们对组织和员工行为的理解。两个非常明确的长期发展趋势共同为我们提供了现在和未来的舞台。

创建管理科学的努力

管理思想和实践的基础是找到一些深层和持久的原则,这就导致了对管理科学的探索。这种努力的动力来自一种信念,即一些基本的理性逻辑、系统和秩序必须成为组织的基础。这些都将通过客观、不涉及价值的科学研究发现,使用测量手段并用数学术语来描述和表达。

一旦这些因素被发现,人们就认为,从事管理实践的系统原则可以科学地从这些因素中得出。然而,到 20 世纪中叶,许多观察家不仅对指导科学发现过程的组织制度假设和合理性产生怀疑,甚至对假定的秩序和逻辑系统是否存在表示怀疑。这些怀疑源于两个主要的观察结果:首先,实践管理者在他们所经历的组织生活现实和学术界所拥护的组织生活理论之间几乎没有什么关系。第二,很少有令人信服的证据来证明这些"科学"的假设比其他有洞察力和深思熟虑的观点更有效。

在 1974 年,对这种逻辑实证主义范式的正式挑战的论文开始发表出来,所谓的理论运动崩溃了,今天教育管理专业的学生已经团结在一个仍在发展的新范式周围。这个新范式拒绝拟人观,因为拟人观使我们将组织具体化,并认为它们以某种独立于人类的方式存在。组织实际上是社会发明,只存在于人的头脑中。我们现在考虑的不是用数学术语分析组织,而是用人类术语来理解组织。我们认为组织自身不会行动或思考,而人会行动和思考。

因此,在组织研究的第二个世纪开始之际,很少有人真正地认为发展一门管理科学的时机已经成熟。然而,这个事实并不意味着我们未能发现组织行为的一些基本原则,或者未能增进对组织生活的理解。事实远非如此。一个世纪以来,不断地理论化和研究产生了丰富的知识遗产,管理者可以在实践中加以利用。但是,它并不像先驱学者所期望的那样具有逻辑上的精确性和数学上的确定性。

以人为中心的组织管理

在组织研究的第一个世纪中,出现的最有力的研究涉及现在显而易见的问题:理解组织的关键在于理解人和社会维度。早期学者强调组织结构主要是权力等级,下级要服从上级的权力和权威,才被认为是正当合理的。到了 20 世纪中叶,在西部电气公司研究完成后，组织管理专业的学生开始理解人的动机、抱负、信念和价值观在决定领导和发展组织的有效性方面具有不可思议的力量，这些被道格拉斯·麦格雷戈（Douglas McGregor）后来称之为"企业的人性方面"。

起初，等级权威的合理性信念仍然被广泛地持有，组织的人性方面被解释为"人际关系"，意味着采取措施改善和减少工人因没有权力而进行的反抗。正如管理者所解释的，人际关系通常会改善和诱使人们服从组织权威。这些诱因包括健康保险计划到日常交往中的简单礼节，从提供愉快的工作环境到培养雇员对工作的感情。但在整个人际关系时代，管理者固守着这样的观念，即尽管他们可能对下属表现得礼貌，甚至友善，但组织中的权力是等级制的，理所当然地应该自上而下不对称地行使权力。

但是，无论是在组织研究中还是在更大的领域中，"世纪之战"一直是中央集权与个人自由、根深蒂固的权力精英与普通人之间的斗争。各种各样的组织，往往一度受人尊敬，现在却受到怀疑，受到敌视，常常被形容为压迫性的。从国家、州到学区，各种组织通过传统的自上而下的等级权力来建立和维持组织纪律的能力正在迅速削弱。更大的背景，是20世纪80年代末在东欧、苏联和南非开始出现了传统政治霸权的崩溃，当时全世界人民要求更大的权力和自由来摆脱中央集权的组织压迫，以及对自己生活和命运的更大控制。

在美国教育界，这个主题被不断地重复，即便以低声的语调，呼吁努力通过重组学校来提高学校的绩效，以增强教师做出关键教育决策的能力，促进合作决策的能力，以及创建协作成长型的学校文化。这是对传统思维的显著背离，并基于这样的信念：过分强调官僚结构、自上而下的权力行使和集中控制显然未能产生传统组织理论所倡导的结果。

组织的现在和未来

今天，传统的官僚组织方式和强调组织人性维度的新型组织方式并存，常常争夺教育管理者的关注和忠诚。官僚主义教育方式在教育机构中还远未消亡，许多人相信，自上而下地强行变革是改革学校最有效的方法。不幸的是，《不让一个孩子掉队法案》和"力争上游"计划支持官僚主义的人力资源开发方法。这些方法包括的方案都是基于学校和学区的严格问责制，这些制度将学生成绩和教师与校长评价标准(例如共同核心州立标准,将在后面章节讨论)联系起来,这将影响学生分班、教师任期、晋升、解雇和薪酬增加。这些制度,通常被称为增值模型(Value-Added Model,简称 VAM),未经验证,但旨在通过确定个体对学生和学校改善增加了多少价值并使用评价结果来激励和改善教职员工(Ravitch, 2013)。

近年来,非官僚的组织和管理方法迅速得到许多教育家和教育组织的支持。未来几年,这两种方法将继续在思想市场上竞争,因为建立人力资本的概念能够很好地满足当代条件,所以继续取得进展。

反思活动

1. 在这一章中,我们指出了学术界和实践者在世界观上存在的差异。作为一个有抱负的领导者,你对这些差异有何看法? 你的观点将如何影响你领导组织的方式?

2. 在关于组织行为的研究中,分别找到一篇定量研究为主和一篇定性研究为主的文章,着重关注文章中的人性维度或改善人力资本方面。比较和对比不同的研究设计和数据收集方法。描述这些文章中的发现。每一篇文章中的研究方法对理解组织有何帮助? 在你看来,哪种类型的研究范式最好?

3. 反思迈耶和罗万的研究结果。分析组织中的领导层是如何运用官僚主义手段来影响教师的教学行为的。这些想法有效吗? 提出其他可能影响教学的有效想法。

4. 利用对有效学校和进步学校特征的研究,找到你们学校中正在使用的策略和没有被使用的策略。你们学校使用的这些策略有效吗? 如果它们有效,为什么会有效呢? 如果没有,你有什么建议来提高它们的有效性?

5. 反思有效专业发展的特征。根据这些特征描述你们学校的专业发展规划。

6. 制定行动计划。考虑以下广告,它出现在一份全国性报纸上(除了名字和日期有变化外)。

假设你有兴趣申请广告中的校长职位。在回顾了你迄今为止在行动计划上所做的工作,并复习了本章内容之后,根据广告中的要求写一封求职信的草稿。要求信的主要内容是关于你的信念,即通过人力资源能力建设来帮助创建或维持有效学校。

因为这封信必须写在一页纸上（包括标题、信内地址和签名），所以不能回答广告中提出的每个问题。在准备草稿时，你最多选择几个你认为重要而且能够发挥你自己优势的要点。

与其他人讨论他们如何处理这个问题，以及为什么他们选择说出他们做的事情，这将是有趣的，而且值得学习的机会。

哥 伦 比 亚 前 景 报

2014 年 7 月 1 日职位空缺

校长……

亚历山大市汉密尔顿高中

加入并领导一所优秀的高中，拥有一支有才华的教职员工团队、一个支持的社区、积极进取的优秀学生。

如果你……

- 有卓越教育的愿景；
- 善于合作；
- 聪明、善于表达和反思；
- 相信所有的学生都能达到或超过州标准；
- 有幽默感；
- 享受参与一个令人兴奋的教育环境，受到学生和教师的尊重和赞赏；
- 希望领导一个充满活力和天赋的教职员工团队，并与他们一起学习。

亚历山大市汉密尔顿高中可以实现你的梦想！

请于 2014 年 7 月 30 日前请写一封一页以内的信，描述你对这个职位的兴趣，寄到以下地址：

穆尔斯敦,PA 33908
邮政信箱 834
《哥伦比亚前景报》招聘部　转交　区域服务

请不要打电话。

仅书面回复。

为雇员提供均等的机会，在薪酬或其他待遇方面不存在任何歧视。

关键事件：彻底扭转麦迪逊高中的局面

弗朗西斯·温斯坦（Frances Weinstein）博士喜欢她新头衔的光环，教育博士，这是她最近在州立大学主校区获得的。现在，她为担任麦迪逊高中校长这个荣誉以及挑战而激动不已。毕竟,麦迪逊高中是一所受人尊敬的学校,尽管它昔日的威望如今显得有点过时了。雷纳尔多·卡雷拉斯(Renaldo Carreras)督学明确地告诉她,她的新工作是让麦迪逊高中重返过去的辉煌岁月。温斯坦博士毫不怀疑,她可以做到这一点,毕竟,她的研究生学习就侧重于有效学校的研究,此外她作为沃灵福德高中行政助理校长的工作也很出色。那个工作也不是在公园里散步那么简单!

麦迪逊高中的创始校长温特沃思(Wentworth)先生顺利地退休了,教职员工都知道他该退休了。卡雷拉斯督学向温斯坦博士说出麦迪逊高中最困扰他的问题是:(1)出勤率很差,而且越来越差;(2)成绩测试分数持续下滑;(3)学术能力评估测试(Scholastic Aptitude Test, SAT)分数也跟着下滑;(4)辍学率逐步攀升。

温斯坦博士认为麦迪逊高中第一年情况会进展顺利。她遵循了一个经过深思熟虑的战略计划。她将在第一学期完成以下四项任务:

1. 了解学校和学校的工作方式,并确认卡雷拉斯督学给她描述的糟糕表现是否的确存在。

2. 了解并发展与 119 名教师和辅导员的协作关系。

3. 抓住每一个机会向家长和重要的社区成员展示自己并代表学校的形象。

4. 对学校表现不佳现象的问题根源做出诊断,制定并启动她第二年的行动计划。

她了解到,卡雷拉斯的四项绩效指标也引起了教职员工的关注。教师和辅导员表示担心,旷课是一个日益严重的问题,上学迟到也是如此。他们认为,纪律在走廊、自助餐厅和一些班级中几乎处于混乱状态。越来越多的学生群体似乎也出现了以下模式:准时到校,登记为"到校",也许去一两个学生喜欢的课堂(如健身房或商店),吃午饭,然后闲逛,一整天都没人影了。

在 3 月份的教职员工会议上,温斯坦博士宣布学校将发展一所新生学院,从而启动她的行动计划。教职员工会议在学校的大型演讲厅里举行,这个演讲厅被设计为环形,阶梯座椅,讲台在中间。温斯坦博士自豪地利用这个机会展示她的 PPT,介绍了新生学院的概念,解释它的内容,并鼓励接下来的讨论。讨论异常活跃,包括对是否适合麦迪逊高中的一些怀疑和保留意见。许多教职员工的保留意见集中在这种做法如何能被纳入学校的课表。其他人认为这个想法完全达不到目标，因为麦迪逊高中的问题来自人口的变化。当然，他们暗指越来越多的低收入家庭搬进麦迪逊高中所在的招生区域，补贴午餐数量的上升趋势就证明了这一点。

温斯坦博士宣布会议结束，她向教职员工保证，在今后的几个月里，他们将有很多机会讨论新生学院。她、顾问和行政助理校长将立即开始制定明年的日程安排，并且毫无疑问，这一计划安排是可以制定出来的。她总结新生学院理念的要点："它将帮助高中新生适应从初中到高中的转变，提供一批有爱心的教师和一名他们认识并能信赖的学校辅导员，以及给学生提供关爱文化和学业上的支持，使他们不太可能辍学。"

温斯坦博士最后热情地说："我们将使麦迪逊高中成为学生们想去的地方，因为他们知道我们关心他们。我们需要整体地对待这些孩子，而不仅仅是送他们去不同的班级，并希望他们能取得最好的结果。你要对你所在学院的孩子承担个人责任。这是你现在能做到的改变。它不需要很多资金、时间和培训。你们都是专业教师，你们知道如何帮助这些孩子。"

温斯坦博士在麦迪逊高中的第二年，也就是下一学年的开学典礼上，积极地创办了这所新的新生学院。她投入了大量的时间、精力和个人关注来支持和鼓励它的实施和发展。但是随着时间的推移，她感到灰心丧气，没有看到任何变化，如果有的话，就是处理新生的方式。教师和辅导员都坦率地告诉她，学院的想法没有多大影响，可悲的是，发展趋势也证实了这种判断。教师和辅导员们确信，他们一直关心和支持他们的学生，尽管他们不接受新生学院的想法。他们觉得这种改变只是简单地压到他们身上，他们几乎没有受过什么训练，也没有额外的时间去实施他们认为使这种计划有效运作所需要的改变。

1. 分析麦迪逊高中的变革过程。校长实施的变革出了什么问题？

2. 你能建议一种更有效的方法吗？

3. 在你的回答中，请包含本章中着重于发展人的能力和人际关系的概念。

推荐阅读书目

Blase, J., & Blase, J. (2003). *Breaking the silence：Overcoming the problem of principal mistreatment of teachers.* Thousand Oaks, CA：Corwin Press.

本书描述了有关管理者虐待或霸凌行为的研究文献，并详细介绍了作者完成的关于校长虐待教师的研究结果，这些在本章中都有所体现。他们称之为"教育领导的阴暗面"。

Meyer, M. W. (1978). *Environments and organizations.* San Francisco, CA：Jossey-Bass.

在古典官僚主义传统中，结构主义长期主导着社会学对组织的思考。这本重要的书标志着与传统的明显背离，介绍了社会学学科中出现的新的组织理论。强烈推荐阅读关于"教育组织结构"的精彩篇章。

Mink, O. G., Mink, B. P., & Owens, K. Q. (2000). *Developing high performance people：The art of coaching.* Reading, MA：Addison-Wesley Longman.

作者将教练描述为鼓励他人体验自己力量的艺术，并试图展示领导者如何根据当前学校改革的要求，利用教练方法来创造高绩效的环境。从了解人们如何在工作中学习和成长开始，他们帮助员工清除影响绩效的障碍，与其他人一起参与自我管理团队以及努力提高组织绩效的问题。

Mintzberg, H. (1979). *The structuring of organizations.* Englewood Cliffs, NJ：Prentice Hall.

本书就当代组织规划和组织建设问题进行了清晰、全面和透彻地讨论。书中描述了五种特定类型组织的特征及其对管理的影响。

Parker, G. M. (1994). *Cross-functional teams：Working with allies, enemies, and other strangers.* San Francisco, CA：Jossey-Bass.

虽然本书主要涉及企业管理，但它的例子中包括一些美国公立学校教育团队的努力值得学习。它是一本操作手册，在诸如克服沟通障碍、在小组之间架起桥梁、共同开展顺利和高效的合作等问题上提供建议和实际指导。

Peters, T. J., & Waterman, R. H., Jr. (1982). *In search of excellence：Lessons from America's best-run companies.* New York, NY: Harper & Row.

长期以来，本书一直被列为畅销书，对于那些想了解现代组织理论在竞争激烈的企业世界中如何被运用的人来说，这本书是必读之作。虽然本书的重点是商业和工业，但它包含了大量的素材供教育家们思考。

参考书目

Argyris, C. (1953). Human problems with budgets. *Harvard Business Review*, *31*, 97 – 110.

Barth, R. S., & Deal, T. E. (1982). *The effective principal: A research summary.* Reston, VA: Association of Secondary School Principals.

Bidwell, C. E. (1965). The school as a formal organization. In J. G. March (Ed.), *Handbook of organizations*(pp. 972 – 1022). Chicago, IL: Rand McNally.

Blase, J., & Blase, J. (2002). The dark side of leadership: Teacher perspectives of principal mistreatment. *Educational Administration Quarterly*, *38*(5), 671 – 727.

Blase, J., & Blase, J. (2006). Teachers' perspectives on principal mistreatment. *Teacher Education Quarterly*, *33*(4), 123 – 142.

Blase, J., & Blase, J. (2008). The mistreated teacher: A national study. *Journal of Educational Administration*, *46*(3), 263 – 301.

Blumberg, A. (1988). *School administration as a craft: Foundations of practice.* Boston, MA: Allyn and Bacon.

Bolman, L. G., & Deal, T. E. (1984). *Modern approaches to understanding and managing organizations.* San Francisco, CA: Jossey-Bass.

Conant, J. B. (1964). *Two modes of thought: My encounters with science and education.* New York, NY: Trident Press.

Darling-Hammond, L. (2000, January). Teacher quality and student achievement: A review of state policy evidence. *Education Policy Analysis Archives*, *8*(1). Retrieved from http://epaa. asu. edu/epaa/v8n1/

David, J. L. (2008). What research says about classroom walk-throughs. *Educational*

Leadership, *65*(4), 81 – 82. Firestone, W. A. , & Wilson, B. (1985). Using bureaucratic and cultural linkages to improve instruction: The high school principal's contribution. *Education Administration Quarterly*, *21*(2), 7 – 30.

Glickman, C. , Gordon, S. , & Ross-Gordon, J. (2007). *Supervision and instructional leadership: A developmental approach*. Boston, MA: Allyn and Bacon.

Glomb, T. M. (2002). Workplace anger and aggression: Informing conceptual models with data from specific encounters. *Journal of Occupational Health Psychology*, *7*(1), 20 – 36.

Greenfield, T. B. (1975). Theory about organization: A new perspective and its implication for schools. In M. G. Hughes (Ed.), *Administering education: International challenge*(pp. 71 – 99). London, England: Athlone.

Greenstone, M. , & Looney, A. (2013). Is starting college and not finishing really that bad? *The Hamilton Project at The Brookings Institution*. Retrieved from http://www. hamiltonproject. org/files/downloads_and_links/May_Jobs_Blog_20130607_FINAL_2. pdf

Harlos, K. P. , & Axelrod, L. J. (2005). Investigating hospital administrators' experience of workplace mistreatment. *Canadian Journal of Behavioural Sciences*, *37*(4), 262 – 272. Hoy, W. K. , & Miskel, C. G. (1982). *Educational administration*(2nd ed.). New York, NY: Random House.

Kanter, R. M. (1983). *The change masters: Innovation and entrepreneurship in the American corporation*. New York, NY: Simon & Schuster.

Killian, R. A. (1976). *Human resource management*. New York, NY: AMACOM.

Likert, R. (1967). *The human organization: Its management and value*. New York, NY: McGraw-Hill.

Meyer, J. W. , & Rowan, B. (1983). The structure of educational organizations. In J. W. Meyer & W. R. Scott (Eds.), *Organizational environments: Ritual and rationality* (pp. 71 – 98). Beverly Hills, CA: Sage.

Morris, V. C. , Crowson, R. L. , Hurwitz, E. , Jr. , & Porter-Gehrie, C. (1981). *The urban principal: Discretionary decision making in a large educational organization*. Chicago, IL: University of Illinois Press.

Murphy, J., & Seashore-Louis, K. (1994). *Reshaping the principalship: Insights from transformational reform efforts.* Thousand Oaks, CA: Corwin Press.

Newberg, N. A., & Glatthom, A. G. (1983). *Instructional leadership: Four ethnographic studies of junior high school principals.* Washington, DC: National Institute of Education.

Peters, T. J., & Waterman, R. H., Jr. (1982). *In search of excellence: Lessons from America's best-run companies.* New York, NY: Harper & Row.

Purkey, S. C., & Smith, M. S. (1985). School reform: The district policy implications of the effective schools literature. *Elementary School Journal*, *85*, 353 – 389.

Ravitch, D. (2013). *Reign of error: The hoax of the privatization movement and the danger to America's public schools.* New York, NY: Alfred A. Knopf.

Reitzug, U. C., & Cross, B. E. (1994, April 5). *A multi-site case study of site-based management in urban schools.* Paper presented at the annual meeting of the American Educational Research Association, New Orleans, LA.

Rogers, C. R. (1963). Toward a science of the person. *Journal of Humanistic Psychology*, *3*(2), 17 – 31.

Schein, E. H. (1985). *Organizational culture and leadership.* San Francisco, CA: Jossey-Bass.

Schön, D. A. (1987). *Educating the reflective practitioner.* San Francisco, CA: Jossey-Bass.

Schultz, T. W. (1960). Capital formation by education. *The Journal of Political Economy*, *68*, 3 – 72.

Schultz, T. W. (1963) *The economic value of education.* New York, NY: Columbia University Press.

Weick, K. E. (1976). Educational organizations as loosely coupled systems. *Administrative Science Quarterly*, *21*, 1 – 19.

第七章　组织文化与组织氛围

因为人们在组织生活中的行为产生于他们的动机需求和特征（气质、智力、信念、感知）和环境特征之间的相互作用，或者描述为 $B = f(p \cdot e)$，所以组织环境是影响组织行为的关键。虽然教育领导者很少有能力改变组织中个体的内在动力和动机，但他们在改变组织环境方面有相当大的自由度。

但请记住，组织及其组织环境是一个社会构建的现实，它是无形的。当然，教学楼是完全有形的，正如家具、设备、档案以及构成学校实体的其他人工制品一样。但这些不是组织。组织主要存在于观察者的眼睛和头脑中，实际上，它几乎就是人们的想法。

为了实现组织的目标，协调和影响人们的行为是管理者和领导者所关心的中心问题。在本书的前面，针对这个问题我们指出了两种截然不同的思维和行动方式。也就是说，有两种不同的理论方法：一种是传统的官僚主义方法，另一种是通过人力资源开发来构建人力资本的方法。本书的前面对这两种理论方法进行了比较和对照。

如果教育管理者没有能力直接改变或影响组织参与者的内心状态，即他们的动机，他们仍具有相当大的能力通过间接的方式去实现这一目的。通过创建一个促进组织成员个人成长的组织环境，即一个支持创造力、团队建设和参与解决问题的环境，学校领导者可以利用内部动机的强大能量，而在传统的组织环境中这些动机经常受到压制和阻碍。当然，我们在这里讨论的主要是组织的社会心理环境，而不仅仅是物理环境，它是组织氛围和组织文化的领域。

一、组织文化和组织氛围的定义和描述

组织参与者的内心状态是了解他们行为的一个关键因素。因此，尽管直接的

先行条件可能很好地唤起行为反应，但是参与者的感知、价值观、信仰和动机也可以唤起人们的行为反应。换言之，参与者通常对组织事件做出的反应，在很大程度上是根据他们随时间积累的经验，而不仅仅根据他们行动之前的事件。因此，教育领导者非常关心组织参与者被社会化的力量和过程，包括他们如何发展有关组织的感知、价值观和信仰，以及这些内心状态对行为的影响。在当代组织行为学文献中，这些是组织氛围和组织文化的领域。

组织氛围和组织文化不是新概念。它们在组织研究文献中有着悠久的传统，至少可以追溯到20世纪30年代的西部电气公司研究，其中指出一些管理风格激发了工人的归属感、能力和成就感，促使比以前做的工作更有效率，并且与其他的管理方式相比，工人获得更大的满足感（参见第三章和第五章）。从20世纪40年代开始，库尔特·勒温（Kurt Lewin）以及他的同事和学生们进行了大量研究，探讨这样一个命题，即通过使用计划干预措施改变管理者和工人的社会规范，可以使组织更加有效。

多年来，许多不同的名称被用来暗示这种微妙、难以捉摸、无形和无意识的力量，这些力量构成了组织象征性的一面，并塑造人类思想和行为。切斯特·巴纳德（Barnard，1938）在组织研究的早期，就把文化描述为人们使工作和生活具有意义而进行的社会虚构。在19世纪40年代，菲利普·塞尔兹尼克（Selznick，1949）用惯例这个词来描述在组织中产生团结、意义、承诺和生产力的因素；在20世纪60年代，组织氛围这个词在组织专业的学生中变得非常流行，这在很大程度上是源于安德鲁·哈尔平和唐·克罗夫特（Halpin & Croft，1963）对小学的研究。在20世纪70年代，鲁特、莫恩、莫蒂摩尔和奥斯顿（Rutter，Maughan，Mortimore & Ouston，1979）指出"风气"的重要性，它决定了他们所研究的高中的有效性。在20世纪90年代，我们从海菲兹（Heifetz，1994）了解到，我们从权威人物的话语中学习的文化规范可以在一定程度上实现权威的社会功能，尽管不完全如此。2001年，富兰（Fullan，2001）告诉我们，我们有责任建立一种文化，以实现我们改变儿童生活的道德目标。马尔扎诺、沃特斯和麦克纳尔蒂（Marzano，Waters & McNulty，2005）告诉我们，成功的校长在建立积极的文化中培养共同的信念和社区意识。而根据麦克拉伦（McLaren，2007），批判理论家将学校教育定义为文化政治（将在本章更详细地讨论）。这些研究说明有大量的探索试图描述和解释我们掌握的思维模式，这些思维模式反映在我们的行为中并通过行为进一步得到强化，虽然并不是显而易见的，但在塑造人们的行为上却是如此的强大。这些思维模式以及与之相关的行为给我们提供稳定性、培养确定性、巩固秩序和可预测性并在组织中创造意义。

观察者走进不同的学校就会不可避免形成一种感觉,即每个学校都是与众不同的,在某些几乎无法确定但又重要的方面具有其独特性。当我们在学校的时候,这种感觉似乎更明显,不只是把那所学校描述为:就是那样的学校。正如我们已经说过的,许多不同的术语被用来区分组织所具有的独特性。人们在谈到学校的这种独特性时,有时会使用诸如气氛、个性、基调或风气之类的术语。但是,组织氛围这个术语已经相当普遍地用来隐喻组织这种独特性。但是组织氛围是什么呢? 它是如何产生的?

学校生态环境 物理和物质因素

建筑与设施	技 术
设施	时间表/进度安排
建筑物年代	(例如,作息时间表、课程内容范围和顺序)
建筑物大小	教学设备
建筑物设计	书本
残疾人无障碍	计算机
设备与家具	视频
建筑物条件	电影
	黑板
	教学安排
	学生分组
	教学技巧
	测试

图7.1 产生学校生态环境特征的一些说明性例子

组织氛围通常被定义为学校建筑中的整体环境特征(Anderson, 1982; Miskel & Ogawa, 1988)。但是我们需要理解有哪些特征,并作为理解的基础,我们找到莱纳托·塔格利(Tagiuri, 1968)的研究,他描述了一个组织中的总体环境,即组织氛围,由四个维度组成:

1. 生态特征指的是组织中的物理和物质因素:例如,建筑物的大小、年代、设计、设施和条件。它也指组织中人们使用的技术:桌椅、黑板、电梯,一切用来进行组织活动的东西。参阅图7.1。

2. 社会环境是组织中的社会维度,它几乎包括组织中与人相关的所有内容,例如,有多少人以及他们是什么样的。社会环境还包括种族和民族、教师的工资水平、学生的社会经济水平、教师所受的教育水平、生活在学校的成年人和学生的士气和动机、工作满意度水平和组织中人们的许多其他特征。参阅图7.2。

学校社会环境　人类社会系统因素

技能	士气
动机	群体规模
工作满意度/报酬	种族、民族和性别问题状况
情感	学生社会经济水平
价值观	教师所受的教育水平
	领导力

图7.2　产生学校社会环境特征的一些说明性例子

3. 社会制度(组织)是指组织的组织结构和行政结构。它包括学校的组织方式、决策方式以及由谁参与决策、人与人之间的沟通模式(谁与谁谈论什么)、工作群体的种类等等。参阅图7.3。

学校组织　组织结构因素

组织的:	
教学	沟通模式
监督	管控机制
管理	等级/协作模式
服务支持	规划实践
学生服务	形式结构
决策实践	(例如,部门、强调规则)

图7.3　产生学校组织特征的一些说明性例子

4. 文化是指组织中人的价值观、信仰系统、规范和思维方式。这是"我们在这里做事的方式"参见图7.4。组织总体环境的这一方面将在稍后进行更全面地描述。

如图7.5所示,这四个维度或子系统是相互动态关联的。在构建图7.5时,我们已经将"组织"这个术语替换为塔格利最初的术语"社会系统",因为它似乎更能描述这个维度实际所包含的内容。氛围的许多组织维度来自管理者直接控制或强烈影响的因素。重要的是,管理者要理解他们选择的组织方式与所体现的组织氛围之间的紧密联系。对某些人来说,社会系统传达了一种无法控制的自然秩序感,而组织使管理者对建立这种秩序的责任更加清晰。

学校文化　社会心理特征

假设 价值观 规范 思维方式 信念系统	历史 英雄人物 仪式 人工制品 艺术 可看见和可听到的行为模式

图7.4　产生学校组织文化特征的一些说明性例子

外部环境：社会、政治、经济、技术、法律、人口、生态和文化系统

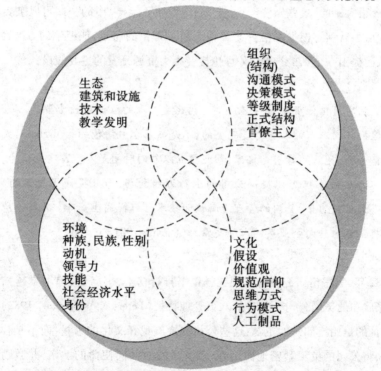

图7.5　组织的四个内在维度或子系统,即生态、环境、组织和文化,在组织内是动态交互的,而组织本身与其外部环境也是动态交互的

然而,当代思想并不认为四个维度中的任何一个在产生特定组织氛围的特征和质量方面具有同等的能力。最近的研究集中于组织文化在确定组织氛围的特征和质量方面的首要地位。

二、组织文化的重要性

组织文化研究一直处于组织研究的边缘地位,从1981—1982年开始进入中心舞台。这是一个戏剧性的转变,转变的原因是由于两本书的出版。其中第一本是威廉·欧奇(William Ouchi)的Z理论,出版于1981年,成为第一本由组织行为学研究者创作,并长时间出现在非小说类畅销书排行榜上的图书(Ouchi, 1981)。这本书出版的时机正是美国企业管理者摸索解决与日本竞争中遇到的困难之际。欧奇是一位日裔美国人,他对比了两国所采用的管理风格。他发现,日本的管理做法往往与美国有很大不同,这些做法(并非全部,由于社会差异)中的一些可以被美国公司采纳,并从中获利。根据麦格雷戈X理论和Y理论的启示,他把他的方法命名为Z理论,从而提出一个新的选择。Z理论接受人力资源开发的主要假设:

> 在所有价值观中,Z文化对人,也就是工人的承诺是最重要的。……Z理论假设任何工人的人格都是完整的,不是杰基尔－海德(Jekyll-Hyde)式的双重人格:朝九晚五的时间是机器,朝九晚五以外的时间是人。Z理论认为,人性化的工作环境不仅可以提高公司的生产力和利润,而且提高了员工的自尊心。……到目前为止,美国的管理者都认为技术可以提高生产率。Z理论所呼吁的是将注意力转向企业界的人际关系。(Ouchi, 1981, p.165)

1982年,另一份研究报告出现在畅销书排行榜上,书名是《追求卓越》,它描述了62家成功的美国公司所共有的八个管理特征(Peters & Waterman, 1982)。贯穿八个特征的是始终如一的主题:这些公司的价值观和文化的力量,而不是程序和控制系统,将公司的员工紧密地团结在一起,激发对共同使命的承诺,并激励他们的创造力和活力。这些价值观通常不是正式或书面传播的。相反,它们以故事、神话、传奇和隐喻的形式渗透到整个组织中,而且这些公司都专门有人负责关注组织文化意识:"优秀的公司并不耻于收集和讲述各种故事、传奇和神话来支持他们的基本信仰。菲多利食品公司讲述服务故事,强生公司讲述质量故事,3M公司讲述创新故事"(Peters & Waterman, 1982, p.282)。

为什么组织文化在美国长期处于边缘地位？为什么今天又成为美国管理的中心问题？第一个问题的答案之一是,长期以来,人们一直认为作为组织基础的人性是软实力,技术才是硬实力,资金同样是硬实力,组织结构、规章制度、政策决定——在许多管理者和经理们的字典里,这些都是硬实力,可以测量、量化和控制的事情才是硬实力。在这个观点中,组织的人性是软实力,人们普遍认为,价值观、信仰、文化和行为规范在完成事情方面作用不大。

但它有助于澄清什么是文化:一个共享价值观和信仰的系统,与组织中的人、组织结构和控制系统相互作用,产生行为规范。在实践中,共享价值观意味着"什么是重要的";信念意味着"我们认为什么是正确的";行为规范意味着"我们如何在这里做事"。随着企业运用这些理念获得成功,以及这些理念本身得到澄清,组织文化的概念突然变得对经理和管理者具有实际意义。正如彼得斯和沃特曼(Peters & Waterman, 1982)所说:"现在,文化是最'软'的东西。究竟该信任谁来剖析文化？人类学家还是社会学家？商人当然不会。但是文化也是最硬的东西。"(p. 319)

美国商界人士清楚地看到,抑制创新和努力工作的组织文化可能是适应不确定时代的最大绊脚石。对教育管理者来说,这个教训并没有被忘记:面对日益萎缩的财政、摇摇欲坠的公共支持、利益冲突引起的选区分裂以及普遍遭受指责组织效率低下,他们被组织文化对教育组织带来的启示所吸引。

三、组织文化与组织氛围的比较与对比

"文化"和"氛围"这些术语都是抽象概念,它反映这样一个事实,即组织中人的行为不是仅仅是通过与邻近事件的交互来激发的,而且还受到与组织环境中无形力量交互的影响。我们将更全面地解释的,文化是指组织的行为规范、假设和信念,而氛围指的是组织中反映这些规范、假设和信念的人的感知。

(一)组织文化

虽然在文献中发现有许多关于组织文化的定义,但是它们之间高度的一致性使得理解什么是文化,以及它与组织氛围的关系和区别变得相对容易。组织文化

是针对外部和内部问题解决方案的主体,它始终如一地为群体工作,因而被作为正确地感知、思考和感受这些问题的方式教授给新成员(Schein, 1985)。

文化经过一段时间的发展,在发展的过程中获得更深远的意义。因此,"这样的解决方案最终成为关于现实、真理、时间、空间、人性、人类活动和人类关系的本质假设——然后它们被认为是理所当然的,最后变成无意识的"(Schein, 1985, p. 20)。因此,"文化可以被定义为共同的理念、意识形态、价值观、假设、信仰、期望、态度和规范,它们一起组成一个共同体"(Kilmann, Saxton, & Serpa, 1985, p. 5)。在这种情况下,这个共同体就是一个组织(例如一所学校),并且在如何决策和解决问题方面,所有这些相互关联的品质在教师、管理者和其他参与者中都显示出隐性或显性的一致性:"在这里做事情的方式"(Kilmann et al., p. 5)。

根据特伦斯·迪尔(Terrence Deal, 1985),"大多数……文化定义的核心都是无意识(或半意识)思维模式的概念,这种模式反映在行为中并通过行为得到强化,它默默而有力地塑造一群人的体验"(p. 301)。这种思维模式,即组织文化,"提供稳定性,培养确定性,巩固秩序和可预测性,并创造意义"(Deal, p. 301)。它还产生了更简单的常识性定义,尽管这些定义有相似之处,比如:"组织文化是游戏规则,规则手册字里行间体现了其一致性"(Kilmann, 1985, p. 352)。或者,如威尔金斯和帕特森(Wilkins & Patterson, 1985)所说的,"文化由一群人从经验中得出的结论组成。一个组织的文化主要由人们相信什么有效和什么无效组成"(p. 267)。

批判理论家同意上文对文化的大部分讨论,但扩展了这个定义,将重点放在组织内的权力问题上。例如,麦克拉伦(McLaren, 2007)将文化定义为:

> 一个社会群体赖以生存和理解其"既定的"生活环境与条件的特定方式。除了将文化定义为一组实践、意识形态和价值观,不同群体从中汲取经验来了解世界,我们还需要认识到文化问题如何帮助我们理解谁拥有权力,以及它在将学校教育与更广泛的社会秩序联系起来的社会关系中是如何复制和表现的。个人表达自己文化的能力与某些群体在社会秩序中能够运用的力量有关。(p. 201)

在麦克拉伦的定义中,社会上有一种占主导地位的文化("在控制社会物质财富和象征财富方面确定社会阶层的中心价值、利益和关注的社会实践和表现"
[p. 201]），一种从属文化（"从统治阶级主导文化中脱颖而出的社会关系群体"
[p. 201]），以及"经常围绕阶级、性别、风格和种族而组织在一起的"各种亚文化
（p. 202）。批判理论家认为，对亚文化的发展经历发表意见是促进社会正义文化和
建立革命性的多元文化主义的关键，这种多元文化主义由关于种族、性别和社会平
等的论述所确定，并且这些论述的结果导致批判教育学的产生，这为学生未来的社
会生活做好准备。在麦克拉伦看来，"学校教育是一种文化政治的形式，学校教育
总是代表着对特定社会生活形式的介绍、准备和合法化"（p. 188）。因此，领导者的
责任是发展一种革命性的多元文化主义的学校文化，即给从属文化和各种亚文化
发言权，并赋予它们权力。

多元文化　正如麦克拉伦指出的，虽然一个特定的组织会有一套整体的组织
文化，但是许多组织也有额外的工作场所文化。换句话说，在描述组织文化时，我们
必须意识到组织的每个部门都具有自己独特的文化属性。举个例子，学区下面会
有一个行政中心办公室、一所高中、一所初中和几所小学。

　　然而，校董会及该学区高层管理人员可能了解，该学区作为一个组织有一套共
同的理解、假设和信仰，这些理解、假设和信仰反映在人们的行为中，并被人们的行
为所强化，简言之，就是一种组织文化，他们也应该理解，每一所学校的特点就是他
们自己的文化。特定学校的文化可能反映学区组织文化主要特征的某些方面，但
在某些方面有所不同。不同学校的文化也可能有不同，中心办公室很可能会展现
出与任何学校不同的组织文化。

　　为了进一步进行说明这一点，思考一下该学区高中的组织文化。正如我们所
描述的，学校本身就具有组织文化，学校内部也有工作场所文化。例如，学校的指导
和咨询部门的辅导员可以把他们的角色以及该部门的角色解释为在他们与学生的
关系中给予支持和帮助，鼓励学生在能力上成长和成熟，就自己的生活做出明智的
决定，并掌控自己的生活。在他们的工作中，这样的辅导员倾向于重视与学生建立
高度信任的关系，以便在处理问题时能开诚布公。然而，穿过大厅，人们会发现负责
管理考勤和纪律的部门，很可能这个部门的全体员工，无论出于什么原因，达成的
共识是刚性与公平并存，学校的责任是确保学生服从，当他们达不到要求时就进行
惩罚，并且该由谁负责就惩罚谁。我们可以举例，证明学校的其他部门可能展示他

们自己的文化,在某些方面是独特的,而在其他方面反映了整个学校的文化。

事实上,在学区和学校中可能会发现多种文化,这并不奇怪,因为组织的每个部门做了许多与大型组织本身相同的文化建设工作。诸如学校和系这样的下属部门会定期把一些有共同利益、目标和价值观的人聚集在一起;它们是人们通过面对面交流寻求社会联系的场所;它们能促进完成工作所需的共享和合作的努力。各部门的这些功能为组织中多元文化的发展提供了动力,而不是自上而下的单一组织文化。

实际上,持 X 理论的管理者似乎倾向于将组织文化概念化为组织中的顶级概念来管理,以便用权威来实施组织文化。这种与古典组织概念相一致的组织文化发展方法是存在问题的,因为很难通过发布指令来改变人们的假设,或迫使他们与他人分享假设。另一方面,持 Y 理论的管理者可能更容易接受在组织内存在多元文化的概念。通过使用与人力资源开发相关的参与式方法,促进组织内多种文化的发展,这类似于欧奇的 Z 理论方法。

组织行为领域的概念在很大程度上依赖于社会系统概念,而不是组织文化。然而,组织文化显然被认为对影响和塑造参与者的行为是很重要的,这引出了人与环境相互作用的概念,我们将在后面讨论。

组织文化定义中的两大主题　描述和定义组织文化的文献中始终贯穿两个主题:一个是规范,另一个是假设。规范和假设被广泛视为组织文化的关键组成部分。

规范:组织文化影响行为的一个重要途径是在社会系统中实施制度化的规范或标准。当然,它们是不成文的规则,但仍然表达了大多数群体成员的共同信念,即为了成为一个有良好信誉的成员,哪种行为是适当的(Cohen, Fink, & Gadon, 1984)。

假设:在这些行为规范之下,存在着构成规范和文化其他方面基础的假设。这些假设涉及在组织中人们接受在这个世界上什么是真实的,什么是虚假的,什么是明智的,什么是荒谬的,什么是可能的,什么是不可能的。我们同意埃德加·沙因(Schein, 1985)的观点,这些不是价值观,是可以进行辩论和讨论的。假设是不言而喻的,无意识地被视为理所当然的,很少被考虑或被谈论,并被接受为真实和不可谈判的。组织中的文化规范——非正式的,不成文的,但在影响行为方面是非常明确和有力的——直接来自潜在的假设。批判理论家认为我们必须放在显著位置并进行讨论的正是这些基本假设。有些假设并不是基于组织中所有亚文化的观点,通过这些讨论,我们可能会把它们揭示出来,并且通过揭示这些不同的观点,我们开始将所有亚文化纳入基本假设(McLaren,2007)。

(二)文化层次

埃德加·沙因(Schein,1985)将组织文化描述为由三个不同但紧密相连的概念组成。因此,组织文化可以描述如下:

1. 它是一个处理外部和内部问题的解决方案,它始终如一地为群体工作,因而被作为正确地感知、思考和感受这些问题的方式教授给新成员。

2. 它最终成为关于现实、真理、时间、空间、人性、人类活动和人际关系本质的假设。

3. 随着时间的推移,这些假设被认为是理所当然的,并最终成为无意识的。实际上,文化的力量在于它是一组被认为理所当然的、无意识的和未经检验的假设。

因此,文化在一段时间内得以发展,并且在发展过程中,获得了深刻的意义。

在沙因的模型中,组织文化最明显的表现形式是可看见和可听到的:第一层文化包括工具、建筑、艺术和技术等人工制品,以及言语在内的人类行为模式。它们易于观察并且经常被研究,通常使用自然实地调查研究方法,例如观察、访谈和文献分析,即质性研究方法。虽然这些表现形式很容易被观察到,但它们只是文化的象征,这种文化本身是不可观察的,甚至不在我们所观察的人的意识中。因此,为了了解我们观察到的人工制品和行为,我们必须破译它们的意义,而这种解码是很难做到的。

在文化公开表现的可见层面之下是第二层文化,即组织的价值观,有时用书面语言编写,如使命宣言、理念阐述或信条。诸如此类的文件使我们更接近于理解组织的基本假设,但它们也仅仅反映了文化本质的基本假设。

在第三层和最底层,我们找到了文化的本质:那些被认为是理所当然的、看不见的和意识之外的假设。它们是诸如个体与环境的关系,现实、时间和空间的本质,人性,人类活动的本质,以及人际关系的本质等概念。组织成员并没有意识到这些假设形成模式，它们仍然是隐含的、无意识的，并且被视为理所当然的，除非通过一些探究过程，例如批判理论家推荐的方法，人们才会意识到它们的存在。

（三）如何创建组织文化

学校的组织文化随着时间的推移而出现，并通过交叉和重叠的符号元素塑造和定义。见图7.6。

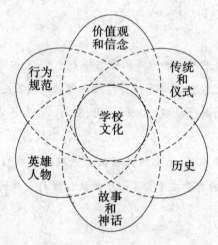

图7.6 符号元素相互重叠以描述学校文化

学校的传统及其仪式随着时间的推移而发展，并通过传达这一特定学校历史的故事和神话，向新来者和老前辈讲述、重述和美化。这些体现了学校中人们的价值观和信仰，在建立和维持以学校为特征的行为规范方面起到了巨大的作用，而这些行为规范往往比规章制度更有力。学校的英雄人物在传达组织文化中是非常重要的，因为他们体现了这些符号元素，而且在组织文化的制定中也很重要。

组织文化的一个重要方面，如同一般文化一样，它经久不衰。由于学校的独特历史，每所学校都与众不同，而且随着学校走向未来，历史也不断发展。任何想要改变学校文化的人都必须设法改变学校的历史进程，而这个过程的支点就在于定义和塑造学校组织文化的符号元素。

象征符号与文化 虽然组织文化通常是通过观察组织行为得出的推论来研究的，但重点并不局限于环境对个体行为的影响。组织文化研究进一步扩展到理解这些环境的元素是什么，它们是如何发展的，以及这些元素如何相互关联，从而形成(实际上)组织的词汇、语法和句法。对象征符号的研究是组织文化研究的核心：仪式、神话、传统、礼仪和语言,通过它们,人类意义和价值观在组织中代代相传。

学校氛围的特征可能是参与者对组织性质的某些看法("这里到底是什么样的"),但是这些看法是如何发展、交流和传播的? 学校可以被其成员视为拥有某种价值观,颂扬特定美德,以及代表对成员行为有深刻影响的具体标准和做法。但是,如何将这些内容明确地传达给成员呢? 组织通过什么机制以可预测和期望的方式影响和控制行为? 在学校以及在社会中,答案是通过制度化的仪式和符号实现。理解这些对于理解文化是至关重要的。

在许多社会中,例如,结婚仪式构成了强大的象征,唤起大量被认为正确和恰当的行为,即使不是必然的,其中可能包括决定夫妇俩住在哪里,家庭成员如何承担新的角色(如婆婆),以及不同性别承担的家务。因此,以世世代代传下来的典礼和仪式为标志的婚姻制度,向社会中重要的人们传达价值观。更重要的是,传达引发的行为对参与者来说可能看似平凡甚至世俗,但在发展他们对正确或错误甚至可能的看法方面是有力的。

同样,加入一所典型的美国高中的教职员工也伴随着许多义务和期望。其中一些义务和期望是日常的课程安排(作息时间表)无情地要求的,这向参与者发出强烈的信号,规定其在一天的几乎每一分钟应该在哪里,以及该做什么。对于许多教育工作者而言,课程表是学校文化的一个固有部分,被视为理所当然并被毫无疑问地接受,是定义学校自身的一个最重要标志。上课铃声是高中强大的文化特征,它对参与者在学校生活中所做的、所看到的以及所具有的价值观都有很大的影响。作息时间表是强大的文化符号之一,有助于在美国高中创造组织氛围。

情感方面　组织文化对组织氛围的发展具有强大的影响。由于组织文化(即使它是无形的)影响参与者感知事件和理解事件的方式,很明显文化影响参与者的态度和感受。罗莎贝斯·莫斯·坎特(Kanter, 1983)在对高度成功和不太成功的美国公司进行比较研究时,发现了很多组织文化和氛围的影响。她把高绩效公司描述为拥有自豪的文化和成功的氛围。

"自豪文化"意味着"个人和组织之间有情感和价值承诺,人们认为他们'属于'一个有意义的实体,可以通过他们的贡献来实现所珍视的价值"(Kanter, 1983, p. 149)。这种自豪感在于归属一个有成就和价值的组织,个人是其中的成员,而不仅仅是一个雇员,因而个人的信心也得到增强:相信组织将支持创造性的新实践,并将继续表现良好,并且相信个人在组织工作的领域中将是有效和成功的。

坎特的研究显示,自豪感文化广泛存在于具有完整性的组织中,这意味着强调企业的完整性,积极考虑他们所做事情的广泛影响,并在传统实践的多样性和刺激性挑战中蓬勃发展。这些组织在很大程度上趋向于成功,因为它们的文化培养了成功的氛围。

相比之下,坎特把不太成功的组织描述为分裂的组织。在分裂的组织中,成员甚至发现很难了解在他们自己的业务范围之外正在发生什么,更不用说处理影响整个组织的问题了。人们被孤立、分层、远离组织中更大的决策,仅关注他们直接参与的小范围活动。在这些组织中,人们发现很难为组织感到自豪,因为他们对组织和组织正在做的事情所知甚少。因此,这些组织的特点是缺乏成功的氛围。

外部环境：社会、政治、经济、技术、法律、人口、生态和文化系统

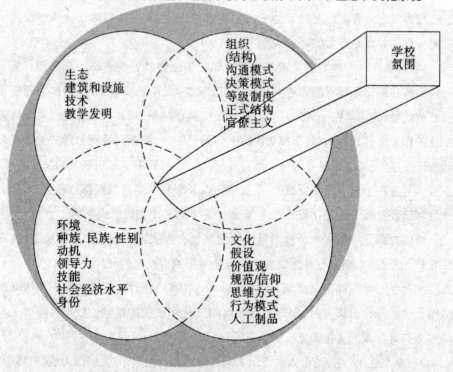

组织氛围源于四个关键组织因素的重叠和相互作用。

图7.7 学校的组织氛围是四个内在维度或子系统相互作用的产物:生态、环境、组织和文化

（四）如何营造组织氛围

图7.7显示学校的组织氛围是由四个变量的相互动态作用产生的：生态、环境、组织和文化。在学校工作和学习的人都经历过这种互动，他们对组织的看法不可避免地受到这种经历的影响。因此，他们开始理解学校代表什么，什么是有价值的，什么是没有价值的，有些话不用说就知道是否是真的，并且能辨别别人说的话是真的还是假的。正如我们所说的，虽然这些子系统都对组织氛围的形成有影响，但一般认为它们并不都具有相同的影响。生态、环境、组织和文化这四个变量是变革的杠杆，对于寻求改变学校组织氛围的学校领导者来说是可用的。考虑到这些子系统交互的动态性，一个子系统的变化将导致另一个子系统的变化。

多年来，学者以及实践者都倾向于集中精力通过重组组织、重新培训员工或雇佣新员工、建造新大楼或使用新技术来改变组织。常常期望通过改变其中一个因素引发组织其他子系统的相应变化，从而改变整个组织。然而，到21世纪初，组织理论家以及实践领导者都一致认为，组织文化在决定组织的变化过程方面具有强大的力量。不少人相信它往往是最有力的决定因素。

群体规范　组织文化影响行为的一个重要途径是在社会系统中实施制度化的规范或标准。这些规范或标准会被作为群体规范与个体相遇，它们是"一种想法，可以以声明的形式表达，规定成员……应该做什么"（Homans，1950，p. 123）。换句话说，它们是"被群体成员接受为合法的行为规则"（Haire，1962，p. 24）。群体通常对个体施加压力，要求他们遵守群体规范，这些规范无所不在，超越了个体所能理解的程度。这些压力常常被看作是以某种方式行事的义务，通常以积极的形式表现出来，例如支持群体认可并希望加强的意见和行为。

如果个体高度重视群体对他的尊重和接受，尤其是，如果群体具有高度凝聚力，那么遵守群体标准和期望的压力甚至会影响个体对现实的感知。人们倾向于根据群体的期望来看待事情。因此，个体与群体的互动远不止是可观察的行为，它强烈地影响感知、价值观和态度的发展。

人与环境的互动　任何关于组织文化的讨论都源于库尔特·勒温的研究，他证明了理解人类行为需要我们考虑行为发生的整体形势（Lewin，1936）。"整体形势"这个术语被定义为同时指人和环境。因此，行为本质上是人与环境相互作用的函数。我们知道,B = f(p · e)。因而,在组织文化的概念化过程中,有必要把人和组织环境看作是形势的互补部分,它们是不可分割的。

组织文化的视角帮助我们理解,人与人之间互动的环境不仅仅由他们自身所处的直接环境构成。理解组织文化的一个重要方面是理解组织的历史及其传统,因为组织中的个体是通过社会化过程来接受组织的历史及其传统的。因此,在人类与组织的每次相遇中,参与者对组织传统中固有价值观和期望的理解与接受过程虽然是看不见的,但的确是存在的。组织通常花费相当大的努力,无论是正式还是非正式的,通过社会化过程来传递和强化这些价值观和期望。

在许多美国高中,教师和管理者除了使用建立在卡内基(Carnegie)学分基础之上的课程表外,很难用其他方式概念化地安排他们的工作。的确,将学分作为美国高中日常课程表的组成部分是久负盛名的传统,并且被认为是理所当然的,今天很少有教师知道卡内基学分是什么,尽管它是影响他们专业实践最主要的因素之一。

卡内基学分是在1905年由卡内基教学促进基金会发明的,它是一种规范高中教学的方法,同时使大学更容易比较申请人的成绩单。它是时间尺度,过去是,现在也是:120小时的课堂教学。因此,一个科目的学分要求学生在教室中出现120小时。对时间安排的影响是显而易见的。例如,如果决定建立一个大约每节课48分钟的课程表,每节课之间还要有一定的时间间隔,那么一学分的课程在一年中应该达到150次。这种结构为传统的课程表奠定了基础,这种课程表不仅对教师和学生的行为施加影响力,而且塑造了他们对学校是什么和应该是什么的看法,定义什么是可能的和不可能的,并规定了什么是对的和什么是错的。这种设计是美国中学教育的一个固有传统。它经常与学校的质量和良好的专业实践联系在一起,并且通过教师自己作为高中学生的经验、大学学习的经验以及作为专业人员的经验不断得到强化。这个系统证明了组织文化中始终存在的力量,这些力量是形成和塑造参与者行为的看不见的无形环境中的一部分。卡内基学分说明了文化产品通常表现出来的顽固的持久性,它们超出预期目的,在很久之后,仍然能够影响组织中的思想和行为。

多年来,教育家们一直怀疑在课堂上花费的时间是否是衡量学生学习成绩和质量最有用的指标。然而,它在法律和规章中得到了强化,这是一个值得尊敬的标志,许多人把它与学校教学计划的"质量"联系在一起。卡内基学分作为全国中学教育质量标准之一,88 年来一直没有受到过挑战。1993 年,宾夕法尼亚州教育委员会——第一个这样做的州——投票决定在本世纪末停止使用卡内基学分,并建立一套学生必须达到的学习目标。尽管此举受到卡内基基金会的欢迎,但却遭到了强烈的反对。今天,许多美国高中都遵循模块式课程表,旨在根据不同学科的教学要求调整教学时间,促进教师和学生在课堂上合作方式的改变。正如现在使用的模块式课程,除了教师的讲解之外,通常提供更多的课堂时间用于讨论、小组学习、个人评论和其他教学技巧。

在这个意义上使用的"传统"一词并不一定意味着对新出现的问题重复旧的解决方案。一些组织试图创造所谓的新文化传统,努力打破过去的习惯,并在组织生活中寻找新的问题解决方法时,强调独创性和创造性的价值。当代很容易在硅谷和其他地方相对年轻的创业型计算机公司里找到例子,这些公司高度重视大胆的思考和创新。苹果电脑和谷歌是许多创新公司之一,它们经常被引证为是基于这一理念的组织。

西摩·萨拉森(Sarason, 1971)的《学校文化与变革问题》一书清晰而有说服力地阐述,我们必须在找到改变美国公立学校特有的活动模式、群体规范和时间特性的方法之后,才能够希望改变它们对学校中人的影响。萨拉森称这种环境为"学校的文化",并不一定是有计划或故意创造的;相反,它往往是(a)学校里人的活动(例如讲课、听课、按时间表活动),(b)环境中的实物(例如墙壁、家具、黑板和操场),以及(c)观察到的时间规律(例如上课时长、作息时间表和校历)所产生的现象。

活动、物理环境和时间规律之间的这种交互影响不仅被视为普遍和相对稳定的,而且被视为对塑造组织中人的行为有巨大的力量。萨拉森(Sarason, 1972)试图将这种洞察力扩展到在新的组织中规划和创建环境,这些环境可能会激发实现组织使命方面有作用和效果的行为。

交互影响系统　组织行为的中心概念是组织的交互影响系统。我们应该牢记,组织结构的基本功能是建立人际互动模式来完成任务(谁与谁打交道,以何种方式打交道,以及打交道的目的是什么)。系、团队、学校和部门是典型的正式结构,而友情小组、彼此紧密工作的人群和咖啡休息室人群是典型的非正式结构。因此,在组织日常事务中,人与人之间彼此接触交流互动,从而建立起一套强有力的规范来塑造组织行为。

组织的交互影响系统同时涉及组织结构和交互过程。这两者以动态的方式相互依存，因此它们不能被独立地考虑。从这个意义上来说，塑造工作群体组织行为的交互影响模式与激发和塑造个体行为的人与环境大致相似。

交互影响系统中的交互过程包括沟通、激励、领导、目标设定、决策、协调、控制和评价。在组织中，这些交互作用的方式（它们的特征和质量）对激发和塑造人类行为有重要影响。因此，描述教育组织的组织文化就是描述教育组织交互影响系统的特征。

四、学校组织文化的描述与评价

对组织文化的研究给传统研究者提出了一些棘手的问题，主要是因为文化的重要元素是微妙和看不见的，而组织内部的人员非常熟悉，以至于被认为是不言而喻的，但实际上是无形的。收集、整理和汇总诸如组织中的重大历史事件及其对当今行为的影响、组织中英雄人物对当代思维的影响以及传统和组织神话的影响等数据的任务是不适合通过整齐打印的问卷调查表和对调查结果进行统计分析完成的。随着时间的推移，正如许多独立工作的研究者所证明的，有必要深入组织内部，与人们进行长时间的交谈，找出他们认为重要的事情，倾听他们使用的语言，以及发现能够揭示他们假设、信仰和价值观的符号。因此，组织文化专业的学生倾向于采用质性研究方法，而不是传统的问卷调查式研究。这在许多教育学院中引起了关于质性研究方法的认识论价值的激烈辩论，相比之下，更传统的统计学研究（实验研究或更常用的调查研究类型）一直是教育研究者惯用的方法。

因此，组织氛围是研究个体对组织环境的各个方面的感知。例如，在他们对学校组织氛围的先驱研究中，安德鲁·哈尔平和唐·克罗夫特（Halpin & Croft, 1963）研究了在小学中发现领导力和群体行为的属性。为了进行这项研究，他们要求抽样小学中的教师描述他们对某些人际互动的看法，这些看法似乎是由以下因素造成的：校长在他/她的官方等级角色中的行为、个体教师的人格特征、教师作为工作群体成员的社会需要以及诸如士气之类的学校教师的群体特征。哈尔平和克罗夫特研究的一个主要结果是，通过使用哈尔平－克罗夫特问卷调查的一系列看法可以系统地描述学校的组织氛围。

满意度的概念通常与组织氛围的概念密切相关。也就是说,参与者对组织环境的感知在多大程度上使他们满意。满意度和参与者看法之间的关联在一些组织氛围研究方法上是隐式的,而许多探究参与者对现有事态的看法与参与者认为应该达到的期望状态的研究可能体现出了明显的差异。

组织氛围的研究在很大程度上依赖于参与者的看法,这就要用到问卷,直接询问被调查者的看法。虽然采访是收集信息的有效手段,但是采访很耗时,因此没有那么频繁地被使用。

早期关于学校组织氛围的研究倾向于从员工(几乎总是教师)那里收集数据,偶尔也会向校长询问。近年来,学校氛围研究的趋势是研究学生的感知,而不是研究学校的员工。

组织文化与组织效能的关系

不同组织文化在实现组织目标的有效性方面是否产生不同的结果?这个问题并不简单。衡量组织有效性本身就是一项复杂的工作,许多管理层人员感觉到,传统需要控制和指挥下属,那么有效性这个术语就带有命令的含义,对这个问题的讨论往往带有感情色彩。

在很大程度上,先前讨论过的、被公认的研究惯例和证据规则构成了这场争论的核心。长期以来,科学逻辑一直认为,因果关系最好通过诸如控制实验等理性的研究设计来建立。当然,实验研究需要控制研究中相关的变量。在实验室环境中进行的大量精心控制的实验研究有力地支持一些心理学概念,在这些概念的基础上,组织管理专业的学生对组织行为进行概念化。然而,对现实世界中实际组织的研究常常需要在不可能进行控制的条件下进行。有几个关于班级规模的大规模实验研究,本书前面讨论了其中的一个(Finn & Achilles, 1999)。然而,大多数关于组织文化和氛围的研究都依赖于因果比较和相关研究。

因果关系 伦西斯·利克特(Likert, 1961)试图将组织绩效与组织的内部特征联系起来。他的分析认为,一个组织的绩效是由三个环节的因果链条决定的。

链条中的第一个环节是由行政控制下的因果变量构成的。因此,行政管理(管理)可以选择组织结构的设计(机械的或有机的、官僚的或灵活的),可以选择领导风格(例如专制的或参与的),可以选择管理理念(例如团队合作或指导、问题解决或规则遵循）。管理层做出的选择对于确定组织中的管理系统的性质（即系统1、2、3或4）是至关重要的，并且是强有力的。这些选择被认为是导致组织的交互影响系统，即文化，具有它的确具有的特征。

中介变量直接来自这些因果变量（即行政管理机构做出的决策）。因此，组织运行的动机、沟通和其他关键方面的性质被确定下来。

最终结果变量（衡量组织是否成功）当然在很大程度上取决于组织内部功能的性质和质量。

这一分析很好地符合了美国公立学校的质性研究，例如西奥多·赛泽的《霍勒斯的妥协》（Sizer，1984）、欧内斯特·博伊的《高中》（Boyer，1983）和约翰·古德拉德的《一个叫学校的地方》（Goodlad，1983），以及来自企业界的同行，例如（《追求卓越》、《Z理论》、《企业文化》和《变革大师》），的研究报告。正如罗莎贝斯·莫斯·坎特（Kanter，1983）在上一本书中所指出的，正如我们前面所讨论的，创新型公司的特征是自豪的文化和成功的氛围，在这种氛围中，组织规范支持面向成功的努力，这取决于领导者在组织的日常生活中所持有的价值观。

一项现在仍然经典的研究支持了学校文化与教育效果之间的密切关系。对伦敦市中心12所学校的研究提出了以下问题（Rutter，Maughan，Mortimore，Ouston，& Smith，1979）：

1. 孩子在学校的经历有什么影响？
2. 孩子上哪所学校重要吗？
3. 如果是，那么学校的哪些特点才是重要的？

为了衡量学校教育的效果，研究者使用了以下因变量：（1）学生行为，（2）学生出勤率，（3）定期安排的公立学校考试。研究发现，第一，不同中学的学生在行为、出勤率和成绩上存在显著差异。其次，学校之间的这些差异并不能由学生的社会经济或种族差异来解释，很显然，有些学校的学生表现比其他学校更好，成绩也更高。第三，学生行为的这些差异与学校整体的成绩表现（教育效果）相关。学生行为和表现上的这些差异是：

不是由于学校的规模、建筑物的年代或可用空间等物理因素,也不是由于行政地位或组织[例如结构]上的广泛差异引起。学校完全有可能取得良好的教育效果,尽管起初学校相当没有前途,也相当没有吸引力,而且在行政安排上也略有不同……学校之间在教育效果上的差异与其作为社会机构的特征密切相关。(Rutter et al., p.178)

另一些特征(即自变量)是:(1)教师在工作中的行为,(2)对学业成绩的强调,(3)对获得成功学生的奖励,(4)学生能够承担责任的程度。研究者指出,所有这些因素都是可以由教师来修改的,而不是由外部约束来固定的。简而言之,本研究强调组织文化(他们称之为风气)是学生行为和成就的关键因素。正如利克特所做的,他们指出组织文化在很大程度上是由管理组织的人控制的。

乔伊斯·爱泼斯坦(Epstein, 1984)发表了在学校进行的研究,这些研究描述了学生对学校的总体满意度、对学校工作的承诺以及对教师的态度。综合起来,爱泼斯坦认为,研究描述了学生感知到的学校生活质量。当然,这种感知与学生作为组织参与者的行为有关。为了进行这样的研究,爱泼斯坦编制了一个27项的问卷并进行验证,该问卷可以在不同层次学校中(即小学、中学和高中)使用。

鲁道夫·穆斯(Moos, 1979)发表了在美国中学和大学的大规模研究,这支持了文献中越来越多的证据,即学生的学习和发展受到组织文化特征的显著影响。在研究了500多个教室的10,000多名中学生之后,他找到了促进学业成绩的课堂组织文化的特征,以及那些引起压力、疏远学生从而抑制学习的特征。从一个课堂到另一个课堂,他测量了情境影响的差异,例如:(1)强调竞争,(2)强调规则,(3)教师的支持行为,(4)创新活动的程度,它们是自变量。然后穆斯将这些测量值与因变量的测量值相关联,例如:(1)学生缺勤率,(2)学习成绩,(3)学生对学习的满意度,(4)学生对教师的满意度。

在大学环境中,穆斯研究了225个居住群体(例如男女混合和单性别宿舍、兄弟会和姐妹会),涉及大约10,000名学生。他通过问卷调查来测量这些不同群体的显著特征,例如:(1)强调智力,(2)社会活动,(3)群体团结。然后,他试图评估这些变量对因变量的影响,例如:(1)学生的自我概念,(2)个人兴趣和价值观,(3)抱负和(4)成绩。

从本质上讲,穆斯发现学生的学习和发展受到诸如中学教室和大学住宿安排等教育环境中的人与环境交互的性质和质量的强烈影响。他研究的一个有趣方面是试图证明组织文化和人类行为不仅受到群体交互影响系统的影响,而且还受到环境中的其他因素,如房间设计、活动日程安排和建筑布局的影响。他认为,我们对组织文化的形成原因和影响的认知使我们能够通过控制关键变量(如竞争、智力和正式结构)来创建和管理特定的学习环境。这种控制,反过来,提高我们的能力,把学生放在最适合的环境中,使他们感到最舒适和最成功。穆斯认为,这是非常实用的知识,可以用来制定有效的管理政策和教学实践,来处理学生的冷漠、疏远、旷课和辍学等情况。

最近,有大量的研究工作支持学校氛围和组织有效性之间的联系,研究结果支持前一章介绍的有效学校特征的实践。这里,我们报道一些关键的研究,这些研究发现是大多数类似研究中具代表性的。1999 年,美国教育部赞助对 300 多个有效学校进行研究分析,以确定研究发现中是否有相似之处。维什纳、伊曼纽尔和泰特尔鲍姆(Vishner, Emanuel & Teitelbaum, 1999)的研究发现有效高中的学校氛围有以下预测因子:(1)教师对学生表现的高期望,(2)教师发展重点放在重要的事情上,(3)关心学习环境,(4)家长参与,(5)将学生兴趣与职业联系起来。在另一项研究中,马尔扎诺(Marzano, 2003)发现以下学校层面的因素与有效学校相关:(1)有保障和可行的课程,(2)具有挑战性的目标和有效的反馈,(3)安全和有序的环境,(4)家长和社区的参与,(5)合作精神和专业精神。两项研究中的因变量包括学校参与者的高满意度以及在各种州和国家考试中取得高分。

2013 年,一项针对加州中学的大规模研究也支持了上述发现。沃伊特、奥斯丁和汉森(Voight, Austin & Hanson, 2013)在人口统计学方面对类似的学校进行了比较,如接受免费和优惠午餐的学生人数(这是衡量贫困的标准)以及英语学习者人数。他们称之为"打败奇迹(Beating the Odds, BTO)"的学校在数学和英语语言艺术的标准化考试中与类似的学校相比时,表现比预期的要好。"打败奇迹"的学校具有以下学校氛围的特征,这些特征使它们区别于表现不佳的同类学校:

1. 对学生表现的高期望(学生对教师期望的看法);
2. 关心人际关系(学生对教师是否关心他们的看法);

3. 有意义的参与(学校为学生提供参与活动和决策机会的程度);

4. 学校安全感(学生感到安全的程度);

5. 学校亲近感(学生在学校中感到亲切和尊重的程度)。

这些都是学校氛围的特征,在学校教职员工和行政管理部门的控制下,所有这些都只需要提供很少或不需要额外的费用。为了展示如何管理和组织学校来提供这些有效的学校氛围特征,我们讲述一个"真实案例",然后我们回到第一章伦西斯·利克特的四个管理系统中引入的概念。

真实案例:

改变学校文化,取得好成绩:从 F 级到接近 B 级

佛罗里达州圣彼得堡市吉布斯高中前校长,凯文·戈登

作为吉布斯高中的校友,我很荣幸地被邀请担任校长。然而,经过几年的领导层更迭、无序和混乱之后,吉布斯高中骤然跌落到了 F 级学校。在吉布斯高中或派内拉斯县的学校历史上,从来没有一所高中得到过如此低的等级。

我已经对如何改变学校文化和改造学校有了一个愿景。不过,必须短时间内情况就要有所改变,因为无论是州政府还是州长都不会给我太多时间,而且早期迹象表明,当地报纸会记录所发生的一切。

我不能独自一人做这项工作,所以我要求那些我认为是学区最有才华的学校管理人员成为行政管理团队的一员,协助我领导学校的转变,改变学校的文化。他们中有男有女,来自当地的初中和高中。我还能雇用一个全新的管理者。

暑假期间,我们的行政管理团队会见了全体教职员工,征求他们对行政管理部门要解决的最紧迫问题的意见和看法。他们一致同意要解决的最重要的问题是学生纪律问题。根据对前一年违纪数据的回顾,我们制定了新的纪律管理制度草案,目的是坚决地消除热点违纪问题,并寻找减少辍学和转学人数的方法。全体教职员工对草案进行了审议,提出了改进建议,并批准了最终文件。

一年前有 20 多名学生转学,管理者拜访了这些学生的家庭。拜访的目的是与学生的父母建立联系,告诉学生我们有了新的管理团队,以及新的期望。我们还进行了一系列的宣传,告知学生有关纪律管理制度的变化,这些制度将立即影响到他们。我们希望学生清楚地理解吉布斯高中新的教育重点是,不能容忍破坏性行为,严格执行违反纪律管理制度的行为。"欢迎来到新的、更严格的吉布斯高中!"

除了纪律之外,还有大量的学习问题需要解决。在将近 2000 名学生中,有1200名在州成绩测试中的得分处于五个成绩等级中最低的两个等级。为了完成这样一项艰巨的任务,我向整个学校和学生提出挑战,要求他们在一年内把测试分数提高200 分。这是 200 分挑战赛。这是学校从 F 级升到 C 级所需要的分数。

为了迎接这一挑战,教职员工们接受了斯宾斯·罗杰斯的培训,他是一位教学方法和策略的培训专家。他做了为期一周的在职培训以及一年内的若干后续工作,探讨教学方法、教学资料和学习策略,帮助我们实现设定的目标。一个 200 分挑战赛的标志被设计出来放在衬衫和门牌上,它们被用来宣传这项挑战赛。

除了 200 分挑战赛之外,我们还设计了一个口号,象征着只有学校作为一个整体,传递共同的信息,分享共同的愿景,并肩负共同的使命,成功才会发生。我们使用了电影《乐鼓热线》(Drumline)中的一个短语:"一个乐队,一个声音!"这意味着,我们作为一群教育专业人士,保持同一个节奏,为实现 200 分挑战而确立的使命和愿景共同努力。

既然制定了纪律管理制度,明确了学校的使命和愿景,是时候采取行动了。随着开学第一天的临近,我们在每个教室里都张贴了纪律管理制度的海报,并组织了年级学生培训活动。行政管理部门用响彻整个走廊的哨声和命令声,确保学生准时上课。学生将被要求记住新使命的内容和口号。

第一天的情形是吹口哨,大声命令,学生匆匆赶到课堂——欢迎来到新的吉布斯高中! 行政管理部门和工作人员整个夏天都在为开学那天做好准备:搬迁教室、聘用教师、为加强学生流动的安全性和管理进行战略准备、拜访违纪的学生及其家长,以及呼吁社区尽自己的一分力量。终于到了实际派上用场的时候了。

早上铃声响起后,电子邮件蜂拥而来:

"大厅清理得多快,真令人惊讶。"

"要知道你的辛勤劳动是值得感激的。"

"任务完成了！……今天令人印象深刻的表演就是吹口哨。"

"孩子们能感觉到空气中的变化。……我今天看到了，感觉到了。"

"一个乐队，一个声音！戈登先生，谢谢你的远见和领导。"

"事情似乎比去年控制得好多了。"

在接下来的几天和几周里，我们举行学生培训，确保所有学生都理解新的期望。我们也确信学生、教师和工作人员都知道这些改变是为了帮助学生取得成功。所有教师都被要求在学校开学的前 10 天里集中精力与学生建立关系，并且可以参加一个专门的团队建设课程。学校使命的内容改变了，并要求学生了解这些使命。在培训过程中，每个学生都会背诵："吉布斯高中的使命是为学生提供获得良好教育和高中文凭的机会。"这个使命很简单，很容易理解。

整个学校只用了一周的时间就完成了整顿。我和我的助理校长每节课都会穿过走廊确保学生待在教室里。我们到教室里去听课，确保教室里的教学类型和质量。我们很快发现，尽管学生准时上课，但教学质量还需要提高。

在佛罗里达州教育部的帮助下，我们制定了为期一年的规划，特别关注课程计划的制定。所有课程计划使用逐步发布的模板作为基础，并且教师需要将他们的课程计划张贴在一个显著的地方，以便管理者在走过教室时看到它们。几乎每个星期三和所有专业发展日都用于培训。甚至有些星期六，教职员工也来参加培训，我们也会尽可能多地补偿他们的额外付出的时间和努力。

整整一年我们都在研究过程和程序，以便改进它们。我们采取了许多行动和特别活动来帮助改变学校，其中包括一个全天的峰会，学生、教职员工和社区进行小组讨论和交流思想。此外，我们还开发了一个为期一周的新生过渡项目，名为"夏日震撼（Summer Stomp）"。它成了这个学区其他高中的榜样，第一个夏天我们吸引了 225 名新生。其他方面的发展是一个积极的行为支持系统，奖励学生良好的行为。学生们赚了 G 币，他们可以在学校商店里兑换各种各样的学校用品。这个计划确实有助于建立学校精神。

我们获得了州、督学办公室和社会的巨大支持。学校的转变确实是一个团队的努力：教师尽其所能，学生尽最大努力，学区和州提供资源来完成这项工作。我们还得到了圣彼得堡学院的大力支持，该学院提供了额外的教师培训、大学入学考试和双招生课程。

由于这些努力，学校成绩从 F 级提高到 C 级，第一年只差 6 分就能达到 B 级。我们的毕业率也提高了，从 72.4% 跃升到 81.8%，提升超过 9 个百分点。这些改进是学校、学生、教职员工和社区的一项伟大成就。获得 C 级是辛勤工作确实有回报的一个证明。学校不再一直处于红色的 F 级了。在宣布学校成绩几天后，我们在足球场上举行了盛大的庆祝活动。有很多值得高兴的事情。

五、四个管理系统

伦西斯·利克特（Likert，1961）对组织氛围进行了广泛的研究，确定了四个管理系统。我们最早描述利克特的四个系统是在第一章，我们再回到这部分内容，因为每一种风格都可以用组织氛围和领导行为的术语来描述。

- 系统 1 被称为剥削—权威（或惩罚—权威）型，基于古典管理概念，即 X 理论的动机观和指令性的领导风格。
- 系统 2 是仁慈—权威（或父权—权威）型。它强调下属与领导者之间的一对一关系，在这种环境中，下属在与工作相关的事项上与其他人相对孤立。
- 系统 3 被称为协商型，采用更多的参与式领导风格，在这种领导风格中，领导者倾向于在决策过程中与个体进行协商。
- 系统 4 是组织系统的参与（或群体互动）型，使用 Y 理论中有关人性的概念，并强调在所有关键的组织过程中的团队互动。

组织被概念化为一个大致金字塔形的结构，其基本单元是面对面的工作群体，即在工作中经常与上司互动（交流、影响、激励）的人（见图 7.8）。例如系主任和系里的教师、馆长加上图书馆员和图书馆助理、年级主任和课堂教师等等。这样的群体（a）足够小，允许发展促进个体参与的有效群体过程，（b）足够接近要执行的任务，以便做出有效和创造性的决定。为了保持这些群体之间的协调，需要在它们之间进行有效的沟通,主要工作群体必须有效地联系在一起。利克特指出,特别重要的是,在组织中,群体要向上联系,以便组织金字塔中较低的群体能够与组织的较高层级进行互动并产生影响。

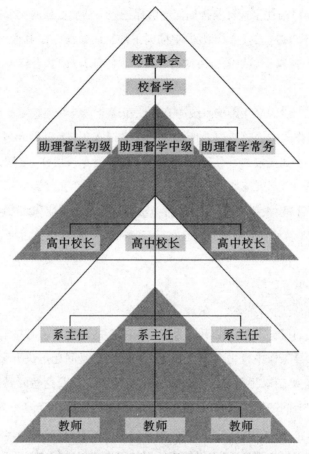

图7.8 适用于中型学区决策结构的连接销概念

因此,基本上每个监督者或每个管理者都是两个面对面工作群体的成员:他或她要负责的群体和对他或她负责的群体。整个组织由这些工作群体的计划系统组成,这些工作群体相互重叠,并且由在两个重叠群体中都具有角色的个体链接在一起。这些个体在群体之间充当"连接销",这个角色要求他们促进组织各层级之间以及整个组织之间的沟通、决策和其他影响过程。

当然,这种结构在美国学校教育中并不完全是新的。例如,传统高中校长的领导班子或团队通常包括将系与领导班子联系起来的主任。相应地,校长通常是一个学区管理群体的成员，这个群体由其他校长、中心办公室人员和督学组成。学校督学又把学校督学班子和学校董事会联系起来。然而，利克特提出，首先，这种组织系统可以被扩展而变得复杂，包括学区组织的所有方面；其次，也是更重要的，利克特（Likert，1961）描述了这种安排如何能够促进一个功能更强的交互影响系统的发展：这种组织不以传统的、指令型的、单向向下的直线参谋组织概念为特征，而是以向上、向下和跨越整个组织的自由沟通和影响为特征，以团队合作方式处理各层级问题。

总而言之，"组织交互影响系统的有效性和这个系统处理难题的能力取决于组成该结构的工作群体的效率以及所提供的多重链接程度"（Likert，1961，p. 181）。因此，对结构（例如链接和重叠）和影响系统（例如指令或协作）之间的动态相互依赖的思考把我们带到决策参与的问题上。寻求建立协作交互影响系统的人必须注意发展领导或管理风格，以发展支持这种方法的其他人的技能和动力。换言之，人们将寻求从系统1转移到系统4，这符合在第五章和第六章中讨论的主要激励方法。

结　语

组织文化的概念不仅在组织行为与组织效能的分析中占有中心地位，而且在学校的日常领导工作中也占有重要地位。组织文化是问题解决方案的主体，它始终如一地为群体工作，因而被作为正确地感知、思考和感受这些问题的方式教授给新成员。随着时间的推移，组织文化具有如此深刻的含义，以至于它定义了假设、价值观、信念、规范，甚至组织中参与者的感知。虽然随着时间推移，文化倾向于从参与者有意识的思想中消失，但它仍然在他们的工作中为他们创造强有力的意义，并成为"游戏规则"。

学校研究强烈支持的观点是组织文化是决定教育组织质量的一个基本因素。文化不能直接研究，而是根据观察到的行为推断，如语言、文化产品的使用、仪式，以及工作场所中常见的符号。

组织氛围反映组织文化，是参与者对环境中某些无形方面的感知。组织氛围的研究通常使用问卷获得参与者的感知。学校组织氛围研究的趋势已经从对教职员工的感知转向对学生的感知进行研究。

　　随着组织文化研究逐渐占据教育组织行为研究的中心位置,越来越多的质性研究方法,如参与式观察、开放式非结构化访谈等取代了传统的统计调查研究方法。质性研究方法的使用使得对学校组织文化的描述变得非常详细("厚实"),而这些描述对于解释学校组织文化中正在发生的事情是必要的。质性研究方法,如在学校的观察研究,是建立在非常清晰的、与理性主义概念截然不同的探究性质的概念之上的,它们遵循的程序规则和严谨性也同样清晰和明显地不同于传统定量方法的规则。

　　无论是企业组织还是教育组织,对组织文化的研究都与组织的有效性有关。许多研究描述了公司的绩效(如市场份额、销售额和盈利能力)与公司内部的组织文化之间的关系。类似的教育论文也得到了相当大的支持。当然,自从《不让一个孩子掉队法案》问世以来,成绩测试结果已经成为衡量学校绩效唯一在政治上可接受的标准。

　　从学校和其他教育组织的严密研究中得出的实质性和日益增长的经验证据表明,这些组织在学生学习和发展方面的有效性受到组织文化质量和特征的显著影响。毫不奇怪,这项研究清楚地表明,强调支持、公开沟通、协作和知性,以及奖励成就和成功的学校(就成绩、出勤率、辍学率、挫折感和疏远感而言)优于那些强调竞争、约束和限制、规则和标准操作程序以及遵从的学校。通过描述所涉及的关键因素,这项研究所产生的概念使得有目的地规划和管理组织文化成为可能。在一个对学校和学校系统信心下降和对绩效问责制的要求越来越高的时代,这项研究对管理实践产生的影响再怎么强调也不过分。

反思活动

　　1. 使用本章中关于学校氛围的图表和讨论,分析你们组织的交互影响系统是如何建立组织行为来影响氛围的。换言之,人们是如何开展与组织氛围构成要素相互关联和影响的日常交互活动?

　　2. 你如何使用利克特的四个管理系统描述组织中的系统? 也就是说,哪个系统最像你的组织? 这种管理系统是如何影响学校氛围的? 给出一两个支持你选择的具体示例。

3. 制定你的行动计划。这一章描述了塑造和定义学校组织文化的重叠符号元素。其中包括人们讲述的关于学校的神话和故事、经常被回忆的英雄人物、学校的历史和传统以及学校里常见的仪式。思考一所你了解的学校,并从下面选择三个符号元素:

A. 英雄人物;

B. 故事;

C. 神话;

D. 仪式;

E. 传统;

F. 历史;

G. 价值观;

H. 信念。

就你选择的三个元素中的每一个,用一个段落描述它在那所学校中通常是如何体现的。在写完你的三个描述性段落后,与完成这个练习的其他人比较笔记,通过阅读你和其他人写的内容,讨论你们对有关学校组织文化的不同观察。

4. 首先阅读报告《奥克兰社区学校组织,建立全学区小型学校运动》(Annenberg Institute for School Reform at Brown University, April 2009),请从网上下载该文。撰写本书时,该报告可从网站地址 annenberginstitute. org/pdf/Mott_Oakland_high. pdf 下载。

这份报告讲述了加利福尼亚州奥克兰学区与一个名为奥克兰社区组织的社区机构之间的伙伴关系,以及这种伙伴关系是如何在城市的一个区域内创建了 10 所小型学校的。报告描述了如何在人口为 43,000 人的城市中实现这一任务,以及如何系统地研究这一过程和结果。

报告的后半部分将是读者非常感兴趣的,这部分描述了在大型且复杂的组织变革干预中使用的研究方法。我们还请你注意报告的第 13 页,其中列出了奥斯汀、芝加哥、洛杉矶、费城、纽约和迈阿密社区组织倡议的一系列其他案例研究。虽然这些并不直接关注改变学校,但它们讲述了很多关于如何进行社区管理的信息。

A. 你认为学校的规模是否影响学校的文化和氛围?

1. 如果你这样认为,请解释你为什么这么认为。

2. 学校有多大才是太大了？你为什么这么认为？

B. 社区管理是创建小型学校的唯一途径吗？我们有什么其他选择？

C. 创建小型学校代替大型学校有什么缺点？

D. 高中和小学应该有相同的规模限制吗？为什么？

关键事件：两所学校，两种不同文化

肯尼迪小学

肯尼迪小学的校长琳达·肖恩菲尔德（Linda Shoenfeld）是一个非常有组织能力的人。她认为，成功履行工作职责取决于确保学校和员工的日常正常运作。标准非常明确，任务在领导、办公室人员、教师和非专业人员之间被仔细分解。琳达以其装饰在她办公室墙壁的格言而闻名："学校如果不管理好，就不可能成功。"

琳达还认为，校长必须做出合乎逻辑的决定。她喜欢秩序和可预见性，她认为变化应该是缓慢和有序的。她指出，人们需要能够依靠校长来正确地分析问题，有效地使用数据，并做出正确的选择。她和其他校长交谈，参加专业会议，阅读校长专业期刊，所以她知道如何有效地管理学校。她利用她的知识做出诸如学校课程表、教师日程表、预算分配和新项目等的决策。当教师受到决策影响时，她用她自己的技能说服他们相信她的决策最符合学生的利益。

琳达尊重每个人，大部分员工都喜欢她。他们相信她应该为学校的现状负责，尽管他们希望更多的人参与到决策中来，但是他们很感激有一个稳定的领导者，他们可以依靠这个领导者来保持政策连续和公平。

约翰逊小学

校长玛格丽塔·洛佩兹（Margarita Lopez）以乐于尝试新想法并通过实验来检验它们是否有效而闻名。她并不关注学校诸如订书单和其他杂务之类的管理工作，而是让其他人去做这些。玛格丽塔的领导理念是，她在那里帮助其他人完成他们的工作。她相信任何人都可以成为领导者，他或她的想法应该得到尊重。这种信念常常导致教师之间以及与她之间的冲突，但是她认为专业人士之间的一些冲突和不同意见对一个组织有好处。有些人认为她的领导风格会导致混乱的局面，但她认为，组织从混乱中学习，没有它，学校就会停滞不前。她把工作看成是给大家讲道理,把思想和理论研究联系起来,鼓励不断改变和改进,从而给混乱带来秩序。

工作人员认为玛格丽塔是个好领导。他们感激她允许他们在学校做出的决策中有发言权。他们看到学校处于不断变化的状态,推动着学校向前发展。另一方面,他们也希望偶尔能从他们周围的不断变化中解脱出来。

1. 两位校长的积极和消极属性是什么?

2. 这些学校的组织工作方式有什么不同? 你认为每所学校的氛围和文化是什么?

3. 你愿意与哪位校长一起工作? 为什么?

推荐阅读书目

Branden, N. (1998). *Self-esteem at work: How confident people make powerful companies.* San Francisco, CA: Jossey-Bass.

要成为一位有效的领导者,人们很难说出一个比健康的自尊更重要的个人特征了。你的自尊对你的思维过程、情绪、欲望、价值观、目标和解释事件的方式有着深远的影响。自爱和自信是自尊的重要方面,它们与你的学习能力、做出适当决策的能力和有效应对变化的能力密切相关。事实上,布兰登(Branden)认为自尊是影响你行为的最有启发性的因素。本书帮助读者理解自尊的概念,并提供关于如何发展自尊的有用建议。这一发展对于任何想成为教育领导者、想在今天的大变革时代为学校承担责任的人以及寻求发展更好的组织文化的人来说都是很重要的。

Combs, A. W., & Avila, D. L. (1985). *Helping relationships: Basic concepts for the helping professions(3rd ed.).* Boston, MA: Allyn & Bacon.

通常,教育领导者认为自己是管理者,或多或少,在组织的权力等级中是官员。但是,如果你接受这样一种观点,即加强学校的强有力方法是发展他们的组织文化,使它们能够鼓励和支持创新、变革和社会心理成长,那么你正在扮演帮助者的角色。组织文化的变化不能通过命令来实现,必须从个体和社会群体内部共同地发展。库姆斯(Combs)和阿维拉(Avila)提供了对帮助者角色的宝贵理解,他们给你的忠告在教育管理课程中是很难找到的。

Deal，T. E.，& Peterson，K. D.（1990）．*The principal's role in shaping school cul-ture.* Washington，DC：U. S. Department of Education，Office of Educational Research and Improvement.

尽管一些学者仍在争论是否能够或应该刻意改变学校的文化,但鉴于文化在唤起组织行为中的重要性有越来越多的证据,实用主义者往往得出结论,问题不在于人们是否能够或应该,而是该如何去做。这本很薄的出版物简单地阐述了这个过程,并为读者提供了一个关于"如何建立有效文化"的10点计划。

Fullan，M.，& Hargreaves，A.（1996）．*What's worth fighting for in your school?* New York，NY：Teachers College Press.

这本书鼓励校长和教师更深入地思考学校改革,尤其是针对长期以来鼓励教师在教室里近乎孤立地独自工作的学校文化。作者提出了一个强有力但又动静不大的方案,以发展促进更多合作的学校文化,与教师一起努力改进学校的工作,并探索校长如何支持和帮助这一过程。

Levine，S. L.（1989）．*Promoting adult growth in schools：The promise of professional development.* Boston，MA：Allyn & Bacon.

本书首先考察了教师的职业生涯,发现许多人之前发现的事实:教学是孤立的行为并抑制了个人成长和发展。由于这些原因,目前的教学是不令人满意的却又是值得去做的事,这一事实不可避免地反映在学校的有效性上。然而,莱文(Levine)继续讨论学校校长和其他人可以做些什么来改变这种状况,以便为在学校工作的教职员工提供促进成长的环境。本书还包含了大量有用和实际的建议。

McLaren，P.（2007）．*Life in schools（5th ed.）.* Boston，MA：Pearson.

学校生活体现了彼得·麦克拉伦的批判性教学理念,这种理念让学生在一个有主导文化和从属文化的社会中为生活做好准备。他讨论了班级、性别、种族和社会问题及其对学校教育的影响。本书是在学校实施批判理论和批判种族理论的一个很好的例子。

Rubin，H.（1998）．*Collaboration skills for educators and nonprofit leaders.* Chicago，IL：Lyceum Books.

在由内到外的组织革新中,即组织文化和氛围建设过程中,很多人都说需要加强协作、团队建设以及接触社区中的人们。但是,领导者从哪里可以学到这种促进工作的具体技能和技巧呢? 鲁宾(Rubin)指出,目前还没有领导协作方面的学位课程。现在的答案是在工作中学习这些方法。本书也许可以帮上忙。它是一本实用而富有洞察力的指南,由了解和熟悉学校及非营利组织的人编写。

Tieger, P. D., Barron-Tieger, B., & Swick, M. A. (1999). *The art of speedreading people: How to size people up and speak their language.* New York, NY: Little, Brown.

毫无疑问,能够理解他人并用他们的"母语"表达自己是领导者的一大财富。本书从人格类型心理学概念来解决这个问题:你是外向型还是内向型的? 感觉型还是直觉型的? 思维型还是情感型的? 判断型还是知觉型的? 作者使用这些维度来帮助你更好地了解自我,然后向你展示如何将此技能应用于理解和解释与你沟通的人。对于那些选择与其他人协作、合作、相互尊重的领导来说,这是一个强有力的工具。

参考书目

Anderson, C. S. (1982, Fall). The search for school climate: A review of the research. *Review of Educational Research*, 52, 368 – 420.

Barnard, C. I. (1938). *Functions of the executive. Boston*, MA: Harvard University Press.

Boyer, E. L. (1983). *High school: A report on secondary education in America.* New York, NY: Harper & Row.

Cohen, A. R., Fink, S. L., & Gadon, H. (1984). *Effective behavior in organizations (3rd ed.).* Homewood, IL: Richard D. Irwin.

Deal, T. E. (1985). *Cultural change: Opportunity, silent killer, or metamorphosis?* In R. H. Kilmann, M. J. Saxton, & R. Serpa (Eds.), *Gaining control of the corporate culture* (pp. 292 – 331). San Francisco, CA: Jossey-Bass.

Epstein, J. L. (Ed.). (1984). *The quality of school life. Lexington*, MA: D. C. Heath.

Finn, J., & Achilles, C. M. (1999). Tennessee's class size study: Findings, implications, misconceptions. *Educational Evaluation and Policy Analysis*, 21, 97 – 109.

Fullan, M. (2001). *Leading in a culture of change.* San Francisco, CA: Jossey-Bass.

Goodlad, J. I. (1983). *A place called school: Prospects for the future.* St. Louis, MO: McGraw-Hill.

Haire, A. P. (1962). *Handbook of small group research.* New York, NY: Free Press.

Halpin, A. W., & Croft, D. B. (1963). *The organizational climate of schools.* Chicago, IL: Midwest Administration Center, University of Chicago.

Heifetz, R. A. (1994). *Leadership without easy answers.* Cambridge, MA: Belknap Press of Harvard University Press.

Homans, G. C. (1950). *The human group.* New York, NY: Harcourt, Brace & World.

Kanter, R. M. (1983). *The change masters: Innovation and entrepreneurship in the American corporation.* New York, NY: Simon & Schuster.

Kilmann, R. H. (1985). *Five steps for closing culture-gaps.* In R. H. Kilmann, M. J. Saxton, & R. Serpa (Eds.), *Gaining control of the corporate culture* (pp. 351 – 369). San Francisco, CA: Jossey-Bass.

Kilmann, R. H., Saxton, M. J., & Serpa, R. (1985). *Five key issues in understanding and changing culture.* In R. H. Kilmann, M. J. Saxton, & R. Serpa (Eds.), *Gaining control of the corporate culture* (pp. 1 – 16). San Francisco, CA: Jossey-Bass.

Lewin, K. (1936). *Principles of topological psychology.* New York, NY: McGraw-Hill.

Likert, R. (1961). *New patterns of management.* New York, NY: McGraw-Hill.

Marzano, R. J. (2003). What works in schools: Translating research into action. Alexandria, VA: *Association for Supervision and Curriculum Development.*

Marzano, R. J., Waters, T., & McNulty, B. A. (2005). *School leadership that works: From research to results. Alexandria,* VA: Association for Supervision and Curriculum Development; Aurora, CO; Mid-continent Research for Education and Learning.

McLaren, P. (2007). *Life in schools* (5th ed.). Boston, MA: Pearson.

Miskel, C., & Ogawa, R. (1988). *Work motivation, job satisfaction, and climate.*

In N. J. Boyan (Ed.), *Handbook of research on educational administration* (pp. 279 – 304). New York, NY: Longman.

Moos, R. H. (1979). *Evaluating educational environments. Palo Alto, CA: Consulting Psychologists Press.*

Ouchi, W. (1981). *Theory Z: How American business can meet the Japanese challenge.* Reading, MA: Addison-Wesley.

Peters, T. J. , & Waterman, R. H. , Jr. (1982). *In search of excellence: Lessons from America's best-run companies.* New York, NY: Harper & Row.

Rutter, M. , Maughan, B. , Mortimore, P. , & Ouston, J. (with Smith, A.). (1979). *Fifteen thousand hours: Secondary schools and their effects on children.* Cambridge, MA: Harvard University Press.

Sarason, S. B. (1971). *The culture of the school and the problem of change.* Boston, MA: Allyn & Bacon.

Sarason, S. B. (1972). *The creation of settings and future societies.* San Francisco, CA: Jossey-Bass.

Schein, E. H. (1985). *How culture forms, develops, and changes.* In R. H. Kilmann, M. J. Saxton, R. Serpa (Eds.). *Gaining control of the corporate culture* (pp. 17 – 43) San Francisco, CA: Jossey-Bass.

Selznick, P. (1949). *TVA and the grass roots.* Berkeley, CA: University of California Press.

Sizer, T. R. (1984). *Horace's compromise: The dilemma of the American high school.* Boston, MA: Houghton Mifflin. Tagiuri, R. (1968). The concept of organizational climate.

In R. Tagiuri & G. H. Litwin (Eds.), *Organizational climate: Exploration of a concept.* Boston, MA: Harvard University, Division of Research, Graduate School of Business Administration.

Vishner, M. G. , Emanuel, D. , & Teitelbaum, P. (1999). *Key high school reform strategies: An overview of research findings.* Washington, DC: U. S. Department of Education.

Voight, A. , Austin, G. , & Hanson, T. (2013). *A climate for academic success:*

How school climate distinguishes schools that are beating the achievement odds. San Francisco, CA: WestEd.

Wilkins, A. L., & Patterson, K. J. (1985). *You can't get there from here: What will make culture projects fail.* In R. H. Kilmann, M. J. Saxton, & R. Serpa (Eds.), *Gaining control of the corporate culture* (pp. 262 – 291). San Francisco, CA: Jossey-Bass.

第八章　组织变革

当我们需要计划和管理学校变革时,我们知道,作为组织的学校和学校中人的行为都会发挥作用。事实上,计划和管理学校变革的根本问题是需要实现学校组织文化的重大创新,在这个过程中,领导者要找到开展组织变革的有力支撑点。

美国学校教育的批评者倾向于把学校描绘成静态的官僚机构,呆板、笨拙且不能适应新出现的高绩效需求。虽然有人对这个观点进行辩护,认为学校也是长期变革的产物。作为学校文化遗产的一部分,这一历史一代又一代地传承下来,它在发展关于变革的一些基本假设方面具有强大的力量,而这些基本假设现在已经很好地融入学校的文化中。组织中的这些基本文化假设模式——通常是不受挑战的,也很少被讨论——具有形成员工信仰和价值观的巨大力量,因此,核心是思考变革的方式。我们谈论的是学校文化的核心要素,这些要素将在学校以大胆、新鲜、富有创造性的方式影响和塑造人们的能力,这些方式显著地打破了过去的做法,并承诺将学校转变为高绩效组织。作为出发点,我们现在来简要回顾一下近代学校教育史上塑造变革传统的一些主要主题。

一、变革的历史背景

因为宪法没有提到教育,所以每个州在成立时的州宪法中都承担了提供公立学校教育的责任。在 19 世纪,随着国家的发展和西进运动,公立学校教育几乎完全成为各州各自关注的问题,联邦政府一般不参与其中。每个州都设立了地方学区,这些学区指定当地的学校董事会或委员会,管理和控制州宪法规定的学校教育责任。这种安排特别适合那个时代,当时的美国人主要还是农业人口,社区很小,他们居住很分散,并且技术简陋的运输和通信系统是重要的限制因素。当地学区对辖区内的财产（如土地、建筑物和牲畜）征收（直接或间接的）税收资助学校的运作，并在各州相对有限且基本良性的监督下发挥作用。然而，到19世纪中叶，社会和经济变革的强大浪潮正在兴起，并将最终席卷整个学校：国家的西进运动，科学、技术和工业的发展，移民潮的扩大，以及城市化的趋势。这些变化再加上当时的其他重大社会政治变革引起了人们新的兴趣去重新定义教育在社会进程中的作用。回顾过去，我们可以看到，早在1857年，美国公立学校就开始发生结构性转变，并且从那时起直到现在，美国就开始为持续进行的变革聚集力量。

在1857年的美国内战前不久，佛蒙特州的国会代表贾斯汀·史密斯·莫里尔（Justin Smith Morrill）向众议院提交了一项法案（称为《莫里尔法案》），该法案根据1860年的人口普查，依照每个州参加国会的议员人数人均赠拨3万英亩土地。土地可以被使用或出售，收益可以捐赠建立教育机构，称为赠地学院，不仅用于讲授古典学问，而且讲授有关农业和机械技艺方面的知识（因此形成了以"农机"命名的大学，如佛罗里达农机大学）、科学以及军事战术。赠地学院的独特之处在于它的两个核心概念：一个概念是将传统学术学科的研究与当时兴起的科学和技术等更实用学科的研究结合起来，另一个概念是这些学院将作为纳税人负担的公有企业由各州拥有和经营。这一大胆的创新举措没有得到当时美国现有的高等教育机构的认可，现有的高等教育机构是专门为满足那些来自富裕家庭的学生需要而设立的，这些学生正在寻求欧洲传统教育，以提高他们的社会特权地位。相比之下，赠地学院这样的新教育机构将满足工人阶级的需要，他们希望将更实用的技术研究与传统文科研究结合起来。一开始，众所周知，《莫里尔法案》在政治上并不轻松，1861年，国会两院首次通过该法案，保守党总统詹姆斯·布坎南（James Buchanan）否决了该法案。直到1862年的第二次尝试，当南方国会议员在内战期间缺席时，国会才再次通过该法案，并由亚伯拉罕·林肯（Abraham Lincoln）总统签署成为法律。这是联邦政府的一次里程碑式的干预，不仅直接导致了美国高等教育的转变，而且预示着联邦政府对教育的参与将有新的扩展，正如我们今天看到的那样，这最终涵盖了初等和中等教育。第一部《莫里尔法案》通过后，各州获得了一个强大而长期存在的教育伙伴。

在这起事件背后，一个压倒一切的主题几乎很难被立刻发现，然而这个主题至少在18世纪初以来一直是美国教育辩论的核心，并且一直延续到今天。我们首先要问的问题是:为什么贾斯汀·莫里尔、国会和亚伯拉罕·林肯都认为政府有必要通过土地赠予建立大学? 他们应该为什么样的公众利益服务? 这些问题的答案过于复杂,无法在这里进行全面讨论,但有一个中心问题是明确的:对教育目的的关注一直存在。例如,谁受益于教育? 教育是否是一种私人物品,只有那些有钱和有闲暇的人才能从中受益? 或者它是一种公益,不仅惠及那些接受它的人,而且惠及政治机构? 如果是后者,公共利益需要什么样的教育?

早在 1749 年,本杰明·富兰克林(Benjamin Franklin)提议在费城建立一所学院时,他就提出过这样的问题,并为此提供了答案。富兰克林的创意,学院(academy),是一个大胆的新想法:他认为学院应该把重点放在英语语言教学上,包括口语、拼写、作文和语法;以及诸如算术、数学、天文学和会计等学科;历史,包括古希腊和罗马文本的英译本;书法;装饰艺术等等。他认为,学院的教室应该配备地图和地球仪、数学仪器、科学与物理实验设备以及机器、天体力学、标本、建筑、艺术等图片集。这种教育方式与当时的传统古典教育截然不同,传统古典教育的标志是 1635 年创立的著名波士顿拉丁学校。该学校与后来的拉丁学校一样,强调通过古希腊、拉丁文原著学习古典文学和人文学科,并认为英语是低劣的,不值得学习的。一个多世纪以来,美国的这些学校培养了一批能够流利地阅读和翻译古籍和能用原文讨论其内容的学生。波士顿拉丁学校,以及其他类似的学校,是为开设这种古典课程而设立的,为男生学习准备成为牧师和有学问的职业而设立的,当时许多人认为它做得很好。

然而,一百年后,情况有所不同,学校被迫迎接新需求的挑战。富兰克林的新教育思想是在启蒙运动高峰期宣布的,它体现了伟大的中产阶级运动的所有新思想。富兰克林是当时世界著名的启蒙运动学者之一,他认为学校需要教育男孩,使他们准备好在商业、工业和贸易的实际事务中占有一席之地,这些行业不仅在繁荣的费城而且在整个西方世界蓬勃发展。他看到,新的需求不是为了更多的教会牧师,而是为了那些有技能在会计室工作,设计、建造和驾驶环游世界的船只,发展工业工艺和技术,满足政府服务的新需求,以及继续进行艺术和科学方面高级研究的人。其他人也看到了这种需求,美国学校教育中的学院运动蓬勃发展并蔓延开来,整个国家的人民也开始接受它的教育理念。

历史对当今变革努力的影响

这些主题和这些问题的历史说明了从那时起,经过几个世纪直到我们自己的时代,教育和学校教育在不断地成长和发展。随着社会、文化和经济状况的发展,教育目标不断变化和发展。在我们这个时代,情况没有什么不同,而且今后还会如此。我们在这里所说的组织变革具有某些基本特征,即变革:

● 是为了实现特定新的、更高的组织成效而有计划和有指导的。这与无计划的组织演变形成鲜明对比,传统上在许多组织中都会逐渐发生变化,并且通常随着时间的推移在任何组织中都会发生。另一方面,有计划和有指导的变革试图将一个普通的组织,甚至一个低绩效的组织,转变成一个高绩效的组织。

● 涉及整个组织——整个学校或学区——而不仅仅是组织的一部分。

● 提高组织的能力,更有效地应对现在和未来对变革的持续需求,使组织比以前更强大、更健康、更有弹性和适应性更强。这使得有计划和有指导的组织变革与经常出现的需要快速修正的情况非常不同。

● 是可持续的,因而具有永久性,这不同于历史上具有学校特色的时髦和时尚,因为这些时髦和时尚会经历不断地潮涨潮落。

在美国,学校改革、综合学校改革和整体学校改革这些术语可以互换使用,并且体现了刚才描述的四个概念。所有这些术语所共有的一个明确的核心概念是,改革旨在以重要方式改变或重塑整个学校组织或整个学校系统。这个概念来源于系统思维,它认识到整个组织相关部分的动态交互性质,我们不可能显著地改变学校的一部分而不影响相互依赖的其他部分。对组织其他部分影响很小或没有影响的小规模变革被看成是小修小补。

学校改革涉及提高整个组织的能力,使其在实现高绩效目标方面卓有成效,这与美国学校中长期存在的重复、小规模、零星变化的历史传统形成直接对比,因为这种变化通常不会显著提高学生的整体学习效果。尽管多年来经历了许多小规模的变革,但学校显示出非凡的能力,能够保持基本稳定,并且似乎保持不变,因而当代学校改革旨在提升学校整体的组织绩效。在更大的组织研究领域,包括商业和工业组织以及非营利组织,这种变革通常被称为简单的组织变革。许多人认为,学校改革和组织变革这两个术语都具有道德含义,例如需要纠正现有的错误或废除弊端,这需要彻底改变组织。

随着《不让一个孩子掉队法案》的出现,它承诺严厉惩罚那些在学生成绩上没有达到适当年度进步率(adequate yearly progress,AYP)要求的学校,可以肯定地说,美国学校以前从未如此关注有计划、有控制和有针对性的组织变革的需要。当然,这需要理解组织变革的过程,以便领导者创造有效的战略,通过规划、指导和控制变革过程以实现期望的结果。显然,这个新时代要求领导者采取与过去非常不同的方式对待组织变革。

教育组织不仅被期望成为社会变革的媒介,还被期望给社会年轻成员保护和传播传统价值观念。同时,人们期望它们做好准备,应付不断变化的世界,这包括迅速转变的工作世界。因此,学校和其他教育组织不仅要面对变革,还要面对如何将变革与稳定相整合。许多观察家迫不及待地想改变学校,但一次又一次地指出,学校改变得越多,学校就越保持不变。正如马修·迈尔斯(Matthew Miles)提醒我们的:

> 学校作为组织的许多方面以及学校中人的价值取向都是建立在历史基础之上的,并且构成了……遗传特征。这些对于学校来说是重要的,它们在面对学校使命不明确和受到来自家长和其他人外部压力的情况时,帮助维持连续性和平衡。因此,虽然在具体学校实践中的快速转变相对来说更加可行,但是触及假设和结构核心的变革将更加难以实现。(Miles,1967,p.20)

对于领导者来说,这是一个有用的概念,可以用在学校变革的战略规划中。它来源于生物学,描述了个体的遗传结构如何产生永久性的识别特征,而遗传与环境的相互作用导致了可观察到的独特自适应特性。这个概念是,学校作为组织的特征是传统、价值观和信仰的遗传核心,这些传统、价值观和信仰将它们确定为学校,并将其与其他类型的组织区分开来。正如描述的那样,随着时间的推移,几乎就好像学校有遗传倾向一样,保持它们的身份和核心特征。然而,学校确实与日新月异的环境相互作用,并被其塑造,导致显而易见的表型特征的出现,这有助于解释为什么恼怒的准学校改革者经常感到事物变化越多,它们就越保持不变。

二、学校改革与变革

显然,1983 年随着《国家仍处于危险中》的出版而开始的学校改革运动(National Commission on Excellence in Education, 1983)是改变美国历史上公立学校的核心假设和结构的最伟大、最持续和最协调的国家努力。自开始以来,"这个国家一直在寻找一些神奇的方法来改革和重组公立学校"。"我们曾经尝试过,现在仍在尝试各种炼金术秘方,我们希望这些秘方能把我们教育水平高的学校变成教育黄金学校"(Clinchy, 1993, p. 28)。多年来,有关学校改革的讨论一直充满着大胆的呼吁,呼吁进行全面改革,如改革教育、重塑学校、扭转学校局面以及重新确立我们的教育目标。然而,由于美国学校教育的实际变化如此之小,以至于西摩·萨拉森(Sarason, 1990)在面对多年的改革努力时思考了学校遇到的棘手问题,并预言如果不改变策略,教育改革就会失败。

萨拉森分析的实质是,学校变革似乎很棘手,因为实施改革的战略在很大程度上未能有效地改变学校的核心假设和结构,即组织文化。他解释说,组织行为的核心是权力,尤其是关于权力的假设:特别是权力是否被假定为由某人在等级体系中的职位赋予或否定,或者是否被假定为来自各等级的人们之间以及组织中每个职位的相互协作。因此,萨拉森开始明白,如果我们想要给学校带来重大变化,我们必须忍受可以塑造学校里人们假设和信仰的文化力量、激励的力量、试图领导的力量、参与重要决策的力量以及产生学校组织行为的力量。

改革运动的策略和手段是什么?这些策略和手段在实现改革目标方面通常没有取得很大进展。萨拉森认为,问题在于,学校改革通常避免处理学校内部的权力关系,他认为权力关系是实现教育变革的核心。

(一)权力关系与学校重组

从字面上讲,学校改革意味着给学校新的形式,即以根本的方式改变学校(Sarason, 1990)。这个概念通常被称为重组。但问题是:学校如何才能重组?关键在于改变学校的权力关系。我们如何实现这种改变?因为公立学校最终是诸如学校董事会、州立法机构和美国国会之类的有代表性的政治机构控制的,所以在学校实现变革的政治策略可能非常强大。通常,政治变革策略试图通过授权来改变学校中的权力关系。《不让一个孩子掉队法案》就清楚地说明了这一点,该法案规定学校必须有一系列广泛的目标、考试和变革以及规定的奖励和惩罚,以执行国会和布什政府认为将给美国基础教育(K-12)①学校的运作带来根本变化的任务,从而提高学校的教学效果。奥巴马政府继续推动任务授权,这在"力争上游"计划中得到证明,并将授权扩大到共同核心标准、基于标准的评价以及在教师和学校考核中使用评价结果。显然,那些掌握法律等级权力的人可以通过法令改变其中的权力关系来强制改变学校。

改革教育的其他外部压力来自商业企业、保守政治组织和强大的基金会,如盖茨基金会(Gates Foundation)、沃尔顿基金会(Walton Foundation)、布洛德基金会(Broad Foundation)和科赫家族基金会(Koch Family Foundations)。拉维奇(Ravitch,2010)称后者为"亿万少年"俱乐部。通过利用资金和社会压力,这些团体正在以教师和学校评估系统的形式推动市场化改革、在线教育、教师教育改革和高风险的问责制。在美国立法交流委员会(American Legislative Exchange Council,ALEC)的帮助下,这些州级改革的示范立法正在美国各地推广(Ravitch,2010,2013)。在本书后面将更详细地讨论美国立法交流委员会。

另一方面,像其他组织一样,学校也可以从内部改变。例如,萨拉森(Sarason,1990)赞同通过让组织中的每个人都参与到变革过程中来改变权力关系的方法。萨拉森指出,这种策略对于我们思考教育组织变革有两大贡献。这种变革策略必须:

●将组织概念化为一个整体,而不是一组不相关的部门。这个概念将适用于整个学区。该策略必须包含这样的理念,即学区是由小学、中学和高中等相互关联的学校组成的系统。这个概念的关键是组织内部的系统关系。

●明确教育理念,促进每个人的个人和职业发展。"我用教育这个词,"萨拉森解释说,"因为它旨在扩大人们对[自己]个体的认识和承诺……[个人]成长"(p.72)。

---

①译者注:K-12 教育是美国基础教育的统称。"K-12"中的"K"代表 Kindergarten(幼儿园),"12"代表 12 年级(相当于我国的高三)。

简而言之,萨拉森指出,改变教育组织有两种截然不同的策略选择,很少有组织专业的学生不同意:

- 从外到内和自上而下的教育组织变革策略。
- 从内到外和自下而上的教育组织变革策略。

我们选择:
- 改变学校的文化假设和结构的内核。
- 改变组织的形式和结构。

那么问题是:两种方法中哪一种更有效?

(二)教育改革的目标

教育改革寻求给学校带来什么样的变化?我们寻求改变什么内在假设?萨拉森(Sarason,1990)通过对有关学校变革文献中的常见措辞进行分析,列出了五个目标,大多数人赞同将这些目标作为构成内在假设的核心部分来进行重大变革,然而这些变革又是难以实现的:

- 缩小不同社会阶层和种族背景儿童的教育成就之间的差距。
- 让学生体验到学校教育的过程,这是一个他们个人被吸引和激励的过程,而且显然不是一项他们认为是受约束或无聊,甚至与他们无关的义务。
- 使学生获得的知识和技能不仅是死记硬背来学习或记忆的抽象概念,而是以相互关联的学习方式获得的,并在现在和将来为每个学生提供个人目标。
- 对人类过去和现在的成就产生兴趣和好奇心,让学生想知道现在是如何包含过去的,也就是说,想以此来扩展他们自己的身份:包括个人的、社会的以及作为公民的。
- 使学生熟悉职业选择范围,以及在瞬息万变的工作环境中,学校教育如何与这些选择相关。

如果这些目标包括了教育改革的大部分目标,那么为什么美国学校改革运动在实现这些目标的策略和手段上没有达成一致呢? 正如我们在前面几章中所描述的,为什么目前有两种主要的学校改革方法正在相互竞争? 再一次,答案在于人们把问题概念化的不同方式,这在很大程度上取决于人们的行动理论。我们在本书的第十二章中将更详细地论述学校改革运动本身。但是,为了做好准备,现在让我们确定并简要讨论组织变革的一系列主要策略和手段,这些策略和手段适用于普遍的组织——学校、公司、军队或任何其他类型的组织。

三、美国教育的变革传统

历史上,美国学校的变革在很大程度上被视为自然传播的过程。也就是说,新的思想和实践以某种方式出现,并以某种非计划的方式从一所学校传播到另一所学校,从一个学区传播到另一个学区。结果是学校通常变化缓慢。在 20 世纪 50 年代后期,保罗·莫特(Paul Mort)和唐纳德·罗斯(Donald Ross)观察到,一项教育实践的新发明大约需要 50 年才能在全国各地的学校普及和接受,平均每所学校落后于当时的最佳实践大约 25 年(Mort & Ross, 1957)。显然,这不是传播和应用新思想的最佳方式。

(一)自然传播过程

莫特(引自 Ross, 1958)描述了美国学校这种非计划的传播过程:

> 教育变革进展非常缓慢……
>
> 在一项注定要传播到整个学校的教育发明出现之后,通常过了 15 年之后,才能在 3% 的学校系统中发现使用这种教育发明……
>
> 教育实践达到 3% 的传播量后,它们的传播速度才加快。通常再过 20 年才足以在一个普通规模的州范围内完全传播。有迹象表明,在全国的传播速度并不太慢(p. 32)。

幼儿园的引进和传播很好地说明了这一点。从德国引进私立幼儿园近 20 年后的 1873 年,圣路易斯市才建立了第一所公立学校幼儿园。到 20 世纪 50 年代中期,幼儿园教育作为一种理想的教育实践已经在这个行业中牢固确立,并且实际上联邦政府资助了一些项目,如赢在起跑线(Head Start)项目,这为促进其发展提供了有力的刺激。然而,即使到 1998—1999 学年(在圣路易斯引入幼儿园 125 年之后),全国只有 61% 的学校为孩子提供幼儿园教育(Institute of Education Sciences, 2013)。

多年来,莫特一直被认为是美国教育改革的领军人物。他的主要发现是,学校系统在采用创新实践方面滞后的主要因素是财政支持的水平或充分性。莫特在哥伦比亚大学教师学院任教和做研究员多年,其间积极活跃地开展研究,留下了一个知识宝库并培养了大量专心致志的学生,他们在促进学校变革和创新的因素方面在很大程度上影响了学校管理者的思想。由于这种影响,学生人均经费长期以来被认为是学校采用教育创新模式的最可靠的预测因素。多年来,这被称为成本—质量关系,它极大地影响着州立法机构在国家财政援助支持公立学校方面的决策。

20 世纪 40 年代,在宾夕法尼亚州的一所学校研究中,建立了教育成本—质量关系的系统基础(Mort & Cornell, 1941)。随后进行了许多关于投入与学校产出计量之间关系的研究,这些研究总体上支持了这个并不太令人惊讶的信念,即高投入通常与学校高产出的各种指标相关联。然而,这项研究很早就注意到一个令人烦恼的事实:学区学生人均费用可能很高,但仍然有低劣的学校(Grace & Moe, 1938)。自 1938 年以来,人们进行了大量的研究来探索这一事实。大多数人倾向于认为这种成本与质量之间的关系是线性的,也就是说,更多的经费将倾向于确保更高的教育质量,并且没有回报减少的理由。然而,自 1965 年以来,人们越来越关注教育中的成本—质量关系实际上是曲线的,并且有一个最佳点,超过这个点,额外投入不能增加学校的产出(Swanson, 1967)。在额外投入引起学生成绩提高的情况下,这些投入是针对具体目标的,特别是弱势儿童(Grissmer, 2002)。在一篇关于教育生产力研究的文献综述中,普莱基和卡塔达(Plecki & Cataeda, 2009)写道:

> 到目前为止,这些思路和研究的结果是,我们对政策制定者在教育方面的投资所产生的巨大影响了解得比我们希望的要少。当然,有些分析强调了某些变量,这些变量似乎与学生学习有一定的关系。其他研究没有建立清晰或可辨别的关系。在各研究的结果之间缺乏联系和融合可能是由于基础理论或

测量规范还比较薄弱。(pp. 456 - 457)

他们总结道:"通过使用更完善的数据和更细化的方法,……现在更大的焦点是理解教育经费产生影响的方式,而不是简单地辩论资源的重要性"(p. 460)。要深入钻研这项研究超出了本书的范围,但主要感兴趣的领域是教师质量、班级规模、早期干预、改进高中教育、下放权力和提供激励以提高绩效(Plecki & Catañeda, 2009)。

(二)有计划和有管理的传播

经费的使用策略对学校变革的影响可能比传统的诸如学生人均经费这样的指数所显示的更大。在马萨诸塞理工学院的 J. R. 扎卡里亚斯(Zacharias)教授的领导下,物理科学研究委员会进行了一次更为引人注目和更有名的尝试,试图显著改变后人造卫星(post-Sputnik)时代公立学校的变革模式(March, 1963)。简言之,物理科学研究委员会希望改善美国高中的物理学科教学,重新培训数千名教师,为所有规模的学区开发新的课程,说服当地学校董事会购买所需的材料和设备,这些用传统方法可能需要半个世纪才能完成。相反,在项目启动后的 10 年内,如果不提供物理科学研究委员会的课程,高中就被认为是落后于时代的。

这种令人难以置信的普及速度是通过一个包括三个阶段的策略来实现的:(a)发明新课程,(b)在高中理科教师中广泛而迅速地传播新课程知识,(c)在地方学校中采用新课程。这个策略涉及使用许多新思想。除了尽可能绕过当地的学区外,物理科学研究委员会还以新颖而强大的方式投入资金。首先,通过在两年半内花费 450 万美元聘用一个全职的专业团队,开发了一个便携式的、独立的课程包,并在实践中进行检验。这个课程包包括课程录像、课本、教师指南、测试以及实验室指南和设备——是一个完全统一和集成的单元,可以完整地被搬进几乎任何一所高中。其次,物理教师通过参加进修学院了解新技术,为此他们可以获得财政补助和津贴。为此目的,全国每年设立大约 40 个进修学院供教师参加学习。第三,通过提供联邦政府配套资金(主要是通过《国防教育法》),物理科学研究委员会说服当地学校董事会为他们的学校购买这个课程包。物理科学研究委员会的干预长期以来一直是联邦政府领导的从外到内、自上而下改革策略的典范。

四、有计划变革的三种策略

本尼斯、贝恩和秦（Bennis，Benne & Chin，1985）关于变革的经典著作中确定的三个主要策略取向，它们对规划和管理组织变革是有用的：

1. 经验—理性策略；
2. 权力—强制战略；
3. 规范—再教育策略。

（一）经验—理性变革策略

无计划地向学校传播新思想的传统过程已经让位于旨在迅速传播新思想和实践的有计划和有管理的传播策略。

许多调查和研究致力于这些策略，它们主要侧重于将研究结果与教育实践更紧密地联系起来。这种联系需要改善研究者与实践者（研究的消费者）之间的沟通，以便他们之间传统和相互鄙视的隔阂关系被更有效的协作关系所取代。

这种方法把新知识的科学生产和在日常活动中的应用看成是开展有计划教育变革的关键。它被广泛地称为"知识生产与应用"。多年来，研究者已经提出并尝试了许多用于实施该策略的模型，所有这些模型都试图形成一个有序的实施过程，该过程从新知识的最初发明或发现到新知识在实践中的最终应用之间建立一系列清晰的步骤。其目的是弥合理论与实践之间的差距，从而缩短学校变革所需的时间。

研究、发展和传播 用于实现"知识生产与应用"变革概念的各种模型以不同的名称出现，这取决于被视为重要步骤的数量。例如，研究和发展模型建议一些人应该开展研究，而另一些人应该从该研究中开发一些有用的产品。如同在所有知识生产与应用模型中一样，这里的研究意味着发明或发现新知识，而不管它对实际问题是否有适用性。在研究和发展工作中，研究的质量和有效性至关重要。然而，这个模型认识到，科学研究者并不总是有能力将研究成果转化为有用的产品。

研究和发展的发展阶段包括解决设计问题、考虑现实条件下的可行性以及成本等因素。发展基本上意味着将研究转化为实用的产品,这些产品可以从学校建筑到学生座位,从教科书到课程综合资源包,或者从教学技术到新型足球头盔。在自由企业社会中,这个阶段主要是营利性公司的领域,因为这些公司拥有必要的财务资源和创业技能。

研究、发展和传播的传播阶段被视为第三个独特的阶段,它本质上是研究、发展和传播的营销活动。其目的是使新产品容易获得,并且以吸引人、易于使用的形式和合理的成本提供给采用者。

当然,最终目标是让新想法投入使用。因此,一些人将"采用"视为该过程的一个单独的方面,为了强调这一点,甚至可能将其称为研究、开发、传播和采用模型。正如大卫·克拉克和埃根·古柏(Clark & Guba, 1967)明确指出的,"采用"过程并不简单。他们描述了一个三阶段过程:(1)试验,在此期间新产品以某种有限的方式进行测试;(2)实施,如果试验看起来有希望,则根据当地条件进行改进和适应;(3)(最后,如果一切顺利的话)制度化,这意味着创新成为系统的一个组成部分。对制度化的检验是,如果撤回外部支持和鼓励,本发明是否继续被使用(见图8.1)。

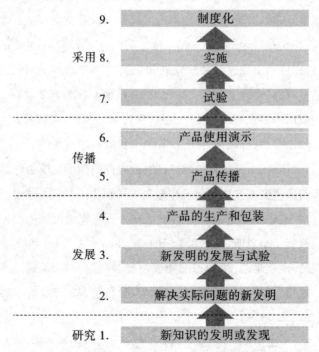

图8.1 研究、开发、传播和采用变革模型的概念

农业模式　强调美国在有计划和控制的农业改革方面的经验对那些倡导"知识生产与应用"教育策略的人的思想所产生的影响并不过分。农村社会学家很早就发现了通过社会系统促进新的和更好的农业实践迅速传播的过程和联系。发展一个由赠地大学、农业试验站和无处不在的县级代理机构组成的网络是大量系统中易于看到的几个关键部分，这些系统帮助农民在提高生产和降低成本的实际业务中使用新的且经证实的知识。当把农业与公立学校在广泛应用新知识和新技术的速度上进行比较时，很快就可以看出，农业采用创新的速度远远没有学校滞后。因此，通常在"知识生产与应用"教育变革方法中发现的许多模型构建与形式化过程开发都是基于复制适合教育的农业模式。

从20世纪50年代末开始，联邦政府在这方面的活动显著增加。例如，1958年的《国防教育法》引发了20世纪60年代出现的一系列创新课程包的产生①。1965年《中小学教育法》的第四条规定在全国建立20个区域教育实验室和10个教育研究和发展中心。在联邦政府的支持下，教育资源信息中心（Educational Resources Information Center, ERIC）在20世纪60年代也出现了。这个由20个信息交换所组成的全国性网络旨在以对教育界有用的方式促进研究和发展活动的快速交流。国家教育研究所（National Institute of Education, NIE）于1972年正式成立，目的是促进研究、试验和传播可用于改进公共教育的知识。1979年联邦政府行政部门设立了一个内阁级的教育部，得到了许多人的大力支持，他们认为需要这样一个机构在教育知识生产与应用中实现更大的秩序、制度和控制。因此，在四分之一个世纪的时间里，国家积极地通过联邦政府领导来系统化和激励教育中有计划的知识生产和应用，以取代过去传统的、无计划的、分散的、地方性的和小规模的努力。

知识生产与应用变革方法的假设和意义　知识生产与应用变革方法是基于两个关键假设：（a）新知识（产品、技术）将被潜在采用者视为可取的，（b）符合他们自己的利益。它代表了本尼斯、贝恩和秦（Bennis, Benne & Chin, 1985）所描述的经验—理性变革策略，也就是说，新知识或实践被经验证明是好的，因此人们理性地期望它被采用。这是一种与西方科技文化的传统和价值观相契合的策略。

---

①例如，生物科学课程研究、物理科学研究委员会、化学键教学方法项目和学校数学研究小组。

为了促进新思想被采用，必须以实用的形式传播。学校越来越多地被提供相对完整的教学授课系统，这些系统提供综合的教学包，反过来，这些教学包以明显有效的概念为基础，并且足够完整以满足学校最重要的需求。这些通常被称为创新，并且更多地关注学校实施创新的困难。

在关于组织变革和稳定性的文献中，"创新"一词由于被误用而严重贬值。有些人只是或多或少地使用它作为"变革"的同义词。但是，当它被用于组织变革时，如此广泛的概括并没有传达出创新的本质。事实上，它未能将创新与"组织演变"区分开来：一种不可避免的、无计划的、逐渐的变化，它遍布于以变革为主要文化特征的所有组织中。由于频繁地引进、尝试、使用和放弃创新，创新在教育界已经成为一个贬义词。

本书中，"创新"这个术语用于指有计划的、新颖的、深思熟虑的、旨在帮助组织（a）更有效地实现现有目标或（b）实现新目标的具体变革。人们通常认为一项创新可以通过以下方面确定：

1. 概念；

2. 一套操作程序；

3. 相关技术，并赋予这些技术一个名称（例如磁石学校、选择性教育、干预反应模式、教学和补救直接教学系统的阅读项目、个性化教学和最低胜任力测试）。

因此，并非所有的组织变革都可以被描述为创新；实际上，正如我们稍后将描述的，从这里使用的术语来说，许多期望的组织变革不一定是创新的。

需要强调的是，诸如知识生产和应用及研究、发展和传播模型等经验—理性变革策略往往侧重于创新。这个概念是，好的想法是在学校之外开发的，并最终在学校中实施。因此，在学校中推广创新和实施创新的问题备受关注。在实施层面，那些赞成创新的人认为这是经验证明的，并且认为采用创新是合理的；相反，他们倾向于认为学校层面的实施障碍是非理性的（如果不是不合理的话）。在这一点上，经验理性主义者不再关心广义上的教育变革，转而关心促进采用创新的组织变革。

其他经验—理性策略　为了简化讨论，我们关注一种经验—理性策略，即通过建立传播网络和激励应用研究，将基础研究与实践联系起来。这个过程通常包括建立研究和发展中心，将州教育部门与区域教育实验室联系起来，以及发展大学和校区的联合体。其他经验—理性变革策略包括以下内容：

• **人员选择和替换**　这个策略包括"清除枯木"（通过解雇、提前退休、重组、调动），以及改变认证和雇用新人的标准。虽然许多学校改革的支持者提倡使用这种策略，但是许多管理者面对教师长期短缺的现状时，认为这种策略是有问题的。《不让一个孩子掉队法案》就应用这一策略，规定两年内没有达到适当年度进步率要求的"一号标题法案"学校（Title I school）被重新归类为"需要改进的学校"；如果在第四年继续没有达到适当年度进步率要求，则必须采取纠正措施，包括更换领导和工作人员。

• **乌托邦思维**　未来学家寻求发展科学技术来改善对未来的预测。当然，他们的努力是基于一个非常理性的前提，即预测未来的技能有助于当前做出决策。他们尝试用经验—理性来预测未来可能存在的东西、备选方案可能是什么和应该是什么，这些尝试可以促使有计划的努力去引导事件走向某个期望的目标，而不是接受任何可能发生的事情。关注技术的使用就是一个很好的例子。我们看到诸如比尔·盖茨和盖茨基金会这样的未来主义者支持以新的方式使用技术并使技术更加触手可及。

（二）权力—强制变革策略

权力—强制变革方法与经验—理性方法的显著差异在于，权力—强制方法愿意使用制裁迫使采用者遵从。制裁通常是政治、财政或道德的。从权力—强制的观点来看，合理、理性和人际关系都次于通过行使权力直接实现变革的能力。

行使政治权力的一种方式是通过立法、发布行政命令以及下达法院裁决获得对政治机构的控制权。这一行动通常伴随着财政制裁，以强化其强制效果。在美国，这种策略的流行可以从立法、司法判决和政府规章中看到，这些规章都对不遵守的行为进行制裁，这些规章吸引了教育政策制定者和管理者大量的时间和注意力。《不让一个孩子掉队法案》和"力争上游"计划是权力—强制变革的范例。《不让一个孩子掉队法案》通过"一号标题法案"提供的资金，"力争上游"计划通过美国复苏和再投资法案的经济刺激资金向各州提供大量财政资助，要求各州实施具体的改革，如有争议的教师评价增值模型（Value-Added Model，VAM），其在评价过程中就必须使用到考试分数。目前还没有明确的研究表明任何增值模型能够准确地衡量教师的有效性,在经验—理性变革过程中的情况可能也是这样的。正如多兰和弗莱什曼(Doran & Fleischman, 2005)提出以下问题:

> 统计模型真的能筛选出可能影响学生成绩的所有其他因素(例如,社会经济地位或早期学习环境)并区分出具体哪些学习成绩变化与教师的教学方法有关吗?(p. 86)

罗伯特·秦和肯尼思·贝恩(Chin & Benne, 1969)将权力精英的重组描述为另一种带来变革的权力—强制策略。众所周知,我们的社会有一个权力结构,在这个权力结构中,相对有限的群体具有非凡的力量来影响变革,要么使事情发生,要么阻止事情发生。不要认为现有权力结构是固定和必然的,才有可能改变权力结构。如果要做到这一点——要么将权力移交给新手,要么将权力更公平地分配给更多的人——就有可能实现新的目标。

正如在前面第一章介绍的,批判理论和批判种族理论对这个讨论很重要。当然,少数族裔群体和妇女努力争取在与学校有关的关键决策群体中获得代表权,例如学校董事会、行政职位和财务控制委员会,这一事实已经得到了很好的说明。还有类似的例子是,长期处于无权和依赖性强的教师联合起来,努力改变与管理者和学校董事会的权力关系,以实现变革。第三个例子是政治联盟的发展,它关注的是那些面临身体、教育和情感等挑战的人的教育福利,导致了一系列法律和司法判决,在教育决策的一些关键领域急剧调整了权力结构。

我们知道,权力—强制变革策略无法单独起作用。例如,大学教育管理委员会(the University Council on Education Administration, UCEA)在1999年至2012年之间开展了三个系列的"真实案例"项目(Acker-Hocevar, Ballenger, Place, & Ivory, 2012)。在包括美国81名督学和85名校长的第三项研究中,基尤、艾沃里、穆尼斯和奎斯(Kew, Ivory, Muñiz & Quiz, 2012)发现,《不让一个孩子掉队法案》赋予管理者立法授予的权力,使学校工作人员对结果负责,并有能力合法地"迫使教师超越现状,检查教室内所有学生的教学质量"(p. 18)。然而,《不让一个孩子掉队法案》导致了不同后果:

许多负面后果，这违背了政策制定者所预期的目标。这些因素包括为迅速取得成果而感到过度压力、失败感、缺乏应对具体问题的方法、教育目标狭隘以及内部不一致性。（pp. 18－19）

（三）规范—再教育或组织自我更新策略

规范—再教育变革策略与上述前两类变革的不同之处在于，经验—理性策略和权力—强制策略都具有两个假设：

1. 好的想法最好在组织外部形成；
2. 组织是外部力量变革的目标。

这些策略中隐含着这样一种概念，即组织如果任其自行发展，通常强调稳定性而不是变革，并且通常抵制变革，因此，必须由外部促使组织做出变革。毫无疑问，这种变革策略取向在某些条件下是有效的。但同样，教育组织已经普遍发展出强大而灵活的文化，这些文化在应对这些外部力量的变革要求时表现出了惊人的韧性，随着时间的推移，这些文化能够保持相当的稳定性，并且甚至常常挫败经验—理性和权力—强制的有力尝试。

请注意，作为学校组织变革策略的《不让一个孩子掉队法案》与我们前面描述的扎卡里亚斯领导的物理科学研究委员会项目之间存在显著差异。物理科学研究委员会项目是有计划和有管理的经验—理性变革方法的一个例子。它试图通过创建与传播精心策划和协调一致的一揽子课程、教师培训和教材来改善教学效果，供全国的课堂使用。它为学校和学校教师提供了实用的概念、技能以及改进教学的技巧。参与物理科学研究委员会项目的教师通常感到在专业和个人方面获得参与体验的回报。另一方面，《不让一个孩子掉队法案》的变革策略却截然不同，它直接运用联邦政府不可战胜的政治和财政权力，以未经明确说明的方式强迫学校在指定的学生成绩标准化考试中取得越来越高的分数。学校以及学校教师忙于寻找可接受的方法来对付这种强迫行为。参与其中的教师往往会被这种经历感受到威胁和轻视。

这两项联邦教育干预计划清楚地表明了学校组织变革的经验—理性策略和权力—强制策略在理论和实践上的差异。它们还清楚地表明,选择一种策略胜过另一种策略的决定是在组织和行为的相互竞争的替代理论或理解之间进行有意选择的问题。

兰德公司对支持教育变革的联邦项目的研究 兰德公司为美国教育办公室所做的研究说明了这种挫折感的性质和程度。正是这些担忧引发这一研究的开展,并在国家教育研究所的一份出版物中得到了很好的表达,该出版物反映了当时国会的盛行情绪:

> 在过去的 15 年里,联邦政府已经花费了超过十亿美元用于国家教育问题的研究和发展,并且花费了数十亿美元用于对学校和学区的分类[财政]援助。然而,问题仍然难以解决,反复的研究发现,创新没有产生"显著差异",却产生了如此的挫折感,以至于一些人已经开始对学校的改进潜力绝望。一种令人不安但又熟悉的国家行为模式开始在教育中表现出来。我们是一个"能做到"和"快速解决"的社会。解决问题的答案是开展一个计划。如果计划失败,我们尝试另一个,如果整个系列的计划失败,我们就会厌倦这个问题,继续进行更新的计划。(Group on School Capacity for Problem Solving, 1975, p. 1)

1975 年的情况就是这样,联邦政府著名的国家教育进步测评(National Assessment of Educational Progress, NAEP)首次在全国范围内评估《不让一个孩子掉队法案》的效果之后,到 2005 年这一结论似乎是成立的。国家教育进步测评研究比较了 1990 年以来的数学和阅读测试结果,并比较了 2003 年和 2005 年全国《不让一个孩子掉队法案》的测试结果。该研究表明,《不让一个孩子掉队法案》已经产生的效果可以被乐观地描述为喜忧参半。《不让一个孩子掉队法案》的主要目标之一是减少白人学生和少数族裔学生之间的成绩差距,但在 2005 年,国家教育进步测评发现,最多只能在这方面得到适度(如果有的话)的改善。虽然评估发现 2005 年四年级和八年级的数学成绩与 1990 年相比有所提高,但实施《不让一个孩子掉队法案》

后，改进速度比1990年代初法案实施前有所减缓。事实上，2005年国家教育进步测评研究的一个令人担忧的原因是，数据显示《不让一个孩子掉队法案》实施前的年份比实施后的年份在学习结果方面取得了更大的教育进步。

为了理解这种情况，兰德公司对联邦政府资助的项目进行了一项研究，这些项目旨在介绍和传播公立学校的创新实践。伯曼和麦克劳林（Berman & McLaughlin，1978）写道："这些变革促进项目通常作为'种子资金'向学区提供临时的联邦资助。如果一项创新获得成功，那么该学区将使用其他资金来源合并和推广项目的部分或全部成果"（Berman & McLaughlin，1978，p. iii）。（回顾本章前面关于采用创新和制度化的讨论，再次参考图8.1）。

这项研究对18个州的293个项目进行了一系列相关调查，这些项目由以下联邦项目赞助：

1.《中小学教育法》第三条款——创新项目；

2.《中小学教育法》第七条款——双语项目；

3.《职业教育法（1968年修正案）》D部分——示范方案；

4.《阅读权计划》。

本研究主要围绕两个问题展开：（a）促进学校变革的策略和条件类型，（b）在联邦"种子资金"用尽后，促进或阻碍创新（已经被尝试和采用的）制度化的因素。

虽然我们不是炫耀在这里总结这一庞大而复杂的研究，但我们能清晰地发现：学区之间在成功采用和实施创新方面的差异不是由（a）创新本身的性质或（b）联邦资金的数额来解释，更确切地说，是由当地学区和学校本身的组织和管理特点决定的。例如：

在成功实施的案例中，各学区的特点通常是……"解决问题"取向。也就是说，在联邦政府提供资金之前，他们已经确定并经常开始着手解决这个问题。相比之下，实施的失败与"机会主义"取向有关。这些学区只是简单地用[新联邦项目提供的]资金来补充预算。（Group on School Capacity for Problem Solving，1975，p. 1）

成功实施创新方案的学区也往往表现出其他特点：

- 他们往往拒绝固化的创新项目,因为这些创新项目不容许因地制宜的调整。

- 他们积极参与开发他们自己的本地教学资料,而不是简单地采用其他地方开发的教学资料。

- 他们在项目开始时不断地进行计划和重新计划,而不是一次性的计划。

- 他们根据项目需求和参与者的要求(而不是在开始时一次性地培训或由外部"专家"确定培训需求)对人员进行持续的培训。

- 在当地为项目提供持续的技术援助,而不是通过外部"专家"的一两天访问。

- 创新项目得到学区和学校一级主要管理者(例如学校督学和校长)的强烈支持。

综上所述,本研究有力地支持了应用行为科学家长期持有的观点,即学校系统和学校的组织特征是以经验—理性和权力—强制变革策略为目标的,这对于确定这些学校及其变革能力的有效性至关重要。用国家教育研究所报告的话说,教学效果的提高主要不是通过实施新的问责制、教会管理者改进采购技巧或利用高级技术就可以解决的问题,而是要改善组织文化(问题解决和决策结构、变革激励措施、管理合作规划和实施的技能、相互支持和沟通、相关培训的机会等)的问题。

无论如何生产、包装和传播知识,地方学区和学校级的发展都被视为有效利用知识的必要先决条件:

> 无论向从业人员传播知识和产品的渠道有多么好,这些产品好像依然传播缓慢,而且很少被有效利用,只有学校和学区提升能力,积极寻求解决自身问题的办法,并使解决办法适应自身的具体情况,同样重要的是,使自己作为组织适应所选解决方案的要求,情况才会改变。(Group on School Capacity for Problem Solving, 1975, p.5)

早在1975年,联邦资助的研究计划就表明,规范—再教育策略是成功变革学校的必要条件,我们想知道为什么权力—强制策略还继续存在。

规范—再教育策略 这种被广泛地称为组织自我更新取向是基于对组织及其内部人员的理解,这与通常由经验—理性或权力—强制观点所持有的取向大不相同,它们的观点基本上是古典或官僚的,并且倾向于将组织视为与人无关的创造物。在这种观点中,组织理论"涉及人类对组织的反应,而不是人类在创建组织中的活动"(Greenfield,1973,p.551)。

另一方面,规范—再教育变革策略假定,组织交互—影响系统的规范(态度、信仰和价值观——换言之,文化)可以通过组织内部人员的合作行为有意地转移到更有效的规范。安德鲁·哈尔平(Andrew Halpin)将此描述为从封闭的组织氛围向更加开放的组织氛围转变。用乔治·斯特恩(George Stern)的术语,它将增强组织氛围的发展压力。伦西斯·利克特(Rensis Likert)谈到从系统1管理风格转向系统4(见第七章)。迈克尔·富兰(Fullan,2001)将此描述为该组织"动员集体能力挑战困难环境"的能力(p.136)。

组织健康　为了保持有效性,组织必须始终如一地执行三个核心活动(Argyris,1964):

1. 实现目标;

2. 内部自我维护;

3. 适应环境。

这些是健康组织的明确特征。

因此,组织必须是有效和稳定的,但又能够适当地变革。组织实现这些目标的能力不同,换句话说,它们表现出不同程度的组织健康。一个健康的组织"不仅在其环境中生存,而且在长时间内充分应对,并不断发展和扩大其生存和应对活动。某个特定日子的短期行动可能是有效或无效的,但是持续地为了生存而充分应对,并不断成长"(Miles,1965,p.17)。德格(DeGues,1997)建议,"一个健康和有生命的公司的成员,包括人和各种机构,认同一套共同的价值观,并且相信公司的目标允许并帮助他们实现自己的个人目标"(p.200)。

另一方面,不健康的组织却一直效率低下。它可以在短期内通过应急计划、集中处理特定的危险情况或其他危机管理技巧来有效地应对环境。然而,从长远来看,不健康的组织越来越不能应对其环境。随着时间的推移,应对环境的能力不但没有提高,反而会下降,并趋向于功能失调。

任何单一的成果或一个时间段的组织绩效都不能可靠、准确地衡量组织的健康程度,核心问题是组织应对变化和适应未来的持续能力。这种能力最好从时间的角度来看待。组织健康有一些具体的指标,其中重要的是:

1. 目标集中。这就是组织成员理解和热情地参与支持组织可实现及适当的目标的程度。

2. 沟通充分。这是垂直和水平的内部沟通以及与环境的外部沟通。它还包括沟通的舒适度和便利性(与抑制和妨碍沟通的噪声和信息失真量相反)。

3. 最佳权力均衡。这个维度的一个重要元素是协作与强制的问题。组织的成员是否被强迫或要求为组织目标而工作,他们是否支持并接受这些目标作为他们自己的目标?

4. 人力资源利用。这是对人员的有效利用,使组织的人员感到他们正在工作中得到成长和发展。

5. 凝聚力。这是参与者喜欢组织并希望继续参与其中以影响协作风格的程度。

6. 士气。这表现为幸福感和满足感。

7. 创新。这是一种趋势,即设计新的程序和目标,不断成长和发展,并随着时间的推移变得更加与众不同。

8. 自治。自治组织不只是被动响应外部刺激的"环境工具",而是倾向于根据外部需求来决定自己的行为。

9. 适应。健康的组织应该能够比环境更快地改变、纠正和适应。

10. 解决问题的充分性。这包括感觉和感知问题的机制,以及永久解决问题的机制。

真实案例:

转变使命和文化成为一所非传统学校

佛罗里达州开普·科勒尔市马里纳高中前校长,布莱恩·曼根

五月下旬被任命为马里纳高中校长后,我有幸在暑假里开始了解这所学校。这所学校正处于设施和学业整改的初期。大楼刚刚更换了 23 年的空调系统,而我的第一个设施整改任务就是安装新地板,随后翻新校园的大部分室内以及部分室外空间。在学业整改方面,马里纳高中是利县学区西区的唯——所高中,对于学生和家长来说,从八年级升到高中或者作为一名高中新生,学校并没有一个主题或者

吸引他们的东西。由于缺乏吸引力,再加上来自两所全新的高中和两所拥有热门课程(国际高中毕业考试和表演艺术)的高中的竞争,马里纳高中成为该学区被学生和家长最少选择的学校。我们学区有一所特许高中,但我们觉得我们不需要和它竞争。因为它很小,似乎没有吸引那些对传统公立学校感兴趣的学生和家庭。我们的主要竞争对手是另外四所学区高中。

在我们学校有一个刚刚起步的数学、科学和技术(Math, Science and Technology,简称 MST)项目,这个项目刚刚完成第一年工作,参加项目的 40 名学生是从总共 1450 名学生中选拔出来的。暑假中期,我有机会为行政管理团队请来一位经验丰富的教务助理校长,以及一位行政助理校长,他以前在这所学校任职,但由于预算限制被我的前任解聘。聘请这两位关键的管理人员对于教学发展和设施更新两个方面至关重要。随着开学日期的临近,需要将两个主要方面结合起来,并整合第三个主要资源:教师能力。

第一项任务是让领导小组根据员工的意见确定学校的使命和愿景。领导小组由系主任组成,并由教务助理校长领导。我们重组的基础是 MST 项目。我们把它提高到科学、技术、工程和数学(Science, Technology, Engineering and Math,简称 STEM)项目,并开始计划一个全校范围的 STEM 项目倡议,该倡议向所有学生开放,发展以 STEM 为中心的课程。接下来,我们研究教师的能力,并开始与骨干教师合作,使他们的资格证书和专业发展符合 STEM 的概念。行政助理校长与工地领班、学区施工人员和维修工人一起修改室内空间的装修方案,以创建学习空间,使我们能够实施 STEM 课程计划。尽管最初参加 MST 项目的学生感到意外,但是随着可选择的 STEM 课程不断扩展,学生感到越来越有吸引力,并成为继续进行 STEM 项目变革的最大支持者和倡导者。

在我担任校长的第一年里,我们作为学校员工共同努力。通过单独、小组和大组的形式与管理者、教师和工作人员会谈,我们做出决策,并随时向教职员工通报我们正在努力实现的目标,以及它将如何惠及我们的学生。通过认识到教师的"隐性"技能以及他们愿意参与个性化教学,我们获得了教职员工对变革的承诺,这是非常有价值的。通过抓住 STEM 项目,我们清楚地将自己与招生区域内的其他高中区分开来,并且为学生和家长提供可选择的教育。通过改造校园支持专业教学,我们能够为学生和教师提供永久性的长期支持,所以 STEM 课程将长期存在。

作为一名员工,我在马里纳高中的整个任期中,我们的工作主要在三大领域。首先,翻修工作在我第二年中期完成。第二,在我第二年结束时,课程发展成为七个主要的 STEM 课程,在我作为校长的第三年里,课程范围将会进一步扩大。第三,提高教师能力是一个持续的努力。专业发展永远不会真正结束。教师知识退化的原因多种多样,新教师被聘用,由于学生兴趣而引起课程不断扩大,这就需要提供教师持续的专业发展机会。

由于我们的努力,马里纳高中的招生质量从最后一名(五所学校中排第五名)提高到了第三名。事实上,我们有一个候选名单供我们挑选学生了,这突出了我们努力的成果。

就在我作为校长的第四年即将开始的时候,我被分配了新的任务。暑假期间,教务助理校长也被提升为另一所学校的校长。但我密切关注我以前的学校,尽管我们的领导层发生了变化,但我们开发的项目具有可持续性,这令人鼓舞。

组织自我更新 一个普遍的观点是,许多组织有随着时间的推移而有衰退的趋势,变得沉迷于维持现状,他们越来越官僚僵化,并寻求支持传统做法。在一个以快速变化为特征的世界中,这样的组织往往被视为不健康的,它们强调维持组织现状,而牺牲了持续适应性的需要,不能跟上外部环境需求和期望的变化节奏。

伦西斯·利克特(Likert, 1961)最早对组织自我更新的概念进行了全面描述。他描述的组织交互影响系统可以激励创造力、促进组织员工成长以及促进组织问题的解决。马修·迈尔斯和戴尔·莱克(Miles & Lake, 1967)在"教育发展合作项目"中描述了这一概念在学校系统中的应用。随后,戈登·里皮特(Lippitt, 1969)基于每个组织都有一个生命周期(出生—青年—成年)的观点,详细阐述了更新过程的成熟方法,在其存在的每个阶段具有不同的更新需求。

组织自我更新假设有效变革不能强加于学校,而是寻求发展内部能力来持续解决问题。更新过程包括:

1. 提高感知和识别新问题的能力。
2. 提高确定目的、目标和优先事项的能力。
3. 提高设计有效替代解决方案的能力。
4. 提高执行选定方案的能力。

更新过程的结果是将学校文化从强调传统惯例和官僚主义转变为积极支持的观点，即计划和实施学校变革所需的大部分知识都来自学校内部。它认识到"教育变革的最佳单位是学校自身，每天生活在学校里的学生、教师和校长作为主要参与者"（Goodlad，1975，p.175）。

自我更新学校具有三个基本特征。首先，它的文化能适应和应对变革。这种文化支持公开的，尤其是自下而上的沟通，并且高度重视解决问题。第二，它有一套清晰、明确和众所周知的程序，通过这些程序，参与者可以有序地参与系统和协作解决问题的过程。第三，学校不是一个仅仅依靠内部力量、思想和资源解决问题的机构。相反，学校知道何时以及如何寻求适当的想法和资源来解决问题（Zaltman，Florio，& Sikorski，1977）。最近，富兰（Fullan，2010a）定义了自我更新学校成功改革的要素。这些学校利用领导联盟，不懈地专注于少数目标；具有高期望；发展集体和个体的能力来改进教学；以及利用数据来确定非惩罚性干预策略。

学习型组织　一些组织，尤其是低绩效的组织，其特点是无法明显地察觉到自己有问题，无法察觉到自己与外部环境的脱节，因此，几乎没有能力预测和适应外部环境的变化。就学校而言，当社区人口结构迅速变化（这在美国很常见）时，或当技术迅速变化（这在全世界很流行）时，通常都能观察到这种情况。在快速变化的环境中，比如我们今天面对的那些环境，学校组织必须变得越来越灵活和敏捷，这关系到生存。这需要发展更多的能力去感知，甚至预测，由它们的环境带来的问题，并且发现解决方案。这是学习型组织概念的一部分：一个组织，无论是企业组织还是教育组织，都要学会灵活地适应不断变化的环境。这种提高组织学习和适应能力的过程通常被称为组织发展。

组织发展是提高学区和学校自我更新能力的一种途径。它是这样被定义的：

> 学区的组织发展是一项连贯的、系统规划和持续的系统自学和改进工作，利用行为科学概念，明确关注正式和非正式程序、过程、规范或结构的变化。组织发展的目标既包括改善个体的生活质量，也包括改善组织的运作和绩效。（Fullan，Miles，& Taylor，1978，p.14）

组织发展的主要目标是改善组织自身的功能。提高组织的生产力和有效性在很大程度上取决于发展组织的能力,以便对影响组织结构、任务、技术使用、人力资源使用和目标的事务做出更高质量的决策。这一过程的主要方法是在组织中发展一种以工作为导向的文化,最大限度地使组织人员参与到更有效的决策中,决策涉及他们和组织目标的重要事项。虽然组织发展很可能导致采用新的方案或课程、组织结构调整或对新目标的承诺,但采用新方案的决定不被认为是提高学校和学校系统有效性的第一步。

组织发展拒绝认为组织衰退是不可避免的。积极地说,这种观点认为,一个组织确实能够——实际上,它必须——发展自我更新的特性,使其能够提高能力,适应变化,并随着时间的推移提高其实现目标的记录。这种系统自我更新的概念认为,组织并不是无助地受到偶然事件和变化的冲击,而是随着其发起变革能力的增长,对环境的影响越来越大,并随着时间的推移不断发展适应新情况和解决新问题的能力。也许更重要的是,随着时间的推移,它有能力培养一种不断增强的目标感和方向感。这一观点描述的是一个充满活力的体系,其特点是活力和富有想象的创造力不断增强。

自我更新概念是组织发展和组织改进之间的核心区别。在组织发展中,目标不仅仅是克服眼前的问题,并达到一种新的"冻结"的组织运行状态。这个概念是在组织系统中形成环境、技能、过程和文化子系统,从而促进组织持续发展。这是建立可持续变革的基本概念。

组织发展是一个以组织概念为基础的复杂社会技术系统。当然,这种组织观强调组织系统的整体性及其组成子系统的动态关联性:人、结构、技术和任务。例如,学校是一个社会技术系统。当然,它包括许多子系统,如系、年级、非正式群体、小组和工作群体,它们处于持续的动态相互关联中。学校也是一个更大系统的子系统:例如学区以及它所在的社区。

这种观点对那些与管理组织变革有关的人具有根本意义,它们被转化为某些基本假设:

1. 为了实现具有长期持久性的变革,必须改变整个系统,而不仅仅是它的某些部分或子系统。

2. 由于子系统的动态相关性和相互依存性,一个子系统中的任何显著变化都会在其他子系统中产生补偿或报复性变化，这在第四章中已经描述过。

3. 事件很少单独发生或由单一原因引起。组织的系统概念强调将事件作为相互关联的力量、议题、问题、原因、现象和需求的表现来处理的重要性。组织被理解为一个复杂的系统，将单一的因果关系归因于现象或将事件视为孤立的会掩盖我们对它们的充分理解。

4. 组织系统不是由组织周围的墙壁或薄膜来界定的，而是由人类行为的现有模式来定义的。这些模式不是静态的，而是恒定的动态平衡——正如力场分析的概念所说明的那样。因此，管理者需要的关键信息来自分析特定时间特定领域的力量，而不是来自分析过去或其他组织的一般历史数据。力场分析将在本章后面描述。

组织发展的主要关注点是组织的人类社会系统，而不是任务、技术或结构维度。具体地说，关注点在于组织文化，因为它构成组织氛围的特征，并通过信念影响行为，例如上级和下级彼此打交道的方式，工作群体相互联系的方式，以及组织中人员参与确定组织问题并寻求解决方法的程度。态度、价值观、情感和沟通的开放性是组织发展中的典型问题。重要的是人们怎么想，他们的沟通有多开放，他们如何处理冲突，以及他们感觉自己在工作中参与到什么程度，因为这些人的关注有助于确定完成多少工作以及完成得如何。那些学会了把自己的想法保留在自己心里，在提供新想法或表达怀疑或批评时保持谨慎的人，对组织诊断问题和找到解决办法的能力贡献甚微。许多学校的文化鼓励这种行为，即把决策留给上层领导，对提出问题的下层参与者提出否定。

通常情况下，学校的文化精心构建组织行为，以尽量减少公开、自由和积极地参与核心决策，看看典型的教职员工会议，其日程安排烦琐，督学在员工面前例行公事，充满了陈词滥调。具有这些特征的组织往往相对不灵活，变化缓慢，并且在快速变化的环境中具有防御性。

一个组织要想提高其有效性，最可利用的资源之一就是它的员工。通过鼓励员工参与，关注参与者，而不是让他们感到无能为力，被无形和不可预测的力量操纵，组织才可以从员工那里汲取不断增长的力量、活力和创造力。

组织的社会系统取向意味着我们不能在不影响系统其他部分的情况下改变系

统的一部分。例如,管理层不能假定在不参与的情况下变革组织。组织变革不是
"我们"(管理层)改变"他们"(教师和其他下级),甚至不是改变"它"(组织作为某
种脱离"我们"的实体)。领导者必须是积极参与发展过程的伙伴,确保组织系统的所
有子系统以动态、交互的方式适当地连接在一起。这是确定有效组织的特征之一。

　　组织发展认识到组织是分等级的,并将继续如此。当下级看到管理层以提高
效率的名义为组织做某事时,管理层除了作为观察者之外,并不参与其中,那么下
级很可能会保持警惕,而不是全力以赴。另一方面,如果管理层已经对这项事业感
兴趣,致力于此,并且以大家看得见的方式参与,那么下级更倾向于认为这项努力
是有效的,并且将更有动力参与其中。在任何组织中,下级都倾向于高度敏感,以获
取高层真正重要的指示,并忽略与官方声明有关的所有干扰。

　　彼得·圣吉(Peter Senge)是早期的领导者之一,他帮助我们理解如何创建和领
导一个学习型组织,他在为富兰的《整体变革:全面体制改革势在必行》一书作序时
写道,除非系统的所有部分共同努力并商定实现共同目标的策略,否则不可能进行
变革(Fullan, 2010a)。富兰用"集体能力"这个术语来指这个过程。

　　社会技术观　那些对参与式管理方法缺乏经验的人常常认为它们是柔性和宽
容的,并且与组织结构、纪律和权力不相容。事实上,我们需要一种新的、更有效的
管理方法:一种强调更加职能化的管理结构和寻求更有效组织行为的方法。虽然
新的结构可能比过去更灵活和适应性更强,但它们不会模糊或定义不清,工作相关
行为也不会缺乏清晰、准确的描述和定义,而是更有效。

　　当领导者认识到需要更多的教师和员工参与决策,或试图使组织朝着更有机
或自我更新的方向发展时,是否意味着必须放弃系统、有序的程序和控制呢?当然,
答案是否定的。相反,需要提供新的组织结构来增强和促进更具适应性的决策风
格的发展,以取代机械组织的刚性层次结构特征。

　　因此,组织系统发展的转变并没有脱离与传统组织结构观相关的清晰、有序的
控制,而转向一种不明确、无序、放任的管理。在行政管理上来说,目的是要为任务
分析、结构安排、技术的选择和使用以及员工个体和群体的选择和专业发展等寻求
更具功能性的新基础。

　　力场分析　我们如何分析组织的学习情况,从而知道如何去更好地应对? 力
场分析已被证明是对研究者和管理者有用的分析方法。

基本上,这种方法将社会或组织现状视为两组对立力量之间的平衡状态。有变革的力量,有时称为驱动力,也有维持现状的力量,有时称为约束力。如图8.2所示,当这些力场达到平衡时,我们就保持平衡状态——没有变化。

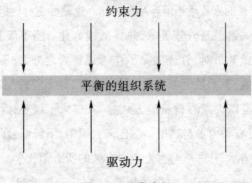

图8.2 平衡力场

如图8.3所示,当这些力中的一个或另一个被移除或削弱时,平衡就被打破,导致变化发生。在简单的层面上,这种不平衡可能是引入新的工作技巧或参与者获得新技能的结果。但是组织本质上是一个稳定的实体,通常以平衡为特征,不平衡带来重新调整,并将再次导致新的组织平衡。当应用到大型组织时,这个简单的概念可能变得非常复杂。但是,它也可以帮助管理者更好地了解他或她的组织,以促进组织的变革或稳定。确定约束力和驱动力的分析过程包括从初级的简单方法到相当复杂的技术。

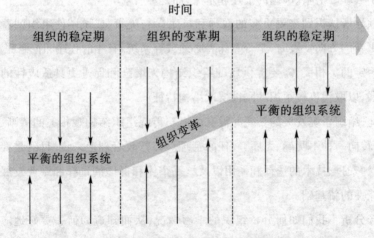

图8.3 力场的不平衡导致组织变革,直到达到新的平衡

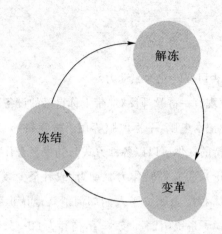

图 8.4 作为一个持续生命周期的组织变革过程三步骤

　　力场分析最终导致它的创造者,库尔特·勒温(Lewin, 1947),采用了一个基本的三步骤变革策略,这种策略已经越来越流行。它基于这样一种观念:为了实现组织变革,首先必须打破力场的平衡,即组织必须"解冻"。一旦解冻,就有可能引入"变革",从而将组织提升到一个新的层次。但是没有人比教育管理者更清楚变革是多么脆弱,组织又是多么容易回到原来的模式。因此,变革过程三步骤中的第三步是重新"冻结"。这是一个制度化的过程,用来保护和确保变革的长期保持。当然,重新冻结意味着一种新的现状,在勒温看来,通过建立"类似于一个稳定的因果循环过程的组织结构",可以实现所需的灵活性(Lewin, 1951, p.35)。如图 8.4 所示,解冻对一个非常僵化和抵制变革的组织来说可能是一段非常痛苦的经历,但它也可以作为其生命周期的正常部分来构建,以便随着时间的推移获得更大的组织灵活性。

　　斯皮兰、戈麦斯和梅斯勒(Spillane, Gomez & Messler, 2009)认为勒温的解冻、变革和再冻结的概念是一个过时的模式,因为变革应该是持续的。然而,这种批评并不清晰,因为他们没有提供一个替代模式来代表"持续变革"。当然,必须有一些必要的常态才能提供稳定的过程(Cuban, 1993;March, 1981)。积极主动、有计划的变革是成功的必要条件。

　　力场分析的价值是具诊断性的:它允许为实现所寻求的变革制定具体行动计划。在力场分析时,决策团队应与利益相关者一起集体讨论驱动力和约束力,然后制定变革策略,确定如何执行以下步骤:

1. 增加驱动力。

2. 减少约束力。

3. 确定约束力是否可以转化为驱动力。

例如,你可能会发现有一群教师反对"带上你自己的设备"这个概念(学生带他们自己的智能手机、笔记本电脑、平板电脑等用于教学目的),而你的父母、大多数教师和管理层都是支持的。你可以以各种方式与约束者合作(例如,在专业学习社区或专业发展中的讨论),将它们转化为驱动力,或者至少减少它们的阻力。这一计划的成功是否在很大程度上取决于人们如何清楚地认识到提议行动可能的后果。在四个主要的组织子系统(任务、技术、结构和人)中,只有人类子系统具有对不同条件做出不同反应的能力。你正在通过减少约束力和将约束转化为驱动力使用学习型组织概念,改善组织氛围,从而改善组织健康状况。只关注驱动力,你就有可能疏远人类子系统的重要部分。

伟大的艺术和文学作品中充满了人们因爱、信仰、勇气和责任等情感而取得英勇成就的描绘。许多关于组织的文献都涉及人们的冷漠、愤怒、沮丧和恐惧,以及它们抑制组织目标实现的巨大力量。尽管管理者必须对学校要做的工作、组织结构和所使用的技术深表关注,但这些都没有能力抵制行动计划。只有人类子系统具有这种能力。

但是,对管理者来说,对变革任何形式的反对——无论是直接的抵制、冷漠、怀疑,还是其他形式的顽固行为——都是无效的。如果"增加驱动力"被管理者解释为加强使用权威和权力来让人们支持变革努力,那么很容易预测结果将是对变革的强烈反应。压力会产生反压力,在学校环境中,如果管理者的强制力受到严重限制,则不太可能通过这种方法打破力场的平衡。可以预见,由于压力最终会得到缓解,而且迟早必须得到缓解,因此在约束力的压力下,组织将趋向于退回到原来的方式。

在学校环境的变革过程中,帮助约束力以合法的方式公开,可能会更有效。通过创建一种能够表达情感而不是秘密地隐藏情感的文化,通过公开沟通和珍视质疑和挑战的权利,以及通过帮助那些反对变革的人检查和解决引起他们抵制的顾虑,有可能(a)在计划过程中考虑到提议行动可能产生不可预见的后果,也许更重要的是,(b)抵制的程度将降低。

当反对者帮助影响和塑造决策时,他们的观点也在这个过程中被影响、塑造和修改。为了获得这种参与,需要有一种发展性的或促进发展的组织文化,这种文化具有以下特征:

1. 在智力、政治和审美上都具有激励性。

2. 强调个体和团体的成就。

3. 高度重视个体的人格尊严。

4. 以客观的方式接受不同的情感和观点。

5. 致力于解决问题,而不是关注在组织内部小冲突中的赢或输。

建立有序的问题解决过程,让那些受变革影响的人最大限度地参与进来对发展本书所建议的协作方法是必要的。尽管人们的观点很重要,但必须有有效的具体程序,使其发挥作用,从而创造所需的氛围,并确保达成决策的方式是被理解和可行的。发展新的组织文化和建立公开、协作决策所需的团队技能需要明确的培训和实践。这些目标不是仅仅通过认知理解和决心来实现的,它们需要发展新的洞察力、新的价值观和承诺,以及新的团队处理技能,而这些技能最好在解决问题中被教会和学会。

请记住,创建一种新的组织文化——一种新的工作和解决问题的环境——要求参与者对事件做出新的、更有效的反应,采取与以往不同的行动。正如每一位教育家都敏锐地意识到的那样,这种人类功能的变化并不经常是由于学习新的、更有效的做事方式而发生的。必须提供机会,使新的行为在实践中得以发展:简而言之,需要通过实践来学习。我们的目标是通过再教育来建立新的、更高效的以工作为导向的行为规范。

随着时间推移,组织内的变化很可能会稳定和维持,此时新的、更有效的绩效水平可以在没有胁迫的情况下维持,并且不需要持续地花费管理精力和警惕性来维持。实际上,这是管理者判断是否完成变革的一个实用标准。

适当的组织变革计划必须认识到这些现实。它还必须认识到,以重大方式变革组织目标在难度和所需时间方面都提出了挑战。没有快速而简单的解决方案,尽管可能永远不会缺少声称拥有此类解决方案的人。赫西和布兰查德(Hersey &

Blanchard, 1977)在这一点上的警告是非常恰当的:

> 知识上的改变是最容易做出的,其次是态度上的改变。态度结构与知识结构的不同之处在于,它们在情感上是积极的还是消极的。与前两个层次相比,行为改变要困难得多,而且耗时也要长得多。但改变群体或组织绩效可能是最困难和最耗时的。(p. 2)

五、组织发展的有效性

富兰等人(Fullan et al., 1978)在关于学校组织发展的早期专业研究报告中指出,评估学校系统和学校自我更新能力及解决问题能力的难点在于,许多变革项目是局部的、不完整的和短期的活动,缺乏成功所需的有计划、大范围和持续的努力。例如,在许多情况下,对教师进行为期几天的"人际关系培训"或者使用外部顾问参加几次会议都被错误地标签为组织发展项目。通常,努力仅限于减少冲突或改善组织文化不愉快的方面,很少或无意显著地改变组织结构或决策过程。

俄勒冈大学教育政策与管理中心的研究者是这个领域最早和最全面开展研究和发展工作的研究者之一。在评估组织发展对学区或学校是否取得成功时,他们告诫我们不要接受任何关于变革努力的肤浅说法:

> 在寻找结果方面的经验告诉我们,它们并不简单。……当研究者声称一个或多个学校已经"实施"或"采用"了一些特定的新方法时,科学期刊的编辑和资金提供者应该要求他们提供详细的文件。诸如团队教学之类的新结构在学校中实施或采用的深度和多样性令人目瞪口呆,校长可以用言辞掩盖创新在他[原文如此]的学校里根本没有真正起作用的事实。他可以声明说:"上一年学校采用了团队教学……"或者"明年我们将在 X 学校实施团队教学……"然后就没有下文了,这样的声明不应该被毫无疑问地全盘接受。(Runkel & Schmuck, 1974, p. 34)

肤浅地宣称成功只会导致恶劣的学校氛围。教师对流行很敏感,当下一个流行到来时,他们会变得怀疑起来。在为了变革而变革的文化中,个人和集体的承诺变得越来越困难。为了让教师们确信变革不是一种时尚,富兰(Fullan,2010a)将"有决心的领导"确定为关键因素,即系统(学校、学区和/或州)的核心领导层同意变革并提供长期支持。

基于他在2001年的早期作品《领导一个变革的文化》和2003年的《变革的力量》中提出的变革模式,富兰在2010年《整体变革:全面体制改革势在必行》一书中展示了美国、英国和加拿大的学校系统是如何成功地启动和维持改革举措的。这些成功的学校和学校系统始于富兰称为"道德目标"的核心信念,包括高期望、缩小成绩差距以及关注有限数量的具体和可达到的读写和算术水平。这些都与相信所有孩子都能学习的信念相结合。道德目标得到了所有同意这一目标的教育和政治领导人的坚决支持,这些领导人虽然要求"智能问责制",但却提供了更多的激励,而很少(如果有的话)有惩罚。最后,他虽然大力支持教师个人能力的发展,包括高质量的教师培养计划和持续的专业发展,但成功的关键在于集体能力。

六、两个亟待解决的问题

在撰写本书时,美国的学校正在进行第二个十年改革努力,以实施许多在《不让一个孩子掉队法案》中所体现的许多基于标准的学校改革理论主张。《不让一个孩子掉队法案》的理论基础从未被明确阐述过,但其两个基本假设似乎简单明了:如果学校为学习设定了高标准,并规定了可测量的目标,以确定个体学生达到这些目标的程度,那么

1. 个体学生的学习成绩将会提高;
2. 历史上造成的有色人种和低收入学生与同龄人的成绩差距将被消除。

这是学校变革史上的一个新颖的理论,正如本书的读者所熟知的,《不让一个孩子掉队法案》开始到处寻找和解决众多技术问题,并在实践中实施它——对问题的寻找仍在进行中。到2010年中期,对结果的形成性评价令人失望,至多是喜忧参

半,这一结果产生了两个新问题:

    1. 学校能单独实现《不让一个孩子掉队法案》的目标吗?

    2. 学校改革是否充分,还是有必要将学校改造成一些全新的、不同类型的组织?

(一)学校可以独自完成吗?

因为成绩差距是如此持久和执着(事实上,这是制定《不让一个孩子掉队法案》的一个基本原因),还因为历史上学校一直不能弥合这个差距,许多人认为学校本身根本无法实现这个目标。安迪·哈格里夫斯(Hargreaves,2009)观察到以下情况:

> 21世纪之交,人们开始从分担社会责任转向为穷人提供支持和创造更好的机会,再到期望学校和教师应该提高所有学生的成绩,并完全靠学生自己缩小他们之间的差距。平等的含义已经下降为缩小成绩差距的要求。责任已经从更广泛的社区中解除,并完全放在学校身上。我们经常听到这样的座右铭:"没有借口! 失败不是一种选择!"(p. 25)

事实上,几十年来关于学校有效性的研究已经收集了一系列证据来支持这样的论点,即学生成绩的差异在很大程度上应归因于学校之外的因素:家庭和家庭生活的差异、学生居住的社区以及社会本身的差异(Nichols & Berliner,2007)。哈格里夫斯(Hargreaves,2009)补充道:"学校能够并且确实产生显著的影响,但不是全部或甚至大部分。他们无法独善其身,他们需要社区和社会与他们合作。"(p. 25)

鉴于大量的研究证据以及《不让一个孩子掉队法案》十多年来所取得的结果并不出色,我们有理由怀疑,是否为了联邦管辖事业的未来而进行路线修正。哈格里夫斯(Hargreaves,2009)主张"更大的职业问责必须与更多父母责任相匹配"(p. 26),这是奥巴马总统坚持的,父母必须关掉电视和DVD,与孩子们交谈,与他们玩耍。哈格里夫斯说,教师不能什么都做,父母也必须尽自己的责任。

说到这里,哈格里夫斯也没有试图把所有的责任都推卸给父母。奥巴马总统曾经做过很多年社区组织者的工作,肯定很清楚学校只是教育儿童的一个重要组成部分。长期以来,美国人一直理解社区支持和参与公立学校的必要性。社区不仅仅意味着家庭,它包括卫生服务、社会服务和以信仰为中心的组织,事实上,还包括社区中能够支持和丰富儿童学习经验的一切机构。长期以来,公立学校一直是美国传统教育的一个核心部分,它们是社区不可或缺的一部分,并与社区紧密相连。

20 多年来,鼓励发展"全日制学校"或"社区学校"的运动一直在发展,尽管进展缓慢。这些学校接受以实用的方式全面教育孩子的理念,通过与社区资源合作,学校不仅努力满足儿童的智力需求,而且努力满足他们的心理健康和生理健康需求。在学校历史的这个阶段,没有一套全方位服务学校(通常称为社区学校)的蓝图,它们在不同的社区采取不同的形式。但它们依靠社区伙伴在一些或全部领域提供支持服务,如健康和牙科筛查与服务、药物滥用、心理健康和咨询(个人和家庭)。这些类型的服务是以各种组织模式通过社区资源机构的专业人员进入学校,这些专业人员可以随时接触到需要他们服务的儿童。

纽约市富裕的威斯特彻斯特郡就有这样全日制学校的例子。许多人惊讶地发现,波特切斯特市多年来一直是该郡的贫困地区。波特切斯特的托马斯·爱迪生小学的健康中心已经建立了很多年,然而有时多达 77% 的儿童没有医疗保险。在这个中心,来自社区医疗机构的卫生保健专业人员为儿童提供初级卫生保健、牙科和营养咨询。通过爱迪生小学建立的其他伙伴关系,学生及其家庭也得到了心理健康顾问和双语家庭社会工作者的服务。爱迪生小学不仅报告说它的考试成绩提高了,而且更多的移民家庭现在也加入了家长—教师协会。

在早期,全方位服务学校运动的重点通常是医疗保健。全国学校医疗保健大会报道了美国的 1700 个活跃基地,现在许多学校在日益增长的运动中寻求提供更广泛的社区服务。2013 年,全国学校医疗保健大会与 75 名州和学区学校管理者一起向美国国会递交了一封信,要求国会支持基于学校的健康中心,并特别要求在 2014 财政年度提供 5000 万美元支持这些运动。

(二)学校改革充分吗?

另一些人,看了《不让一个孩子掉队法案》相同的历史和结果,得出一个截然不同的结论:学校改革根本不起作用,也不足以实现该法案的目标。现在的观点是,学校基本上是有缺陷的，已经不能进行单纯的渐近式改进、改变和修改，我们必须改造作为组织的学校，使它们转变成完全不同于我们今天所知道的学校。瓦格纳和基根（Wagner & Kegan, 2006）指出："我们的教育体系从来没有设计成提供我们现在需要的那种结果，为当今世界和明天的世界培养学生。这个系统最初是为一个完全不同的世界而创建的。为了做出适当的反应，我们需要重新思考和重新设计"（p. 1）来让学校转型。

让学校转型意味着什么？这里有一个类比：在20世纪60年代，IBM的电动打字机比现有的手动击键打字机有了显著的技术改进。但是，仅仅改进电动打字机永远不会创造IBM个人计算机。个人计算机不仅仅是"改良的打字机"，还是颠覆印刷的一个重新发明（Wagner & Kegan, 2006）。

重新发明的过程始于领导者，他或她自己创造了一个新的愿景，即学校在不久的将来或未来会变成什么样的。这可以从重新考虑一组核心价值观和信仰开始，而这将重新定义学校的文化。我们正在谈论的是在学校中定义和描述专业教学实践的方法——从教师在教室里的单独实践，到协作、合作和专业的教学实践转变。

> 与其他职业相比，教育作为一种职业在历史上被许诺了一定程度的自主权。的确，教育组织的结构要保留自治领域和个人专业专长。我们许多最优秀的教师对他们自己创造和提炼的学习模块感到非常自豪，无论是四年级的美国原住民学习模块、高级的分班生物学课程还是创新的笔记本电脑程序。这些成功变成了个人的——甚至，也许是身份的来源——而且对教育工作者来说，公开他们的教学实践并接受监督、与同事分享劳动成果或寻求他人建设性的批评是很困难的，这是可以理解的。由于这个或其他原因，教师们很少订阅专业实践和规范知识库的文章，或者参与教学实践的协同调查。（Wagner & Kegan, 2006, p. 13）

组织文化的这种转变，在任何一所学校里，都是朝着正确方向进行重大变革。

结　语

人们可以从规划和管理学校组织变革的三个基本策略中选择：

1. 经验—理性策略是基于这样的概念，即通过系统地发明或发现更好的想法，并使它们以有用的形式随时提供给学校，从而促进变革。这种策略的拥护者通常在学校实施新实践的过程中遇到困难。典型的困难是：(1)忽视新思想，(2)抵制或拒绝新思想，(3)修改思想或实践，使它们在付诸实践时已经显著地改变了。

2. 权力—强制策略基于使用（或潜在使用）制裁来迫使组织变革。2001 年的《不让一个孩子掉队法案》汇集了各种权力—强制策略，包括所需的行动时间表、报告遵守情况的要求和各种制裁与奖励，旨在强迫学校遵守提高标准化考试成绩的要求。

3. 规范—再教育策略是基于学校组织提高解决问题能力的理念。这需要将学校文化(交互影响系统)的规范性价值观从通常与等级(官僚、机械、古典)组织相关的价值观转变为更具创造性和解决问题的规范。实现组织自我更新的技术和过程侧重于发展和提高学校员工系统地研究和诊断具体学校的组织问题以及制定解决办法的技能。组织发展一词被用来广泛地指这些提高学校自我更新能力的技术。

经验—理性和权力—强制策略未能广泛应用以达到预期的成功，引起了普遍的沮丧和关注。在这之后，帮助学校发展自我更新能力的重要性才得以在组织行为领域内得到广泛理解，直到通过改善学校的组织健康状况，可以使学校更加积极主动，而不是具有防御性，并促使学校做出反应，采纳新思想，实现不断变化的社会目标。

学校在组织上不同于商业、军事和非营利领域的许多其他类型组织。它们具有特殊的性质(不一定都是独一无二的)，可能会影响它们应对稳定和变化问题的方式。例如，早在 1978 年，富兰等人告诉我们学校的特殊属性，这些属性从那以后就没有改变。

1. 学校的目标是漫无目的的，通常是笼统的，甚至是抽象的术语，测量其有效性也是困难和不确定的。

2. 学校的技术能力低下,教育实践基础薄弱。

3. 学校是松散耦合的系统,这导致难以协调解决问题,活动并不总是与目标明确相关,并且很难建立控制(例如问责制)。

4. 边界管理是困难的,因为"组织的皮肤似乎太薄,对不满意的利益相关者过于渗透"(Fullan et al., 1978, p. 2)。

5. 学校是"本地化"的组织,缺乏竞争,在相对受保护的环境中生存,并且对重大变革毫无动力。

6. 学校是一个受制约的分散体系的一部分:美国有1.5万个学区,拥有10万多座建筑物,每个建筑物名义上是自治的,但存在许多国家制约因素(例如考试成绩标准、全国教科书市场、鉴定和认证要求、成文和判例法)。

7. 学生被迫上学。

在这种组织背景下,学校研究和实践经验可以追溯到20世纪20年代的西部电气公司研究,这些经验强调在学校制定和改进以人为本的变革策略的现实必要性。

反思活动

1. 反思一下你所熟悉的学校或组织中发生的重大变革。使用库尔特·勒温的力场分析概念,确定在变革过程之前和期间起作用的驱动力和约束力,这些驱动力和约束力帮助组织解冻并推动组织变革。

2. 在你为反思活动1选择的示例中,确定使用三个策略取向(经验—理性、权力—强制或规范—再教育)中的哪一个来规划和管理变革过程。使用本章中的内容,提供具体示例,说明在变革过程中如何遵循你确定的策略取向。这个过程是否成功地带来了变革,从而产生了积极的组织氛围?为什么是?为什么不是?

3. 找一篇研究组织特性及其对组织影响的文章。写一篇简短的总结,指出研究目的、研究变量、所使用的研究方法和研究结果。与同学分享这些信息。作为一个班级群体,列出班级中有积极影响的组织特征。

4. 与同学一起制定一个行动计划来实施迈克尔·富兰的想法,把你所在的学区转变成一个注重果断领导、智能问责、个体和集体责任的学区,以实现其道德目标。

关键事件：最适合这项工作的人！

督学艾伦·科尔曼（Aaron Coleman）总是可以指望里卡多·瑞克·瓦兹克斯（Ricardo "Rick" Vazquez）来解决学生的行为问题（如：帮派间的紧张关系）。瑞克曾经三次进入问题学校，对学生的不当行为采取强硬的立场，把艾伦从学校董事会对他的愤怒中解救出来。他采取了一种毫不含糊的方法，制定对学生与教职员工一视同仁的"法律"。学生被要求遵守规定，教职员工被要求统一执行，以便学生听从指挥。艾伦很清楚，瑞克的"秘密"之一是，直到几年前，他一直是该州的拳击巡回赛中一个非常受欢迎和成功的中量级俱乐部拳击手。虽然从来没有迹象表明瑞克曾经，或者将要，对一个孩子动手，但是所有的孩子都从社区年长的孩子们那里了解到他的故事，他们把他当作榜样。孩子们很羡慕瑞克每天锻炼，保持着良好的身材。

瑞克像往常一样轻快地大步走进督学办公室，确信艾伦会要求他接替麦迪逊高中的校长一职。最近，小道消息充斥着关于帮派行为是如何在麦迪逊高中失控的消息，虽然帮派行为在上个学年才第一次被发现。外面的办公室职员热情微笑着向他挥手致意。

当他走近卡利的办公桌时，她站起身来，伸出手表示热烈欢迎，说："瓦兹克斯先生，进去吧，他准备好了。我相信他马上就会挂掉电话。"瑞克喜欢这样：被认可，成为重要人物，被当成是赢家。

瑞克走进宽敞的高级办公室，坐在桌前的一张舒适的皮椅上，像往常一样，欣赏着前面宽阔草坪的景色，旗杆上插着旗帜，绿树成荫。亚伦放下电话，热情地迎接瑞克："嗨，瑞克，你要成为我的挽救专家，你知道吗？你一直能帮我摆脱困境，这次我需要你到麦迪逊高中。学校董事会对学生成绩、SAT 分数、出勤率以及缺乏家长的参与都喋喋不休。而且，你知道，董事会成员听到太多他们称之为'帮派麻烦'的事情。一般来说，这个地方很乱，我需要清理一下。"

瑞克对再次被挑选来领导重大变革而感到高兴，这次，他将带领曾经享有盛誉的麦迪逊高中，走向新的和更高的卓越愿景。他说："艾伦，我适合这份工作。你知道你可以相信我，这可不容易。要想把工作做好，需要时间和额外的资源，但我会在几年内把那个学校扭转过来。"

"这就是问题，瑞克。我们没有几年的时间。在即将到来的一学年结束时，我需要能够向校董会展示我们的主要进展，并且希望我们能够在第一学期结束时向他们展示实现目标的一些进展。至于额外的资源，我会尽我所能，但我不能对你或麦迪逊高中表现出偏袒，所以别指望太多，如果有的话。你需要投入并做出必要的变革来解决这些问题。开展与教师任务有关的事，但是要小心工会问题。我不想要他们像学校董事会那样再压在我身上。"

虽然瑞克对时间安排有点犹豫，而且缺乏额外的资源，但督学还是选择了他来完成这项艰巨的任务。瑞克是个有竞争力的人，他期待再一次成为胜利者。他同意在麦迪逊高中担任校长。

1. 根据你对瑞克·瓦兹克斯的了解，你期望他如何面对麦迪逊高中的变革？你认为他的方法会带来可持续的变革吗？为什么？

2. 你认为瑞克对麦迪逊高中的未来有什么新的和更高的愿景？你个人是否认同并分享这个愿景？

3. 你建议瑞克在麦迪逊高中做些什么有效的变革？你建议他如何与员工一起工作？在回答时，引用本章中给出的具体概念。

4. 瑞克应该如何与督学一起工作？

推荐阅读书目

Argyris, C. (1993). *Knowledge for action: A guide to overcoming barriers to organizational change.* San Francisco, CA: Jossey-Bass.

作为组织变革最受尊敬的学者之一，阿吉里斯(Argyris)为提高组织成员协同工作的能力提供了实践指导。对于那些想要改善大学行为和在工作中实施授权的教育领导者来说，这是非常宝贵的。

Darling-Hammond, L. (1997). *A blueprint for creating schools that work.* San Francisco, CA: Jossey-Bass.

作为一位杰出的学者和美国教育观察家，达林－哈蒙德(Darling-Hammond)认为，过度的官僚化和管理的繁文缛节最终会使教师们没有时间教学。她反对学校的"工厂模式",因为它处理学生而不是教学。她认为,这个问题解释了美国学生与世界其他地方学生相比表现相对较差的原因。她主张重建学校,以便优秀的教师能脱颖而出,并鼓励从内到外的变革。她的研究数据来自多次对一线人员的采访,她强调的是以学习者为中心的学校。

Dryfoos, J. G. (1994). *Full service schools: A revolution in health and social services for children, youth, and families.* San Francisco, CA: Jossey-Bass.

认识到学校已经成为所有孩子都可以学习的地方,德赖富斯(Dryfoos)认为社区服务必须能够以有组织的方式与学校合作,帮助年轻人学习和发展成为负责任和富有成效的成年人。主要负责抚养和教育儿童的传统机构——家庭和学校——不能再自生自灭了。在许多社区,他们需要帮助,而重要的援助来自社区机构。如果你想知道学校教育的前沿问题在哪里,请阅读本书。

Fullan, M. (2010). *All systems go: The change imperative for whole system reform.* Thousand Oaks, CA: Corwin.

在美国、加拿大和英国成功实践的基础上,富兰提出了全面体制改革的变革模式。他展示了这些国家(在美国没有)和地区如何发展"集体能力",富兰认为这一概念是全面体制改革的关键。

Hargreaves, A., & Fullan, M. (Eds.). (2009). *Change wars.* Bloomington, IN: The Solution Tree.

本书概括了13个权力机构的不同见解,他们在所谓的"变革战争",即当前正在进行的关于学校变革的国际辩论中非常活跃。本书以这种方式开始:"任何试图变革这个世界的人、他们的同事或者他们自己都有一套如何变革的理论。这种理论可能是隐含的或明确的,有反思意识的或盲目的,但它是一种行动中的变革理论,由知识、经验、信念、人们如何和为何变革的假设以及可以激励或支持他们这样做的因素驱动"(p. 1)。然后,它解释了行动变革理论的许多实际问题。

Kohn, A. (1999). *The schools our children deserve: Moving beyond traditional classrooms and "tougher standards."* Boston, MA: Houghton Mifflin.

亚马逊网站(Amazon. com)这么说:"由教师改行的作家阿尔菲·科恩(Alfie Kohn)在这场对回归基础运动的攻击中,与 E. D. 赫希(Hirsch)这样的传统教育巨头较量,指责几乎每个州政府都在提高标准和强化标准的做法。科恩是针对美国一直关注成绩和分数的著名批评家,他写了一篇详细、有条理的论文,指责政客和教育家将公共教育之父约翰·杜威替换为考试辅导之王的斯坦利·卡普兰(Stanley Kaplan)。"这本书对未来的教育领袖来说是必须阅读的。

Senge, P. (1990). *The fifth discipline: The art and practice of the learning organization.* New York, NY: Doubleday & Company.

圣吉观察到,工业时代的教育流水线模式以超出我们想象的程度塑造我们的学校,造就了一代又一代的"知晓者",而不是终身学习者,为一个不再存在的世界做美好的准备。他将科默学校(Comer School)发展计划描述为一个真正的先锋,创造以学习者为中心的教育,这对我们的未来将是至关重要的。通过从科学到灵性的各个领域,圣吉展示了拥有学习型组织的重要性。本书非常受欢迎,值得所有教育领导者关注。

参考书目

Acker-Hocevar, M. A. , Ballenger, J. , Place, A. W. , & Ivory, G. (2012). *Snapshots of school leadership in the 21st century: Perils and promises of leading for social justice, school improvement, and democratic community (The UCEA Voices from the Field Project).* Charlotte, NC: Information Age. Argyris, C. (1964). *Integrating the individual and the organization.* New York, NY: John Wiley & Sons.

Bennis, W. , Benne, K. , & Chin, R. (1985). *The planning of change*(4th ed.). New York, NY: Holt, Rinehart and Winston.

Berman, P. , & McLaughlin, M. W. (1978). *Federal programs supporting educational change, Vol. VIII: Implementing and sustaining innovations.* Santa Monica, CA: RAND Corporation.

Chin, R. , & Benne, K. D. (1969). *General strategies for effecting changes in human systems.* In W. G. Bennis, K. D. Benne, & R. Chin (Eds.), *The Planning of Change*(2nd ed. , pp. 13 – 59). New York, NY: Holt, Rinehart & Winston.

Clark, D. L. , & Guba, E. G. (1967). An examination of potential change roles in education. In O. Sand (Ed.), *Rational planning in curriculum and instruction*(pp. 111 –

134). Washington, DC: National Education Association.

Clinchy, E. (1993, December). Magnet schools matter. *Education Week*, 8, 28.

Cuban, L. (1993). *How teachers taught: Constancy and change in American classrooms, 1980 – 1990.* New York, NY: Teachers College Press.

DeGues, A. (1997). *The living company.* Boston, MA: Harvard Business School Press.

Doran, H. C., & Fleischman, S. (2005). Challenges of value-added assessment. *Educational Leadership, 63(3)*, 85 – 87. Fullan, M. (2001). *Leading in a culture of change.* San Francisco, CA: Jossey-Bass.

Fullan, M. (2003). *Change forces with a vengeance.* New York, NY: RoutledgeFalmer.

Fullan, M. (2010a). *All systems go: The change imperative for whole system reform.* Thousand Oaks, CA: Corwin.

Fullan, M. (2010b). *Motion leadership: The skinny on becoming change savvy.* Thousand Oaks, CA: Corwin.

Fullan, M., Miles, M. B., & Taylor, G. (1978) *OD in schools: The state of the art* (4 vols.). Toronto, Ontario: Ontario Institute for Educational Studies.

Goodlad, J. I. (1975). *The dynamics of educational change: Toward responsive schools.* New York, NY: McGraw-Hill. Grace, A. G., & Moe, G. A. (1938). *State aid and school costs.* New York, NY: McGraw-Hill.

Greenfield, T. B. (1973). Organizations as social inventions: Rethinking assumptions about change. *Journal of Applied Behavioral Science, 9(5)*, 551 – 574.

Grissmer, D. (2002). *Cost-effectiveness and cost-benefit analysis: The effect of targeting interventions.* In H. M. Levin & P. J. McEwan (Eds.), *Cost effectiveness and educational policy.* American Education Finance Association.

Group on School Capacity for Problem Solving. (1975, June). *Program plan.* Washington, DC: National Institute of Education.

Hargreaves, A. (2009). The fourth way of change: Towards an age of inspiration and sustainability. In A. Hargreaves & M. Fullan (Eds.), *Change wars* (pp. 11 – 43)

. Bloomington, IN: Solution Tree.

Hersey, P. , & Blanchard, K. H. (1977). *Management of organizational behavior: Utilizing human resources*(3rd ed.). Englewood Cliffs, NJ: Prentice Hall.

Institute of Education Sciences. (2013). *Full-day and half-day kindergarten in the United States: Findings from the early childhood longitudinal study, Kindergarten class of 1998 - 99.* National Center for Education Statistics. Retrieved from http://nces. ed. gov/ pubsearch/pubsinfo. asp? pubid = 2004078

Kew, K. , Ivory, G. , Muñiz, M. , & Quiz, F. (2012). No child left behind as school reform. In M. A. Acker-Hocevar, J. Ballenger, A. W. Place, & G. Ivory (Eds.), *Snapshots of school leadership in the 21st century: Perils and promises of leading for social justice, school improvement, and democratic community*(*The UCEA Voices from the Field Project*) (pp. 13 - 30). Charlotte, NC: Information Age.

Lewin, K. (1947). Frontiers in group dynamics. *Human Relations, 1,* 5 - 41.

Lewin, K. (1951). *Field theory in social science.* New York, NY: Harper & Row.

Likert, R. (1961). *New patterns of management.* New York, NY: McGraw-Hill.

Lippitt, G. L. (1969). *Organizational renewal: Achieving viability in a changing world.* New York, NY: Appleton-Century-Crofts.

March, J. G. (1981). Footnotes to organizational change. *Administrative Science Quarterly, 26,* 563 - 577.

March, P. E. (1963). *The physical science study committee: A case history of nation-wide curriculum development.* Unpublished doctoral dissertation, Harvard University, Cambridge, Massachusetts.

Miles, M. B. (1965). Planned change and organizational health: Figure and ground. In R. O. Carlson, A. Gallaher Jr. , M. B. Miles, R. J. Pellegrin, & E. M. Rogers (Eds.), *Change processes in the public schools*(pp. 11 - 36). Eugene, OR: Center for the Advanced Study of Educational Administration, University of Oregon.

Miles, M. B. (1967). Some properties of schools as social institutions. In G. Watson (Ed.), *Change in school systems*(pp. 1 - 29). Washington, DC: National Training Laboratories, National Education Association.

Miles, M. B. , & Lake, D. G. (1967). Self-renewal in school systems: A strategy for planned change. In G. Watson (Ed.), *Concepts for social change*(pp. 81 – 88). Washington, DC: National Training Laboratories, National Education Association.

Mort, P. R. , & Cornell, F. G. (1941). *American schools in transition.* New York, NY: Teachers College, Columbia University.

Mort, P. R. , & Ross, D. H. (1957). *Principles of school administration.* New York, NY: McGraw-Hill.

National Commission on Excellence in Education. (1983). *A nation at risk.* Washington, DC: Government Printing Office.

Nichols, S. L. , & Berliner, D. C. (2007). *Collateral damage: How high-stakes testing corrupts America's schools.* Cambridge, MA: Harvard Education Press.

Plecki, M. L. , & Catañeda, T. A. (2009). Whether and how money matters in K-12 education. In G. Sykes, B. Schneider, & D. N. Plank (Eds.), *Handbook of education policy research*(pp. 453 – 463). New York, NY: American Educational Research Association and Routledge.

Ravitch, D. (2010). *The death and life of the great American school system: How testing and choice are undermining education. New York, NY: Basic Books.*

Ravitch, D. (2013). *Reign of error: The hoax of the privatization movement and the danger to America's public schools.* New York, NY: Alfred A. Knopf.

Ross, D. H. (1958). *Administration for adaptability.* New York, NY: Metropolitan School Study Council.

Runkel, P. J. , & Schmuck, R. A. (1974). *Findings from the research and development program on strategies of organizational change at CEPM-CASEA.* Eugene, OR: Center for the Advanced Study of Educational Administration, Center for Educational Policy and Management, University of Oregon.

Sarason, S. B. (1990). *The predictable failure of educational reform: Can we change before it's too late?* San Francisco, CA: Jossey-Bass.

Spillane, J. P. , Gomez, L. M. , & Mesler, L. (2009). Notes on reframing the role of organizations in policy implementation. In G. Sykes, B. Schneider, & D. N. Plank

(*Eds.*), *Handbook of education policy research*(pp. 409 – 425). New York, NY: American Educational Research Association and Routledge.

Swanson, A. D. (1967). The cost-quality relationship. In *The challenge of change in school finance*, *Proceedings of the Tenth Annual Conference on School Finance* (pp. 151 – 165). Washington, DC: Committee on Educational Finance, National Education Association.

Wagner, T., & Kegan, R. (Eds.). (2006). *Change leadership: A practical guide to transforming our schools*. San Francisco, CA: Jossey-Bass.

Zaltman, G., Florio, D. H., & Sikorski, L. A. (1977). *Dynamic educational change: Models, strategies, tactics, and management*. New York, NY: Free Press.

第九章　领导力

　　就像硬币的两面,领导力和决策力是分不开的。领导力不能是单人表演。根据定义,领导者行使领导力的唯一途径是与其他人,也就是跟随者一起工作,或者通过跟随者工作。因此,领导力始终是一个整体表现。本章的主题是领导力理论,着重于概念化领导力的种类,以及人们可以选择何种方式与他人一起行使领导力。当代领导力理论在做出这种行为选择时并非中立:它主张某些与追随者合作的方式会比其他方式更有效。

　　另一方面,决策理论侧重于一系列选项,人们可以从中选择实施已经被选择的领导力理论。决策理论是下一章的主题,因此,这两章密切相关。

一、适应性领导力

　　在当今以变革为主导的快节奏世界中,学校,尤其是学校的领导者,必须对外部环境中的新变化敏感,这就需要组织能灵活、灵敏和快速地响应。组织理论的关键概念之一是组织环境中的变化和稳定在选择领导策略中的作用。

　　随着人们对提高学校办学水平的诉求受到越来越广泛的支持,学校管理中有效领导的必要性也越来越受到重视。但是,思考和理解领导力的本质有许多不同但又常常相互冲突的方式。一种流行的领导力概念或理论是久负盛名的自上而下的领导风格,它是基于这样的信念,即最好的想法是或者应该产生于组织的更高层级,然后被传递到较低层级的人去实施。这种对领导力的传统理解源自古罗马的军事传统,现在在《不让一个孩子掉队法案》中得到了例证。

　　那些在2001年支持将这种学校改革方法制定成联邦法律的人坚信,他们知道在学校和教室里应该做些什么来提高学生的学习成绩。法律本身清楚地阐明了他们的信念,这些信念包括要求在阅读教学中使用语音,定期使用标准化考试来监控学习,对未能证明学生学习进步的学校进行惩罚性制裁,以及坚持使用从"科学研究"中获得有效证据支持的教学方法。那些主张从华盛顿行使自上而下权力的人在美国学校教育史上是绝无仅有的,他们倾向于将其描述为教育或政治领导的一种实践。

当代学术界对领导力的思考主要是认识到变革、复杂性和不确定性是当今组织必须灵活适应环境的主要特征。玛格丽特·惠特利(Wheatley,1999)在研究量子物理和生命系统科学之后,将混沌理论这一术语推广到教育组织和领导力的研究中。她的观点指出了在组织面对不稳定和不可预测的情况下寻找新的和更好的领导方式的必要性。在这种情况下,领导者需要处理两种截然不同的问题:

- **有些问题是技术性的(离散的)**。即使这些问题并不简单,但它们是相对清晰的,并且可以通过应用技术专长来解决,结果可以被预测的。这些问题通常可以由胜任技术的个体来解决,而且事实上很可能有利于使用自上而下的领导方法。

- **其他问题是适应性的(紧急的)**。根据定义,这些问题是如此复杂,并且涉及如此多的未被理解的因素,以至于任何行动过程的结果都是不可预测的(Heifetz,1994)。适应性问题的常见例子包括减少犯罪、减少贫困和实施教育改革。解决这类问题需要的领导方法是使组织中的各级人员都能了解问题并促进他们在领导过程中的参与和合作。因此,正如我们将在本章中更全面地解释的那样,处理适应性问题中的领导力要求在迭代过程中许多个体之间长期的相互协作。海菲兹和林斯基(Heifetz & Linsky,2002)补充说,适应性问题需要从组织或社区的各个地方进行实验、找到新发现并做出调整。没有学习新的方法,没有改变态度、价值观和行为,人们就无法在新的环境中实现必要的适应性飞跃。变革的可持续性取决于让有问题的人内化变革本身。(p.13)

在下一章中,我们将讨论涉及离散(技术)和紧急(适应性)问题的决策过程。当今学校面临的许多问题,尤其是学校改革问题,显然是适应性问题,本章需要讨论适应性领导的概念和技术。但是首先我们需要回顾一下领导力的一些基本原理。文献中有许多关于领导与管理二分法的讨论,所以我们将从这个内容开始。

二、领导与管理

改革的论调认为,美国学校需要领导,而不是"单纯的管理"。这一点表明,管理和领导之间存在差异,它们相互排斥。这种观点来源于这样一个事实:我们管理事物,而不管理人;我们领导人,而不领导事物。例如,我们管理财务、库存和项目,但是我们领导人。管理和领导在性质上有区别,有观点认为,它们是相互排斥的。例如,沃伦·本尼斯和伯特·纳努斯(Bennis & Nanus, 1985)告诉我们,"管理者是正确做事的人,领导者是做正确事的人"(p. 15)。有人认为我们目前缺乏教育领导力在很大程度上归咎于管理秘诀的存在,这种秘诀长期由商学院以及教育学院提倡,它教导管理者注意结构、角色和间接的沟通形式,而忽视了人们的思想和情感,避免他人直接参与领导。其结果是管理的专业化偏离了学校教学的实际业务,以及将领导力概念化,强调规则、计划、管理控制和操作程序。

这种错误常常表现在那些把学校教育教学与"教育服务的提供"混为一谈的人身上,这种错误同样表现在一个商人可能会谈论商品的分配,或者一家快餐店的经理可能会描述餐饮服务的本质。因此,在学校,我们经常看到:

> 强调正确做事,而忽略做正确的事。在学校,改善计划替代了改善结果,教师评价体系的分数替代了优质教学,在课程和工作坊中积累学分替代了教学实践变革,纪律处罚替代了学生管理,领导风格替代了学校管理目标和本质,和气替代了协作,合作替代了承诺,遵从替代了结果。(Sergiovanni, 1992, p. 4)

毫无疑问,在1945年至1985年的几十年间,随着美国公立学校事业变得明显地官僚化,我们称为管理的重点放在了领导的官僚化概念上。毫无疑问,这种短视行为需要纠正,各级教育机构迫切需要领导。但我们必须谨慎,不要用抨击管理来替代领导。

教育领导者必须——所有领导者都必须——能够管理。约翰·加德纳(Gardner,1989)正确地指出,领导者必须经常分配资源,处理预算,组织企业,使人们能够做必要的工作,推动组织实现其愿景。因此,他总结说,领导者必须是熟练的管理者,能够处理组织生活中的普通内部工作,如果要实现这个愿景,就必须关注这些工作。

学校在很大程度上仍然是以官僚机构的形式组织和管理的,或者,如当代略带贬义的表达方式,以工厂为榜样。毫无疑问,大多数教育管理者将他们的工作主要概念化为操作程序的管理。显然,在强调管理的同时,也阻碍了学校教育领导力的发展。因此,美国学校通常需要更多更好的领导。但是,认为校长应该是领导者,而不是管理者,这是错误的,因为他们需要两者兼备。

在关于学校改革的文献中,对教育管理者最常见的批评之一是,他们常常使用看似参与的方式操纵追随者。通过间接的方式,这些管理者让追随者追求他们所追求的目标,同时似乎是按照追随者自己的意图行事。通过这种操纵,管理者保持他们的权力,而追随者被诱导相信该安排是合理和合法的。教师们深深地融入了传统的学校方式,这样的学校他们从5岁起就参与其中,因此他们普遍接受校长和督学的等级权力作为既不可避免又合法的生活现实。对于那些放弃自己观点的教师来说,通常会对校长说:"好吧,告诉我你想让我做什么,我会尽力去做的。"组织领导者的这种等级权力是管理者要理解的一个重要概念,我们现在把注意力转向领导力的使用。

三、权力与领导力

有大量的关于领导力的研究,文献中包含了数百种关于领导力的定义。然而,它们在两个因素上达成了共识:

1. 领导力是一个群体功能:只有当两个或更多的人互动时才会发生。
2. 领导者有意影响他人的行为。

因此,领导力的所有概念都涉及通过社会互动对他人施加影响。要理解领导力,我们必须考察所涉及的社会互动的性质和质量。问题的核心是权力:涉及何种权力,如何行使?

人们必须理解,领导者必定是有权力的人,因为权力是发起和维持行动的基本力量,当人们试图合作时,这种行动将意图转化为现实(Bennis & Nanus, 1985)。我们需要有权力才能够领导。但是,行使权力并不一定是压迫——事实上,正如这里所讨论的,在行使领导力的过程中不能是压迫性的。让我们先解释一下。

人们试图通过不同的力量影响他人,而这些力量有不同的来源。理解领导力需要理解领导者的权力和指挥者的权力之间的差异。这两个概念经常互相混淆。领导与指挥的区别在于权力的来源。

(一)领导不同于指挥

在组织等级中担任公职的人行使既得权力,即合法的指挥权。被授予的权力是建立在法定权力之上,法定权力通常被授予诸如系主任、督学或校长等官职。因为法定的职权是由上级授予的,所以下级不能控制它,必须屈服于它,至少在理论上如此。当然,在实践中,这种绝对的权力在美国教育机构中是很少见的。当行使绝对命令时,它常常被视为压迫。例如,教师工会是专门创立的,以调解和限制学校董事会和校区行政管理人员对教师任意行使权力。毫无疑问,它们一般都很有效。

另一方面,领导者的权力由追随者自愿授予,无论协议是如何非正式地达成的,追随者都愿意通过共享协议接受领导者的影响和指导。领导者不行使官方赋予的法定权力,而是行使追随者自愿委托给他们的权力。为什么追随者把权力委托给领导者? 也许在最高层,因为追随者被领导者的想法所吸引,因为他们分享领导者的价值观和信仰,以及因为他们确信领导者能够很好地代表追随者,在与他人不可避免的冲突中控制资源,从而实现领导者与追随者共同承诺的目标。

理解职位权力和领导者权力的区别的关键在于谁控制权力。追随者可以而且经常会撤回他们自愿委托给领导者的支持。他们还可以自愿增加他们的支持,增加领导者的权力。例如,马丁·路德·金(Martin Luther King, Jr.)博士被公认为20世纪最伟大、最有影响力的领导者之一,然而他几乎没有法律权威让他的追随者做任何事情。尽管如此,金博士仍然具有非凡的力量来影响追随者的行为,并最终影响国家的进程。

金博士所拥有的是思想、价值观和信仰,以及体现这些思想和价值观的更美好、更公正、在道德上更完美的清晰愿景。正是他的追随者们渴望分享实现这些目标的强烈愿望,促使他们以强有力的、积极的支持赋予他权力。因此,金博士是一个非常有权力的人,他能够动员大量的人为共同的目的,发起重大活动,但他不是压迫者。他从研究艺术大师莫汉达斯·甘地(Mohandas Gandhi)那里学到了很多关于领导力的知识。甘地的工作是领导力的典范:1947年,他面对看似不可战胜的殖民主义势力的强力镇压,在直接对抗中取得了胜利。

职位权力,如学校管理者或校长的职位权力,至少为等级制度中的官员提供法律权威,使其具有强制统治的可能性。这不是领导,而是上级管辖。我们必须把这两者区分开来:

> 上级管辖的源泉是被授予的权力,而领导力的源泉是被委托的权力。当权力存在于机构中时,权力被赋予上级,而下级由于各自所扮演的角色而应服从上级,下级不能改变其角色。
>
> 当权力属于追随者自己时,权力委托给领导者,而合作则由追随者授予领导者……通过判断追随者可以改变。上级可以合法地强迫下级,领导者只能合法地引导追随者。上下级关系是强制性的,跟随者和领导者之间是自愿的。(Getzels,1973,pp. 16 – 17)

尽管领导者确实行使了各种权力,但他们与追随者一起寻求实现的不仅是领导者的目标,而且还有追随者的重要目标。因此,"当具有某种目的的人为了唤起和满足追随者的动机,在竞争中或与他人冲突中动用制度、政治、心理等资源时,对人的领导……才得以行使"(Burns,1978,p. 18)。詹姆斯·麦克格雷戈·伯恩斯(James MacGregor Burns)对领导力的定义已经和我们现在所下的定义一样了。

(二)权力的定义

权力通常被认为是影响他人的能力(Louis,1986),有各种不同的权力可以用来行使这种影响。经典和普遍接受的权力定义提出了五种权力或权力来源,如约翰·弗兰奇和伯特兰·瑞文(French & Raven,1959)所描述的:

- **奖励权力**。控制奖励,以引导他人遵从权力行使者的意愿。

- **强制权力**。控制潜在的惩罚手段，使别人避免受到惩罚。

- **专家权力**。拥有他人渴望的知识，使他们会被引导去遵从权力行使者，从而获得知识或从中受益。

- **合法权力**。在一个被他人承认有合法权威的组织中担任职务而获得的权力。

- **感召权力**。权力拥有者的个人魅力或观念和信仰受人钦佩，使他们被引导去寻找机会与权力拥有者有关联，并尽可能地去模仿他或她。

领导者权力的强弱取决于权力来源的范围。利用一种权力来源的领导者天生就比利用多种权力来源的领导者弱。特别是随着教师工会的成立和对教师宪法权利司法解释的扩大，许多学校校长认为他们的领导权已经被削弱了。办公室内强制教师遵守规定的官方权力已经明显减弱。虽然在 20 世纪 80 年代和 90 年代，控制他们薪酬的权力也逐渐减弱，但随着《不让一个孩子掉队法案》和"力争上游"计划要求在教师考核中使用考试分数，我们再次看到控制薪酬的权力在增加。然而，总的来说，校长强制权力的退化增加了对领导力的需求。强有力的学校领导者仍然可以获得重要的权力来源：

- 许多教师发现，在自我发展的传统中，校长的帮助行为是非常有益的，只要这种行为是非审判性的、支持的、协作的和关怀的（McClelland, 1975）。当他们发现校长的这种行为会给他们带来足够的回报时，他们对校长的支持就增加了，因此校长的领导能力也增加了。

- 教师承认组织中官方职位的权威性，因为他们重视组织。他们在很大程度上遵从在组织等级中占据官方职位的人的合法权力。

- 教师们通常对那些以教学专家的身份要求教师提交教学计划以获得事先批准的校长和那些以适合技术专家身份的家长式审判方式对观察到的教学进行批评的校长表示不满和抵制。然而，教师们认为校长对新思想的支持是有利的。教师们倾向于承认并认为那些擅长使用合作、协作的方法来发现和解决相互之间问题的校长是强有力的。这些方法对有马斯洛动机概念的更高层次需求的教师是有益的（见第五章），能促进个人持续的自我成长。

- 那些拥有新鲜、令人兴奋的想法，对未来有远见，为他人所拥护和愿意分享的校长们正在建立权力。教师们钦佩那些条理清晰、生动地表达自己愿景的校长，那些激发热情的校长，那些让其他人参与塑造和发展想法的校长，以及那些在教师希望实现一些有意义的事情并成为新的、更好的未来的一部分时,使他们看到学校愿景与自己的愿望之间联系的校长。这是校长成为领导者的重要权力来源。

这两种权力——职位权力和跟随者自愿授予领导者的权力——不一定相互排斥。一名大学院长在决定连任和任期方面可能具有相当大的法律影响力,但他或她同时拥有来自教职工的强烈支持使其成为领导的权力。最后的检验是谁控制权力的授予:一个失去教职员工支持的院长也将失去影响追随者的巨大权力,即使他或她的官方职位还未被削弱,但他们的权力也到此为止了。美国总统把官职权力和那些愿意给予他们巨大权力的支持者的权力结合起来。例如,水门事件后尼克松总统职位的崩溃与总统办公室的官方法律权力几乎没有关系,没有追随者的支持,尼克松在办公室的地位是站不住脚的。

四、被抛弃的双因素领导理论

20世纪60年代到90年代,在教育领导力研究中占主导地位的形式主义理论大部分已经被抛弃。相反,伯恩斯开创性的见解是我们一直在讨论的,这些见解引起我们对领导力新的理解,并占据理论优势。在伯恩斯研究之前,许多当代教育管理者研究的方法,通常从两个维度定义领导者的行为:

- 一个方面是领导者对完成工作给予的重视。这通常被称为倡导型结构,因为它经常涉及对工作的结构化:描述领导和工作群体成员之间的关系,指定要执行的任务,以及努力建立明确的组织模式、沟通渠道、程序方法、进度安排和职责分工。它通常也被称为生产强调型或任务强调型。

- 另一个方面是领导者强调在领导者和追随者之间的关系中建立友谊、相互信任、尊重和温暖的关系。这些行为通常被标记为对人的照顾或关怀(Halpin, 1966)。

伯纳德·巴斯(Bernard Bass)谈到领导者倾向于"关注追随者"(即强调对人的关怀)或"关注任务"(即强调完成任务的规则和程序):

一个以任务为中心的领导者倡导精心组织,提供信息,决定要做什么,发布规则,承诺服从奖励,并威胁对不服从的惩罚。关注追随者的领导者向追随者征求建议、意见和信息,并检查决策或与追随者分享决策。这个……以任务为中心的领导者利用自己的权力来实现对领导者决定的遵从。以追随者为中心的领导者利用自己的权力设定限制,鼓励追随者参与决定要做什么。(Bass,1981)

这种二维理论认为,领导力是由这两种行为组合而成,作为领导者,成功与否取决于在各种情况下选择正确的组合。总的趋势是,个人倾向于其中一种行为取向,而不太重视另一种。至少在美国的学校里,领导者几乎不可能完全缺乏这两个行为维度的领导力。领导行为在学术界已经声名狼藉,想要否定领导行为这一概念的领导学专业学生常常通过报告说,他们找不到总是以任务为导向或总是以人为导向的领导来达到他们的目的。

要理解领导力的二维方法,领导风格非常重要。例如,人们经常听到这样的抱怨:过去的教育领导者强调领导行为的任务或管理维度——这通常被称为专制型领导风格——而很少有人强调关怀维度——这定义了民主型领导风格。因此,各种领导者的个人风格被描述为倾向于专制或民主、任务导向或以人为本、命令型或协作型,并且一方面可以采用被认为适合领导者个性的领导风格,另一方面可以采用与领导者的工作环境相适应的领导风格。所有这些都源自将领导力研究简化为一门科学的努力,而领导力的弱点就在于此。在今天的教育中,人们越来越认识到,领导力不能被简化为公式和处方,而必须与人类的多变和混乱相适应,而这些多变和混乱通常充斥在繁忙、复杂和矛盾的组织中,也就是混乱的人类组织中。

对于想了解更多关于领导力最流行的双因素理论的读者,我们建议了解以下理论以及与每种理论相关的主要作者:

• 俄亥俄州领导研究和领导行为描述问卷(Hemphill & Coons, 1957；Stogdill, 1974)；

• 管理方格(Blake & Mouton, 1978)；

• 情境领导理论(Hersey, Blanchard, & Johnson, 1996)；

• 权变领导理论(Fiedler, 1967)。

为了全面描述这些领导理论，我们推荐彼得·诺斯豪斯的书（Peter Northouse，2010）。诺斯豪斯的书完整列举了你能找到的所有领导理论，包括每个主要理论的案例和问卷。

五、领导与追随者的关系

无论何时，只要我们试图领导他人，我们就会成为他们环境的一部分，从而成为他们组织行为方程式 $B = f(p \cdot e)$ 的一部分。因此，领导者不仅关心他们打算使用的领导风格和技巧，还关心他们与追随者之间关系的质量和种类。领导不是对人们所做的事，也不是对人们的一种行为方式；领导是通过与他人合作和通过他人来实现组织目标。

领导者与其他权威人物的区别在于领导者和追随者之间的独特关系。领导者通过以下方式与追随者产生联系：

- 激励他们团结起来，分享一个组织应该如何发展以及如何实现的愿景。
- 激发他们的个人承诺，努力设想一个更好的未来，然后创造它。
- 建立组织工作环境，使设想的目标成为组织中的核心价值。
- 促进追随者将愿景转化为现实所需的工作。

领导者如何完成这些任务？这首先取决于他们认为领导力是什么，这是根据领导者和追随者之间关系的性质和质量来定义的。这种融洽关系源于这样的基本假设，即将要成为领导者的人掌握着人们和他们工作的世界，以及所有文化信仰和价值观产生的世界。

使用道格拉斯·麦格雷戈的概念，对追随者接受 X 理论假设的人倾向于把领导力想象成为在工地或车间里监工的传统老板的刻板印象：发号施令、监工并督促工人继续工作。接受 Y 理论假设的人在工作中倾向于更多地从与他人合作完成组织目标和使命、分享工作热情、帮助解决问题以及支持与鼓励等方面考虑领导力。在今天的美国，从事教育工作的人如果赞成 X 理论假设，通常会伪装成在第一章中讨论过的 X 理论"温和型"行为，这样他们就可以避免出现不敏感和不民主的现象。领导者的 X 理论"温和型"行为提出了一些严重的道德和伦理问题，我们将在本章后面讨论。

因此,理解领导力的关键在于理解你自己对追随者人性的概念,以及领导者与他们之间的关系。例如,尼科罗·马基雅维利(Niccolo Machiavelli)关于人性的假设是在他对 15 世纪统治阶级的一个年轻人的建议中提出的。马基雅维利的论文《王子》曾经是教育管理专业学生必读的著作,至今仍广受推崇。它告诉我们,在一个占统治地位的精英社会阶层中,拥有成员特权而继承权力地位的人被要求无情地行使领导权,利用诡计和欺骗来帮助实现领导者的个人议程,并漠视他人的关切。

这种马基雅维利式的领导观仍然很普遍,尽管它通常以谨慎的措辞婉转地表达,并且通常在 X 理论中伪装成"温和型"行为,以显得合理地适应时代的民主要求。其中心思想是,领导力主要由指挥和控制构成。参考这个旨在吸引大量公司管理阶层读者的评论:

> 领导者只有当他[原文如此]有追随者时才是领导者。如果我们希望下属做某事,而他们不做,那么很明显,他们没有跟随我们的领导。同样,如果我们希望任务能够完成,而不管他们如何去完成,结果他们没有完成,那么他们再一次没有跟随我们的领导。现在我们只有两种方式可以成为领导者:我们可以要求某些行动,我们可以要求某些结果。我们获得我们想要的东西的程度是衡量我们领导力的尺度。
>
> 跟随者就是跟随者,只要他[原文如此]为了取悦领导者而做领导者想做的事……我们都是社会动物,所以我们想取悦老板……工作已经为老板做好了。我们为父母成长,为教师学习,为教练赢得胜利。即使是最独立的人也会把他的工作作为礼物送给老板。(Keirsey & Bates, 1984, p. 129)

这份陈述充分说明了作者对追随者人性的假设以及领导者与他们之间的关系。另一方面,参考 H·诺曼·施瓦茨科夫(H. Norman Schwarzkopf)将军从现代军事角度提出的关于领导力的假设陈述(引自 Galloway, 1991):

> 当你领导战争时,你领导的是人,即人类。我见过有能力的领导者站在一个排前面,他们看到的只是一个排。(p. 36)但是,伟大的领导者站在一个排前面,把它看成是 44 个个体,每个人都有希望,每个人都有抱负,每个人都想活下

去,每个人都想把事情做好。(p. 36)

这句话表达了一种与马克斯·韦伯(Max Weber)在关于官僚制的经典著作中所体现的人性截然不同的观点。韦伯的著作最早出现于 20 世纪初,直到二战后,从德语翻译成英语出版,才在美国为人所知。我们将在下面部分讨论韦伯的观点。

你对人性的理解是至关重要的

在 20 世纪之交,大型工业企业的出现正在改变着欧洲社会。马克斯·韦伯看到,旧贵族们无法提供当时不断扩大的政府、商业和工业组织所需的新型领导。为了取代由韦伯时代的德国容克人和马基雅维利时代的《王子》所享有的特权社会阶层继承的绝对权力,并拒绝在当时正在世界各地兴起的现代工业、商业和政府组织中行使传统的专制统治,韦伯支持建立一个有纪律、有秩序的组织,由按等级排列的办公室组成,合法分配的权力和权威自上而下递减。正如在第三章中所讨论的,韦伯赞同给这种组织起一个名字:官僚机构。

与专制统治相反,官僚组织的"法律"在于其书面的规章制度、官方标准的操作程序、书面备忘录、行政管理系统以及接受等级的上级和下级的概念。它是一种理性、逻辑、客观、正式、可预测和系统的组织愿景,它反映了关于组织内人的本质和需求的信念。官僚主义理论一般认为,人们倾向于被马斯洛需要层次结构的较低层次需求所激励(第五章),重点放在工资和福利、工作保障和职位晋升上。

韦伯的工作对建立和维持官僚制度作为世界上最普遍和最可信的组织概念方面产生了巨大的影响。然而,在大学里被教授官僚组织美德的人,他们中很少有人理解甚至知道,正是这位社会学家和神学家的马克斯·韦伯同样有力地将新教工作伦理作为人性的一个决定性特征来描写。韦伯当时确信,并且说服了许多其他人,新教被一些基本的道德和伦理要求所支撑,这些要求在工作世界中以优于非新教文化的方式发挥作用,这就是所谓的新教工作伦理。因此,在现实中,韦伯把官僚主义看作在工作世界中体现和固化某些他认为是新教神学所固有的人性观。在他看来,这两者是紧密联系在一起的。

让我们回到组织行为的概念,其中 $B = f(p \cdot e)$。在行使领导力时,领导者有一系列选项,从中选择影响组织环境的性质和质量,组织成员在日常工作中与组织环境相互作用。一方面,人们如何选择取决于什么样的行为被认为是可取的和所寻求的,另一方面,也取决于它们在组织环境中是如何被激发出来的。例如,如果你认为马基雅维利了解现代教育组织的现实,那么他对领导力的建议就很有吸引力,而且看起来很实际。另一方面,如果你认为学校最容易被理解为官僚机构,那么你会尽最大努力创造一个官僚环境供人们工作。

然而,如果你用 Y 理论来思考人,那么你试图创造的组织环境应该能够激发和支持他们的强烈动机和高度努力,并在工作中找到满足感。这样的环境是促进成长的,并使组织成员参与到个人成长和发展以及组织成长和发展中,也就是说,是一个在不断变化的世界中确定和解决自身问题的能力不断增强的健康状态。这种组织环境的一个重要部分是詹姆斯·麦克格雷戈·伯恩斯描述为"变革型(transforming)"领导类型(这是伯恩斯最初的术语,后来称为"transformational"或"transformative")。

六、变革型领导

变革型领导概念是由詹姆斯·麦克格雷戈·伯恩斯(Burns,1978)提出的,从那时起就直接影响到学者们的思维。伯恩斯的见解后来由伯纳德·巴斯(Bass,1985)进一步发展和阐述。随后,它们被用作研究的基础,如沃伦·本尼斯和伯特·纳努斯(Bennis & Nanus,1985)、罗莎贝斯·莫斯·坎特(Kanter,1983)和朱迪·B. 罗森纳(Rosener,1990),他们各自研究企业领导者,而托马斯·塞尔乔瓦尼(Sergiovanni,1992)则利用变革型领导的思想对学校改革进行批评。

(一)变革型领导与交易型领导的比较与对比

伯恩斯分析的核心是对传统交易型领导与新的变革型领导的理念进行比较和对比。在解释了领导力不同于简单地对人们行使权力之后,伯恩斯接着解释了有两种基本的领导类型。在最常用的领导类型中,领导者和追随者之间的关系是基于他们之间的等价交易。交易型教育领导者能够并且确实提供工作、安全、终身职位、有利的评级等等,以换取追随者的支持、合作和服从。

相比之下,"变革型领导者在追随者中寻找潜在的动机,寻求满足更高的需求,并让追随者全身心地参与。变革型领导的结果是一种相互激励和提升的关系,这种关系将追随者转变为领导者,并可能将领导者转变为道德代理人"(Burns, 1978,p. 4)。这引出了第三种更高层次的领导——道德型领导的概念,它在20世纪90年代开始受到教育界的广泛关注。

(二)道德型领导

道德型领导包括三个相关的概念:

• 第一,领导者与被领导者之间的关系不仅仅是一种权力关系,而是一种对共同需求、愿望和价值的真正分享。这种分享的真实性通过追随者的参与是否是由其自身选择来检验。

• 第二,追随者在回应领导者的倡议时有自由度,关于他们要追随谁以及为什么要追随,他们有能力做出明智的选择。正如我们将要解释的,变革型领导的概念意味着追随者自愿地参与领导过程。除此之外,追随者自愿将权力和权威授予领导者,并可以自由地撤回该授权。因此,在变革型领导的最高层次,也就是在道德型领导中,追随者必须能够接触到可供选择的替代领导者,并且必须了解他们能够接受的替代计划和方案。

• 第三,领导者有责任履行在领导者和追随者之间谈判契约时对追随者做出的承诺和陈述:"因此,道德型领导不仅仅是说教、表达虔诚或坚持遵从社会规范。道德型领导产生于并总是回归到追随者的基本需要、需求、愿望和价值观中"(Burns, 1978, p. 4)。从这个意义上来说,道德型领导不同于管理者经常使用的表面参与,他们与追随者的关系是他们会给追随者一些真正的参与机会,而控制权仍然牢牢地掌握在管理者手中。

(三)发展过程

在变革型领导的概念中,发展显然是固有的:

• 最低层次的作用是行使权力,要求追随者服从,这根本不是领导。

• 在领导的初级阶段是交易型领导,其中领导者和追随者彼此讨价还价,建立一个"合同"来共同工作。

• 更高层次的作用是变革型领导,领导者和追随者通过共享的愿望和价值观相互参与共同的事业。

• 最高层次的是道德型领导,它要求激发情感刺激,如共享的使命、共同的目的,以及与普通人的日常生活和实践交织的共享价值观,以激发新的和更高层次的承诺和参与。

(四)通过教育领导实现成长和发展

变革型领导发展的各个层次越来越多地利用了追随者更高层次的动机,作为回报,也为追随者和领导者提供了越来越多的机会,发展和提高有效组织行为的能力。因此,变革型领导者会激发追随者的愿望,挖掘他们的动机,激发他们的精神和情感资源,并让他们热心地参与将要完成的工作。这种领导不仅仅获得追随者的服从,而且在他们把要达到的目标当作自己的目标时,也唤起了他们的个人承诺,并把这些目标看作是愿意付出努力的机会。它改变了追随者和领导者的角色,使他们几乎相互依存,他们的愿望、动机和价值观相互融合,一起致力于实现共享的目标。伯恩斯的重点是政治领导,而不是教育领导,他把甘地作为变革型和道德型领导的著名典范。人们还想到马丁·路德·金的领导力,但这种领导力并不局限于那些在世界舞台上显得比生命更重要的人。从足球到网球等各种运动中的教练都在他们工作中显示出有效的领导力。事实上,在许多类型的组织中,教练这个比喻很流行。许多追随伯恩斯学术思想的人描述了如何把他的变革型领导概念迅速地应用于政治以外的领域,如教育和商业。在文献中,人们越来越多地发现,在高绩效学校中的人的行为与变革型领导密切相关。

我们知道,教育组织的成员之所以能够茁壮成长,是因为他们是在一个发现和解决自身问题能力不断提高的组织中的一部分。具有这种特点的学校被教师视为一个成功和有效的工作场所。例如,大量的研究诸如丹·洛蒂经典的学校教师(Lortie, 1975)告诉我们,教师在教学中感到成功和有效是非常有动力的。琳达·达林—哈蒙德(Linda Darling – Hammond)最近的一系列工作(Darling-Hammond, 2006; Darling-Hammond & Bransford, 2007; Darling-Hammond & Richardson, 2009)告诉我们,当教师获得必要的资源(如广泛的专业发展)和学校结构(如专业学习社区和共同规划)时,他们就是成功的。达林–哈蒙德还支持国家专业教学标准委员会的国家认证(Sato, Chung Wei, & Darling – Hammond, 2008),这一过程强调对学生及其学习的承诺,评估实践运用的知识,教师是学校学习社区的积极成员,以及教师参与持续的专业发展。

从这些关于教学和学习的研究中，我们可以得出结论，一个学校的教育领导者可能会寻求培养一种文化，这种文化有助于教学，提高个人成功的可能性，激励和欢迎教师的努力，奖励和支持教学的成功，并赞美教学是学校生活的中心价值。这是最好的教育领导的结果。历史上，这样的学校可能强调教学的重要性、在教学中取得成就的名师、以及颂扬教学和教师成就的礼仪和仪式。这些很可能是学校的显著特征，在组织的所有级别上每天都被强调。因此，人们可以通过与教师一起工作或通过教师来转变学校的文化，并在此过程中改变领导者和教师彼此联系的方式，从而行使领导力。人们普遍认为，实现这种转变的手段是未来的愿景，它比当前的现实更好、更令人向往、更不可抗拒、更有个人成就感。

七、变革型与道德型领导实践

教育领导者在实践教育组织理论时，需要注意几个重要概念。这些概念应有助于变革型和道德型领导的实践。这些概念是分布式领导、专业学习共同体、家长参与和可持续性领导。在本章的最后，我们将讨论马尔扎诺、沃特斯和麦克纳尔蒂（Marzano，Waters & McNulty，2005）对领导力的研究，这些研究为教育领导者提供指导。

（一）分布式领导

大多数组织在某种程度上授权成员进行决策。例如，它们可能具有为特定目的而工作的委员会，并且它们被赋予某种程度的决策权。在传统的等级组织中，这种权威层级是最低的。他们可能只有"推荐"的权力，而由官方领导者做出决定。"分布式领导"一词用于描述有目的地授权团队和个人做出重要决策的组织中使用的领导类型。研究者以各种方式定义或使用分布式领导，但我们喜欢斯皮兰和黛蒙德（Spillane & Diamond，2007）的下列定义来描述分布式领导的视角：

> 领导力是指与组织的核心工作紧密相关的活动，这些活动是由组织成员设计来影响其他组织成员的动机、知识、情感或实践的。（p.4）

这个定义没有将领导力与正式领导岗位上的特定个人（如学校校长）联系起来。分布式领导的视角是一个研究"与核心工作紧密相关"的领导和管理行为及互动的框架，在学校中，这是教学和学习，从领导者、追随者和他们发生的情况来理解这些活动。这个定义的关键部分是，领导力是"由组织成员设计的"。也就是说，这些活动是有目的的，由许多人开发的，不仅有指定的领导，而且还有团队和个人的广泛参与，并且不仅仅是简单的授权。

（二）专业学习共同体

从实践的角度来看，我们认为最好利用专业学习共同体的概念来实施分布式领导。彼得·圣吉（Senge，1990）在《第五项修炼：学习型组织的艺术与实践》一书中推广了学习型组织的概念。圣吉将重点放在作为系统的组织上，领导者试图将人们聚集在一起，就实现组织目标的方法进行合作。实现他的五个修炼，即自我超越、心智模式、共享愿景、团体学习和系统思维，是学习共同体的基础。理查德·杜福尔和罗伯特·伊克（DuFour & Eaker，1998）已经将这些概念进行描述并应用于学校中。专业学习共同体是一种在整个学校中分配领导力的方法，它具有以下特征：

1. 共享的使命、愿景和价值观；
2. 集体探究；
3. 协作小组；
4. 行动导向与实验；
5. 持续改进；
6. 结果导向。

以这些特点为指导，所有组织成员共同制定或修改学校的使命、愿景和价值观，从而对学校的原则和未来方向做出集体承诺。然后，围绕共同利益形成单独的专业学习共同体，以提升愿景和使命。在学校，这些拥有共同兴趣的团体可以是年级团队、研究跨学科课程的跨部门团队、学科团队等等。专业学习共同体协同工作探寻一些关于他们正在做什么、他们要去哪里以及如何到达那里的问题。专业学习共同体的成员一起学习，共同提高学校的水平。他们提出问题、开展实验、收集数据,并利用结果不断改进教学和学习过程,从而实现他们的使命,并引导他们实现愿景。

那么学校是如何转变成专业学习共同体的呢? 杜福尔与伊克(DuFour & Eaker, 1998)告诉我们,转变可以通过关注"持续改进倡议的三个 C——沟通(communication)、协作(collaboration)和文化(culture)"来实现(p. 106)。

第一个 C,沟通,涉及使用多种不同形式的媒介和行为,这些媒介和行为向参与者传达以下信息:

- **我们计划做什么?** 关注当前的目标和活动。
- **我们监控什么?** 确定被监控的内容以及如何收集数据,并与每个人共享数据。
- **我们要问什么问题?** 这些是针对任务和愿景的难题,比如:我们是否正在改进重要学习过程来帮助学生取得成绩?
- **我们在哪些方面发挥模范作用?** 每个人都在一些重要的方面发挥模范作用,例如校长积极参与团队协作工作。
- **我们如何分配时间?** 为专业学习共同体的重要方面留出时间,例如协作的时间。
- **我们颂扬什么?** 颂扬会传播有价值的东西。
- **我们愿意面对什么?** 每个人都必须心甘情愿地面对那些以破坏学校使命和愿景的方式行事的人。

第二个 C,合作,是协商的。学校的正式领导必须在工作日安排时间为小组提供共同工作的机会。提供协作机会也许不是发展专业学习共同体最困难的方面,但却是最重要的。没有协作,教师就会在教室里孤立无援,互动的机会只会在教师休息室或工作室里发生。如上所述,合作团队可以根据年级或学科领域、由一组教师授课的学生、全校重点领域或专业发展领域组成。

第三个 C,文化,是关注学校的价值观、信仰、传统和规范。影响和塑造学校文化的四种策略包括:

1. 阐明、表率、促进和保护已经确定的共同价值观。

2. 让员工系统地参与反思性对话,要求他们寻找他们认同的价值观与学校日常运营之间的差异。

3. 让员工置身于反映工作文化的故事中。

4. 用仪式和礼仪颂扬共同价值观和重大的改进。(DuFour & Eaker, 1998, p. 148)

(三)家长参与

任何学校都应该具有的价值观之一就是认识到家长或监护人在孩子教育中的重要性。家长应该在孩子的教育经历中与学校和孩子成为合作伙伴。研究者已经表明,家长的参与对提高孩子的成绩很重要。家长可以帮助激发孩子的积极性,并在家里帮助巩固学校里学到的重要内容。不管家长的教育水平如何,他们都能成为这个过程的重要组成部分。对 104 份有关家长参与的研究报告的两项元分析证实了家长参与的重要性。一项对中学阶段家长参与的研究发现,无论是普通人群还是少数族裔人群的学生,他们更高的学习成绩都与家庭的参与有关(Jeynes, 2007)。在另一项元分析中,有家长参与教育的中小学生:

> 获得更高的等级和考试分数,并进入更高级别的项目,更有可能升级、通过考试、获得学分……上学、获得更好的社会技能、展示改善的行为以及能够毕业并继续深造。(Henderson & Mapp, 2002, p. 7)

这些积极结果在所有人口统计分组中都是一致的。

很明显,家长参与在学校,包括专业学习共同体中,是至关重要的,那么家长应该如何参与? 也就是说,家长的参与意味着什么? 乔伊斯·爱泼斯坦(Joyce Epstein)是全国家长参与学校教育运动的领导者之一。她的家长参与模型有六个组成部分,我们为每个部分提供了一个实施示例:

1. 家长是孩子基本需求的提供者。提供家长教育课程或鼓励家长完成他们的通识教育文凭。

2. 学校和家庭之间的交流。分发成绩单时与家长会面。

3. 家长是学校的志愿者。建立学校和教室志愿者计划。

4. 家长在家里充当教师。告知家长家庭作业内容,鼓励家长向孩子询问他们的家庭作业。

5. 家长参与学校管理。积极招募家长参加家长—教师协会和专业学习共同体。

6. 家长与整个社区一起工作。向家长提供关于社区资源和服务的信息，如卫生服务、社会服务、娱乐等。（Epstein, Sanders, Simon, Salinas, Jansorn, & Van Voorhis, 2002）

杜福尔与伊克（DuFour & Eaker, 1998）在他们关于专业学习共同体的工作中强调促进和支持育儿技巧并确保家长参与影响孩子的决定。让家长参与进来并不是一件容易的事。迈克尔·富兰（Fullan, 2005）在与学校的工作中发现，家长参与的方式是最难解决的问题之一。但这是值得努力的，因为一旦家长以有意义的方式参与到孩子的教育中，专业学习共同体的过程就完成了。然后问题就变成了：当学校发展出成功的专业学习共同体，分配领导权，让家长参与进来，并开始改进过程后，他们如何长期维持这个过程？

真实案例：

通过专业学习共同体有效利用学校研究

佛罗里达州那不勒斯市佩利肯·马什小学校长，吉姆·加斯帕里诺

学校人口结构的变化，如学生社会经济地位差距变大或种族多样性的提高，往往与学校成绩下降有关。佩利肯·马什小学面临这样的变化，我们成为"一号标题法案"学校的备选学校，如果根据国家问责制度，"一号标题法案"学校被认为是"失败"的，那么将允许学生从"一号标题法案"学校转学到我们学校。随着这批新生的到来，以及招生范围的变化，我们学校在几年内面临享受免费和优惠午餐的学生和少数族裔学生人数的显著增加。我们担心学生考试的分数。

我们的情况是，标准化考试分数实际上是提高的，因为我们享受免费和优惠午餐的人数和学生的多样性从大约8%显著上升到33%。我们学校每年都是 A 级学校，一直是学区和州里表现最好的小学之一。因此，面对这一挑战，我必须找到一种

方法,使学校内部发生变化,来成功地迎接这些新的外部挑战。同样重要的是要认识到,一些价值观和信仰永远不能改变,例如建立和保持高期望,并相信所有儿童都能够达到这些期望。我们需要改变的是我们如何帮助学生达到这些期望。

校长们不能在办公室里命令变革,如果这样做的话,他们可能面临的是不情愿的教师。学校领导必须能够发展和沟通他们对学校的愿景,以便其他人能够分享这一愿景。有了新的学生群体,教师和社区之间只能合作,认识到我们的现实已经改变,并研究新的方式来满足新的现实。我们学校没有新的任务、指令或项目。所发生的是讨论、考试和分享专业学习。我们的确认识到,我们必须在两个方面迎接挑战——审视我们的学校文化和教学策略,只有通过促进集体责任感才能成功地完成这些挑战。

在寻求促进集体责任的文化中,必须遵循这样的原则,如果一位教师有问题,所有人都会有问题。学校领导者只能通过树立榜样和让教师体验来促进合作。我们认识到,教学是一个孤立的职业,在同行之间进行咨询的机会有限。我们也认识到集体知识比任何一个教育者的能力都要大。然而,没有这样的安排,教师之间几乎没有时间一起工作。

基于理查德·杜福尔的工作,专业学习共同体为教师提供了相互支持和共同努力改善学生学习的机会。经过初步介绍,一个教师干部,也就是非正式领导者,与校长一起参加关于专业学习共同体的培训。人们认为,尽可能多的教师接受同样的培训是至关重要的。我们也分担了培训同事的责任。除了培训教练的方法之外,年级团队还为其他团队树立专业学习共同体会议的榜样。

专业学习共同体已经为我们的教师提供了手段,促进和实施基于学生成绩数据分析的重点年级规划,以及更好地理解州标准和基本要求。佩利肯·马什小学的专业学习共同体代表了一个相互依存的团队努力,以保持对所有学习者的高期望,并确保学习成绩提高和学生成长。这个团队概念通过协作和分担责任来满足,并且每个团队都有一个学习共同体协调员、一个团队领导者,并且根据教师的优势为每个团队成员分配角色。每个团队制定协议和规范(见下面的示例)来指导他们的工作。此外,管理/领导团队的成员被分配到每个专业学习共同体中。

学校领导必须认识到他们有责任为学习共同体提供必要的资源,使之有效。为此,每个年级都有一个共享的时间规划。课堂教师可以根据课程表缺席一些活动。管理者和非教学支持人员也在会议期间为教师提供服务,为他们增加了额外的计划时间。

我们认为,专业学习共同体是提供协作规划、学生成绩分析、解读标准和基本要求以及促进教师之间开展关于教学和学习对话所必要的一种手段。这个过程是在评估、成绩分析、检查教学标准、根据需要改变教育方法,然后返回评估的循环中完成的。团队使用他们获得的信息来帮助比较不同年级的优势和劣势,并讨论教学策略,利用他们的集体专业知识,而不是独自坐在教室里。

对于学校领导来说,颂扬学生和教师的工作和成功也是至关重要的。认识到学校这个大家庭中所有成员的努力有助于维持积极、合作的学校文化。专业学习共同体帮助我们取得了持续的成功。

示例规范:五年级专业学习共同体团队规范

准时(上午9:15),尽量不要在专业学习共同体时间安排其他会议。如果你要错过一次会议,请向专业学习共同体主持人(西格尔)和指定的管理者(劳里)请假。

- 保持参与,成为积极参与的成员。
- 围绕话题讨论。
- 做好准备:每周带活页夹,如果有电子表格,请提前填写。
- 不要太看重成绩数据。
- 如果你想把你的想法提上议事日程,请让团队知道。
- 每个月的最后一个星期四是多层级支持系统(Multi-tiered System of Support,简称 MTSS)(数学或写作)。
- 角色:克里斯汀——秘书、玛拉娜——任务总监、朱莉——共同主持人、莎伦——制作、劳丽——公关。

示例协议　关注标准的规划

团队成员出席情况(在姓名后打×或√)

嘉宾:＿＿＿＿＿＿＿＿＿＿＿＿

学校:　佩利肯·马什小学

日期：_____

专业学习共同主持人：_____

团队/年级：__年级__

出席会议的领导成员：_____

A. 了解你的标准

　　知识体系/主要内容：

　　标准/要点：

　　基本要求：

B. 展示你对标准的了解（一旦填写完毕，在此剪切和粘贴工作成果。）

　　作业诊断说明：

　　蓝色/示范：

　　绿色/达标：

　　黄色/复核：

　　红色/较大修改：

C. 分析学生成绩（根据需要使用 ASA 格式）。

　　下次会议的日期和议定行动：

　　领导成员：_____　　学习小组主持人：_____

（四）可持续领导

　　可持续领导起源于布伦特兰委员会（原来是前世界环境与发展委员会，后因其主席格罗·哈莱姆·布伦特兰而更名）的报告，这份报告提请全世界注意可持续环境运动。该委员会由联合国于 1983 年设立，负责制定可持续发展长期战略和建议各国在经济和社会发展方面进行合作的方式。布伦特兰委员会于 1987 年发表了报告，在序言中，格罗·哈莱姆·布伦特兰指出：

　　　　委员会已完成了工作。我们呼吁共同努力，在所有层面上建立符合所有人利益的新的行为准则。这份报告敦促转变我们的态度、社会价值观和愿望，而这将取决于大规模的教育、辩论和公众参与。

　　　　为此，我们呼吁"公民"团体、非政府组织、教育机构和科学界的参与。在过去,他们在创造公众意识和政治变革中都发挥了不可或缺的作用。他们将使世界走上可持续发展的道路,在为我们共同的未来奠定基础方面发挥关键作用。(UN Documents, 1987, Foreword)

这份报告的重点是,在全球范围内共同努力,创造一个以发展、国际经济、人口、能源、工业增长、城市挑战、和平以及环境为重点的可持续未来。贯穿整个报告的重点是教育和可持续领导。

与教育领域可持续性概念联系最密切的作者和研究者是迈克尔·富兰、安迪·哈格里夫斯和迪恩·芬克,我们将利用他们的工作讨论教育中的可持续领导。基于哈格里夫斯和古德森(Hargreaves & Goodson, 2003)开展的一项名为"随着时间推移而改变?"的纵向研究,哈格里夫斯和芬克(Hargreaves & Fink, 2006)在2006年出版的《可持续领导》一书中概述了学校可持续领导的概念。"随着时间推移而改变?"也是《教育管理季刊》(2006年,第42卷,第1期)专刊的主题,这一期中刊登了五篇文章,概述了他们对八所高中的研究结果。

迈克尔·富兰(Fullan, 2005)所定义的可持续性是"参与不断改进错综复杂的工作以符合人类目标的深层价值的系统能力"(p. ix)。哈格里夫斯和芬克(Hargreaves & Fink, 2006)对可持续领导做了以下定义:

> 可持续的教育领导与对保持和发展广泛及持久的深度学习的改进,其方式无论是现在还是将来,对我们周围的人无害,并且确实创造积极的利益。(p. 42)

他们进一步描述了可持续领导,提出了七个有助于成功的原则。可持续领导的每个原则描述如下:

原则1:深度。学习与完善。

领导者必须把重点放在对学习过程最重要的事情上,并且学习必须是深刻和广泛的,这是一个缓慢的过程,并且不会给自己带来直接的结果。因此,哈格里夫斯和芬克不相信每年通过对每个人进行标准化测试得到的短期结果。他们确实喜欢将学生样本作为众多数据中的一个进行测试。在短期结果方面,哈格里夫斯和芬克不同意富兰的观点,因为富兰支持致力于短期结果。对富兰(Fullan, 2005)而言,公众需要获得短期结果,以显示正在朝着长期目标迈进。

原则2:长度。持久性与连续性。

长期保持领导力,不能依赖于个体领导。领导力应该在其他方面得到发展,并分布在整个组织中。随着分布式领导的到位和接班计划的制定,该组织可以以最小的中断继续执行其任务。富兰通过借用吉姆·柯林斯和他的畅销出版物《从优秀到伟大》来扩展这个概念。柯林斯(Collins, 2001)发现,除非实施原则2,否则富有魅力的领导者不会带来可持续性。

原则3:宽度。分散不是代表。

具有真正决策权的分布式领导被广泛传播。组织需要监控分布式领导是如何工作的,以确保最终一个真正的专业学习共同体正在努力改进教学和学习过程。

原则4:公正。其他人和我们自己。

这一原则涉及社会公正问题。个人和团队不得以牺牲他人为代价来改善自己的学校。他们不应该争夺其他学校的学生、教师或其他资源。在学区一级,任何学校都不应被视为特殊学校。例如,磁石学校或备选学校在资源方面不应该被区别对待(或者它们根本不应该存在,因为选择引起学生、教师和其他资源的竞争)。学校应该为全体学生的更大利益而合作并共同努力。

原则5:多样性。复杂性和凝聚力。

拥有多样性有助于避免负面的标准化实践,如《不让一个孩子掉队法案》所倡导的那些实践。多样化有助于将不同想法的人聚集在一起互相学习。来自学校和学区内部和之间的强大网络,如科默学校(the Comer Schools)、要素学校联盟(the Coalition of Essential Schools)和国家写作项目(the National Writing Project),提高了它们的可持续性。当然,诸如项目网站、博客和维基百科等现代技术为世界各地的人们提供了方便的网络访问。网络对于富兰来说也很重要,他相信横向和纵向的网络能够提高学校和学区的能力。

原则6:资源。限制和更新。

我们需要明智地使用我们的资源,以确保我们不过度开发或耗尽资源,我们必须更新这些资源,以维持对使命和愿景的高度承诺。哈格里夫斯和芬克确定了三个更新的来源:

1. 信任。信任的氛围增强成员对组织目标的承诺。当缺乏信任时,组织无法进步,专业学习共同体不可能形成。

2. 信心。组织必须有成功的期望。各成员必须有信心实现其目标。

3. 情感。积极的情绪是保持组织朝着其使命和愿景前进所必需的。

富兰称这个原则为"循环激励"。富兰同意库尔特·勒温(Kurt Lewin)在第八章中所描述的变革过程三步骤的概念:解冻、变革、重新冻结。人们需要富有成效的停机时间来重新激励他们持续改进。

原则7:保护。历史和遗产。

我们需要从过去的成功和失败中学习。我们不应该仅仅通过学习新的东西来忘记过去,我们应该利用组织记忆来建立积极的文化规范。然而,我们应该有目的地了解我们想要放弃哪些过去的实践,以及希望继续或改变哪些过去的实践。同时,我们不应该把过去浪漫化,这会干扰我们判断什么是好的。

分布式领导和可持续领导的概念也会受到批评。哥伦比亚大学教师学院教育经济学教授亨利·莱文(Levin,2006)对每个研究基地都持批评态度,认为研究者不能为实践提供足够的指导。但即使是莱文也承认,斯皮兰在分布式领导方面的工作,以及哈格里夫斯和芬克在可持续领导方面的工作"为学生、研究者和实践者开展讨论和进一步研究是有用的"(Levin,p.43)。我们认为,分布式领导和可持续领导是当今变革型领导者在学校实施的正确概念,也是当今学校领导力研究的正确概念。在本章的最后部分,我们将介绍马尔扎诺、沃特斯和麦克纳尔蒂(Marzano,Waters & McNulty,2005)的工作,这些工作为这些概念提供了研究证据。

(五)可持续领导行为研究

我们关注马尔扎诺、沃特斯和麦克纳尔蒂(Marzano,Waters & McNulty,2005)的主要研究有两个原因:(a)它用元分析方法分析了69个与学生成绩相关的领导行为研究,以及(b)这项研究自从发表以来对美国各地学区产生了广泛的影响。元分析的研究中包括总共2802所学校,代表所有学校层次,大约140万名学生和1.4万名教师。对于每项研究,"领导力和学生成绩之间的相关性被计算出来或者直接从研究中提取"(p.30)。在元分析中使用的典型研究方法是问卷,询问教师对校长行为的看法,而不是询问校长本身。所有研究的领导力和成绩之间的平均效应量,他们称之为相关性,加起来是 0.25。根据学校类型,小学、初中和高中的相关系数分别为:0.29、0.24 和 0.26。在一个假设的例子中,作者解释这个结果意味着,在正态分布的上半部分中的主体与下半部分中的主体相比具有更高的 25% 的通过率。这种改进是显著的。那么,那些表现最好的校长会做些什么来提高学生的成绩呢?马尔扎诺、沃特斯和麦克纳尔蒂确定了 21 种具体行为,我们在表 9.1 中列出了它们与学生成绩的相关性从高到低的顺序。

为了帮助我们的读者解释这些发现,我们对马尔扎诺、沃特斯和麦克纳尔蒂的数据进行了一些处理,并将表 9.1 中列出的具体行为分类到表 9.2 中的重点领域。在每个关注领域旁边列出的是表 9.1 中的项目编号。由于某些具体行为出现在多个关注领域,如项目 14,其重点关注沟通、学校文化和领导变革,因此存在一些重叠。

从我们对具体行为的分析来看,有五个与教育领导有关。这个结果并不令人惊讶,考虑到过去 20 年关于学校领导的文献,很多都强调教育领导在帮助教师和家长改进学生学习中的重要性。

马尔扎诺、沃特斯和麦克纳尔蒂(Marzano, Waters & McNulty, 2005)也执行了一项因子分析,结果 21 个行为被归类为与两种类型的变革策略最相关的两个行为列表。他们发现,所有 21 种行为都与第一层次变革有关,也就是说,这种变化是渐进的,不会对学校的日常事务和文化造成很大的干扰。他们报告称,所有 21 种行为都是学校日常管理所必需的。然而,他们发现,在试图进行第二层次变革时,其中 7 种行为必须成为领导者的焦点,这种"深层变革"被称为"以基本方式改变制度,提供方向上的重大转变,并需要新的思考和行动方式"(p. 66)。为产生第二层次变革,领导者必须强调下面列出的七种行为(表 9.1 中的项目号出现在括号中):

1. 了解当前的课程、教学和评估实践(项目 6)。

2. 激励并领导具有挑战性的创新(项目 18)。

3. 确保每个人都了解当前的理论和实践,并定期讨论这些学校文化(项目 14)。

4. 愿意挑战现状(项目 9)。

5. 监督学校实践的有效性及其对学习的影响(项目 3)。

6. 使领导行为适应形势的需要,并乐于接受不同意见(项目2)。

7. 根据学校教育的强烈理想和信念进行沟通和运作(项目16)。

表 9.1　校长具体行为和相关系数平均值

校长具体行为	与学生成绩的相关系数平均值
1. 了解学校运营中的细节和隐患,并利用这些信息来解决当前和潜在的问题	.33
2. 使领导行为适应形势的需要,并乐于接受不同意见	.28
3. 监督学校实践的有效性及其对学习的影响	.27
4. 是学校所有利益相关者的拥护者	
5. 保护教师免受问题干扰和影响,保证他们的教学时间或注意力	
6. 了解当前的课程、教学和评估实践	.25
7. 建立一套标准的操作程序和日常工作规范	
8. 为教师提供成功所必需的学习资料和专业发展	
9. 愿意挑战现状	
10. 培养共享的信念和社区合作意识	
11. 使教师参与重要决策和政策的设计与实施	
12. 认可和奖励个人成就	.24
13. 建立明确的目标,并将这些目标放在学校最关注的位置	
14. 确保每个人都了解当前的理论和实践,并定期讨论这些学校文化	
15. 建立强有力的师生沟通渠道	.23
16. 根据学校教育的强烈理想和信念进行沟通和运作	.22
17. 直接参与课程、教学和评估实践的设计和实施	.20
18. 激励并领导具有挑战性的创新	
19. 与教师和学生有高质量的接触和互动	
20. 承认和颂扬成就,承认失败	.19
21. 展示关注教师和员工的个人方面	.18

资料来源:改编自 Marzano, Waters & McNulty, 2005。

表 9.2　校长具体行为的重点领域

重点领域	表 9.1 中的项目编号
教育领导(包括专业发展)	3,6,8,14,17
沟通	4,14,15,16
领导变革	9,13,18
决策与问题解决	1,2,11
学校文化	10,14,16
人际关系建设	19,21
认可	12,20
秩序和纪律	5,7

然而,他们警告我们,其他四种行为与第二层次变革负相关:

1. 培养共享的信念和社区合作意识(项目 10)。

2. 与教师和学生建立强有力的沟通渠道(项目 15)。

3. 建立一套标准的操作程序和日常工作规范(项目 7)。

4. 使教师参与重要决策和政策的设计与实施(项目 11)。

深层变革会导致某些教职员工变得疏远,校长需要"为实施第二层次变革创新付出一定代价"(p. 74)。

在马尔扎诺、沃特斯和麦克纳尔蒂的研究中,使用 21 种具体行为的校长们清楚地展示了变革型和道德型领导。领导力是分散的,而且会随着时间的推移而持续下去。

结　语

本章首先讨论了领导和指挥的区别,特别关注权力在领导和指挥中的不同作用。显然,组织领导者在选择领导风格时有各种各样的领导理论。

• 例如,人们可能会选择使用传统、自上而下和通常被认为是官僚主义的指导方法。这种方法假定解决问题的最佳信息和最佳想法是在组织的上层中发现的,并且应该向下层传递以便由下层人员去实施。可以预见的是,这种方法中领导者与追随者建立了一种交易关系，在这种关系中，动机和努力受到约定交易关系内在期望的限制。

• 另一种是在与他人合作时选择一种更具协作性或变革性的领导风格，相信有用的信息和好的想法可以在组织的任何地方找到，并且应该在领导过程中共享。在最好的情况下，协作领导与追随者建立一种变革型的关系，在这种关系中，追随者通过与他人团结在一起，共同致力于解决问题和创建解决方案，以及通过相互努力的意识或团队成员的参与来激励他们。

但在行使领导权时决定使用哪种方法的主要因素在于相信一种方法比另一种方法更有效并可以产生更好的结果。如今，教育组织在处理高度复杂、往往理解不充分、模棱两可、结果不确定的问题时，面临着需要进行持续变革的要求。组织必须灵活、适应性强、反应迅速。在这种条件下的当代领导科学范式是使用强调团队的协作风格。目标是改变领导者和追随者之间的关系，使参与者在目标和共享价值观的统一下获得动力和激励。

成人学习者，如教师，在参与自己的学习时，积极学习新的方法，对工作的未来形成新的想法，并作为团队成员积极参与制定相关工作的核心决策。要将一个组织从传统的交易型领导转变为变革型领导，就需要发展一个新过程，并且随着时间的推移，这一过程是坚定不移的，教师可以通过这个过程积极学习参与团队合作和协作所需的新角色和新技能。这一变革型的团队建设过程必须包括持续关注建立更高层次的信任，不仅是领导者和追随者之间的信任，也包括相互合作的追随者之间的信任。因此，变革型领导者明白，领导是一个永无止境的成长和发展过程，是一个在组织中建立人力资本的过程。这一进步可以通过使用分布式领导来实现，而分布式领导又可以通过使用专业学习共同体来实现，以及通过马尔扎诺、沃特斯和麦克纳尔蒂发现的与学生成绩相关的 21 个领导者的具体行为来实现。这样就可以实现可持续领导。

反思活动

1. 回顾一下弗兰奇和瑞文的权力类型。描述你经历过的两位表现出一种或多种权力的领导者。然后指出，你认为这些领导者使用的权力类型有多么有效。

2.制定你的行动计划。你会遵循什么样的领导理论:交易型领导、变革型领导还是道德型领导? 描述你将使用什么具体行为来实施你的理论。可以自由地从本章中借鉴一些想法,比如分布式领导、家长参与、可持续领导以及马尔扎诺、沃特斯和麦克纳尔蒂研究的具体行为。然后,利用你行动计划的想法,考虑下面的广告,并写一封信申请这个职位。

"每个孩子都是有巨大价值的个体,都有能力获得最大限度地发展"

南佛罗里达海湾海岸
(K-6 AdA 21,350)
阳光岛小学学区

阳光岛,一个文化和种族多样化的学区,正在寻找具有以下特征的优秀应聘者:

爱护学生·正直·有远见·
精力充沛·善解人意·有同情心·
负责·合作·变革促进者·
教育领导·有效沟通者·

小学校长
工资:84,000 美元至 87,500 美元
附加优厚的福利
(207 天)
即时开放
直到招满为止

对该职位有兴趣的人请提交一份申请信,说明其经历、背景、抱负和目标,以及如何对孩子的生活产生积极的影响。

请联系人力资源部助理主管罗纳德·H.柯比
(741)327 – 2100·传真(741)327 – 9601
请访问我们的网站:http://www. siesd. k12. fl. us
(想要查看招聘海报的网页,请向下滚动到"人力资源"横幅并点击就业机会。)
鼓励文化多样性和双语求职者申请机会均等雇主

关键事件:江北中学的领导

克利夫·詹姆逊,江北中学的校长,坐在督学的等候室里,等待参加一个特别会议,讨论他学校的州考试成绩——他害怕讨论这样的问题。与往年一样,分数比前一年下降了。此外,他的学校没有达到《不让一个孩子掉队法案》所要求的适当

年度进步率，他担心自己的校长职位会被解雇。

督学琳达·汤普森打开门，欢迎克里夫走进办公室。她开始说："谢谢你的到来，克利夫。我知道你们学校的教师和你相处得很好，他们似乎喜欢你。所以作为一个领导者，你一定在做正确的事情，但是你知道我在过去的两年里一直关注你们学校的标准化考试分数和适当年度进步率数据。去年我们谈过之后，你提供的关于改进计划的报告似乎很有希望。从你的角度告诉我事情的进展，为什么分数没有提高？""琳达，谢谢你给我解释的机会。"

克利夫开始说。"在去年放假的时候，我召开各年级会议，查阅了他们的成绩，指出问题所在。我指出，他们每个人都必须比去年提高考试成绩，否则根据我们新的学区评估体系，他们的工作将岌岌可危。我很清楚，从阅读测试的分数来看，我们必须为所有教师举办一些在职研讨会，向他们展示如何在内容领域教授阅读。我也很清楚，当我到教室听课时，许多学生并没有在认真听讲。因此，我安排了一些在职课堂管理培训来帮助这方面的改进。我们关注的另一个重要方面是让孩子们为州考试做好准备。我为所有的教室提供了一些备考软件和其他资料，这些资料直接集中于那些将在考试中考到的领域。"

"你有没有从教师那里得到任何关于他们认为问题出在哪里和如何改进的意见？"琳达问。

"当然，"克利夫回答，"我请他们每个人都把想法发给我，并告诉他们，我们将在以后的会议上讨论这些想法，但我得到的评论很少，而且没有一个是针对性的。我们在这一学年早期就进行了所有的在职培训。我和助理校长一起到每个教师的课堂里去听课，确保教师关注基础知识，学生专心听课，为考试做好准备。我们根据对形势的分析，竭尽全力。"

"那么，克利夫，你觉得出了什么问题？"琳达问。

"嗯，就像我说的，我们到课堂里去听课，我们认为教师们没有很好地完成培训，也没有使用考试资料为孩子们准备考试。但今年的情况将会大不相同。"

"克利夫，我必须对你坦白地说，如果你们的分数再次下降，我将不得不解除你的校长职位。"琳达问到。"你打算怎样改进江北中学的情况？"

"首先，我们将有与去年相同的在职培训计划，但我计划引进专家讲师，他们将有更多的实践活动，使教师更多地参与培训。教师们通过实践可以学习得更好，而不仅仅是坐下来观察。第二,过去我在考核中对教师过于宽容。我打算对所有成绩下降超过百分之五的教师实行试用期。这会让他们感到危机,从而调动他们的积极性。最后,我将和管理团队一起更多地到课堂听课,确保事情按计划进行。琳达,我知道我可以改变这所学校,我很感激再掌舵一年,向你证明我是一个好领导。"

1. 你如何描述克利夫·詹姆逊的领导行为? 他是个好领导吗?

2. 克利夫要求教师们反馈出了什么问题,但是从他们那里得到的反馈很少,他认为没有一个是合适的。你认为为什么会发生这样的事? 他能用什么技巧从教师那里得到越来越有用的反馈呢?

3. 克利夫说,从教师那里得到的极少反馈都没有切中要害问题。你如何解释教师可能对他说的话?

4. 把自己放在督学的位置上。利用本章的思想制定一个辅导计划,帮助校长达到学校的目标。

推荐阅读书目

Burns, J. M. (1978). *Leadership.* New York, NY: Harper & Row.

这部可读性很强的普利策奖获奖作品生动地诠释了当代对领导力的理解。本书的目的是阐明政治领导的两难境地,因此,它从伟大的政治领导人那里得到了许多例子。然而,对教育工作者的教训是清晰易懂的。强烈推荐的理由不仅是其无可挑剔的学识,还因为其开诚布公和直截了当的写作揭示出来的智力品质,这使得本书的思想易于理解。

Drath, W. (2001). *The deep blue sea: Rethinking the source of leadership.* San Francisco, CA: Jossey-Bass.

"经常,"德拉斯评论说,"在思考领导力时,我们就像站在岸边的人,被海洋上闪烁的白色浪花迷住,完全错过深蓝的大海。白色浪花是真实的,但它们源于海洋本身的活动。"他认为,组织也是如此:他所指的深蓝色海洋是我们自己的教育组织,对它理解应该位于其表面之下。因此,他向我们介绍了一种新的思考组织和在组织中行使领导权的方式。他强调,正如当代领导范式所强调的,促进人与组织之间的关系和意义。强烈推荐本书。

DuFour, R., Eaker, R., & DuFour, R. (Eds.). (2005). *On common ground*：*The power of professional learning communities.* Bloomington, IN：Solution Tree.

本书的编辑和作者有多年作为公立学校的教师和领导的经验，也有扎实的学术资历。现在，作为顾问，他们站在运动的最前沿，帮助教师和校长重建学校文化，以实现美国所支持的新教育目标。他们方法的核心是帮助教职员工将他们的工作环境从传统的教室隔离环境转变为一个合作的专业学习共同体。

Fullan, M. (2005). *Leadership & sustainability*：*System thinkers in action.* Thousand Oaks, CA：Corwin Press.

这本简短的书非常重要，因为它是为学校提供可持续发展理论的首批书籍之一。富兰概述了领导者需要实施的八个要素，以确保学校和学区保持领导力和变革动力：有道德目的的公共服务；致力于改变各层级的环境；通过网络进行横向能力建设；智能问责制和垂直关系；深度学习；对短期和长期成果的双重承诺；周期性的激励；以及领导力的高杠杆作用，强调可持续领导者的重要性以及实施可持续性要素的关键领导者群体。

Hargreaves, A., & Fink. D. (2006). *Sustainable leadership.* San Francisco, CA：Jossey-Bass.

本书的重要性在于它的研究基础：对美国和加拿大不同环境下的八所高中进行的一系列纵向研究。通过这项研究，作者们提出了可持续领导的七个原则，这在本书的这一章中进行了讨论。哈格里夫斯和芬克这本书的亮点在于它的研究关联性和七项原则中每一项的实际例子。

Heifetz, R. A. (1998). *Leadership without easy answers.* Cambridge, MA：Belknap Press of Harvard University Press.

海菲兹为讨论适应性领导的关键概念提供了非常广泛的背景。他清楚地阐明了诸如区分适应性问题和技术性问题，以及权威和领导之间的差异。他的方法既有理论上的，也有实践上的，这与他作为一名医生、一名精神病学家和一名音乐家的经验有关。富兰的作品（如上所述）在很大程度上借鉴了海菲兹的这本书。

Helgesen, S. (1990). *The female advantage*：*Women's ways of leadership.* New York, NY：Doubleday Currency.

这本书广为阅读，其认为男性倾向于以线性方式思考，倾向于等级组织，强调逻辑,为自己寻求权力,不喜欢模棱两可,并且以目标为导向;而女性倾向于以更多的全局联系而不是直线方式思考,强调人与人之间的互动过程而不是等级制度,对个人权力没有很大的兴趣,很容易容忍歧义,并且是以过程为导向的。赫尔格森(Helgesen)认为,男性和女性在思维和组织行为上存在显著差异——赫尔格森坚信这一差异使女性作为组织领导具有决定性的优势。

Marzano, R. J., Waters, T., & McNulty, B. A. (2005). *School leadership that works: From research to results.* Alexandria, VA: Association for Supervision and Curriculum

本书介绍了69项领导力研究的元分析结果,这些研究发现领导行为和学生成绩的平均效应量为0.25。将21名排名靠前的校长行为与因子分析的结果一起呈现,其中21种行为被分为两个列表,这两个列表与两种类型的变革策略相关联。每个教育领导专业的学生都应该阅读本书,因为它在领导力策略和领导者评价方面在美国具有很高的影响力。

Rosener, J. B. (1990). The ways women lead. *Harvard Business Review*, 68(6), 119−25.

在研究了456名女性企业高管后,罗森纳报道称她们的行为与男性领导者在类似岗位上的表现截然不同。她发现男性强调指挥和控制的风格(理性决策、发出命令、吸引追随者的自身利益),而女性更倾向于"互动"地工作(分享信息和权力、促进赋权、通过呼吁组织理想和对未来的共享愿景来激励人们)。许多女性发现这篇文章很有吸引力,但它仍然备受争议,因为研究设计和方法的质量一再受到批评。

Wheatley, M. J. (1999). *Leadership and the new science: Discovering order in a chaotic world* (2nd ed.). San Francisco CA: Berrett-Koehler.

这是对科学新思维和探索方式的一次博学和机智地探索。它不是一本专注于教育的书,而是利用广泛的资源和人来说明处理不确定性、新兴的思想和当今科学领域的快速变化等新问题。强烈推荐教育领导者阅读本书,因为它向我们清楚地展示了学校世界不是独一无二的,学校的领导问题是更大的社会万花筒的一部分。

参考书目

Bass, B. H. (1985). *Leadership and performance beyond expectations.* New York, NY: Free Press.

Bass, B. M. (Ed.). (1981). *Stogdill's handbook of leadership: A survey of theory and research*(Rev. ed.). New York, NY: Free Press.

Bennis, W. , & Nanus, B. (1985). *Leaders: The strategy for taking charge.* New York, NY: Harper & Row.

Blake, R. R. , & Mouton, J. S. (1978). *The new managerial grid.* Houston, TX: Gulf Publishing Company.

Burns, J. M. (1978). *Leadership.* New York, NY: Harper & Row.

Collins, J. (2001). *Good to great.* New York, NY: Harper Collins.

Darling-Hammond, L. (2006). Securing the right to learn: Policy and practice for powerful teaching and learning. *Educational Researcher*, *35*(7), 13 – 24.

Darling-Hammond, L. , & Bransford, J. (2007). *Preparing teachers for a changing world: What teachers should learn and be able to do.* San Francisco, CA: Jossey-Bass.

Darling-Hammond, L. , & Richardson, N. (2009). Teacher learning: What matters? *Educational Leadership*, *66*(5), 46 – 53.

DuFour, R. , & Eaker, R. (1998). *Professional learning communities at work: Best practices for enhancing student achievement.* Reston, VA: Association for Supervision and Curriculum Development.

Epstein, J. L. , Sanders, M. G. , Simon, B. S. , Salinas, K. C. , Jansorn, N. R. , & Van Voorhis, F. L. (2002). *School, family, and community partnerships: Your handbook for action*(2nd ed.). Thousand Oaks, CA: Corwin Press.

Fiedler, F. (1967). *A theory of leadership effectiveness.* New York, NY: McGraw-Hill.

French, J. R. P. , & Raven, B. (1959). The bases of social power. In D. Cartwright (Ed.), *Studies in social power*(pp. 150 – 167). Ann Arbor, MI: Institute for Social Research, University of Michigan.

Fullan, M. (2005). *Leadership & sustainability: System thinkers in action.* Thousand Oaks, CA: Corwin Press.

Galloway, J. L. (1991). Competence and character. *U. S. News and World Report*, *110*(20), p. 36.

Gardner, J. W. (1989). *On leadership.* New York, NY: Free Press.

Getzels, J. W. (1973). Theory and research on leadership: Some comments and some alternatives. In L. L. Cunningham & W. J. Gephart (Eds.), *Leadership: The science and the art today*(pp. 16 – 25). Itasca, IL: F. E. Peacock.

Halpin, A. W. (1966). *Theory and research in administration.* New York, NY: Macmillan.

Hargreaves, A., & Fink, D. (2006). *Sustainable leadership.* San Francisco, CA: Jossey-Bass.

Hargreaves, A., & Goodson, I. (2003). *Change over time? A study of culture, structure, time and change in secondary schooling.* Chicago, IL: Spencer Foundation.

Heifetz, R. A. (1994). *Leadership without easy answers.* Cambridge, MA: Belknap Press of Harvard University Press. Heifetz, R. A., & Linsky, M. (2002). *Leadership on the line: Staying alive through the dangers of leading.* Boston, MA: Harvard Business School Press.

Hemphill, J. K., & Coons, A. E. (1957). Development of the leader behavior description questionnaire. In R. M. Stogdill & A. E. Coons (Eds.), *Leader behavior: Its description and measurement*(pp. 6 – 38). Columbus, OH: Bureau of Business Research of Ohio State University.

Henderson, A. T., & Mapp, K. L. (2007). *A new wave of evidence: The impact of school, family and community connections on student achievement.* Austin: TX, Southeast Educational Development Laboratory. Retrieved from http://www. sedl. org/connections/resources/evidence. pdf

Hersey, P., Blanchard, K. H., & Johnson, D. (1996). *Management of organizational behavior.* Upper Saddle River, NJ: Prentice Hall.

Jeynes, W. H. (2007). The relationship between parental involvement and urban secondary school student academic achievement: A meta-analysis. *Urban Education, 42*(1), 82 – 110.

Kanter, R. M. (1983). *The change masters: Innovation and entrepreneurship in the American corporation.* New York, NY: Simon & Schuster.

Keirsey, D., & Bates, M. (1984). *Please understand me: Character and temperament types.* Del Mar, CA: Prometheus Nemesis.

Levin, H. M. (2006). Can research improve educational leadership? *Educational*

Researcher, *35*(8), 38 – 43.

Lortie, D. C. (1975). *Schoolteacher: A sociological study*. Chicago, IL: University of Chicago Press.

Louis, M. R. (1986). Putting executive action in context: An alternative view of power. In S. Srivastva (Ed.), *Executive power* (pp. 111 – 131). San Francisco, CA: Jossey-Bass.

Marzano, R. J., Waters, T., & McNulty, B. A. (2005). *School leadership that works: From research to results*. Alexandria, VA: Association for Supervision and Curriculum Development; Aurora, CO: Mid-continent Research for Education and Learning.

McClelland, D. C. (1975). *Power: The inner experience*. New York, NY: Irvington.

Northouse, P. (2013). *Leadership: Theory and practice* (6th ed). Los Angeles, CA: Sage.

Rosener, J. B. (1990). Ways women lead. *Harvard Business Review*, *68*(6), 119 – 125.

Sato, M., Chung Wei, R. C., & Darling-Hammond, L. (2008). Improving teachers' assessment practices through professional development: The case of National Board Certification. *American Education Research Journal*, *45*, 669 – 700.

Senge, P. (1990). *The fifth discipline: The art and practice of the learning organization*. New York, NY: Doubleday. Sergiovanni, T. J. (1992). *Moral leadership: Getting to the heart of school reform*. San Francisco, CA: Jossey-Bass.

Spillane, J. P., & Diamond, J. B. (2007). Taking a distributed perspective. In J. P. Spillane & J. B. Diamond (Eds.), *Distributed leadership in practice* (pp. 1 – 15). New York, NY: Teachers College Press.

Stogdill, R. M. (1974). *Handbook of leadership: A survey of theory and research*. New York, NY: Free Press.

UN Documents. (1987). *Our common future: Chairman's foreword. Report of the World Commission of Environment and Development*. Retrieved from http://www. un-documents. net/ocf-cf. htm

Wheatley, M. J. (1999). *Leadership and the new science: Discovering order in a chaotic world*. San Francisco, CA: Berrett-Koehler.

第十章 决 策

正如我们在第九章中所定义的那样,领导力的行使涉及与他人一起工作和通过他人个体或群体来实现组织目标。当组织的目标强调:

- 现有做法的稳定性、改进和持续应用;
- 维持现有绩效水平。

当代组织研究范式支持使用自上而下的官僚方法,因为这可能是与他人一起工作和通过他人工作的非常有效的方法。但是,当需要组织成功地对环境中快速和普遍的变化做出迅速、敏捷和灵活的反应,同时应对变革需要而产生的新问题时,因为这些问题模棱两可、理解不透,并且可能的替代解决方案的结果无法事先知道,所以当代组织研究范式支持使用协作的方法,它可能是与他人一起工作和通过他人工作的更有效的方法。这也解释了为什么尽管教育领导者在与他人一起工作和通过他人工作时,可以在使用传统的官僚方法和使用合作方法之间进行理论上的选择,但是在当代条件下的教育实践中,合作方法一般是首要选择的方法。

稳定和变革这两个问题是对立的,它们是教育领导者参与的每个决策几乎不可分割的部分。在组织中做出决策的有效性和质量通常反映领导者协调这两个问题的技能。

一方面,快节奏的学校管理要求领导者迅速做出决定,而不必费心费力,然后转向其他紧迫的事务。这种周转速度产生了一种趋势,为了速度和效率,单方做出决定并采取行动。另一方面,可以越来越清楚地看到,健康的组织在开放参与决策和授权本组织各级相关人员为所做决策的质量做出贡献等方面,有着独特的优势。这有两个原因:第一,赋予人们参与重要决策的权力对他们具有高度的激励作用;第二,广泛的参与为决策过程注入了全方位的知识和良好的理念,整个组织的人都必须做出贡献。这种包容性在像学校这样的知识工作者聚居的组织中尤其重要。

正如所有组织一样,当今教育组织的环境由变革的动力所支配——快节奏、普遍和持续的变革。为了跟上步伐,或者更好的是,设定步伐,学校必须灵活、反应敏捷、适应能力强,并能够从内部不断发展自己(或者,正如一句流行的话所说,重塑自我)。这是一个竞争日益激烈的环境。学区曾经拥有的垄断不再安全,因为人们越来越关注以学生成绩为形式的结果,并且因为竞争对手承诺取得比已建立的公立学校更好的成绩。从真正意义上讲,竞争是全球性的,而不仅仅是地方性的,因为教育组织的客户急切地将当地学校发布的结果与世界其他地方的结果进行比较。在这种背景下,教育领导者不断地对如何做出决策进行判断,尤其是,谁应该参与决策,以及其他人应该如何参与决策过程。

因此,本章的重点是参与式决策。然而,首先是对一般决策的简单背景和所谓的理性决策进行讨论。然后,我们将讨论在学校工作的现实,这些现实如何影响领导者在决策中的行为,以及发展决策实践理论的必要性。本章提出了弗鲁姆－耶顿(Vroom-Yetton)领导规范模型,从涉及他人的角度出发,为决策提供指导。这是领导行为的一个非常重要的指南,我们应该仔细研究它对有效领导行为的影响。本章最后给出了一个简单实用的共享决策范例和团队决策流程图。

组织和管理层面的决策意义由来已久。在一本具有里程碑意义的书中,赫伯特·西蒙(Simon, 1950)指出,"一般的管理理论必须包括确保正确决策的组织原则"(p. 1)。到1959年,丹尼尔·E. 格里菲斯(Daniel E. Griffiths)提出了管理就是决策的理论。他坚持认为:

- 首先,组织的结构取决于其决策过程的性质;
- 其次,个人在组织中的地位直接关系到对决策过程的控制;
- 第三,管理者的有效性与他或她必须亲自做出决策的数量成反比。

(Griffiths, 1959)

格里菲斯的理论多年来在教育界有很大影响,它突出了两个重要概念:(1)管理者的任务是确保组织内有适当的决策过程;(2)由于有这样的过程,有效的管理者很少做出决策,尽管这些人可能会对组织产生特别大的影响。在这种观点中,管理者的影响力更稳定地存在于创建和监控组织通过哪些过程来做出决策,而不是在一个繁忙复杂的组织中需要个人做出大量的决策。

然而,西蒙、格里菲斯和他们的同事当时设想,通过运用逻辑数学方法来解决教育问题,决策可以合理化、逻辑化、系统化和最优化。当时很多人相信他们,现在许多人仍然愿意相信。然而,随着时间的推移,显而易见,我们许多根深蒂固的教育问题是如此模糊不清、包罗万象和错综复杂,以至于它们不能简单地归结为在算法中输入各种定量数据就能产生最优的教育决策。事实上,自20世纪中叶以来,人们越来越认识到,商业和教育组织生活中人类的复杂性极大地限制了这种决策方法在各类组织中的实用性。

一、个体决策与组织决策

在许多关于决策的讨论中,一个重要问题是个体与组织的决策问题。一方面,人们普遍认为,担任管理职务的人将具有"决定性"。我们还不清楚这意味着什么,但通常被认为是指迅速做出决定,不拖延或妥协,而且,明显具有最小的模糊性。它还常常暗示个体做出符合某些公认的质量标准的决策,例如,决策信息充分,伦理上可接受。因此,对管理决策的讨论往往集中在"决策者"的个体行为上。

另一方面,因为管理被定义为与其他人一起工作并通过他人实现组织目标,所以考虑组织(而不仅仅是个人)的决策机制是非常重要的。从这个角度来看,问题开始转向组织在制定和执行组织决策过程中的"行动"(或"行为")方式,而不是行政管理人员的特殊行为。对于组织的许多客户(例如学生和家长)来说,管理者在决策过程中的个人角色是模糊的,也许是不相关的,而组织的"行为"是最相关的。在这种观点中,决策是组织的重要职能,尽管管理者可能被认为是有牵连的。

在一所大学里,当供暖系统经常发生故障,教室长期凌乱不堪,学生座位破旧失修时,就说明了这一点。春天,学生们惊讶地发现,为了美化校园,学校进行了一项雄心勃勃的项目,在树丛中种植花草和灌木,并设置雕塑。当然,这一行动引起了学生的强烈抗议,比如:"这所大学出了什么问题?"显然,不关心教室里发生了什么,而关心参观者在外面看到的是什么!"这意味着,不管是谁参与了这个过程,大学作为一个组织,其决策过程出错了。"

本章对决策的讨论认识到,管理者的个人决策风格非常重要,因为它会导致组织作为一个实体,在确定问题、概念化问题和找到解决问题方法的不断重复的过程中进行。行政机关人员的个人决策作为组织行为具有重大意义,主要是因为其必然会对他人的行为和组织本身的决策过程产生影响。

这种强调管理者对组织中所用决策过程的性质和质量负责的做法,符合当代的观点,即管理者是组织文化发展的关键参与者。也就是说,决策实践与其说是特定组织固有环境(学校所在地)的结果,不如说是权威人士(即管理者)对如何做出决策的选择。这些选择与管理者就读者现在熟悉的问题所持有的假设密切相关,例如:

- 激励人们工作的因素;
- 在工作场所领导实践中协作与指导的相对价值;
- 组织上下和整个组织中进行全面信息交流的愿望;
- 保持组织控制和纪律的最佳方法;
- 让组织各级人员参与决策的价值。

二、决策的合理性

即使想要初步理解当代组织决策方法,也需要简要考虑我们思考这个问题的一些方法。生活在西方世界的人在思考诸如决策这样的概念时倾向于使用和接受逻辑、理性和科学。这种倾向反映了我们文化中关于我们应该如何做决策的普遍假设,这些假设构成了我们对这些问题思考的核心。

在宗教改革运动后的三个世纪里,西方思想文化史一直被科学、技术和工业的兴起所主导。科学思想以其对逻辑理性的有力强调,已经几乎根植于我们的文化制度中。因此,在寻求对经验的解释时,我们习惯于尊重逻辑实证主义的合理性。简而言之,我们倾向于将各种问题的解决方案视为需要应用工程方法实现。这种嗜好反映在马克斯·韦伯(Max Weber)对官僚组织的分析中。弗雷德里克·泰勒(Frederick Taylor)将科学的原理和方法运用到一种工作场所的"人类工程"形式中,并试图创造一种可以应用于组织日常问题的管理科学。泰勒称之为科学管理,正如唐纳德·舍恩(Donald Schön)所指出的,"泰勒看到了……作为一个工作设计师、性能控制器和监视器的管理者……[寻求通过这些角色]产生最佳效率的生产"

（Schön，1983，p. 237）。

管理作为一门科学的概念在20世纪上半叶稳步发展,而第二次世界大战又极大地促进了它的发展。这种增长是由于与战争有关的两个因素:

- 高度重视科学技术在赢得战争中的作用。

- 运筹学和系统理论的发展(这些理论包括应用数学建模的理性逻辑来解决从如何减少航运损失到如何提高空袭效率的复杂问题)。

第二次世界大战后的时代,工业和商业迅速发展,各地由于多年的战时短缺而使得庞大的市场得到开发,这是一个非常乐观和充满活力的时期。人们对科学技术的信心不断增强,与科学相关的理性、逻辑的方法在接受度和声望上飞涨。人们通常把战时的曼哈顿计划作为概念化和解决问题的模式:"毕竟,如果我们能制造原子弹,我们就应该能够解决这个问题。"基于"新科学知识的生产可以用来创造财富、实现国家目标、改善人类生活和解决社会问题"的主张,政府用于研究的支出猛增到新的高度(Schön,1983,p. 39)。

1957年,苏联发射了"旅行者一号(*Sputnik I*)"卫星,美国又一次强调把数学和科学用于解决问题的逻辑。在约翰·F. 肯尼迪总统的领导下,美国开始大规模开发新的空间技术。不久之后,美国教育基础设施发现自己参与到满足太空计划的要求中,这些要求主要针对科学家和数学家以及将那些学科的概念应用于复杂组织挑战的管理者。新的口号变成了:"如果我们能把人送上月球,我们为什么不能解决这个问题?"这意味着,自德怀特·艾森豪威尔担任总统以来,美国国家航空航天局已经发展并证明了适用于各种社会问题和技术问题的复杂决策模式的有效性。

在第二次世界大战后的时代,医学提供了另一种类似的模式——广受赞誉和效仿。它强调临床试验研究作为知识的基础:

> 医学研究中心,连同其医学院校和教学医院,成为其他行业所向往的机构模式。这里是基础科学的坚实基础,也是一个致力于取得日新月异的研究成果的专业领域。其他专业则希望获得医学所取得的成果和声望,试图仿效医学把研究和教学机构相关联,建立研究和临床应用间的转化,以及将基础研究和应用实践研究相结合的制度。医学和工程学模式的声望和成功对社会科学产生了巨大的吸引力。在诸如教育等领域……参考文献中包含了丰富的测

量、控制实验、应用科学、实验室和教学（临床）实践等语言表达，对那些模式的崇敬是惊人的。（Schön, 1983, p. 39）

这正是《不让一个孩子掉队法案》支持者们的观点和希望，因为它是在实践中创立和展开的。

理性决策模式

决策专业的学生试图发展和帮助管理者掌握一门通过分析决策过程做出更高质量决策的学科。在这项努力中，早期的主要贡献者是赫伯特·西蒙。西蒙的分析确定了决策过程中的三个主要阶段（Simon, 1960）：

- 首先，第一个阶段是智力活动。鉴于第二次世界大战对战后思想的影响，西蒙像军人一样使用情报这个术语：搜寻环境，发现需要做出决策的情况。
- 第二阶段是设计活动：设想、开发和分析备选行动方案的过程。
- 西蒙分析的第三个阶段是选择活动，即从考虑的选项中实际选择行动方案的过程。

西蒙作为学者的伟大地位以及作为众多知名企业顾问的声望确保了他在决策方面的开创性方法被广泛接受，并已成为经典著作。他的许多跟随者创作了大量的文献，通过详细说明这个过程步骤的数量，从而进一步把决策过程概念化。因此，人们在众多的决策文献中发现了许多模型。其中包含的两个基本假设几乎都是基于西蒙的工作：假设决策是一个有序、合理的过程，它具有内在逻辑；以及假设决策过程的各步骤之间遵循一个有序、逻辑、顺序的流程（其中有人把它称为线性逻辑）。这些模型以及它们所基于的假设在管理者的培训中变得非常重要，并且已经以计划和系统的方式广泛地应用于实际组织，以期改进它们的绩效。

彼得·F. 德鲁克（Peter F. Drucker）是一位著名的组织学家，他的思想在20世纪60年代至80年代在企业界影响很大，他列出了以下理性决策过程的步骤（Drucker, 1974）：

1. 确定问题。

2. 分析问题。

3. 设计备选解决方案。

4. 选择最好的解决方案。

5. 把决策转化为有效行动。

这样的表述被看作帮助管理者规划决策过程,使其更加系统化,而不是在繁忙的组织生活环境中,对一系列事件做出直观的、偶然的、下意识的反应。德鲁克的模型非常详细和详尽,在全美的公司和政府组织中被广泛应用,并且被许多人接受为管理思想的基本逻辑。

然而,尽管模型数量激增,而且在组织中使用模型的尝试也在加强,但学者的理论概念与管理者的实际实践之间的广泛差异也是显而易见的。例如,有人指出,决策通常不会以执行决策的决定或行动而终止。在现实世界中,决策通常是一个迭代和持续的过程,其中一个决策的结果会提供新的信息,并作为其他决策的基础。因此,反馈机制被添加到一些过程模型中,以确保在制定未来的决策时考虑当前决策的结果。

最终,由于认识到决策过程的周期性,该学科的一些学生放弃了常规的步骤列表和线性流程图,而倾向于用环形来描述。决策过程的反馈机制和循环的概念都说明了关于决策的文献中常见的两个附加假设:

1. 决策是一个迭代和循环的过程,随着时间的推移,提供越来越接近最优的行动方案;

2. 实现最优决策是决策的中心目标。

然而,很显然,组织中的人们并不倾向于无止境地寻找实现目标的最佳方式。只有当组织的绩效似乎低于某种可接受的绩效水平时,他们才参与决策程序,寻求替代的做事方式,这种"可接受的绩效水平"通常不是可能的最高绩效水平;相反,它只需要足以满足组织对现实和价值观的看法。一旦组织中的人意识到需要寻求某种替代的做事方式,他们往往会寻求一个被认为足以缓解需求的行动方案。也就是说,他们倾向于做出一个能够缓解近期问题的决定,但不太可能抓住一个向最佳绩效水平发展的时机。组织中这种普遍的趋势被称为令人满意(March & Simon, 1958)。

三、决策合理性限制

正如我们所解释的,许多关于决策的学术文献,无论是组织的还是个人的,都代表着学者们努力揭示和描述他们所假定的决策过程的内在逻辑。基于这些努力,学者们已经开发了许多决策过程模型。通常认为,这些模型可以促进管理者学习这种逻辑,从而他们可以在工作中应用这种逻辑。许多人,包括教育管理实践者、立法者和学校董事会成员,在这些假设基本上没有受到挑战的时候接受培训,他们坚持认为,严格地应用这些假设来实践,对于提高组织绩效至关重要。回想一下前一章关于离散和紧急问题的讨论。虽然一个简单、合理的决策模型可以被一个拥有所有所需信息的个体归为离散问题,但紧急问题才是更复杂决策过程的领域。

具有模糊性和不确定性的紧急问题是教育管理者现实世界的主要问题。组织、组织目标、组织的技术和组织环境变得如此复杂,以至于很难将原因与结果、行动与后果联系起来。例如,教育组织的经济、社会和政治环境的不稳定性使得很难以任何确定的方式预测未来事件的进程。这种情况不限于教育组织,它在所有形式的组织生活中都具有迫切的重要性。这种波动性导致研究者近年来更仔细地重新审视组织生活,并在此过程中质疑关于决策逻辑和合理性的旧假设。

理论与实践的差距

学者们通常通过指导管理者在他们的工作中应用合理、逻辑的决策模型来寻求提高管理者的水平。维克托·弗鲁姆和菲力普·耶顿(Vroom & Yetton, 1973)的应急模型现在仍然是最实际的决策理论之一,这个模型非常明确地指出,当代领导力的核心问题是决策参与过程。这个问题经常被主观的争论所混淆,与更具协商性的风格形成鲜明对比的是,不讲情面的指令型管理风格具有相对优势。甚至著名的彼得·德鲁克(Drucker, 1974)也偶尔把"民主管理"、"参与式民主"和"宽容"与以独裁和专制,以及通过命令做出决策的管理取得所谓的成功进行对比。显然,现代组织的复杂性需要仔细选择决策过程,考虑到实际情况中的偶然事件,这些决策过程要着眼于有多大可能达到效果。在某些情况下,独裁风格是最有效的;而在其他情况下,需要高度参与的方法来获得最大的效果。正如弗鲁姆和耶顿所看到的,对于领导者来说,问题在于分析每种情况中的偶然事件,然后以最有效的方式行动。

弗鲁姆和耶顿(Vroom & Yetton, 1973)指出了领导者应该如何行事以便在特定的偶然事件中发挥作用。弗鲁姆—耶顿模型不是规定性的,但它可以被描述为规范模型,因为它试图将适当的领导者行为与特定的偶然事件联系起来。

四、弗鲁姆和耶顿的五种领导风格

弗鲁姆和耶顿已经分类出下面五种领导风格:

独裁过程(独裁 I 型和独裁 II 型)

风格一:独裁 I 型。领导者(经理、管理者)使用任何可用的信息做出决策。

风格二:独裁 II 型。领导者从群体成员那里获得必要的信息,然后做出决定。在获得信息时,领导者可能会也可能不会告诉追随者问题是什么。

协商过程(协商 I 型和协商 II 型)

风格三:协商 I 型。领导者与群体中的相关成员一对一地分享问题,在没有将他们作为一个群体聚集在一起的情况下分别获得他们的想法和建议,然后领导者做出决定。

风格四:协商 II 型。领导者在会议上与作为一个群体的成员分享问题,然后做出决定。

群体过程(群体 I 型)

风格五:群体 I 型。领导者在群体会议上担任主席,与群体分享问题,并努力促进群体就群体决策达成共识。领导者可以提供信息和表达意见,但不试图"推销"特定的决策或通过非公开手段操纵该群体。

请注意,弗鲁姆和耶顿已经用行为术语(例如"领导者决定"或"领导者与团体共享问题")而不是一般术语(例如"指令型风格"或"参与型风格")描述这些领导风格。它们并不意味着一种风格比其他风格更有价值,或者根据在特定情况下哪些行为起作用来解决问题。

（一）问题的七种情况

在弗鲁姆和耶顿模型中，对情况的分析开始于回答以下问题的"是"或"否"：

A. 问题是否符合质量要求？质量可能是时间：这是一个现在必须做出的决定，没有时间去咨询他人吗？其他的质量因素可能是希望通过参与来刺激团队发展或让人们了解情况。

B. 领导是否有足够的信息来做出一个好决定？

C. 问题是否是结构化的？

D. 是否有必要让其他人接受这个决策以便执行？

E. 如果领导者自己做决定，那么其他人是否会接受？

F. 其他人是否共享通过解决此问题而实现的组织目标？

G. 问题的首选解决方案是否可能造成团体中其他人之间的冲突？

（二）决策流程图

领导者可以按照决策流程图上的排列顺序（见图10.1）回答上面列出的七个问题，根据每一个问题的答案来快速诊断具体情况的偶然事件。如流程图所示，以这种方式确定14种问题类型是可行的，根据流程图从左到右处理每种问题可以明显得到优选方法。

例如，假定有一个情况，第一个问题是：问题是否具有质量要求？实际的问题如下：一个决策比另一个决策更可取或更合理？如果是"否"，那么问题B和C是不相关的，接着按照流程图来回答问题D：其他人是否接受决策对实现决策重要吗？如果这个问题的答案是否定的，那么领导者可以使用独裁Ⅰ型（图表中的解决方案样式"Ⅰ"），它使用能获得的信息单独做出决策。然而，如果别人是否接受很重要，那么问题E必须被问道：如果我做出决定，我确定其他人会接受吗？如果是，领导者单独做出决定（独裁Ⅰ型），但是如果不是，那么群体一起做出决定（群体Ⅰ型或图表中的解决方案样式"Ⅴ"）。该流程图清楚地表明，在具体可描述的情况下，利用各种领导风格获得最大效率是有逻辑依据的。

是否有一个质量要求使得一个解决方案比另一个更合理？　我有足够的信息做出高质量的决策吗？　问题是结构化的吗？　下属是否接受决策对有效执行至关重要吗？　如果你自己做决策，你的下属会接受吗？　在解决问题的过程中，下属是否共同讨论要达到的组织目标？　在首选解决方案中，下属之间是否存在冲突？

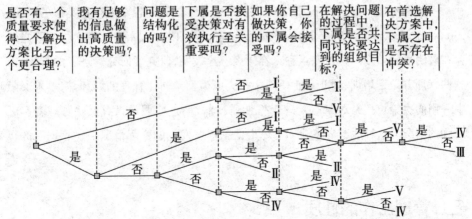

Ⅰ.你使用当时可获得的信息,解决问题或自己做决定。Ⅱ.从下属那里获得必要的信息，然后自己决定解决问题的方法。当你从下属那里得到信息时,你可以告诉他们,也可以不告诉他们问题是什么。你的下属在做决定时所扮演的角色显然是为你提供必要的信息,而不是制定或评估替代解决方案。Ⅲ.你与相关下属单独讨论问题,得到他们的想法和建议,而不是把他们作为一个整体。然后你做出决定,这个决定可能反映下属的影响,也可能不反映下属的影响。Ⅳ.你和你的下属作为一个整体讨论问题,共同获得他们的想法和建议。然后你做出决定,这个决定可能反映下属的影响,也可能不反映下属的影响。Ⅴ.作为一个群体,你和下属讨论问题。你们一起制定和评估替代方案,并试图就解决方案达成一致。你的角色很像主持人。你不会试图影响群体采用"你的"解决方案,并且你愿意接受和实现任何得到整个群体支持的解决方案。

图10.1　弗鲁姆—耶顿领导决策规范模型

资料来源: Luthans, F. (1977). *Organizational behavior* (2nd ed.). New York, NY: McGraw-Hill, p. 458. Reproduced with permission of McGraw-Hill.

在很多组织中进行的早期研究清楚地表明,实践型管理者很少在他们的工作中使用这样的模型。亨利·明兹柏格(Henry Mintzberg)、杜鲁·雷辛哈尼(Duru Raisinghani)和安德烈·西奥莱特(Andre Theoret)的研究结果是规范决策模型对中上层公司管理者的行为没有影响(Mintzberg, Raisinghani, & Theoret, 1976)。詹姆士·G. 马奇(March, 1981)发现,事实上,决策者理解问题的方式不是通过将逻辑模型应用到问题中,而是通过评估在解决问题时实际可以使用哪些选项。保罗·C. 纳特(Nutt, 1984)在研究了 78 个不同的组织之后,得出以下结论:

没有执行与文献中描述的规范方法类似的操作,甚至没有观察到混合变异的方法。……几乎每个理论家所要求的确定问题、制定替代方案、进一步优化和选择似乎都植根于理性的论点,而不是行为。管理者不使用此过程。(p.446)

一项针对高中校长的全国性调查表明,这些学校管理者中也存在类似的情况。(National Association of Secondary School Principals, 1978)。因此,理论与实践之间存在着明显的差距。这个差距意味着什么? 这表明,研究者研究管理者的行为,而这些管理者缺乏培训,因此不能使用这些决策模型。同样合理的解释是,学术文献中采用的决策模型是源于对管理工作性质的假设,这些假设没有反映管理者实际遇到的情况。这种脱节导致我们考虑根据工作中发生的实际情况描述管理者的行为。

五、管理工作的性质

亨利·明兹柏格(Mintzberg, 1973)报道了一项研究,该研究详细描述了五个组织的首席执行官在日常工作中的活动。研究中记录行为的高管包括:(1)咨询公司的经理,(2)工业企业的总裁,(3)医院的院长,(4)零售企业的经理,(5)市郊学区的督学。这项研究引人注目,其揭示出,首先,管理者的工作是非常多样化的,需要广泛的技能,其次,压力似乎是工作中固有的。更具体地说,明兹柏格从他的观察中提出了五个主张:

1. 管理者们做了大量的工作,他们以坚持不懈的节奏来做这些工作。每天,他们都会参加一些事先安排好的会议以及一些计划外的会议和交流互动,处理大量的邮件和文书工作,接听大量的电话。工作中很少有真正的休息。

2. 在工作中,管理者通常会面对大量决策,其中每一项都会花费一段时间,而这些决策往往集中在具体和确定的情况和问题上。重要和琐碎的活动以一种无计划和随机的方式同时出现,要求管理者从一个话题到另一个话题做到快速思维转换。他们与许多人短暂接触交谈,其中穿插了计划中的长时间会议和其他活动(如案头工作、电话、非计划会议和出差),这些活动被纳入了日常日程。

3. 管理者更喜欢处理确定和非日常的积极问题。常规信息(如定期报告)优先级较低,而"新鲜"信息(即使质量不确定)优先级较高。

4. 最好是口头交流。(在明兹柏格最初的研究中,它占了高管四分之三以上的时间,以及他们三分之二的活动。)

　　5. 管理者与三个主要群体保持工作关系:上级、下级和外部群体。

　　这项研究对管理者的决策方式提出了很多建议,特别是为什么很少有人在工作中使用正式的决策模型。管理者的工作节奏推动着他们工作,他们不可能像学者那样进入沉思,思考他或她在这种情况下寻求的逻辑。正如明兹柏格(Mintzberg,1973)所述:

　　　　管理一个组织的工作可以被描述为一个繁重费力的事情。在一天中,要完成的工作量或管理者选择要做的工作量是巨大的,而且要以不松懈的节奏推进。数小时后,首席执行官(可能还有许多其他管理者)似乎既无法摆脱赋予其职位权力与地位的环境,也无法摆脱他(原文如此)自己的思想,因为他受过良好的训练,能够不断地寻找新信息。(p. 30)

　　在对他所研究的管理者进行观察的过程中,明兹柏格开发了一种技术,该技术要求频繁地记录代码符号,描述在一天中的许多短时间内观察到的行为。最后,这些编码的条目被减少并进行统计排列,以产生对整个观察期间发生的可观察行为的详细、量化描述。

　　许多使用明兹柏格技术的研究已经检验了教育管理者的工作行为,例如督学和校长(Morris, Crowson, Hurwitz, & Porter-Gehrie, 1981, 1984; Pitner, 1978)。这项研究证实了明兹柏格的主张适用于学校管理者的工作,他们以不松懈的节奏长时间工作。他们的工作特点是有许多简短的互动,大多是口头的。会议、电话和文书工作几乎从他们早上进入办公室到下午或晚上离开的每分钟都有。

　　明兹柏格所使用的"不松懈的节奏"这个词需要在这里澄清一下。人们可以想像一个装配线工人被来自生产线的工作任务无情地推动着,永不停止,永不改变,这并不是明茨伯格描述管理者工作时的意思。在管理者的工作环境中,时间成为重要的资源。然而,与教师的情况不同,管理者的时间是一种流动性资源,而不是一种约束性资源。

　　对于教师来说,关键的时间限制(如学年、教学日、课程表以及固定的时间限制,如校车班次和午餐用餐时间)极大地限制了他或她可以做的事情。另一方面,管理者可以并且经常有相当大的自由来改变他们工作的节奏,因为这对他们来说是合适的。如果他们愿意的话,他们可以花额外的时间仔细考虑一些不重要的问题,并通过对其他问题做出一系列快速的决定来节省时间。或者,希望这样做的管理者可以通过将工作日延长到晚上,或者将工作周延长到周末,将工作年延长到夏季和节假日来改变时间资源的使用,这当然是许多教育管理者通常做的。因此,"不松懈的节奏"不一定是一种不变的节奏,它是一种典型的要完成的工作永远不会完成,而且总是有更多的工作要做。永远不知道任务何时完成。

管理工作的这些特点与教育系统固有的模糊性结合在一起给教育管理者带来了相当大的压力,这些模糊性包括学校和学校系统的目标和优先事项不明确、评估管理绩效的方法不确定以及各选区团体提出的目标不清晰。结果是,他们像其他领域的管理者一样,很少停下来思考他们的工作,这也成为一个额外的压力源。

(一)管理者如何思考

研究表明,研究组织及其管理者行为的学者头脑中产生困惑的一个原因可能是学术界人士和管理者倾向于以不同的方式思考管理工作。本章开头所描述的决策模型提出者是基于这样的信念:高度逻辑的线性思维,有时称为科学思维,是在决策过程中探索问题和寻求替代方案的唯一合适的方式。这些观察家,主要是学者,期望看到管理者的行为方式与他们自己的行为方式大致相同。他们坚持认为"思考是以长时间的反思形式表现的,在这个过程中,管理者独自坐在那里,不采取任何行动,试图从事实中做出逻辑推论。由于观察者没有看到很多这样的过程,他们得出的结论是,管理者不会做太多的思考(Weick, 1983, p. 222)。事实上,许多强调所谓决策模型的管理者在职培训只不过是用反思性思维的正式方法对管理者进行培训。这种培训的基本假设是,通过提高管理者的逻辑思维和思考能力,可以改善他们的决策行为。

但是,为什么研究者报告很少观察到管理者像科学家那样经常反思性地思考——在平心静气的静修中思索、反复思考一个问题、考虑替代方案。卡尔·威克(Karl Weick)提出了三种可能的解释。首先,他们的确思考,但不会在工作时思考,"他们在家里、在飞机上、在洗手间里、在周末思考。……因此,研究者没有看到管理者思考的原因是,当观察者在身边时,管理者不会思考"(Weick, 1983, pp. 222 - 223)。第二种可能是,本质上,管理者不会思考,因为他们已经将不确定性降低到如此程度,并且对未来的预测如此之好,以至于他们很少遇到困惑或不知所措的情况。威克提出的第三种可能性(也是他认为最有可能的情况)是,管理者总是在思考,但研究者忽略了这一事实,因为当研究者寻找能够证明反思的过程时,管理者的思考过程却大不一样。也就是说,思维是不可分割地交织在管理行为之中,并与之同时发生。

因此,当管理者出差、阅读、交谈、监督和与他人会面时,所有这些行为都包含思考,实际上,它们是管理者进行思考的方式。威克(Weick, 1983)解释道:"思考的本质是相互联系的想法,它可以在头脑之外形成和管理,而头脑的帮助相对较少。这就是管理者的工作方式,这就是为什么当我们把反思作为他们工作涉及思考的程度的一个指标时,我们会被误导的原因"(p. 222)。因此,管理者所做的大多数思考都是在他们的行动具有关注、意图和控制力时融入他们的行动,也就是说,他们关注正在发生的事情,安排他们的行动,并在行动没有达到要求时纠正他们的行动。

在考虑管理者对其工作的思考方式时,必须记住,工作所处的组织环境具有模糊性、不确定性和无序性的特征,总而言之,它是混乱的。需要做出决策的情况往往是不固定的,因此即使在事情发生后也难以分析;它们受到许多解释的影响,往往相互冲突;而且(稍后将更全面地解释)它们通常没有明确的界限和标签。在日常行动中,管理者通常与他人进行简短、自发、面对面的口头交流。换言之,他们经常"救火"。但是,正如威克(Weick, 1983)写道:

> 管理者一直在救火,这不一定代表愚蠢或迟钝。救火似乎是一种无意识的活动,以科学活动为理想案例来做比较,我们认为当人们救火时,思维是一种独立的活动,因为我们假定人们唯一的思考时间是他们做出明确的决定或解决明晰的问题的时候……以及因为我们不断地检查事物,好像它们是按顺序发生的,而不是同时发生的。(p. 236)

这一观点隐含着一个关键问题:管理是否是传统意义上的一门科学,或者是一门艺术,还是一门手艺。正如20世纪早期所设想的那样,许多人继续追求管理的概念,即将管理科学应用于组织问题(就像工程学是将物理和数学应用于其他种类的现实问题一样)。当然,持这种观点的人倾向于强调组织决策中技术理性的发展。其他那些认识到人类组织的巨大复杂性,以及其中常见的不确定性、不稳定性和独特性的人同样认识到直觉判断和技能的重要性,以及组织文化传统和价值观背景下的辨别能力和恰当性。舍恩像威克一样,发现管理者的思考与他们工作中要求的行动紧密相连。舍恩(Schön, 1983)评论道:

> 管理者确实在行动中思考。有时候,当不确定性引发反思时,管理者说,"这很令人困惑,我怎么能理解?"有时,当一种机会感引起反思时,管理者会问,"我能从中得到什么?"有时候,当一个管理者对自己直觉上的成功感到惊讶时,他会问自己,"我到底一直在做什么?"(pp. 240 - 241)

因此,舍恩明确指出,"艺术"这个术语在描述管理时具有双重含义:了解情况的直觉方法以及当一个人遇到与他或她的直觉理解不一致的事件时,他或她在行动过程中的反思。

读者应该注意到,在这个讨论中,我们谈论的是"训练"的直觉(Blackburn, 1971)。重点是,我们可以通过正规教育和社会化的方式学习组织文化,将一个复杂的系统视为一个有机整体,也可以通过培训(我们通常是这样)来了解整体的各个部分。这一关键点很难让一些观察家接受,可能有两个主要原因。一是,在西方文化长期强调技术理性的强烈传统中,将复杂现象分解为相对简单、可量化的部分的逻辑在我们许多人心中根深蒂固。这似乎是如此明智,如此正确,以至于对复杂问题的整体解决方法令人怀疑。最近关于左右大脑功能的研究也可能对我们的理解非常重要。与左脑相关的意识模式通常被描述为分析、理性、连续、收敛、逻辑、客观和线性的。与右脑相关,则具有直观、整体、模式识别、艺术、主观和非线性的特征。毫无疑问,在强调逻辑实证主义决策方法的教育中,训练左脑功能是重点。如果我们要将右脑功能应用到决策中,很可能我们还需要改进我们的培训策略(Pondy, 1983)。

有人认为,管理者一直在思考,他们的思考与他们所采取的行动(决策)紧密交织在一起,每天的思考几乎从不代表一系列步骤。这些事实表明,用于决策的正式模型与日常管理思维几乎没有关联,而试图实现这些模型将与管理者所经历的现实世界背道而驰。在现实世界中,问题情境是整体性的,通常决策模型中的步骤是同时考虑的,而不是顺序考虑的。这一观点表明,强调整体思维,即寻求对教育组织的复杂性、相互联系、模棱两可和不确定性的理解,在决策方面可能比过去提出的线性和阶梯模型更有成效。

(二)组织文化对决策的影响

在本书的前面,组织文化的概念被讨论为理解组织行为(如决策)的核心。组织文化包括在工作群体中发展的规范、组织倡导的主导价值观、指导组织有关员工和客户群体政策的理念,以及在人们相互交流的方式中表现出来的情感。因此,它清晰地处理组织成员共享的基本假设和信念。总而言之,这些都以关键的方式定义了组织本身:它为什么存在,它是如何生存的,它是关于什么的。在发展和成为组织生活方式一部分的过程中,这些价值观和基本信念几乎毫无疑问地被确立为"我们在这里做事的方式"。通过这种方式,它们塑造组织成员在解决问题和决策过程中的世界观。我们谈到思维过程中的直觉,组织文化在形成这种直觉方面起着很大的作用,因为构成组织文化本质的假设和信念在很大程度上被参与者视为理所当然。这一事实在教育组织中尤其如此,因为在教育组织中工作的人通常高度社会化,并通过长期承诺认同组织的价值观和核心信仰。

考虑一下学校和高等教育机构专业人员的教育和工作历史。这些人中的大多数在 5 岁或(最多)6 岁时进入学校,并一直留在教育机构,只有短暂的离开(如服兵役或抚养孩子),几乎在他们的整个成长期和后来的几年里,他们逐渐使自己成为社会的成员。因此,他们有很强的倾向性接受教育和教育组织的价值观,并且作为这些组织的专业人员,高度致力于他们的核心价值观、核心信念和目标。在长期的社会化过程中,首先作为学生进入组织,最后作为专业人士,那些在教育机构工作的人倾向于接受相处的"游戏规则"和必须学会才能被接纳为成员的"规矩"。

换言之,这些人成为一群有长期共同经历的人的一员。随着时间的推移,这些共同的经历导致了对世界及其所处环境的共同看法。这种共同的看法使组织中的人能够理解平凡和不寻常的事件,给符号和仪式赋予意义,并就如何用适当的方式开展行动分享共同的理解。根据卡尔·威克(Weick, 1983)的描述,在这个意义上,核心是理解组织中的人如何将可靠性归因于他们对自己经验的解释。这种共享观点是在一段时间内形成的,在这段时间内,参与者要对共享观点进行大量的交流、检验和完善,直到最终它被认为在这么长时间内如此有效,以至于人们很少再去思考或谈论它,它被认为是理所当然的。这个过程构成了组织文化的发展。正如迪尔(Deal,1985)告诉我们的,文化在很大程度上决定了人们如何感知和理解世界;文化是一个概念,它捕捉了微妙的、难以捉摸的、无形的、基本上是无意识的力量,这些力量塑造了工作场所的思想。

明兹柏格的分析得到了许多教育组织研究的支持,这表明管理者很少花时间思考问题。他们很活跃;他们花很多时间进行交流,经常被打断,而且他们几乎没有机会在平静和安静中独处。但正如舍恩和威克所指出的,这并不一定意味着管理者不思考,这意味着他们的思考与他们在工作中的行为紧密地交织在一起。

但是,他们的想法是随机的,也许是针对与他们交谈的最后一个人,或者是最近出现的危机,或许不是这样的。组织文化是一个强有力的环境,它反映过去的经验,总结这些经验,并将它们提炼成简单的形式,有助于解释组织中极其复杂的世界。从这个意义上说,威克(Weick,1979)指出诸如学校和大学这样的组织可以被理解为一个随着时间而发展的思想体系,指导管理者理解正在发生的事情以及如何处理这些事情。这一思想体系体现了一系列极其复杂的微妙、矛盾和相互竞争的真理,它反映了管理世界的复杂性和微妙的平衡。通过简化流程(如在其上强加决策模型)来降低这种复杂性的努力是不太可行的。因此,在这一观点中,组织文化代表着行动前的重要思想,并隐含在管理者的决策行为中。

组织文化具有产生和塑造组织思维的作用和力量,并影响组织中人的决策,这并不是一个新的概念。然而,直到最近,作为一种改进组织决策的方法,它才受到组织分析师和管理实践者的广泛重视。

(三)缩小理论与实践的差距

理论和研究文献对试图在决策中实现这些新概念的实践管理者提供了什么指导?一个答案是,在选择实践中使用的管理风格时,需要检查对什么是最有效的管理实践方法的假设。让我们简单地考虑一下本书中的一些要点是如何在关键时刻结合起来,并看看它们在管理决策中的作用。

管理被定义为与人们一起工作并通过他们来实现组织目标。长期以来,人们都认为管理的职能是规划、组织、领导、协调和控制。但整个 20 世纪一直令人费解的问题是:执行这些职能最有效的方法是什么? 正如我们所描述的,执行管理实践的方法存在着冲突:古典方法和人力资源方法是当前分析系统中的主要竞争者,通过这些分析系统来解释管理实践。除了那些在专业工作中选择盲目折衷路线的管理者之外,管理者必须在这些相互竞争的分析系统中选择如何从事其专业工作。管理者的选择很大程度上取决于对组织及其人员性质的假设。

六、实践理论

作为领导者,你将如何做出决策? 你将遵循什么样的决策过程理论? 用克里斯·阿吉里斯(Argyris, 1971)和唐纳德·舍恩(Schön, 1983, 1987)的话来说,作为人们专业实践基础的假设构成了一种实践理论。但我们并不总是实践我们所宣扬的,一个人在决定要做什么时使用的实际实践理论并不总是明确、清晰和合理的。事实上,考虑到人类的弱点,我们经常支持一种理论,但行动时却基于另一种理论,也许是相互冲突的理论。我们常常看到管理者承诺提高教育组织工作生活质量,然而却被认为他们采取的行动与该承诺相反。因此,作为常常开明和善意的个体,我们期望解决关于组织和人的对立观点之间的冲突,这是几十年来组织理论的特点。

人力资源开发:一个决策理论

在历史上有两种分析系统,它们之间相互竞争和冲突,最后形成一种模式。在 20 世纪的发展过程中,至少在对教育组织的分析中,古典(或官僚)方法逐渐失去了公信力,因为即使越来越多地试图应用官僚主义解决问题,但学校和大学的组织问题还是不断严重。与此同时,随着更复杂的研究工作的推进,人力资源方法的可信度和实用性稳步增长,而且这种模式似乎在可预见的未来仍将继续发展。这种模式在本书所讨论的研究文献中是显而易见的,被称为"人力资源开发"。人力资源开发是基于交叉理论和一些学者的概念,如克里斯·阿吉里斯(Argyris, 1971)、亚伯拉罕·马斯洛(Maslow, 1970)、弗雷德里克·赫茨伯格(Herzberg, 1966)、伦西斯·利克特(Likert, 1961)、詹姆斯·马奇和赫伯特·西蒙(March & Simon, 1958)、道格拉斯·麦格雷戈(McGregor, 1960)、威廉·欧奇(Ouchi, 1981)和卡尔·威克(Weick, 1979, 1983)。

回想一下,麦格雷戈描述了管理者倾向于持有的两组相互矛盾的假设,即关于人和他们对工作的态度:X理论,认为人们是懒惰的,如果可以的话将尽量避免工作;和Y理论,认为人们寻求责任并想完成令人满意的工作(McGregor, 1960)。这些概念现在已经被许多管理者很好地理解了。马斯洛的动机概念是建立在一个需求层次上的,在这个层次上,满足的需求被视为不能激励人们,但不满足的需求可以成为激励因素。赫茨伯格的工作发现,他所谓的维持因素(如报酬和工作条件)不是激励因素,而是让激励因素(如工作本身的成就和工作自主性所产生的满足感)有效发挥作用的必要条件。第五章详细介绍了马斯洛和赫茨伯格的动机理论。

利克特(Likert, 1961)将四种管理风格(从系统1到系统4)概念化,每种管理风格都使用不同的领导风格、动机和冲突管理,在组织文化方面具有可预测的结果,在组织有效性方面具有最终结果。更重要的是,利克特指出,管理者在决定管理理念是什么、如何进行沟通以及如何在组织中做出决策时,有选择的余地,他们对组织中发展的文化负有主要责任。弗鲁姆和耶顿证明管理者是组织中控制决策的关键参与者,并证明这种控制是由管理者选择使用的决策风格来执行,这有力地支持了利克特的观点。

阿吉里斯(Argyris, 1971)强调需要在组织目标和在组织中人的需求之间更加和谐一致,这就需要用更多的参与式风格来取代指令性的管理风格。

詹姆斯·马奇和赫伯特·西蒙(March & Simon, 1958)指出,模糊性和不确定性是组织自然状态的特征,而不是管理者传统上寻求的可预测性和秩序模式。因此,一连串的问题、解决方案、参与者和做出选择的机会循环反复,偶尔会导致决策,尽管很少是通过正式和理性的决策模型所设想的顺序方式来实现。

卡尔·威克(Weick, 1979, 1983)明确指出,学校的教学活动通常是松散耦合的,而不是古典理论所假定的在组织中存在紧密的等级因果关系。这种松散耦合不仅使关于管理方法的传统假设受到质疑,而且还创造了学校管理的新愿景,减少学校中经常观察到的僵化和低效现象。

威廉·欧奇(Ouchi, 1981)和其他人,包括特伦斯·迪尔(Deal, 1985)、迈克尔·富兰(Fullan, 2005)、罗莎贝斯·莫斯·坎特(Kanter, 1983)、埃德加·沙因(Schein, 1968, 1985)和马歇尔·W.迈耶(Meyer, 1977)都解释说,在组织中有各种各样的管理控制方式。尽管传统的官僚等级制度是一种方式,而且通常被认为是唯一的方式,事实上,一个组织在其历史中不断发展的文化规范是一种非常强大的手段,通过这种手段,管理者可以对他人施加影响。一些组织的文化在实施激励、领导、冲突管理、决策和变革等人力资源开发概念方面比其他组织更有效。

这些关于组织的人力资源观提供了一套与古典观截然不同的假设,作为管理实践的基础。那些选择在组织中使用古典官僚观点的人继续努力通过增加规则的使用和密切的监督来减少模糊性,通过更多的计划、更多的目标说明和更严格的等级控制来争取更大的逻辑性和可预测性。当代管理学的最佳思维强调挖掘参与者的动机和能力,同时认识到混乱和不合逻辑往往是有效组织的一般特征,综合起来,人力资源开发的假设构成了一种决策理论,其核心是参与式方法,从而赋予他人权力。

七、参与式决策

决策过程主要是涉及解决问题和做出决定的参与程度。参与被定义为一个人在群体情境中的心理和情感参与,鼓励个体为群体目标做出贡献并为其分担责任(Davis, 1972)。作为"涉及心理和情感"的参与是指拥有(或接受)决策权的概念,真正的自我参与,而不仅仅是在场和"走过场"。这种参与对参与者有激励作用,从而释放出他或她自己的精力、创造力和主动性。作为人际关系理论的先驱之一,玛丽·帕克·芙丽特(Follett, 1941)将参与和同意区分开来,同意是对问题进行投票或批准提案为主要特征。这种具有归属感的自我参与也鼓励人们对组织的有效性承担更大的责任。在接受群体目标和决策之后,个体认为他或她自己在确保目标和决策顺利进行方面有着重要的作用,这反过来又刺激了群体合作的发展,这是有效组织的特征。

参与式决策的使用有两个主要的潜在好处:(1)做出更好的决策;(2)促进组织参与者的成长和发展(例如更好地分享目标、积极性高涨、改进沟通、更好地培养群体合作技能)。作为教育组织实施参与过程的实践指南,应特别注意三个因素:(1)明确决策过程的必要性;(2)待解决问题或待决策问题的性质;(3)选择决策参与者的标准。

(一)参与式决策和授权

参与式决策需要两个方面的权力及影响的相互作用:管理者的权力及影响和组织中其他人的权力及影响。在教育组织中,这些人通常是教师、学生和社区成员。当组织被概念化为一个传统的官僚机构,它强调自上而下行使等级权力时,管理者的权力通常被视为与其他人的权力相冲突。事实上,在这种观点下,管理者倾向于认为获得权力、尽可能扩大权力、限制他人的权力及影响是很重要的。另一方面,工会教师认为,抵制管理者权力的扩张,寻求扩大自身权力是很重要的。当参与者对传统价值观和信仰做出回应时,这些是在组织中建立和维持决策控制的重要因素。

接受这些传统组织和管理观点的管理者可能会将组织中参与式决策的管理视为需要采用冲突管理的方法。在以传统工厂模式的雇主—工人关系为特征的组织中,管理者的权力及影响支配着决策过程,而追随者对事件进程的影响很小。

在具有明显等级制的传统组织中,采用何种决策过程的决定在很大程度上是由管理者而不是追随者控制的。在这样一个组织中,从独裁决策到合作决策的过程取决于管理者在多大程度上认为权力共享是一个双赢的主张,一种理想的状态,而不是对管理霸权的威胁。当今的许多教育组织,虽然仍然是等级制的,但已经发展出合作的文化,以至于很难再恢复到独裁模式。管理者面对的不是其他人是否参与决策的问题,而是他们将如何以及在多大程度上参与决策的问题。

(二)参与还是民主?

领导者在组织决策过程中最常见和最严重的错误之一是将参与式决策与民主决策混为一谈。经常听到校长感叹:"民主决策不起作用!我不能每次需要做决策时都召开会议并要求投票!没有时间这么做。"这很正确,教师们也不想参与每一个决策,他们也没有时间做决策。让我们看看其中的一些问题。

首先,民主是一个政治概念,指的是人民直接或通过代表治理国家。它通常意味着由投票来决定的少数服从多数原则。它还基于政府与被治理者之间关系的一个具体概念：被治理者，即政治主体，在投票亭中对政府行使最终权力。我们通常认为，政府处于一个等级组织的顶端，人民处于底层，但这种结构有点误导性，因为最终，宪法确实创造了一个民有、民治、民享的政府。这一概念不适用于教育组织。

教育组织有固有的等级制度。学校董事会是由政治团体创建的，通过投票来控制这个组织，这根本不是教师的职责。董事会通常会任命一名学校督学，并创建一个组织管理该学区的学校。我们说"通常会"，因为在美国大约有1%的学区选举督学（仅在亚拉巴马州、佛罗里达州和密西西比州）。传统上，学校董事会通过建立一个向董事会汇报的中心办公室官僚机构来直接管理学校系统。对学校董事会的一个常见抱怨就是董事会倾向于对过错进行微观管理。当前的学校改革方法之一挑战了这一由来已久的安排，并建议学校董事会停止直接管理学校。学校董事会可以通过学校现场管理组织（称为校本管理或校本决策）来做到这一点，各个学校可以更自由地做出自己的决策，但其教育效果需要向学校董事会负责。或者学校董事会可以与其他实体（如特许学校董事会或营利学校管理公司）签订合同，经营学校，并对其教育效果向学校董事会负责。然而，这样做的底线是，在学区一级的组织是等级制的，权力自上而下不对称地行使。

在学校一级，肯定会有某些问题，有时校长可能希望通过教师投票来决策。但在学术和研究文献中，很少有人支持将学校事务移交给投票箱。学校校长和其他管理者都是教育领导者，并且我们讨论了追随者和领导者之间的关系，通过这种关系，领导者被授权担任领导。本章提出的弗鲁姆和耶顿模型在组织和管理参与式决策方面为领导者提供指导，这不应该与民主决策相混淆。

有时，在某些问题上，教师确实希望参与其中，并期望校长做出决策，告诉他们决策是什么。显然，这个过程对每个人来说都是省时的，并且是一种在相对简单和常规的事情上操作的正常方式。然而，在其他时间和其他问题上，教师希望更多地参与其中，并且他们的参与越多，他们需要的时间就越多。但是教师们都比较忙。因此，由于这一简单而实际的原因，教师通常与校长一起就一些被认为非常重要的问题做出共同决策，而且这些问题的数量相对有限。然而，校长可以找到多种适当的方法让其他人参与决策，因此参与过程更优化，时间效率更高。

框 10.1　学校董事会会消失吗？

关于学校董事会决策的细节并不在本书的讨论范围,本书只提及学校董事会仍然是争议的来源。安德伍德(Underwood, 2013)报道了美国立法交流委员会试图减少或取消威斯康星州民主选举学校董事会的决策权。2013 年,美国立法交流委员会在威斯康星州发起的许多法案都在促进教育私有化,例如让所有学生选择就读学校的教育券。安德伍德写道:"当我们回到一个由企业利益决定、并以阶级、语言、能力、种族和宗教为划分的教育体系时,我们的民主会发生什么?"(p. 19)。谁来决定当地的教育政策?(第十二章将更详细地讨论美国立法交流委员会)。

但理论与实践之间的差距往往是显而易见的。由大学教育管理委员会成员进行的研究提供了一个说明各种类型的决策结构应该发生的情况和通常的真实情况存在差异的例子。大学教育管理委员会在 1999 年至 2012 年间开展了一系列三个"真实案例"项目(Acker-Hocevar, Ballenger, Place, & Ivory, 2012)。通过美国81 名督学和85 名校长的真实案例,托克顿、泰勒和阿克尔－毫斯瓦(Touchton, Taylor & Acker-Hocevar, 2012)发现,尽管督学和校长理解并相信他们应该在重要决策中包括利益相关者,但他们往往未能充分地做到这一点。

> 督学和校长一致认为,在学区和学校层面,发表意见、听取意见和让利益相关者参与是重要和必要的,决定着是否能够做出符合学生最大利益的决策。……然而,他们都认为这是复杂和耗时的。这两个因素,复杂性和时间以及缺乏利益相关者对决策责任的理解,使得参与式决策的连贯性和适当性成为问题。(p. 138)

这个研究的主要建议是,督学和校长应建立决策系统,包括"过程、结构和程序……以及学校领导、教师、学生和社区成员同意作为决策系统一部分的决策伦理框架"(p. 140)。最重要的是,在遵循批判理论(如第一章所述)的过程中,托克顿、泰勒和阿克尔－毫斯瓦强调,角色责任应特意包括历史上在决策系统中没有发言权的少数人群。

在参与式决策过程中,所有组织成员都有权听取、表达自己的意见、表达自己的感受,并提供知识和信息。因此,他们有权成为决策过程的一部分。随着组织在参与式方法方面的经验积累和时间的推移,它很可能会从传统的自上而下的模式,跨越各种共同工作的方式,转变为真正的合作。然而,在这一过程中,始终不变的是领导者不受下属投票的约束。从这个意义上来说,学校不是一个民主政体,它至多是一个参与性组织。

(三)明确的决策过程

参与可能有很多含义。通常情况下,参与者在没有适当关注的情况下,会认为这一过程是模糊和不明确的。在这种情况下,人们不确定什么时候参与,或者他们在这个过程中扮演什么样的角色。

一个群体做出的最重要决策是决定如何做出决策。往往在组织生活中最模糊的事实是:人们往往不知道谁做决策,也不知道他们是如何做出决策的,更不用说他们个人如何参与这个过程了。因此,对于组织来说,开发一套明确、公开和为其参与者所接受的决策过程是非常重要的。在本章的后面部分,我们将介绍两个团队如何做出合作决策的模型。

解决这个问题的最佳时机是在做出决策之前。启动这一进程的一种方法是召开学校教职员工(或其他工作群体)会议来调查该群体最近的表现。在选择了一些特定的、最近的决策事件之后,这个群体可以通过问一些问题来评估其经验,例如:我们是适合做出这个决策的群体吗?做出这个决策的过程是什么?我们就如何做出决策取得一致意见吗?我们如何看待解决这个问题的方法?我们下次应该使用类似的程序还是应该做一些更改?对于(a)发现和确定问题,(b)决定如何处理问题(和应该由谁参与),以及(c)让每个人都知道正在发生的事情,我们有什么建议?

根据上面列出的简单步骤可以开始重点关注确定和处理问题方式——关注群体过程。要取得成功,必须强调在群体内形成一种支持公开交流的氛围,并强调发现和解决群体成员间分歧的技能。

(四)谁发现问题?

许多人认为,当我们考虑让其他人参与创建一个明确的群体决策过程时,必须面对一个更为根本的问题:谁决定什么问题需要一个协作解决方案或决策?正如很多次所说的，做出决策最重要的一步是确定问题。谁确定问题，谁就控制着决策过程。

在最低层次的群体参与中，管理者不仅要决定问题是什么，还要决定解决方案是什么。然而，当其他人更自由地参与决策过程时，也就是说，当给群体更多授权时，问题的核心就变成了：谁确定问题？管理者倾向于确定问题，但将解决问题的选项留给其他人，这标志着对其他人增加授权的趋势。在最高层次的参与中，管理者和其他参与者共同参与一个真正的合作过程，首先，双方就问题本身的确定达成一致，其次，共同决定如何处理问题。

（五）紧急和离散问题

我们在前一章中介绍了组织所面临的不同类型的问题。它们是紧急的（适应性的）和离散的（技术的）。参与式决策之所以具有突出的意义，主要是因为它往往比那些有能力的人做出更高质量的决策。但有些问题最好由专家来解决，而其他问题最好由群体来解决。因此，为了实现最高质量的决策，有必要对形势进行分析。事实上，高技能群体的一个指标是，其成员能够进行此类分析，从而知道群体应该努力解决哪些问题，以及应该向合适的专家咨询哪些问题。

有些问题具有以下特点：（1）问题的要素相对清楚和明确，而且往往是可量化的；（2）问题的要素很容易分开；（3）解决这个问题需要一系列按逻辑顺序排序的行动，并可以由一个人轻易地执行；（4）整个问题的边界相对容易辨别。这类问题可以称被为离散问题，最好由专家或组织领导来解决。海菲兹（Heifetz, 1994）将这些称为第一类问题。

还有些问题却完全不同：（1）问题的要素是模糊和不确定的，并且不容易被量化；（2）问题的要素动态地交织在一起，以至于很难根据客观标准将它们分开（事实上，可能很难测量）；（3）问题的解决需要许多人的持续协调和相互作用；（4）在决策时无法完全了解问题的维度和性质，但随着时间的推移，处理问题的迭代过程会使问题逐步展开，并将得到更好的理解。这些类型的问题可以称被为紧急问题。解决此类问题的高质量方案可能来自一个群体，他们拥有解决问题所需的知识，以及在做出决策后参与实施决策。海菲兹（Heifetz, 1994）使用第二类和第三类问题来描述紧急问题。他说：

我们可以将这些适应性情况分为第二类和第三类。在第二类情况下,问题是可确定的,但没有明确的解决方案。医生可能有一个解决方案,但她不能实施。不能实施的解决方案并不是真正的解决方案,它只是一个想法,一个建议。

……第三类情况更为困难。问题界定不明确,无法提供技术解决方案。(pp. 74 – 75)

在一个学区,一个典型的离散问题是处理学校用品。合并采购、仓储和向学校分配物资涉及的无数问题都是相对明确的,可以由专家按逻辑顺序排序。事实上,与熟悉预算、合同法、采购程序和变幻莫测的学校供应市场的熟练业务经理相比,学区管理者试图及时处理以正确的价格、正确的地点获得正确的供应的问题就像盲人引导盲人的情况一样。同样,为实现经济和效率最大化而规划校车路线通常也是一个离散的问题。现在较大的学区已经比较普遍地使用数学模型和计算机模拟,这就需要使用具有必要技术技能和掌握问题全方位技术的专家。

另一方面,公共教育中的政策问题往往是紧急问题。在海菲兹提供的例子中,第二类紧急问题可能是明确的:校长知道需要在共同核心标准实施上进行专业发展,但没有教师的合作或认可,就无法实施,或者至少不能成功地实施。例如,实施能力本位教育的问题显然是一个紧急问题。学区管理者经常面临这样一个问题:"我们应该如何执行已经交给我们的决定?"而不是"我们应该这样做吗?"第三类问题不是明确的。例如,我们如何缩小成绩差距? 我们应该如何评估学生? 对第三类问题做出决策需要许多人的承诺、持续密切的合作和自由的沟通,并需要认识到,随着问题的程度和影响变得越来越明显,成功取决于决策的迭代过程。

在日常管理实践中遇到的许多问题都是紧急性的。事实上,随着教育变得越来越复杂,许多重要问题都可以由专家来解决,他们将解决方案传递给其他人来实施,这件事似乎变得越来越不确定。合适的解决方案需要在许多个体之间进行自由和公开的沟通以进行信息收集和共享。在众多选项中做出有根据的最优的判断,这一过程中,密切合作在衡量和评估信息方面是非常必要的。对实施解决方案的承诺对于维持协作至关重要,协作已经成为决策迭代过程的基础。

（六）谁应该参与？

关于参与式决策的一个错误假设是，它的目的是让每个人都参与到每一项决策中。显然，这种方法既不实用也不可取。埃德温·布里奇斯（Bridges，1967）提出了两条规则，以确定教师参与哪些决策是合适的：

1. 相关性判断。布里奇斯说："当教师在决策涉及个人利害关系很高时，他们对参与的兴趣也应该很高。"显然，符合这项判断的问题涉及教学方法和材料、专业、课程和教学安排。

2. 专长判断。教师仅参与决策是不够的，如果他或她的参与很重要，教师必须有能力做出有效的贡献。例如，在处理体育系的课程安排时，英语教师可能贡献很少或没有贡献。（p. 52）

在决定向教师咨询以下问题时，我们将增加重要的第三项判断：

3. 管辖权判断。学校是按等级组织起来的，个别学校和工作人员仅对那些分配给他们的决策领域具有管辖权，这些领域可能是特意分配的，也可是遗留给他们的。有些问题可能与教师有关，教师需要具有必要的专业知识，但是，不管对与错，他们可能没有管辖权，也就是说，这可能不在他们的决策领域中。如果一个群体参与决策过程，却又无法实施这个决策，这会导致他们感到沮丧，至少与不能参与决策造成的感受一样。

（七）个体参与的愿望

另一个实际的考虑是个人是否希望参与决策。时间和个人利益的要求不可避免地需要组织中的每个人为自己的时间和精力确定一些优先事项（尽管可能不精确）。切斯特·巴纳德（Barnard，1938）在其经典著作《执行官的职能》中指出，有些人对有些事情根本不感兴趣。他提到的有些事情是属于个人漠不关心的领域。当然，寻求教师积极参与他们本质上并不关心的事情是会招致各种形式的抵制。例如,学校校长通常寻求教师的参与,要么是在有限的程度上(例如有限地参与表达观点和看法),要么是在低层次问题上(为自己做重要决策)。难怪教师们常常对这种参与漠不关心。

有些决策领域,在一段时间内会引起教师很大的个人兴趣,实际上,这些领域可以被描述为敏感领域(Owens & Lewis, 1976),它代表着"个人利害关系",例如教学任务和职业绩效考核等领域。在处理属于工作人员敏感领域的问题时,当然会显示出高度参与的群体过程决策模式。校长会通过这种参与来增强他或她的权威。

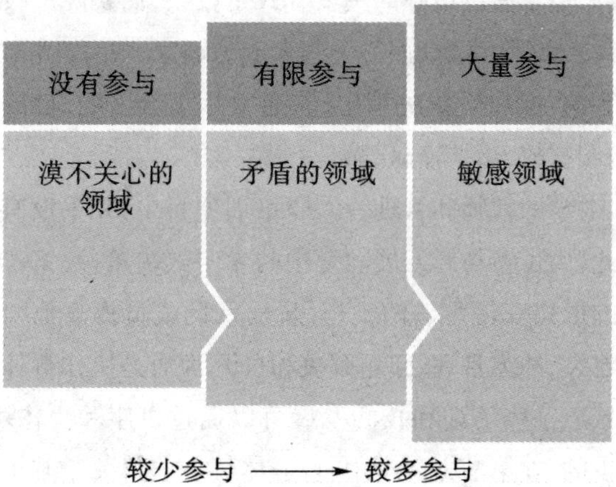

没有参与	有限参与	大量参与
漠不关心的领域	矛盾的领域	敏感领域

较少参与 ——→ 较多参与

图 10.2 参与决策的领域

第三类问题与教师有一些利害关系,但不足以使他们作为个体特别关注。这些都属于矛盾的领域。例如,每个教职员工可能很难关心专业会议的议程或大会的时间安排。因此,为了避免那些认为管理者的官僚要求已经使他们负担过重的教师产生不必要的负面情绪,要求教师参与这类问题必须要有选择性。为了更加有效,这种参与应该受到限制。例如,让一个小规模的代表小组来处理这个问题,或者在问题解决后确保通知所有人。图 10.2 以图形方式描述了三个参与领域。

毫无疑问,教师可能会对一系列问题感到敏感、矛盾或漠不关心,但不能简单地一概而论,对每种情况应该通过评估来判断。

(八)参与需要高水平的技能

在实施参与式决策方法时,一个一直被低估的问题是,为了合作的顺利,需要为参与者提供必要的群体合作技能培训。在决策中仅有合作意图本身是不够的,仅有管理者才能熟练地使用参与式方法是不够的,所有参与者都必须理解并知道如何有效地发挥他们的作用。

很多时候,人们都认为每个受过教育的成年人都知道如何参加会议并能有效参加。这种假设可能是一个错误,特别是如果一个人试图在组织中发展合作和共同参与的决策。随着决策重要性的增加,决策的后果在相关人员的生活中越来越突出,错误变得更加严重。在最好的情况下,教育组织中的参与式决策采用合作的群体方法,而学校以外的更大的社会则普遍强调竞争性的群体方法。例如,每当我们召开会议时,我们经常假设最好的决策方式是投票,而实际上投票是一个高度竞争的过程,因为有些人成为赢家,而另一些人成为输家。在我们的民主政治体制中,这可能是非常恰当的,但在组织决策中,这通常是不恰当的,目标既不是胜利也不是妥协,而是共识和授权,不是输赢,而是双赢。

迄今为止,在大学的教师和管理者入职培训项目中,几乎没有群体协作技能的教学和实践。因此,为了参与和发展教育中的参与式决策,决策群体必须通过在职培训和技术咨询的形式获得足够的支持,从而帮助成员提高他们作为有效群体成员的技能。信任建设、冲突管理、问题解决和公开沟通是协作群体成员需要持续发展的重要技能领域。一些培训和技能发展可以通过讲座和工作坊来完成,但第三方咨询是必不可少的,在第三方咨询中,各群体可以获得关于其工作群体运作的公正反馈,并反思自己在这一过程中的经验教训。

真实案例:

协同决策

奥地利维也纳学校前校长;缅甸国际学校校长,乔治·纳尔逊

作为一所顶级的地区私立独立学校的新校长,我是在上班第一周到学校后才发现,教职员工对新任命我为校长的问题上有多大的分歧。其中有一派显然希望成为新领导的是原来的中学校长,他是一个工作25年的学校资深员工,并且是最后一批候选人中唯一的竞争对手。新体育馆甚至以他的名字命名! 然而另一派很高兴接受新任命的领导人。

这不是一个良好的趋势,我决心在下一周的学年第一次全天培训会议期间迎

接挑战,届时全体教职员工将抵达学校开始工作。我计划采用共同参与的决策过程,这是我在攻读教育领导学博士期间学到的,并且我曾经成功地应用到了其他学校。我知道我需要设法把全体教职员工团结起来!

为了准备会议,我邀请了全校的所有人,包括所有非正式员工和维修部门人员在内的 77 名员工,参加全天的工作坊。我们安排了七人一组坐在图书馆的桌子上。每桌小组是以不同的方式安排的,而不是按部门安排的,目的是打乱各种维持下来的派系,其中一些派系几乎在学校 40 年的历史中一直存在。

在培训中,每个人都戴上了姓名标签,因此新来的和资深的教职员工可以很容易地知道每个人的姓名。我让他们坐成一个大圈,远离桌子,我试图让他们打破僵局,每个员工都会说出自己的名字,然后告诉他们对自己名字的感受。他们对自己生活的评论既新奇又有个性,有时还很幽默,这成功地打破了僵局,并帮助消除了正式和非正式员工之间的隔阂。整个练习花了大约两个半小时让每个人都开口说话,但这是值得的,因为每个人都对他们的同事有了更多的了解,冰融化了。

休息后,我给每个小组分配了一份书面作业。这项作业的标题是:"前十大问题中的前十大问题:每个小组确定整个学校社区需要解决的十大问题,然后个人从所有小组的问题中的投票选出前十个问题。"在这项作业中,我使用的是名义群体技术的变体。

作业指导如下:"(1)每个小组根据当地水果或蔬菜为自己创建一个小组名称;(2)小组随后将有一个小时的时间,根据学校的使命和愿景,就学校社区面临的问题进行公开、坦诚、积极的讨论;(3)讨论结束后,小组抄写员列出协商一致的前十个问题;(4)各小组将前十个问题贴在图书馆墙上,以便每个人都能看到每个小组的'前十个问题列表'"。这个练习花了整个上午的时间。然后我们一起在餐桌上吃午饭。

午餐后,我要求每个小组的发言人向全部小组展示他们小组的"前十大问题列表"。每位发言人大约有 10 分钟的时间来描述这个列表,大约每个问题一分钟时间。当每个小组都在全体员工面前发表了他们的意见后,我给每个员工发了选票,从在图书馆里公布的 11 组前十大问题列表中列出他或她的个人前十大问题。我收集了每个人的选票,感谢他们一天。我立即整理数据并将结果发送给所有员工。这项基于数据的调查结果成了我第一年工作时要做的事情。

需要注意的是，我仅仅是促进了这个过程。我没有把我的意见加入任何讨论中。我观察和倾听了一整天。这次练习只花了一天时间，但全体学校员工聚集在一起，进行了辩论，并就重要问题达成了共识。最后，每个人都在各小组前十大问题的投票中发表了自己的意见。我相信，无论是正式还是非正式的专业人员小组都能很好地确定需要解决的挑战，他们做到了。我现在知道该怎么做才能使这所学校更成功，更快乐地工作。我的任务清单是由教职员工制定的，第一天就得到了整个学校社区的接纳和认可！

（九）协同决策范式

在组织决策中，混乱可能是一个非常真实的危险。除非参加者清楚本组织用于制定决策的程序，以及他们自己在程序中的角色和职能，否则民主决策或参与式决策所带来的优势可能会失效。很难找到研究支持，将学校决策过程中的模棱两可描述为一种美德。除了知道人们将如何参与决策，即他们的角色和职能是什么，他们还必须知道他们将在什么时候参与。

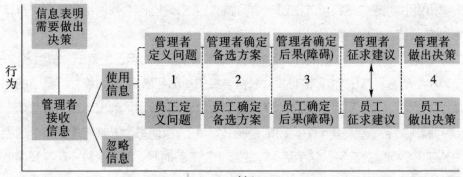

图10.3　学校协同决策的范式

在组织的决策过程中，参与者理解决策过程的步骤也是很重要的。这些步骤可以用图表绘制出来，这可以使一些关键的选择变得更加明显。使用本章前面介绍的理性决策过程提出的决策范式的框架类似于图10.3中的框架，图10.3显示了决策通常涉及的四个步骤：（1）定义问题，（2）确定可能的备选方案，（3）预测每种合理备选方案的后果，以及（4）选择要采用的备选方案。在图10.3中，这四个步骤在时间维度上用数字标识。在实践中,个体管理者及其员工可能会采用其他连续的步骤,也许加以不同的标签;所建议的范式很容易被调整而适应任何顺序的决策行为。在行为维度中,必须选择谁去执行每个必要的决策功能。这里,虚线表示对管理者开放的行动选择:让员工参与其中的任何一个步骤或所有步骤,或者实际上根本不让他们参与。

换句话说,当管理者收到(或意识到)信息需要做出决策时,选择是明确的:他或她可以使用或忽略该信息。如果决策者选择根据信息采取行动,他或她可以通过(a)定义问题或(b)向员工提供信息并要求他们定义问题。从那时起,决策过程可以包括决策者希望参与的某几个阶段。管理者可以单独处理流程的每个阶段,也可以利用员工参与进行任何组合。但我们必须记住,管理者对参与的发起没有垄断性。参与式决策的概念要求所有成员都有权使用启动决策过程的手段。

但是,一个群体在决策过程中可以遵循哪些特定的流程?接下来,我们来介绍团队决策模型,即团队合作制(Total Teamwork System, TTS)。

(十)校本决策与团队合作制

校本决策(School-based decision making, SBDM),有时被称为现场或校本管理,涉及"一项旨在为家长、教师和其他人在学校治理中提供更大发言权的组织和政治倡议"(Kowalski, Lasley, & Mahoney, 2008)。一些人建议,这一过程的定义应该放在一个连续的统一体上,从简单地给予校长更多的权力管理他们的学校(通常被称为校本管理),到允许教师、工作人员和家长中选出的利益相关者群体为学校制定政策并做出实施决定(通常被称为校本决策)(Valesky, Horgan, Caughey, & Smith, 2003)。正如上文所述,作为个体的团队(通常被称为工作现场委员会)开会管理学校,他们需要接受决策过程的培训。使用团队决策模型可以使决策过程系统化和简单化。

孟菲斯大学教育政策研究中心的研究者,也是本书作者之一,开展了一个基于经验的团队决策模型和培训计划(Valesky et al., 2003)。一项为期四年的关于学校团队如何利用校本决策模型的研究,提出了"团队合作制"的模型,由决策团队提出的四个主要问题组成。最初的研究使用了本章前面描述的弗鲁姆和耶顿的研究成果。弗洛姆和耶顿模型中提出的七个问题在团队合作制中被简化为四个。在这个模型中,弗鲁姆和耶顿的一些问题是不必要的,而其他问题则是根据研究结果进行了调整。

研究者发现,当团队使用团队合作制中的四个问题时,他们的决策被判定为积极的。当他们不使用这个模型时,决策会导致糟糕的结果,例如团队成员之间的输赢感觉、不一致、决策执行不佳以及参与者之间的普遍失败感。研究者解释了为什么需要团队决策模型:

> 参与式决策需要学习新的技能才能有效。好的意图和热情是不够的。作为一个团队,你必须学会有效地工作,从一般问题到具体的策略、谈判、在决策小组内外进行沟通,以及一系列其他技能。
>
> 我们都参加过一些没有实现目标的委员会。有时是因为人们不同意,有时是因为人们不清楚自己该做什么,有时是因为人们不知道如何做出决定,有时是因为会议陷入困境。在几乎所有情况下,如果参与者更多地了解群体决策,这些问题都可以避免。有效的团队决策需要一定的技能,最重要的是达成一致的决策过程,然而这个过程不会自然地出现。(Horgan & Valesky, 1993, pp. 4 – 5)

团队合作制模型用于指导团队有效决策的四个问题列举如下:

1. 这个问题属于我们团队有权管理的范围吗?

2. 如前所述,问题是否适合有意义的讨论,还是应该重新表述问题?

3. 为了有效地处理这个问题,我们应该寻求进一步的信息吗?

4. 委员会以外的人是否有必要接受该决策,以便成功实施?

下面描述了一个团队在回答每个问题时应该考虑的内容。图 10.4 是这个过程的流程图,其中包括每个问题。

这个问题属于我们团队有权管理的范围吗? 团队可能会收到多个来源的问题或观点。组织的一个领导可以把问题交给团队处理,团队的一个成员可以在会议上提出问题,或者家长或学生向团队提出问题。这些问题可能非常重要,但有时它们并不在团队的管辖范围中。也就是说,团队没有或不应该接受决定某个特定问题的权力。也许这应该是由组织中更高级别的某个人或某个团队做出的政策决策。也许这个问题是在另一个人或团队的权力下发生的,而你将篡夺这个权力。在这些情况下,团队应委托给一个不同的决策机构。另一方面,如果你的团队认为某个问题在团队的管理范围内,那么你需要问自己下一个问题。

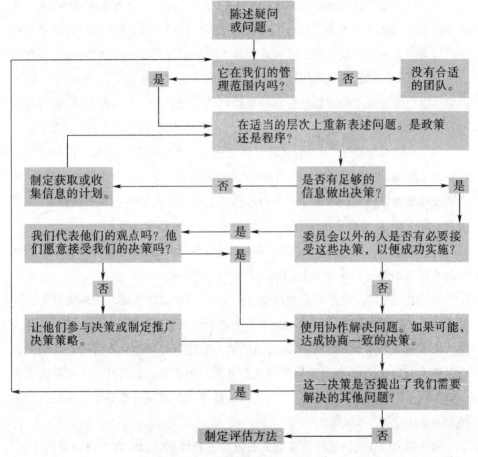

图10.4 团队合作制流程图

资料来源:转载自 Valesky, T. C. , Horgan, D. D. , Caughey, C. E. , & Smith, D. L. (2003). *Training for quality school-based decision making*: *The Total Teamwork System.* Lanham, MD: Scarecrow Press, p. 8. 经罗曼和利特尔菲尔德出版集团成员的稻草人出版社许可转载。

如前所述,问题是否适合有意义的讨论,还是应该重新表述问题? 在决策团队之前提出的关注点、议题或问题中有两种基本形式在团队进一步讨论之前可能需要重新表述。第一种形式是问题以非常概况的方式表达。在这种情况下,这些概况问题可能需要具体说明。例如家长群体可能会反映你的团队需要改进纪律。在你的团队能够处理这个问题之前,你需要确定他们为什么这么认为,他们关心哪些行为,这些行为发生的地点和时间等等。也许在回答完你的问题后,你会发现,具体的问题是九年级的学生,特别在体育课上,实际上是在恃强凌弱。

第二种可能需要重新表述的形式是问题过于具体。在这种情况下,团队可能希望将该问题重新表述为政策问题。例如,假设一位教师向团队抱怨她总是被安排到行为补救班课程教学中。因为这个具体的问题是关于一位教师,也许与教师任务安排有关的普遍性政策问题实际上是你的团队应该解决的问题。然后,决策团队可以确定新表述的问题是否真的在他们的管理范围中。如果不是,他们可以将其交给适当的团队。如果它在他们的管理范围中,他们将进入下一个问题。

为了有效地处理这个问题,我们应该寻求进一步的信息吗?如果没有足够的信息做出决策,就不需要花费团队的时间来讨论问题。好的决策是基于数据的,通常数据收集和分析比决策本身花费的时间更长。团队需要确定其数据需求,分配信息收集工作,并把决策摆在桌面上,直到所有的事实都收集起来。

一旦准备好必要的信息后,你的团队应该重新回到上面的第二个问题,以确保它的表述方式仍然正确,准备好后继续到最后一个问题。

委员会以外的人是否有必要接受这些决策,以便成功实施?如果委员会之外的人必须执行该决策,而团队不确定这些人是否愿意接受该决策,则需要将这些人纳入决策过程。另一方面,如果你的团队认为它能够公平地代表将要执行该决策的其他人的观点,那么它就可以继续进行并做出该决策。如果最终决策提出了需要解决的新问题(例如政策实施指南),那么这些问题将通过循环使用团队合作制模型来解决。

团队做出的任何决策都需要对其有效性进行评估,因此,需要设计评估计划,并且必须分配后续工作责任。此评估过程要求团队稍后对其决策进行反思,并在必要时根据数据再次对其进行修订。

(十一)基于数据的决策和全面质量管理

利用数据来探索一个教育项目是否有效肯定不是一个新概念。根据罗西、利普西和弗里曼(Rossi, Lipsey & Freeman, 2004)的研究,项目评估的概念在教育中有深厚的根基,到20世纪50年代末,已经变得司空见惯了。在《不让一个孩子掉队法案》要求的问责制之前,教育研究通常是学区管理、大学研究者和政府实体的领域。事实上,校长报告说,在《不让一个孩子掉队法案》之后,他们开始更经常地在决策过程中使用数据,并具体地分解数据(Touchton, Taylor, & Acker-Hocevar, 2012)。此外,《不让一个孩子掉队法案》开始在全国范围内把重点放在让教师、校长和其他校内工作人员参与研究,通常被称为行动研究,高尔和博格(Gall, Gall & Borg, 2007)把行动研究定义为:

> 一种应用研究形式,其主要目的是提高教育专业人员实践的质量、影响和公正性。我们使用"行动研究"一词来包括有时被称为"实践者研究""教师研究""局内人研究"和(通常由教师在自己实践中开展的)"自学研究"。(pp. 597 – 598)

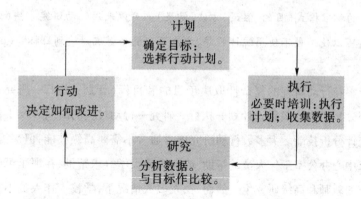

图 10.5　休哈特和德明周期:计划—执行—研究—行动

库尔特·勒温(Kurt Lewin)(正是给我们提出 B = f(p·e)的人)也创造了"行动研究"一词(Lewin, 1948),他为我们提供了在描述如何进行行动研究时仍然使用的基本模型。该模型由于全面质量管理(Total Quality Management, TQM)而得到推广应用,这个模型是在 W. 爱德华·德明(Deming, 1986)的计划—执行—检查—行动(Plan-Do-Check-Act, PDCA)或计划—执行—研究—行动(Plan-Do-Study-Act, PD-SA)基础上形成的。德明把它称为休哈特周期(the Shewhart Cycle),用被称为统计质量控制之父的沃尔特·A. 休哈特(Walter A. Shewhart)的名字来命名。计划—执行—研究—行动周期如图 10.5 所示。德明更喜欢使用计划—执行—研究—行动,因为"检查"这个术语提醒他管理者的作用是"检查"结果,他说这是事后发生的,为时已晚,而且成本高昂。德明的 14 条变革原则之一(即变革管理以改进组织)是"不断和永久地改进生产和服务体系"(p.49)。因此,组织结构应该到位,以持续监控和改进。与此讨论相关的德明提出的另外两个原则是:"消除数字配额"(p.70)和"采取行动完成变革"(p.86)。换言之,管理层的工作是停止对配额的检查(如年终考核),并通过采取行动来实现休哈特周期。

在当前的教育用语中,我们使用基于数据的决策和数据驱动的决策这两个术语来实施行动研究。皮恰诺(Picciano, 2006)指出,数据驱动的决策使用数据分析(计划—执行—研究—行动中的研究部分)作为过程的一部分,但"它不能取代合格教育者的经验、专业知识、直觉、判断和敏锐"(p.6)。皮恰诺对行动研究的评论如下:

> 行动研究项目可能会有很大的差异,并且经常不遵循通常可以表征其他研究的标准格式(目的、假设、方法、结果)。可以采用行动研究方法(定性或定量),可以使用或不使用统计程序,方法可以混合搭配以达到目标。(p.49)

学校参与行动研究的复杂性取决于目的和目标(计划—执行—研究—行动中的计划部分)、工作人员投入计划—执行—研究—行动过程的时间以及工作人员的研究和统计分析技能。大多数行动研究项目通常不需要高级技能,但当需要时,学校应寻求中心办公室工作人员的帮助,或向当地大学寻求帮助,在那里可能会发现渴望合作的教师和高级研究生。然而,在大多数情况下,学校工作人员不需要高级研究或统计技能来参与基于数据的有效决策。在决策过程中分析和使用数据不必过于复杂。正如科瓦尔斯基等人(Kowalski et al. , 2008)所定义的基于数据的决策,这是"编辑、审查、共享和使用数据帮助改善学校,特别是提高学生成绩的过程"(p.103)。他们实施基于数据的决策模型包括四个阶段:收集、连接、创建和确认。让我们看看这些阶段:

收集 在计划—执行—研究—行动周期中的执行阶段,数据在方案实施时被收集。正如德明警告的那样,我们不应该等到程序结束后再检查结果。在实施过程中收集和分析数据,使我们能够调整实施过程以获得更好的结果。因此,我们决定需要什么数据(定性和定量数据),我们可以获得什么数据,然后我们计划收集我们不容易获得的数据。收集数据的方法有很多,决策团队需要决定如何收集所需的数据。框 10.2 列出了一些全面质量管理工具,可用于收集和分析学校现场的数据。此外,许多学区都有数据中心,提供的数据不仅限于标准化的考试成绩和分数。数据中心的技术界面良好,此外配有受过培训的员工进行数据检索,所以学校团队可以下载到一些所需的数据。

连接 科瓦尔斯基等人(Kowalski et al., 2008)将连接定义为"从不同角度分析数据或将其与其他数据结合"(p. 112)。在计划—执行—研究—行动的研究阶段,决策团队进行数据挖掘,即对数据进行梳理和深入挖掘,并进行数据分解,即根据不同的学生特征对数据进行分离,以连接数据并找到关系,以便更好地了解正在调查的现象。

创建 这是计划—执行—研究—行动的行动阶段,决策团队根据他们在数据中发现的问题采取行动,利用他们作为专业人员的最佳判断做出决策以改进流程。科瓦尔斯基等人说:

> 创建就是计划并对数据采取行动。如果你的学生当前的水平与你想让他们达到的水平之间存在差距,那么创建意味着制定目标和策略来面对这个差距,然后以促进学生成功的方式缩小差距。(p. 113)

确认 计划—执行—研究—行动中的行动的一部分,决定你所做的工作是否完成了你最初的目标的一部分。

> 在这个阶段,你要评估你的努力,从反馈中学习,然后重新开始这个循环。你汇总数据。你分析它并将其传达给其他人,制定目标,并确定有作用的策略。在确认的状态下,思考你的努力是否达到了你希望的效果。(Kowalski et al., 2008, p. 114)

在教育中使用全面质量管理理念、工具和流程的例子是遵循马尔科姆·鲍德里奇国家质量奖标准(the Malcolm Baldrige National Quality Award criteria)的学校,更简单地说是鲍德里奇标准(the Baldrige Criteria)。1987 年,美国国会通过了《马尔科姆·鲍德里奇国家质量改进法》,这是颁布的第 100 – 107 号法令,该法被通过以改善商业和工业企业，后来被改编用于学校。如今，存在一种公私合作关系，将"质量"印章授予那些符合奖励标准的组织。这种合作关系是在美国国家标准与技术研究所（the National Institute of Standards and Technology，NIST）指导下建立的，该研究所是美国商务部的一个机构。在教育领域，鲍德里奇标准包括以下方面（National Institute of Standards and Technology，2013）：

1. 领导力；

2. 战略规划；

3. 关注客户和市场；

4. 测量、分析和知识管理；

5. 关注人力资源；

6. 过程管理；

7. 组织绩效结果。

框10.2　用于收集和分析数据的全面质量管理基本工具示例

1. 定性工具：

（1）头脑风暴：团队协作产生想法。

（2）因果图（也被称为鱼骨图，因为该图看起来像鱼骨）：问题由主水平线表示主原因，主水平线以外的线表示次原因。

（3）流程图：呈现从开始到结束过程的可视化描述。

（4）多次投票：通常在头脑风暴产生了多种可能性后使用，此技术使用个人投票和团队讨论，个人将他们的前三到前五个选择排序，计票，团队讨论，然后进行投票，可以根据需要重复该过程。

（5）关联关系图：在头脑风暴的同时，根据与其他想法的"关联关系"来组织和分组想法。

（6）力场图：描述变化过程中驱动力和约束力的可视化描述。

2. 定量工具：

（1）帕累托图：列出问题最常见原因的图表。

（2）柱状图：创建描述变量分布的条形图。

（3）控制图表和图形：这些技术使用许多简单的图表工具来直观地描述数据（例如饼图和折线图），电子表格程序通常有许多可用的图表。

续

> （4）运行图：创建线条图描述变量在时间线上的值，这些图表通常显示平均值、控制
> 上限和控制下限。
>
> （5）散点图：这些图表显示图表中 X 和 Y 轴两个变量的关系，它们可以使用电子表
> 格中创建。
>
> 对于这些工具和其他全面质量管理工具的更多细节和可视化效果，有许多有用的网
> 站。其中一个较好的网站是 skymark. com/resources/tools/management_tools. asp

有关鲍德里奇标准的更多信息，请访问国家标准与技术研究所网站 nist. gov/
baldrige/publications/business_nonprofit_criteria. cfm，在这里你可以找到教育奖励标
准和应用信息。顺便说一下，马尔科姆·鲍德里奇在法律颁布时是商务部长。

结 语

简化组织决策并使之更加理性的愿望催生了大量的决策模型，每个模型都试
图揭示组织生活的秩序和逻辑。然而，一个常见的困惑是，即使经过训练，管理者也
很少被观察到在工作中使用这种模型，或者花费较长的时间进行反思性思维。最
近的研究使人们认识到：（1）教育组织和管理工作远比以前认为的要复杂得多；
（2）管理者以与学者和研究者显著不同的方式进行决策前的思考。组织世界中的
事件很少以整齐的顺序发生，一次只发生一件事的情况更罕见。相反，管理者通常
面临着一些模棱两可的情况，在这种情况下，许多事件同时展开，学校的各种目标
和价值观可能发生冲突，真相可能有多种形式，但决策的需求却无情地以一种不停
的步伐推进。

在必须做出决策的时候，许多组织问题还没有被很好地理解。它们可能被描
述为紧急问题，也就是说，它们往往模糊不清，难以定义，解决它们所需的信息分散
在许多人中间。处理紧急问题导致需要一个诊断和解决问题的迭代过程，随着时
间的推移，这个过程会越来越接近问题的最终解决。

教育组织的特点是模棱两可和不确定性，在这种情况下，教育组织决策的趋势
是赋予教师和他人更充分的参与决策的权力。这一趋势不仅仅是一种组织反应，

旨在安抚长期被传统等级组织自上而下的决策过程所疏远甚至压迫的个体;其主要目的是利用最接近学校核心(教学)行动的关键人物的知识和经验来提高决策的质量。同时,通过参与决策的授权会更充分地满足个体的内在激励需求,并以传统决策方法根本无法匹配的方式和程度提高组织文化的质量。

从传统方法向参与方法的转变,要求管理者对权力有新的认识,对管理智慧有新的认识。传统上,人们认为组织中只有有限的权力,而聪明的管理者将获得所有权力。因此,授权教师和其他人参与决策将被管理者视为失去权力,把权力交给他人。另一方面,现代授权管理者明白,我们通过与他人分享权力而获得权力,因为在协作努力中,群体可用的权力倍增。

与他人分享权力并增加参与式决策的意图本身不足以确保成功。这些努力必须伴随着持续的技术培训和咨询,以帮助所有参与者、管理者和其他类似人员掌握群体过程的技能,这些技能是使授权成功必不可少的条件。它们还必须伴随着已明确和公开的参与过程的发展,使人们可以参与到协作过程中。

反思活动

1. 列出三到五个你认为通常应该由校长处理的离散问题。为什么你认为校长应该将这些问题分类为离散问题?

2. 过去在决定解决方案时,你遇到了什么类型的紧急问题? 选择一个印象深刻的问题并描述其决策过程。领导如何参与组织决策过程? 该解决方案是否为组织中的人所接受? 决策过程是否遵循了与团队合作制相似的步骤?

3. 制定行动计划。本章介绍了几种决策模型。作为未来的领导者,解释你将要使用什么样的决策模型来领导你的组织。陈述组织的类型、你为它设想的决策结构以及关于如何做出决策的理念。在你的行动计划中包括决策,你将如何处理基于数据的决策问题。

关键事件：决定如何决策

亚历克斯·马赫迪博士从附近的州立大学获得博士学位后,开始了他在林肯中学的第一个校长职位。在上大学的时候,他开始致力于协同决策的想法,他相信这能增强员工的能力。亚历克斯从督学那里了解到,前任校长非常专制,他很少得到决策方面的意见。部分原因是因为学校的氛围非常恶劣,多年来许多教师都要求调职。督学说她正在寻找一个可以改变林肯中学的决策文化并扭转学校氛围的人。因此,当他接管林肯中学时,亚历克斯想授权员工做出决策。

在今年的第一次教师会议上,亚历克斯告诉员工,他对林肯中学的愿景包括协同决策。他告诉教职员工,他们将大量参与决策过程。亚历克斯设立了许多委员会,如纪律委员会、跨课程阅读委员会、专业发展委员会、家长—教师协会委员会等。此外,他还担任林肯中学领导委员会的主席,该委员会由助理校长和系主任组成。除系级别的委员会外,所有教师还至少在一个委员会任职。工作人员在每月的工作会议上参与决策活动。

第一年年底,亚历克斯向工作人员发送了一份关于学校氛围的调查问卷。令他惊讶的是,有关学校决策的分数很低。在调查中,教师的评论集中在两个主题上:(1)他们发现委员会的工作太费时;(2)他们觉得委员会没有决策的过程,这导致了委员会做出决策需要很多时间。

亚历克斯不知道如何处理这些新信息。他仍然认为,协同决策是赋予员工权力的关键。

1. 你认为亚历克斯对调查数据有何反应? 他可以做些什么来分析和解决这个问题?

2. 你建议委员会在做出决策时遵循本章中描述的流程吗?

3. 如果你是校长,你会重组委员会结构吗? 如果是,你会用什么程序来重组?

推荐阅读书目

Bolman, L. G. , & Deal, T. E. (1984). *Modern approaches to understanding and managing organizations.* San Francisco, CA: Jossey-Bass.

题为“应用人力资源方法”的章节描述了人力资源管理决策方法的基础以及在实践中应用的注意事项。包括对参与式方法、组织民主和组织发展的讨论。

Cunningham，W. G.（1982）. *Systematic planning for educational change.* Palo Alto，CA：Mayfield Publishing Company.

本书更好地讨论了基于传统逻辑线性模型的正式决策程序。本书还包括对决策树分析的描述,可以非常有效地处理相对独立的问题。请参阅标题为"决策"的章节。

Kanter，R. M.（1983）. *The change masters：Innovation and entrepreneurship in the American corporation.* New York，NY：Simon & Schuster.

这是一本关于变革和数据使用的经典书籍。题为"参与困境"的章节探讨了管理者寻求实施参与式决策方法时所面临的问题和明显的困境,并提出了处理这些问题的方法。

Kowalski，T. J.，Lasley，T. J.，II，& Mahoney，J. W.（2008）. *Data-driven decisions and school leadership：Best practices for school improvement.* Boston，MA：Pearson.

本书完整地介绍了基于数据的决策,这是学校领导者需要了解的。本书包含有关学校改革、小组决策、数据决策研究、数据收集和分析、技术和信息管理以及与基于数据的决策应用相关的若干章节。本书在数据驱动决策的理论与实践联系方面做得非常出色。

Valesky，T. C.，Horgan，D. D.，Caughey，C. E.，& Smith，D. L.（2003）. *Training for quality school-based decision making：The total teamwork system.* Lanham，MD：Scarecrow Press.

本书旨在为以经验为基础的团队决策过程中培训决策团队。这一决策模型以弗鲁姆和耶顿的规范模型为基础,运用经验确定的四个问题,得出有效的决策。本书的每一章都详细描述了如何回答这些问题,并且有一些活动供团队实践团队决策。

Wynn，R.，& Guditus，C. W.（1984）. *Team management：Leadership by consensus.* Columbus，OH：Charles E. Merrill Publishing Company.

对于希望在教育组织中实施参与式管理的读者来说,这是一个非常好的资源。

参考书目

Acker-Hocevar, M. A. , Ballenger, J. , Place, A. W. , & Ivory, G. (Eds.). (2012). *Snapshots of school leadership in the 21st century: Perils and promises of leading for social justice, school improvement, and democratic community* (*The UCEA Voices from the Field Project*). Charlotte, NC: Information Age.

Argyris, C. (1971). *Management and organizational development*. New York, NY: McGraw-Hill.

Barnard, C. I. (1938). *The functions of the executive*. Cambridge, MA: Harvard University Press.

Blackburn, T. R. (1971). Sensuous-intellectual complementarity in science. *Science*, *172*, 1003 – 1007.

Bridges, E. M. (1967). A model for shared decision making in the school principalship. *Educational Administration Quarterly*, *3*(1), 52 – 59.

Davis, K. (1972). *Human behavior at work: Human relations and organizational behavior*(4th ed.). New York, NY: McGraw-Hill.

Deal, T. E. (1985). Cultural change: *Opportunity, silent killer, or metamorphosis?* In R. H. Kilmann, M. J. Saxton, & R. Serpa (Eds.), *Gaining control of the corporate culture*. San Francisco, CA: Jossey-Bass.

Deming, W. E. (1986). *Out of crisis*. Cambridge, MA: Massachusetts Institute of Technology, Center for Advanced Engineering Study.

Drucker, P. F. (1974). *Management: Tasks, responsibilities, and practices*. New York, NY: Harper & Row.

Follett, M. P. (1941). *The psychology of consent and participation*. In H. C. Metcalf & L. Urwick (Eds.), *Dynamic administration: The collected papers of Mary Parker Follett*(pp. 210 – 212). New York, NY: Harper & Row.

Fullan, M. (2005). *Leadership & sustainability: System thinkers in action*. Thousand Oaks, CA: Corwin Press.

Gall, M. D. , Gall, J. P. , & Borg, W. R. (2007). *Educational research: An intro-duction.* Boston, MA: Pearson Education Inc. Griffiths, D. E. (1959). *Administrative theory.* New York, NY: Appleton-Century-Crofts.

Heifetz, R. A. (1994). *Leadership without easy answers.* Cambridge, MA: Harvard University Press.

Herzberg, F. (1966). *Work and the nature of man.* Cleveland, OH: World.

Horgan, D. D. , & Valesky, T. C. (1993). Empirically based training for school-based decision making. *National Forum of Educational Administration and Supervision Journal, 10*(3), 3 – 15.

Kanter, R. M. (1983). *The change masters: Innovation and entrepreneurship in the American corporation.* New York, NY: Simon & Schuster.

Kowalski, T. J. , Lasley, T. J. , II, & Mahoney, J. W. (2008). *Data-driven decisions and school leadership: Best practices for school improvement.* Boston, MA: Pearson.

Lewin, K. (1948). *Resolving social conflicts: Selected papers on group dynamics.* New York, NY: Harper & Row.

Likert, R. (1961). *New patterns of management.* New York, NY: McGraw-Hill.

Luthans, F. (1977). *Organizational behavior*(2nd ed.). New York, NY: McGraw-Hill.

March, J. G. (1981, December). Footnotes to organizational change. *Administrative Science Quarterly, 26*, 563 – 577.

March, J. G. , & Simon, H. A. (1958). *Organizations.* New York, NY: John Wiley & Sons.

Maslow, A. (1970). *Motivation and personality*(2nd ed.). New York, NY: Harper & Row.

McGregor, D. M. (1960). *The human side of enterprise.* New York, NY: McGraw-Hill.

Meyer, M. W. (1977). *Theory of organizational structure.* Indianapolis, IN: Bobbs-Merrill Educational Publishing.

Mintzberg, H. (1973). *The nature of managerial work.* New York, NY: Harper &

Row.

Mintzberg, H. , Raisinghani, D. , & Theoret, A. (1976). The structure of "unstructured" decision processes. *Administrative Science Quarterly*, *21*(2), 246 – 275.

Morris, V. C. , Crowson, R. L. , Hurwitz, E. , Jr. , & Porter-Gehrie, C. (1981). *The urban principal: discretionary decision-making in a large educational organization.* Unpublished manuscript, University of Illinois at Chicago.

Morris, V. C. , Crowson, R. L. , Hurwitz, E. , Jr. , & Porter-Gehrie, C. (1984). *Principals in action: The reality of managing schools.* Columbus, OH: Charles E. Merrill.

National Association of Secondary School Principals. (1978). *The senior high school principalship.* Reston, VA: National Association of Secondary School Principals.

National Institute of Standards and Technology. (2013).

Baldrige Performance Excellent Program. U. S. Department of Commerce. Retrieved from http://www. nist. gov/baldrige/publications/education_criteria. cfm

Nutt, P. C. (1984). Types of organizational decision processes. *Administrative Science Quarterly*, *29*(3), 414 – 450.

Ouchi, W. (1981). *Theory Z: How American business can meet the Japanese challenge.* Reading, MA: Addison-Wesley.

Owens, R. G. , & Lewis, E. (1976). Managing participation in organizational decisions. *Group and organization studies*, *1*(1), 56 – 66.

Picciano, A. G. (2006). *Data-driven decision making for effective school leadership.* Upper Saddle River, NJ: Pearson.

Pitner, N. J. (1978). *Descriptive study of the everyday activities of suburban school superintendents: The management of information.* Unpublished doctoral dissertation, Ohio State University, Columbus.

Pondy, L. R. (1983). Union of rationality and intuition in management action. In S. Srivasta (Ed.), *The executive mind.* San Francisco, CA: Jossey-Bass.

Rossi, P. H. , Lipsey, M. W. , & Freeman, H. E. (2004). *Evaluation: A systematic approach.* Thousand Oaks, CA: Sage.

Schein, E. H. (1968). Organizational socialization and the profession of manage-

ment. Industrial Management Review, 9(2), 1 – 16.

Schein, E. H. (1985.) *Organizational culture and leadership*. San Francisco, CA: Jossey-Bass.

Schön, D. A. (1983). *The reflective practitioner: How professionals think in action*. New York, NY: Basic Books.

Schön, D. A. (1987). *Educating the reflective practitioner*. San Francisco, CA: Jossey-Bass.

Simon, H. A. (1950). *Administrative behavior*. New York, NY: Macmillan.

Simon, H. A. (1960). *The new science of management decision*. New York, NY: Harper & Row.

Touchton, D. , Taylor, R. , & Acker-Hocevar, M. (2012).

Decision-making processes, giving voice, listening, and involvement. In M. A. Acker-Hocevar, J. Ballenger, A. W. Place, & G. Ivory (Eds.), *Snapshots of school leadership in the 21st century: Perils and promises of leading for social justice, school improvement, and democratic community* (*The UCEA Voices from the Field Project*) (pp. 121 – 145). Charlotte, NC: Information Age.

Underwood, J. D. (2013, May). School boards beware: Influential national network calls for elimination of school boards. *Wisconsin School News*. Wisconsin Association of School Boards. Retrieved from http:// www. wasb. org/websites/wisconsin_school_news / File/2013May/Underwood%20Commentary. pdf

Valesky, T. , Horgan, D. D. , Caughey, C. E. , & Smith, D. L. (2003). *Training for quality school-based decision making: The total teamwork system*. Lanham, MD: Scarecrow Press.

Vroom, V. H. , & Yetton, P. W. (1973). *Leadership and decision making*. Pittsburgh, PA: University of Pittsburgh Press.

Weick, K. E. (1979). Cognitive processes in organizations. In B. M. Staw (Ed.), *Research in organizational behavior* (Vol. 1, pp. 41 – 74). Greenwich, CT: JAI Press.

Weick, K. E. (1983). Managerial thought in the context of action. In S. Srivastva (Ed.), *The executive mind*. San Francisco, CA: Jossey-Bass.

第十一章　组织冲突与沟通

　　教育组织的存在就是为了促进人类的合作和实现个体无法单独实现的目标，因此组织理想通常都一致地强调合作、和谐和协作。当代有关学校的文献资料通常都强调诸如赋权、参与和协作等美德，很少提及竞争和冲突。然而，正如提出变革型领导理论的詹姆斯·麦克格雷戈·伯恩斯（Burns，1978）所写的，"潜在的冲突遍布于人类的各种关系中，而这种潜力是促进健康和成长的力量，但同时也是破坏的力量。……没有一个群体能够完全和谐……因为这样的群体将没有过程和结构"（p. 37）。因此，由于冲突普遍存在于人类的所有经验中，所以它也是教育组织行为的一个重要方面。

　　冲突甚至可以发生在一个个体内部（所谓的个人内心冲突），是典型的趋避冲突，在这种情况下，人们在实现两个不相容目标的意愿之间感到被撕裂的痛苦。这种紧张会导致压力感——并不是不常见的——及其行为表现（例如优柔寡断），甚至生理症状（例如高血压、溃疡）。霍华德·加德纳（Howard Gardner）在前面章节中介绍的自我认知能力的概念在本章节讨论中变得非常重要。冲突是在个体之间、群体之间、整个社会和文化之间的社会经验的总称。

　　冲突可以发生在个体或社会单位内部，它是个体内部的或群体内部的（当然，也可以是国家内部的）。冲突也可以发生在两个或两个以上的人或社会单位之间，即所谓的人际、群际或国际冲突。在本章中，我们不试图处理广泛和普遍的冲突现象，我们将讨论局限于组织生活中的冲突，即组织冲突（也就是组织内部冲突），其中最常见的是人际冲突和群际冲突。（见前面章节关于加德纳自我认知能力概念的讨论）

一、组织冲突的性质

在官僚理论中,冲突的存在被视为组织崩溃的证据:管理层未能充分计划或充分实施控制。在人际关系理论中,冲突被视为未能在群体中制定适当规范的证据。因此,传统的管理理论强烈偏向于一个平稳运行的组织理想,以和谐、统一、协调、高效和有序为组织特征。人际关系理论的支持者可能会通过快乐和志趣相投的工作群体来实现这一目标,而古典理论的支持者则会通过控制和强大的组织结构来实现这一目标。然而,两者都倾向于同意冲突具有破坏性,是需要避免的事情。关于组织的文献中最引人注目的发展之一是对这些立场的重新审视,从而得出一些更有用的观点。

在广泛的科学文献中,对冲突的具体定义并没有共识。然而,人们普遍同意,任何冲突都必须有两个先决条件:不同(或明显不同)的观点和这些观点之间不相容(Thomas, 1976)。

因此,莫尔顿·多伊奇(Deutsch, 1973)简单地说,"只要发生不相容的活动,就会存在冲突。"但是这种不相容导致了一个两难的局面,冲突变成了"追求不相容的,或者至少看似不相容的目标,这样一来,一方的利益就会以另一方的利益为代价"(p. 10)。当不相容导致一方领先时,我们面临着一种典型、零和和输赢的局面,这种局面对组织生活可能是如此的不正常,每个人都努力避免失败,失败的人则寻求成为赢家。当代行为科学在组织中的应用重点是:管理组织中的冲突,从而避免或减少敌意。这一过程不是对敌意的管理,而是对冲突的管理,它可以减少或消除由此产生的敌意。

(一)冲突不同于攻击

在伴随敌意的组织冲突和另一种破坏性攻击之间存在着明显的区别,将它们视为相似可能是一个严重的错误。肯尼思·鲍尔丁(Boulding, 1962)建议我们区分恶意敌意和非恶意敌意。恶意敌意旨在伤害或恶化另一个个体或群体的地位,不考虑其他任何事情,包括攻击者的后果。而非恶意敌意很可能会使他人的地位恶化,但其目的是改善攻击者的地位。恶意敌意的特征通常使用问题作为攻击的基础,而事实上,这些问题对攻击者并不重要,只是作为破坏对方的工具。

恶意敌意反过来会导致"恶毒攻击"(Wynn, 1972, p. 7)。其特点如下:

1. 关注人而不是问题;

2. 使用仇恨的语言;

3. 使用教条主义的陈述而不是问题;

4. 坚持固定的观点,不考虑新信息或新论据;

5. 使用情绪用语。

这类攻击(无论是恶意的、恶毒的还是其他的)和合理表达的冲突之间的关键区别在于它们背后的动机,而这通常是不容易辨别的。尽管在诸如提高学校绩效、取消学校种族隔离制度的方式或如何将儿童分组接受教育等问题上可能会爆发相当大的(通常是激烈的)冲突,但冲突各方可能受到基本建设性目标的激励。区分的关键是相关各方是想与这个系统合作,还是想摧毁这个系统。

例如,沃伦·本尼斯(Bennis, 2010)描述了在布法罗市纽约州立大学的学生骚乱期间,他如何利用他作为第三方协调者的强大技能辛苦且持久地处理学生接管校园的问题。但这一切都无济于事。回首往事,本尼斯意识到自己根本不是在进行双方冲突管理。学生们被一定程度地组织起来,致力于一系列的政治目标,这些目标与大学管理者所支持的教育目标几乎没有关系。在这种情况下,冲突在很大程度上是一种用来实现精心掩盖目标的手段。事实上,学生的对抗和言辞往往是恶意的,几乎没有达成一致的意图。任何公共教育管理者都需要对这个问题保持敏感,并意识到以破坏为目的的攻击与积极表达基本建设性意见(虽然分歧很大,也许不受欢迎)之间的显著差异。

(二)当代冲突观

组织中的冲突现在被认为是不可避免和无法摆脱的,而且通常也是合理的,因为人类社会系统中的个体和群体是相互依赖的,并且不断地参与定义和重新定义相互依赖的性质和程度的动态过程。对这个社会动态过程来说,重要的是它发生的环境本身是不断变化的。因此,正如切斯特·巴纳德(Barnard, 1938)所指出的,以谈判、压力和冲突为特征的社会模式是"在不断变化的环境中自由意志的概念所固有的"（p. 36）。

在任何领导良好的组织中都存在冲突，正如我们在组织变革一章中所看到的，领导者们组织资源有时会与他人发生冲突。根据定义，领导者会组织资源（人力、财力、时间、设施、材料）实现新的目标。考虑到教育组织可用的资源有限，对于如何利用这些资源，总是会有一些相互竞争的想法：如何利用时间，如何让人们参与进来，在哪里花钱，如何安排设施等等。因此，当领导力出现时，组织中的人必须经历冲突，这是组织生活的常规部分。那么，核心问题既不是组织冲突是否存在，也不是组织冲突存在的程度。核心问题是在组织中如何管理冲突。

（三）组织冲突的影响

这是一个重要的问题，因为冲突引起的频繁而强烈的敌意可能对组织中人的行为产生毁灭性的影响。由于敌意而产生的心理上的脱离，如疏远、冷漠和漠不关心，是严重影响组织运作的常见症状。身体上的脱离，如缺席、迟到和离职，是对学校冲突的普遍反应。对那些被温和型管理实践惯坏的教师来说，身体上的脱离通常被认为是懒惰。直接的敌对或挑衅行为，包括不作为、财产损失和轻微的财产盗窃，是教师对冲突情况的反应，这些冲突情况似乎太难处理或完全令人沮丧。

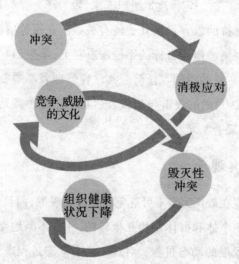

图 11.1　无效的组织冲突—应对—氛围综合征导致组织健康状况下降

事实上,在教育组织中的冲突行为的后果,说得温和点,是不受欢迎的。无效的冲突管理(例如,一项严厉惩罚违规行为的政策,以管理协商合同的名义采取严厉的做法,强调教师和管理者之间的对立关系)可以,而且经常会,造成一种局势加剧的氛围,并可能发展成为一个如图11.1所示的螺旋式下降过程,从不断加剧的挫折感到恶化的组织氛围,再到不断增加的破坏性。

显然,陷入这种综合征的组织健康状况往往会下降。另一方面,如图11.2所示,对冲突的有效管理可以带来富有成效的结果,并随着时间的推移而改善组织健康状况。需要强调的一点是,冲突本身既不好也不坏,它(在价值方面)是中立的。它对组织和人的行为的影响很大程度上取决于冲突的处理方式。

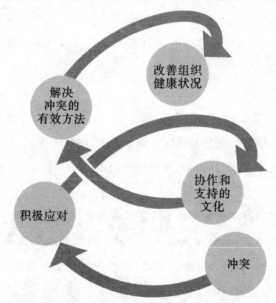

图11.2　有效的组织冲突—应对—氛围综合征导致组织健康状况改善

(四)标准:组织绩效

要说组织冲突是好还是坏,或有作用还是没有作用,需要明确提出用于判断的标准。有些人(他们中有许多带有人文主义偏见)就是觉得冲突令人反感,并设法不让它出现在任何地方。其他人则担心冲突会给个人带来内部压力。这些问题本身并不是组织的核心问题。毕竟,也有人喜欢冲突,发现它充满热情,并主动寻找冲突。那么,问题是冲突对系统的组织绩效有何影响。

教育成效的测量问题以及与学校制度或学校内部条件(即组织文化和交互影响系统)相关性的讨论再一次受到关注。冲突对教育组织的功能影响的后果最好从组织健康、适应性和稳定性方面去理解。现代动机理论清楚地表明,挑战、重要性和解决问题的需求是人们从工作中找到乐趣、快乐和激励的重要因素。此外,我们知道,参与式领导的概念是基于这样一种信念:组织中许多人都有好的想法和高质量的信息,有助于在组织中做出更好的决策。在这一观点中,肯尼思·托马斯(Thomas, 1976)评论道:

> 不同观点的对立往往产生高质量的思想。不同的观点往往基于不同的证据、不同的考虑、不同的见解和不同的参照系。因此,分歧可能会使个体面对他以前忽略的因素,并帮助他综合他自己和他人立场的要素得出一个更全面的观点。(p. 891)

有越来越多的理由相信(基于研究和专家意见),冲突会导致人们寻求有效的方式来处理冲突,从而改善组织功能(例如凝聚力、明确的关系、更清晰的问题解决程序)。说到社会,多伊奇(Deutsch, 1973)评论道:

> 群体内部的冲突常常有助于恢复现有的规范,或者有助于新规范的出现。从这个意义上来说,社会冲突是一种适应新情况的规范调整机制。一个灵活的社会受益于冲突,因为这样的行为,通过帮助创造和修改规范,确保了它在变化的条件下的持续性。(p. 9)

他接着提醒说,压制冲突的僵化体制会扼杀一个有用的警告信号,从而使灾难性崩溃的危险最大化。

我们都在国内和国际的大小事件中反复见证了这些报告的智慧。美国的教育家们也看到这种情况离美国更近了,被压抑的敌意会可怕地爆发,结果往往伴随着组织的长期挫败感,因为这些组织认为它们要么破坏,要么敏捷地避免即将发生的冲突。

虽然真正了解冲突的人中很少有人会提倡在组织生活中有意使用冲突,但更少的人会提倡寻求消除或避免冲突。相反,通过应用冲突管理的概念,组织一方面可以将冲突的潜在破坏性降到最低,另一方面使冲突尽可能具有生产力、创造性和实用性。

二、组织冲突的动态性

(一)敌意

许多人说他们不喜欢冲突,尽可能避免冲突,甚至害怕冲突。认识到这一点很重要,因为它会导致冲突管理的最低效和最常见的方法之一:抵制和避免。因此,指出冲突事件的后果通常比冲突本身更令人不安,这并不是一派胡言。组织冲突管理不善会在各方之间产生敌意,这一因素会导致仇恨、报复和对抗。

冲突管理方法的一个关键目标是消除或减少冲突引起的敌意,但是干预的时间是在冲突发生之前,而不是之后。重要的是组织成员必须学会公开地谈论冲突,讨论有什么冲突,以及采用对每个人都有成效的战略和战术来鼓励冲突(是的,鼓励冲突)。

尽管许多作者收集了一长串组织冲突的原因,但大多数人认为路易斯·庞迪(Louis Pondy)的分类在当今的学校中具有相当大的价值。他将潜在冲突分为三种基本类型:

1. 当组织的资源不足以满足各子单位的工作要求时,就存在对稀缺资源的竞争(例如预算分配、分配教学职位、减少空间或设施)。

2. 当一个部门试图控制"属于"另一个部门的活动(而第二个部门试图避开这种"干扰")时,就出现了自主权问题(例如保护自己的"地盘")。

3. 当组织中的双方必须合作但不能就如何合作达成一致时,冲突的根源是目标分歧(例如学校校长和特殊教育主任对如何解决主流问题有不同的看法)。(Pondy,1967)

（二）冲突的偶然观

这些潜在冲突的根源不太可能从组织生活中消失。因此，发展一种支持冲突管理有效方法的文化是非常重要的。因为冲突的原因有很多（即使按照如上所述的方法进行分类或分组），显然没有一种最佳的冲突管理方法。正如约翰·托马斯和沃伦·本尼斯所说（Thomas & Bennis，1972）：

> 有效的范式要结合所谓的"情境"或"偶然性"框架，这一观点反映在当前组织理论的许多理论和经验工作中。这个范式主要强调诊断，并认为采用一套"普遍"适用的原则和指导方针来影响变革或管理冲突是会弄巧成拙的。（p. 20）

有两个关于冲突的概念经常被用来作为组织诊断的必要基础：一个是试图了解冲突过程中发生事件的内部动态；另一个是试图分析引起冲突的外部影响。

（三）冲突的过程观

双方之间的冲突似乎以一系列相对有序的事件展开，而且，除非有干预，否则这一顺序往往会在周期内重复出现。每段周期都是高度动态的，每一方的行为都作为一种刺激唤起对方的反应。每段新周期都部分地由之前的周期塑造和影响。

肯尼思·托马斯提出了这样一个过程模型，每段周期是由一方对另一方的行为感到挫折而引发的（例如拒绝请求、地位下降、意见不合或侮辱）。这种摩擦导致参与者把冲突的性质概念化，这通常是一个高度主观的过程，暗示用什么方式去定义和处理冲突中所感知到的问题，以及之后处理冲突的行为。正如肯尼思·托马斯所解释的，理解这种行为的基础是一个复杂的问题，但关键要素肯定包括参与者满足另一方关注的愿望（合作的或不合作的）和参与者满足他或她自己关注的愿望（武断的或不武断的）。当然，随之而来的是双方的交互作用，这是一个高度动态的过程。它可能涉及冲突的升级或降级，这取决于各种因素，如建立的信任水平、偏见和实现自我的抱负、参与者之间的竞争水平以及彼此之间的开放性和敏感性等。所有这一切的结果，在冲突的最后阶段，不仅是在一些实质问题上达成协议，而且还包括在一些遗留下来的情绪问题上（例如挫折、敌意和信任——或增加或减少）达成一致。这些结果对一段冲突的后果有长期潜在的影响，特别是它们为随后的冲突埋下了隐患。

在对作为冲突一部分的后果进行评论时，路易斯·庞迪（Pondy，1967）指出：

> 如果冲突得到了所有参与者真正满意的解决，则可以为建立更为合作的关系奠定基础；或者，参与者在争取更有序关系的过程中，可能会将注意力集中在以前没有察觉和处理过的潜在冲突上。另一方面，如果冲突只是被压制而没有得到解决，那么冲突的潜在条件可能会恶化，并以更严重的形式爆发。……一段冲突的遗产……被称为"冲突后果"。（p. 320）

（四）冲突的结构观

虽然冲突的过程方法将冲突描述为一系列事件，但是结构观倾向于根据影响行为的条件来描述冲突。例如，每个组织都有规则和程序（书面的和非书面的、正式的和非正式的）来规范行为（例如谁和谁谈论什么）。规则和程序通常通过澄清问题来避免或管理冲突，例如如何和何时进行，以及谁有什么责任。当然，他们也可能因功能失调而导致或加剧冲突，例如，当他们出现僵化和重复的行为，且不允许有例外（典型的官僚式"类别僵化"）。

规则和程序使通过直接谈判解决简单冲突的过程变得如此复杂，以至于它们事实上造成了冲突，这种情况并不少见。例如，在一个学区，一位小学校长发现，某一类报刊的订单被助理督学事务办公室的行政助理大幅度削减。校长联系行政助理解决问题时，她被告知，她的投诉应通过初等教育助理督学转交，由督学事务助理接洽，以此类推。不用说，随后发生了相当大的冲突，损失了很多时间，所需的报刊终于在第二年及时送到了学校。关键是，简单的重新安排，即使是微小的决定和谈判分歧，都会影响组织中的冲突进程。

另一个结构因素是在组织中人的类型，特别是他们的性格倾向，例如他们对权威的态度以及他们对他人反应的程度和灵活性。例如，在挑选新的人才时，许多学区和学校都会吸引那些能胜任的求职者，而这些求职者会增加员工的多样性。

影响组织中冲突发生率和性质的另一个结构性因素是组织的社会规范,即社会压力,例如"站起来战斗"还是"少惹麻烦"。创建消除摩擦以及反对公开的挑战和质疑的组织文化会使发现和面对冲突变得非常困难。同样,当组织规范不透明且沟通受限时,很难知道是否存在潜在的冲突,更不用说计划如何处理冲突了。许多教育组织的管理者本能地理解这一事实,并作为一项规则要求尽量少用书面交流,尽量少召集人开会,以及在必须召开会议时,确保严格控制会议进程,以尽量减少可能引起问题的风险。

托德·惠特克(Whitaker, 2002)写了一本非常受欢迎的书来帮助校长应对造成冲突的个人,他建议使用频繁的沟通和会议来减少敌对和有害的冲突。他建议校长们利用机会把冲突作为关注的中心,只有被忽视才会恶化。在会议和书面交流中,校长们可以积极地巩固那些致力于支持组织目标的个人,从而向那些不太积极的个人传达有关行为期望的信息。

因此,造成组织冲突的结构因素受到组织自身结构因素的强烈影响(Likert & Likert, 1976)。利克特和利克特主张通过系统4领导风格,发展一个响应更快的交互影响系统,发展一个支持性的氛围,降低等级地位,并利用共识来有效地(双赢)解决问题。

(五)冲突的开放系统观

到目前为止,我们完全从教育组织的内部运作的角度来讨论组织冲突,这个主题将继续作为本章的焦点。然而,重要的是,不要忽视这些组织是开放系统的事实:它们与环境交互,而且在它们内部发生的许多事情反映了外部环境的变化。

从1999年至2012年,大学教育管理委员会开展了一系列三个"真实案例"项目。利用包括美国81名督学和85名校长以及不同性别和不同民族/种族背景为代表的第三项研究(Acker-Hocevar, Ballenger, Place, & Ivory, 2012),阿尔斯伯里和惠特克(Alsbury & Whitaker, 2012)分析了督学和校长对外部力量和压力水平的反应。他们报告如下:

> 尽管督学们同意《不让一个孩子掉队法案》的意图,但他们对该法案的实施感到不满和失望。作为该法案组成部分的适当年度进步率、与特殊教育紧

密相关的内容和高素质的教师给督学带来了困难。缺乏资金来实施《不让一个孩子掉队法案》是督学的另一个压力。(p. 173)

阿尔斯伯里和惠特克还报告说,督学在处理许多具有不同利益的社区团体以及"教育委员会成员的权力问题"时,感到了巨大的压力。在与董事会和社区的关系方面,解雇员工似乎给规模较小的学区督学带来了许多焦虑(p. 174)。督学的另一个冲突来源是在与"教师"工会打交道以及在以学生最大利益为出发点做出决策时"(p. 174)。

与督学类似,校长们也反映他们在实施《不让一个孩子掉队法案》中的压力。突出的抱怨是关于招聘和维持高素质教师的问题和满足各子群体适当年度进步率的要求。此外,与督学类似,校长还反映了家长和其他利益相关者的问题:

> 校长们经常在他们自己征求意见的愿望与面临社区成员或董事会成员希望做出决策的政治压力之间苦苦挣扎。再加上董事会和社区成员在决策过程中与教师工会共同给校长施加压力。(Alsbury & Whitaker, 2012, p. 179)

另一个很好的例子是 P. L. 94 – 142(目前被称为《残疾人教育法》[Individuals with Disabilities Education Act, IDEA]),该法案于 1975 年 11 月 29 日通过并签署成为法律。这是一个典型的权力—强制变革策略的例子,为美国各级公立学校中更广泛的冲突奠定了基础,影响远超二十年前布朗学校取消种族隔离的决定。在最高层次上,它提出了宪法中相互冲突的问题:《第十修正案》说明教育是州的责任,是地方事务,而 P. L. 94 – 142 则是行使联邦的责任,以确保未得到服务(和服务不足)的残疾儿童有充分的公民权利和平等机会。

然而,这项法律也引发了一系列冲突,从华盛顿特区到全国最偏远的学校教室。例如,它试图重新定义教师的特权,以控制教学和相关的决策,要求家长参与制定个性化教学方案和正式的申诉程序。家长以前是一个局外人,只从事咨询工作,突然成为与教师有关的具有新权威的内部人士。

甚至到了 1990 年,学校从更大的环境中有效地应对这种冲突的能力还不清楚,因为要求加强对教师课堂决策控制的外部举措在数量和范围上仍在增加。然而,这是一个清晰而明确的例子，说明如何通过外部系统的快速变化，在很大程度上影响到学校和学校系统的内部功能的冲突。

杰拉尔德·格里芬和大卫·罗斯特（Griffin & Rostetter, 1978）推测兰德尔·柯林斯（Collins, 1975）关于强制力的五个假设是否适用于应对胁迫和冲突。正如格里芬和罗斯特指出的：

1. 胁迫会导致努力奋斗避免被胁迫。

2. 如果有反击的资源，施加的胁迫越大，反抗的呼声就越高。

3. 如果没有可用的资源，但有机会逃离，那么离开这种情况的趋势就越大。

4. 如果没有反击的资源和逃离的机会，或者如果有其他强烈的动机保持现状（物质奖励或潜在的权力），施加越大的胁迫，就越倾向于严格遵守避免被胁迫所必需的要求。

5. 如果没有反击的资源和逃离的机会，那么……呆滞的顺从和被动抵制的倾向增加。（p.4）

从这一观点来看，胁迫导致组织内部出现冲突—敌对—抵制综合征，而不是像协同、创造性和解决问题的文化那样成为有效组织的特征。只有时间才能告诉我们，基于学校作为组织的传统概念，联邦倡议的方案最终会有什么影响。

三、组织冲突的解决途径

当冲突发生时，有关各方几乎本能的反应是采取一种以胜利决心为后盾的策略。对大多数人来说，胜利意味着另一方会输，事实也是如此。

冲突管理的重点是输赢导向和如何应对。重要的是，首先，要了解解决冲突输赢方法的动态性和后果，其次，要了解有哪些替代方法可用。

（一）输赢导向的冲突

输赢冲突的动态性及其对组织行为的影响是众所周知的。在 20 世纪 50 年代和 60 年代，群体动力学专业的学生对群体冲突现象进行了广泛的研究，包括实验工作和实地观察研究(见第三章关于群体动力学和人际关系的讨论)(Deutsch, 1949; Sherif & Sherif, 1953; Sherif, Harvey, White, Hood, & Sherif, 1961)。

在组织冲突研究的早期以及目前的思考中,布莱克、谢泼德和穆顿(Blake, Shepard, and Mouton, 1964)观察到,"输赢导向的冲突是由一个基本要素构成的。竞争双方认为他们的利益是相互排斥的,不可能妥协,一方失败的代价是另一方的成功。"(p. 18)。冲突各方开始相信,这些问题可以通过以下三种方式之一解决:(1)权力斗争;(2)第三方的干预,而第三方拥有的某种权力大于其中任何一方(这可以包括舆论或道德上的劝说);(3)命运。根据利克特和利克特的观点,这种方法有两个后果(Likert & Likert, 1976)。双方之间的冲突会引起深刻的负面情绪,通常会导致敌意和双方无法达成可接受的解决方案。此外,在群体内部的冲突通常会导致人们期望所有成员一条心,意见的多样性是不可接受的。领导者与他们最热心的支持者密不可分,这为群体内部的纷争奠定了基础。

对冲突的实验研究清楚地表明,随着事件的展开,个体和群体对冲突的感知往往会变得扭曲(Blake, Shepard, & Mouton, 1964; Deutsch, 1973; Sherif & Sherif, 1953)。当然,"感知是行为的关键。人们看待事物的方式决定了他们的行动方式。如果他们的感知被扭曲,扭曲会反映在他们的行为中"(Likert & Likert, 1976, p. 61)。我们可能认为我们在传达一条信息,但接收者可能以不同的方式解释信息。因此,判断力受到冲突经验的不利影响,一个人往往对一个群体变得盲目忠诚,对另一个群体的成员充满敌意,不仅贬低他们的想法,而且贬低他们作为人的价值。以前被视为成熟能干的反对派领导者现在被视为不负责任和无能。事实上,甚至认知也会受到影响,在研究解决冲突的建议时,很难或无法看到另一方所提建议的优点,即使它们可能与自己的想法实质上是相同的,因此,很难达成一致意见。对群体的地位提出疑问或同意另一方提出的建议,都会被员工视为让步。胜利就是一切。在寻求理解的同时,确定替代方案、客观判断和暂停判断的能力都被严重扭曲,因为人们越来越多地分享群体为胜利而同心协力的奋斗。

在冲突的过程模型(前面描述过)中,输赢是概念化冲突的一种方式,并随着事件的展开,在冲突各方之间的互动中产生可预测的行为模式。但其后果,应该是明确的,不只局限于冲突本身的规模和影响,参与冲突的每一个群体都在事后受到强烈影响。通常情况下,输赢双方的敌意会加剧,随后的周期性冲突可能会发生。

通常情况下,失败的群体会抛弃他们的领导者,很可能他们会及时重新评估问题所在,并开始准备下次更好的表现。强烈的情绪反应(怨恨甚至仇恨和焦虑)可能会继续扭曲群体的功能,群体就更不可能创造支持自我更新和创造性解决问题的氛围。因此,解决冲突的输赢方案往往会造成长期的功能失调,从而导致组织氛围、绩效和整体组织健康呈螺旋式下降的趋势。因此,冲突管理的一个核心问题是寻求更有效的方式将冲突概念化为有效行为的基础。

(二)解决冲突的权变方法

管理的权变方法可能是基于这样一个概念:对形势的诊断是采取行动的必要基础。在处理冲突时,权变观点认为,没有一个在任何情况下都是最好的冲突管理方法,但在特定条件下有最佳的冲突管理方法。因此,冲突管理的一个重要方面是考虑(a)冲突管理的替代方法和(b)在各种情况下,这些不同的替代方法不仅在处理关键问题上,而且在强化组织方面都可能是最有效的。

(三)诊断冲突

首先,诊断冲突有助于确定当事双方之间是否的确存在冲突,或冲突是否好像仅针对当事双方存在。判断的标准是双方是否寻求实际上不相容的目标。

通常,双方之间似乎正在酝酿的冲突实际上是一种误解。如前所述,当问题被认为是一种扭曲的感知时,很可能可以通过明确的目标设定和改进的沟通来化解误解。这一过程通常需要对个体和群体进行技能培训,如设定目标和确定优先级,以及沟通技能(例如积极倾听、寻求反馈以检查接受者的感知、使用多个渠道)。

如果确实存在冲突(也就是说,当事双方确实有不相容的目标),那么有必要从众多可用选项中选择一种尽可能有效处理冲突的方法。总的原则是,一个输赢的方法往往是最低效的,而一个双赢的方法往往是最有效的,因为双方都会赢得收获(虽然不一定是公平的)。

合作是一个双方共同定义问题,然后共同解决问题的过程。作为处理冲突的一种方式,这一过程首先要求参与各方必须尝试合作(并给予参与的时间和努力),还要求相关人员具备在群体中沟通和工作的必要技能,并有效地采取开放、信任和坦诚的态度,以便发现和解决问题。

如果存在这样做的意愿,但技能没有得到很好的发展,可以邀请一名辅导人员来帮助群体学习必要的技能,并参与协作过程(辅导人员不参与实际的决策,只参与决策的过程)。这是双赢冲突管理的最高水平,因为它让群体拥有新的技能和新的理解,他们可以利用这些技能和理解来处理未来的问题。当然,这是组织发展(组织自我更新)的一种形式。解决问题的协作方法的最佳部分是健康的主人翁意识或对解决方案的承诺,这是其他方法无法比拟的。用利克特和利克特的术语来说,它是系统4管理。

谈判、妥协和其他形式的折中方案与合作解决问题有一些共同点:(1)双方必须愿意参与这一过程(尽管有时法律要求他们这样做);(2)有一些愿意合作的让步(尽管这通常仅限于谈判人员);(3)该过程基本上是和解的,不会与组织的福利发生公然冲突。如果谈判涉及调解或仲裁,则外部第三方在协作过程中扮演的角色与集体过程的协调者截然不同:调解或仲裁中的外部第三方确实有权对冲突各方做出判决和决策。谈判的目标是在双方之间建立一种长期的关系,并为他们提供处理未来问题的机制。但谈判不是一种合作的方式,它认识到,双方本质上是对手,并可能将信息作为一种权力形式用于战略目的。

在典型的谈判/妥协情况下,双方都没有赢,但都没有输。尽管"谈判"一词很容易与劳资关系联系在一起,但实际上,谈判过程广泛应用于组织环境中,以解决冲突。例如,当两个管理者协商解决双方部门之间的一些问题时,系统地使用协商和妥协技巧。如果谈判确实陷入困境,管理者可能会将问题提交给他们的直接上级进行调解(这是所谓的官僚式冲突管理模式的一个共同特征)。

在处理冲突时,通常采用回避(撤退、和平共处、冷漠)策略。当潜在冲突不可能真正得到解决("与之共存")或这些问题对双方而言不太重要,以至于双方不愿意投入时间和资源解决这些问题时,回避是有用的。如布莱克等人(Blake et al., 1964)指出,回避可以以停火的形式出现,在停火期间,两个长期斗争的群体决定保持联系,仍然固守在各自的位置上,但不会陷入战斗。潜在冲突各种回避对策的一个有趣结果是,尽管冲突不是不可避免的,但不可能达成一致。因此,避免了敌对后果,但根本问题没有得到处理,潜在的冲突及其所有潜在的危险仍然存在,随时准备显现。

当然,在权力斗争中,每一方都努力争取胜利,而不管对另一方造成什么后果。尽管冲突本身可能被视为对组织有一些潜在的好处(或者至少被视为是非破坏性的），但这种处理冲突的方式几乎被普遍认为是具有破坏性的。这是典型的输赢局面。

（四）应对冲突

正如海菲兹和林斯基（Heifetz & Linsky, 2002）所指出的：

当你在任何群体中处理一个棘手的问题时，确信无疑的是，将会有明显或潜在的冲突……大多数人天生就厌恶冲突……但是你默认的心态……可能是为了尽可能地限制冲突。事实上，许多组织对冲突非常敏感，认为冲突是一种主要危险源，当然它实际也可能是。冲突会造成人员伤亡。

……因此，领导层在尝试进行适应性变革时，面临的挑战是采取何种方式处理分歧、愤怒和冲突，该方式需要他们减少其破坏性并能建设性地利用其能量。（pp. 101－102）

对冲突管理者来说，诊断的一个重要方面是确定冲突各方对局势概念化的方式。关于冲突管理的经典著作中，肯尼思·托马斯（Thomas, 1976）认为在冲突中常见的情况是，强调一方愿意与另一方合作的程度，但忽视了第二个关键因素：该方满足其自身关切的愿望。因此，在他看来，两个关键的行为维度塑造了一个概念化冲突的方式：

1. **合作**：一方希望满足另一方关切的程度。
2. **武断**：一方希望满足他或她自己关切的程度。

因此，在诊断双方概念化的冲突时，问题不仅仅是一个合作或专业行为的问题，合作可以被视为自身需求的一种牺牲。

从这一分析中，托马斯确定了五个主要观点，这些观点可用于概念化与之相关的冲突和行为：

1. 竞争行为是为了满足自己的关注点，而且如果需要的话，以牺牲他人为代价。如表 11.1 所示，这是一种高度武断和高度不合作的倾向。其结果是对形势的控制(例如,在精明的合同谈判中,不做任何屈服,一切优势都被利用)。这是一个经典的输赢冲突观。

2. 回避(不武断和不合作)行为通常表现为冷漠、退缩和漠不关心。这种立场并不意味着没有冲突,而是被概念化为不需要处理的事情。因此,潜在的冲突仍然存在,并可能在另一个时间以不同的方式出现。

3. 和解(高合作和低武断)以缓和为代表,一方关心另一方的问题,而忽视自己的问题。这种倾向可能与保持工作关系的愿望有关,即使可能牺牲部分个人利益。

4. 分享取向(适度武断和适度合作)常常导致妥协(交易、折中、讨价还价)。

5. 冲突的协作取向(高度武断和高度合作)通过相互解决问题,充分满足双方的关切。解决冲突的办法是真正整合双方的愿望,这个概念是双赢的。

表 11.1　应对冲突的五个取向的合作与武断程度

取向	冲突的维度(程度)	
	合作	武断
竞争(控制)	低	高
回避(忽视)	低	低
和解(缓和)	高	低
分享(妥协)	中	中
协作(整合)	高	高

这种分析冲突的方法有助于评估在管理冲突中最有用的策略类型(例如谈判、施压或协作)。当然,目标是管理冲突,使其最大限度地减少破坏性后果的同时,尽可能提高组织的绩效。因此,重要的是要考虑冲突后可能产生的长期后果。

例如,回避或缓和可能是具有吸引力的对策,因为从短期来看,他们很可能会避开寻求真正解决问题方案的困难。他们还有一个额外的优势,即在组织精力、时间和资源方面要求最少。但他们不能解决引发冲突的问题,也不能培养组织有效应对冲突的能力。

谈判(妥协)确实有助于发展组织应对冲突的内部能力。但谈判并不能产生最佳的解决方案:在谈判过程中,双方都没有完全满意,而且很可能更熟练和更精明的谈判者会比对手获得的更多。谈判本质上是一种使用——如果不是完全狡诈的——"卑鄙伎俩"和诡计多端的手段获取优势的敌对过程。这些策略经常会引起怨恨和不信任,它们是组织生活中的不正常态度。

竞争性输赢权力斗争和合作解决问题需要的精力、时间和资源最多。前面已经描述过每种模式主要的不同后果。众所周知,输赢权力斗争的后果和长期结果是不正常的,而合作的后果和长期结果是正常的,所以关心提高组织绩效的人只要可以,就会选择合作作为最可取的概念,并把冲突和竞争作为最不可取的概念。

(五)与难以相处的人打交道

每个组织都可能有一些难以相处的人。托德·惠特克(Whitaker, 2002)的《如何与难以相处的老师打交道》一书为处理个别教师的问题提供实际的建议,这些教师可能会缺乏热情、效率低下或者只是简单的难以相处和不合作。校长经常避免与这些人打交道,因为这样做会带来更多的工作和压力。但我们忽视了这样一个问题,即校长没有履行最重要的职责,也就是为每个孩子提供一个积极的学习环境。粗鲁、消极或带有敌意的教师会营造一种消极的组织氛围,他们可能对儿童造成不可估量的伤害。校长的职责是要么将这些人的行为从消极变为积极(或者至少是中立),要么将他们从学校开除。将其开除是校长工作中最困难和最有压力的工作之一,仔细记录所有违反学区和学校政策和程序的行为会使开除变得更加容易。排除那些玩忽职守以及带来危害的人,在试图开除一个人之前,惠特克提供了一些与难以相处的人打交道的有益建议:

1. 寻找机会来加强积极的行为,虽然惠特克幽默地评论说,"有时你必须眯着眼看"(p. 31),因为积极的行为可能很少表现出来。当观察到积极的行为时,抓住机会在他人面前恰当地表扬他们,表扬必须是真实的。

2. 给他们适当的责任。这种建议可能违背了人们的直觉,但正如赫茨伯格告诉我们的,给某人责任是一个强大的动力。适当的时候,让同行参与可能会产生一些积极的结果,包括与他人建立积极的关系。与积极的人合作时,难以相处的教师就会有好的榜样去效仿。

3. 就他们的消极行为而言,提高难以相处教师的不适程度。这一过程包括指出他们的消极行为,这反过来将帮助他们对自己的处境承担责任。

4. 帮助难以相处的教师提高他们的人际交往能力。"校长必须与他们分享他们是如何与他人交流的。"(Whitaker, 2002, p. 57)

5. 建立这样的期望:消极行为在学校是不可接受的,它们会创造糟糕的学校环境。对积极行为寄予厚望的两个关键时间或地点是在所有会议期间和教师休息室里。

我们如何接近难以相处的教师(或与之相关的任何人)或与其沟通对提高我们工作的成效是至关重要的。惠特克写道:

> 确保你不以他们对待他人的方式对待他们。不要提高你的嗓门、不要带有讽刺情绪或粗暴地对待他们。同样重要的是,我们不采取对抗或争论性的方法。……他们认识到你们这些积极和富有成效的教师希望与这些消极员工相处,但他们希望以专业的方式相处。(p. 27)

当有沟通困难或以任何方式批评个人行为时,千万不要在他人面前这样做。换句话说,不要在他们的同事或上级面前让他们难堪。这只会让他们更加具有防御性,对纠正他们的消极行为也无能为力。

最后,校长应确保组织中的所有领导者理解并应用上述应对难以相处人员的原则。助理校长、团队领导、专业学习共同体主持人和其他领导应该接受培训,学会如何应对难以相处的个人,因为他们更可能遇到消极的行为。对于任何一个领导者来说,难以相处的员工都是有威胁和有压力的。

(六)应对来自冲突的压力

正如海菲兹和林斯基(Heifetz & Linsky, 2002)指出的那样,冲突带来压力,领导者们通常会感受到巨大的压力,因为他们被期望来管理冲突。关注棘手问题,并使冲突浮出水面来处理它们,这将增加所有相关人员的压力,进而增加压力水平。

海菲兹和林斯基建议,领导者可以创造一个"保持性环境"(安全的地方),在这个环境中处理棘手的问题(例如雇佣一个外部的协调人,去另一个地方,建立一种认为分歧是件好事,而不是敌意的文化)。由于正常冲突导致的群体和个人紧张情绪增加,领导者可以通过以下方式"降温":

1. 解决技术层面的问题。
2. 制定解决问题的流程。
3. 暂时不做艰难的决定。
4. 采用工作回避机制。
5. 暂缓质疑常规做法和人们的期望。(p. 111)

上面列表中的第四条需要解释一下。海菲兹和林斯基简单地说,领导者根据需要给个体和群体暂时避免冲突的机会。由于利益相关者的期望和外部环境(如《不让一个孩子掉队法案》)带来的压力,使第五条在教育中很难取得重大和持续的改进。

在大学教育管理委员会的"真实案例"项目中,阿尔斯伯里和惠特克(Alsbury & Whitaker, 2012)报告说,督学和校长在个人层面上通过"减压活动,如沉思、放松训练、体育锻炼、健康和保健计划以及时间管理培训"来应对压力。事实上,学校领导报告说,最有效的应对机制包括体育锻炼、与朋友交谈以及向配偶发泄(p. 184)。阿尔斯伯里和惠特克建议学区制定帮助管理者应对压力的计划,包括建立有效的指导和关系网络,以及专业发展计划,以帮助管理者制定与工作相关压力的应对机制。这一过程也将有助于学区实现其在学校提供更高质量、可持续领导的目标,因为这些项目将减少因身心疲惫而造成的倦怠。

结 语

本章主要讨论组织内部的双方冲突。虽然冲突曾经被认为是组织失败的信号,但它越来越成为人类社会系统的一个正常和合理的方面。因此,冲突不仅是不可避免的,而且与先前的观点相反,它可以通过激发创造性的解决问题方法发挥有益的作用。

组织冲突是破坏性的还是建设性的,在很大程度上取决于组织冲突是如何管理的。健康的组织以完善的解决问题机制和协作氛围为特征,能够发现冲突并以协作的方式处理冲突,从而使组织更强大、发展更好,而不会被敌意削弱和折磨。

学区和学校处理冲突的方式受到顾问或第三方干预的严重影响。特别是随着集体谈判的普及,学区越来越多地向受过训练并习惯于以敌对、好斗的方式看待冲突的人(律师以及专业谈判者和调解人)寻求建议,而不是向那些受过训练并习惯于将其视为组织行为现象的人(应用社会科学家、组织心理学家)征求意见。这就往往产生了实质上具有破坏性的输赢策略和战术。

本章提出了一种在特定情况下诊断冲突的方法,作为选择适当管理策略的基础。显然,没有一种最好的方式来管理组织中的冲突。有很多种方法,但每种方法都适合特定情况。然而,选择冲突管理方式的基本原则是使用最有可能减少破坏性(例如敌意)和最大限度地增加组织发展和成长机会的方法。

最后,诊断形势比冲突管理的任何阶段都更为关键。通常,概念化或分析冲突的过程会混淆结果和原因。例如,一位学校督学问一位顾问,"我可以用什么方法来处理这个学区的冲突?"当被问到他在谈论什么样的冲突时,校长回答说:"好吧,你知道,我们有教师罢工,在这里很糟糕。现在教师们又回来了,但是我们到处都有不好的感觉。你知道这就是敌意。我们得做点什么。我们能做什么?"尽管正如我们所解释的,敌意是冲突的一个重要方面,但必须记住,敌意本身并不代表冲突。敌意是一种情绪反应,通常是冲突的结果或后果的一部分。但是,试图改善敌意,也许是处理一个症状而不是一个原因。如果我们不能正确地诊断冲突并处理其原因,冲突将继续藏在表面之下,准备在以后的时间表现出来。

反思活动

1. 处理冲突:完成作者艾伦·多恩赛夫(Dornseif, 1996)的以下四个构成冲突管理活动的案例。请在下面四个案例中的每一个案例下,将数字 1 到 5 写在你将要采取的行动方案旁,数字 5 表示最可能,数字 4 表示可能性次之,到数字 1 表示最不可能。如果你在这种情况下,你最有可能做的是什么。

案例一

皮特是一个由五名教师组成的中学教学团队的负责教师。最近,他注意到对面大厅的一位教师莎拉,几乎每次第五节课就来拜访皮特团队的阅读教师琳达,借点东西并聊上几分钟。这只是一段很短暂的时间,但是课堂喧闹声和注意力似乎在恶化。团队中的其他人似乎对这种轻微的干扰有些怨言。如果你是皮特,你会:

——a. 和琳达谈谈,告诉她把谈话安排在休息时间。

——b. 请校长告诉其他团队成员让他们的教师待在自己的教室里。

——c. 下次你看到他们在一起的时候,和他们谈谈,看看他们在做什么,并在你看到问题的时候告诉他们。

——d. 现在什么也不说,因为几分钟的事情而小题大做是愚蠢的。

——e. 试着让团队中的其他人保持轻松,重要的是他们都能很好地合作。

案例二

拉尔夫是新计算机管理系统的负责人。他的部门由一个最先进的计算机系统和五名员工组成。这项工作很艰巨。疏忽或程序不当可能会对系统造成代价高昂的损坏、错误输出或严重违反保密信息。拉尔夫怀疑吉姆喝得太多,甚至可能是在工作中喝酒,至少,他看起来喝得有点"醉意"。拉尔夫觉得他有一些强烈的迹象,但他知道他没有证据。如果你是拉尔夫,你会:

——a. 直接和吉姆谈谈,告诉他你怀疑什么,为什么,你关心他和部门的运作。

——b. 让吉姆不要把他的坏习惯放在工作上,他在工作上所做的事情也是你工作的一部分。

——c. 现在不要和吉姆对质,这可能会使他失去工作,或者使他酗酒更严重。

——d. 告诉吉姆,在工作中喝酒是违规的,如果他被抓了,你会竭尽所能等他被解雇。

——e. 密切关注吉姆,确保他不要犯严重的错误。

案例三

莎莉是学区的课程专家,被督学任命收集教学改进数据。在不同的场合,委员会中的两位教师向她提出了报告考试结果的不同意见。因为督学要看到团队的进展,保罗希望将测试结果直接发送给督学,然后再发送给教学团队。吉姆认为结果应该直接交给教学团队,这样他们就可以立即采取纠正措施。这两个想法似乎都很好,督学

一直忙于完成这个项目,并且没有安排具体的报告程序。如果你是莎莉,你会:

——a. 决定谁是正确的,并要求另一个人同意这个决定。

——b. 等着瞧,最好的解决办法就会显现出来。

——c. 告诉保罗和吉姆不要对他们的分歧感到紧张。这没那么重要。

——d. 让保罗和吉姆聚在一起,仔细研究他们的两个想法,寻找最佳方法。

——e. 将数据发送给督学,并将其副本发送给教师负责人(尽管这种方法对员工来说工作量更大,成本也更高)。

案例四

吉恩是家长—教师协会主席。过去,学校理事会及其工作人员不时"抽调"家长—教师协会的志愿者来增援一些项目,这并不是问题,因为家长们非常愿意合作。然而,最近各种新项目对志愿者的需求持续上升。许多家长已经都不来了,剩下的"真正的工人"现在必须弥补短缺。家长开始抱怨他们被利用了。如果你是吉恩,你会:

——a. 现在就放手不管了,额外的项目很快就会结束。

——b. 试着和志愿者、理事会和校长一起把事情缓和过去。毕竟,大家都在为孩子们做这些。我们承受不起冲突的代价。

——c. 告诉委员会和工作人员,他们每人只能有两名志愿者。

——d. 去校长和理事会主席那里,讨论如何在不使志愿者负担过重的情况下,最好地满足对额外帮助的要求。

——e. 去理事会主席那里,让他取消或推迟理事会的项目。

活动计分表说明　针对每个案例,在每个字母旁边写下你选择的数字。数字最大的那一列显示的是你在这种情况下首选的解决冲突的方法。

在每个字母后填入你的评分				
案例一	d.	e.	a.	b.	c.
二	c.	e.	b.	d.	a.
三	b.	c.	e.	a.	d.
四	a.	b.	c.	e.	d.
总计					
风格					
	退缩	和解	和谐	力量	协作

在你有了分数之后，让我们把它们与处理冲突的风格联系起来。当面对一场争论时，我们常常依靠一种本能的方法来反映我们的态度和行为。从我们的背景和经验来看，我们中的大多数人都发展了一种我们偏爱的方法，当我们面对潜在的冲突情况时感觉最舒服的方法。然而，在群体冲突的情况下，有两个问题是危险的。我们赋予这两个问题的价值观决定了我们处理冲突的首选策略。我们可以使用五种可能的方法来处理潜在的冲突情况，每种方法如下所述。

根据下面处理冲突的方式反思你的分数。你的分数是你期望的吗？

力量

在使用这种方法时，为了达到目标以及建立或维持自己的地位，对抗的需求是很高的，相反保持和谐的情感和顺利工作关系的需求是很低的。这种风格是武断、进取和竞争性的，这创造了一个输赢的局面。使用这种方法的人通常会觉得他们在道德上是坚定的。"我是老板。想做就做！"

大多数人认为这种方法是别人使用的，而不是他们自己。然而，更多的人依靠力量的方法，这可能是一种无意识的个人选择。

和解

和解与力量相反。在这里，对人、情感和平稳的工作关系的关注度很高，而对实现目标和保持地位的需求很低。这种风格是一种随和、让步和默许，在解决冲突的同时保持关系，至少是暂时的。有时我们会说"赞同你的不同意"或"和平共处"。通常情况下，这意味着我们会悄悄地把问题搁置起来，希望它能留在那里（但很少会留在那里）。

和谐

讨价还价或谈判在维持关系和谐和实现目标方面是平等的。这是一个"中间地带"，旨在通过达成妥协来解决冲突。当获胜的压力不太大，并且当事双方发现有可能达成一个公平的交易或"互相让步"时，可以采用这种方法。在这种情况下，没有输家，也没有赢家。

退缩

回避或退出是力量方法的另一端。它既不需要维持关系，也不需要实现目标。这种方法旨在避免卷入冲突及其可能产生的强烈情感。退缩通常是暂时的解决办法。

协作

通过试图在问题上达成共识的人和团体的协作来解决问题,无论是维持关系还是实现目标都是很高的需求。它的目的是找到一组新的目标,将双方的想法和关注点结合起来,从而促进工作关系的发展。这种风格强调为解决冲突而共同努力。

面对共同的问题,各方都需要致力于坚定地寻找一个各方都能同意的解决方案。这种方法需要大量的精力投入,但不能保证问题能得到有效解决。然而,这是产生信任的最积极的方法。它的成功使其更有可能用于未来的冲突情况。

这些方法各有其优缺点以及强项和弱项。就其本身而言,没有任何一种风格比另一种更"优秀"。然而,每种方法都有不同的推动力和不同的后果。建设性的冲突管理要求领导者有能力了解情况并应用最佳策略。

不同阶段的冲突可能需要不同的方法。例如,在谈判的最初阶段,双方都可能利用力量来确定他们最感兴趣的问题。随着谈判的继续,如果要达成妥协,各方必须采取协商的方式。如果双方能够建立相互信任,那么合作解决问题的方法是最好的。

2. 回顾路易斯·庞迪的三种基本类型的潜在冲突。对于每种类型的冲突(稀缺资源的竞争、自主权和目标分歧),从你的经验中提供一个例子。使用肯尼思·托马斯的概念化冲突模型,确定每个场景中涉及的取向类型。谁是冲突中的参与者,他们和组织领导用什么策略来应对冲突? 结果对组织健康有正面还是负面影响?

3. 回顾本章结尾的关键事件,并应用本章学到的知识回答问题。

4. 制定行动计划。与工作人员会面为教育领导者提供了参与冲突管理的绝佳机会。然而,在学校会议中,冲突往往是潜在的,包括未被承认的、"被掩盖的"、被忽视的,因此可能被否认或根本不被承认。潜在的冲突几乎不可能被有效地管理。因此,管理冲突的第一步是使冲突显现出来:承认它,将它放在桌面上,以便对其进行描述、讨论和管理。然而,在学校员工会议中,一个常见的问题是人们以默许和商定的方式行事,防止被当作冲突来处理。如本章所述,这种反应通常归因于担心产生敌意。

既然你已经阅读了这一章,现在就回顾一下你在学校员工会议上的经验吧。准备三个关键的指导技巧,为你所在学校的校长提供帮助,改进安排和召开员工会议的方法,从而整合冲突管理策略和战术。从你的每一个指导技巧开始推荐一个具体行动或程序,然后描述你推荐行动的理由。

例如,有人可能建议校长成立一个由工作人员组成的咨询小组,他们将协作地制定员工会议议程。这样做的模型很可能是坦南鲍姆－施密特(Tannenbaum-Schmidt)模型。这一建议的理由是双重的:第一,授权教师让他们对必须参加的会议施加更大的影响,以改善会议的气氛,从而提高共识,产生有益的影响;第二,反过来,这一过程将使得冲突问题更容易且更有可能得到承认和讨论。

关键事件：一年级教师团队的冲突

在詹姆斯麦迪逊小学,一年级的五名教师之间存在冲突,校长米里亚姆·杰克逊不确定如何处理这种情况。米里亚姆感到不安,因为这场冲突正在影响一年级的教学,并且正在引起其他年级教师的关注。

问题始于两年前,当时学区要求所有学校按照国家标准调整教学策略、评估和课程。当试图在团队层面上做到这一点时,米里亚姆发现一年级的团队在基础阅读的教学理念上存在分歧。团队两名成员赞成使用语音训练的教学方法,而另三名成员坚定地坚持整体语言训练的教学方法。尽管每个人都知道任何阅读课程都必须是两种教学理念的结合,但他们并没有对应该先教什么内容取得一致意见,因此应该采用何种教学方法就成了本课程的焦点问题。这场争吵导致了许多关于一年级教学策略的争论,其中一些是非常敌对的。

去年,米里亚姆告诉他们,他们需要自己解决这个问题,但她发现,在过去的两年里,他们在一起工作的能力几乎没有进步。团队会议对队长来说是非常有压力的,因为队长是站在坚持整体语言训练方法的一方。赞成语音训练方法的教师告诉米里亚姆,他们被队长和其他教师刻意回避并受到威胁。在教师会议上,一年级团队的冲突导致了全校范围内关于阅读科目的争论,米里亚姆非常担心,由于这一冲突,整个学校的氛围已经恶化。她想知道怎样才能把这个挑战变成一个机会。

1. 米里亚姆应如何处理这一冲突,以解决教师之间的敌意问题和课程相关问题?
2. 她处理这一冲突的方式能对整个学校有利吗?

推荐阅读书目

Beckhard, R. (1967). The confrontation meeting. *Harvard Business Review*, *45*, 149–155.

这篇期刊文章描述了"一个能够让各层级组织的全面管理团队快速了解组织自身健康状况的活动,并在几小时内制定行动计划以改善其健康状况"(p.149)。它特别设计了为期一天的会议应对危机的压力,这将帮助群体(1)诊断形势;(2)协同设定目标和优先事项;(3)制定行动计划;以及(4)短期和长期地实施该计划。

Derr, C. B. (1975). *Managing organizational conflict*: *When to use collaboration*, *bargaining and power approaches.* Monterey, CA: Naval Postgraduate School.

本书提出了一种应急方法,指出在某些条件下,协作、谈判和施压方法都适用于组织冲突的管理。作者解释了如何诊断不同情况下的偶然事件,并讨论了在不同条件下每种策略的利弊。

Likert, R., & Likert, J. G. (1976). *New ways of managing conflict.* New York, NY: McGraw-Hill.

在分析了组织冲突日益加剧的原因之后,本书描述了如何用系统4(双赢)解决问题的策略取代输赢的策略,因为输赢的策略通常会使一方在冲突中感到沮丧和痛苦。这是一本非常具体和实用的指导书,向学校提供了一些明确的应用方法,应该对从业者有所帮助。

Whitaker, T. (2002). *Dealing with difficult teachers*(2nd ed.). Larchmont, NY: Eye on Education.

托德·惠特克是教育领导专业学生中的热门作家。在本书中,他指出了帮助未来领导者与教师有效合作的关键方法,否则这些教师的行为方式会造成消极的学校氛围。他表明,直接和武断的方法对于解决问题行为至关重要,他清楚地描述了如何帮助教师成为学校的积极力量,或者在必要时使用纪律措施来开除教师。

Yankelovich, D. (1999). *The magic of dialogue*: *Transforming conflict into coopera-tion.* New York, NY: Simon & Schuster.

在为教育目标、目的和方法达成广泛共识而进行不断斗争的过程中,领导者必须不断努力改进辩论各方之间的沟通。在本书中,作者、社会科学家和传播学者提供方法帮助领导者掌握沟通技巧,使他们更有效地解决问题和实现共同目标。正如扬克洛维奇(Yankelovich)所使用的术语,"对话(dialogue)"一词具有特定的含义,而不仅仅是"会话(conversation)"的同义词。他展示了如何利用对话来加强联系,消除刻板印象,克服不信任,实现相互理解,并塑造基于共同目标的愿景。有人反对说,本书只是一个系统的常识表达。然而,问题是,当对立势力因学校教育而面临冲突时,常识往往是最重要的事情之一。这本书的价值是把领导者带回到了基本原则上,任何参与者都会证明这是一个好主意,特别是当事情不顺利的时候。

参考书目

Acker-Hocevar, M. A., Ballenger, J., Place, A. W., & Ivory, G. (Eds.). (2012). *Snapshots of school leadership in the 21st century: Perils and promises of leading for social justice, school improvement, and democratic community (The UCEA Voices from the Field Project)*. Charlotte, NC: Information Age.

Alsbury, T. L., & Whitaker, K. S. (2012). *Pressure of outside forces, stress, and finding balance*. In M. A. Acker-Hocevar, J. Ballenger, A. W. Place, & G. Ivory (Eds.). *Snapshots of school leadership in the 21st century: Perils and promises of leading for social justice, school improvement, and democratic community (The UCEA Voices from the Field Project)* (pp. 169 – 187). Charlotte, NC: Information Age.

Barnard, C. I. (1938). *The functions of the executive*. Cambridge, MA: Harvard University Press.

Bennis, W. (2010). *Still surprised: A memoir of a life in leadership*. San Francisco, CA: Jossey-Bass.

Blake, R. R., Shepard, H. A., & Mouton, J. S. (1964). *Managing intergroup conflict in industry*. Houston, TX: Gulf Publishing Company.

Boulding, K. E. (1962). *Conflict and defense: A general theory*. New York, NY: Harper & Brothers.

Burns, J. M. (1978). *Leadership*. New York, NY: Harper & Row.

Collins, R. (1975). *Conflict sociology: Toward an explanatory science*. New York, NY: Academic Press.

Deutsch, M. (1949). The effects of cooperation and competition upon group process: An experimental study. *American Psychologist*, *4*, 263 – 64.

Deutsch, M. (1973). *The resolution of conflict: Constructive and destructive processes*. New Haven, CT: Yale University Press.

Dornseif, A. (1996). *Pocket guide to school-based decision making* (No. 5). Arlington, VA: Association for Supervision and Curriculum Development.

Griffin, G. , & Rostetter, D. (1978, March). *A conflict theory perspective for viewing certain problems associated with Public Law 94 – 142*. Paper presented at the meeting of the American Educational Research Association, Atlanta, GA.

Heifetz, R. A. , & Linsky, M. (2002). *Leadership on the line: Staying alive through the dangers of leading*. Boston, MA: Harvard Business School Press.

Likert, R. , & Likert, J. G. (1976). *New ways of managing conflict*. New York, NY: McGraw-Hill.

Pondy, L. R. (1967, September). Organizational conflict: Concepts and models. *Administrative Science Quarterly*, *12*, 296 – 320.

Sherif, M. , Harvey, O. J. , White, B. J. , Hood, W. R. , & Sherif, C. W. (1961). *Intergroup conflict and cooperation: The robbers cave experiment*. Norman, OK: Institute of Group Relations, University of Oklahoma Book Exchange.

Sherif, M. , & Sherif, C. W. (1953). *Groups in harmony and tension*. New York, NY: Harper & Brothers.

Thomas, J. M. , & Bennis, W. G. (1972). *Management of change and conflict*. Baltimore, MD: Penguin Books. Thomas, K. (1976). Conflict and conflict management. In M. D. Dunnette (Ed.), *Handbook of industrial and organizational psychology*. Chicago, IL: Rand McNally.

Whitaker, T. (2002). *Dealing with difficult teachers* (2nd ed.). Larchmont, NY: Eye on Education.

Wynn, R. (1972). *Administrative response to conflict*. Pittsburgh, PA: Tri-State Area School Study Council.

第十二章　学校改革

　　20世纪的最后二十年和21世纪初我们见证了美国正努力地进一步加快和扩大学校改革。几乎可以肯定的是，这些努力将继续下去，并将在21世纪内主导教育领导领域。如第四章所述，"学校改革"这一术语对不同的人来说往往有不同的含义，因为他们用各种理论来理解和解释诸如教育、作为组织的学校和人类行为等问题。

　　这一术语通常意味着学校外部力量有计划地在校内进行变革或重组。第七章详细介绍了主导该领域的三个主要理论策略：

- 经验—理性策略；
- 权力—强制策略；
- 组织自我更新策略。

　　权力—强制策略要求强制地行使权力，以至于组织不得不做出改变。在学校改革中，权力—强制策略的拥护者通常从一开始就很少关注或关心学校的组织行为问题。学校改革的第三种策略是从内而外通过组织自我更新的过程来改变学校。正如第八章所述，当领导者的实践理论以组织自我更新策略为基础时，组织行为问题是领导者实践中的核心问题。

　　学校面临的许多改革都是美国教育部倡议的直接结果，这些改革通常遵循权力—强制策略。尽管国家教育体制所需的一些改革是基于经验—理性的思考，但它们是通过强制性政策来实施的，因此，学区或学校的改革不是通过组织自我更新的方法来产生的。最主要的例子就是《不让一个孩子掉队法案》的要求，例如年度测试，它已经成为对儿童、教师、学校和学区的高利害评估。

　　美国教育部是教育改革的推动者。2010年，奥巴马政府发布了《改革蓝图：中小学教育法再授权》，它提出了改善小学、中学和高等教育的优先事项和战略（U. S. Department of Education，2010）。该战略计划成为2011年至2014年政府改革政

策的基础,并列出了以下目标:

目标1:高等教育、职业技术教育和成人教育。增加青年和成人接受高等教育和终身学习的机会,提高大学入学率、质量和毕业率。

目标2:小学和中学。提高教育系统的能力,始终以严格的学习标准开展优秀的课堂教学,同时提供有效的后勤服务。

目标3:早期学习。改善所有从出生到三年级儿童的健康、社会情感和认知能力,使所有儿童,特别是那些有特殊需求的儿童,都能顺利高中毕业并做好上大学或就业的准备。

目标4:公平。确保并促进所有学生获得有效的教育机会以及安全和健康的学习环境,无论其种族、民族、国籍、年龄、性别、性取向、性别认同、生理缺陷、语言和社会经济地位如何。

目标5:不断完善美国教育体系。通过更好和更广泛地使用数据、研究和评估、透明度、创新和技术以提高教育系统不断改进的能力。

目标6:美国教育部的能力。提高教育部实施这一战略计划的组织能力。

教育部长阿恩·邓肯(Arne Duncan)在介绍这一战略计划时写道,要实现奥巴马总统的目标,即重新获得全球最高比例的大学毕业生的领先地位。

需要进行从摇篮到就业的全面教育改革,教育需要从孩子一出生就开始,支持他们完成高等教育,并帮助他们成为终身学习者,从而适应经济全球化对工作多样性和技术要求的不断变化。(U. S. Department of Education, n. d., p. 1)

为了支持这些改革努力,作为《2009年美国复苏和再投资法案》的一部分,超过40亿美元资金被纳入最初的"力争上游"计划。你可能是通过"经济刺激"这一术语来了解《美国复苏和再投资法案》的,经济刺激指的是注入衰退经济的资金。这在很大程度上起到了作用,尽管专家们仍在争论这些资金是否太多或还不够。尽管如此,"力争上游"计划还是把钱作为胡萝卜摆在各州面前,而那些申请并"赢得"

这笔钱的州(到2013年夏天,有22个州)必须满足"力争上游"计划的要求,对大多数州来说,这似乎是一个更友善、更温和的《不让一个孩子掉队法案》。为了实现教育部的目标,"力争上游"计划试图推进基础教育学校在四个领域进行改革:

1. 采用严格的标准和评估,为学生将来在大学和工作中取得成功做好准备。

2. 招聘、培养、续聘和奖励优秀的教师和校长。

3. 建立衡量学生成功与否的成绩数据系统,并告知教师和校长如何改进他们的实践。

4. 扭转表现最差的学校。(U. S. Department of Education, 2013)

为了获得奖励,该州必须提供在这四个领域改革的证据或计划。竞争性拨款申请也指出了几个优先事项,其中最重要的是该州认同综合教育改革方法。该州必须证明他们致力于让大多数学区使用资金"提高学生成绩,减少学生群体之间的成绩差距,提高学生高中毕业率,并为大学和就业做好准备"(U. S. Department of Education, 2009, p. 4)。这一综合改革方法所包含的最高优先目标是制定共同标准、提高教师和校长的工作效能、改进教师和校长上岗培训项目以及扭转表现不佳的学校。第二优先事项是提出一项计划,促进小学、中学和高等教育中的科学、技术、工程和数学教育。奖励中其他的优先事项包括从学龄前阶段到三年级所取得的学习成果,如儿童的入学准备情况;扩大全州范围的教育统计数据系统,合并所有教育计划和人力资源信息的数据;教育计划纵向与横向的协调和对接,包括从幼儿到工作后的劳动力培训以及社区机构(如儿童福利和未成年审判)的教育计划;以及学校层面提供改革、创新和学习的条件,包括促进此类活动的学校氛围(U. S. Department of Education, 2009)。

戴安娜·拉维奇(Ravitch, 2013)在她的评论中总结道,《不让一个孩子掉队法案》和"力争上游"计划实际上导致了联邦政府对教育的控制,这与过去任何时候都不同。华盛顿通过提供或收回资金来控制教育改革,并通过这样做有效地否定了"联邦主义——联邦、州和地方政府之间的经过长期较量达到的平衡"的承诺(p. 314)。我们提供上述信息作为本章后续讨论教育改革的背景。

一、市场化学校改革

一些希望改革美国公立学校的人认为，应该放弃公立学校由政治团体民主控制的观念，转而通过市场进行间接控制。对学校改革持这种看法有两个主要群体：市场导向的理论家，他们认为政府组织不如市场导向的组织；商业投资者，他们认为教育私有化是巨大利润的潜在来源。

在一些州，有三种主要手段来实施市场导向的教育改革，并得到蓬勃发展。

● **特许学校**　这些学校是由非营利或营利性公司组成的自治非教派学校。他们由学区、公立大学或州教育委员会授予办学特许证（合同），并根据入学儿童数接受国家资助。一些州还提供学校建设的启动资金。在特许合同中，特许学校要说明它将如何组织学校，向学生和家长/监护人提供什么类型的课程和服务，如何筹措资金，以及如何界定不同于公立学校的自主权。允许这类学校的最初理由是双重的：一是特许学校将以一种与当地公立学校不同的理念办学，给家长和监护人在如何教育孩子方面提供更多的选择；二是通过与特许学校的竞争，公立学校也会改进。在2012—2013学年，42个州和哥伦比亚特区制定了立法，授权某些类型的特许学校（Center for Education Reform，2013）。未授权特许学校的州有亚拉巴马州、肯塔基州、蒙大拿州、内布拉斯加州、北达科他州、南达科他州、佛蒙特州和西弗吉尼亚州。

● **教育券**　教育券也被称为学费券或奖学金。在一些州，家长和监护人会得到一张州学费券，通常与每个儿童的生均经费大致相同，他们可以在自己选择的学校使用。教育券的资格因州不同而有差异，但通常是为残疾学生或就读根据州规定的不合格学校的学生保留的。截至2012年8月，10个州和哥伦比亚特区允许使用教育券（亚利桑那州、佛罗里达州、佐治亚州、印第安纳州、路易斯安那州、密西西比州、俄亥俄州、俄克拉荷马州、犹他州和威斯康星州）。另外两个州，缅因州和佛蒙特州允许在不容易获得公立学校教育的小城镇和农村地区使用教育券（Alliance for School Choice，2012；U. S. Department of Education，2009）。

●**税收抵免或减税**　向奖学金组织提供资金的个人或公司均可享受税收抵免或减税政策。然后,奖学金将发放给个人,他们使用这些奖学金到他们选择的公立或私立学校就读。这些奖学金的作用很像教育券,除了使用的是个人或公司资金,而不是公共资金。在一些州,如佛罗里达州,私立学校不能使用教育券形式的公共资金(Bush v. Holmes, 2006),而奖学金没有这样的限制。2012 年底,13 个州(亚利桑那州、佛罗里达州、佐治亚州、伊利诺伊州、印第安纳州、爱艾瓦州、路易斯安那州、明尼苏达州、新罕布什尔州、俄克拉荷马州、宾夕法尼亚州、罗得岛州、弗吉尼亚州)参与了这项市场化改革(Alliance for School Choice, 2012; U. S. Department of Education, Office of Innovation and Improvement, Office of Non-Public Education, 2009)。

(一)市场化改革的起源

约翰·丘博(John Chubb)和特里·莫伊(Terry Moe)于 1990 年由布鲁金斯学会(the Brookings Institution)出版了《政治、市场和美国学校》一书,该书作为这一反传统的早期论述之一广受欢迎。在这场学术论战中,所有曾尝试过的教育改革都被完全摒弃,作者自己的理论概念(有时称为教育券制度)被认为是完美无缺的,尽管当时从未被尝试过。作者坚持认为,市场本身可以促进学校的自主办学,从而提高教学效果。他们从理论上认为,在市场中,只要消费者不想购买他们的产品,那些差学校就会消失。丘博和莫伊(Chubb & Moe, 1990)提出了一个简单而理由充分的建议,即由家长和学生在市场中选择学校,替代一个世纪以来在美国盛行的直接民主控制公立学校的方案。该建议引发了一场全国性的辩论。

为了达到这个目的,自由市场的学校改革需要大量学校的存在,从而构成一个市场,在这个市场中,家长和学生实际上可以购买他们选择的学校,只要这些学校愿意接受他们的教育券。到 1998 年,密尔沃基市和克利夫兰市开始实施试点州政府批准的教育券计划,这些城市允许教育券在宗教或非宗教私立学校中使用。1999 年,佛罗里达州立法机关通过了第一个州范围的教育券计划,名为"教育机会奖学金计划(the Opportunity Scholarship Program)",但 2006 年,在"布什诉霍姆斯案"中,佛罗里达州最高法院驳回了这项法律,理由是它违反了佛罗里达州宪法规定,立法机关应为公立学校提供统一的制度。与教育券计划的挫折相类似，路易斯安那州最高法院于2013年5月裁定，州给学校的拨款被称为"基本拨款方案（the Minimum Foundation Program）"，这些拨款不能用于非公立学校。教育券的支持者，包括州长金达莱（Jindal），发誓通过寻找"基本拨款方案"以外的新资金来继续实施教育券计划。表12.1和12.2显示了每个州的教育券类型和税收抵免计划。

表12.1　已颁布的州教育券计划

州	描述	颁布年份
亚利桑那州	残疾学生教育券	2006
	寄养儿童教育券	2006
	低水平学校学生教育券（可就读私立学校）	2011
佛罗里达州	不合格学校学生教育券（注：佛罗里达最高法院于2005－2006学年末终止了该计划）	1999
	残疾学生教育券	1999
佐治亚州	残疾学生教育券	2007
印第安纳州	中低收入家庭学生教育券	2011
路易斯安那州	中低收入家庭学生教育券（可就读私立学校）	2008
	残疾学生教育券	2010
缅因州	类似教育券的小城镇、农村学生学费助学券	1873
密西西比州	阅读困难学生教育券	2011
俄亥俄州	克利夫兰市学生教育券	1995
	自闭症学生教育券	2003
	成绩不佳学校学生教育券	2006
俄克拉荷马州	残疾学生教育券	2010
犹他州	残疾学生教育券	2005
	所有学生教育券（注：2007年11月的全州公民投票不支持实施该计划）	2007
佛蒙特州	类似教育券的小城镇、农村学生学费助学券	1869
威斯康星州	密尔沃基市低收入家庭学生教育券	1990
	拉辛市低收入家庭学生教育券	2011
哥伦比亚特区	低收入家庭学生教育券（注：该计划由联邦政府资助）	2004

　　资料来源：数据收集自美国教育部创新与改进办公室的《各州教育择校报告（2009年）》，检索自 http://www.ed.gov/parents/schools/choice/educationoptions/index.html 和择校联盟（2012年）的《择校年鉴2011—2012》，检索自 http://www.allianceforschoolchoice.org/school-choice-facts

　　尽管在教育家们看来,新闻报道和公众讨论的内容很多,但公众对学校教育券、特许学校和学费税收抵免有些困惑或缺乏了解。1999 年 11 月,在丘博和莫伊的书出版 9 年后,公共议程进行了一项研究,该研究显示,在全国范围内接受采访的人中,63%的人表示对教育券"知之甚少"或"一无所知"。到 2008 年,这一数字有所改善,40%的人表示他们对学校教育券了解不足,无法发表意见,37%的人赞成教育券,24%的人反对。然而,当被问及他们是否赞成允许学生和家长使用公费选择私立学校就读(这是教育券的定义)时,50%的人反对,44%的人赞成。很明显,当给出教育券的定义时,公众大多反对这个想法。然而,每年公布的斐德塔卡帕/盖洛普民意调查(the Phi Delta Kappan/Gallup Poll)显示有倾向于使用教育券的趋势。在 2006 年,只有 36%的人赞成使用教育券(Bushaw & Gallup,2008)。但在 2012 年,这一比例上升到了 44%(Bushaw & Gallup,2008)。

表 12.2　截至 2007 年 8 月颁布的国家税收抵免计划

州	描述	颁布年份
亚利桑那州	个人向奖学金组织捐款的税收抵免	1997
	公司向奖学金组织捐款的税收抵免	2006
佛罗里达州	公司向奖学金组织捐款的税收抵免	2001
佐治亚州	个人和公司向奖学金组织捐款的税收抵免	2008
伊利诺伊州	父母教育支出的税收减免	1999
印第安纳州	个人和公司向奖学金组织捐款的税收抵免	2009
艾奥瓦州	父母教育支出的税收减免	1987
	个人向学校学费组织捐款的税收抵免	2006
路易斯安那州	个人和公司向奖学金组织捐款的税收抵免	2012
明尼苏达州	父母教育支出的税收减免	1995/1997
新罕布什尔州	公司向奖学金组织捐款的税收抵免	2012
俄克拉荷马州	个人和公司向奖学金组织捐款的税收抵免	2011
宾夕法尼亚州	公司向奖学金组织捐款的税收抵免	2001
罗得岛州	公司向奖学金组织捐款的税收抵免	2006
弗吉尼亚州	个人和公司向奖学金组织捐款的税收抵免	2012

　　资料来源:数据收集自美国教育部创新与改进办公室的《各州教育择校报告(2009

年)》,检索自 http://www. ed. gov/parents/schools/choice/educationoptions/index. html 和择校
联盟(2012 年)的《择校年鉴 2011—2012》,检索自 http://www. allianceforschoolchoice. org/
school-choice-facts

关于特许学校,2008 年斐德塔卡帕/盖洛普民意调查显示 51% 的人支持特许学校,35% 的人反对特许学校,14% 的人没有意见。到 2011 年,支持特许学校的人数达到了最高的 70%,但在 2012 年下降到 66%(Bushaw & Lopez,2012)。在 2008 年,这些百分比在民主党和共和党人中是相似的,反对特许学校的人数比例也相等,并且支持特许学校的共和党人数比民主党只高出 4%。然而,特许学校正在成为一个充满政治色彩的概念,到 2012 年,80% 的共和党人支持特许学校,而只有 54% 的民主党人支持特许学校。总的来说,有利于特许学校的趋势正在下降,这可能表明,随着公众对特许学校提高学生成绩的实际效果了解越来越多,相比公立学校,他们认为特许学校是一个不太理想的选择。传统上,公众对自己孩子上学的公立学校的评级非常高,77% 的人给它们评 A 或 B 级(在过去 20 年里上升了 13%),只有 6% 的人给它们评 D 或 F 级。而当被要求对公立学校进行全国性评分时,48% 的人将其评为 A 或 B 级,17% 的人将其评为 D 或 F 级。对自己孩子上学的公立学校和全国公立学校的评级之间的这种分歧现象令人费解,但有一种解释是,政治家和专家们经常提到公立学校的失败,这给公众留下了关于公立学校的固有印象。

(二)经济理论与学校改革

学校教育券概念的起源一般归功于米尔顿·弗里德曼(Milton Friedman),一位坚定保守的经济学家和 1976 年诺贝尔经济学奖获得者。弗里德曼提出的经济观点强烈反对约翰·梅纳德·凯恩斯(John Maynard Keynes)的观点。凯恩斯在 20 世纪的大部分时间里主导着经济和政治思想。凯恩斯主张在自由市场中开展公共工程项目和其他政府支出项目,以刺激就业和经济,并提供诸如医疗和教育等社会项目。从第一次世界大战开始,直到第二次世界大战之后,凯恩斯经济学一直是许多西方国家经济和政治政策的基础,包括美国的新政。

弗里德曼是现在流行的开放市场理念的先驱,开放市场不受政府干预或控制。在这种情况下,弗里德曼提出了这样一个观点:教育不应该是政府提供的服务,而应该是自由市场体系的一部分(Friedman,1955,1995)。尽管弗里德曼没有把这种

想法付诸实践,但他的许多追随者这样做了。因此,推动市场化学校改革的理论,包括教育券计划,产生于经济思想。我们在这里不会深入探讨经济理论,但有些观点与教育券和市场化学校改革的理念有着高度的关联,应该得到学校领导的重视。

经济学是一门科学,研究一个社会如何选择分配稀缺的资源来最好地满足竞争的需要(Friedman,1976)。教育学教授赫伯特·J.沃尔伯格(Herbert J. Walberg)作为领导者试图将市场理论应用到美国公共教育的组织和控制中。沃尔伯格和巴斯特(Walberg & Bast,2001)解释说,经济活动发生在四个部门:政府、家庭、民间或非营利机构以及市场。每个部门都有自己的规则和目标。例如,政府和民间机构的活动通常采取投票、发出或接受命令的形式。在家庭中,规则通常类似于一种原始的共产主义。在市场中,主要的活动是购买、销售、储蓄和投资。在这种情况下,人们可以将学校教育视为一个经济问题,因为用于建筑物、设施、设备和材料、教师和管理者等所需的必要资源和资金是稀缺的,必须与其他需求竞争。虽然美国人民传统上选择在民主政治管控的框架内做出关于学校教育的决定,但自由市场的倡导者认为,如果我们愿意,我们可以选择从公共政策价值转向市场。当然,在一个以崇尚自由市场创业精神和贬低政府为特色的经济繁荣时期,自由市场的拥护者往往认为这是非常可取的。

在自由市场倡导者和其他所有接受这一看似简单想法的人面前,出现了一个巨大的问题:美国公立学校事业的巨大规模和复杂性,当我们考虑到这一庞大而复杂的人类社会系统所涉及的人性差异时,这种规模和复杂性就变得不可估量。在美国,2010 年和 2011 年,我们谈论的是 14,166 个学区和 98,817 所公立学校(自2005 年以来增加了约 12,000 所),其中 5,274 所是特许学校(National Center for Education Statistics,2013)。因为理性选择的概念接近经济理论的核心,在这样一个人数众多、社会规模大以及多样性明显的事业中,人们怎么能相信理性选择能够并且将会在自由市场的舞台上占优势呢? 沃尔伯格认为,幸运的是,有一个简单而令人信服的答案。学校领导者应该很好地理解这一点,因为在一个市场竞争和教育券的时代,它对领导和组织行为有着巨大的影响。尽管教育领导者对诸如动机、协作和冲突管理等复杂的人类问题非常感兴趣,但我们知道经济学家选择忽略这些事情:

经济学家通过尽可能少地考虑他所研究的行动者的动机来解决复杂问题

……［并且］断言人类行动者在面临选择时只会倾向于理性地选择……。理性选择理论不考虑行动者的目的是否合理或可取，只要它们是由行动者自愿选择的。（Walberg & Bast, 2001, p. 8）

换言之，市场的激励和规则产生行为，而经济学家并不特别关注价值观或态度，尽管这些价值观或态度可能会，也可能不会，对个人或社会的决策过程产生影响。经济学家最常强调的是理性选择的概念，即在市场中做出符合个人经济利益的决策。当然，从组织行为的角度来看，这是一个非常棘手的问题，因为它假定在理解组织时，没有什么比在组织的人性层面上的社会心理因素更重要的了。

在教育改革中，大部分支持自由市场战略的人都得到了保守派智库的财政支持，并且经常被保守派新闻专栏作家们引用，例如威廉·拉斯伯里（William Raspberry），他的专栏出现在《华盛顿邮报》上并在2012年去世前被（通过报业联合组织）广泛销售。智库及其代表人物都倾向于主张，作为一种超前的真理，自由市场解决公共政策问题的思想在本质上优于所有其他解决方案。这种思想尤其适用于那些被称为"政府"方案的解决方案（就像"政府学校"，这是讨论市场驱动的学校改革时经常出现的术语）。例如，沃尔伯格写了大量的文章有力地论证这个论点，这些文章都是经过了严密地论证，并备有详细的证明文件。沃尔伯格大力倡导放弃公立学校教育，在市场上接受营利性企业学校，但是支持他这一主张所依赖的证据在研究上非常薄弱，而且更多的是他自己的观点，这些观点反映了一些来自经济学领域的大胆想法。在沃尔伯格丰富而详细的个人论点中，人们找不到任何他支持公立学校的观点，他认为政府学校及其管理者没有丝毫价值。经济学家托马斯·索厄尔（Thomas Sowell）的著作曾在第二章中被描述过，他偏袒地主张攻击公共教育，而不是以正常的学术分析中应该呈现的兼顾各方的品性和视角分析问题。例如，索厄尔如此渴望摧毁教师职业入职培训的根源，即美国大学师范教育的教师入职培训项目，他认为所有教育学教授的合同都应该被买断，教职员工也应该被解雇，这样他们所教授的课程就可以被根除。正如你在本章后面会看到的，美国高等教育协会强烈反对这一建议。

除了目前通过开展调查来证明在教育领域中私营企业和自由竞争优于其他所有方法外，安德鲁·库尔森（Coulson, 1999a）还试图找到一个历史依据，推进学校教育的市场化。他在《市场教育:未知历史》一书中讨论了从雅典和罗马的古代文明,到伊斯兰世界和中世纪,再到 19 世纪的英国和美国,为了证明他所说的市场教育自亚里士多德时代以来就一直表现出优于所有其他方法。库尔森(Coulson, 1999b)通过以下方式总结了他的研究结果:

> 几个世纪以来,一个反复出现的主题是:与公办教育系统相比,竞争性教育市场在为公众服务方面一直做得更好。原因在于,公立学校制度缺乏四个关键因素,历史告诉我们,这四个因素对卓越教育至关重要:父母的选择、经济责任、教育者的自由和市场激励。拥有这些特点的学校系统始终在满足我们个人教育需求和共同教育目标方面做得更好。

也许这是正确的。然而,一些读者在这个学术讨论中仅仅看到了一个证据,那就是学校教育市场化与民主控制的争论所固有的紧张关系已经持续了上千年的兴衰,它经常像今天一样具有争议性,而且它在历史舞台上长期存在证明了一个事实,即尽管库尔森提出了他的主张,但它从未得到解决。他的主张并不容易实现,因为他是卡托研究所教育自由中心(the Cato Institute's Center for Educational Freedom)的主任,该中心是一个保守的智库,其部分使命是"根据有限政府、自由市场、个人自由和和平的原则,增进对公共政策的理解"。在卡托研究所的政策简报中,尼尔·麦克拉斯基和安德鲁·库尔森(McCluskey & Coulson, 2007)认为,《不让一个孩子掉队法案》未能改善公立学校,我们也不反对这种看法,而且他们主张废除美国教育部、《不让一个孩子掉队法案》和所有联邦教育支出,将所有教育政策交给各州制定。在没有自由市场有效性证据的情况下,麦克拉斯基和库尔森建议废除"政府学校",只支持建立基于特许学校、学费税收抵免等的自由市场教育体系。他们仅有的理由是,这是获得自由市场体系的唯一途径。

市场教育理念的倡导者在提出新的公共教育方式替代传统教育方式方面非常有影响力,例如择校和教育券,这些方式值得思考。他们对公立学校教育的可行性提出了严重的怀疑,尽管一个多世纪以来,公立学校教育在美国已经广为人知。他们的建议极有可能在未来几年对美国公共教育的组织和管理产生深远影响。有一个群体认真听取了美国公民对公立学校教育状况的普遍不满以及自由市场倡导者的建议,这个群体就是一个小规模但不断增长的投资者群体,他们把公立学校教育看作是一个难得的机会,因为他们在各级教育领域的商业投资可能会带来高额利润。

(三)学校改革作为投资机会

也许你还记得迈克尔·米尔肯(Michael Milken),他之前是垃圾债券之王,现在是一名教育企业家。他领导着一家名为"知识世界"的企业联合体,拥有许多公司,这些公司的经营范围从学前教育到企业培训。1998年,他会见了从1994年到2006年在哥伦比亚大学教师学院担任院长的阿瑟·莱文(Arthur Levine),讨论企业参与公共教育改革的问题。"他传递的信息是,"莱文院长后来回忆说,"你们有麻烦了,我们要吃你们的午餐。"这一观点被莱文理解为不是直接的挑战,而是一种掠夺性的威胁。

许多投资者,不是一些口袋很深(资金雄厚)的人,听说人们对美国公共教育不满,尤其是听到人们在寻找用市场替代现有体制的想法时,就被这种有潜在高利润的投资所吸引了。许多投资者从20世纪90年代末开始就涉足这项业务,并赶上了当时的股市繁荣期,通过筹集数亿美元的风险资本来资助尚未发展的企业(Wyatt,1999)。这些努力通常由公众生活中的知名人士来代表,这些人很容易得到投资者的认可和信任。曾被誉为"教育州长"和总统候选人的田纳西州前州长拉马尔·亚历山大(Lamar Alexander)为这类投资集团提供了领导力。马萨诸塞州前州长威廉·F. 威尔德(William F. Weld)曾因倡导营利性学校教育而面临着强烈的政治阻力,他试图帮助利兹投资合伙企业(Leeds Equity Partners III)从1.5亿美元的启动资金开始,逐渐筹集一笔巨大的风险投资基金,投资于营利性学校教育。到2003年,著名的公共教育批评家威廉·F. 贝内特(William F. Bennett)领导了一家名为K12的企业,该企业主要依靠互联网为加利福尼亚州、科罗拉多州、爱达荷州、俄亥俄州和宾夕法尼亚州的合作学校,以及全国各地希望在子女家庭教育方面提供支持和指导的个人提供课程和教学。一些相对较小的公司已经在营利教育管理方面进行了尝试,并取得了不同程度的成功。

到2003年,最大和最著名的营利性教育管理公司是爱迪生学校股份有限公司。该公司于1992年作为爱迪生项目(The Edison Project)在获得管理四所学校(约2000名学生)的初步合同之后而成立。该公司在接下来的十年中不断发展壮大,尽管这个过程中出现了许多倒退和复苏。在2002—2003学年,爱迪生学校声称管理着150所公立学校,在23个州和哥伦比亚特区有8.4万名注册学生。根据这些统计数据,爱迪生学校喜欢宣传说它是美国第三大的学校体系,这当然有点夸张,因为很少有人会把它的学校描述成一个学校体系。尽管如此,爱迪生学校已经明确地确立了在以营利为目的的公立学校管理业务方面的领跑者地位。爱迪生学校是一家上市股份公司,在其历史上一直亏损,即使其学生数量不断增长。因此,随着信息的披露,其股票价格明显下跌。

2001年12月21日,就在费城公立学校的教室因年假而被清空的几个小时后,宾夕法尼亚州州长马克·施维克(Mark Schweiker)和费城市长约翰·斯特里特(John Street)宣布接管该州陷入困境的学校系统。这一决定对爱迪生学校来说是一次重大的变革,作为协议的一部分,爱迪生学校已安排接管该市45所不合格学校的管理,从而希望在其业务发展方面取得重大突破。费城是美国第七大学区,这次收购是历史上最大的一次,涉及约21万名学生和2.7万名员工。然而,当秘密谈判的交易公之于众时,引发了人们激烈的争论。在一个非常关注教育事业未来的社区里,一场价值超过40万美元的广告闪电战可能对爱迪生学校产生事与愿违的结果。最后,爱迪生学校获得了20所学校的管理权,而其他6个社区机构,包括大学和特许学校运营商,则获得了其余学校的管理权。45所学校,包括爱迪生的20所,是该地区成绩最低的学校。学区还选择了21所成绩也很低但不低于这45所的学校,由学区进行重组,但由学区管理,在第一年对员工进行集中培训并提供额外的生均经费。此外,由学区管理的16所学校,称为斯威特-16(Sweet 16),也获得了额外的经费,但没有额外的培训。除了坦普尔大学和宾夕法尼亚大学管理的8所学校外,其余37所学校在2002—2003年的生均经费比正在重组的21所学区学校高出100—300美元,在2005—2006年,所有45所学校的生均经费都比学区学校高出450—780美元。在2002—2003年,斯威特-16学校的生均经费增加了550美元,在2005—2006年增加了450美元。这一管理结构为一项研究提供了可能,即将特许学校在提高学生成绩方面的成功与其他学区学校进行比较。

兰德公司行动研究机构在2007年和2008年完成了两项研究。2007年的研究收集了截至2006年春季州政府接管前四年的数据。研究者发现,四年后,私立学校或学区学校均未超过宾夕法尼亚州其他地方学校的成绩,在45所学校(营利学校、非营利学校和大学管理的学校)中,未发现任何积极的教育效果,斯威特-16学校也未发现任何教育效果。然而,与该学区其他学校相比,这21所重组后的学校多年来在数学方面教学效果显著,而且阅读在第一年也有明显提高。该研究的作者得出结论,没有证据支持应该将纳税人的额外资金用于私人管理公司(Gill, Zimmer, Christman, & Blanc, 2007)。2008年的第二项研究追踪了2000年至2007年的纵向数据,这样作者可以追踪从传统公立学校到特许学校以及反向的学生流动情况。研究者利用学生成绩数据(而非学校成绩)和学生的人口统计学特征,发现费城特许学校和传统公立学校是没有区别的,特许学校办学四年的学生成绩与办学三年或三年以下的学生成绩没有什么不同,并且特许经营对附近的传统公立学校没有竞争效应(Zimmer, Blanc, Gill, & Christman, 2008)。

费城最终成为爱迪生学校的一个实验案例,但似乎失败了。爱迪生学校的负责人是前耶鲁大学校长本诺·C.施密特(Benno C. Schmidt, Jr.)。加入爱迪生学校的最有趣的人是约翰·丘博(与本章前面讨论过的丘博是同一个人),他是该组织最初的七名成员之一,后来成为该组织负责发展的高级执行副总裁。爱迪生学校的首席执行官是克里斯托弗·C.惠特尔(Christopher C. Whittle),他创建了惠特尔通信公司,并曾担任该公司的负责人。惠特尔通信公司为美国的初中和高中提供了备受争议的第一频道。爱迪生学校的首席运营官是克里斯托佛·瑟夫(Christopher Cerf),一位华盛顿著名的诉讼律师,他在最高法院执业,是前总统比尔·克林顿的助理律师。由于费城的失败,爱迪生学校发生了一次改组。学校名称改为爱迪生学习在线(EdisonLearning),克里斯托佛·惠特尔、本诺·施密特和克里斯托佛·瑟夫不再在学校的网站(edisonlearning.com/)上列出,首席运营官是杰夫·沃尔(Jeff Wahl)。2008年,克里斯托佛·惠特尔重组了爱迪生学校,由特里·斯坦茨(Terry Stecz)收购,并将爱迪生公司私有化。尽管爱迪生学习在线仍管理特许学校,但它已将重点从管理特许学校转变为向学区提供各种学习服务,如在线课程、评估系统、数学和阅读干预计划以及其他补充教育服务。

对于企业家来说,一个利润更丰厚的市场是在补充教育服务(Supplemental Educational Services, SES)领域,在本节中不要与社会经济地位(Socio Economic Status, SES)混淆。根据《不让一个孩子掉队法案》,将向低收入家庭提供补充教育服务,这些家庭的孩子就读于招收"需要改进"的"一号标题法案"学校不满一年或未达到处境不利学生的适当年度进步率要求。这些服务在正常学时以外提供,包括辅导和其他阅读、语言艺术和数学方面的补救性学习帮助。补充教育服务提供者可以是非营利性实体、营利企业、私立学校或当地公立学校。对补充教育服务有效性的研究尚不明确,一些研究显示有积极的效果(Harding, Harrison-Jones, & Rebach, 2012;Zimmer, Gill, Razquin, Booker, & Lockwood, 2007),一些研究表明没有效果或效果极小(Allen, 2008;Burch, 2007;Burch, Steinberg, & Donovan, 2007;Heinrich, Meyer, & Whitten, 2010;Heistad, 2006;Rickles & Barnhart, 2007)。还有一些研究表明,最需要帮助的学生可能没有利用到补充教育服务(Heinrich, Meyer, & Whitten, 2010)。

2011 年,美国教育部制定了"《中小学教育法》灵活方案",允许州教育机构(以及当地学区)在《不让一个孩子掉队法案》的其他具体要求中免除补充教育服务要求。截至 2013 年,已有 34 个州批准实行"《中小学教育法》灵活方案"。有关补充教育服务要求的最新信息以及对《中小学教育法》实施政策的更改,请参阅美国教育部的以下网站:2. ed. gov/nclb/choice/help/ses/index. html

在结束本节关于市场化改革的讨论之前,我们想提一下网上的 PK‒12① 教育,因为它有巨大的发展潜力,正在吸引更多的企业家投资。大多数州现在为基础教育学生提供免费的在线选择,许多州开发了自己的课程和虚拟学校,他们从营利性公司购买在线特许学校教育或在线教育课程和"虚拟学校"。2012 年缅因州发生了一起与两家公司有关的重大丑闻,这两家公司与杰布·布什(Jeb Bush)卓越教育基金会的董事一起,提出由缅因州的教育专员进行立法、制定州教育政策和颁布州长法令。2013 年 5 月 20 日《波特兰新闻先驱报》(*Portland Press Herald*)的一篇文章中,包括以下相关公司的内容:

> 弗吉尼亚州赫恩登市的 K12 公司和教育出版巨头培生集团(Pearson)位于巴尔的摩的子公司联盟教育(Connections Education)都在寻求扩大在线课程,并在缅因州开设全日制虚拟特许学校,纳税人为使用该服务的学生支付学费。

---

① 译者注:PK‒12 教育是在 K-12 教育的基础上,再增加了一个 Pre-kindergarten(上幼儿园前的早教)阶段。

……他们经常通过中介机构工作。K12 公司向一个政治行动委员会捐赠了 1.9 万美元，该委员会在 2010 年支持莱帕赫(Lepage)的候选人资格[缅因州州长]。K12 公司和联盟教育向杰布·布什基金会和一个受企业资助的有争议的州立法者组织，即美国立法交流委员会(the American Legislative Exchange Council, ALEC)提供支持。K12 公司和联盟教育都与缅因州的立法者和官员建立了关系，他们引入了有利于公司盈利的法律和政策。(Woodard, 2013)

2013 年，路易斯安那州也经历了类似的丑闻，学生们在不知情的情况下报名参加得克萨斯州的一家营利性私营公司的课程。在撰写本书时，来自路易斯安那州的教育专员对这一事件表示遗憾，并开始调查，以确定这一错误是如何发生的，以及今后如何预防。毫无疑问，随着在线教育的不断扩大，类似的事件也将随之展开。

(四)特许学校的现状

尽管特许学校在 2013 年底占美国所有公立学校的大约 5%(约占所有学生的 3%)，但这一数字是从 2000—2001 年的约 2%(不到所有学生的 1%)增长上来的。特许学校运动在美国日益壮大，一些政治家，包括奥巴马总统的政府，以及私营企业家，仍然把它吹捧为可行的替代方案。根据迈伦和古洛西诺(Miron & Gulosino, 2013)的数据，2011—2012 年，美国有 97 个营利性教育管理组织，占美国所有特许学校的 36%，服务于 44%的特许学校注册学生，2010—2011 年有 201 个非营利性教育管理组织。表 12.3 列出了 2012—2013 年最大的营利性教育管理组织，每个组织有 10 所或更多的学校。据我们所知，所列教育管理组织均为营利性组织。

迈伦和古洛西诺(Miron & Gulosino, 2013)列出了 31 个有 10 所或更多的学校的非营利性教育管理组织，在 2011—2012 年，最大的非营利性组织是基普(知识就是力量项目)基金会(KIPP Foundation)(约 98 所学校和 35,000 名学生)，还有宇宙基金会(Cosmos Foundation)(约 47 所学校和 23,500 名学生)，回应型教育解决方案(Responsive Education Solutions)(约 36 所学校和 11,000 名学生)，立志公立学校(Aspire Public Schools)(约 30 所学校和 11,000 名学生)，以及概念学校(Concept Schools)(约 26 所学校和 8,000 名学生)。

由于《不让一个孩子掉队法案》对补充教育服务的要求以及为补充教育服务提

供的资金,许多特许学校的教育管理组织已经开始通过各种交付方式提供辅导服务。一个极端的例子是理查德米尔伯恩学院(Richard Milburn Academies),它曾经管理 13 所特许学校,但现在不管理学校了,转而为学区提供辅导服务和远程教育课程。

公共特许学校全国联盟和全国特许学校协会是两个主要的特许学校全国协会,后者声称其特许学校的成员占全国约 5714 所特许学校的一半以上。全国特许学校协会为特许学校提供资源和服务,在许可证颁发机构的原则和标准的指南中,他们将重点放在三个方面,以促进特许学校提升:维持学校的高标准、维护学校自主权以及保护学生与公共利益(National Association of Charter School Authorizers,2012)。全国特许学校协会描述了允许开办特许学校的 42 个州和华盛顿特区法律允许的六种不同类型的特许学校许可证颁发机构。除六个州外,所有州都允许当地教育机构颁发许可证,并且当地教育机构颁发的许可证数量最多,约占全国所有许可证的 53%。其他许可证颁发机构包括:国家教育机构(20%)、国家教育机构设立的独立特许委员会(14%)、高等教育机构(8%)、非营利性组织(4%)和非教育性政府实体,如市政府(1%)。所有特许学校中 26%的学校是由五个许可证颁发机构监督的,它们是:得克萨斯州教育署、亚利桑那州特许学校委员会、洛杉矶联合学区、芝加哥公立学校和北卡罗来纳州教育部(National Association of Charter School Authorizers, 2010)。全国特许学校协会代表了一个前进的趋势,即组织特许学校,并向组织者提供有关发展和维护优质特许学校的信息。全国特许学校协会甚至有一个如何关闭失败的特许学校的指南。全国特许学校协会代表了在全国范围内提高特许学校质量的积极探索,它也表明特许学校在美国教育中的持久性。

表 12.3　2013 学年末最大的营利性教育管理组织

教育管理组织名称	学校数(大约)	学生数(大约)	网站和注释
学术界	100 *	30,000	academica. org/
加速学习解决方案	10	1,300	als-education. com/index. php(仅在佛罗里达州)
特许学校协会	15	3,000	edline. net/pages/CSA(仅在佛罗里达州)
美国特许学校	58	50,000	charterschoolsusa. com(大部分在佛罗里达州;也有部分在佐治亚州、伊利诺伊州、印第安纳州、路易斯安那州、密歇根州、北卡罗来纳州)

续

教育管理组织名称	学校数(大约)	学生数(大约)	网站和注释
芝加哥国际特许学校	15	5,500	chicagointl. org/
连接学院教育集团＊＊	26	30,000	connectionsacademy. com/home. aspx(仅有在线学校和服务)
星座学校	22	4,500	constellationschools. com/default. aspx(仅在俄亥俄州)
CS 伙伴	19	6,000	charterschoolpartners. com/about/
爱迪生学习	11 所学校和 391 个合作伙伴	450,000 分布在 25 个州	edisonlearning. com/
美国教育服务	250 个合作伙伴	13,000	esa-education. com/AboutUs. aspx
全球卓越教育	11	4,000	gee-edu. com(密歇根州、俄亥俄州)
想象学校	71	44,000	imagineschools. com/(在 12 个州和哥伦比亚特区运营)
K－12	57	87,000	K－12. com(仅有在线学校)
利昂娜集团	68	19,000	leonagroup. com/index. htm(亚利桑那州、佛罗里达州、密歇根州、俄亥俄州、印第安纳州)
马特学院教育集团	17	12,200	materacademy. com/index. jsp(全在佛罗里达州迈阿密)
万花筒教育	90(12 所在美国)	16,000	mosaicaeducation. com/
国家遗产学院	75	48,000	heritageacademies. com(在九个州,大部分在密歇根州和俄亥俄州)
诺贝尔学习共同体	180	N/A	nobellearning. com/
萨默塞特学院	38	8,500	somersetacademyschools. com(大部分在佛罗里达州)
胜利学校	15	7,500	victoryschools. com(8 所学校在纽约州,其他在宾夕法尼亚州和新泽西州)
白帽管理	45	14,000	whitehatmgmt. com(主要在俄亥俄州和科罗拉多州)

† N/A＝无法获得

＊"学术界"列出了 100 多所学校,但其中许多是与马特学院和萨默塞特学院合作的。大多数在佛罗里达州和犹他州。

＊＊"连接学院"归培生教育集团所有。另外七个州还签署了开放学校的初步协议。

所以,让我们了解一下我们现在是什么状况以及我们是如何达到的。在小布什政府的领导下,美国教育部大力推进市场化改革。事实上,教育部通过努力促进州立法以扩大家长选择学校的机会和通过拨款计划支持市场化改革。例如,在2000年至2008年期间,教育部为特许学校提供了大约18亿美元的启动资金,并为设施收购提供了超过3.2亿美元的资金。教育部建议各州向特许学校提供的资金以及类似的设施与公立学校相比要达到100%的比例(U. S. Department of Education, 2008)。在2008年关于特许学校的报告中,教育部仅引用了关于特许学校成功的研究结果,尽管它自己的一些研究反驳了这些正面的研究发现(见下面的布劳恩、詹金斯和格里格研究)。2010年,奥巴马总统的政府通过"力争上游"资助计划继续推广特许学校。奥巴马任命的教育部长阿恩·邓肯仍然是特许学校的坚定支持者,就像他在芝加哥学校系统担任负责人时一样。事实上,快速浏览 ed. gov 网站上关于择校的信息可以看出,它促进了家长的择校,并为学区提供了如何创建"强大的学区公立学校选择计划"的指导(见 2. ed. gov/admins/comm/choice/edpicks. jhtml? src = ln)。该网站还为特许学校项目提供资金,2011财年向纽约市(2820万美元)和佛罗里达州(2140万美元)提供了大量拨款。州政府对特许学校和其他市场化改革的大力支持也出现在州教育部的网站上。例如,佛罗里达州教育部网站包含以下声明:"特许学校在很大程度上是自由创新的,通常为不同的学生群体提供更有效的课程和选择"(Florida Department of Education, 2013)。为什么华盛顿和州政策制定者都在推广特许学校? 有没有证据表明特许学校比其他形式的学校在教育上更有效?

一些研究支持特许学校提高学生成绩的有效性(Gronberg & Jansen, 2001; Hanushek, Kain, & Rivkin, 2002; Sass, 2006),但这些研究还没有定论,因为通过类似方法的研究发现显示出明显差异的结果,表明特许学校的成绩低于传统公立学校。(Bifulco & Ladd, 2006a; Eberts & Hollenbeck, 2001)。2004年,哈佛大学教授卡罗琳·霍克斯比(Caroline Hoxby)撰写了一份研究报告,支持特许学校对学生成绩有积极影响的观点,该报告受到了全国广泛的关注(Hoxby, 2004)。研究数据包括来自全国37个州的特许学校的样本。然而,霍克斯比的研究被乔伊迪普·罗伊(Joydeep Roy)和劳伦斯·米歇尔(Lawrence Michel)重新分析,他们注意到霍克斯比的分析:

受到这样一个事实的影响：她将特许学校与邻近的正规公立学校(以及具有类似种族构成的邻近公立学校)进行比较的方法对学生背景控制不足。在配对学校的样本中，学生的人口统计学特征和社会经济特征往往存在显著差异。(Roy & Michel, 2005, p. 2)。

在对霍克斯比的研究数据分析中，罗伊和米歇尔发现她的结论不正确。当控制条件增加种族和社会经济地位时，特许学校的优势消失了。

在另一项大规模的全国性研究中，研究者对150所特许学校和6764所非特许公立学校进行了抽样调查，发现特许学校在2003年国家教育进步测评中的数学和阅读成绩都明显较低(Braun, Jenkins, & Grigg, 2006)。这项研究发表在美国教育部下属的国家教育统计中心网站上。当根据学生的特点调整学生的考试成绩时，他们发现特许学校在阅读方面的得分低0.11个标准差，在数学方面的得分低0.17个标准差。作者提示说，这些结果并没有考虑到之前学生成绩的潜在差异或家长和学生转学到特许学校的动机。罗恩·齐默(Ron Zimmer)和理查德·布丁(Richard Buddin)在2006年对洛杉矶和圣地亚哥城市特许学校的表现进行了研究，证实了类似的现象。他们发现特许学校的表现并不比公立学校好，在某些情况下，公立学校的表现优于特许学校。此外，这项研究发现特许学校对黑人、西班牙裔或英语能力有限的学生成绩没有积极的影响(Zimmer & Buddin, 2006)。

一项精心设计的研究可以支持上述发现，该研究使用2003年四年级和八年级学生的国家教育进步测评数学分数，通过该分数不仅可以对公立学校与特许学校进行比较，还可以比较天主教、路德教会和基督教私立学校。当只看原始成绩时，公立学校与其他类型的学校相比似乎表现不佳。然而，在控制了学生的人口统计学特征和地理位置后，公立学校的表现明显优于或等于所有其他类型学校。公立学校在四年级的成绩优于所有其他类型学校，在八年级的成绩优于天主教学校和基督教学校；基督教学校两个年级的成绩都明显低于所有其他类型学校(Lubienski & Lubienski, 2006)。后来，这些作者使用了一个纵向的数学成绩数据集，跟踪了1998年从幼儿园到2004年五年级的儿童。虽然公立学校学生在幼儿园的最初数学成绩略低，但他们在五年级时明显超过了天主教学校，并且与所有其他私立学校相当(Lubienski, Crane, & Lubienski, 2008)。这两项研究都有助于消除这样一种信念：

私立学校优于公立学校,家长会为孩子选择表现最好的学校。

斯坦福大学教育成果研究中心(the Center for Research on Education Outcomes, CREDO)于 2013 年发布了一份关于特许学校的大型纵向研究报告,研究数据从学生开始上学一直跟踪到五年级。这项研究包括来自 25 个特许学校管理组织的 1372 所学校和来自 38 个教育管理组织的 410 所学校。他们将教育管理组织定义为"根据合同向独立特许学校和特许学校管理组织提供学校办学的组织"(Peltason, 2013, p. 3)。主要研究结果对一般的特许学校和具体的教育管理组织有一些好消息:

> 就其对学生学习的贡献而言,特许学校管理组织总体上并不比非特许学校管理组织好多少。与传统的公立学校相比,特许学校管理组织的学习差异是数学上的 -.005 个标准差和阅读上的.005 个标准差;这两个值在统计学上有显著差异,但显然并没有实质性区别。
>
> ……在历史上处于劣势的学生群体中,特许学校管理组织表现优异。他们为有色人种学生和贫困学生带来了比传统公立学校或独立特许学校所学到的更多的学习收获。
>
> ……教育管理组织中的学生的平均学习成绩显著高于特许学校管理组织、独立特许学校或传统公立学校。他们的研究结果显示对黑色人种、西班牙裔学生以及英语学习者也有相对积极影响。
>
> ……第一年表现不佳是不能被忽视或原谅的。对于大多数学校来说,第一年表现不佳将导致第二年表现不佳。一旦发生这种情况,未来将是可预测的,并且极其黯淡。对于这些学校的学生来说,这是一个不可忽视的悲剧。
> (Peltason, 2013, pp. 5 - 8)

特许学校许可证颁发机构还有一件重要的事情是,需要严密监控特许学校办学之初是否成功。与传统公立学校相比,特许学校表现出数学成绩比阅读成绩好。传统公立学校在阅读和数学方面都优于跨州的特许学校管理组织,但非跨州的特许学校管理组织优于传统公立学校。此外,尽管在大多数比较中,特许学校表现出显著的积极性,但只是略胜一筹,效应量较小。美国教育部使用有效教育策略资料中心（在本章后面将讨论）0.25 的效应量来确定教育实践是否符合"严谨的科学证据"。教育成果研究中心数据不符合此标准。尽管这些研究结果会给特许学校带来希望，但缺乏对教育成果研究中心的研究进行独立分析，因此我们建议谨慎接受把这些研究发现作为特许学校成功的结论。毫无疑问，特许学校的支持者会利用这项研究来支持他们的事业。在 2009 年发布的一项类似的研究（Center for Research on Education Outcomes, 2009）中，教育成果研究中心发现特许学校在数学和阅读方面的表现比传统公立学校差。他们还发现那些社会经济地位较低的人、黑色人种、西班牙裔和英语学习者的表现明显比传统公立学校差，但同样，效应量相对较小。教育成果研究中心的两项研究发现都支持这样一种观点，即特许学校随着时间的推移而不断改进，除非学校一开始表现就很差。

营利性特许学校和非营利性特许学校的教学效果是否存在差异？在密歇根州一项精心设计的特许学校研究中，作者希尔和韦尔施（Hill & Welsch, 2006）发现，在控制了多个学校和学区特征后，营利性特许学校学生在学业成绩测试中的得分明显低于非营利性学校学生。有人可能会怀疑，这是否是因为营利性组织的生均经费低于非营利性组织，但事实并非如此。在控制生均经费变量后，结果没有差异，这表明营利性特许学校生均经费因素以外的其他政策对其成绩表现不佳负责（Hill & Welsch, 2006）。

特许学校的倡导者认为特许学校将促进竞争，并激励非特许公立学校更好地表现，这一论点又如何呢？当把竞争定义为某个学区特许学校的学生比例 6% 或更多时，霍克斯比（Hoxby, 2002）发现，在密歇根州，存在着巨大的竞争效应。当然，一个学区的学校比例可能是家长对传统公立学校不满导致的竞争，但也可能是国家政策和特许学校营销活动的结果。特许学校竞争有效性的关键问题是传统公立学校是否感受到压力，并通过提高考试成绩来应对压力。如本章前面所述，这是各州有理由批准特许学校的主要原因之一。在一项研究中发现，竞争效应的产生原因是特许学校与非特许学校之间的距离（Holmes, DeSimone, & Rupp, 2003）。相比之下，理查德·布丁和罗恩·齐默（Buddin & Zimmer, 2006）在加州特许学校与公立学校的研究中没有发现竞争效应。

在另一项关于特许学校竞争效应的研究中，斯科特·英伯曼（Imberman, 2009）通过比较不同的洛杉矶特许学校（距离传统公立学校 1.5 英里以内）来衡量学生成绩的提高。他发现特许学校实际上具有有害的影响。传统公立学校的数学和语言成绩下降,而阅读成绩则没有受到影响。英伯曼提出了几种可能的解释:

- 该学区不再为每一个去申请特许学校的学生提供资金。
- 这些特许学校将社会经济水平较高的学生从传统的公立学校中吸引出来。
- 这些特许学校吸引了传统公立学校的高素质教师。

关于特许学校招生的一个令人不安的发现是,大多数州都存在高度的种族隔离(Frankenberg & Lee,2003)。2003 年,被极度隔离的少数族裔学生特许学校(90% 或更多少数族裔学生)录取的黑人学生数是传统公立学校的近两倍。弗兰肯伯格(Frankenberg)和李(Lee)总结如下:

从这一分析中,特别是对少数族裔学生来说,几乎没有证据表明特许学校的存在有助于营造更加多样化的环境。当公立学校对少数族裔学生实行比三十年前更多的隔离时,任何由公共资金资助和强化公立学校隔离的改革都值得仔细评估。(p. 36)

他们还提出增加特许学校多样性的若干建议:

- 把特许学校建在被隔离社区的边界处;
- 提供交通工具;
- 向家庭提供特许学校的完整信息(包括种族隔离情况);
- 以先到先得的方式接受学生,不进行筛选;
- 为不同人群提供友好的环境。

在许多州,实施这些建议意味着需要重新设计特许学校的立法和政策,以符合这些建议。

这些发现已被若干研究所证实(Bifulco & Ladd,2006b;Institute on Race and Poverty,2008;Ni,2007;Renzulli,2006)。例如,在第一个通过特许学校立法的

(1991年)明尼苏达州,1995年特许学校的非白人学生数是传统公立学校的三倍,这一统计数字保持到2008年都没有变化。这一事实令人不安,因为特许学校的支持者认为特许学校将通过促进父母的自主选择来改善种族隔离。

然而,李和鲁宾斯基(Lee & Lubienski, 2011)在一项研究中发现的数据可以带来一些希望,他们研究了种族构成随着特许学校数量的增加和时间的推移而产生的变化趋势。他们比较了2001—2002年以及2007—2008年来自34个州和哥伦比亚特区华盛顿国家教育统计中心的数据,并使用多样化指数来衡量学校中多数族裔学生相对于少数族裔学生的比例。调查结果包括:

1. 在35个州中的23个州,特许学校的种族多样性程度低于公立学校。

2. 在分析所有数据时发现,随着时间的推移公立学校和特许学校的种族多样性程度有所增加。

3. 然而,35个州中有17个州随着时间的推移表现出种族多样性程度恶化的情况(阿拉斯加州、阿肯色州、科罗拉多州、哥伦比亚特区、爱达荷州、印第安纳州、堪萨斯州、明尼苏达州、密苏里州、内华达州、新墨西哥州、俄克拉荷马州、俄勒冈州、罗得岛州、南卡罗来纳州、弗吉尼亚州、怀俄明州)。

李和鲁宾斯基解释说,在一些州,法规和政策使得许可证颁发机构更容易批准市中心的特许学校,而市中心通常拥有较高的少数族裔人口。此外,家长更有可能寻找具有相似种族/民族背景的学校。

(五)教育券

教育券是另一个有争议的市场化改革,一直是研究者关注的重点。由曼哈顿研究所(the Manhattan Institute)、遗产研究所(the Heritage Institute)和胡佛研究所(the Hoover Institute)等保守派智库赞助和发表的研究成果一直对择校计划产生积极影响。杰伊·格林和马库斯·温特斯(Greene & Winters, 2008)的一项研究得出结论:佛罗里达州麦凯奖学金计划(Florida McKay Scholarship Program)为残疾学生提供教育券让她或他选择上学的学校,从而产生学校间的竞争,这有助于提高残疾学生在公立学校的成绩。由于智库出版物的质量差异很大,由科罗拉多大学博尔德分校的教育和公共利益中心和亚利桑那州立大学的教育政策研究组织建立的智库审查项目审查了这些出版物的质量,这些出版物可能对教育政策具有潜在的影响。在回顾格林和温特斯的研究时,乔恩·云(Yun, 2008)发现了研究设计中的几个缺陷,其中最重要的是,结论是基于未经证实的假设,即由于非随机化而产生的选择偏差低估了竞争效应。乔恩·云认为这种假定是不正确的,其他潜在的选择偏差来源实际上导致低估了教育券计划的效果。乔恩·云总结道:"在使用不同的方法和更可靠的方法进行验证之前,任何试图将本报告用于决策或政策评估的尝试都应受到极端怀疑"(p. 7)。

塞西莉亚·劳斯和莉萨·巴罗(Cecilia Rouse & Lisa Barrow, 2008)在回顾1999年至2008年间完成的11项关于教育券对学生和公立学校影响的研究时得出以下结论:

> 迄今为止最好的研究发现,提供教育券带来学生成绩的提高相对较小,其中大部分成绩的提高在统计上都接近于零。此外,几乎没有证据表明大规模教育券计划对留在公立学校的学生可能产生影响,这种影响充其量是喜忧参半的,而且这些研究的研究设计不一定允许研究者将任何观察到的积极成果仅仅归因于学校教育券和学校之间的竞争。到目前为止,从其他形式的择校来看,这些证据并没有多大意义。因此,尽管实施学校教育券计划可能还有其他原因,但人们不应期望从这项看似廉价的改革中获得巨大的学习收获。(p. 17)

在对研究的分析中,劳斯和巴罗(Rouse & Barrow, 2008)指出,一些研究表明,非洲裔美国学生从教育券计划中获益,但研究设计得不够好,无法排除其他解释。尽管研究显示教育券对非洲裔美国学生有好处并得到了广泛的宣传,但这些研究并没有发现对学生有好处。克莱夫·贝尔菲尔德(Belfield, 2006)的一项研究就是这样一个例子,他发现克利夫兰市教育券计划并没有使非洲裔美国学生受益。在2002年的泽尔曼诉西蒙斯–哈里斯(Zelman v. Simmons-Harris)一案中,原告以违反国教条款为由,试图禁止教育券计划,联邦地方法院给予原告即决审判,但当美国最高法院推翻了联邦地方法院对原告的判决时,克利夫兰市奖学金和辅导计划受到了全国范围的广泛关注。最高法院的这项裁决的实际结果是允许公共资金流入包括宗教学校在内的私立学校。

在对密尔沃基市家长择校计划报告的审查中,科布(Cobb, 2012)发现对择校示范项目(Cowen, Fleming, Witte, Wolf, & Kisida, 2012)的调查结果存在方法和数据分析方面的问题,该项目受到了政治家们的广泛关注。考恩等人(Cowen et al.)报告称,与密尔沃基市公立学校学生的样本相比,使用教育券就读八年级或九年级私立学校的学生:(1)高中毕业的可能性更高;(2)进入两年制或技术性高等学校的可能性更低;(3)进入四年制大学的可能性更高;(4)高中辍学的原因也相类似,最显著的原因是学习较差。他们承认在他们的研究以及之前的择校示范项目报告中,没有发现支持在使用教育券学生与传统教育学生的学业成绩之间存在差异的证据,并且"这些研究和报告也不支持得出一个概括的结论,认为密尔沃基市家长择校计划必然比密尔沃基市公立学校提供更好的学习环境。"(Cowen et al. , 2012, p. 17)。科布在评论考恩等人的研究时,对得出研究结果的方法提出了批判,有56%使用教育券的学生到12年级已经不再参加择校计划了,但他们还保留在样本中。考恩等人的研究结果是基于"接触"过教育券计划,而不是长期坚持该计划的人。科布总结道:"问题是我们不知道他们从哪里毕业,也不知道他们在教育券计划学校就读了多长时间。单凭这一点就足以质疑整个研究的有效性"(p. 5)。

最后,在另一项备受关注的研究中,钦格斯和彼得森(Chingos & Peterson, 2012)研究了纽约市学校教育券使用情况对大学入学的影响。他们没有发现对整体大学入学率有任何影响,但他们确实报道了对非洲裔美国学生的影响,非洲裔美国学生的入学率增加了24%。这项研究追踪了从小学到大学的学生使用教育券的情况。然而,在对国家教育政策中心的这项研究进行审查时,戈德里克 - 拉布(Goldrick-Rab, 2012)发现了研究方法上的错误:"与此相反,新报告的主要发现应该是,采用严格的实验设计,将教育券随机分配给学生,有教育券和无教育券学生的预估大学入学率之间没有差异。"(p. 6)

(六)市场化改革的成功

过去20年以来,美国的市场化改革立法迅速发展,美国立法交流委员会是帮助起草和鼓励这种市场化教育立法的组织之一。美国立法交流委员会向其成员推荐具体的立法,这些成员随后在其所在州支持该立法。美国立法交流委员会还赞助相关研究以支持其观点,但这被认为是保守的。它是一个高度政治化的共和党组织,尽管它也有一些民主党成员。私人公司也可以加入,其中一些公司发起人包括雷诺美国公司、埃克森美孚公司、美国步枪协会和美国修正公司。美国立法交流委员会召开会议,这些公司的代表与立法者一起起草立法草案,这些立法者获得"奖学金"资助而参加会议(Dannin, 2012)。

美国立法交流委员会把它的成功之道描述如下:

> 35 多年来,美国立法交流委员会一直在创建和传播旨在保护和扩大自由社会的公共政策理念的理想方式。作为美国立法交流委员会成员,各州立法机构的正式当选领导根据杰斐逊原则为全国各地的立法行动提供建议和信息。事实上,成百上千的美国立法交流委员会成员齐心协力,共同创建、发展、介绍和指导制定许多最前沿但又保守的政策,这些政策现在已成为各州的法律。美国立法交流委员会成员多年来获得的策略知识和培训是取得这些胜利不可或缺的一部分。自成立以来,美国立法交流委员会积累了一个难以匹敌的记录,实现了突破性的公共政策变化。诸如教师能力测试、养老金改革和创业区等政策又代表了美国立法交流委员会在美国取得的一部分胜利。(American Legislative Exchange Council, 2013, "About-ALEC")

美国立法交流委员会起草了许多与保守派任务有关问题的立法,其中许多是关于 PK—12 教育。事实上,美国立法交流委员会有一个专门的教育工作组,专门负责教师任期、教育私有化和集体谈判。我们已经看到了美国立法交流委员会在这些领域的立法结果,尤其是亚利桑那州、佐治亚州、路易斯安那州、俄亥俄州、田纳西州、俄克拉荷马州和威斯康星州(Underwood & Mead, 2012)。在分析一些典型的提案后,丹宁(Dannin, 2012)指出:

> 在这里剖析的美国立法交流委员会的提案显示了对公共部门的工作和员工的强烈反对,并认为政府非法侵占私营企业。换句话说,美国立法交流委员会认为教育和金融秩序的自然和最佳的运营是通过私营公司在一个不存在工

会的体系中进行的。美国立法交流委员会通过许多策略来实现这一观点，如将公共服务转移到私营部门，并禁止工会代表和谈判。（p. 530）

在2013年美国立法交流委员会的"美国教育报告：美国各州基础教育现状、进展与改革排名"（Ladner & Myslinski, 2013）中，作者根据各州将其市场化倡议制定成州政策的情况对各州进行评分，这些政策包括：学习标准、特许学校法、私立学校择校、提高教师素质的政策和在线学习选修课。最高等级分别是亚利桑那州（B$^+$）、华盛顿特区（B$^-$）、佛罗里达州（B）、佐治亚州（B$^-$）、爱达荷州（B$^-$）、印第安纳州（B$^+$）、路易斯安那州（B）、密歇根州（B）、俄亥俄州（B）、俄克拉荷马州（B$^+$）、宾夕法尼亚州（B$^-$）、犹他州（B$^-$）和威斯康星州（B$^-$）。有趣的是，尽管他们报告了各州国家教育进步测评的成绩，但他们没有在评分系统中使用这些成绩，因此，国家教育进步测评分数与指定的州等级之间没有相关性。

对美国立法交流委员会的独立审查报告是：

> 表明它更多的是基于明确的意识形态议程的，而不是基于对这些政策有效性的有力证据。该报告有选择地引用研究文献，对这些政策提出主张，但更多的文献并不支持这些主张。此外，他们强调的许多研究都是相当差的，无法支持所提出的主张。作者认为他们首选的政策更有效，事实上，报告中的一些证据与这些观点相矛盾。（Lubienski & Brewer, 2013, p. 1）

我们在阅读市场化改革研究文献的基础上得出的结论很简单，无论是在接受教育券的学校还是在特许学校，市场化改革在提高学生成绩方面没有表现出比传统公立学校更有效，也没有通过在竞争激烈的市场中挑战公立学校来提高传统公立学校的成绩。市场化的支持者认为私营部门本质上比传统的公立学校好的假设是有缺陷的。这一事实使我们有理由质疑公立学校正在倒闭的说法，并有理由质疑当前学校改革的努力，即通过特许学校和教育券择校来私有化。然而，如果市场化改革的基本原理仅仅是让家长在送子女上学时有更多的选择，那么使用教育券和特许学校等其他形式的学校教育可能是合理的。事实上，贝尔菲尔德和莱文（Belfield & Levin, 2009）一致认为，市场化改革的一个主要好处是增加选择，但他们没有发现择校倡导者预测的教育革命性改进,他们甚至提出,如果择校被普遍应用,这可能导致机会不平等,除非为社会经济地位较低的学生提供特定的机会。

弗雷德里克·赫斯(Hess, 2009)是市场化改革的早期支持者,他将市场化改革的失败(以及未来的成功)归咎于以下几个因素:择校计划资金不足;对设施建设的资金支持有限;各州对入学、人员配备和课程的具体政策阻碍了成功。他进一步批评了市场化改革的支持者和反对者,因为他们不允许"创造性破坏"教育系统,而这是市场驱动战略的标志,允许"开放竞争意味着持续的开放、关闭和特许经营"(p. 510)。赫斯对目前市场化改革的努力是否成功感到悲观,他得出的结论是:

> 鉴于公众和改革者对市场化学校改革犹豫不决,推动特定宽松管制措施的政治举措,如放宽教师和管理人员的许可证、允许资金更容易跟随学生从一所学校到另一学校或实行更灵活的补偿,最终可能会证明,相对于基于择校的改革方案,这些措施对教育供给的影响更大。(p. 510)

也许赫斯是对的。然而,如本章前面所述,特许学校的数量在过去十年中一直在增加。尽管赫斯对改革的速度感到失望,但对许多人来说,似乎正在发生"创造性破坏",许多特许学校由于资金限制、低入学率和其他原因,已经被许可证颁发机构关闭,或者自行关闭了。丑闻也给一些特许学校带来了损失,如财务管理不善和对学生家庭和教职员工几乎没有任何警示的情况下,学校被学校所有者突然关闭。甚至还有一个专门针对特许学校丑闻的网站(见 charterschoolscandals. blogspot. com/)。

所有这些以营利为目的的企业涌入学校教育都是最近的历史,几乎没有比1990 年更早,所以它们的记录也不多。当然,那些投资特许学校的人和在特许学校里工作的人都全力以赴,并且声称比起已取得的成功希望更大。然而,很明显,他们的产品至少有一个市场定位,他们正在努力实现他们雄心勃勃的目标。企业家的工作方式与公立学校的官僚非常不同。一个很大的不同在于,企业家将启动资金带入项目,有时甚至是大量资金。因此,他们能够承担需要强大资源和有长期前景的项目,因为他们可以依靠来自投资资本的大量融资,这使他们能够摆脱启动项目中出现的不可避免的意外和困难。与公立学校官僚机构的限制性思维不同,新计划必须立即证明其有效性,企业家愿意为了赚钱而投入资金,并投入足够的时间确保完成开发项目并使其发挥作用。虽然目前没有证据表明参加营利性学校教育的学生取得的成绩要高于政府学校的学生，但随着时间的推移，越来越多的资金支持将使他们成为越来越危险的竞争对手。但他们的力量不仅仅来自金钱，他们的想法严重挑战了公立学校教育和传统组织理念的正统观念。

（七）高等教育的私有化与虚拟教育

高等教育也引起了投资者的高度重视。前面提到的利兹投资合伙企业专注于在商业、法律、心理学和医学等领域提供专业培训和认证。该组织认为，如果可以利用互联网作为教学工具，那么这些领域的培训可以获利。理所当然，许多学生会被那些允许他们继续学习的课程所吸引，而不需要放弃工作，花很多时间去当地的校园。生产力水平国际公司（Productivity Point International）是迈克尔·米尔肯的团队之一，他们提供广泛的在线课程，以满足商人对软件技术培训的需求。菲尼克斯大学（University of Phoenix）是全美最大的私立大学（上市公司），已在 43 个州建立了近 200 个校区，并提供广泛的学位授予课程清单，范围覆盖本科到博士学位，对已经工作的专业人士有很大的吸引力。菲尼克斯大学依赖在线教学和其他远程学习技术，加上对大量潜在学生都很便捷的校园位置，它并不试图效仿传统大学，而是为工作繁忙的人提供一些可以轻松选择的课程。

许多著名的公立大学已经感受到了这种竞争，并已投入到远程学习的发展中，使学生在自己的社区更方便地进入校园，而不需要来回往返。例如，2013 年，佛罗里达州立法机关就开设一所新的虚拟大学进行了辩论，但却为佛罗里达大学提供了资金，以扩大其在线课程。其他州，如加利福尼亚州、肯塔基州和密歇根州，都有虚拟网站作为其州教育机构在线课程的交换中心。加拿大也拥有一所庞大的虚拟大学，提供来自所有加拿大大学认可的在线课程。其他主要的虚拟机构包括英国开放大学、澳大利亚开放大学和美国大学学位联盟。后者是一家通过全美 8 所州立大学提供学位课程的合资企业。毫无疑问，随着私立学校教育继续侵占州立大学的市场份额，更多的公立大学将联合起来参与竞争，同时以更低的价格提供优质课程。

斯隆联盟（Sloan Consortium）每年对美国的在线教育进行一次调查。2013 年发布的报告（Allen & Seaman, 2013）是基于 2800 名首席学术官员（也称为教务长或教学事务副校长)的回答。2002 年至少参加一门在线课程的中学生人数为 1,602,970 人(占总入学人数的 9.6%),2012 年增至 6,714,792 人(占总入学人数的 32%)。自 2002 年以来,参加课程的学生比例逐年上升,所有提供在线课程的高等教育机构的数量比例也从 2002 年的 71.7% 上升到 2012 年的 86.5% 。

　　我们能假设在线课程比传统的面对面课程更有效吗? 就教授课程所需的努力而言,情况并非如此。艾伦和西曼(Allen & Seaman, 2013)报告称,46% 的受访者认为在线课程的教员需要付出更多的努力,而只有 9.7% 的人不同意。那么课程的质量呢? 它是高于还是低于传统教学? 但 2011 年至 2012 年期间表示在线课程较差或稍差的受访者比例有所下降(32.4% 至 23%),但仍然很高。受访者还表示,在线课程的学习保持率低于传统课程。

　　这些发现确实令人不安,为确保提供高质量在线教育的基础设施,无论是基础教育还是高等教育,都应该让教师在技术和教学方法方面接受高水平培训,并让教师有足够的时间向在线学生提供高质量的教学和反馈。

　　到目前为止,你可能已经听说过慕课(MOOC)。慕课,即大规模的在线开放课程(Massive Open Online Course),可以同时招收成千上万的学生。2013 年,Coursera、edX 和 Udacity 是三个主要的慕课开发者(Kolowich, 2013)。艾伦和西曼(Allen & Seaman, 2013)发现,2013 年 2.6% 的高等教育机构至少有一个慕课,另有 9.4% 在规划阶段,大多数慕课目前由具有博士学位授予资格的大型公共教育机构提供。他们发现,尽管没有提供任何理由,但大多数学术领袖不相信慕课是可持续的。迈森黑尔德(Meisenhelder, 2013)报道的一些问题是,只有 10% 的学生成功完成了慕课,学生除了彼此之外,不与教师互动或接受反馈。2013 年,这些课程都是免费的,但正在计划寻找收取学费的方法。根据科洛维奇(Kolowich, 2013)所报道,Udacity 正与佐治亚理工学院合作,以仅 7,000 美元的价格提供计算机科学硕士学位,但佐治亚理工学院网站指出,该学位是由美国电话电报公司(AT&T)资助的试点项目。毫无疑问,在不久的将来,慕课将继续影响大学课程。

二、基于标准的学校改革

　　第一章介绍和讨论了基于标准的学校改革,自 1989 年乔治·赫伯特·沃克·

布什总统召开第一届教育首脑峰会以来,基于标准的学校改革一直在稳步增长,并不断加强。教育领导者应该认识到,这与市场驱动的战略非常不同,它是用不同的假设和不同的行动理论来运作的。基于标准的学校改革是一项政治战略,它接受并寻求在美国的直接民主政治体制内开展工作,在这种体制下,公立学校在美国已经被控制了大约两个世纪。在业务层面上,它是一种组织战略,更确切地说,它力求大大加强州对公立学校的等级指挥和控制权。让我们解释一下。

1788 年宪法在得到新罕布什尔州批准后,开始生效。在一年之内,选举开始了,1789 年 4 月 30 日,乔治·华盛顿就任总统,约翰·亚当斯就任副总统,两院当选议员就职,联邦政府在纽约华尔街总部开始组织和运作。在纽约,这是忙碌的一年:必须组织法庭,任命法官,向外国派驻大使,必须理顺美国革命期间国家债务引起的金融危机,必须保障国防,但纽约没有人认为必须考虑教育。这不在联邦宪法中。

然而,在纽约发生这么多事情的同时,13 个州中的每一个都在起草和通过自己的宪法。每个州的宪法制定者很快注意到联邦宪法中没有关于教育的任何规定。因此,每个州在其宪法中都承诺提供教育。

在州宪法通过后,各州的立法机构作为政治团体的代表,及时起草和通过了法规,阐明州宪法中的公立教育任务将如何执行。各州在宪法语言表达上存在差异,在法律安排上也存在差异。但从一开始,各州就如何在州权力下组织和管理公共教育方面有着显著的一致性。从这一代表性的民主进程中,一种模式和结构最终在所有50 个州中发展起来,这在世界上是独一无二的。它曾经是,现在仍然是全世界人民钦佩和困惑的来源,像爵士乐一样,它明显是美国式的。

对于每一个提供公立教育的州,州立法者有许多可选择的安排。他们本可以很容易地建立一个中央集权的官僚机构,如机动车辆部、州警察局或州法院系统。然而,他们都选择了不这样做,并且全部采用一种模式,但略有变化:分散公共教育的组织和管理。

这个模式是在州内划分学区。在一些州(尤其是新英格兰),学区的边界通常与城镇的边界相同。在许多州,学区的边界与县或教区的边界是一致的。一些州立法机构划分的学区,其边界与城镇、城市或县的边界不一致,这使得在一个县甚至在一个城市内有多个学区成为可能。

尽管存在这些政治和组织上的差异,学区还是有一个共同的特点:学区是由州划分的,目的是在地方一级开展州业务,也就是教育。因此,学区设有一个地方学校董事会,通常由选举产生,但有时是任命的,以履行州对学区教育的责任。学校董事会在执行任务时,受州教育部门和州立法机关的全面监督。因此,尽管教育是州的责任,有一个州教育官僚机构负责监督当地的学区,但我们在美国经常谈到地方控制的重要性。

在实践中,这种政治概念最清晰、最简单的例子出现在新英格兰。近200年来,在新英格兰的城镇,除了每年的城镇会议外,每年还会举行一次学校会议,讨论教育问题,通过学校预算,选举学校董事会或学校委员会成员,这在今天的一些新英格兰小镇仍然是惯例。

这种公共教育组织和管理的安排在第二个千年之初出现,是教育改革中的一个关键问题。当我们审查美国教育委员会(the Education Commission of the States,1999)提出的通过改变学校治理来改革公立学校的重大建议时,我们将回到这个问题上来。但是现在,让我们回到教育标准的改革战略,以及它与上述传统治理安排的基础概念之间的关系。

基于标准的学校改革倡导者不是像采用市场驱动方法的倡导者那样寻求通过政治手段绕过或终止对学校的公共控制,而是寻求在现有系统内开展工作来加强现有系统。从1989年第一届教育首脑峰会开始,为了重新启动现有的政治安排,并使它们为学校改革出力,各方面的力量都已启动。美国第四十一任总统乔治·布什召集并参加了第一届首脑峰会,主要的受邀者包括各州的州长,他们中的许多人前来参加会议,不仅对会议进程产生了影响,而且还吸引了新闻界和摄影记者,会议成为一个重要且广为宣传的媒体活动。其他重要参与者也应邀出席,包括各州州长(包括发挥了突出的作用的年轻州长威廉·杰斐逊·克林顿)、立法者、企业界呼风唤雨的人物,以及重要的州政府官员,这些人的参与和支持对于高层决策“回到各州”落地实施是至关重要的。这些关键人物没有被边缘化或绕过,而是成为学校改革行动计划的重要参与者。在某种意义上,他们是这些想法的提出者,因此致力于确保想法能够实现。联邦政府越来越多地参与教育。布什时代的六个“美国2000年”目标是由克林顿政府制定的,它是在1994年根据《2000年目标:教育美国法案》制定的“2000年目标”。然而,新的共和党控制的国会开始怀疑联邦政府对教育的控制太多,国家标准也被淡化了。第二届全国教育首脑峰会于1996年举行,但这次是由全国州长协会发起的，该协会与企业高管们一起参加了本届峰会。克林顿总统在本届峰会中发挥的作用不大。本次会议支持采用严格的国家标准，企业承诺在一个州开办学校前首先了解这个州的标准。1999年最后一届首脑峰会将重点放在州标准上，并通过严格的测试，强调教育对这些标准的责任。

无论好坏，基于标准的学校改革运动是指挥和控制组织和管理的经典范例。这一概念是，教育标准是在州一级确定的，并转变为一系列的任务，这些任务将按等级传递给学区来执行。州通常通过管理强制性的全州标准化测试来监控学区是否达到标准。这是一项战略，它遵循了各州自己在制定宪法时创建的长期确立的政治法律安排，但有一点除外：它将地方学区一级的参与边缘化。尽管各州组织和管理学校教育的传统倾向于对地方控制给予相当大的重视，但当前基于标准的学校改革运动强烈地重申了州的权威。从概念上讲，基于标准的学校改革运动重新确立了州在教育政策和实践中的首要地位和权威，并重新定义了学区与州之间经过多年形成的权威关系。

如第二章所述，基于标准的学校改革运动是充满活力和力量的。三次全国教育首脑峰会由政治上有权势的人士出席：总统、许多州长、立法者和企业高管。可想而知，这些倡议在学校教育方面产生了巨大的变化，当各州规定的标准化考试频率增加时，这种变化就变得明显了。很快，当各州开始利用测试结果制定"报告单"，对各个学校进行评分，有时会对被视为失败的学校造成严重后果。随后，学区开始利用这些测试来决定谁有资格升级，谁有资格从高中毕业。这种发展很快成为所谓的高风险测试。所有这些倡议都是在1989年至1999年举行的三次教育首脑峰会上提出和倡导的。

在这种自上而下的运动历史中引人注目的是，在学校和个体学生的层面上，人们很少关注那些自上而下地行使强制权力所导致的关键问题，例如：

- 新标准和高风险测试对在校中学生和小学生日常体验的影响。
- 它们对学校课程、教学和组织变革的要求。
- 这种新的学校体验概念对中学生和小学生的长期影响，例如对他们的教育和职业规划的影响。

全国教育协会和美国教师联合会主席应邀出席1999年的首脑峰会，这是向教师界伸出援手的第一步。改革者正计划采取措施，将考试结果与教师的报酬挂钩，并通过分数来促进学生最终从高中毕业。与此同时,在新的教育标准更为严格的时代,家长们开始了解高风险考试可能给孩子带来的后果,这让他们感到恐慌。也许是对这一恐慌的反应,教育部长理查德·W. 赖利(Richard W. Riley)在 2000 年第七次美国教育状况年度演讲中呼吁对标准运动进行"中期审查"。这不是停止运动的呼吁,而是"确保每个人都了解标准运动的意义"。他说,州领导人和教育家们"需要认真倾听正当的关切。"他继续指出,标准应该具有挑战性,但也应该是可实现的,并补充说:"设定高期望并不意味着将它们设定得如此之高,以至于除了极少数之外,它们是无法达到的。"

(一)共同核心州立标准

我们必须把注意力转向共同核心州立标准(Common Core State Standards, CCSS)。在州权利理念的重大转变中,州立法机构正在迅速用所谓的"国家标准"取代州标准,尽管一些州正在重新思考并考虑放弃这种做法。在撰写本书时,有 46 个州和特区、4 个美属领地和国防部教育处已采用共同核心州立标准作为自己的标准。只有以下几个州尚未完全采用:内布拉斯加州、明尼苏达州、弗吉尼亚州、得克萨斯州和波多黎各州。明尼苏达州只采用了英语语言艺术标准,但到目前为止还没有加入任何一个联盟。

各州标准有什么问题? 这一变革的原因之一是许多对各州不同标准持批评态度的人推动制定共同标准,这样孩子们就可以在全国各地,或是在同一个州内流动,基本上同一年级水平的学习标准相类似。有一个批评是针对学习评价,特别是国际评价。因为在东京五年级所学的内容与在亚拉巴马州、芬兰、威斯康星州等地所学的内容不一样,所以很难在各州或各国之间进行比较。但也许对各州标准批评最多的是它们只有"一英寸深,一英里宽",即标准的广度和深度还不够。共同核心州立标准可以解决这些批评的问题吗? 新标准的制定者们相信他们可以解决。但是,对共同核心州立标准的批评者认为,他们将导致国家课程标准的出现。

在过去的几十年中,共同核心州立标准是通过州立学校行政主管委员会(Council of Chief State School Officers, CCSSO)和全国州长协会(National Governors Association, NGA)发展起来的,这两个组织是教育改革中最著名的组织。回顾一下,州立学校行政主管委员会在支持制定教育领导政策标准(Educational Leadership

Policy Standards)(以前称为 ISLLC 标准)方面起了重要作用。共同核心州立标准的制定者们有如下陈述。

我们用来制定升学与就业准备标准以及基础教育标准的准则有:

- 符合升学和就业的期望;
- 包括严格的学习内容和高层次技能的知识应用;
- 以州现行标准的优点和教训为基础;
- 了解表现优异的国家,以便所有学生能在全球化的经济和社会中取得成功;
- 是基于证据和/或研究的。(National Governors Association Center for Best Practices, 2010a, p. 1)

制定这些标准的目的是为学生进入大学或就业做好准备,其中包括升学与就业准备标准,这些标准比具体的基础教育标准更宽泛。在学科领域方面,英语语言艺术和读写能力标准中的每一套标准都以所有年级和学科领域相同的标准开始,随后的特定年级标准将相应的升学与就业准备标准转化为类似于评价的期望。对学生掌握的期望如下:

学生通过这些年级的学习达到每一年的特定年级标准,保持或进一步发展之前年级所掌握的技能和知识,并稳步努力达到升学与就业准备标准所描述的更宽泛的期望。(National Governors Association Center for Best Practices, 2010b, p. 4)

为了安抚那些抱怨州对教育失去控制的批评者,制定者们建议这些标准允许各州和教师决定如何达到标准,例如,提供具体的写作标准,但不提供"一个特定的写作过程或所有的元认知策略,而学生可能需要这些过程和策略来监控和指导他们的思维和学习"(p. 4)。在数学标准文件中,特别指出"这些标准本身并不规定课程、教学法或教学内容"(National Governors Association Center for Best Practices, 2010c, p. 84)。

在历史、社会研究、科学和技术科目中英语语言艺术和读写能力的一个关键是:读写能力是儿童早年通过学科领域的信息性段落进行教学,以加强核心学科的学习,并与国家教育进步测评的目标保持一致。从幼儿园到五年级,阅读文学和信息段落的比例基本相同,但是到十二年级,阅读文学(小说和纪实文学)的比例下降至30%,而阅读信息文本的比例上升至70%。表12.4说明了英语语言艺术与读写能力中的10个升学与就业准备标准与幼儿园至二年级的年级具体标准之间的关系。表12.5说明了英语语言艺术与读写能力中的10个升学与就业准备标准与高中的年级具体标准之间的关系。

表 12.4　升学与就业准备标准和年级具体标准示例

升学与就业准备标准:从幼儿园至2年级学生能在分析大量的主题或文本时,撰写议论文支持自己的论点,使用有效的推理以及相关和充分的证据。		
幼儿园	一年级	二年级
使用图画、口述和文字的组合来撰写表达观点的句子,告诉读者一个主题或一本书的书名,并陈述他们对本书或该主题的观点或喜好(例如,我最喜欢的书是……)	撰写表达观点的句子,介绍一个主题或一本书的书名,陈述观点,给出一个理由,并有结束语	撰写表达观点的句子,介绍一个主题或一本书,陈述观点,给出支持观点的理由,使用连接词(例如,因为、和、也)来连接观点和理由,并提供一个结论性陈述或段落

资料来源:表格改编自 National Governors Association Center for Best Practices, 2010b

你会注意到,在表12.4和12.5中是同一个升学与就业准备标准在不同年级之间的延续,在高中阶段,具体的年级标准是九到十年级和十一到十二年级的组合。标准的制定者们指出,这为学校提供了更大的灵活性,以适应课程表和课程内容的安排。

尽管本次讨论和示例适用于英语语言艺术和读写能力的学科领域,但类似的编排也适用于数学标准。不同之处在于,所有年级的数学升学与就业准备标准并不完全相同。虽然相似,但他们在中高年级增加了额外的升学与就业准备标准。并非所有的数学标准都是升学与就业准备标准,因此数学标准文档用加号(+)标识升学与就业准备标准。几何是唯一在所有年级都包含的学科领域或相似的标准组合(National Governors Association Center for Best Practices, 2010c)。表12.6显示了标准的学科领域是如何按年级划分的。

表 12.5　升学与就业准备标准和年级具体标准示例

升学与就业准备标准:在分析大量的主题或文本时,撰写议论文支持自己的论点,使用有效的推理以及相关和充分的证据。

九到十年级学生	十一到十二年级学生
在分析大量的主题或文本时,撰写议论文支持自己的论点,使用有效的推理以及相关和充分的证据: a. 准确地表达论点,区分立论与反论,并清楚地表达立论、反论、理由和证据之间关系 b. 恰当地展开立论与反论,并为立论与反论提供论据,同时根据读者的知识水平和关注点,指出两者的优势和局限性 c. 使用词语、短语和从句将文本的主要部分联系起来,形成连贯性,并澄清论点和理由、理由和证据以及立论和反论之间的关系 d. 建立并保持一种正式的风格和客观的语调,同时注意所写内容的学科规范和惯例 e. 在提出论点后,提供一个结论性陈述或段落支持所提出的论点	在分析大量的主题或文本时,撰写议论文支持自己的论点,使用有效的推理以及相关和充分的证据: a. 准确地表达有见识的论点,表达论点的意义,区分立论与反论,并合乎逻辑地安排立论、反论、理由和证据 b. 恰当而充分地展开立论与反论,并为立论与反论提供最相关的论据,同时根据读者的知识水平、关注点、价值观和可能的偏见,指出两者的优势和局限性 c. 使用词语、短语、从句以及各种句法将文本的主要部分联系起来,形成连贯性,并澄清论点与理由、理由与证据、立论和反论之间的关系 d. 建立并保持一种正式的风格和客观的语调,同时注意所写内容的学科规范和惯例 e. 在提出论点后,提供一个结论性陈述或段落支持所提出的论点

资料来源:表格改编自 National Governors Association Center for Best Practices, 2010b

表 12.6　数学领域的共同核心州立标准

标准的学科领域 *	年级					
	K	1—2	3—5	6—7	8	9—12
计数与基数	√					
运算与代数思维	√	√	√			
10 以内的数字和运算	√	√	√			
分数和运算			√			
测量和数据	√	√	√			
几何	√	√	√	√	√	√
比率和比例关系				√		
数字系统				√	√	√

续

标准的学科领域＊	年级					
	K	1—2	3—5	6—7	8	9—12
表达式和方程				√	√	
统计与概率				√	√	√
函数					√	√
建模						√
代数						√
数和数量						√

＊学科领域是类似标准的集合。

资料来源：表格改编自 National Governors Association Center for Best Practices，2010c

那么，专家和研究文献对新标准报道哪些内容？它们有效吗？它们能有效吗？

我们同意麦克蒂格和威金斯（McTighe & Wiggins，2012）的观点，教育家们需要花时间熟悉有关标准的背景材料，然后再深入了解各个年级的标准。总之，教师需要通过阅读介绍材料以及有关"未涵盖内容"的具体信息来理解共同核心州立标准的整体背景或全貌，并且他们还应该熟悉附录，这对于理解如何实现这些标准非常有帮助。例如，英语语言艺术标准中的附录提供了各年级的作业示例，以说明学生掌握的各个层次水平。麦克蒂格和威金斯告诫新标准的使用者，不要简单地按照呈现的顺序在年级级别内使用这些标准，而是通过确定你希望学生能够做什么来反向详细规划课程。麦克蒂格和威金斯做了如下陈述：

> 如果一门课程只是在内容、知识和技能列表中开展教学，而没有达到培养独立学习的共同目标，那么高中生仍将像现在四年级学生一样依赖于教师的引导和按部就班的指导。由此产生的结果是，毕业生将对升学和就业的要求毫无准备。（p. 9）

对于英语学习者和残疾学生，标准的制定者们指出，他们应该掌握这些标准。需要注意的是，对于英语学习者来说，他们不可能"像母语一样使用习惯用语和词汇"（p. 6）；对于残疾学生来说，安排住宿需要提供最广泛的学生参与。我们想知道这是否足够可以让学区和教师与英语学习者和残疾学生人群共同努力,从而达到标准和相关评价的要求。

在撰写本书时,自由派和保守派都对使用共同核心州立标准有很大的抵触。尽管这似乎是一个奇怪而复杂的批评,就课程的管理权而言,双方都担心地方或州权利受到侵蚀。但是,对于获得大量"力争上游"计划资金的州,他们必须表明他们正在使用标准让学生做好升学准备。因此,采用共同核心的州可以轻松获得批准,因为升学准备情况被纳入标准。尽管利用金钱这个胡萝卜可以获得对共同核心的认可,但在一些州仍然存在巨大压力,要求他们放弃采用共同核心并恢复州标准,尤其是在密歇根州、俄亥俄州和田纳西州。在了解了这些标准实施中的问题,以及这些标准对学生的评价结果被用于评价教师(如某些州做出加薪决定)之后,全国教育协会对共同核心的支持也在减少。也许,展开与共同核心州立标准斗争最显著的决定就是2013年4月共和党全国委员会做出的反对这些标准的决定。2013年夏天,共同核心的支持者开始与反对党的批评做斗争,并开始推广这个标准(Ujif-usa,2013)。

(二)评估共同核心州立标准

对共同核心州立标准的批评之一是美国教育部处理评估过程的方式。遗憾的是,他们没有选择一个团队,或允许各州开发评估工具,而是选择允许州联盟投标争取评估工具开发的拨款。2010年,美国教育部通过"力争上游"计划向两个州联盟授予3.3亿美元,用于制定与共同核心州立标准一致的评估工具,两个联盟是2013年夏季包括22个州和美属维尔京群岛在内的"升学与就业准备评估联盟(Partnership for Assessment of Readiness for College and Careers, PARCC)"以及包括24个州在内的"智能平衡评估联盟"(Smarter Balanced Assessment Consortium)。这些联盟的共同评估仅限于英语语言艺术和数学。各州负责另外的学科领域测试。教育部计划在2014—2015学年进行评估,在撰写本书时,正完成了考试试点,并报告了通过计算机实施考试的一些问题。智能平衡评估联盟将使用计算机自适应考试,其中计算机根据学生的回答调整难度水平。正确的回答会增加下一个问题的难度,错误的回答会带来更简单的问题。升学与就业准备评估联盟将使用计算机进行评估,但形式不是针对学生的回答进行自适应。使用计算机技术进行考试管理的基础设施费用将由各州承担。州政府为每位学生花费的额外费用大约是 27 美元,智能平衡评估联盟声称,费用比州政府在现有评估上的花费要少(Smarter Balanced Assessment Consortium,2013)。智能平衡评估联盟在其网站上也表明,它正在和升学与就业准备评估联盟合作,以确保两个评估的可比性。两个联盟都声称,他们的考试将通过更好地评估批判性思维技能来改善传统的州考试。

对这一评估过程的批评者认为,从《不让一个孩子掉队法案》的经验来看,高风险考试性质几乎没有什么变化。由于参加"力争上游"计划的州必须根据成绩对教师和校长进行评估,因此风险确实很高。此外,由于风险很高,这些评估被视为推动课程改革的力量。

高风险测试考试的另一个令人担忧的结果出现在美国各地的作弊丑闻中,包括纽约、华盛顿、亚特兰大和埃尔帕索的一些备受瞩目的丑闻。提高考试成绩和缩小成绩差距的压力,导致督学、校长和教师修改考试分数来夸大成绩。美国政府问责办公室在 2010 年至 2012 年的一项全国性考试调查中报告说,"过去两年中,40 个州发现了潜在的作弊行为,33 个州至少确认了一个作弊案例"(Government Accountability Office,2013,p. 8)。

(三)教育状况

国家教育统计中心(National Center for Education Statistics)编制的《2012 年教育状况》中的大部分指标对教育家们来说都是好消息。这些数据将在下文展示。根据我们的政府数据,我们不清楚为什么教育仍然受到许多政治家、媒体以及一些教育家的高度批评。让我们看看一些最新的数据。以下是《2012 年教育状况》的一些积极趋势:

1. 3 至 5 岁儿童参加全日制学前教育的比例从 1980 年的 32% 上升到 2010 年的 58%。

2. 尽管 2009 年至 2011 年四年级学生的平均国家教育进步测评阅读成绩没有明显差异,但八年级学生的成绩提高了一个百分点。然而,自 1992 年以来,随着达到或高于熟练水平百分比的增加,这两个年级的成绩都有了显著的提高。

3. 在数学方面,在四年级和八年级,2011 年国家教育进步测评的平均分数高于之前所有评估年度的平均分数:四年级从 1992 年的 213 分提高到 2011 年的241分；八年级从1992年的263分提高到2011年的284分。

4. 12年级的国家教育进步测评数学分数也在报道的两年内有所提高：2005年的分数为150分，2009年为153分。

5. 在2009年，高中毕业生上几何、代数Ⅱ/三角学、数理分析/微积分预备、统计学/概率论和微积分等数学课程的比例高于1990年。

6. 在15年的周期里，公立学校中所有群体的辍学率都有所下降：从1990年的12.1%下降到2010年的7.4%。

7. 毕业率有所提高，从1991年的73.7%提高到2009年的75.5%。

8. 在1975年至2010年的35年间，高中毕业后的直接大学入学率从1979年较低的49%升至2009年的70%。

9. 与2003—2004年相比，2007—2008年有更大比例的全职教师拥有学士学位。2007—2008年，49%的小学教师和54%的中学教师拥有学士学位，2003—2004年分别为45%和50%。

10. 在高等教育中，2000年至2010年，副学士学位增加了50%；学士学位增加了33%；硕士学位增加了50%；博士学位增加了34%。

11. 自1983年以来，学士后（Post-baccalaureate）的入学人数逐年增加，2010年达到290万学生。自1988年以来，每年女性占学士入学人数的一半以上。2010年，学士入学人数的59%为女性。

现在，我们面临的挑战是：

1. 在2009—2010年，美国公立学校学生中英语学习者比例为10%（估计有470万学生），高于2000—2001年的8%（估计有370万学生）。

2. 所有群体中生活在贫困线以下的儿童和家庭数量都有所增加，尽管美洲土著居民、黑色人种和西班牙裔家庭的数量更高。

3. 在2009—2010年，接受特殊教育服务的3至21岁儿童和青年人数为650万，约占所有公立学校学生的13%。接受特殊教育服务的学生中，约38%有特定的学习障碍。

4. 十二年级的阅读成绩一直不稳定，从1992年国家教育进步测评的292

分的高分反弹回到 2005 年的 286 分,仅在 2009 年最近的一次十二年级成绩报告中上升到 288 分。

5. 尽管有一些好消息,但白人学生与黑色人种或西班牙裔学生相比,国家教育进步测评分数的成绩差距仍然是一个问题。见下文。

(四)成绩差距

成绩差距是不同种族群体在学习表现上的差异。尽管《2012 年教育状况》没有分析各群体之间的成绩分数差距,但《2011 年教育状况》显示确实存在差距。以下是 2011 年的报告:

数学:

●四年级黑人学生与白人学生的成绩差距在 1990 年至 2009 年期间缩小了 6 个量表分数,1990 年差距为 32 分,2009 年差距为 26 分。

●在四年级中,2009 年西班牙裔与白人学生的差距为 21 分,与 1990 年相比没有明显差异。

●在八年级中,与白人学生相比,黑人学生的差距为 32 分,西班牙裔学生的差距为 26 分,与 1990 年相比,两者都没有明显的差异。

●在十二年级中,与白人学生相比,黑人学生的差距为 30 分,西班牙裔学生的差距为 23 分,与 1990 年相比,两者都没有明显的不同。

自 1990 年以来,四年级在缩小黑人学生与白人学生的成绩差距方面取得了一些进展,但其他年级的成绩差距没有出现缩小的情况。

阅读:

●2009 年,四年级、八年级和十二年级的白人学生的得分都高于黑色人种和西班牙裔学生,但这些差距与 1992 年或 2007 年没有明显不同。

●2009 年,四、八、十二年级白人和黑人学生的国家教育进步测评量表分数差距分别为 26 分、26 分和 27 分。

● 2009 年，白人学生与西班牙裔学生在四、八、十二年级的差距分别为 25 分、24 分和 22 分。

从这些分数可以看出，西班牙裔学生的分数高于黑人学生，但只有几分。总的来说，自 1992 年以来，阅读成绩差距没有明显缩小。当然，还有很大的提升空间。

杰凯因格·李（Jaekyung Lee）在 2006 年的一份报告中指出，在哈佛大学的民权项目中，没有发现在种族/民族群体之间或社会经济群体之间成绩提高或缩小成绩差距的证据。该报告指出，尽管许多州和美国教育部使用州测试来夸大成绩提高和差距缩小的趋势，但四年级和八年级的国家教育进步测评并没有确认这些进步，因为国家教育进步测评在州测试之前就已经存在了，州测试是由于《不让一个孩子掉队法案》而设立的，因此国家教育进步测评无论在《不让一个孩子掉队法案》之前（1991—2001 年）还是之后（2002—2005 年）都是评估全国趋势的更好指标。李报告说，在《不让一个孩子掉队法案》之后，学生在成绩提高和缩小差距方面取得了适度的进步，但分数恢复到了《不让一个孩子掉队法案》之前的水平。虽然四年级和八年级的数学国家教育进步测评都报告了增长，但与《不让一个孩子掉队法案》之前的增长模式是相同的，这意味着《不让一个孩子掉队法案》的颁布不是增长的原因。在《不让一个孩子掉队法案》颁布之前和之后，阅读成绩的提高保持平稳。《不让一个孩子掉队法案》颁布前后的差异无显著变化。与采用所谓的第二代问责制的州相比，早期采用问责制改革的州或采用所谓的第一代问责制的州（即加利福尼亚州、佛罗里达州、肯塔基州、马里兰州、纽约州、北卡罗来纳州和得克萨斯州）的调查结果是相同的（所有这些州在问责制改革方面都有更多的经验）。盖利·奥菲尔德（Gary Orfield）在该报告的前言中写道，在 70 年代和 80 年代，"当早期改革的更多民权和反贫困努力仍在实施时"，国家教育进步测评的成绩差距正在积极缩小（Lee，2006），但在 1983 年之后，对《国家仍处于危险中》做出回应的改革并没有在成绩差距上显示出积极减少的趋势。《不让一个孩子掉队法案》延续了这个传统。在撰写该报告时，没有为"力争上游"计划发布任何报告。

高风险测试产生了额外和未预料到的结果。在对 49 项高风险测试的定性研究综合分析中，奥（Au，2007）得出了以下结论："考试的主要影响是将课程内容缩小到考试包含的主题范围内……。只有在少数情况下，高风险考试会导致增加采用以学生为中心的教学法和提高内容知识的整合"(p. 264)。因此,虽然有些学校可能会取得不错的课程成绩,但大多数学校并非如此。这些考试具有自上而下授权的效果,即根据政策制定者认为考试应该考查的内容来更改课程。高风险毕业考试的另一个意想不到的后果是,更多的学生在毕业前辍学,而这些学生更可能是穷人和少数族裔群体成员(Marchant & Paulson, 2005)。此外,马钱特(Marchant)和保尔森(Paulson)指出,有毕业考试的州的学术能力评估测试(SAT)分数更低。造成这种现象的原因很可能是课程的缩小和对传统教学方法的关注,以帮助学生准备考试,而并不能使他们为 SAT 中遇到的需要推理的问题做好准备。这一事实尤其令人担忧,因为"SAT 甚至等同于智力测验,衡量学生的学习能力,而不是对所学知识的掌握"(p. 4)。尼克尔斯、格拉斯和伯利纳(Nichols, Glass & Berliner, 2005)在得出有关更高辍学率的类似发现时得出结论:"没有任何可信的证据表明,高风险测试带来的压力会对学生的成绩带来任何重要的益处"(p. iii)。最近,哈格里夫斯和布劳恩(Hargreaves & Braun, 2013)得出以下结论:

> 我们发现,二十多年来,"成绩导向的教学改进和问责制"(data driven improvement and accountability, DDIA)不断在全州进行推广,然后在联邦政府发起的《不让一个孩子掉队法案》和"力争上游"计划中得到继承,"成绩导向的教学改进和问责制"……已经开始对公共教育产生越来越不利的影响,因为高风险和高威胁的问责制,而不是单独的教学改进,或教学改进和问责制一起,已经成为教育变革的主要驱动力。这反过来又对确保提高教育质量和公平的努力产生了不利和反常的影响。(p. ii)

这些发现造成的影响对于政策制定者至关重要,他们将继续关注国家和州一级的高风险测试。州一级的改革侧重于将高风险测试作为主要的问责制措施,这种压力促进了应试教育的产生,缩小课程范围,将重点放在数学、阅读和(在某种程度上)科学上,并将重点放在传统的教学方法上,而不是合作学习和培养创造性思维的综合专题项目上。因此,州测试成绩提高并不奇怪,但 SAT 分数下降也不会让人感到奇怪。此外,各州还操纵自己的州考试成绩达到熟练程度的水平要求。在保持较低水平要求时,这些水平错误地表明更多的人达到了"熟练"程度,但同时显示成绩差距扩大；当熟练程度设置为较高水平要求时，它们显示成绩差距缩小，因为所有种族/民族类别的学生将更少达到更高的水平。

（五）PISA 测试和 TIMSS 测试

我们知道，有人根据国际学生评估项目（Programme for International Student Assessment, PISA）测试和国际数学与科学趋势研究（Trends in International Mathematics and Science Study, TIMSS）测试批评美国与其他国家相比时所处的地位。出于许多原因，我们不重视这些比较，其他许多研究者也不重视。为了回应对美国在国际测试中表现的批评，卡诺努瓦和罗斯坦（Carnoy & Rothstein, 2013）得出结论，"像这样的结论……过于简单化、经常被夸大和误导。他们忽视了测试结果的复杂性，可能导致决策者进行不适当甚至有害的改革"（p. 2）。我们同意这一分析，它对未来国际比较的相关问题具有预见性。

（六）经济政策研究所研究结果概要

我们以"经济政策研究所更广泛、更大胆的教育方法"（Weiss & Long, 2013）的一份报告结果作为本小节的结尾，该报告对芝加哥、纽约市和华盛顿特区的学区进行了深入的研究，选择这些学区的原因是：

> 因为所有这些学区都享受到市长控制的好处，从国家教育进步测评中得出可靠的学区考试分数数据，并由能表达意见的支持者领导实施这一改革议题。事实上，这三个城市的前任改革领导者已经成为全国知名的支持者，他们在多个地区和州传播改革议题。（p. 3）

这些高调的改革领导者分别是芝加哥、纽约和华盛顿的阿恩·邓肯（Arne Duncan）、迈克尔·布隆伯格（Michael Bloomberg）和米歇尔·瑞（Michelle Rhee）。本报告总结了许多有关市场化改革和高风险测试的研究文献。以下是本报告的调查结果概要：

> •"改革"城市的考试成绩比其他城区增加的更少，成绩差距也更大。

- 通过进一步考查，原来报告的学生成绩的提高并不真实。

- 基于考试的问责制促使教师流失，导致经验丰富的教师队伍变少，虽然剩下的不一定是坏教师。

- 关闭学校并没有把学生送去更好的学校，也没有为学区节省资金。

- 特许学校进一步打乱了学区，尽管它提供了各种各样的福利，特别是对有特殊需求的学生。

- 强调广受吹捧的以市场为导向的改革吸引了更多的关注和资源，这些都是来自更有前途的计划。

- 改革忽视了一个导致成绩差距的关键因素：贫困对学业成绩的影响。

- 真正和持续的变革需要更加现实、更有耐心和多管齐下的策略。

在下一小节中，针对权力—强制策略的失败，我们将讨论一些可能的解决方案，并分享一些关于学校改进切实可行的研究。

三、学校全面改革

学校全面改革（也称为综合学校改革，comprehensive school reform，CSR）是基于20世纪80年代中期以来学校改革的两个基本要素，现已被广泛纳入许多教育领导者的实践理论：

- 第一，我们在学习如何通过使用联邦、州甚至学区层面的自上而下的命令和控制方法来提高学校有效性方面并不十分成功。

- 第二，通过从内到外地革新单个学校来提高学校有效性方面被证明取得了很大成功。这种方法意味着每所学校都应该达到同样的标准，但每所学校都要制定自己的改革方案。

（一）增加学校自主权

有效的综合学校改革取决于为学校提供更多权力，以确定最能满足学校需求的因素。用来描述这种权力结构的术语是校本管理或校本决策,这是通过将一些重要的决策从州或学区的中心办公室转移到学校来分散决策。在某些情况下,中心办公室热情地接受这一概念,将重要的教学、人事和财务决策委托给学校,这些决策随后由校长和教师做出。在管理术语中,这个过程创建了一个更为扁平化的组织。层层官僚制度被剥离,就在工作现场做出决策,花在官僚主义文书工作和拖延上的时间更少,令人高兴的结果应该是学校反应更迅速、更灵活、更快速地适应并更有效。这一管理策略几乎已成为振兴企业界营利性组织的标准程序,但在公立学校界,这一策略仍然极为罕见,仅有少数例外。1990年,《肯塔基州教育改革法》实际上授权所有公立学校使用校本管理,要求每个学校建立一个学校理事会,包括校长、三名当选教师和两名当选家长。学校理事会参与学校预算和课程的决定,聘请教师,并在职位空缺时聘用下一任校长。还有一个类似的委托管理,法规要求佛罗里达州的学校设立一个学校咨询委员会,包括当选教师、家长、工作人员、学生和社区成员,大多数成员是非学区雇员。虽然佛罗里达州的立法机构有时会为学校咨询委员会提供高达生均10美元的资金,用于学校改进项目(2008—2009年为5美元,2009—2010年为零),但除了作为学校行政部门的顾问,他们几乎没有其他权力。他们每年"批准"学校改进计划,但学校改进计划通常由学校工作人员制定,很少有来自学校咨询委员会的提议。这个程序不是真正的校本决策,尽管比没有学校咨询委员会要好。

然而,令人遗憾的是,在公立学校中,校本管理经验是喜忧参半的。一些学区,大多是中等规模的郊区学区,已经实施了工作现场管理,效果良好。然而,在许多情况下,尤其是学校教育问题似乎难以解决的城市学区,学校董事会及其中心办公室的官僚机构不愿意将权力下放给学校。学校校本管理经常发生有限的权力被转移到学校,学校层面的决策要么是些不重要的决策,要么是些务虚的决策。

问题是:是什么削弱了校长和教师的工作成效?纽约市一位长期接受教育的学生戴安娜·拉维奇的回答引起了那些有丰富学校工作经验的人的共鸣:

> 削弱校长和教师工作成效的是学校系统,该系统试图通过实施一个复杂的指挥和控制机制来限制主动性,试图通过统一和繁重的任务和法规来管理所有员工,从而努力寻找一种不同(也许更好)的教育儿童方式。它对于儿童

应该学习的东西缺乏有意义的标准,但对于提供低质量的服务却有详细的标准。(Ravitch & Viteritti, 1997, p. 4)

尽管戴安娜·拉维奇(Ravitch, 2010)曾是《不让一个孩子掉队法案》以及市场化改革的支持者,但她仔细研究了《不让一个孩子掉队法案》的结果后,认为该法案支持了一个测试行业,该行业"劫持"(p. 15)了标准运动,并导致了校外开展教学的出现。她支持一个包括艺术在内的平衡的国家课程,而不是把课程缩小到数学和阅读。然而,她支持让教师决定如何实施课程。

就像国会和州立法机构不应该告诉外科医生如何进行手术一样,他们更不应该告诉教师如何教学。学校的课程也不应该成为那些既不懂教学又没有受过良好教育的人之间政治谈判的主题。教育学,即如何教学,是教师个人的专业领域。课程,即教什么,应由专业教育工作者和学者在经过适当的公众讨论后,按照学校、学区或州赋予他们的权力决定。(pp. 225-226)

因此,学校改革被认为是组织和行为上的一个问题,关键在于重塑学校组织和学区的运作水平,给教师和校长赋能,激励他们,鼓励他们共同解决问题,并承诺实现自己内心的目标和抱负。它鼓励学校发展一种有领导力、激励动机和共同决策的文化,尤其是为儿童和成人营造一个促进增长的成功氛围。富兰(Fullan, 2011)同意这一观点。他概述了评估"驱动因素"(即整个系统改革成功的政策和策略)有效性的四个标准。这些驱动因素包括:

1. 培养师生的内在动力;
2. 使教育工作者和学生参与教学和学习的持续改进;
3. 激励集体或团队工作;
4. 影响所有教师和学生——要100%的?

正确的驱动因素——能力建设、群体工作、学习指导和系统解决方案——是有效的,因为它们直接作用于改变学校系统的文化(价值观、规范、技能、实践、人际关系)。

……将有效的驱动因素结合在一起的黏合剂是潜在的态度、理念和行动理论。(pp. 3 – 5)

(二)对学校领导的支持

这一理念是将权力和责任从学区官僚的中心办公室转移到各个学校,使学校变得更灵活、更具适应性和更有效。校本管理伴随的自主权为学校领导带来了更大的机会,使其更有效地发挥作用。但它也大大增加了对结果的责任。随着中心办公室官僚作风的削弱,学校领导越来越少地去那里寻求指导,或者把责任推到上面。整个学校的教育改革正在转变学校的原则,对那些想成为领导者的人来说,这是一个不同寻常的,但同时又是充满挑战的机会。

在这种变化的情况下,学校领导不能让自己被孤立。学校领导比以往任何时候都更需要支持,他们需要接触和联系他人获得相关的和有用的东西:思想、合作、支持、反馈、有用的经验、人际关系技能及新时代所需的知识。人们不能再假定官僚机构的高级官员知道当代领导问题的答案,通常最有效的帮助来自那些面临类似问题的级别相同的人。

许多学校已经转向综合学校改革模式,这些模式可以被采用或被改造以适应他们的学校。因为综合学校改革模式是通过打包的方案从根本上重新组织学校,他们在某种程度上是自上而下推动的改革进程,并且因为只要用于"基于科学的研究"所支持的项目,《不让一个孩子掉队法案》就可以授权使用包括"一号标题法案"在内的联邦资金,所以选择改革学校时并不总是仅限于当地学校。尽管如此,综合学校改革模式正在美国和国际的学校中广泛实施。为了能做出正确决策,选择哪个综合学校改革模式对特定的学校最有效,决策者需要寻求相关研究的支持。

(三)综合学校改革模式的研究支持

对综合学校改革模式最全面的研究之一是杰弗里·博尔曼(Geoffrey Borman)及其同事完成的对 29 种最流行的综合学校改革模式研究的元分析(Borman, Hewes, Overman, & Brown, 2003)。这项研究发表于 2003 年,其结果仍被当前的研究者引用。博尔曼等人使用以下标准对综合学校改革模式进行分类:

● **有效性证据最强**　有十项或更多的研究使用了对照组,结果显示具有统计学意义和积极的成果;至少包括五项第三方研究。

● **有效性证据非常充分**　有五项或更多的研究使用了对照组,结果显示具有统计学意义和积极的成果;至少包括三项或更多的第三方研究。

● **有效性证据充分**　有两项或更多的研究使用了对照组,结果显示具有统计学意义和积极的成果;至少包括一项或更多的第三方研究。

● **急需进一步研究**　只有一项研究,并且缺乏积极的统计学意义。

表 12.7 显示了上述每个类别的结果以及效应量,效应量表示与对照组相比标准差提高的百分比。

2006 年,美国研究学会(American Institutes for Research)管理的综合学校改革质量中心(Comprehensive School Reform Quality Center, CSRQ)采用了类似于博尔曼及其同事的研究设计模型,发起了评估各种综合学校改革模式的研究。这项研究对所有层次的学校都特别有用。所有综合学校改革模式都在评价量表上进行评级,这个评价量表主要包括以下类别:

● 对学生成绩产生积极影响的证据;

● 对其他结果产生积极影响的证据;

● 对家长、家庭和社区参与产生积极影响的证据;

● 研究与模型设计之间存在关联的证据;

● 向学校提供服务和支持并能成功实施的证据。

研究者完成了对文献的回顾,他们筛选了其中 1,500 多项研究,筛选的依据是研究是否符合 41 项严格的研究设计标准。符合严格设计的研究被认为是有确凿证据的研究。综合学校改革项目根据以下标准按有效性类别进行评级:

● **非常强烈的有效性证据**　10 项研究中至少有 5 项被评为有确凿证据的研究,75% 的研究结果显著积极,效应量为 0.25 或更高。

● **中等强烈的有效性证据**　5 至 9 项研究中至少有 3 项评定为有确凿证据的研究,51% 至 75% 的研究有显著积极的结果,效应量为 0.15。

● **适当的有效性证据**　2 到 4 项研究中至少有一项评定为有确凿证据的

研究,26% 至 50% 的研究有显著积极的结果,效应量至少为 0.15。

- **有限的有效性证据** 1 项研究显示 1% 至 25% 的结果为显著积极。
- **没有有效性证据** 没有研究结果显著积极。

在得到初中和高中 18 种综合学校改革模式的概要报告时,没有一个符合"非常强烈"的标准,也没有一个符合"中等强烈"的标准。他们确实找到了五个符合有"适当的"有效性证据的综合学校改革项目,它们是"美国的选择(America's Choice)""要事优先(First Things First)""学校发展计划(School Development Program)""让所有中学都成功(Success for All Middle Schools)"和"人才开发高中(Talent Development High School)"。一些研究符合"有限的"有效性证据的标准,包括"探险学习(Expeditionary Learning)""知识就是力量项目(Knowledge Is Power Program, KIPP)""中途开始(Middle Start)""更有效的学校(More Effective Schools)"和"GRAD 项目(Project GRAD)"。没有有效性证据的项目是"加速学校+(Accelerated School Plus)""ATLAS 社区(ATLAS Communities)""基础学校联盟(Coalition of Essential Schools)""实效高中(High Schools That Work)""让初中有效运作(Making Middle Grades Work)""现代红色校园(Modern Red Schoolhouse)""追求卓越Ⅱ(Onward to Excellence Ⅱ)"和"转折点(Turning Points)"(Comprehensive School Reform Quality Center, 2006a)。

表 12.7 按类别排列的综合学校改革模式和效应量

有效性证据最强	效应量
直接教学法	.21
学校发展计划(詹姆士·科默)	.15
让每个人都成功	.18
有效性证据非常充分	
探险学习拓展训练	.19
现代红色校园	.26
根与翅膀	.38
有效性证据充分	

续

加速学校	.09
美国的选择	.22
ATLAS 社区	.27
蒙台梭利	.27
派代亚	.30
学习网络	.22
急需进一步研究	
奥黛丽·科恩学院系统	N/A *
有效学校中心	N/A
儿童发展项目	N/A
基础学校联盟	N/A
学习共同体	N/A
社区学习中心	N/A
协同效应	N/A
核心知识	N/A
不同的认识方式	N/A
爱迪生学校	N/A
实效高中	N/A
高瞻	N/A
综合主题教学	N/A
微观社会	N/A
追求卓越 II	N/A
人才开发	N/A
高中	N/A
城市学习中心	N/A

　* N/A = 不适用。

来源:此表的数据来自"综合学校改革与成就:元分析"一文。Borman, G. D. , Hewes, G. M. , Overman, L. T. , and Brown, S. (2003). Comprehensive school reform and achievement: A meta-analysis. Review of Educational Research, 73(2), pp. 155 – 156.

　　综合学校改革质量中心评估了20个小学综合学校改革模式，这些模式比初中或高中更能证明其有效性（Comprehensive School Reform Quality Center，2006b）。没有一种模式被评为"非常强烈"，然而，有两种模式被评为"中等强烈"："直接教学法（Direct Instruction）（完全沉浸式模式）"和"让每个人都成功（Success for All）"。有七个模式被评为"适当的"："加速学校＋（Accelerated School Plus）""美国的选择（America's Choice）""核心知识（Core Knowledge）""小组协作识字（Literacy Collaborative）""国家写作项目（National Writing Project）""学校发展计划（School Development Program）"和"学校复兴（School Renaissance）"。其中七个被评为有效性"有限"的证据："ATLAS社区（ATLAS Communities）""不同的认识方式（Different Ways of Knowing）""综合主题教学（Integrated Thematic Instruction）""现代红色校园（Modern Red Schoolhouse）""皮尔逊成绩解决方案（Pearson Achievement Solutions）（以前的协同效应）""风险投资倡议（Ventures Initiative）"和"焦点系统（Focus Systems）"。没有有效证据的项目是"识字突破（Breakthrough to Literacy）""基础学校联盟（Coalition of Essential Schools）""学习共同体（Community for Learning）""综合早期识字学习（Comprehensive Early Literacy Learning）""第一步（First Steps）"和"追求卓越Ⅱ（Onward to Excellence Ⅱ）"。

　　综合学校改革项目的另一个信息来源是一个名为"有效教育策略资料中心（What Works Clearinghouse）"的网站，该网站由美国教育部教育科学研究所建立（Institute for Education Sciences，2013）。该网站提供出版物和相关评论，帮助从业人员选择"有效教育策略"。它们提供干预报告，总结具体干预措施的研究结果，类似上表12.7所示，有来自专门从事文献研究并提供教学技术建议的专家实践指南、干预措施的研究综述以及近期研究的快速回顾等。此外，用户可以搜索到有效教育策略，并且该网站还提供指南，以显示各种干预措施的预期改进程度和证据充分程度。用户可以搜索多个领域，如辍学预防、英语学习者、识字、数学和学生行为等。搜索可被限定为单个或多个年级、干预有效性水平、证据充分程度（意味着有多少研究支持调查结果）和实施方法（个别、小组、全班和全校）等条件的查询。该网站为管理者和教师提供了丰富的信息，有助于他们决定使用什么策略对他们的学校最有效。有效教育策略资料中心由于没有提供有关实施干预措施难度的信息，以及"没有足够的信息来理解有效课程区别于非有效课程的特征或因果影响"（Smith

& Smith, 2009, p. 383)而受到批评。

学校在决定采用综合学校改革模式时需要非常慎重。校长和工作人员应共同决定一个最适合学生的模式,其中找到一些感兴趣的模式并阅读关于这些模式的研究成果应该是决策过程的一部分。此外,他们还需要了解启动经费和年度维持费用。博尔曼的研究报告显示,每年的成本范围从詹姆士·科默"学校发展计划"的 47,000 万美元到"根与翅膀"和"让每个人都成功"的 282,000 美元不等。根据达特诺(Datnow, 2005)的研究,更高的成本往往会给综合学校改革的可持续性带来问题,然而博尔曼的研究表明,这些成本可以通过使用"一号标题法案"资金来抵消。

(四)干预反应模式

在结束综合学校改革的讨论前,我们不能不提及干预反应模式(response to intervention, RTI)。干预反应模式是一种综合学校改革模式,它为那些在学习上有困难的学生提供不同的指导。虽然很多人认为干预反应模式是一个特殊教育项目,但它是一个在所有教室中都可以使用的普通教育方法。干预反应模式与特殊教育联系在一起的一个原因,可追溯到 2004 年《残疾人教育法》的变化,该法规定:

> 在确定儿童是否具有第 602 节所定义的特定学习障碍时,当地教育机构不应考虑儿童在口头表达、听力理解、书面表达、基本阅读技能、阅读理解、数学计算或数学推理等方面是否存在成绩与智力的严重差异。(Individuals with Disabilities Education Act, 2004)

先前确定特定学习障碍的方法是等待孩子表现出这种差异,因此在进行强化补救之前,孩子已经远远落后于同龄人。

干预反应模式通常使用分级方法来识别有风险的学生,然后提供干预措施。州或学区模式可以有两到四个层级,但典型的方法是使用以下三级方法来帮助学生:

层级 1

学校为所有学生提供高质量和基于研究的差异化教学,以满足所有学习者的需求。所有学习者都有学习进度数据,并接受定期审查,以确保没有学生需要额外的辅导。

层级2

在第1层级中确定需要额外辅导的学生将得到更加密集的指导。他们可以在课堂外,或在课堂上以小组或个人的形式接受有区别的指导。当数据显示学生成功时,他们将返回到常规课堂教学中。

层级3

对第2层级中提供的辅导没有反应(提高)的学生将得到针对学习困难学生的个性化和密集的教学。

只有当第3层级中的学生对干预措施没有反应时,他们才会被推荐进行特殊教育评估。

干预反应模式的概念得到了许多教育领域的领导者和研究者的支持,包括特殊教育专业人士。对18项早期阅读干预研究的综合研究发现,参与干预的学生取得了积极的进步,尤其是在较低年级和较小群体中提供干预措施时(Wanzek & Vaughn, 2007)。然而,干预反应模式在几个领域中存在问题。首先,许多教师认为干预反应模式只是在没有足够支持的情况下实施的另一个项目,包括专业发展。第二,应该提供什么样的干预措施,以及由谁决定如何(个性化或针对群体的标准化)、何时和何地(离开原来的教室、进入别的教室或就在原来的教室中)实施这些措施? 很明显,干预反应模式致力于矫正困难学生,但作为一种综合学校改革,只有在州、学区和学校确定了正式的实施程序后,才能断定干预反应模式是有效的。

有效教育策略资料中心提供了几个实践指南,为教学和学校实践提供了建议,这些实践表明,在每个干预反应模式层级上,学生的成绩都有所提高。例如,以下两项建议具有"有力"的研究证据,证明在中小学中提高第2层级和第3层级的数学成绩方面取得了成功:

1. 干预期间的指导应是明确和系统的。这一过程包括提供熟练的问题解决模式、思维过程的描述、指导实践、纠正反馈和频繁的复习积累。

2. 干预措施应包括指导解决单词问题,这是学习的基础。(Gersten, Beck-

mann，et al.，2009，p. 6）

帮助学习有困难的学生提高阅读水平，格斯滕和康普顿等人（Gersten，Compton，et al.，2009，p. 6）建议推荐以下有"有力"证据证明其有效性的方法，以帮助第2 层级水平的学生：

> 为在普遍筛选中得分低于基准分数的学生按小组提供最多三种基本阅读技能的集中和系统的指导。通常情况下，这些小组每周会面三到五次，每次持续 20 到 40 分钟。

真实案例：

一所小规模农村高中的干预反应模式教学干预措施

密苏里州迪普沃特市莱克兰高中校长，史蒂夫·里特

我们采取干预机制的目标是面向所有将要高中毕业的学生。我们找到了阻碍学生在学校取得成功的问题。在学生没有达到学习期望的情况下，我们采取合作的方式，一起讨论可以帮助他们的各种方法。在我到达莱克兰高中之前，这里没有针对学习困难学生的干预措施、替代方案或援助计划。通过许多教职员工的帮助，我们为学生建立了一套干预机制。

我们从第 1 层级开始讨论课堂上的高质量教学应该是什么样子的。我们讨论各种教学方法、让学生参与课堂的方法、差异化教学的例子以及跨学科活动，其中在跨学科活动中我们的选修课程必须支持核心学科领域的内容和进度。在这个过程中第一个干预是检查我们是如何教学的。这要求我们回顾是否满足了教室里学生各种各样的需求。我们通过查看成绩，以找到需要改进的领域，并在每门课程中为这些领域提供额外的关注，同时还寻找一些经研究得出的最佳做法，以改进我们的教学。

对于仍有学习困难的学生，我们实施一些计划来帮助这些大量处于第 2 层级的

学生。我们建立了一个干预期，我们称之为学院(Academy)。学院是一个24分钟的时间段，学生可以在这里做家庭作业，从学院教师那里得到帮助，或者找其他教师寻求帮助。我们还根据个别学生的成绩在学院内增加了一些干预措施。我们增加了一个数学辅导室，由我们的高中数学教师监督。在这段时间里，他每周花四天时间管理4到6名辅导教师和6到12名受辅导学生。我们的初中数学教师还组建了一个数学辅导室。她管理着几个八年级的学生，这些学生对其他七、八年级的学生进行辅导。这两位教师也都协助辅导教室里的学生。我们增加了一个课后家庭作业帮助计划和一个周六学校计划，以帮助那些需要协助完成家庭作业的学生。

一些学生仍然在课堂上有学习困难，因此我们寻求替代教育方案，利用第3层级中的在线学习系统。此方案用于课后学分重修计划。课后学分恢复计划为那些上课不及格的学生提供机会重修失去的学分。该计划还提供额外的课程内容讲解，可用于第1层级和第2层级的学生，也可用于学习有困难的学习者。最密集的干预是使用密苏里州选修课计划。密苏里州选修课计划允许学校为学生准备参加普通高中同等学历证书考试(general equivalency diploma，GED)。参加密苏里州选修课计划的学生，如果通过了普通高中同等学历证书考试就可以从学校获得普通高中文凭，那么毕业的时间就与他们同时开始上幼儿园的同学一样了。把这些计划组合在一起是一个不小的成就。七年级到十二年级共有16名教师和180名学生，这需要大量的团队合作才能实现目标。

新的干预机制迫使我们以不同于过去的方式来安排我们的在校时间，新的计划为我们带来了变革和更多学生成功的机会。然而，我们成功的最大关键是让合适的人处于合适的地方。我们有一位擅长与利益相关者合作的顾问。他经常召集教师一起讨论学生在学年中的学业和行为方面的进步。当需要的时候，他会把学生、学生的父母、教师和我聚集在一起，我们会与所有相关人员共同制定一个计划，找出哪些项目能给学生带来更大的成功。我们甚至在学生、家长、辅导员和校长之间订立了一份合同，规定每个人要做些什么来帮助学生取得成功，并为学生强制实施某些干预计划。当辅导员协调这些会议时，我们还有许多其他的团队成员参与其中。

教师在我们的干预过程中起着很大的作用。我们让教师做一些小事情，比如检查作业表、在放学前后和学生会面来监控家庭作业的完成情况以及担任学生的非正式导师等。我们的图书管理员协调我们的在线学习系统,以便在上课时和课后的学分重修计划中灵活安排时间。一名教师和图书管理员每周用四天时间监督课后学分重修计划,另外两名教师和特殊教育教师协助周六的学校家庭作业计划。超过75%的教师参与了干预机制,使我们大量的学生受益匪浅,这也使得全体教员更容易接受新机制。使改革或变革可持续的另一个关键是让教职员工看到效果。上一学年,如果没有我们的第3层级干预措施,39名高年级学生中有三人将无法从高中毕业。今年,29名学生中有两名没有实施第3层级干预措施就无法毕业。我们希望,随着在第1层级和第2层级实施更多的实践,需要最高干预的学生将变得更少。

我们也知道我们可以做得更好,为我们的学生做得更多。当教师看到变革的积极效果时,他们愿意付出新的实践。这一事实也适用于学生。我们有几个学生在短期的第2层级干预后开始看到成功。我们享受与他们一起庆祝的机会,并让他们继续在这条路上走下去。不过,我们也将继续寻求改善。我们将继续在成绩显示有差距的地方实施干预措施。我们知道我们的下一个目标是关注阅读理解。我们将继续研究学生成绩,制定行动计划,实施干预措施,以实现我们所有学生能够毕业的目标。

四、教师教育与学校改革

随着学校改革的展开,越来越多的关注不可避免地集中在教师教育上。人们不仅对学校学生的成绩越来越不满,对他们所接受的教学质量也越来越不满,而且到1999年教师短缺情况也越来越严重。随着入学人数的增加,这一短缺的现象令人不安地显现出来,与此同时,学校改革的努力也在推动缩小班级规模。随着女性就业和受教育机会的增加,曾经好像有无数聪明年轻的女性可以填补学校对教师的需求,现在却急剧减少,这一事实使问题更加严峻。

同时,许多高校的立场是认为教师教育专业不值得列入权威的专业类别中。耶鲁大学的例子是典型的:它废除了它曾经拥有的教育系。在许多高等教育机构中,学校或教育学院几乎没有得到任何支持,常常被大学领导层或其他学院的教师隔离开来。然而,在2000年,大学被要求考虑并负责满足250万新教师教育和培训的需求,这些新教师在 21 世纪的头十年中将是美国所急需的。教育学院改革的两个主要推动因素是美国教育部和两个专业组织的认证过程:全国教师教育认证委员会(National Council for Accreditation of Teacher Education, NCATE)和教师教育认证委员会(Teacher Education Accreditation Council, TEAC)。

(一)教师教育课程认证

尽管有两个教师教育认证机构,但主要参与者是全国教师教育认证委员会和属于全国教师教育认证委员会的教育培训认证委员会(Council for the Accreditation of Education Preparation, CAEP),截至 2014 年,它们已认证 670 个项目。另一个认证机构是教师教育认证委员会,截至 2014 年,该委员会认证了大约 173 个项目。在美国,大约有 500 个教师培训项目未获得认证。

20 世纪 90 年代,当对教育学院的批评开始增加时,全国教师教育认证委员会开始改革教育学院的认证标准。全国教师教育认证委员会的政策是每七年修订一次标准,认证标准的每次修订都会增加教育学院的压力,使其关注资格申请者(学生)在大学和获得工作后的成功。其中一项指标甚至要求通过对雇主的调查来了解毕业生的教学效果。2013 年秋季,教育培训认证委员会批准了新标准。它们的五个标准如下:

标准 1:教学内容和教育学知识

标准 2:实习单位和教学实践

标准 3:生源质量、招生和选拔情况

标准 4:项目的影响

标准 5:教育培训提供者的质量、持续改进和发展潜能(Council for the Accreditation of Education Preparation, 2013)

标准 4 是关于培训项目的效果,包括雇主满意度数据、求职者的晋升和续聘以及毕业生对培训项目的满意度。尽管不需要认证过程,但全国教师教育认证委员会建议教育学院提供 PK-12 学生的学习成绩作为报告毕业生成功的证据。

（二）联邦政府对教育学院的关注

美国教育部在 2011 年发布了一份题为《我们的未来，我们的教师：奥巴马政府的教师教育改革与完善计划》的文件（U. S. Department of Education，2011）。在这份文件中，教育部指出，美国各教育部门没有报道足够数量的薄弱教师培训项目，因此，需要补救的教师教育薄弱项目比报告中的要更多。显然，各州对薄弱的标准与教育部不同。教育部的大部分调查结果都是基于教育学院项目（Levine，2006）的一份报告，该报告建议教师培训项目的补救措施应包括：

- 加强招生工作，提高入学率和毕业标准；
- 提升项目，增加各种类型教育实践；
- 提高教师素质（主要是博士层次的教师）；
- 培训项目持续五年，学生主修他们将教授的科目；
- 将大部分培训项目转移到博士学位授予机构；
- 改进认证过程，不允许薄弱项目获得认证；
- 要求所有培训项目都经过认证。

如前一节所述，全国教师教育认证委员会建议教育学院报告与毕业生相关的 PK-12 学习成绩，但奥巴马政府要求实施"力争上游"计划的州都要这样去做，正如路易斯安那州、北卡罗来纳州、田纳西州和纽约市所做的那样。通过《不让一个孩子掉队法案》第二款的资助，奥巴马政府在 2012 财年预算了 1.85 亿美元用于教师培训项目改革，其中 1.1 亿美元以 1 万美元奖学金的方式用于教师资助项目，以吸引优质的个人参与优质的传统或替代性教师教育项目。由于 2012 年 38% 的学生是少数族裔，但只有 14% 的教师是西班牙裔或非洲裔美国人，因此这些资金中的大部分也被拨出用于吸引少数族裔进入教学行业。最后，奥巴马政府的改善教师教育计划使用"力争上游"计划基金支持新教师和资深教师的专业发展（U. S. Department of Education，2011）。

五、更广泛、更大胆的教育方法

具有影响力的经济政策研究所于 2008 年主动召集了许多教育、民权、卫生、社会福利和住房方面的领导人，研究并制定了一份关于教育和社会变革的政策声明。在一份题为"更广泛、更大胆的教育方法"的最终文件中，原始签署人名单包括奥巴马总统的教育部长阿恩·邓肯（Arne Duncan）；前助理教育部长汤姆·佩赞特（Tom Payzant）；全国有色人种协进会主席朱利安·邦德（Julian Bond）；詹姆士·科默（James Comer）；琳达·达林－哈蒙德（Linda Darling-Hammond）；前美国卫生部长乔伊斯·埃尔德（Joyce Elders）；约翰·古德拉德（John Goodlad）；2000 年诺贝尔经济学奖获得者詹姆斯·赫克曼（James Heckman）；前助理教育部长苏珊·纽曼（Susan Neuman）；前报纸专栏作家威廉·拉斯伯里（Villiam Raspberry）；前助理教育部长戴安娜·拉维奇（Diane Ravitch）；前美国司法部长珍妮特·雷诺（Janet Reno）；理查德·罗斯坦（Richard Rothstein）；泰德·赛泽（Ted Sizer）；以及许多其他领导人。2008年 6 月，《华盛顿邮报》和《纽约时报》刊登了整版广告，向公众传达他们的声明。为提高学生成绩，缩小不同种族/民族和社会经济水平之间的成绩差距，这些广告提出以下建议（Economic Policy Institute, 2013）：

1. 推行积极的学校改进策略，包括确保在低年级为弱势儿童开展小班上课，吸引高素质教师到很难招聘到教师的学校，改善教师和学校领导的培训，向所有人开放大学预备课程，并特别关注新移民。

2. 为低收入家庭儿童提供有益于身心发展和高质量的早教、学前班以及幼儿园护理与教育，这不仅有助于提高他们的学习水平，而且有助于他们在社会、经济和行为方面取得积极的效果。

3. 解决儿童健康问题，包括为所有婴儿、幼儿和学龄儿童提供常规的儿科、牙科、听力和视力保健，以最大限度地减少妨碍学习的健康问题。提供全方位服务的学校诊所可以解决低收入地区缺乏初级保健医生的问题，并解决贫困父母必须上班而无法为儿童提供日常保健服务的问题。

4. 提高校外时间的质量。低收入的学生在学校学习进步很快，但经常在放学后和暑假中学习退步。成功的校外时间和延长在校时间计划不仅强调补救,还提供丰富的文化、组织、运动和学习活动,这些都是中产阶级儿童通常喜欢的。

这一声明所传达的信息是,学校本身无法解决儿童所面临的复杂的社会和经济问题,必须制定新的国家办法,以纠正造成大量弱势群体的经济和社会问题,从而平衡竞争环境。通过这种方式,孩子们进入学校时的入学准备程度也差不多。完整的声明阐述了《不让一个孩子掉队法案》的不足之处,包括其对高风险测试的关注和认为学生成绩低是由于学校不好原因造成的。

现在是时候改变那些只怪学校在提高学生成绩以及提升美国经济竞争力方面没有取得重大进展的言论了。尽管"更广泛、更大胆的教育方法"表达的想法并不新鲜,但鉴于本文件作者和华盛顿特区政府的可信度,他们似乎比前人更能听取专业人士的意见,将这些想法推向教育辩论的前沿,并支持实施这类改革的教育政策。

结　语

在 21 世纪初,学校改革是一个首要问题,它强有力推动着美国公共教育的发展方向。学校改革的三大策略中,每一个都是基于不同的行动理论,在竞争激烈的舞台上相互争夺优势。其中,市场化改革和基于标准的改革这两种策略的倡导者一开始对学校的组织行为问题并不感兴趣。市场化改革派认为市场竞争的力量会以某种方式迫使学校做它们必须做的事情来提高效率,否则根本无法在市场上生存。基于标准的改革派认为,执行彻底压倒性的政治和官僚主义胁迫将产生类似的结果。第三种学校改革策略是综合学校改革,它建议课程授课模式必须在整个学校内标准化。已有研究结果显示了对前两种策略的不支持,即市场化改革和基于标准的改革,但同时已有证据表明了对第三种综合学校改革模式的期望。

高等教育开始显示出对大学、教师教育和公共教育有效性之间相关联系的高度认识。有人希望就像 20 世纪早期的医学教育改革改变医学实践一样,在大学层面改革教师教育和教育研究也可以引发一场强大而深远的教育实践变革。

最近,一些地位较高的人士呼吁对经济和社会结构进行改革,因为在这些结构与其他因素共同作用下，使学校趋于贫穷，并给学校改革造成了困难。学校本身无法克服这些困难。通过"更广泛、更大胆的教育方法"，这些人士希望能影响决策者，让他们从学校以外寻找解决方案。

本书结尾引用戴安娜·拉维奇（Ravitch，2010）的一句话，这句话恰好是她在《伟大的美国学校系统的生与死》一书中的最后一句话：

> 目前，公共教育处于危险之中。具有讽刺意味的是，改革公共教育的努力正在降低其质量，危及其生存。我们必须把注意力放在改进学校上，向学校注入真正意义上的学习，并努力恢复条件使学习成为可能。（p. 242）

教育并没有像国家教育统计中心的数据显示的那样失败，但公众普遍认为美国的教育质量正在快速下滑。教育可能的确会面临危险，但这仅仅是因为人们没有创造条件让学校通过组织自我更新来得到改善，而是选择了强制变革，其结果可能引发质疑。

反思活动

1. 研究你所处的州是否有任何法律允许的特许学校。如果有的话，请找出你所在州和所在学区的特许学校总数。与你的同学讨论你的发现。你们班有人在特许学校工作过吗？如果有，与他们讨论在特许学校工作的经验。

2. 选择一个本章中提到的综合学校改革倡议。在研究文献或者有效教育策略资料中心中找到一个最近的研究，评估你选择的学校改革。至少找到一篇研究论文，无论是定量还是定性的。不要选择仅仅谈论项目内容的文章或者为宣传项目有效性而讲述的"英勇故事"，这些故事作者往往"认为"这些项目在学校或学区中起到作用。你需要找到一篇描述项目有效性的文章，其有效性是基于诸如考试成绩、学校氛围、定性访谈和研究者的观察等因变量的。阅读它，然后用一两段话总结它的发现。与班上其他同学分享你的总结。讨论每一项改革倡议的利弊。这些改革中哪一项在帮助学校改善方面有很大的希望？

3. 制定行动计划。现在，你已经制定了部分行动计划，并对教育组织和领导力有了进一步的想法。现在的挑战是回顾这些想法,包括已经写下来的和还没有写的,把它们放在一起,形成一个更完整的关于你对教育中组织行为理解的陈述草稿,也就是一篇关于教育领导力的个人行动计划初稿。你可以从中找出 10 到 20 句"这是我相信的"关于教育领导力和教育组织的陈述开始写,在每句陈述之后,写一两句话来简要解释你为什么坚持这个信念。例如,我们可以从这句话开始:如果积极性很高的教师对卓越教育很重要,那么学校必须有一个开放和成长的氛围。我们认为这在很大程度上是因为关于动机的文献,特别是马斯洛和赫茨伯格的理论,表明个体的成长和成熟机遇会对人们有高度地激励。有关组织氛围的研究文献也支持这样一种观点,即促进成长的氛围具有高度的激励作用。此时,你如何就你现在正在进行的工作制定你的行动计划?

关键事件:学区考试分数再次下降

督学克里斯塔·梅森(Christa Mason)收到了州考试成绩结果,她对成绩并不满意。不仅整个学区的表现比上一年差,而且未能按时毕业的高中生比例比上一年高出了一个百分点,他们只有通过十一年级的考试才可以毕业。事实上,58% 的十二年级学生没有通过考试。这些学生在夏季还有一次机会达到及格分数线,否则他们将只能获得一张结业证书。更糟的是,由于分数较低,三年级学生的留级率比去年高。

上一年,一所高中、两所初中和五所小学被州教育部认定为教学薄弱,这些学校都得到了州的大力技术援助,帮助他们制定提高考试成绩的计划。这些学校今年都没有改进。此外,上一年在阅读和数学方面成绩低于州平均水平的所有学校都制定了书面改进计划,经学校董事会批准。然而超过 75% 的学校没有提高分数。

梅森督学和学区领导与州督学协会和州学校董事会一起试图转移州长和立法机构对州毕业考试和三年级留级问题的关注。然而,这些努力并没有成功地改变州问责制。同时,学区领导必须与学校校长合作,对连续出现考试分数低的问题做出回应。督学希望继续执行自上一年以来已经实施的计划,因为她相信,如果有足够的时间,这些计划将起作用。但她知道学校董事会要求她做出不同的回应。他们已经警告她,如果当年的分数再很低,他们会希望替换那些学生分数很低的学校校长和教师。她还知道，她最近续签了一年的合同，第二年将面临职业风险。

梅森督学知道这个消息将使该学区、学校，尤其是学生处于非常困难的境地。当地报纸已经要求督学当天接受采访，在他们第二天的报纸上发表文章之前进行讨论，这篇文章将刊登一个头版头条，标题是关于该学区糟糕的考试成绩。

1. 你认为督学应该如何回应报纸的采访？

2. 你对这种州问责制有何看法？

3. 学区和个别学校是否应该采取具体的综合学校改革模式来帮助学校改进？如果是，你会建议哪一种？如果不是，你对帮助学校改进有什么建议？

推荐阅读书目

Chubb, J. E., & Moe, T. M. (1990). *Politics, markets and America's schools.* Washington, DC: Brookings Institution.

从历史上看，这是一本重要的书，因为它在普及教育券的想法方面发挥了重要作用。这是一本精心编写和分析的学术书籍。但它可能会让许多读者产生质疑，因为除了出版商布鲁金斯学会多年来所倡导的改革之外，它完全驳斥了所有形式的教育改革。他们的核心论点是，两种选择——民主控制和市场控制——对学校的组织和绩效产生了截然不同的影响。作者认为，市场会培养学校的自主性，使学校变得更有效，而民主控制会促进官僚主义，扼杀自主性，从而扼杀有效性。每个学校领导不仅应该阅读而且还要仔细研究这些具有挑战性的想法。

Goodlad, J. I. (1998). *Educational renewal: Better teachers, better schools.* San Francisco, CA: Jossey-Bass.

古德拉德把学校文化和学校教师接受教育的过程巧妙地交织起来。问题如下：什么是第一位的——学校好还是教师教育课程好？根据古德拉德的说法，答案是两者必须结合在一起。

Kohn, A. (1999). *The schools our children deserve: Moving beyond traditional classrooms and "tougher standards."* New York, NY: Houghton Mifflin Company.

本书主要是关于更严格的标准与更好的教育之间的对比：过分强调成绩的成

本、自上而下强制的傲慢、反对标准化测试的案例以及更难与更好之间的混淆不清。这是一本好书,见解深刻,实事求是,富有启发性,值得在每一次关于学校改革的讨论中占有一席之地。

Kozol, J. (2005). *The shame of the nation: The restoration of apartheid schooling in America.* New York, NY: Crown.

本书的大部分内容都是他之前作品的续集,在本书中,他研究并揭露了对全国贫困学校,特别是城市贫困学校缺乏关注和资金的问题。本书介绍了他访问的11个州30个学区中的60所学校的调查结果。科佐尔(Kozol)还研究了高风险测试的影响以及问责运动对学生、教师和校长的巨大影响。

Ravitch, D. (2010). *The death and life of the great American school: How testing and choice are undermining education.* New York, NY: Basic Books.

作为特许学校、高风险测试和问责运动的前支持者,戴安娜·拉维奇在开展了大约10年的研究后改变了她的信念。她现在哀叹市场化改革的结果:把最有才华的学生带走,把表现较差的学生留在公立学校。她还认为,高风险测试导致了应试教学,并建立了一套事实上的国家课程,致力于数学、阅读、科学和写作,但缺乏人文学科。

Ravitch, D. (2013). *Reign of error: The hoax of the privatization movement and the danger to America's public schools.* New York, NY: Alfred A. Knopf.

本书登上了《纽约时报》非小说类畅销书排行榜。戴安娜·拉维奇从研究中提出了见解以支持她的观点,她声称市场驱动的改革、高风险测试、教师增值评估以及通过《不让一个孩子掉队法案》和"力争上游"计划进行的其他改革正在摧毁美国的公立学校系统。本书是所有教育工作者必读的。

Sarason, S. B. (1998). *Charter schools: Another flawed educational reform?* New York, NY: Teachers College Press.

长期以来,萨拉森一直是公立学校教育问题最敏感和最支持的评论家之一。在讨论中,他借鉴了他对组织环境创造的深刻理解,对特许学校的理念提出了棘手问题,而非挑战这个理念。他利用各种各样的例子,包括曼哈顿项目的历史,来研究特许学校的问题,对有些人来说这似乎有些奇怪,但他确实这样做了,而且有显著的效果。

Vance, M. , & Deacon, D. (1995). *Think out of the box*. Franklin Lakes, NJ: Career Press.

我们认为，我们已经做得很好，已经走到了这一步，但没有提到"跳出思考框架"的概念。然而，这个想法可能是从这本书开始的。如果你喜欢轻松和容易的管理思想，本书就是为你准备的。它在企业管理界取得了令人瞩目的成功。

参考书目

Allen, I. E. , & Seaman, J. (2013). *Changing course: Ten years of tracking online education in the United States*. Babson Survey Research Group. Retrieved from http:// sloancon-sortium. org/publications/survey/changing_course_2012

Allen, M. A. (2008). *Assessing the effectiveness of supplemental educational services in urban Florida school districts*. Unpublished doctoral dissertation, University of Florida, Gainesville.

Alliance for School Choice. (2012). *School choice now: The year of school choice: Choice yearbook 2011 – 2012*. Retrieved from http://www. allianceforschoolchoice. org/ school-choice-programs-in-america-the-facts

American Legislative Exchange Council (2013). *About ALEC*. Retrieved from http://www. alec. org/about-alec/ history/

Au, W. (2007). High stakes testing and curricular control: A qualitative metasynthesis. *Educational Researcher*, *36*, 264.

Belfield, C. R. (2006). *The evidence on educational vouchers: An application to the Cleveland scholarship and tutoring program* (Publication No. 163). New York, NY: National Center for the Study of Privatization in Education, Teachers College, Columbia University.

Belfield, C. R. , & Levin, H. M. (2009). Market reforms in education. In G. Sykes, B. Schneider, & D. N. Plank (Eds.), *Handbook of education policy research* (pp. 513 – 527). New York, NY: American Educational Research Association and Routledge.

Bifulco, R. , & Ladd, H. F. (2006a). The impacts of charter schools on student achievement: Evidence from North Carolina. *Education Finance and Policy*, *1*, 50 – 90.

Bifulco, R. , & Ladd, H. F. (2006b). School choice, racial segregation, and test-score gaps: Evidence from North Carolina's charter school program. *Journal of Policy Analysis and Management*, *26*(1), 31 – 56.

Borman, G. D. , Hewes, G. M. , Overman, L. T. , & Brown, S. (2003). Comprehensive school reform and achievement: A meta-analysis. *Review of Educational Research*, *73*(2), 125 – 230.

Braun, H. , Jenkins, F. , & Grigg, W. (2006, August). *A closer look at charter schools using hierarchical linear modeling.* Washington, DC: U. S. Department of Education, National Center for Educational Statistics. Retrieved from http://nces. ed. gov/nationsreportcard/pubs/studies/2006460. asp

Buddin, R. , & Zimmer, R. (2006, September). *Charter school outcomes in California.* Paper presented at the meeting of the National Conference on Charter School Research, Vanderbilt University, Nashville, TN.

Burch, P. (2007, May). *Supplemental education service under NCLB: Emerging evidence and policy issues.* Denver, CO: University of Colorado, Educational Policy Research Unit.

Burch, P. , Steinberg, M. , & Donovan, J. (2007). Supplemental Educational Services and NCLB: Policy assumptions, market practices, emerging issues. *Educational Evaluation and Policy Analysis*, *29*, 115 – 133. Bush v. Holmes, 919 So. 2d 392 (Fla S. C. 2006).

Bushaw, W. J. , & Gallup, A. M. (2008, September). Americans speak out—Are educators and policy makers listening? The 40th annual Phi Delta Kappa/Gallup poll of the public's attitudes toward the public schools. *Phi Delta Kappan*, *90*, 9 – 20.

Bushaw, W. J. , & Lopez, S. J. (2012). Public education in the United States: A nation divided. *Phi Delta Kappan*, *95*(1), 9 – 25.

Carnoy, M. , & Rothstein, R. (2013). *What do international tests really show about U. S. student performance?* Washington, DC: Economic Policy Institute. Retrieved from http://s2. epi. org/files/2013/EPI-What-do-international-tests-really-show-about-USstudent-performance. pdf

Center for Education Reform. (2013). *K - 12 Facts*. Retrieved from http://www. edreform. com/2012/04/k-12-facts/

Center for Research on Education Outcomes. (2009). *Multiple choice: Charter school performance in 16 states*. Stanford, CA: CREDO.

Chingos, M. M., & Peterson, P. E. (2012). *The effects of school vouchers on college enrollment: Experimental evidence from New York City*. The Brown Center on Education Policy at Brookings and Harvard's Program on Education Policy and Governance. Retrieved from http://www. brookings. edu/research/papers/2012/08/23-school-vouchers-harvard-chingos

Chubb, J. E., & Moe, T. M. (1990). *Politics, markets, and American's schools*. Washington, DC: Brookings Institution.

Cobb, C. D. (2012). *Review of Report 30 of the SCDP Milwaukee evaluation*. Boulder, CO: National Education Policy Center. Retrieved from http://nepc. colorado. edu/thinktank/review-Milwaukee-Choice-Year-5.

Comprehensive School Reform Quality Center. (2006a, October). *CSRQ Center report on middle and high school comprehensive school reform models*. Washington, DC: Comprehensive School Reform Quality Center. Retrieved from http://www. csrq. org/MSHSreport. asp

Comprehensive School Reform Quality Center. (2006b, November). *CSRQ Center report on elementary school comprehensive school reform models*. Washington, DC: Comprehensive School Reform Quality Center. Retrieved from http://www. csrq. org/CSRQreport-selementaryschoolreport. asp

Coulson, A. J. (1999a). *Market education: The unknown history*. New Brunswick, NJ: Transaction Publishers.

Coulson, A. J. (1999b, May 14). Are public schools hazardous to public education? *Education Week*. Retrieved from http://www. edweek. org/ew/articles/1999/04/07/30coul. h18. html? qs = andrew + coulson

Council for the Accreditation of Education Preparation. (2013). *CAEP accreditation standards*. Washington, DC: NCATE. Retrieved from http://caepnet. files. wordpress. com/2013/09/final_board_approved1. pdf

Cowen, J. M. , Fleming, D. J. , Witte, J. F. , Wolf, P. J. , & Kisida, B. (2012). *Student attainment and Milwaukee parental choice program: Final follow-up analysis.* SCDP Milwaukee Evaluation Report No. 30. School Choice Demonstration Project, University of Arkansas. Retrieved from http://www. uark. edu/ua/der/SCDP/ Milwaukee_Eval/ Report_30. pdf

Dannin, E. (2012). Privatizing government services in the era of ALEC and the great recession. *University of Toledo Law Review*, *43*(3), 503 – 531.

Datnow, A. (2005). The sustainability of comprehensive school reform models in changing district and state contexts. *Educational Administration Quarterly*, *41*(1), 121 – 153.

Eberts, R. W. , & Hollenbeck, K. M. (2001). *An examination of student achievement in Michigan charter schools*(Working Paper 01 – 68). W. E. Upjohn Institute for Employment Research Staff. Retrieved from http:// research. upjohn. org/up_workingpapers/68/

Economic Policy Institute. (2013). *Broader, bolder approach to education.* Retrieved from http://www. boldapproach. org/

Education Commission of the States. (1999). *Governing America's schools: Changing the rules.* Report of the National Commission on Governing America's Schools, executive summary. Denver, CO: Education Commission of the States.

Florida Department of Education. (2013). *Charter schools.* Retrieved from http:// www. floridaschoolchoice. org/information/charter_schools/

Frankenberg, E. , & Lee, C. (2003). Charter schools and race: A lost opportunity for integrated education. *Education Policy Analysis Archives*, *11*(32), Retrieved from http://epaa. asu. edu/epaa/v11n32/

Friedman, M. (1955). The role of government in education. In R. A. Solow (Ed.), *Economics and the public interest*(pp. 123 – 144). New Brunswick, NJ: Rutgers University Press.

Friedman, M. (1976). *Price Theory.* Chicago, IL: Aldine. Friedman, M. (1995).

Public schools: Make them private (Briefing paper No. 23). Washington DC: Cato Institute. Retrieved from http://www. cato. org/pubs/briefs/bp-023. html

Fullan, M. (2011). *Choosing the wrong drivers for whole system reform.* Seminar Series Paper 204. East Melbourne, Victoria, Canada: Centre for Strategic Education. Retrieved from http://www. edsource. org/today/wp-content/uploads/Fullan-Wrong-Drivers1. pdf

Gersten, R. , Beckmann, S. , Clarke, B. , Foegen, A. , Marsh, L. , Star, J. R. , & Witzel, B. (2009). *Assisting students struggling with mathematics: Response to Intervention (RtI) for elementary and middle schools* (NCEE 2009 – 4060). Washington, DC: National Center for Education Evaluation and Regional Assistance, Institute of Education Sciences, U. S. Department of Education. Retrieved from http://ies. ed. gov/ncee/wwc/pdf/practice_guides/rti_math_pg_042109. pdf

Gersten, R. , Compton, D. , Connor, C. M. , Dimino, J. , Santoro, L. , Linan-Thompson, S. , & Tilly, W. D. (2009). *Assisting students struggling with reading: Response to Intervention and multi-tier intervention for reading in the primary grades. A practice guide.* (NCEE2009 – 4045). Washington, DC: National Center for Education Evaluation and Regional Assistance, Institute of Education Sciences, U. S. Department of Education. Retrieved from http://ies. ed. gov/ncee/wwc/pdf/ practice_guides/rti_reading_pg _021809. pdf

Gill, B. , Zimmer, R. , Christman, J. , & Blanc, S. (2007). *School restructuring, private management, and student achievement in Philadelphia.* Santa Monica, CA: RAND Corporation.

Goldrick-Rab, S. (2012). *Review of "The effects of school vouchers on college enrollment: Experimental evidence from New York City."* Boulder, CO: National Education Policy Center. Retrieved from http://nepc. colorado. edu/ files/ttr-voucherscollege. pdf

Government Accountability Office. (2013). *K – 12 education: States' test security policies and procedures varied.* Briefing for the Secretary of Education. Retrieved from http:// www. gao. gov/assets/660/654721. pdf

Greene, J. P. , & Winters, M. A. (2008, April). *The effect of special education vouchers on public school achievement*: *Evidence from Florida's McKay scholarship program*. (Civic Report No. 52). New York, NY: Manhattan Institute for Policy Research. Retrieved from http://www. manhattaninstitute. org/html/cr_52. htm

Gronberg, T. J. , & Jansen, D. W. (2001). *Navigating newly chartered waters: An analysis of Texas charter school performance*. Austin, TX: Texas Public Policy Foundation.

Hanushek, E. A. , Kain, J. F. , & Rivkin, S. G. (2002). *The impact of charter schools on academic achievement* (Unpublished paper). Stanford University.

Harding, H. R. , Harrison-Jones, L. , & Rebach, H. M. (2012). A study of the effectiveness of Supplemental Educational Services for Title I students in Baltimore City Public Schools. *Journal of Negro Education*, *81*(1), 52 – 66.

Hargreaves, A. , & Braun, H. (2013). *Data-driven improvement and accountability*. Boulder, CO: National Education Policy Center. Retrieved from http://nepc. colorado. edu/files/pb-lb-ddia-policy. pdf

Heinrich, C. J. , Meyer, R. H. , & Whitten, G. (2010). Supplemental Education Services under No Child Left Behind: Who signs up, and what do they gain? *Educational Evaluation and Policy Analysis*, *32*(2), 273 – 298.

Heistad, D. (2006). *Evaluation of supplemental education services in Minneapolis Public Schools: An application of matched sample statistical design*. Minneapolis, MN: Minneapolis Public Schools.

Hess, F. M. (2009). A market for knowledge? In G. Sykes, B. Schneider, & D. N. Plank (Eds.), *Handbook of education policy research* (pp. 501 – 512). New York, NY: American Educational Research Association and Routledge.

Hill, C. D. , & Welsch, D. M. (2006). *Is there a difference between for-profit versus not-for-profit charter schools?* (Paper No. 166). New York, NY: National Center for the Study of Privatization in Education, Teachers College, Columbia University.

Holmes, G. M. , DeSimone, J. , & Rupp, N. G. (2003, May). *Does school choice increase school quality?* (Paper No. 9683). Cambridge, MA: National Bureau of Economic Research.

Hoxby, C. (2002). How school choice affects the achievement of public school students. In P. T. Hill (Ed.) , *Choice equity*. Stanford, CA: Hoover Institute. Retrieved from http://media. hoover. org/documents/0817938923_141. pdf

Hoxby, C. (2004). *Achievement in charter schools and regular public schools in the United States: Understanding the differences*. Cambridge MA: Department of Economics, Harvard University.

Imberman, S. A. (2009, January 1). *The effect of charter schools on achievement and behavior of public school students: An instrumental variables approach*. University of Houston. Retrieved from http://www. class. uh. edu/ faculty/simberman/charter_compet_12 – 08. pdf

Individuals with Disabilities Education Act 20 U. S. C. § 1400 (2004), Sec. 614 (b) (6) (A).

Institute of Education Sciences. (2013). *What works clearinghouse*. Retrieved from http://ies. ed. gov/ncee/wwc/ default. aspx

Institute on Race and Poverty. (2008, November). *Failed promises: Assessing charter schools in the twin cities*. University of Minnesota Law School. Retrieved from http://www. irpumn. org/website/projects/

Kolowich, S. (2013, August 8). MOOCs may not be so disruptive after all. *The Chronicle of Higher Education*, *59*, 45.

Ladner, M. , & Myslinski, D. J. (2013). *Report Card on American education: Ranking state K-12 performance, progress, and reform*. Washington DC: American Legislative Exchange Council. Retrieved from http://www. alec. org/publications/report-card-on- a-merican-education/

Lee, J. (2006). *Tracking achievement gaps and assessing the impact of NCLB on the gaps: An indepth look into national and state reading and math outcome trends*. Cambridge, MA: The Civil Rights Project at Harvard University. Retrieved from http://www. civilrightsproject. ucla. edu/ (This project moved to UCLA in 2007.)

Lee, J. , & Lubienski, C. (2011). Is racial segregation changing in charter schools? *International Journal of Education Reform*, *20*(3) , 192 – 209.

Levine, A. (2006). *Educating school teachers*. Washington, DC: The Education

Schools Project. Retrieved from http://www. edschools. org/teacher_report. htm

Lubienski, C. , & Brewer, T. J. (2013). *Review of "Report Card on American Education: Ranking State K-12 Performance, Progress, and Reform."* Boulder, CO: National Education Policy Center. Retrieved from http://nepc. colorado. edu/ thinktank/review-report-card-ALEC-2013/

Lubienski, C. , Crane, C. , & Lubienski, S. T. (2008). What do we know about school effectiveness? Academic gains in public and private schools. *Phi Delta Kappan, 5*, 689 – 695.

Lubienski, C. , & Lubienski, S. T. (2006). *Charter, private, public schools and academic achievement: New evidence from NAEP mathematics data.* New York, NY: National Center for the Study of Privatization in Education, Teachers College, Columbia University.

Marchant, G. J. , & Paulson, S. E. (2005). The relationship of high school graduation rates and SAT score. *Education Policy Analysis Archives, 13*(6). Retrieved from http://epaa. asu. edu/epaa/v13n6/

McCluskey, N. , & Coulson, A. J. (2007, September 5). End it, don't mend it: What to do with No Child Left Behind. *Policy Analysis*(No. 599). Washington, DC: Cato Institute, Individual Liberty, Free Markets, and Peace. Retrieved from http://www. cato. org/pub_display. php? pub_id = 8680

McTighe, J. , & Wiggins, G. (2012). *From Common Core standards to curriculum: Five big ideas.* Retrieved from http://jaymctighe. com/resources/articles/

Meisenhelder, S. (2013, fall). Mooc mania. *Thought and Action*, pp. 7 – 26.

Miron, G. , & Gulosino, C. (2013). *Profiles of for-profit and nonprofit education management organizations: Fourteenth Edition—2011 – 2012.* Boulder, CO: National Education Policy Center. Retrieved from http://nepc. colorado. edu/publication/EMO-profiles-11 – 12

National Association of Charter School Authorizers. (2010). *The state of charter school authorizing.* Retrieved form http://www. qualitycharters. org/images/stories/publications/2010_facts_report. pdf

National Association of Charter School Authorizers. (2012). *Principles & standards for quality charter school authorizing*. Retrieved from http://www. qualitycharters. org/images/stories/publications/Principles. Standards. 2012_ pub. pdf

National Center for Education Statistics. (2011). *The condition of education 2011*. Retrieved from http://nces. ed. gov/programs/coe/indicator_mgp. asp

National Center for Education Statistics. (2012). *The condition of education 2012*. Retrieved from http://nces. ed. gov/pubsearch/pubsinfo. asp? pubid = 2012045

National Center for Education Statistics. (2013). *Number and types of public elementary and secondary schools from the common core data: School year 2010 − 11*(data file). Available from http://nces. ed. gov/quicktables/

National Governors Association Center for Best Practices, Council of Chief State School Officers. (2010a). *Common core state standards*(*Introduction*). Washington, DC: National Governors Association Center for Best Practices, Council of Chief State School Officers. Retrieved from http://www. corestandards. org/assets/ ccssi-introduction. pdf

National Governors Association Center for Best Practices, Council of Chief State School Officers. (2010b). *Common core state standards for English language arts and literacy in history/social studies, science, and technical subjects*. Washington, DC: National Governors Association Center for Best Practices, Council of Chief State School Officers. Retrieved from http://www. corestandards. org/ assets/CCSSI_ELA%20Standards. pdf

National Governors Association Center for Best Practices, Council of Chief State School Officers. (2010c). *Common core state standards for mathematics*. Washington, DC: National Governors Association Center for Best Practices, Council of Chief State School Officers. Retrieved from http://www. corestandards. org/assets/ CCSSI _ Math%20Standards. pdf

Ni, Y. (2007, March). *Are charter schools more racially segregated than traditional public schools*? (Policy Report No. 30). East Lansing, MI: Michigan State University, Education Policy Center.

Nichols, S. L. , Glass, G. V. , & Berliner, D. C. (2005, September). *High stakes testing and student achievement: Problems for the No Child Left Behind act*. Tempe, AZ:

Education Policy Research Unit at Arizona State University.

Peltason, E. H. (2013). *Charter school growth and replication* (Vol. I.). Retrieved from http://credo. stanford. edu/pdfs/ CGAR%20Growth%20Volume%20I. pdf

Ravitch, D. (2010). *The death and life of the great American school system: How testing and choice are undermining education.* New York, NY: Perseus Books.

Ravitch, D. (2013). *Reign of error: The hoax of the privatization movement and the danger to America's public schools.* New York, NY: Alfred A. Knopf.

Ravitch, D., & Viteritti, J. P. (Eds.). (1997). *New schools for a new century: The redesign of urban education.* New Haven, CT: Yale University Press.

Renzulli, L. A. (2006). District segregation, race legislation, and black enrollment in charter schools. *Social Science Quarterly, 87*, 618 – 637.

Rickles, J. H., & Barnhart, M. K. (2007). *The impact of supplemental educational services on student achievement: 2005 – 06.* Los Angeles, CA: Los Angeles Unified School District Planning, Assessment, and Research Division Publication No. 295.

Rouse, C. E., & Barrow, L. (2008). *School vouchers and student achievement: Recent evidence, remaining questions* (Publication No. 163). New York, NY: National Center for the Study of Privatization in Education, Teachers College, Columbia University.

Roy, J., & Michel, L. (2005). *Advantage none: Re-examining Hoxby's finding of charter school benefits* (Briefing Paper No. 158). Washington, DC: Economic Policy Institute.

Sass, T. R. (2006). Charter schools and student achievement in Florida. *Education Finance and Policy, 1*(1), 91 – 122.

Smarter Balanced Assessment Consortium. (2013). *Frequently asked questions.* Retrieved from http://www. smarterbalanced. org/resources-events/faqs/#2450

Smith, M. S., & Smith, M. L. (2009). Research in the policy process. In G. Sykes, B. Schneider, & D. N. Plank (Eds.), *Handbook of education policy research* (pp. 372 – 397). New York, NY: American Educational Research Association and Routledge.

Ujifusa, A. (2013). Commoncoresupportersfiringback. *Education Week, 32*(31), section 1, 18 – 19. Retrieved from http://www. edweek. org/ew/articles/2013/05/15/

31standards_ep. h32. html？ tkn = ONYFxpOiJZHkT5Yqw1UVLep2x1q5YIlyWQba & cmp = clp-edweek

Underwood, J. , & Mead, J. F. (2012). A smart ALEC threatens public education. *Phi Delta Kappan*, 93(6), 51 – 55.

U. S. Department of Education. (2009). *Race to the Top executive summary*. Retrieved from http://www2. ed. gov/ programs/racetothetop/executive-summary. pdf

U. S. Department of Education. (2010). *A blueprint for reform*: *The reauthorization of the elementary and secondary education act*. Retrieved from http://www2. ed. gov/ policy/ elsec/leg/blueprint/blueprint. pdf

U. S. Department of Education. (2011). *Our future, our teachers*: *The Obama administration's plan for teacher education reform and improvement*. Retrieved from https://www. ed. gov/teaching/our-future-our-teachers

U. S. Department of Education. (2013). *Race to the Top fund*. Retrieved from http://www2. ed. gov/programs/ racetothetop/index. html

U. S. Department of Education. (n. d.). *Strategic plan for Fiscal Years 2011 – 2014*. Retrieved from http://www2. ed. gov/ about/reports/strat/plan2011 – 14/plan – 2011. pdf

U. S. Department of Education, Office of Innovation and Improvement. (2008). *A commitment to quality*: *National charter school policy forum report*. http://www2. ed. gov/ admins/comm/choice/csforum/report. html

U. S. Department of Education, Office of Innovation and Improvement. (2009). *Education options in the states*. Washington, DC: U. S. Department of Education. Retrieved from http://www. ed. gov/parents/schools/ choice/educationoptions/index. html

U. S. Department of Education, Office of Innovation and Improvement, Office of Non-Public Education. (2009). *Education options in the states*: *State programs that provide financial assistance for attendance at private elementary and secondary schools*. Retrieved from http://www2. ed. gov/parents/ schools/choice/educationoptions/education-options. pdf

Walberg, H. J. , & Bast, J. L. (2001). Understanding market-based school reform. In M. C. Wang & H. J. Walberg (Eds.), *School choice or best systems*: *What improves ed-*

ucation? Mahwah, NJ: Lawrence Erlbaum.

Wanzek, J. , & Vaughn, S. (2007). Research-based implications from extensive early reading interventions. *School Psychology Review*, *36*, 541 – 561.

Weiss, E. , & Long, D. (2013). *Market-oriented education reforms' rhetoric trumps reality: The impacts of test-based teacher evaluations, school closures, and increased charter school access on student outcomes in Chicago, New York City, and Washington, D. C.* Washington, DC: Broader, Bolder Approach to Education. Retrieved from http:// www. epi. org/files/2013/bba-rhetoric-trumps-reality. pdf

Woodard, C. (2013, May 20). Special report: The profit motive behind virtual schools in Maine. *Portland Press Herald*. Retrieved from http://www. pressher-ald. com/ news/virtual-schools-in-maine_2012 – 09 – 02. html? pagenum = full

Wyatt, E. (1999, November 4). Investors see room for profit in the demand for education. *The New York Times*, p. 1. Yun, J. T. (2008, May 22). Review of "The effect of special education vouchers on public school achievement: Evidence from Florida's McKay scholarship program. "

Boulder, CO, and Tempe, AZ: *Education and the Public Interest Center & Education Policy Research Unit*. Retrieved from http://epicpolicy. org/files/TTR-Yun-Manhat-tan-MCKAY_FINAL_. pdf (No Child Left Behind section).

Zelman v. Simmons-Harris, 536 U. S. 639 (2002).

Zimmer, R. , Blanc, S. , Gill, B. , & Christman, J. (2008).

Evaluating the performance of Philadelphia's charter schools. Santa Monica, CA: RAND Corporation.

Zimmer, R. , & Buddin, R. (2006). Charter school performance in two large urban districts. *Journal of Urban Economics*, *60*(2), 307 – 326.

Zimmer, R. , Gill, B. , Razquin, P. , Booker, K. , & Lockwood, J. R. , Ⅲ. (2007). *State and local implementation of the No Child Left Behind act: Title I school choice, supplemental educational services, and student achievement* (Vol. I). Washington, DC: U. S. Department of Education, Office of Planning, Evaluation and Policy Development.

术语表

管理　与他人合作并通过他人来实现组织目标。

谈判　协商协议条款的过程,涉及互相让步,通常是妥协。

行为主义心理学(行为主义)　人类心理学的一个分支,研究直接可观察行为的客观证据,例如可测量和量化的刺激反应,特别避免使用内省证据,如情绪、感知、动机、思想和态度。(另见认知心理学、社会心理学和人文心理学。)

官僚制　来自法语,(马克斯·韦伯之后)指职位的规则或权威。一个组织的特点是以官方职位形式呈现金字塔式的权力等级关系,自上而下的集中决策,强调规章制度,以及人际交往中的非人格化。这与人力资源开发形成对比。

变革过程　组织变革的生命周期理论,将变革视为组织生活中无止境的过程,这是最受赞誉的理论模型。这是一个三阶段模型:(1)解冻(取消)现有的做法和行为,(2)发展新的做法和行为,(3)将新发展的做法和行为制度化和标准化。

特许学校　根据州特殊章程或学校董事会合同开办的公立学校,使其摆脱某些限制和要求,以便它们能够采用有望提高学生成绩的创新教学方法。

古典组织理论　一种体现官僚制和科学管理基本思想的组织理论,如阶梯原则,统一指挥和控制跨度。

认知心理学　人类心理学的一个分支,研究在刺激和反应之间进行调解的心理过程,尤其是创造力、感知、思考和解决问题等过程。(另见行为主义心理学、社会心理学和人文心理学)

协作　与他人共同合作,特别是在解决问题和设定目标等智力活动方面。

共同核心州立标准　2014 年被 46 个州采用的数学和英语语言艺术学习标准。它是通过州立学校行政主管委员会和全国州长协会成立的一个共同部门制定的,旨在制定标准,帮助高中毕业生进入大学或就业。

冲突,组织冲突　双方或多方持不同意见或明显不相容观点的情况。

权变理论　在任何情况下,没有任何一种单一的组织管理方法优于所有其他方法的概念,最好的方法也取决于一定形势背景下的可变因素。

批判种族理论　正如索尔扎诺(Solórzano,1997)所定义的那样(见第一章),批判种族理论是关于种族和种族主义的学术讨论,旨在消除社会中的种族主义和种族刻板印象,包括法律、社会政策和组织文化。当被应用于教育领域时,批判种族理论寻求为有色人种学生提供公平的教育机会,并消除学校的种族歧视。

批判理论　批判理论是一种社会批判,对那些只允许边缘化群体在治理中拥有有限话语权的社会制度缺陷特别敏感。

信奉理论　人们公开赞同的理论。例如,学校的督学通常支持一种协作、信任和团队合作的文化,这对学区实现卓越教育的计划至关重要。

例外原则　是一个古典组织原则,指经常性决策应该以规范的书面形式确定下来,例如规则、标准操作程序、制度和操作手册,从而使管理者只需处理规则的例外情况。

期望理论　一种动机理论——一个人如果相信他或她有成功完成一项任务的能力或者这项任务对他们非常重要,他或她会受到激励,后者被称为完成任务的效价(valence)或价值。

反馈　组织或个人收到的有关组织或个人的行为对他人产生影响的信息。

自我平衡　开放社会系统自我调节的趋势,以便与环境保持平衡,从而使它适应环境的变化。

敌意　旨在伤害或恶化另一个体或群体地位的行为。

人力资本　是指人们拥有的知识(技能、态度和社会技能)对组织来说是宝贵资产的概念,因为它们是资产,所以随着时间的推移,价值会增加或减少,但这取决于它们是如何被管理的。

人际关系　广义上说,是指人们在各种社会情境中,通过相互行动达到某种目的的互动。其适用于诸如商业公司或学校甚至整个社会中两个人共同寻求幸福和富有成效的生活。

人力资源开发　关于组织的一系列假设,强调组织中人的有意识思维、能力和社会化对实现组织价值和目标的首要地位,并以此作为协调和激励的基础。这与官僚制形成对比。

人文心理学　一种研究人类心理学的方法,侧重于人类的利益、价值观、尊严和价值,并认识到人类通过理性提高自我实现的能力。(另见社会心理学。)

领导力　在詹姆斯·麦克格雷戈·伯恩斯之后,在冲突或与他人竞争中动用机构、政治、心理和其他资源的过程,以激发和满足追随者的动机。因此,它是指群体成员与被群体公认为领导者的个体之间的动态互动关系。

动机　引起人们行为的力量。行为主义者认为是外在的(胡萝卜和大棒),而其他人则认为是内在的(认知和情感,如情感、愿望、态度、思想、感知)。

自然主义研究　使用观测方法在自然环境中进行的研究,旨在避免扭曲或干扰自然环境。

新古典组织理论　以当代形式表现的古典组织概念。例如,教育标准运动、高风险测试和问责制项目都是基于古典组织概念的,因此是新古典主义理念。

组织　一种有序的功能性社会结构(如企业、政党或学校),其特征是由作为组织成员的人和管理系统构成。

组织发展　组织提高其对事务做出更高质量决策能力的各种过程。

组织自我更新　这个概念是指,有效变革不能从外部有效地强加给组织,它是一个不断发展内部能力以实现持续解决问题和设定目标的过程。

组织行为学　是一个寻求了解在组织背景下人类行为的科学研究领域,也是一个寻求将社会科学知识应用于组织领导和管理实践问题的专业实践领域。

组织氛围　是莱纳托·塔格利提出的概念,指学校建设的整体环境特征。通常被称为学校的"氛围"、"气氛"、"个性"或"风气"。

组织文化　随着时间的推移,在组织中人们共享的那些持久的传统、价值观和基本假设,赋予组织工作意义,并为组织中的人员建立行为规范。

组织健康　随着时间的推移,组织实现其目标、内部维护以及适应其环境变化的程度。健康组织显示出一种模式,即随着时间的推移,不断提高其完成这些事情的能力。

表现性评价　一种评价学生成绩的方法,替代机器评分的多项选择测试方法。通常要求学生完成写作、演示解决问题的方法或进行科学论证等任务。

权力　对他人行使控制、权威或影响的能力,无论是作为官方权力还是通过与他人的共同协议。

质性研究 旨在从被研究者的角度而非研究者的角度来理解人类行为和人类经验的研究。

理性研究 认为控制性实验研究是研究方法的缩影,但是非实验方法也是可以接受的,如果他们是定量的,并且遵守一定的保障措施。

反思实践 通过出现在理论和实践之间不可避免的不和谐现象来反思和思考的过程,寻求在信奉理论和行动理论之间实现更大的和谐。

具体化 想象一个抽象概念,如组织,就好像它是物质的和具体的。尽管组织是无形的,人们经常把它具体化为组织结构。

阶梯原则 一般来说,直线员工管理的概念认为,组织中的权力应尽可能完整地沿一条直线从最高决策层通过组织向下传递到最低层员工。

择校 是指家长可以使用公共经费选择子女就读的学校,而不是学区指定学校。通常,可以选择公立、私立或宗教学校。

学校改革 一个通用的术语,包括通过各种努力明显提高学校的教学效果。三种相互竞争的学校改革方法是:(1)市场化策略;(2)制定和实施学科内容标准;(3)学校改进和发展。

科学管理 规范管理层和工人之间不同角色的管理观点,自上而下不对称地行使权力和处罚权,管理层规划和设定目标,工人执行所需的任务。源于弗雷德里克·W.泰勒的著作。

自我实现 实现或达到人的最大潜能。

自我效能 班杜拉提出这个概念,是指他或她相信自己有多少能力能够完成一项任务。它会影响我们做出的选择,我们在这些选择中投入了多少精力,以及如果遇到困难我们会坚持多久。与预期理论有关。

自尊 有自信、为自己感到骄傲以及自爱。

校本管理 试图将决策从学区的行政管理中心办公室转移到学校。

社会心理学 研究群体行为和社会因素(如群体规范)对个体性格、态度、动机和行为影响的人类心理学分支。(另见行为主义心理学、认知心理学和人文心理学)

社会科学 总的来说,指致力于研究人类社会以及个体与社会之间的关系的学术和科学学科。通常包括社会学、心理学、人类学、经济学、政治学和历史学。

社会系统 被共同的纽带或目标束缚在一起的全体个体。牛群和鸟群是动物界的社会系统。在人类中,街头帮派和午餐团体是非正式社会系统的例子。教堂会众、学校和商业公司的结构更加清晰,这是更正式的社会系统的例子。

社会系统理论 组织被理解为动态交互的社会系统的概念。

社会计量学 用定量方法对人际关系进行研究,揭示社会系统中个体之间偏好的强度和方向。

社会技术系统理论 指把组织理解为技术、结构、任务和人员四个子系统动态交互的过程。

控制跨度 古典组织理论中的一种原则,即向主管汇报的人数应限于被认为可以管理的人数。

标准,学习内容标准 指规范每个学生在所谓的核心学科(通常,但不限于数学、科学、地理和英语)中应该知道和能够做到的事情。学习内容标准的倡导者通常认为,无论语言或文化遗产、特殊学习需要、种族或社会经济地位如何,这些标准都应同样适用于所有学生。

标准,基于学科的标准 为学生在数学、音乐、英语、经济学、阅读、科学、历史、地理、外语和体育等各学科的学习制定的成绩标准。

标准,成绩标准 确定并指定学生必须具备的最低限度的知识和理解(或技能),以满足学习内容标准所定的规范。通常希望学生通过某种形式的标准化纸笔测试或通过执行任务(例如撰写论文)来证明他们在学习内容标准方面的成绩水平。

系统理论 在物理学和社会科学中普遍接受的概念是,所有自然观察都嵌入在复杂的动态交互系统中。

理论 系统组织的知识,被认为可以解释自然界中观察到的事物和事件。

使用理论 也被称为行动理论,是在个体或群体行为中所体现的实际理论。一个人使用的理论,或行动理论,可能不同于信奉理论(见上文)。它是从个体的行为而不是言语中推断出来的。信奉理论和使用理论之间的不一致在组织领导中司空见惯。

实践理论 由广泛的理论组成,为专业实践进行指导和指明方向,与实践的区别是,实践需要在事件发生时临时做出反应。

全面质量管理　企业管理和工业管理采用的一种管理方法,侧重于满足客户的要求,并为此目的,强调让员工参与持续的决策过程,以寻求组织运作方式的持续改进。

统一指挥　组织的古典原则,即组织中的任何人都不应接受来自多个上级的命令。

教育券　公共财政部门签发的书面授权书或凭证,通常由州颁发,家长可使用该授权书或凭证在私立学校、宗教学校或区外公立学校为子女支付学费。